"信毅教材大系"编委会

主　　任	王　乔
副 主 任	卢福财　王秋石　刘子馨
秘 书 长	陈　曦
副秘书长	王联合
编　　委	陆长平　严　武　胡宇辰　匡小平　章卫东
	袁红林　陈富良　汪　洋　罗良清　方志军
	吴志军　夏家莉　叶卫华　陈家琪　邓　辉
	包礼祥　郑志强　陈始发
联络秘书	宋朝阳　欧阳薇

信毅教材大系

公共部门财务会计

● 罗晓华 主编　　程 岚 副主编

Public Sector
Accounting

复旦大学 出版社

内容提要

　　本书采用分篇撰写，按照理论联系实践、实践检验理论的逻辑思维，共分四篇。第一部分为绪论篇，该部分介绍公共部门的含义、特征与构成，公共部门财务会计与核算的原则、目标、任务、内容、要素和方法以及公共部门财务会计制度体系。第二、三、四部分依次为行政单位、事业单位、民间非营利组织会计篇，分别介绍行政单位、事业单位、民间非营利组织资产、负债、净资产、收入与支出的管理与核算，以及行政单位、事业单位、民间非营利组织的财务报告与财务分析。四篇章节的内容层层相扣，形成一套完整教材体系。

总 序

  高等教育的起源可以追溯到 1088 年意大利建立的博洛尼亚大学,它运用社会化组织成批量培养社会所需要的人才,改变了知识、技能主要在师徒间、个体间传授的教育方式,满足了大家获取知识的需要,史称"博洛尼亚传统"。

  19 世纪初期,德国的教育家洪堡提出"教学与研究相统一"和"学术自由"的原则,并指出大学的主要职能是追求真理,学术研究在大学应当具有第一位的重要性,即"洪堡理念",强调大学对学术研究人才的培养。

  在洪堡理念广为传播和接受之际,德国都柏林天主教大学校长纽曼发表了"大学的理想"的著名演说,旗帜鲜明地指出"从本质上讲,大学是教育的场所","我们不能借口履行大学的使命职责,而把它引向不属于它本身的目标",强调培养人才是大学的唯一职能。纽曼关于"大学的理想"的演说让人们重新审视和思考大学为何而设、为谁而设的问题。

  19 世纪后期到 20 世纪初,美国威斯康星大学查尔斯·范海斯校长提出"大学必须为社会发展服务"的办学理念,更加关注大学与社会需求的结合,从而使大学走出了象牙塔。

  2011 年 4 月 24 日,胡锦涛总书记在清华大学百年校庆庆典上,指出高等教育是优秀文化传承的重要载体和思想文化创新的重要源泉,强调要充分发挥大学文化育人和文化传承创新的职能。

  总而言之,随着社会的进步与变革,高等教育不断发展,大学的功能不断扩展,但始终都在围绕着人才培养这一大学的根本使命,致力于不断提高人才培养的质量和水平。

  对大学而言,优秀人才的培养离不开一些必要的物质条件保障,但更重要的是高效的执行体系。高效的执行体系应该体现在三个方面:一是科学合理的学科专业结构,二是能洞悉学科前沿的优秀的师资队伍,三是作为知识载体和传播媒介的优秀教材。教材是体现教学内容与教学方法的知识载体,是进行教学的基本工具,也是深化教育教学改革,提高人才培养质量的重要保证。

一本好的教材,要能反映该学科领域的学术水平和科研成就,能引导学生沿着正确的学术方向步入所向往的科学殿堂。因此,加强高校教材建设,对于提高教育质量、稳定教学秩序、实现高等教育人才培养目标起着重要的作用。正是基于这样的考虑,江西财经大学与复旦大学出版社达成共识,准备通过编写出版一套高质量的教材系列,以期进一步锻炼学校教师队伍,提高教师素质和教学水平,最终将学校的学科、师资等优势转化为人才培养优势,提升人才培养质量。为凸显江财特色,我们取校训"信敏廉毅"中一前一尾两个字,将这个系列的教材命名为"信毅教材大系"。

"信毅教材大系"将分期分批出版问世,江西财经大学教师将积极参与这一具有重大意义的学术事业,精益求精地不断提高写作质量,力争将"信毅教材大系"打造成业内有影响力的高端品牌。"信毅教材大系"的出版,得到了复旦大学出版社的大力支持,没有他们卓越视野和精心组织,就不可能有这套系列教材的问世。作为"信毅教材大系"的合作方和复旦大学出版社的一位多年的合作者,对他们的敬业精神和远见卓识,我感到由衷的钦佩。

王 乔

2012 年 9 月 19 日

序 言

在财政学、公共管理、行政事业管理、会计、财务管理学类本科学生的课程体系中,《公共部门财务会计》是一门具有核心基础性的专业课程,对于未来的公共部门管理人才来说,不仅要较为深刻地认识与把握公共部门的运行规律,而且还应能够根据客观情况,依据所学的基本理论进行适时的管理工作,作出科学有效的决策。因此,打好专业基础是实现培养目标的前提,一本好的教材不仅能将学生带到学术前沿,而且能培养其理论联系实际、解决实际问题的能力。

自1998年构建公共财政框架体系以来,我国财政预算管理制度经历了全面改革,无论是部门预算、国库集中收支制度的推行,还是政府收支分类改革和政府采购制度全面推行,都影响到了公共部门财务管理的要求和会计核算工作,也影响到了公共部门财务会计的教学内容和教材设计。顺应上述发展的需要,我国公共部门财务会计体系迅速构建起来,并呈现不断优化的趋势,该体系主要由行政单位会计制度、事业单位会计制度和民间非营利组织会计制度三部分组成。

鉴于此,本书依据2014年1月1日正式实施的新《行政单位财务规则》《行政单位会计制度》、新《事业单位会计制度》《事业单位财务规则》《民间非营利组织会计制度》,结合新出台的《行政事业单位内部控制规范》,以及2015年1月1日实施的《新预算法》的具体规定,并吸纳了国库集中支付制度改革、政府收支分类改革、部门预算制度和政府采购制度等新政策对预算管理和会计核算的新要求编写而成。

会计是一门实务性极强的课程,实务性课程的最有效诠释方式是案例教学。因此,书中除吸纳了最新的预算管理改革内容之外,还安排了大量的会计核算实例,并力求类型多样、覆盖面广、切合实际,便于学生理解。

本书的出版由罗晓华担任主编,程岚担任副主编,负责设计全书及编写提纲。具体分工如下：罗晓华、成丹、章丽燕、曾媛、尹靖强、文雨辰编写第一章、第二章、第三章、第四章、第五章、第六章、第七章、第八章；程岚、陈菲尔、华欣怡编写第九章、第十章、第十一章。在写作过程中，经过多次集体讨论，最后由罗晓华统稿和总撰。本书在编写过程中参阅了大量的文献资料，反映最新的公共部门财务会计制度状况，但限于水平，错误和遗漏在所难免，恳请使用教材的教师和读者不吝赐教，以便我们进一步改进。

罗晓华

2015 年 7 月 23 日

目 录

第一篇 绪 论

第一章 公共部门财务会计概述 ... 003
- 第一节 公共部门的界定与构成要素 ... 003
- 第二节 公共部门财务会计的内涵和特点 ... 011
- 第三节 公共部门财务会计的目标、任务和原则 ... 016
- 第四节 公共部门财务会计的内容 ... 021
- 第五节 公共部门财务会计的方法 ... 024
- 第六节 公共部门会计制度体系 ... 033
- 本章小结 ... 038
- 关键术语 ... 039
- 复习思考题 ... 039
- 阅读材料 ... 040

第二章 公共部门预算与会计核算导论 ... 043
- 第一节 公共部门预算的概念与编制原则 ... 043
- 第二节 定员定额管理制度 ... 046
- 第三节 公共部门预算的编制与管理 ... 050
- 第四节 公共部门财务会计的基本理论 ... 056
- 第五节 公共部门财务会计核算方法 ... 062
- 第六节 借贷记账法 ... 066
- 本章小结 ... 074
- 关键术语 ... 074
- 复习思考题 ... 074
- 阅读材料 ... 075

第二篇 行政单位会计

第三章 行政单位资产、负债和净资产的管理与核算 …… 081
- 第一节 行政单位资产的管理与核算 …… 081
- 第二节 行政单位负债的管理与核算 …… 126
- 第三节 行政单位净资产的管理与核算 …… 134
- 本章小结 …… 144
- 关键术语 …… 145
- 复习思考题 …… 145
- 阅读材料 …… 146

第四章 行政单位收入和支出的管理与核算 …… 149
- 第一节 行政单位收入的管理与核算 …… 149
- 第二节 行政单位支出的管理与核算 …… 155
- 本章小结 …… 165
- 关键术语 …… 165
- 复习思考题 …… 165
- 阅读资料 …… 166

第五章 行政单位财务报告和财务分析 …… 170
- 第一节 行政单位财务报告 …… 170
- 第二节 行政单位财务分析 …… 187
- 本章小结 …… 194
- 关键术语 …… 194
- 复习思考题 …… 194
- 阅读材料 …… 194

第三篇 事业单位会计

第六章 事业单位资产、负债和净资产的管理与核算 …… 201
- 第一节 事业单位资产的管理与核算 …… 201
- 第二节 事业单位负债的管理与核算 …… 247
- 第三节 事业单位净资产的管理与核算 …… 261
- 本章小结 …… 274

关键术语 ································· 274
　　复习思考题 ······························ 275
　　阅读材料 ································· 276

第七章　事业单位收入和支出管理与核算 ············ 279
　　第一节　事业单位的收入管理与核算 ············ 279
　　第二节　事业单位的支出管理与核算 ············ 293
　　本章小结 ································· 306
　　关键术语 ································· 306
　　复习思考题 ······························ 306
　　阅读材料 ································· 308

第八章　事业单位财务报告和财务分析 ············· 312
　　第一节　事业单位财务报告 ···················· 312
　　第二节　事业单位财务分析 ···················· 327
　　本章小结 ································· 332
　　关键术语 ································· 332
　　复习思考题 ······························ 332
　　阅读材料 ································· 333

第四篇　民间非营利组织财务会计

第九章　民间非营利组织资产、负债和净资产的管理与核算 ··· 339
　　第一节　民间非营利组织资产的管理与核算 ······ 339
　　第二节　民间非营利组织负债的管理与核算 ······ 366
　　第三节　民间非营利组织净资产的管理与核算 ···· 375
　　本章小结 ································· 377
　　关键术语 ································· 378
　　复习思考题 ······························ 378
　　练习题 ··································· 378
　　阅读材料 ································· 378

第十章　民间非营利组织收入和支出的管理与核算 ···· 382
　　第一节　民间非营利组织收入的管理与核算 ······ 382

第二节　民间非营利组织支出的管理与核算 …………… 396
　　本章小结 ……………………………………………………… 402
　　关键术语 ……………………………………………………… 403
　　复习思考题 …………………………………………………… 403
　　练习题 ………………………………………………………… 403
　　阅读材料 ……………………………………………………… 403

第十一章　民间非营利组织财务报告和财务分析 ……… 406
　　第一节　民间非营利组织财务报告 …………………………… 406
　　第二节　民间非营利组织财务分析 …………………………… 422
　　本章小结 ……………………………………………………… 427
　　关键术语 ……………………………………………………… 427
　　复习思考题 …………………………………………………… 427
　　练习题 ………………………………………………………… 428
　　阅读材料 ……………………………………………………… 428

主要参考文献 …………………………………………………… 431

第一篇　绪　论

　　财务会计是一种起源于社会生产实践需要的管理活动，在我国依据其核算和监督内容的不同，被划分为企业财务会计和公共部门财务会计两大类。企业财务会计是以营利为目的、以资本循环为核心、以成本核算为内容的经营型会计，如工业企业会计、商品流通企业会计、交通运输企业会计、施工企业会计、房地产开发企业会计、旅游饮食服务企业会以及农业企业会计等；公共部门财务会计则是以经济和社会事业发展为目的、以执行政府预算为核心、一般不进行完全成本核算的管理型会计，主要包括各级政府财政会计、各级各类政府部门会计、各级各类公立的非营利组织会计，上述会计在我国习惯地分别被称为财政总预算会计、行政单位会计和事业单位会计。

第一章 公共部门财务会计概述

教学目的与要求

通过对本章的学习,了解公共组织的界定与构成要素,掌握公共组织财务管理的内涵和特点,理解公共组织财务管理的目标、任务和原则,公共组织财务管理的内容,公共组织财务管理的方法,公共组织财务制度体系。

第一节 公共部门的界定与构成要素

公共部门是提供公共产品或劳务的单位。明确公共部门的含义及特点,界定我国的公共部门,是进行公共部门财务管理与核算的前提。本节主要阐述我国公共部门的概念、特征、范围及构成要素。

一、公共部门的概念

部门,是人们依照一定的目的、任务和形式组建起来的社会群体。部门具有以下五个特征:(1)部门是人们在相互交往中形成的一定行为关系的集合;(2)部门有某种特定的目标;(3)部门有一定的结构和活动方式;(4)部门有其内在的价值观;(5)部门是一个开放系统,随着社会环境的变化而有机地发展。

在社会生活中,有一些部门的目的是为了更好地服务于个人或私人利益,这类部门属于私人组织;有一些部门的目的是为了服务社会公众,这类部门就是我们所称的公共部门。所以,公共部门是与私人组织相对应的概念,是以管理社会公共事务、提供公共产品和公共服务、维护和实现社会公共利益为目的,拥有法定的或授予的公共权力的所有组织实体。

二、公共部门的特征

(一)公共部门以管理社会公共事务、维护和实现公共利益为基本职责

社会公共事务是相对于私人事务而言的,是指涉及全体社会公众整体的生活质量

和共同利益的一系列活动，其具体内容包括社会问题、公共项目和公共财产与资源。公共利益就是一定范围内所有社会成员利益的共同部分。因此，公共利益不是单个社会成员或者单个组织的特定利益，而是全体社会成员的共同利益。公共利益的构成在价值上具有多元综合性，具体体现为公共产品、公共服务、公共安全、公共秩序、公正、民主等。这些价值是保证社会成员进行正常、有序的共同生活的基础。能够有效地为社会提供所需的公共产品、公共服务、公共安全、公共秩序以及公正、民主的政治经济环境，是公共部门存在和发展的依据，也是其存在和发展的合法性基础。

（二）公共部门不以营利为目的

公共部门在从事组织生产和提供公共产品和公共服务的过程中，其主要目的和动机在于谋求社会的"公共利益"，一切措施都是在顾及全局公平、公正、公开的原则下为全体民众服务的，并以最好的服务来争取民众的拥护与支持，不以营利为目的。但是，为了弥补提供公共产品和公共服务过程中的经费不足，或者为了平衡在享受公共产品和服务方面实际存在的差异，公共部门有时也会采用收费的办法。但是，这种收费绝不以营利为目的。公共部门的活动经费来源于三个方面：一是公共财政开支；二是有偿服务收入（按产品和劳务的成本收取的费用）；三是通过社会的赞助、资助、捐助、彩票等筹措的资金。

（三）公共部门通过行使公共权力来管理公共事务

公共权力是用于处理公共事务的权力，是公共部门实施自身职能的前提条件。公共权力是由社会的共同需要而产生的，是全体社会成员共同意志的集中表现，对全体社会成员具有普遍的约束力，其基本目的在于维持、调整或发展整个社会生活的基本秩序。公共部门要么拥有法定的公共权力，要么拥有由公共权威部门授予的公共权力。这种公共权力与非公共部门中存在的"私权"有着本质的区别。从其基本内涵来说，在主体上，公共权力属于公众而非某个个人；从客体上看，公共权力指向的是公共事务；从功能上看，公共权力为公共利益服务。公共权力具有权威性、强制性、普遍性、排他性，这些特性使公共权力有着比"私权"更广泛的约束力、强制力和管辖范围。当然，公共权力的使用更强调依法行使，防止权力的滥用，因此公共部门必须受到全社会的监督。

（四）公共部门的活动必须依法进行并受到高度监督

公共部门尽管代表着社会公众的共同利益，但它的产生和运行方式不能凌驾于国家法律之上。公共部门的产生必须依据社会公共生活的实际需要，按照国家有关法律法规所规定的原则和程序依法审批和设置。在运行方式上，公共部门必须依法规范自己的管理行为，自觉地贯彻和执行有关公共事务方面的法律法规，在法律法规所规定的范围内自觉履行对公共事务的管理职责。

正是因为行使公共权力，公共部门的一举一动都必须接受来自舆论或公众的批评和监督，其所作所为必须是公开的、透明的。目前许多国家设立的"阳光法案"、公务人员财产申报制度，以及重大公共工程实行公开招标，其目的就是为了引起公众的高度关注和对公共部门活动的严密监督，使公共部门不损害全体民众的利益，积极地为全体民众谋福利，真正做到以民意为依归。社会中的每一位公民都有权合法享有这种服务和提出意见、建议，并进行监督。同时，公共部门也要接受来自立法和司法部门以及各利益团体的监督。

(五)公共部门的行为具有强制性和权威性

公共部门虽然是公共产品和公共服务的提供者,但它是依据公共权力来从事社会公共事务管理的,因此也是公共权力的执行者。这就决定了公共部门行为具有强制性和权威性的特点,这种强制性和权威性在维护既定的政治关系和社会秩序过程中起着不可替代的作用。公共部门作为行使公共权力的主体,必然代表统治阶级的意志,其所制定的公共政策皆具有政治意义。因此,公共部门实现目标的过程,如果忽略了政治因素,则不容易理解其运作内涵。公共部门不可避免地要面对全国性的或地方性的政治利益团体以及各种相互制衡的权力关系;公共部门的活动由于具有强制性和权威性,凡是在其职权范围内的事务,皆有管辖权,任何一个被管理者都必须无条件地接受和服从,若有违法乱纪的行为,公共部门便可依法予以处分。

(六)公共部门的目标不易计量及责任的多元化

公共部门的目标就是谋求公共利益,但公共利益大多是模糊而不易计量的,它表现为公众对公共产品和公共服务的多层次、多样化、整体性的利益需求,不像私人利益那样明确、直接。公共部门也不能像私人组织那样以利润来衡量组织和员工的绩效。公共利益只是作为公共部门负有公共责任以及必须为大多数人服务的一种象征。由于公共部门的服务对象是社会公众,公共部门不仅目标模糊、多元、不易量化,民众的期望亦很多,要求其必须承担包括政治责任、法律责任、道义责任在内的所有公共责任。

三、公共部门的范围

公共部门是公共管理的主体。近年来,公共管理发展的一个重要特征就是管理主体构成的变化。一方面,作为公共部门主体的政府,其管理职能和管理方式必然要随着时代的发展而转换;另一方面,越来越多的社会组织进入公共领域,打破了公共事务管理中政府作为唯一主体、独揽公共服务供给的制度安排。引进竞争性的供给方式,争取社会组织的支持,逐步实现公共事务管理的社会化,实现政府公共管理职能在行政系统外的有效拓展,这意味着,公共管理的主体应该是以政府为核心的开放式多元体系。因此,公共管理既包括政府组织的公共管理,又包括行使某种公共职能的社会组织的公共管理。相应地,公共部门既包括政府组织,也包括非政府组织。非政府组织就是指政府以外的其他公共部门,包括事业单位、社会团体、非营利性社会中介组织和民办非企业单位。非政府组织依法进行登记,并经法律、法规授权或政府组织委托进行公共事务管理,被称为"准公共部门"。在西方,又被称为非营利组织或第三部门等。

(一)政府组织

政府有广义和狭义之分。广义的政府,是指执掌公共权力的所有的国家机构,包括各级立法机关、行政机关和司法机关;狭义的政府,是指各级国家行政管理机关,即按照立法、司法、行政三权分立的原则而建立起来的行政机关,包括中央和地方的行政机关。作为公共管理主体的政府应是广义的政府。政府作为公共权力的执掌机构,其基本职能就是维持、处理社会公共事务。作为从事社会公共事务管理的公共部门,政府组织具有政治职能、经济职能、科学教育文化职能和其他社会职能。它既是一种管理组织又是一种政治组织。作为管理组织的政府组织,与企业组织具有许多共同性或相似性,因此,企业组织的某些管理方法和经验可以借鉴或移植到政府组织中来。但是,作为政治组织的政府组织,它所从事的活动具有政治目的,必须尽力获得社会大多数人的认可,还要体现出自身充分的社会性。从这个意义上讲,政府组织作为国家机构中的政府系统,是兼有管理组织和政治组织两重性质的一种特殊的社会组织,是社会公共事务管理的最主要的公共部门,它承担了大部分公共事务的管理。政府组织在实施管理过程中的最主要特点就是根据宪法和法律的授权,依靠公共权力实行强制性管理。政府组织对某一事务作出裁决,有关组织和个人必须遵从,否则将有可能受到处罚。

作为"纯粹的"公共部门,政府组织具有以下五个基本特点。第一,政府组织作为公共权力的执掌机构,其基本职能就是维持、处理社会公共事务。第二,政府组织用来从事公共管理的公共权力就其性质而言,是由社会共同需要产生的,是全体社会成员共同意志的集中体现,因而对全体社会成员具有普遍的约束力。第三,政府组织行为的价值取向是公共利益。政府组织作为社会主要的公共部门,必须把追求和维护公共利益作为自身的行为目标。第四,政府组织所掌握和运用的资源是一种公共资源。政府要通过行使权力来实现其公共管理职能,必须以掌握一定的资源为前提,而这又集中表现为对财源的拥有。政府组织的财政来源于全体公民的税收,因而其财政实质上是一种公共财政。第五,政府组织为社会提供的产品是一种纯公共产品,如国防、处理国际关系、维护社会治安、城市基础设施和公用事业建设、普及教育、提供医疗保健条件等。

(二)非政府组织

非政府组织是相对于政府组织而言的,是指政府以外的处理各种社会公共事务、提供各种公共产品和服务的公共部门。

1. 事业单位

我国的事业单位是指为了社会公共利益,由国家机关举办或其他组织利用国有资产举办的,从事教育、科学、文化、卫生等活动的社会服务组织,如国家举办的学校、医院、研究所、文化艺术团体、新闻机构、社会福利机构等。这类组织主要由政府举办,所需资金主要由财政提供,部分资金由其为社会服务所得收入予以补充,其基本功能是以自身的专业知识和技能为社会提供公共服务或混合公共产品,其服务或产品价格由政府决定,政府对这些组织实行必要的行政管制,由国家编制部门统一管理。目前,我国的事业单位在数量上是仅次于企业的第二大社会组织,主要分布在教育、卫生、科研、文化体育、城市公用事业、社会福利等领域。其中,国有事业单位占90%以上,非国有事业单位的比重不足10%。由于大多数事业单位隶属于政府部门,其使命是执行由政府决策所确定的公共服务,其权威间接来源于政府的公共行政权力。非营利性、提供公共服务、主要由政府投资是事业单位的基本特征。国外虽有类似的社会组织,但都没有这一称谓,一般把其包括在非政府组织、非营利组织或第三部门中。

2011年中央已经确定了一张事业单位分类改革的时间表,共涉及超过126万个机构,4 000余万人。该表预计到2015年,中国将在清理规范基础上完成事业单位分类;到2020年,中国将形成新的事业单位管理体制和运行机制。对承担行政职能的,逐步将其行政职能划为行政机构或转为行政机构;对从事生产经营活动的,逐步将其转为企业;对从事公益服务的,继续将其保留在事业单位序列,强化其公益属性。

根据公共财政理论和其承担的社会职能,事业单位可划分为承担行政职能、从事生产经营活动和从事公益服务三个类别。

行政类事业单位是指提供纯公共产品或收费管理难度大、需求弹性小、外部效益大的混合公共产品的公共部门。这类单位一般不直接从事生产经营和商品流通,没有或很少有稳定的收入,其各项业务活动几乎全部是为了满足公众对公共产品的需要,不可能由市场机制配置和调节。对这类事业单位,政府出面并介入其各项事务,由财政维持其正常发展、核拨经费,其人员经费、正常公用经费和事业发展经费由财政供给。单位按照政策规定合理筹措、组织的各项收入,全部留归单位使用,以求公共事业尽快发展。行政类职能将划归行政机构或转为行政机构。

公益类事业单位是指提供具有一定外部效益的混合公共产品的公共部门。这类产品若完全由财政提供,将会因过度消费而造成效率损失;若完全由市场提供,又会造成供应不足。对于这类产品的供应,采用将财政提供与市场提供相结合的做法可以使效率损失减少。这类事业单位的经济性质具有双重性,它既部分担负着具有公共性和社会性的服务,又部分满足个体消费的需要,具有经营的属性。因此,其提供服务的同时有相对稳定的收入。对于这类事业单位,其人员经费、正常公用经费由国家财政以定额或定项补助的方式核拨,事业发展经费原则上由单位从组织收入中解决。此类事业单位又根据可否由市场配置资源等,分为公益一类和公益二类:公益一类包括中小学、公共图书馆、博物馆、疾控中心等;公益二类则包括高校、职业院校、公立医院等。

经营类事业单位是指提供收费管理较容易、需求弹性大、外部效益较低的混合公共产品的部门。这类事业单位主要从事生产经营和商品流通,以经营创收为目的,其提供的各项服务或劳务的利益可以内在化和私人化。对这类事业单位,政府部门应创造一定的外部环境,适度放宽政策并给予扶持,鼓励和促使其走向市场,全部退出财政供给序列。这类事业单位将改制为企业,由私人兴办或者由市场机制调节,从而退出公共部门。

随着事业单位分类改革将在 2016 年全面完成,大量的文化、应用型科研、卫生、体育、广播、电视等事业单位将全面走向市场,在市场中依靠其自身开展业务活动取得的收入,满足其继续开展业务活动支出的需要,实行企业化管理。教育事业单位和极少数需要由财政拨款的事业单位如基础性科研单位、公共卫生单位等,将继续依靠财政补助收入来满足其开展业务活动支出的需要。

2. 社会团体

我国的社会团体是指中国公民根据自愿组成,为实现会员共同意愿,按照其章程开展活动的非营利性民间组织。这类组织主要包括各行各业的各种学会、联合会、研究会、基金会等,具有非营利性和民间性两种基本组织特征。社会团体主要是由一定社会群体的共同意愿或利益的代表组成,以社团成员互益为基本宗旨,为实现这些社会成员的公共意愿而开展各种公益性活动,其社会定位是作为政府与社会相互沟通联系的桥梁与纽带,其权威基础来源于社会或其组织成员对其目标所具有的公共价值的认同,并得到政府在政策或道义上的支持,其活动多集中在济贫救弱、环保、文化教育、社区工作等领域,这类组织活动所需的经费一般由政府财政提供或社会捐助等。社会团体成为公共部门,需要按照《社会团体登记管理条例》进行登记,而社会团体成为公共管理主体,还需经过法律、法规授权或行政机关委托。如根据《中华人民共和国消费者权益保护法》第三十二条的规定,消费者协会履行向消费者提供消费信息和咨询服务,参与有关行政部门对商品和服务的监督、检查,受理消费者的投诉,并对投诉事项进行调查、调解等职能。

3. 非营利性社会中介组织

社会中介组织不同于一般的为市场主体提供中介服务的市场中介组织。它是指在政府、市场、公民、企业之间起桥梁和纽带作用的,具有同业自律、监督、鉴证、协调沟通等功能的各类组织,其权威源自组织成员的委托与授权,或源自社会公认的、与专业能力相联系的公共信用资源。社会中介组织可分为营利性社会中介组织和非营利性社会中介组织。营利性社会中介组织主要是从事服务活动的非成员性组织,如评价、审查型的中介组织(律师事务所、会计师事务所、公证和仲裁机构、资产评估机构等)。在我国,20 世纪 80 年代初,这类社会中介组织多数是由政府设立的。当时的律师事务所、会计师事务所等经济鉴证类中介组织是承担一定行政职能、不以营利为目的的公共部门。1998 年国务院机构改革中将把社会中介组织从政府部门中分离出去作为主要内容之一,规定经济鉴证类社会中介组织要与政府部门脱钩,成为在工商部门登记注册的市场主体和企业法人,是在追求自身利益的过程中满足社会需要而获取利润的服务性组织,从而退出了公共部门的行列。一部分主要从事管理活动的成员性中介组织(如行业协会、商会),属于事业单位或社会团体法人,它们向社会提供的服务是有偿的,但不是营利性实体,不受自身利益驱动,遵照自收自支的原则,向服务对象收取一定的服务费,意在弥补服务性活动中的实际支出,维持机构的活动。它们通常会受到公共权力的监督、规范与保护,其活动可以通过满足个别社会成员特殊需要的形式实现某种整体利益,如深化政府、市场、公民、企业之间的联系,规范公民、企业、市场及政府的行为,降低社会交易成本,因而这种中介服务具有公共服务的性质。如行业协会,其主要功能和作用是制定本行业内的规章制度,以维持本行业从事活动的正常秩序,加强本行业经营活动的自律性,协调行业内部的种种关系,协调解决内部的纠纷,代表会员加强与政府的沟通,向政府有关部门提出要求、意见和建议,开展各种形式的服务,如组织行业的人才培训和交流、为企业进行技术和管理的咨询服务、推行本行业有关产品的国家标准和国际标准等。目前,我国的部分非营利性社会中介组织是具有官方或半官方性质的准行政单位,它们由政府出资创办,像行政单位一样给予人事编制、核拨业务经费、受政府委托承担一定的社会管理职能。它们向社会提供的服务是无偿的,原则上不向服务对象收费,或者只收取少量管理费或工本费,绝不能追求盈利。非营利性社会中介组织,经合法登记后成为公共部门,而它们参与公共管理,为社会公众提供中介服务,还要根据法律、法规授权或行政机关委托。

4. 民办非企业单位

我国的民办非企业单位是指企业事业单位、社会团体和其他力量以及公民个人利用非国有资产举办的,从事公益性社会服务活动的社会组织。这类组织包括各种民办的非营利性的学校、医院、福利院、研究所、文化中心、社区服务中心等。民办非企业单位的主要功能是面向社会,为满足人们的社会需要而开展服务;其社会定位是凭借专业知识和技能服务于社会的非营利组织;其组织形式是具有一定专长的单位成员,根据双向选择的原则和一定的组合形式,建立稳定型的单位实体;其工资报酬形式是单位成员按劳取酬。目前我国的民办非企业单位实行的是自收自支、自主办学(院、所等)、自负盈亏的原则,几乎没有国家财政拨款或资助,主要靠服务收费、捐赠获得资金,在提供服务中虽然注重社会效益但也要保障一定的经济效益,但其营利程度较低。其所提供的产品是混合公共产品,既具有部分公共产品的性质,又具有部分私人物品的性质。同社会团体一样,民办非企业单位也要按照有关规定先进行合法登记,然后再根据法律、法规授权或行政机关委托而具有公共部门的主体资格,成为公共管理主体。

在西方,非政府组织又称"第三部门",是指不以营利为目的的向社会提供不能由企业及政府充分提供的社会服务的组织。它是介于政府组织和私营组织之间的一切社会组织,是一个巨大的制度空间,又是一个内部差异非常大的部门,包括形形色色的组织,各组织之间在组织目标、运作过程、管理方式方面相差甚远,实际运行中各种机制重叠、交错、混杂是非政府组织的明显特征。非政府组织作为公共部门是由其特性所决定的。

第一,非政府组织虽然不像政府组织那样天然地拥有公共权力,但它们从事公共管理完全源于政府的合法授权。

第二,非政府组织主要是一些从事公益事业的组织,其生产或活动的基本目标是公益性的。

第三,非政府组织为社会提供的产品往往是公共产品或混合公共产品。

第四,非政府组织的资金来源主要是公共财政、不以营利为目的的有偿服务性收费和捐赠。

第五,非政府组织不以利润最大化为目的,而是为社会提供专业性、公共性服务,这种非营利性与政府组织以"公共利益"作为价值取向的目标或原则是一致的。

从一般意义而言,非政府组织具有准公共管理主体、公共管理相对人和民事主体三种法律地位和身份。就其依法管理公共事务而言,事业单位、社会团体、非营利性社会中介组织和民办非企业单位可以作为准公共管理主体,但须经法律、法规授权或行政机关委托。就其接受登记管理机关和业务主管机关指导、日常管理和监督检查而言,事业单位、社会团体、非营利性社会中介组织和民办非企业单位可以作为公共管理相对人,具有法人或其他组织的地位。就其所从事的各种民事活动而言,根据《中华人民共和国民法通则》第五十条的规定,有独立经费的机关从成立之日起,具有法人资格。具备法人条件的事业单位、社会团体,依法不需要办理法人登记的,从成立之日起具有法人资格;依法需要办理法人登记的,经核准登记,取得法人资格。

四、公共部门的构成要素

公共部门是按照一定的法律法规严格建立起来的正式组织,在构成要素的种类上与一般组织大体一致,但其要素的具体内涵却是不完全相同的。公共部门的构成要素主要包括以下九个方面。

(一) 部门目标

部门目标是指部门成员进行某项活动所须达到的预期结果。目标是部门的基本要素之一。部门都是为了实现某个目标而建立起来的,它决定着部门行为的方式和部门发展的方向,关系到部门管理活动的效果。公共部门目标是公共部门存在的基础。部门目标从不同的角度可有不同的分类。公共部门中的职能目标从时间上看,有长远目标、中期目标和短期目标,从空间结构上看有总目标和分目标。这些目标构成了公共部门中的"目标网络"。

(二) 部门人员

部门人员是公共部门的一个基本构成要素,也是公共部门的主体。作为公共管理主体的组织和机构,其实际的运行和效能的发挥,必须依靠具体的人来完成。公共部门的人员是受国家和公民的委托、行使公共权力、负责运用资源以达成政府施政目标的人。公共部门人员的素质和智能结构是公共部门的一个重要影响因素。管理主体自身素质的完善、认识能力的提高和价值取向的合理化,对公共管理的结果将会产生重要的影响。

(三) 物质因素

任何部门的运行,都无法离开物质因素的支持。物质因素包括公共部门赖以存在的载体如场地、房屋、办公设备、用品、经费等。

(四) 职能范围

职能范围是根据部门目标对公共部门所要完成的工作任务、职责及其作用的总体规定,它确定了公共部门行使职权的活动和作用范围。职能范围是组织目标的具体化,它决定着组织规模、内部职位设置等方面的内容。公共部门的职能范围从其性质的角度可划分为政治职能和管理职能,从管理角度可划分为计划、组织、协调、控制和监督等职能。

(五) 机构设置

机构设置是根据部门目标、职能范围在公共部门内部按单位进行分工的结果。公共部门都要通过一定的机构体现出来,公共部门的机构设置必须科学、合理,这样才能使公共部门真正成为公共活动的载体。

(六) 职位设置

职位设置是在机构设置的基础上进一步按个人职责明确工作分配或分工的结果,即将组织目标、工作任务、权力职责具体落实到个人身上。职位是公共部门运行最基本的要素之一,只有有了职位设置,才能使权力的流动成为可能。实行科学的职位分类,是减少公共部门内部矛盾的有效途径。

(七) 权责体系

职权是指被组织正式承认的权力,它主要来自组织的认可,与职位有密切关系。职责是指完成任务所应承担的责任。权责体系指公共部门中各个部门、层次、成员之间若干从属、并列等相互关系的确认与规范,它通过权力和职责的划分,保障公共部门各组成部分有序地运行。

（八）规章制度

规章制度是指以书面文件等形式表达的对部门目标、职能任务、权责关系、活动方式等进行处理的规范的总称。从总体上讲，从公共部门机构设置、权力划分到公共部门成员的行为规范等，都要有法可依。就公共部门内部而言，也必须有一套规章制度，以确保公共部门的正常运行和公共权力的正确行使。

（九）技术和信息

公共部门构成因素中的技术不仅指组织活动过程中所采用的科学技术，也包括组织决策原则、方式在内的"政治技术"。信息是组织活动不可缺少的因素，信息传递的途径和方式，也正是组织各部分相互协调的途径和方式，组织过程在一定意义上是一个信息收集、整理、制造、传递、反馈的过程。信息技术将改变许多组织的性质和结构，以及组织产品和服务的性质与生命周期。新技术可以促进分权化、网络化的管理作风以及自组织的能力。

第二节 公共部门财务会计的内涵和特点

公共部门财务会计是指公共部门管理本单位的财务活动、处理财务关系的一项经济管理工作。因此，要了解公共部门财务管理，必须先分析了解公共部门的财务活动及财务关系。

一、公共部门财务活动

公共部门财务活动是公共部门以资金收支为主的财务活动的总称。从性质上看，公共部门是政府的职能机构及其延伸，它们以管理社会公共事务、协调社会公共利益关系、满足社会公共需要为动机，以加强国家政权建设、实现政府意图、促进国家各项建设事业为己任，不以营利为目的。尽管如此，在社会主义市场经济条件下，拥有一定数额的资金，不仅是工商企业进行生产经营活动的必要条件，也是各类公共部门开展工作，提供公共产品、公共服务的必要物质条件。没有资金的收支，没有必要的经费，公共部门就不可能从市场上购入设备、物资、材料等，就无法开展工作，无法完成任务。这种资金的收支构成了公共部门的财务活动。公共部门的财务活动主要包括以下三个方面。

（一）财政资金收支活动

预算包括公共预算和公共部门预算两种。公共预算即国家预算，是经法定程序批准的政府年度收支计划，既是履行政府职责、反映执政党社会经济发展目标的计划，又是限制政府收支的手段。公共预算不仅直接反映出政府的收支情况，往往还间接地反映了政府的职能与任务。公共部门预算是各公共部门根据国家的方针、政策，按照国家规定的工作任务和事业计划，依据定员定额和收支标准编制的计划期内的财务收支计划。它是国家预算的基础，是国家财政部门和公共部门之间预算资金缴拨的依据，也是公共部门开展各项财务活动的基本依据。财政部门要根据核准后的预算向各公共部门拨付经费,并根据有关的财务制度、财经纪律及公共部门预算,对各公共部门的财务收支活动进行管理和监督。各公共部门则应根据核准后的预算,按规定的收费项目、范围和标准积极组织征收,并根据预算合理安排各项资金支出,办理各项财务活动。公共部门预算资金的取得与使用过程中产生的各项收支活动,就是公共部门财政资金收支活动。

（二）其他非税资金收支活动

国家机关(国家权力机关、国家行政机关、国家审判机关及检察机关)、事业单位、社会团体、具有行政管理职能的企业主管部门和政府委托的其他机构,为履行或代行政府职能,依据国家法律、法规和具有法律效力的规章而收取、提取、募集和安排使用的其他各种财政性资金。资金中的相当一部分是凭借政府职能实现的,所以属于政府资金,资金的所有权属于国家,而不是有关部门或单位的自有资金,必须纳入财政管理,由财政部门通过财政专户统一核算,集中管理。各公共部门应严格按国家规定的收费范围和收费标准,积极组织征收,并按规定的时间及时上缴同级财政专户,然后,按其他非税资金收支计划和公共部门财务收支计划,合理安排资金的使用。其他非税资金的取得与使用所产生的资金收支,便构成了公共部门其他非税资金收支活动。

（三）经营收支活动

公共部门资产配置领域的非生产性、资金来源的非直接性、资金使用的服务性与非增值性,决定了公共部门资产的非经营性。但是,很多公共部门为了合理配置和有效利用各种资源,增加单位收入,在保证开展专业业务活动、不影响正常事业计划完成的情况下,往往利用闲置的场地、房屋、设备等依法开展经营活动,从而将这些非经营性财产转作经营性财产。这些转作经营性使用的资产,与企业经营资金一样,一旦进入经营过程,就开始了资金的循环和周转,并将实现利润,然后还要按一定比例将利润在国家、公共部门之间进行分配。在这个资金循环过程中,同样会发生一系列的资金收支活动,这些资金收支活动,便是公共部门的经营活动。

上述三个方面的财务活动,不是相互割裂、互不相关的,而是相互联系、相互依存的。其中,财政资金收支活动是公共部门财务活动的主体,是公共部门履行职责、完成行政事业任务的重要保障。其他资金收支活动是财政预算的补充,对正确处理和调整中央与地方、国家与企业、国家与职工个人之间的利益分配关系,调动各方面的积极性,促进社会主义生产和建设事业的发展具有重要意义。经营收支活动是市场经济条件下出现的一种现象,是公共部门适应市场经济的发展,改善公共部门经济条件,增强公共部门活力,使各公共部门逐步走向市场的一种有效途径。上述三个方面既相互联系,又有一定区别,共同构成了公共部门的财务活动。

二、公共部门财务关系

财务关系是各公共部门在组织和管理本单位财务活动的过程中与有关各方之间的经济联系。公共部门的各种资金收支活动与有关各方有着广泛而密切的联系,公共部门的财务关系可概括为以下六个方面。

（一）与政府的关系

这主要是指公共部门与政府之间预算资金及其他非税资金的上缴下拨所形成的资金分配关系。公共部门各项活动的非营利性决定了它们开展业务活动、完成工作任务所需的资金主要由政府来保证，由国家预算来供给。财政部门是政府分配财政资金的机关，是统一管理政府资金的职能部门，因此，公共部门与政府之间的财务关系其实就是公共部门与财政部门之间的关系。公共部门的性质决定了它与财政部门之间必然有着密切的联系，主要表现在：公共部门预算和决算由财政部门或主管部门审批，财政补贴收入由财政部门拨付，年终结转结余上缴国家预算（国家财政），财政资金的收支主要由财政部门管理和监督。此外，财政部门还是其他非税资金管理的职能部门。财政部负责其他非税资金管理的政策、制度的制定工作，对其他非税资金的运行进行宏观调控；地方财政部门则是其他非税资金的直接管理机构，具体负责其他非税资金管理办法、制度的制定，并对制度的执行情况进行监督，负责管理与本级政府部门直接发生缴拨款关系的各公共部门其他非税资金的收取、安排和使用，并对其他非税资金收支计划和决算进行审批。各公共部门应服从财政部门的管理和监督，该上缴的各项资金要按规定及时、足额上缴。公共部门与财政部门之间的财务关系，体现着国家与其职能部门之间财政资金上缴下拨的关系。

（二）与其他职能部门的关系

这主要是指公共部门与计划、银行、物价、审计、劳动、税务等部门之间的经济关系。各公共部门是其他非税资金管理的执行单位，而各级计划、银行、物价、审计、劳动、税务等部门是和其他非税资金管理有关的部门。例如，银行部门是我国信贷、现金出纳和结算中心，在我国现行的"专户储存，计划管理，财政审批，银行监督"的其他非税资金管理方式下，为更好地管理各公共部门其他非税资金收支活动，必须加强银行的监督管理。其他职能部门，如物价、审计、税务等部门也都在其他非税资金管理活动中发挥着巨大作用，与各公共部门的预算外收支活动有密切关系，彼此之间常常会发生资金的往来与结算。这便构成了公共部门与其他职能部门之间的财务关系。

（三）与上下级单位的关系

上级单位作为公共部门的行政领导部门，与公共部门不仅存在行政及业务领导关系，还往往存在着密切的资金往来关系：公共部门的收入一部分来源于上级补助，而公共部门通过某些渠道取得的部分收入又要按规定上缴上级单位。同样，作为所属下级单位的上级单位，公共部门为了保证下级单位各项工作的顺利开展，通常要向下级单位拨付一定的资金，作为其事业经费，同时，又要按规定向下级单位收取部分收入。公共部门与上下级单位之间资金上缴下拨所引起的资金收支活动，就构成了公共部门与上下级单位之间的财务关系。这种关系体现了上下级单位之间领导与被领导、管理与被管理的关系。

（四）与组织内部各单位的关系

公共部门内部各单位指的是公共部门内部各职能部门。这些部门各自承担着不同的任务与职责，彼此分工协作。在实行内部经济核算制的条件下各部门常常是既有相对独立的资金收支活动,彼此间又有着密切的资金往来,相互要进行资金结算。公共部门内部各部门之间的这种资金结算关系,体现了公共部门内部各单位之间的利益关系。

(五) 与本单位工作人员的关系

这主要是指公共部门在向本单位工作人员支付劳动报酬的过程中所形成的经济关系。公共部门要按规定的工资等级和标准向职工支付工资、津贴,按规定的开支标准支付奖金、福利,还要按规定的补贴标准支付出差补贴、下乡补贴等。公共部门与工作人员之间的这些资金结算关系,构成了公共部门与本单位工作人员之间的财务关系。

(六) 与其他各有关方面的关系

这主要是指各公共部门在开展工作,提供公共产品、公共服务的过程中与其他有关各方发生的资金往来关系。例如,各公共部门要实现政府职能,按政府的意图提供公共产品,进行各项建设事业,需要大量的钢材、水泥、石油等生产资料,在市场经济条件下各种生产资料不可能无偿获得,只能通过政府购买。在购买过程中,会发生债权债务往来及资金的结算;在公共产品购建或提供过程中,会与承建方发生劳务费用的结算;若公共产品和公共服务为有偿提供,还会与商品使用者发生收付费关系。所有这些方面都与公共部门有着密切的资金往来关系,构成与公共部门的财务关系。

三、公共部门财务会计的特点

公共部门是以管理社会公共事务、协调社会公共利益关系为目的的组织,是国家职能的承担者,是国家为满足社会公共需要而成立的。其动机在于加强服务,便民利民,谋求公共利益。它不以营利为目的,主要从事一些非营利性的活动。因此,多数公共部门自身并没有什么收入,即使某些公共部门根据国家有关规定可自行组织一些收入,往往也是收不抵支,难以满足公共部门各项经费支出需要。这就决定了公共部门的支出不可能像企业消耗那样,通过自身资金的循环和周转得到补偿,决定了公共部门从事各项业务活动、完成工作任务,必须有国家财政的支持,必须由国家财政拨付全部或部分经费。公共部门资金运动的上述特点,决定了公共部门财务管理具有如下五个特点。

(一) 政策性强

公共部门作为国家职能的承担者,其各项活动对社会主义物质文明和精神文明建设有举足轻重的影响,与国家的社会主义现代化建设和人民群众的物质文化生活密切相关。同时,各公共部门的业务经费主要由财政拨款。所以,公共部门财务活动体现着国家的财政方针政策,体现着国家支持什么、反对什么、鼓励什么、限制什么,体现着政府的意图。它们的一收一支,包括哪些可收、哪些不可收,哪些该收、哪些不该收,哪些可减收,收多少、怎样收,以及哪些可支、哪些不可支,哪些该支、哪些不该支,支多少、怎样支,都有明确的规定,都带有极强的政策性。因此,各公共部门在办理各项收支业务时,要严格遵循有关的收支范围和收支标准,严格执行各项财务规章制度及财经纪律,依法理财,合理、有效地使用每一笔资金,以保证各项事业的顺利开展。

(二) 以预算管理为中心

预算管理是公共部门财务会计工作的中心。各类公共部门每年年初都要根据事业发展计划和单位工作任务安排编制单位年度预算,并按一定程序报有关部门审批。审批之后,公共部门预算就成为财政部门管理各公共部门财务收支活动的依据。财政部门一方面根据公共部门预算向其核拨经费;另一方面,又通过预算管理,将公共部门的各项财务收支纳入预算,统一核算,统一管理。从各公共部门角度来看,各公共部门预算经有关部门审批之后,同样成了本单位办理财务收支业务及其他各项财务活动的重要依据,公共部门各项财务收支活动都要按预算执行,其他各项财务管理工作也主要围绕公共部门预算来展开。因此,预算管理是公共部门财务管理的中心,在各公共部门财务管理中起着主导作用。要提高公共部门财务管理工作质量,必须切实加强预算管理。

(三) 经费来源的无偿性

公共部门主要依靠国家财政,由财政部门通过预算向单位分配财政资金。财政分配的无偿性决定了各公共部门获得的经费也具有无偿性。而且,公共部门作为国家职能的承担者不以营利为目的。它们为社会提供的公共服务往往是低价的,甚至是免费的,它们的各种消耗很难通过自身的经营活动进行补偿。这客观上也决定了其完成各项事业任务所需经费必须由国家无偿供给。虽然也有少数公共部门的经费是通过社会捐助、非营利性服务收费等方式从社会取得,而不由国家财政拨款,但其经费来源同样具有无偿性。当然,各公共部门在财务活动中,不能因为经费是无偿的就大手大脚,想花多少就花多少,想怎么花就怎么花,而应严格执行国家的各项财务制度及财经纪律,严格按照国家的有关规定及标准办理各项收支活动,认真贯彻勤俭节约的原则,把国家的每一分钱用到该用的地方,提高资金的使用效益,合理利用有限的资金。

(四) 涉及面广

作为管理社会公共事务、协调社会公共利益关系、实现国家职能的组织,公共部门遍布全国城乡,它们的活动关系着经济的发展、社会的进步和国家政权的建设,与政府意图的实现密切相关,与广大人民群众的生产、生活紧密相连。比如,各级行政机关(政府组织)的活动直接关系到国家的安定团结,关系到国家各项建设事业的发展,关系到政府意图的实现;工、交、商、贸及农、林、水、电等事业单位的活动直接或间接地为社会生产服务;学校、医院、艺术团体、新闻机构、社会福利机构等事业单位及消费者协会、行业协会等社会团体的活动直接为人民生产、生活提供服务,直接关系到广大人民群众的衣食住行、生老病死。总之,各类公共部门不仅分布范围广,而且涉及面极广,它们的活动与国家社会、政治、经济生活的方方面面,与人民群众的生产、生活紧密相连。公共部门财务会计是为公共部门开展各项业务活动服务的,所以,公共部门财务会计的范围也非常广泛,不仅深入到全国城乡的每个角落,还深入到公共部门活动的方方面面。这就要求各公共部门切实加强财务活动的管理和监督,要求财务工作者要本着认真负责的态度,将财务工作做深做细,办好每一项收支业务,用好国家的每一分钱,切实把国家的方针、政策及政府的意图落实到每一个角落。

(五) 类型多样化

公共部门种类繁多、类型复杂。从所有制结构来看,既有全民所有制的又有集体所有制的;从业务活动性质来看既有生产性的,也有非生产性的,既有服务性质的也有社会福利性质的;从经费来源看,有的由国家财政全额拨款,有的部分拨款,还有的不拨款;从提供公共产品及公共服务的方式来看,有的是免费的,有的是付费的。不同的公共部门性质不同,业务特点不同,财务收支状况也有较大差异。相应地,对财务会计工作提出的要求也就不同,预算的编制、资金的安排、财务成果的分配也不一样。因此,在公共部门财务会计工作中,应坚持实事求是的原则,在严格执行国家统一的财务制度的前提下,根据公共部门的实际情况和实际需要,因地制宜地制定一套符合公共部门实际的财务会计核算办法,根据公共部门的类型,有选择地采用不同的方法进行管理。特别是我国目前正处于社会的转型期,各类公共部门的类型、运作机制和管理方式,都处于不断的改革和调整之中,这更要求各公共部门财务会计工作要切合实际,不能脱离实际搞"一刀切",不能生搬硬套地进行机械式的管理。

总之,公共部门财务会计是公共部门管理的一个重要组成部分,它是根据财务制度及财经法规,按照财务管理的原则,对公共部门有关资金的筹集、分配及使用所引起的财务活动进行计划、组织、协调、控制,并处理财务关系的一项综合性的经济管理工作。

第三节　公共部门财务会计的目标、任务和原则

公共部门财务会计的目标、任务及原则是公共部门财务会计理论的基石,它决定着公共部门财务会计的方向、内容和方法等,要学习、掌握公共部门财务会计理论与实务,首先必须探讨公共部门财务会计的目标、任务和原则。

一、公共部门财务会计的目标

公共部门财务会计的目标是公共部门财务活动所希望实现的结果,是评价公共部门理财活动质量的基本标准,是公共部门财务实践、财务决策的出发点和归宿,也是公共部门财务会计的行为导向。公共部门的一切财务活动都是围绕这个目标而进行的。

那么,公共部门财务会计的目标到底是什么?

公共部门财务会计的目标是努力增收节支,合理安排支出结构,严格控制经费支出,提高资金使用效益,充分利用有限的资金。

长期以来,我国财政实行统包供给,各公共部门缺乏自主权,收支活动基本上完全由财政统管,各项收入全部上缴财政,各项开支则完全由国家财政供给,各公共部门没有增收创收的动力,也没有资金短缺的忧患,使各公共部门对资金的使用缺乏严格计划和周密控制。随着我国社会主义市场经济体制的逐步建立和完善,随着国家各项建设事业的全面展开和深入进行,一方面,各行各业、各部门、各单位对资金的需求猛增;另一方面,由于受经济、科技发展水平及国家财政政策等因素的影响,国家财政收入增幅有限,使国家财政资金的供给与需求之间的矛盾异常突出,需求常常大于供给。这种情况不仅要求工商企业加强管理,改善经营机制,提高利润水平,增加收益,同时对各类公共部门资金的管理和使用提出了更高的要求。各公共部门应切实加强财务管理工作,各项财务活动都应紧紧围绕努力增收节支,合理安排支出结构,严格控制经费支出,提

高资金使用效益,充分利用有限的资金这个目标来进行。

二、公共部门财务会计的任务

公共部门财务会计的任务是:依法筹集并合理有效地使用资金,对公共部门的各项财务活动实施有效的综合管理。

(一)加强公共部门预算管理,保证各项事业计划和工作任务的完成

公共部门预算是各公共部门根据国家的方针、政策,按照国家规定的工作任务和事业计划,依据定员定额和收支标准编制的计划期内的财务收支计划,是公共部门开展各项活动的基本计划。加强预算管理,有利于国家有关方针、政策的贯彻执行,有利于优化财务资源的配置、合理安排和使用各项资金、提高资金使用效益,有利于促进各项事业的发展、加强政权的建设。因此,预算管理是公共部门财务会计工作的中心,是各公共部门事业计划和工作任务完成的保证。要搞好公共部门财务会计,必须加强预算管理,要根据国家规定,实事求是、科学合理地编制单位预算,并严格执行审批后的预算。在预算的编制与执行过程中,要处理好预算资金与其他非税资金、行政性支出与业务性支出、维持性支出与发展性支出、重点性支出与一般性支出之间的关系,做好预算管理工作。

(二)加强收支管理,提高资金使用效率

公共部门收支管理是公共部门财务会计的重要内容,是公共部门预算顺利实现的保证,是公共部门财务会计的基础。加强收支管理,有利于公共部门增收节支、合理安排资金、有效使用资金、提高资金的使用效益。其中,收入管理主要是对收入项目、标准及收入进度等进行管理,支出管理主要是对支出项目、范围、标准等进行管理。各公共部门应严格执行有关的财务制度,严格按照规定的范围和标准,办理各项收支,既要努力挖掘潜力、增加收入,又要精打细算、节约使用资金,合理安排支出。同时,还要加强对收支情况的分析研究,不断总结经验,改进收支管理工作。

(三)加强资产管理,防止国有资产流失

国有资产是各公共部门开展业务活动、完成工作任务不可缺少的物质条件。加强国有资产管理是公共部门财务会计管理的重要内容。通过国有资产管理,能够保证国有资产的安全完整,防止国有资产流失,还可挖掘财产物资的潜力,做到物尽其用。对公共部门资产进行管理,首先要切实防止重钱轻物的思想,不仅要把钱管好,还要把物管好。在实际工作中,要贯彻"统一领导,分工管理,层层负责,合理调配,管用结合,物尽其用"的原则,对各项财产购进要有计划,储备要有适当的定额,验收要认真负责,使用、保管要有责任制度,购进、发出、报废、报损、出售、转让手续要完备,财产记录要健全,账账、账实要相符。同时,要随时检查,加强维护保养,防止损坏、丢失,保证财产物资的安全完整。要防止资产闲置,提高资产使用效益。

(四)建立健全财务制度,实现公共部门财务会计工作的规范化和法制化

财务制度是公共部门财务会计的基本依据和行为规范。建立健全财务制度是公共部门财务会计工作的重要任务之一。建立健全财务制度,有利于保证国家方针、政策的

贯彻落实，有利于各项财务活动有法可依、有章可循，有利于实现公共部门财务会计的规范化和法制化。财务制度包括预算决算制度、收支管理制度、开支标准制度、资金管理制度、财产物资管理制度、财务分析制度、财务内部控制制度及财务监督制度等。各公共部门应根据财政部门及上级主管部门制定的财务制度，在本单位建立内部财务制度，健全财会机构，切实搞好核算管理、计划管理等各项工作。

（五）按规定及时编报决算，如实反映公共部门财务状况

公共部门会计报表是总括反映公共部门一定时期内预算收支执行情况和资金活动情况的书面报告。会计报表是公共部门领导全面、系统地了解本组织的财务状况和业务活动情况，考核、分析公共部门计划及有关方针政策的执行情况，从而作出正确的预测与决策的重要依据，同时也是国家有关管理部门了解公共部门财务状况，对公共部门活动进行分析、评价、管理和监督的重要依据。因此，各公共部门应在规定的时间内，真实、完整地编报决算。

（六）加强财务分析与财务监督，保证公共部门各项活动的合理性与合法性

财务分析与财务监督是公共部门财务会计工作的一项重要任务。加强财务分析与财务监督有利于国家有关方针、政策、财务制度和财经纪律的贯彻执行，有利于公共部门工作计划和财务收支计划的顺利完成，有利于公共部门挖掘潜力、增收节支、提高资金使用效益，有利于及时掌握公共部门财务活动状况，为财务决策提供依据。公共部门应根据本组织的实际建立一套符合自身特点的财务分析体系，运用各种分析方法对财务活动的各个方面进行全面分析，以找出工作差距，提出改进意见和措施。财政部门、主管部门和公共部门领导还要科学运用各种监督手段，对各项财务活动的合法性、合理性、真实性及财会资料的准确性、完整性等进行监督，以保证财务制度及财经纪律的切实执行。

三、公共部门财务会计的原则

公共部门财务会计的原则是公共部门财务会计工作中应遵循的基本规范。它来源于财务工作实践，是在公共部门财务工作实践过程中抽象出来的，并且在实践中被证明是正确的行为规范，是对财务会计工作提出的基本要求，也是评价公共部门财务会计工作质量的标准。它反映公共部门理财活动的内在要求，对于规范各类公共部门的理财活动，防止各公共部门自行其是，确保财务会计工作的质量，实现财务管理的目标，都具有重要意义。公共部门财务会计的原则一般包括以下六项。

（一）依法理财原则

依法理财是公共部门财务管理应遵循的基本原则。市场经济本质上是法制经济，在社会主义市场经济条件下，一切经济活动都必须在法律规定的范围内运行，财务活动也不例外。公共部门作为政府的职能机构及政府职能的延伸，其目的在于追求公共利益的最大化。各类公共部门活动过程的非营利性决定了它们的活动经费主要靠政府资助，由国家预算来供给，客观上决定了公共部门各类资金的收支活动，比企业资金的收支活动具有更强的规范性和程序性。各公共部门的财务活动必须以国家有关法律、法

规和财务制度为规范，坚持依法理财的原则。在财务会计工作中应牢固树立法律意识，一切财务活动都要严格依法进行，使各项财务会计工作在法制的轨道上运行。贯彻依法理财原则：首先，要根据国家有关方针、政策、法律、法规的规定，按照社会主义市场经济的要求，结合公共部门内部实际，加强公共部门财务会计制度的建设，形成一套科学、规范的财务工作制度；其次，在财务会计工作中，要严格执行各项财务管理制度，加强财务活动的监督检查，加大财务监督的力度，减少理财活动的随意性，揭露各种弊端及违法乱纪行为，维护财务制度及财经纪律的严肃性，做到有法可依、有法必依、执法必严、违法必究。

（二）勤俭节约原则

勤俭节约是公共部门财务管理中必须长期坚持的一项基本原则。各类公共部门开展业务活动所需的经费主要来源于财政拨款。从整个社会范围来看，人们对公共产品、公共服务的需求是不断发展变化、不断提高的，因此，整个社会对公共部门提供的公共产品、公共服务的需求是无限的，对资金的需要是无限的。国家财政资金来源受到社会经济发展水平、生产技术水平及财政政策等因素的制约，不可能无限制地扩大。因此，在一定时期之内，国家财政资金的供给是有限的，各类公共部门所能取得的活动经费也是有限的。各类公共部门要以有限的资金来满足无限的需要，就要求它们在财务活动中要权衡轻重，区分轻重缓急，优先把资金用到最重要、最需要的地方，以谋求社会公共利益的最大化。同时，在公共部门财务会计工作中应贯彻勤俭节约的原则，坚持"勤俭办一切事业"的方针，有效地使用各项资金，将勤俭节约的措施落实到资金筹集、使用和分配的每一个环节，坚决反对大手大脚、铺张浪费。贯彻勤俭节约的原则，还要求各公共部门做好资源的优化配置工作，根据实际情况确定合理的支出结构，精打细算，节约每一滴水、每一度电、每一张纸、每一分钱，用同样多的人力、物力、财力，办更多的事，防止资金的低效甚至无效使用，避免资金的浪费，使国家有限的人力、物力、财力发挥更大的作用，提高事业成果。

（三）量入为出原则

资金收支是公共部门开展工作、完成其行政及社会事业发展任务的保障，是国家政权建设的物质基础。要保证各公共部门事业发展和工作任务的完成，要保证各公共部门资金周转的顺利进行，就要求各公共部门的资金收支不仅在数量上，而且在时间上保持协调平衡。从数量上来说，收不抵支、入不敷出，会导致资金短缺，加重国家财政的负担；收大于支，又会造成资金闲置，不利于提高资金的使用效益，造成社会财力的浪费。从时间上来说，若收支不平衡，支出大部分发生在先，收入大部分形成在后，造成寅吃卯粮，也必然影响资金的顺利周转。因此，各公共部门的资金收支不仅要在数量上保持平衡，还要在每一时点上保持平衡。这就要求各公共部门在财务管理工作中，要贯彻量入为出的理财思想，在安排支出时，要先考虑收入的可能，做到量力而行与尽力而为相结合。一方面，要尊重客观规律，从财政经济的实际状况出发，充分考虑本组织的财力，有多少钱办多少事，要避免不顾客观实际，过分追求力所难及之事；另一方面，要尽力而为，在财力许可的范围内，充分发挥人的主观能动性，努力挖掘潜力，分清轻重缓急，合理安排使用资金，使有限的资金发挥最大的效益，尽力办好可办之事。在实际工作中，应把量力而行与尽力而为紧密结合起来,缺一不可。若过分强调量力而行而忽略尽力而为,容易造成消极对待工作,使可办之事不积极去办,能办好之事不积极办好,影响事业发展和工作任务的完成。反之,若过分强调尽力而为而忽视量力而行,则容易好高骛远,超越客观条件,最终事与愿违,好心办坏事,造成资金的浪费。因此,各类公共部门在财务管理工作中应贯彻量入为出的原则,以收定支,既要避免太大的赤字,又要避免过多的结余,努力使收支相抵。

(四) 效益原则

公共部门财务活动中必须遵循效益原则,包括社会效益和经济效益。公共部门是管理社会公共事务、协调社会公共利益关系的组织。公共部门在为社会提供公共产品和公共服务的过程中,以谋求社会的公共利益为目的。它要在公平、公正、公开的原则下为民服务。公共部门的这个特性决定了其财务管理肩负着保证国家政权建设及保障组织完成各项社会事业发展任务的责任,决定了公共部门财务会计工作必须把社会效益放在首位。所以,公共部门始终要以满足全体人民的需要为主,以从事社会公益活动为主,它的一切活动都必须围绕社会效益最大化来进行,努力发展教育事业、提高科技水平、丰富人民文化生活、增强人民体质、增进社会福利、维护社会秩序、协调经济关系、促进社会的发展。当然,公共部门在讲求社会效益的同时,还必须讲求经济效益,力求以尽可能少的耗费取得尽可能多的成果,以尽可能少的钱,办更多的事,提供尽可能多的公共产品。在实际工作中,要把社会效益和经济效益有机地结合起来,要在努力实现社会效益的前提下,讲求经济效益,既不能片面强调社会效益而忽视经济效益,也不能一味追求经济效益而置社会效益于不顾。

(五) 正确处理国家、集体和个人三者之间的利益关系原则

国家和集体之间的利益关系,体现着整体利益和局部利益之间的关系。国家与个人之间的利益关系体现着长远的根本利益与个人当前利益之间的关系。整体利益决定着局部利益和个人利益,个人利益也影响着局部工作,局部工作的好坏,又影响着全局工作的好坏。因此,各公共部门在财务管理工作中必须处理好三者之间的关系。对国家、集体和个人的利益都必须充分考虑,相互兼顾,既要防止过分强调集体利益和个人利益而忽视国家利益,又要防止单纯强调国家利益而不顾集体、个人的利益。为此,政府组织以外的各公共部门在财务管理工作中,在不违反财务制度及财经纪律、不损害全局利益的前提下,允许有一定的自主性,既可充分调动公共部门当家理财的积极性,又可激发职工个人的工作热情,促进他们发挥各自的特长,为社会提供各种服务而取得创收收入,增进集体及个人利益。然而,当集体利益和个人利益与国家利益发生矛盾时,集体利益和个人利益必须服从国家利益。各公共部门在谋求集体利益及个人利益时,必须认真研究国家的有关方针政策,必须考虑到国家财力的可能,不能为了自身利益而损害国家利益,不能损公肥私。

(六) 责任性原则

公共部门财务管理工作中贯彻的又一原则是责任性原则。各类公共部门的财产主要由财政拨款形成,业务活动经费也主要由国家预算供给,由财政拨付。公共部门财务会计工作的质量,直接关系到国家资产的安全和完整,关系到财政资金的合理有效使

用,关系到各项建设事业能否顺利完成。而要提高财务管理工作质量,公共部门及其财务工作者的责任心是必不可少的,有了责任心,才有工作的认真细致,才有履职的兢兢业业,国家的各项建设事业才有保障。因此,各公共部门在财务会计工作中,应从制度上及思想上入手。一方面,加强公共部门财务会计制度建设,严格岗位责任制,合理确定公共部门内部各部门、各人员的职权和责任,明确规定并严格执行业务处理的程序和手续,并建立健全内部财务稽核制度,加大内部财务监督的力度,从制度上确保各部门、各人员认真履职;另一方面,要加大思想政治工作力度,通过法制教育、道德教育,使财务工作者从思想深处牢牢树立起责任意识,产生高度的责任感,本着认真负责、实事求是的态度,办理好每一项业务。

第四节　公共部门财务会计的内容

公共部门财务会计研究的是资金的分配筹集、使用,以及经费支出是否符合预算,是否有利于促进各项事业发展和国家政权建设,是否有利于社会财力的充分利用等问题。具体来说,公共部门财务会计包括以下十四项主要内容。

一、预算管理

公共部门预算是各公共部门根据国家的方针政策,按照国家规定的工作任务和事业发展计划,依据定员定额和收支标准编制的计划期内的财务收支计划,是公共部门开展各项活动的基本计划。预算管理主要通过公共部门预算的编制、审批和执行,对公共部门各项财务收支计划进行管理。它是公共部门财务管理的中心。

二、计划管理

计划管理是指对公共部门预算以外的其他计划进行管理,如对预算外资金收支计划、固定资产计划、流动资金(周转金)计划、专用基金计划等的管理。公共部门各项计划与预算一起,约束着公共部门财务活动的方向和规模,是公共部门财务管理的重要内容。

三、收入管理

收入是指各公共部门为开展业务及其他活动,依法通过各种形式、各个渠道获得的非偿还性资金。收入管理主要是根据国家有关方针政策,对收入的方式、项目、范围、标准、用途、手续、办法及收益分配进行的管理。加强收入管理,对于促使各类公共部门照章收费,调动公共部门的积极性,增加经济效益,提高经费自给能力,减轻国家负担具有积极意义。

四、支出管理

支出是指各公共部门开展业务及其他活动发生的各项资金的耗费与损失。支出管理主要是根据制度规定和批准的公共部门预算,按现行的开支标准和有关法规,对支出的项目、范围、标准进行管理,敦促各公共部门合理、节约使用资金,少花钱,多办事。

五、定员定额管理

定员定额是根据各公共部门的规模、业务工作量、工作任务和特点,通过科学的运算,对公共部门人力、物力、财力和人工工效等方面确定的定额比例。它是资金筹集、使用、分配的标准,是财务管理的准绳。定员定额管理主要是通过公共部门人员编制和各项定额的制定、执行和检查,对公共部门的人员配置、资金的分配和使用进行管理。

六、资产管理

资产是指各公共部门占有或者使用的能以货币计量的经济资源,包括各种财产、债权和其他权利。资产管理是对公共部门的各项资产的取得、保管、使用、储备、维修、报废及清查盘点等,制定管理措施,加强管理,以保证公共部门财产物资的安全完整,并充分挖掘财产物资的潜力,做到物尽其用。

七、负债管理

负债是公共部门所承担的能以货币计量、需以资产或劳务偿还的债务。负债管理主要是对公共部门的各种借入款项、应付款项、代管款项、应缴款项等进行管理。一方面,要严格控制公共部门负债规模,保证不影响公共部门业务工作的开展;另一方面,对到期债务应及时进行清理,及时偿还和缴纳,维护结算制度及结算纪律的严肃性。

八、成本费用管理

成本费用管理是指实行内部成本核算制的公共部门按照有关规定,对成本开支范围、开支标准进行控制,对公共部门生产经营和服务过程中的各项成本、费用、税金和收益情况进行预测、计划、控制、分析、考核,以便公共部门合理安排和节约使用人力、物力、财力,降低成本,改善经营管理,为事业发展积累资金。

九、投资管理

公共部门投资是以公共部门为主体、以财政资金为主要投资资金的投资活动。公共部门投资包括政府组织投资和非政府组织投资两部分。政府组织投资不以营利为主要目的,而是为了实现政府的政治、经济职能,是国家直接干预经济,进行宏观调控的重要方式之一,其投资方向、投资手段等均服从这一目的。非政府组织投资是指非政府组织利用货币资金、实物和无形资产等方式向其他单位进行的投资。非政府组织投资虽不构成公共部门业务工作的主要内容,但它是事业发展资金来源的必要补充,对增强单位的自我发展能力,促进事业更快发展具有积极意义。投资管理主要是根据政府组织和非政府组织投资目的的不同,对投资的项目、规模,投资的报批程序,投入资产的评估,投资收益的核算等进行管理。

十、净资产管理

净资产是公共部门资产减去负债后的差额,主要包括事业基金、非流动资产基金、专用基金和结转结余等。它是各公共部门无偿占有和使用的经济资源,是各公共部门开展业务工作所必需的重要物质条件。净资产管理是对公共部门各项净资产的来源、提取、使用、周转和分配等进行管理。譬如,对各项基金来源进行管理,保证资金来源合理合法;对专用资金的提取和使用进行管理,保证专用基金专款专用,先提后用,计划使用;对公共部门收支结余及其分配、使用进行管理,保证结余的分配或结转严格执行国家有关规定等。加强净资产管理对于促进各项社会事业的发展和各公共部门工作任务的完成具有重要意义。因此,净资产管理是公共部门财务管理的重要内容。

十一、财务清算管理

公共部门财务清算是公共部门由于发生划转撤并等原因需要终止其业务活动时,依据国家有关规定对公共部门的财产、债权、债务及有关遗留问题进行全面清查和处理的行为。公共部门财务清算管理主要包括基本情况、资产、经费和收支状况的清理,清算中各项资产盘盈、财产损失和资金转账清理核实及清算后财务处理和资产的处理。它对于加强公共部门财产物资的管理,保护国有资产的安全与完整具有重要的作用。

十二、财务报告管理

财务报告是反映公共部门一定时期财务状况和预算执行结果的总结性书面文件。它集中反映了公共部门财务活动及其成果,是公共部门财务管理中一项极其重要的基础工作。公共部门财务报告管理主要是对财务报告的内容、格式、编制方法、报送时间等进行管理,促使公共部门认真做好财务报告的编制工作,保证财务报告的统一性、真实性、准确性、完整性和及时性,保证财务报告的质量,充分发挥财务报告的作用。

十三、财务分析

财务分析是财务管理的重要手段和组成部分。它是根据会计核算资料和其他各种有关资料,对公共部门一定时期内的全部或部分经济活动过程和财务收支过程及其结果进行分析、研究、比较和评价。通过财务分析,可查明各公共部门财务管理工作中的积极因素和消极因素,促进公共部门挖掘内部潜力,提高经济效益,保证公共部门各项工作任务的完成。

十四、财务监督

财务监督是根据国家有关方针、政策、财务制度及财经纪律,对公共部门的各项财务活动进行监察和督促。它包括预算监督,收支情况监督,资产管理与使用监督,专用基金、专项资金和周转金监督,及其他方面的监督。财务监督是财务管理的重要内容,是搞好财务管理工作的重要保证。它对于各公共部门加强预算管理,揭示差错和弊端,改善公共部门财务管理工作,保证国家资产的安全完整,维护财务制度及财经纪律的严肃性等,具有重要意义。

上述十四个方面共同构成了公共部门财务管理的内容,其中,预算管理是中心,收支管理、定员定额管理是基础,财务分析是手段,财务监督是保证。为了做好财务管理工作,各公共部门应按国家方针、政策、财务制度和财经法规的规定,根据上级的要求,结合各公共部门的实际,确定一定时期的管理目标和重点,制定切实可行的计划,采取有效的措施和手段,管好、用好各项资金,以保证公共部门各项事业计划的完成,促进国家政权建设。

第五节　公共部门财务会计的方法

公共部门财务会计的方法是各公共部门在进行理财活动时所采用的各种技术和手段。它是各公共部门达到财务管理目标、完成财务管理任务的重要手段,也是各公共部门财务人员从事财务工作的基本技能。不正确掌握和运用财务管理方法,就很难开展财务管理工作,就不能充分发挥财务管理的职能作用,就不可能实现财务管理的目标。

公共部门财务会计的方法是公共部门财务管理实践的科学总结。它在各公共部门财务会计实践中产生,并随着财务管理科学的发展和经济管理的要求而不断发展和完善。随着国家政治经济体制改革的不断深入,随着经济管理要求的逐步提高和科学技术的不断进步,公共部门财务会计的方法将更完善、更科学、更高效。

公共部门财务会计的方法有很多,可按多种标准进行划分。本书主要介绍公共部门财务管理的基本方法及一些常用的具体技术方法。

一、公共部门财务会计的基本方法

公共部门财务管理的基本方法主要有法律方法、行政方法和经济方法。

(一) 法律方法

公共部门财务会计的法律方法,是指通过制定、实施有关法律、法规和财务制度,对各项财务活动及相关的经济活动进行组织、协调、控制和监督的方法。公共部门运用法律方法进行财务管理,主要是通过制定、执行国家的有关法律、法规和规章制度来进行的。

法律方法通过国家权威,将财政分配中的各种经济关系及有关各方在财政分配中的权利和义务、职责和利益,以及行为规范等,以"法"的形式固定下来,以规范各方的财务及经济行为。各项法律、法规及规章制度一经颁布实施,就成为有关各方处理一切财务活动必须遵守的行为规范。因此,法律方法具有权威性、稳定性、规范性和强制性的特点。

市场经济是法治经济。在社会主义市场经济条件下,法律是一切市场主体(政府、企业及居民个人)都应遵循的行为规范,法律方法是所有单位及个人财务管理的基本方法。公共部门作为国家职能的承担者,它的各项活动都围绕贯彻政府意图来进行,具有极强的政策性。所以,各公共部门财务管理更应严格执行体现国家意志的各项法律、法规及规章,严格依法办事。我国公共部门财务管理所依据的财税方面的法律、法规和规章主要包括《中华人民共和国预算法》、《中华人民共和国会计法》、《行政单位财务规则》、《事业单位财务规则》和其他有关财务管理、资产管理及财务监督方面的法规、规章。各公共部门财务管理必须严格遵守执行这些法律、法规及规章,正确履行各自的职责,实现财务管理的目标,发展各项社会事业,完成各项工作任务。

(二) 行政方法

公共部门财务会计的行政方法,是指通过依法利用行政权力,按照规定的权限和程序,采取命令、指示、布置任务、指令性计划等形式,对各项财务活动及相关经济活动进行组织、协调、控制和监督的方法。行政方法由于使用了国家行政权力,所以具有强制性、权威性、速效性和直接性等特点。

公共部门是国家职能的承担者,它们从事各项活动凭借的是国家赋予的各项公共权力,相当部分公共部门,尤其是政府组织拥有行政权力。正是由于它们所拥有的这种公共权力,使它们不同于一般的工商企业,使它们在国家的社会、政治、经济、生活的各个领域中,扮演着管理者、协调者和服务者的角色,成为国家的权力机关、管理机关和公共服务机构。公共部门的这个特点,决定了公共部门财务会计工作中必然较多地运用各种行政方法。比如,为改善财务管理中存在的问题,提高财务管理工作质量,上级财政部门和上级主管部门的领导深入基层,调查研究,召开会议,总结经验,布置今后的工作任务,并对各项计划的执行情况进行指导、监督,就是运用行政方法。又如,某些公共部门为了自身利益,擅自增加收费项目,提高收费标准,出现乱收费、乱摊派问题时,上级机关可责令它们限期整改,以维护财务制度及财经纪律的严肃性,这也是行政方法。

公共部门财务会计的行政方法所具有的强制性、权威性、速效性和直接性等特点,决定了公共部门财务管理的行政方法具有独特的优越性。这主要表现在:直接体现国家及上级机关的意志,保证国家统一的方针政策、统一的规章制度、统一的财政财务计划得以贯彻实施。特别是在财务活动出现特殊的、紧急的和不正常的情况时,采用行政方法进行管理,能收到明显的效果。但是,行政方法也有明显的缺点,即管理过于直接,缺乏灵活性,限制了各单位自主性及财务工作者主观能动性的发挥,容易造成消极应付工作的局面。因此,各公共部门在运用行政方法时,要注意以下四点:一要依法合理运用公共权力,即各有关部门运用公共权力,不能与国家的法律、法规及规章制度相抵触;二要尊重客观经济规律,即在社会主义市场经济条件下,公共部门作为市场主体之一,它的各项活动都不能违背客观规律,否则必将受到惩罚,所以在运用行政方法时必须尊重客观规律,按客观规律办事;三要克服形式主义,即行政方法的运用必须切合客观实际,讲求办事效率与效果;四要加强权力监督,防止权力滥用。

(三) 经济方法

公共部门财务会计管理的经济方法是指按照客观经济规律的要求,采取利用经济杠杆、建立利益机制、调节经济利益关系等方法,对公共部门的各项财务活动及相关经济活动进行组织、协调、控制和监督的方法。经济方法具有引导性、自动自律性和间接性等特点。

在传统计划经济体制下,各类公共部门财务管理主要依靠行政手段与法律手段。随着改革开放的深入和社会主义市场经济体制的建立与发展,各类公共部门顺应历史潮流,与国有企业及居民个人一样,被逐步推向市场,成为市场活动的主体。它们的各项活动,越来越多地受到价值规律、供求关系等市场经济基本规律的影响。因此,各种经济方法被越来越多地应用于公共部门财务管理是历史的必然。目前,我国各类公共部门的很多财务管理办法,如对事业单位实行"核定收支、定额或者定项补助、超支不补、结转结余按规定使用"的办法,对某些商品和劳务实行统一采购、招标竞价的方法等,运用的都是经济方法。

公共部门财务会计中的经济方法是一种间接的管理方式,它按照客观经济规律,利用经济杠杆,通过利益机制对有关各方的利益进行调整,通过物质利益刺激来引导和约束公共部门的决策和行为。这使得经济方法成为财务管理的一种灵活有效的方法,它将有关各方的利益与财务管理挂钩,能充分调动有关各方的积极性和主动性,从而促进工作效率的提高,促进财务管理目标的实现。今后,随着体制改革的进一步深入和社会主义市场经济的进一步完善,经济方法在公共部门财务管理工作中的应用必将越来越多,越来越广泛。

法律方法、行政方法、经济方法是公共部门财务管理中运用的三种基本方法。它们的目的是相同的,都是为了促进财务管理目标的实现。但是,它们的特点、功能和作用不尽相同。法律方法和行政方法侧重于从外部利用国家权威,采取强制的方式来达到目标。经济方法侧重于从财务活动内部,通过利益驱动方式来引导财务管理目标的实现。在实际工作中,应根据各项工作的实际情况和管理要求,分别运用或综合运用这三种方法。

▶ 二、公共部门财务会计的技术方法

公共部门财务会计活动中,运用着一系列的技术方法,它们共同形成了一整套科学、完善的财务管理方法体系。根据我国传统的财务管理理论,财务管理包括财务预测、财务决策、财务计划、财务控制及财务分析五个环节。与此相对应,财务管理方法体系也主要由相互联系的财务预测方法、财务决策方法、财务计划方法、财务控制方法及财务分析方法所组成。

(一) 财务预测方法

财务预测是各公共部门财务人员根据历史资料,依据现实条件,运用特定方法,对公共部门未来的财务活动和财务成果所作出的科学预计和测算。财务预测是财务决策的基础,是各公共部门编制财务计划的前提,是各公共部门开展日常财务活动的必要条件。财务预测的科学性、准确性与可靠性直接决定着各公共部门财务决策的科学性与正确性,决定着公共部门财务计划的科学性与可行性。

财务预测工作一般包括如下步骤:第一,确定预测对象和目标,制定预测计划;第二,搜集、整理相关的信息资料;第三,选择特定的预测方法进行实际预测;第四,对初步的预测结论进行分析评价及修正,得出最终预测结果。

由于预测是决策的基础,所以近年来备受重视,预测方法也得到迅速发展。据国外统计,到目前为止预测方法已达130多种。下面将公共部门财务管理中常用的预测方法作简单的介绍。

1. 定性预测法

定性预测法亦称非数量预测法,一般是在缺乏完备、准确的历史资料的情况下,由公共部门领导、财务主管及其他有关专家根据过去积累的经验,利用直观资料,依据个人的主观判断能力及综合分析能力,对公共部门财务的未来状况和趋势作出预测的一种方法。

定性预测法的预测程序是:首先,由熟悉公共部门情况及国家财务制度、财经法规的领导、财务主管及其他有关专家根据过去的经验进行分析判断,提出初步意见;然后,通过召开座谈会或发出征求意见函等各种形式,对上述预测的初步意见进行修正、补充;经过几次这样的反复之后,得出预测的最终结果。

定性预测法的预测效果较多地依赖专家或预测者的知识、经验及分析判断能力,带有较大的主观性。这种方法充分发挥了人的主观能动性,若运用得当,能取得较好的效果。意见交换法、类推预测法、理论推定法、专家调查法(德尔菲法)等,都是定性分析法。

2. 定量预测法

定量预测法亦称数量预测法,是运用现代数学方法对历史数据进行科学的加工处理,充分揭示各有关变量之间的规律性联系,建立经济数学模型来进行预测的方法。定量预测法按具体做法的不同,又可分为因果预测法和趋势预测法两种类型。

(1) 因果预测法,是根据历史资料,通过充分的分析,找出要预测因素与其他因素

之间明确的因果关系,建立数学模型来预测的一种方法。这种方法主要是根据各有关因素之间内在的相互联系、相互制约的关系,建立相应的因果数学模型来进行预测,如回归分析法、量本利分析法等。

(2) 趋势预测法,是根据按时间顺序排列的历史资料,运用一定的数学方法,进行加工、计算,借以预测未来发展趋势的一种预测方法。外推分析法、简单平均法、加权平均法、指数平滑法、直线回归趋势法及曲线回归趋势法等,均属于这种类型。

必须指出,在实际工作中,定性预测法与定量预测法并不是相互排斥的,而是相辅相成的,它们各有优缺点,财务工作者应根据具体情况,把两者结合运用,才能收到良好效果。

(二) 财务决策方法

财务决策是指财务人员在财务目标的总体要求下,从若干个可供选择的财务活动方案中选择最优方案的过程。当然,在可供选择的财务活动方案只有一个时,决定是否采取这个方案也属于财务决策。财务决策是财务管理的核心,直接关系到各公共部门财务管理的质量。

财务决策工作一般包括如下步骤:第一,根据财务预测的信息提出问题;第二,根据有关信息制定解决问题的若干备选方案;第三,分析、评价、对比各种方案;第四,拟定择优标准,选择最优方案。

决策的方法很多,财务管理中常用的决策方法有如下五种。

1. 优选对比法

优选对比法是把各种不同方案排列在一起,按活动目标所确定的优选标准进行优选对比,进而作出决策的方法。优选对比法是财务决策的基本方法。按对比方式的不同,优选对比法又可分为总量对比法、差量对比法、指标对比法等。

2. 数学微分法

数学微分法是根据边际分析原理,运用数学中的微分方法,对具有曲线联系的极值问题进行求解,进而确定最优方案的一种决策方法。在运用此方法进行决策时,若以收入或效益作为判别标准,一般是求其极大值;若以消耗或成本作为判别标准,则一般求其极小值。在财务决策中,最优资本结构决策、最佳现金余额决策、存货的经济批量决策等都要用到数学微分法。

3. 线性规划法

线性规划法是根据运筹学原理,对具有线性联系的极值问题进行求解,进而确定最优方案的一种方法。在掌握了若干个约束条件的情况下,这种方法能帮助管理人员就合理组织单位的人力、物力、财力,充分利用资源、挖掘潜力等作出最优决策。

4. 概率决策法

概率决策法是依据概率论的原理及方法,计算各个方案的期望值和标准离差,进而作出决策的一种方法。这是进行风险决策的一种主要方法。所谓风险决策是指可供选择的方案有两种或两种以上的自然状态,但每一种自然状态出现的概率(可能性)是已知时所进行的决策。在市场经济条件下,任何财务活动都带有一定的风险,财务决策也就或多或少地带有风险性,因此现代财务决策大多为风险决策。概率决策法作为风险决策的主要方法,在财务决策中得到了广泛的运用。这种方法往往把各个概率分支用树形图表示出来,所以,也常常被称作决策树法。

5. 损益决策法

损益决策法指的是采用最大最小收益值法或最小最大后悔值法或折中方法来进行决策。最大最小收益值法又称小中取大法,是把各个方案的最小收益值都计算出来,然后取其最大者所对应的方案为最优方案。采用这种方法作决策时,决策者对决策事物的前景持悲观的估计,总是在不利条件下寻求最好的方案。因此,这种决策也称为"保守型"决策。最小最大后悔值法又叫大中取小法,是把各方案的最大损失值都计算出来,然后取其最小者所对应的方案为最优方案。采用这种方法作决策时,决策者对事物未来的前景估计是乐观的,愿意承担一定的风险代价去获取最大的收益。因此,这种决策也称为"进取型"决策。折中法是采用乐观系数来评价最大收益值和最小收益值,计算出各个方案的折中收益值,然后选择折中收益值最大的方案为最优方案。采用这种方法来决策时,决策者对事物的估计介于乐观与悲观之间。乐观系数用 α 来表示,其取值介于 0 和 1。若决策者对未来的估计较乐观,则乐观系数取值大于 0.5;反之,则其取值小于 0.5;而折中收益值=$\alpha\times$(最大收益值)+$(1-\alpha)\times$(最小收益值)。

损益决策法是一种不确定型决策。所谓不确定型决策,是指决策者面临的决策问题是全新的,无法估计各种自然状态的概率而进行的决策。在这种情况下,由于未来情况很不明朗,所以决策十分困难。决策主要依靠决策者的经验和素质,不同的决策者对同一问题进行决策时,由于所持态度不同,采用的标准和方法不同,其决策的结果也会不同。

(三) 财务计划方法

财务计划是在一定的计划期内以货币形式反映公共部门业务及经营活动所需的资金及其来源、财务收入和支出、结余及其分配的计划。财务计划是各公共部门根据本单位的业务工作安排及定额定员等标准,以财务预测提供的信息和财务决策确立的方案为基础来编制的,是财务预测和财务决策的具体化,也是控制各公共部门财务活动的基本依据。公共部门预算、预算外资金收支计划、经营收支计划等都是公共部门的财务计划。财务计划的编制过程一般包括三个方面:第一,根据财务决策的要求,分析主客观条件,全面安排计划指标;第二,对需要与可能进行协调,实现综合平衡;第三,调整各种指标,编制出计划表格。财务计划的编制过程,实际上就是确定计划指标并对其进行综合平衡的过程。

确定财务指标、编制财务计划的方法主要有以下四种。

1. 平衡法

平衡法是指在编制财务计划时,利用有关指标客观存在的内在平衡关系计算确定计划指标的方法。例如,在安排计划期内的资金支出时,可利用"资金占用=资金来源"这个公式,在量入为出、以收定支原则的指导下合理安排资金支出。又如,在确定一定时期存货期末余额时,可利用如下公式:

$$存货期末余额 = 期初余额 + 计划期增加额 - 计划期减少额$$

平衡法适用于那些客观上具有平衡关系的计划指标的确定。这种方法便于分析计算,工作量不大,且结果比较正确明了。不过,在使用平衡法时要注意,具有平衡关系的每一指标因素不能重复和遗漏,并且计算的范围和口径要一致。

2. 因素法

因素法也称因素推算法,是指在编制财务计划时,根据影响某项指标的各种因素,来推算该指标计划数的方法。大量研究证明,任何经济现象都不是孤立存在的,每一现象都会与其他很多现象直接或间接地联系在一起,每一现象都会受到很多因素的影响,而且每一现象与其诸多影响因素之间往往存在着比较稳定的数量关系。这种客观现实使我们在对这些经济现象进行研究时,往往可以通过它们之间的这种数量关系来进行推算。这就是因素推算法。

在采用因素法确定某项指标的计划数时,应实事求是地根据该指标与各影响因素之间的客观联系,分别采用回归法、指数法等,建立相应的数学模型,来推算指标计划数。因素法计算出的结果一般比较准确,但计算过程较复杂。

3. 比例法

比例法是指在编制财务计划时,根据本单位历史上已经形成而又比较稳定的各项指标之间的比例关系,来计算计划指标的方法。例如,在推算公共部门一定时期内的固定资产维护保养费时,便可根据历史上该项费用占固定资产总额的比例和计划期固定资产总额来进行计算确定。比例法的优点是计算简便,但所使用的比例必须恰当,否则会出现偏差。

4. 定额法

定额法又称预算包干法,是指在编制财务计划时以定额作为计划指标的一种方法。在各公共部门内部,由于有较全面、较严格的定额管理,采用定额法确定计划指标不仅切合实际,而且有利于将定额管理与计划管理相结合。因此,各公共部门在编制财务计划时,定额法是一种很常用也很重要的方法。为了保证各项定额切实可行,各公共部门应经常注意根据实际情况的变化不断修改定额。

(四) 财务控制方法

财务控制是指在财务管理过程中,利用有关信息和特定手段对公共部门的财务活动施加影响或调节,以便实现计划所规定的财务目标。财务目标是公共部门一切财务活动的出发点和归宿,是财务管理的行为导向,对公共部门财务活动进行管理和控制正是为了实现一定的目标。财务控制作为一种经济调控行为,其调节过程一般包括制定目标、分解目标、实施调控、衡量效果、纠正偏差等步骤。常见的财务控制方法有三种。

1. 防护性控制

防护性控制又称排除干扰控制,是指在财务活动发生前,就制定一系列制度和规定,把可能产生的差异予以排除的一种控制方法。例如,为了合理使用资金,节约各种费用开支,可事先规定各项开支的范围和标准;为了防止各公共部门滥用职权,杜绝乱收费现象,事先对其收费的项目、范围和标准作出规定;为了保证各项物资的安全和完整,事先规定物资的使用范围及领用手续,制定物资收、发、存的有关制度,并建立内部控制制度等。在财务会计工作中,各项事先制定的标准、制度、规定都可以看作排除干扰的方法。这是最彻底的控制方法,也是各公共部门财务会计中最常用、最重要的控制方法。

2. 前馈性控制

前馈性控制又称补偿干扰控制,是指通过对实际财务系统的运行进行监视,运用科学方法预测可能出现的偏差,采取一定措施,使偏差得以消除的一种控制方法。例如,为了控制公共部门支付能力,保证公共部门各项业务的顺利开展,要密切注意公共部门流动资金(周转金)的数量,当预测到流动资金数量不足,可能影响以后各项业务活动的顺利进行时,就应采取措施,严格控制并合理安排资金支出,以保证公共部门有足够的支付能力。在财务会计工作中,前馈性控制是一种比较好的控制方法,它便于各公共部门及时发现问题,并及时采取措施解决问题,尽量避免出现大的失误。但是,采用这种方法要求掌握大量的信息,并要进行准确的预测,只有这样,才能达到控制目的。

3. 反馈性控制

反馈性控制又称平衡偏差控制,是在认真分析的基础上,发现实际与计划之间的偏差,确定偏差产生的原因,采取切实有效的措施,调整实际财务活动或财务计划,使偏差得以消除或避免今后出现类似偏差的一种控制方法。反馈性控制是根据实际偏差来进行调节的,属于事后控制,在平衡与调节的过程中,由于时滞的存在,又可能导致新的偏差。这种控制方法运用起来比较方便,一般不需要太多的信息。因此,这种方法在财务管理中得到广泛的运用,特别是当干扰不能预计或频繁发生时,它是一种典型的财务控制方法。

(五)财务分析方法

财务分析方法是根据有关信息资料,运用特定方法,对公共部门财务活动过程及其结果进行分析和评价的一种方法。通过财务分析,可以掌握公共部门各项财务计划指标的完成情况,评价公共部门财务状况,衡量公共部门工作绩效,研究和掌握公共部门财务活动的规律性,改善公共部门财务预测、决策、计划和控制,提高公共部门财务工作水平,促进公共部门财务管理目标的实现。财务分析过程一般包括如下四个阶段:第一,确定题目,明确目标;第二,收集资料,掌握情况;第三,运用方法,揭示问题;第四,提出措施,改进工作。财务分析方法有很多种,常用的有比较分析法、比率分析法、综合分析法。

1. 比较分析法

比较分析法是通过比较两个相关的财务数据,来揭示财务数据之间的相互关系,分析公共部门财务活动的一种方法。它通常采用三种方式来进行比较:第一,将分析期的实际数据与同期计划数进行对比,确定实际与计划之间的差异,据此考核财务指标计划完成情况;第二,将分析期的实际数据与前期数据进行比较,确定本期与前期之间的差异,据此考核公共部门的发展情况,预测公共部门财务活动的未来发展趋势;第三,将分析期的实际数据与同行业平均指标或先进单位指标进行对比,确定本单位与同行业平均水平或先进水平之间的差异,据此找出原因,改进工作。比较分析法适应面广,分析过程简单,揭示问题清楚,是一种比较好的财务分析方法。但是,并非任何事物、任何指标都可进行比较。运用比较分析法,一定要注意保持指标之间的可比性,不仅要做到各种指标之间性质可比、内容、范围可比、时间可比，还要保证各种指标的计算方法、计量单位等方面的协调一致。如此，才能保证用于比较的指标有相同的口径，比较才有意义。

2. 比率分析法

比率分析法是把某些彼此相关联的指标以比率的形式加以对比，据以确定公共部门经济活动变动程度，揭示公共部门财务状况的一种分析方法。在财务分析中，用的比率有以下三类。

（1）构成比率。构成比率又称结构比率，它是某项经济指标的各个组成部分与总体的比例。构成比率计算的是各个组成部分在总体中所占的比重，反映的是部分与总体的关系。通过构成比率，可分析指标构成内容的变化，从而掌握该项财务活动的特点与变化趋势，考察经济活动的结构是否合理。例如，通过计算公共部门各项支出在支出总额中所占的比重，可分析公共部门行政性支出与业务性支出之间、维持性支出与发展性支出之间、重点性支出与一般性支出之间的比例是否恰当，支出结构是否合理。

（2）动态比率。动态比率是将某项指标的不同时期的数值相比而求出的比率。它反映了同一财务指标在不同时期状态下的对比关系，表明公共部门财务活动在时间上的发展和变化程度。通过动态比率，可分析公共部门财务活动及相关指标的发展方向及增减速度。

（3）相关比率。相关比率是将两个性质不同但又相互联系的指标数值相比所得的、反映有关经济活动相互关系的比率。通过相关比率，可以从各项财务活动的相互依存、相互制约的客观联系出发，深入考察公共部门各项相关业务的安排是否合理，以保证公共部门各项业务的顺利开展。例如，将公共部门的负债额与资产总额相比，计算资产负债率，据此可分析公共部门债务负担的轻重，了解公共部门资金实力的强弱，便于公共部门根据实际情况，采取措施，努力增收节支，积极调整资本结构。

比率分析法是一种重要的财务分析方法，简单易行，通俗易懂，而且，通过各种比率的计算与对比，能把各公共部门的财务状况及财务成果较全面地反映出来。因此，在财务管理实践中，该方法很受分析人员的欢迎，也因此得到了广泛的运用。当然，在运用比率分析法时，同样要注意保持各种指标之间的相关性与可比性。

3. 综合分析法

综合分析法是把公共部门有关财务指标和影响公共部门财务状况的各种因素有序地排列在一起，综合地分析公共部门财务状况及财务成果的一种方法。公共部门财务活动类型复杂多样，涉及面极广，对任何单一指标、单一因素的分析都难以完整、系统地评价其财务状况及成果。要想将公共部门财务活动作为一个有机的整体来全面评价，就必须进行相互关联的分析，采取适当的方法和标准进行综合性评价。在进行综合分析时，可采用财务比率综合分析法、因素综合分析法等方法。

综合分析法是一种重要的财务分析法。它对全面、系统、综合地评价公共部门财务状况具有十分重要的意义。但是，综合分析法大多比较复杂，所需资料很多，工作量较大，使用起来有一定难度。

上述三种方法是公共部门财务管理中常用的一些技术方法，它们有各自的优点，也有各自的局限性，我们应根据实际情况，灵活选用或综合运用这些方法，做好公共部门财务管理工作。

第六节　公共部门会计制度体系

我国现行公共部门会计制度分为行政单位会计制度和事业单位会计制度两个体系，基本上由行政事业单位财务规则、行业事业单位财务管理办法和行政事业单位内部财务管理规定三个层次组成。其中，行政事业单位财务规则处于主导地位，行业事业单位财务管理办法为辅助环节，行政事业单位内部财务管理规定作为必要补充。

一、行政事业单位财务规则

《行政单位财务规则》和《事业单位财务规则》是整个公共部门财务制度体系中最基本、最高层次的法规。从适用范围看，所有行政单位和国有事业单位的财务活动均纳入了《行政单位财务规则》和《事业单位财务规则》的规范范围；从法律效力看，《行政单位财务规则》和《事业单位财务规则》是经国务院批准，由财政部发布的财务管理法规；从其作用看，《行政单位财务规则》和《事业单位财务规则》既是国家对行政单位和事业单位进行财务管理、制定其他具体财务制度的法规依据，也是所有行政单位和国有事业单位从事财务活动必须遵守的行为规范。

（一）《行政单位财务规则》

现行《行政单位财务规则》是经 2012 年 12 月 5 日中华人民共和国财政部第 71 号令发布的，从 2013 年 1 月 1 日起施行。

（二）《事业单位财务规则》

现行《事业单位财务规则》是经 2012 年 2 月 7 日中华人民共和国财政部第 68 号令发布的，从 2012 年 4 月 1 日起施行。《事业单位财务规则》的内容是全面反映各项财政改革成果，创新和充实事业单位财务管理的内容和手段；按照科学化精细化管理的要求，进一步规范事业单位的财务管理；并且注重解决当前事业单位财务管理中存在的突出问题，促进和保障社会事业健康发展。

《事业单位财务规则》根据我国事业单位财务管理的特点，增设了"财务监督"一章，增加了二十一条，共分十二章六十八条。

具体包括：一是进一步明确《规则》的适用范围。明确《规则》适用于各级各类事业单位的财务活动。同时，为适应事业单位分类改革的需要，在附则中规定了参照公务员法管理的事业单位以及公益服务性组织和社会团体对于本规则的适用问题。二是强化事业单位的预算管理。进一步完善事业单位的预算管理办法，加强事业单位预算编制和执行管理，并明确事业单位决算管理的有关要求。三是规范事业单位收入管理。修改完善财政补助收入的定义，并进一步明确事业收入的范围，增加收入管理的有关要求。四是规范事业单位支出管理。修改完善支出的分类和事业支出的定义，并根据财政改革的有关要求,全面强化支出管理要求。五是完善事业单位结转和结余资金管理。分别界定了结转和结余概念,在此基础上,将结转和结余划分为财政拨款结转和结余资金、非财政拨款结转和结余资金两部分,并分别作了原则性规定。六是加强事业单位资产管理。根据改革实践,进一步完善资产的分类和定义,规范资产的配置、使用、处置以及对外投资管理,建立资产的共享共用制度。七是加强事业单位负债管理。明确事业单位建立健全财务风险控制机制,规范和加强借入款项管理,防范财务风险。八是建立健全事业单位财务监督制度。增设"财务监督"一章,具体规定财务监督的主要内容、监督机制和内外部监督制度。

二、行业事业单位财务管理办法

《事业单位财务规则》规定:"行业特点突出,需要制定行业事业单位财务管理办法的,由国务院财政部门会同有关主管部门根据本规则制定。"《事业单位财务规则》是事业单位财务管理的基本法规,它对事业单位从事财务活动所应遵循的基本原则和管理方式作了全面、明确的规定,一般事业单位都可以直接执行。但是,由于某些行业的事业单位情况相对复杂,其行业特点相对突出,而《事业单位财务规则》又不可能把所有行业特点突出的事业单位财务活动全部涵盖进去,因此,需要在《事业单位财务规则》的指导下,对一些行业特点突出的事业单位制定单独的行业财务管理办法,在财务制度体系中财务管理办法属于第二层次。

为进一步规范文化、广电、体育、文物和计划生育事业单位财务行为,加强财务管理和监督,提高资金使用效益,保障各项事业健康发展,根据《事业单位财务规则》(财政部令第 68 号,以下简称《规则》),财政部会同文化部、广电总局、体育总局、文物局和人口计生委等五部门近日修订印发了《文化事业单位财务制度》(财教 2012503 号)、《广播电视事业单位财务制度》(财教 2012504 号)、《体育事业单位财务制度》(财教 2012505 号)、《文物事业单位财务制度》(财教 2012506 号)和《人口和计划生育事业单位财务制度》(财教 2012507 号),以下简称"五个行业制度",自 2013 年 1 月 1 日起全面施行。

根据《规则》和文化、广电、体育、文物、计划生育等五个行业事业单位的实际情况,本次修订工作按照"保持原制度框架、与《规则》保持一致、体现行业特点、突出公益属性"的原则进行。与原制度相比,五个行业制度修订的主要内容包括六个方面。

一是调整了制度的适用范围。随着文化体制改革不断深入,一些地方的事业单位已经与行业行政主管部门分开,实行管办分离,为此,五个行业财务制度修订稿均将财务制度的适用范围由"本制度适用于各级政府××××行政主管部门所属的各级各类××××事业单位的财务活动",修改为"本制度适用于各级各类××××事业单位的财务活动"。

二是完善了财务管理体制。考虑五个行业事业单位的财务部门在单位管理和决策等方面的作用均比较薄弱,为进一步加强财务管理,提高财务部门地位,防范财务风险,促进民主理财、科学理财,在五个行业制度中都强化了财务部门设置、财务人员任职要求和财务部门主要职能和重要作用等。

三是规范了事业收入分类。根据五个行业事业单位的业务特点和实际情况,调整了事业收入的分类和概念。

四是强化了经济核算。为满足部分行业事业单位的管理需要,促进其实现社会效益和经济效益的有机结合,根据《规则》,提出了事业单位应当加强经济核算,具备条件的事业单位可以实行内部成本核算办法等有关要求。

五是加强了资产管理。国有资产管理是事业单位财务管理的重要内容,参考《规则》对资产的分类、固定资产的定义、分类和单位价值标准、对外投资、资产的使用和处置等规定对五个制度进行了修改。此外,根据广播电视、文物等行业特点,对一些资产的分类也进行了适当的调整。

六是健全了财务分析指标体系。结合各行业事业发展和改革的实际情况,为进一步提高文化行业事业单位财务分析能力和水平,增加了部分财务指标和业务指标,删除了个别不能充分反映行业财务和业务情况的指标。

下一步,财政部将会同文化部、广电总局、体育总局、文物局和人口计生委等五部门启动新制度的培训工作,并指导各地方根据实际情况开展培训,同时,促进相关事业单位结合学习新制度,进一步完善内部财务管理办法,提升财务管理水平。

目前,国家已经颁布了以下八个行业的财务管理办法。

(一)《文化事业单位财务管理办法》

《文化事业单位财务管理办法》由财政部、文化部于 2012 年 12 月 28 日颁布,从 2013 年 1 月 1 日起实施。该办法适用于各级各类文化事业单位(以下简称文化事业单位)的财务活动。

文化事业单位财务管理的基本原则是:执行国家有关法律、法规和财务规章制度;坚持勤俭办事业的方针;正确处理事业发展需要和资金供给的关系,社会效益和经济效益的关系,国家、单位和个人三者利益的关系。

文化事业单位财务管理的主要任务是:合理编制单位预算,严格预算执行,完整、准确编制单位决算,真实反映单位财务状况;依法组织收入,努力节约支出;建立健全财务制度,加强经济核算,实施绩效评价,提高资金使用效益;加强资产管理,合理配置和有效利用资产,防止资产流失;参与单位重大经济决策和对外签订经济合同等事项;加强对单位经济活动的财务控制和监督,防范财务风险。

(二)《科学事业单位财务制度》

《科学事业单位财务制度》由财政部、科技部于 2012 年 12 月 28 日颁布,从 2013 年 1 月 1 日起实施。该制度适用于各级各类科学事业单位。

科学事业单位财务管理的基本原则是:执行国家有关法律、法规和财务规章制度;坚持勤俭办事业的方针;正确处理事业发展需要与资金供给的关系,社会效益与经济效益的关系,国家、单位和个人三者利益的关系。

科学事业单位财务管理的主要任务是:合理编制单位预算,严格预算执行,完整、准确编制单位决算,真实反映单位财务状况;依法组织收入,努力节约支出,规范科研项目资金管理;建立健全财务制度,加强经济核算,实施绩效评价,提高资金使用效益;加强资产管理,合理配置和有效利用资产,防止资产流失;加强对单位经济活动的财务控制和监督,防范财务风险。

(三)《文物事业单位财务制度》

《文物事业单位财务制度》由财政部、国家文物局于 2012 年 12 月 31 日颁布,从 2013 年 1 月 1 日起实施。该制度适用于各级各类文物事业单位(以下简称文物事业单位)的财务活动。

文物事业单位财务管理的基本原则是:执行国家有关法律、法规和财务规章制度;坚持勤俭办事业的方针;正确处理事业发展需要和资金供给的关系,社会效益和经济效益的关系,国家、单位和个人三者利益的关系。

文物事业单位财务管理的主要任务是:合理编制单位预算,严格预算执行,完整、准确编制单位决算,真实反映单位财务状况;依法组织收入,努力节约支出;建立健全财务制度,加强经济核算,实施绩效评价,提高资金使用效益;加强资产管理,合理配置和有效利用资产,防止资产流失;加强对单位经济活动的财务控制和监督,防范财务风险。

(四)《广播电视事业单位财务制度》

《广播电视事业单位财务制度》由财政部、广电总局于 2012 年 12 月 28 日颁布,从 2013 年 1 月 1 日起实施。该制度适用于各级各类广播电视事业单位(以下简称广播电视事业单位)的财务活动。

广播电视事业单位财务管理的基本原则是:执行国家有关法律、法规和财务规章制度;坚持勤俭办事业的方针;正确处理事业发展需要和资金供给的关系,社会效益和经济效益的关系,国家、单位和个人三者利益的关系。

广播电视事业单位财务管理的主要任务是:合理编制单位预算,严格预算执行,完整准确编制单位决算,真实反映单位财务状况;依法组织收入,合理安排支出;建立健全财务制度,加强经济核算,建立科学的财务核算和指标体系,实施绩效评价,提高资金使用效益;加强资产管理,合理配置和有效利用资产,防止资产流失;参与单位重大经济决策和对外签订经济合同等事项,加强对单位经济活动的财务控制和监督,建立健全内部控制制度,防范财务风险。

(五)《人口和计划生育事业单位财务制度》

《人口和计划生育事业单位财务制度》由财政部、人口计生委于 2012 年 12 月 28 日颁布,从 2013 年 1 月 1 日起实施。该制度适用于各级各类人口和计划生育事业单位(以下简称人口和计划生育事业单位)的财务活动。

人口和计划生育事业单位财务管理的基本原则是:执行国家有关法律、法规和财务规章制度;坚持勤俭办事业的方针;正确处理事业发展需要和资金供给的关系,社会效益和经济效益的关系,国家、单位和个人三者利益的关系。

人口和计划生育事业单位财务管理的主要任务是:合理编制单位预算,严格预算执行,完整编制单位决算,真实反映单位财务状况;依法组织收入,努力节约支出;建立健全财务管理制度,加强经济核算,建立科学的财务考核指标体系,实施绩效评价,提高资金使用效益;加强资产管理,合理配置、有效利用、规范处置资产,防止资产流失;加强对单位经济活动的财务控制和监督,定期进行财务分析,防范财务风险。

(六)《高等学校财务制度》

《高等学校财务制度》由财政部、教育部于 2012 年 12 月 19 日颁布,该制度适用于适用于各级人民政府举办的全日制普通高等学校、成人高等学校(以下简称高等学校)。其他社会组织和个人举办的上述学校可以参照本制度执行。

高等学校财务管理的基本原则是:执行国家有关法律、法规和财务规章制度;坚持勤俭办学的方针;正确处理事业发展需要和资金供给的关系,社会效益和经济效益的关系,国家、学校和个人三者利益的关系。

高等学校财务管理的主要任务是:合理编制学校预算,有效控制预算执行,完整、准确编制学校决算,真实反映学校财务状况;依法多渠道筹集资金,努力节约支出;建立健全学校财务制度,加强经济核算,实施绩效评价,提高资金使用效益;加强资产管理,真实完整地反映资产使用状况,合理配置和有效利用资产,防止资产流失;加强对学校经济活动的财务控制和监督,防范财务风险。

(七)《中小学校财务制度》

《中小学校财务制度》是财政部、教育部于 2012 年 12 月 21 日颁布的,该制度适用于各级人民政府和接受国家经常性资助的社会力量举办的普通中小学校、中等职业学校、特殊教育学校、工读教育学校、成人中学和成人初等学校。其他社会力量举办的上述学校可以参照本制度执行。

中小学校财务管理的基本原则是:贯彻执行国家有关法律、法规和财务规章制度;坚持勤俭办学的方针;正确处理事业发展需要和资金供给的关系,社会效益和经济效益的关系,国家、学校和个人三者利益的关系。

中小学校财务管理的主要任务是:合理编制学校预算,严格预算执行,完整、准确编制学校决算,真实反映学校财务状况;依法筹集教育经费,努力节约支出;建立健全财务制度,加强经济核算,实施绩效评价,提高资金使用效益;加强资产管理,合理配置和有效利用资产,防止资产流失;加强对学校经济活动的财务控制和监督,防范财务风险。

(八)《医院财务制度》

《医院财务制度》由财政部、卫生部于 2010 年 12 月 28 日颁布,该制度适用于中华人民共和国境内各级各类独立核算的公立医院(以下简称医院),包括综合医院、中医院、专科医院、门诊部(所)、疗养院等,不包括城市社区卫生服务中心(站)、乡镇卫生院等基层医疗卫生机构。

医院财务管理的基本原则是:执行国家有关法律、法规和财务规章制度;坚持厉行节约、勤俭办事业的方针;正确处理社会效益和经济效益的关系,正确处理国家、单位和个人之间的利益关系,保持医院的公益性。

医院财务管理的主要任务是:科学合理编制预算,真实反映财务状况;依法组织收入,努力节约支出;健全财务管理制度,完善内部控制机制;加强经济管理,实行成本核算,强化成本控制,实施绩效考评,提高资金使用效益;加强国有资产管理,合理配置和有效利用国有资产,维护国有资产权益;加强经济活动的财务控制和监督,防范财务风险。

此外,国家还对一些特殊单位单独制定了财务制度,如 1997 年 2 月 21 日财政部颁发了《监狱财务制度》,以规范监狱财务行为,加强财务管理和经济核算,促进监狱管理工作正常进行。

另外,国家除了制定行业财务管理办法之外,还通过制定和颁布财务规章制度,对行政事业单位财务进行规范管理。近年来,国家财政部门会同有关部门先后发布了关于行政事业性收费项目目录、收费和罚没收入实行"收支两条线"管理、国有资产管理、工作人员差旅费开支规定、业务招待费列支管理规定、非税资金财政专户管理、住房基金财务管理、政府采购管理、预算单位清产核资办法、财务管理和经费使用效益考核办法等规章制度,在《行政单位财务规则》、《事业单位财务规则》指导下,实现对行政事业单位财务管理的进一步规范化。

三、行政事业单位内部财务管理规定

行政事业单位支出必须严格按照国家有关财务规章制度规定的开支范围和开支标准执行,国家暂时没有作出统一规定的,可以由各单位根据实际需要自行规定,但要报上级主管部门和财政部门备案。

由于种种原因,国家制定的行政事业单位财务管理规则和办法不可能对行政事业单位每项财务活动都作出明确、具体的规定,因此,还需要行政事业单位在执行《行政单位财务规则》、《事业单位财务规则》和行业事业单位财务管理办法统一规定的前提下,根据行政事业单位内部各自的不同情况,制定出符合实际需要的具体的财务管理规定,建立健全行政事业单位内部的财务约束机制,不断完善公共部门财务管理工作,促进公共部门健康、有序的发展。另外,考虑到我国地域辽阔,各地自然条件、经济基础差别较大,为了区别各地不同情况,促进公共部门均衡发展,各省、自治区、直辖市人民政府可以根据国家颁布的《行政单位财务规则》和《事业单位财务规则》的规定,结合本地区的实际情况,制定出适应本地区行政事业单位的具体的财务管理办法。

本 章 小 结

公共部门就是以管理社会公共事务、提供公共产品和公共服务、维护和实现社会公共利益为目的,拥有法定的或授予的公共权力的所有部门实体。公共部门的特征是以管理社会公共事务为基本职责、以公共利益为取向、行使公共权力、受法律的限制及高度的公共监督、政治性以及行为的强制性和权威性、目标不易衡量等。

公共部门包括政府部门和非政府部门。作为公共管理主体的政府部门应是广义的政府概念,是指执掌公共权力的所有的国家机构,包括各级立法机关、行政机关和司法机关;非政府部门包括公益型和半公益型事业单位、社会团体、非营利性社会中介部门、民办非企业单位。

公共部门财务会计是公共部门管理的一个重要组成部分,它是根据财务制度及财经法规,按照财务管理的原则,对单位有关资金的筹集、分配及使用所引起的财务活动进行计划、部门、协调、控制,并处理财务关系的一项综合性的经济管理工作。

公共部门财务会计的目标是公共部门财务活动所希望实现的结果,是评价公共部

门理财活动质量的基本标准,是公共部门财务实践、财务决策的出发点和归宿,也是公共部门财务管理的行为导向。公共部门财务会计的目标是努力增收节支,合理安排支出结构,严格控制经费支出,提高资金使用效果,充分利用有限的资金。

公共部门财务会计的任务是:依法筹集并合理有效地使用资金,对单位的各项财务活动实施有效的综合管理。

公共部门财务会计的原则是政府部门及非政府公共部门财务管理工作中应遵循的基本规范,公共部门财务管理一般应遵循以下基本原则是:依法理财原则,勤俭节约原则,量入为出原则,效益原则,正确处理国家、集体和个人三者之间的利益关系原则,责任性原则。

公共部门财务管理包括预算管理、计划管理、收入管理、支出管理、定员定额管理、资产管理、负债管理、成本费用管理、投资管理、净资产管理、财务清算管理、财务报告管理、财务分析、财务监督等内容。

公共部门财务管理的方法是各公共部门在进行理财活动时所采用的各种技术和手段。政府部门及非政府部门财务管理的基本方法主要有法律方法、行政方法和经济方法。公共部门财务管理的技术方法包括财务预测方法、财务决策方法、财务计划方法、财务控制方法及财务分析方法。

我国现行公共部门财务制度,分为行政单位财务制度和事业单位财务制度两个体系,基本上是由行政事业单位财务规则、行政事业单位财务管理办法和行业事业单位内部财务管理具体规定三个层次组成的。

关 键 术 语

公共部门、政府组织、非政府组织、依法理财、预算管理、计划管理、财务预测方法、财务决策方法、财务计划方法、财务控制方法、财务分析方法

复 习 思 考 题

1. 何谓公共部门?公共部门有何特性?
2. 我国政府部门与非政府部门有何区别?
3. 公共部门财务会计的目标是什么?
4. 公共部门财务会计有何任务?
5. 公共部门财务会计应遵循哪些原则?
6. 公共部门财务会计管理的内容是什么?
7. 什么是公共部门财务管理的法律方法、行政方法和经济方法?它们各有什么特点?
8. 常用的公共部门财务分析方法有哪些?
9. 常用的公共部门财务预测方法有哪些?
10. 常用的公共部门财务决策方法有哪些?
11. 常用的公共部门财务计划方法有哪些?
12. 常用的公共部门财务控制方法有哪些?

阅读材料

国外非营利组织与我国事业单位财务管理比较研究

一、事业单位概念比较

国外或境外其他地区没有事业单位的概念,与之相近的是非营利组织。美国会计学会在《非营利组织会计实务委员会报告》中指出,非营利组织的特征是"通常区分营利与非营利的基础,乃是有无营利的动机。非营利组织就其行为上的意义是:(1)无营利的动机;(2)无个人拥有组织的股权或所有权;(3)组织的权益不得任意出售或交换;(4)通常都不被要求直接地或按比例地给予资金捐助者或资助人以财务上的利益"。我国对事业单位的定义是:不具有物质产品生产及国家事务管理职能,主要以精神产品和各种劳务形式,向社会提供生产性、生活性服务的单位,包括科学文化事业单位、公益单位、社会福利救济单位和社会中介机构等。

我国的事业单位与国外非营利组织相比,可以看出两者的大同小异。区别主要表现在:(1)尽管国内事业单位一般不以营利为目的,但目前相当多的单位实行有偿服务,甚至以收抵支,对营业收入依赖性较强,不像境外非营利组织那样"绝大多数财务资源,从出售货品或提供劳务以外的其他渠道获得"。(2)国内事业单位包括的范围较大,一般认为包括两大类,一是科学文化事业单位,二是公益事业单位,这些单位中相当一部分从事着部分行政管理工作,不像境外非营利组织那样比较明显地与行政管理无关、无营利要求。(3)国内事业单位主要由国家兴办,境外非营利组织则主要由社会各方兴办。但是,国内事业单位与境外非营利组织的共同之处是主要的。

二、美国非营利组织财务管理

美国的政府与国立非营利组织的财务管理在会计核算模式上,采用基金会计,以基金为基础,按照基金种类分别进行核算与报告。在预算方面,以基金为基础管理与控制各项收入和支出;在会计方面,以基金为基础核算与报告资金、负债、收入、支出。

三、英国、瑞典农业事业单位财务管理

美国、瑞典的非营利组织主要有两种形式,一种是国家财政支持的,另一种是市场化运作的。两国农业部门在经营管理上,主要采取三种形式:预算管理、项目管理和代理管理。美国、瑞典的预算管理程序和我国相似,但与我国"轻预算、重决算"不同,他们在编制预算、执行预算方面比我国严密。两国农业部对所有的经费都实行项目管理,即通过项目承担单位将资金落实到项目上并完成项目。两国也都对项目实行代理管理,由代理机构专门代政府部门管理项目和经费。英国、瑞典两国市场化运作的非营利组织在改革过程中,经历了从申请项目到竞争项目,从依靠政府到面向市场,从事业性到企业性、竞争性的三个根本转变。

四、法国农业非营利服务组织的经费管理

法国的农业预算支出来自欧盟和法国的财政预算。法国农业服务组织包括农业行政部门和国立农业非营利组织,分为五大体系:一是政府管理监督体系,其经费由

国家预算供给;二是农业科研技术教育培训体系,其中农业发展署的经费来源包括产品税、对无建筑物的土地征收的税、国家农业预算支出等,信息中心收入来源主要包括信息咨询费、可行性研究收费、接受社会的捐助、赞助等,农业公立高校的经费全部纳入财政预算,私立农业大学则由农业部提供50%,学生交费50%;三是农业行业自我管理体系,其经费来源主要是税收返还、自营收入、研究推广经费、收取的经费等;四是农业生产合作服务体系,其资金来源主要是农户集资、留存收益、国家补贴等;五是农产品和食品加工体系,农业部对符合欧盟及国内标准生产的优质、环保、生态产品给予补助。

五、国外非营利组织与我国事业单位财务管理比较

(一)经费来源比较

在国外的非营利组织中,市场化运作的非营利组织的经费主要从社会取得,国立非营利组织的经费绝大部分从政府财政预算取得。总之,其绝大部分财务资源,从出售货品或提供劳务以外的其他渠道取得。

我国事业单位类型多样,其经费来源也有多个渠道,有来自财政预算的,有来自服务收费的,有的甚至利用行政权力、垄断权力进行营利性收费,并且其对经营性收费依赖性较强。

(二)经费管理比较

在国外,普遍采用项目管理、代理管理及基金会计核算管理。我国事业单位的经费预算采取三种形式:全额预算、差额预算、自收自支预算。从1997年开始,对事业单位实行"核定收支、定额或定向补助、超支不补、结会留用"的预算管理办法。这些改革在一定程度上增加了事业单位的活力,但与国外相比,仍缺乏规范性,并且效率不高。

(三)经费运用比较

国外非营利组织经费采用项目管理与基金会计核算,保证了经费运用于特定用途的公益事业并严格控制人员经费支出。我国事业单位的经费运用有的是用于公益事业,有的是用于代替政府实现其行政管理职能,有的是用于营利性经营活动,并且在支出结构中人员经费占很大比例。

六、对我国农业事业单位财务管理改革的启示

国外非营利组织的财务管理及其变革,在诸如市场化及项目管理等方面有值得我国借鉴的地方。归纳起来有以下四点。

(一)根据农业事业单位的职能定位,改革其财务管理

在发达的资本主义国家,社会分工明确,政府的事情政府办,企业的事情企业办。而在我国,大部分事业单位既承担政府性工作或公益性事业,又承担非公益性事业。我国应严格划分行政部门、事业单位及一般企业的职能,以此来定位事业单位财务管理的职能。事业单位应既不承担国家行政管理职能,也不介入营利性事业,而是承担公益性或半公益性事业。

(二)对事业经费实行项目管理

英国是通过设立或取消项目,根据宏观政策需要确定重点事业项目,公布相关信

息,并发布意向性投资指南。各单位根据政府的意向,提出项目,报请政府选定。这种国家引导立项的方式,给了各单位立项的主动权,同时也有利于政府发挥宏观调控作用。我国在事业单位经费管理上,可采取日常经费与项目经费相结合的方式。对于事业单位的经常性事务开支,拨给日常经费。其他经费则实行项目管理,根据竞争中标的项目获得经费。

(三)基金会计核算模式值得借鉴

基金会计核算模式以基金为基础,按照基金种类分别进行核算与报告,其优点在于能够保障资金来源,使业务顺利进行,并且便于财务监督。在基金会计核算模式上借鉴国外经验,有利于更有针对性地实现具有特定目的的公益事业,提高资金使用效率。

(四)在农业事业单位的改革中稳步推进市场化

外国政府部门对非营利组织都经历了有选择的市场化改革,一是为了减轻财政负担;二是鼓励竞争、保持经济的活力;三是政府调整投资方向,逐步退出竞争性行业。我国应在定位现有农业事业单位职能的基础上,把那些经营性的并具有营利能力的事业单位逐步市场化。在市场化的过程中,我国和外国在诸如国有化程度、市场化程度、社会化程度等方面存在很大差距,应根据具体情况稳步推进。

(资料来源:杨秋林、张同华、王小林:"国外非营利组织与我国事业单位财务管理比较研究",《中国农业会计》,2001年第10期。摘录有删减。)

第二章 公共部门预算与会计核算导论

教学目的与要求

通过本章的学习,主要了解公共部门预算的概念与编制原则,了解定员定额管理制度,理解公共部门预算的编制与管理,掌握公共部门财务会计的基本理论和公共部门财务核算的方法。

公共部门的资金收支活动是通过预算来安排的,预算管理是公共部门财务会计的中心内容。公共部门的资金收支活动是通过财务核算来反映的,财务核算是公共部门财务会计的基础。本章将对公共部门预算的概念与编制原则、定员定额管理制度、公共部门预算的编制与管理,以及公共部门财务会计的基本理论和方法进行阐述。

第一节 公共部门预算的概念与编制原则

我国的预算由中央财政预算和地方各级财政预算组成,中央和地方各级财政预算由本级各部门预算组成,部门预算由其所属各单位预算组成。单位预算是各级财政预算及部门预算的基础。单位预算是指列入部门预算的国家机构、社会团体、全民所有制事业单位的经费预算和全民所有制企业的财务收支计划中与预算有关的部分。单位预算分为行政单位预算和事业单位预算两种,分别执行不同的预算管理方法。实行行政单位预算的包括国家立法机关、行政机关、审判机关、检察机关以及列为行政编制并接受财政拨款的社会团体和未列入行政编制但完全行使行政管理职能的其他单位;实行事业单位预算的包括以国家财政拨款为主要资金来源的国有事业单位,以及接受国家经常性资助的非国有事业单位和社会团体等。

▶ 一、公共部门预算的概念和意义

公共部门预算是各公共部门根据国家的方针、政策,按照国家规定的工作任务和事业计划,依据定员定额和收支标准编制的计划期内的财务收支计划。它包括政府组织

的预算(立法机关、行政机关、审判机关、检察机关)和非政府组织的预算(国有事业单位、接受国家经常性资助的非国有事业单位、社会团体和社会中介组织)两个组成部分,分别执行不同的预算管理方法。它反映公共部门与财政之间的资金领拨缴销关系和事业计划、工作任务的规模和方向,加强公共部门预算管理,不仅对保证公共事业计划和行政任务的完成,而且对财政预算的顺利执行都有十分重要的意义。

(一) 公共部门预算是公共部门履行自身职能的财力保证

政府组织从事组织协调经济和社会发展、维护社会秩序、实现社会公共利益的工作,非政府组织主要在文化、教育、科学、卫生、社会福利、农业等领域从事公益性的业务活动。公共部门所从事的上述活动属于公共事务管理的职能范围,其开展各项业务工作所发生的资金耗费主要依靠财政拨款解决,而财政拨款的依据就是公共部门预算。公共部门预算,是依据国民经济和社会发展计划对公共部门的职责要求和财力的许可编制的。因此,公共部门预算一方面是国家实施有关方针、政策的有效手段;另一方面又是促进各项公共事业发展,保证公共管理事务完成的物质条件。公共部门预算就是有计划地筹集资金和安排支出的活动及其过程,是从财力上保证公共部门履行自身的职能。

(二) 公共部门预算有利于加强国家宏观调控,实现财政的收支平衡

公共部门预算在很大程度上反映了我国公共部门活动的范围和方向,反映了公共事业发展的基本情况。公共部门预算是各级财政预算的重要组成部分。在国家财政预算支出中,有很大一部分是用于各项事业发展和国家政权建设的支出。公共部门资金收支活动实质上是财政资金运动的继续和延伸。财政同公共部门之间的这种经济关系,把公共部门预算同财政预算紧密地联系起来,使之成为财政预算管理体系不可缺少的组成部分。公共部门支出涉及教科文卫、农林水利、政府机关、社团中介等各个领域,国家财政安排的事业行政经费支出约占财政经常性支出的二分之一以上。编制和执行公共部门预算,就可以及时掌握我国公共事业的运行状况、发展趋势以及出现的问题,从而采取相应的措施,促进公共事业的健康发展。因此,公共部门编制预算有利于加强国家的宏观调控。公共部门预算执行得如何,既影响着单位预算的平衡,也影响着财政预算的平衡。要实现国家的宏观调控,实现财政预算收支的平衡,就必须加强公共部门的预算管理,为宏观控制和财政预算的平衡奠定良好基础。

(三) 公共部门预算有利于提高公共部门财务会计管理水平

公共部门预算管理贯穿于公共部门内部财务活动的全过程,是公共部门财务会计的核心。严格的预算管理对于提高公共部门财务会计管理水平具有四个方面的作用:第一,通过全面反映公共部门各项财务收支状况,为公共部门财务会计奠定了基础,提供了依据;第二,可以使公共部门财务会计按照预算规定的内容,有计划、有步骤地进行,管好用好财政拨款;第三,通过对公共部门收支预算的核定,提供一种监督全年财务活动的工具,既可以促使公共部门积极组织收入,合理安排支出,提高资金使用效益,又可以保障预算资金和国有资产不受损害;第四,以预算为基础对实际工作进行评价与考核,揭露矛盾,发现问题,并进一步寻找造成偏差的原因,以便采取行之有效的措施纠正偏差,促使公共部门完成工作任务。

二、公共部门预算的编制原则

公共部门预算的编制原则是指编制公共部门预算应遵循的指导思想和方针,它是多年来预算编制经验的高度概括,反映了预算编制的客观规律和基本要求。为科学、合理地编制好公共部门预算,应遵循以下五项基本原则。

(一)政策性原则

各项公共事业发展计划和公共事务管理任务是国民经济和社会发展总体规划的重要组成部分,公共部门预算是公共部门活动的范围和方向的反映。因此,公共部门在编制预算的过程中,应当以国家有关方针、政策和各项财务制度为依据,体现国家资金积累和资金使用的方针和政策,根据完成公共事业计划和公共事务管理任务的需要,正确处理需要与可能的矛盾,保证重点,兼顾一般,实事求是地编制单位预算,合理安排和分配资金,以保证公共部门职能的正常履行。

(二)可靠性原则

可靠性是指公共部门预算收支数字的依据必须真实可靠,计算正确,不得以假定的或上年的非正常收入作为编制预算收入的依据,更不准任意杜撰数据。对每项收支项目的数字指标,要运用科学的方法,依据确切可靠的资料和收支变化的规律,认真进行测算和计算,切实做到各项数据真实可靠。具体来讲,公共部门收入预算的编制,要在提高业务质量、扩大服务项目的前提下,广开财源,使收入预算稳妥可靠,对没有把握的收入项目和数额,不能列入收入预算,以避免在收入不能实现的情况下,支出大于收入,造成单位收支预算的失衡;公共部门支出预算的编制,要建立在稳妥可靠的收入基础上,在保证合理需求的前提下,做到精打细算,力求节约,不能预留缺口,以避免预算核定以后,不断调整支出预算;各种收支的性质必须明确区分,不能掺杂混同。

(三)完整性原则

完整性是建立规范化、法制化预算的前提条件。只有完整的预算才能保证政府控制、调节各类财政性资金的流向和流量,完善财政的分配、调节与监督职能。预算必须具有完整性,公共部门的预算应包括公共部门全部财务收支和反映全部财务收支活动的内容。因此,在编制预算时,必须将公共部门取得的财政拨款和其他各项收入以及各项支出,完整、全面地反映在预算中,反映公共部门的全部财务活动,不允许在预算之外另留收支项目。

(四)量力而行,收支平衡,不打赤字预算的原则

公共部门编制预算要坚持量力而行,收支平衡,不打赤字预算的原则。实事求是地处理公共事业发展的需要与财力可能的关系,做到科学合理地安排各项资金,使有限的资金发挥出最大的效益。在编制预算时,既要按照保证重点、兼顾一般的要求,优先保证重点支出,也要妥善安排好其他各项支出。

(五)统一性原则

预算是政府宏观调控的重要杠杆,保证预算的统一性是增强政府宏观调控能力的必要条件。公共部门在编制预算时,要按照国家统一设置的预算表格和统一的口径、程

序以及统一的计算方法填列有关收支数字指标。

第二节 定员定额管理制度

定员定额管理制度是公共部门预算编制的依据和财务管理的基础，是最主要的单位财务管理规范，也是财政部门编制预算、检查、考核预算执行情况的基本依据，是加强对行政事业单位经费管理，科学合理地分配预算资金，提高资金使用效益的基础。定员定额是确定单位人员编制额度和计算单位经费预算中有关费用额度标准的合称，建立客观反映供给单位在人员配置和资金、物资的筹集、分配、使用等方面应达到的额度指标，是预算制度改革的一项重要内容。定员定额管理是制定、控制、管理定员定额工作的总称。

一、定员

定员即定编，一般由编制部门负责，财政部门积极参与。它是国家编制部门或上级主管部门对单位规定的人员编制和定员比例。一是按照机构的级别和类型定员，即按照所属行政区等级，考虑人口因素，分为若干个等级，按级次规定其人员数额。二是按照比例定员，即按照特定的业务计量单位所规定的人员比例来确定其人员编制。

（一）行政机关的人员编制

行政机关的人员编制根据各级行政机关的结构体制和工作任务确定，主要应考虑各地区的经济现状、人口、区域大小、管理任务等因素。中央主管编制的部门负责直接核定中央级的行政人员编制和各省、直辖市、自治区的行政人员编制总数；市县级行政机关的人员编制由各省、直辖市、自治区控制。

（二）事业单位的人员编制

事业单位的人员编制由国家人事劳动部门具体制定，财政部门应积极参与编制管理，并按国家核定的人员编制设计预算。事业单位定员的规定一般有两种情况：一种是根据事业单位工作任务的繁简、机构类型的规模大小规定人员编制，如科学研究所、文化馆等；另一种是按照比例定员，如学校的教职工定员就是按照规定的教职工与学生或班数的定员比例和基本数字——学生人数或班数确定的，医院的定员则是按照规定的医务人员与病床数和门诊工作量的定员比例及基本数字——病床数、门诊人次数确定的。

定员制度是确定单位人员数额的规范，编制管理必须坚持按编制控制人员，实行编制包干，增人不增加经费，减人不减少费用，编制管理的重点是要加强人员变动中的编制管理工作，坚持"先出后入"，对超编人员不拨付预算资金，限期处理超编人员。编制管理的经济目的在于加强工资基金的管理，工资支出在人员经费中占很大比重，是人员经费管理的重点，各单位要严格核定工资基金计划，按计划执行，职工转正、定级、升级需增加工资时,应报上一级主管部门审批,严格执行国家关于各种津贴、补贴、奖金和福利待遇方面的规定。

二、定额

定额主要是指确定预算的经费开支定额,即经费预算定额。它是根据各单位的工作性质和特点,对其财力、物力的消耗、补偿、配备、利用等方面所规定的经济指标额度。

（一）定额的制定

预算定额的制定一般是按照单位为完成其业务工作量所需要的财力、物力的消耗数量,并考虑到国家的财力可能而制定的一个经费预算的指标额度,如人员经费中的工资定额,一般是根据上年度的实际工资水平,考虑到计划年度工资调整、人员变动等因素加以调整确定的。公用经费中公务费、业务费开支定额,是国家规定的经费开支的计划限额。

（二）定额的类型

经费定额按其范围的大小可以分为综合定额、单项定额和扩大衡量定额。综合定额是在同类型、同性质的项目中,把若干个单项定额合并汇总为一个包括有多项内容的定额,是单项定额的汇总。单项定额是综合定额的具体化,是对每一项具体开支项目确定的定额。扩大衡量定额是指若干综合项目的汇总定额,表现为某一扩大计算单位收支总额的定额。

支出定额按对象又分为人员经费定额和公用经费定额。人员经费定额主要指工资部分和职工福利费等个人性的开支范围,个人经费支出属于刚性支出,没有伸缩性,应严格按照国家规定的工资和福利费等标准分别予以核定,其每年的定额标准也可以随国家政策的变化而改变。公用经费部分主要指公务费、设备购置、修缮以及业务费等公用性的开支,公用经费的支出多属于弹性支出,其支出的标准也随各单位职责的不同及资产占有量的多少而有所区别。

按定额的计量标准将定额分为货币定额和实物定额。货币定额是指直接以货币计算和按实物折算的定额。实物定额是指按实物数量确定的配备量或消耗量的定额。以实物数量计算的定额比直接以货币数量计算的定额更为科学合理,其优点是:第一,以实物数量计算的定额,可以保证各地区同一类型机构的同一性质的需要得到同样的满足,以免发生宽严不一的情况;第二,在一定年度期间具有相对的稳定性,不因物价的变动而经常调整;第三,较之直接用货币数量计算的平均定额更切合实际,有助于避免因盲目采购而造成资金、物资的积压浪费。

三、我国定员定额管理存在的问题

实行经费定员定额管理办法实际上就是在编制单位预算时按照单位的定编数和人均经费标准核定预算,要求财政部门准确地掌握各单位的定员编制,并制定科学合理的定额标准。但目前财政部门虽掌握人员编制数,也有支出标准,却不尽科学合理,主要问题有两类。

（一）人员管理粗放型

目前，财政部门只掌握编制部门最初核定的各单位的编制数，无法及时掌握各单位的人员变化情况，导致核定预算时仍沿用过去的编制人数，人员和经费不能实行动态管理，因而制定出的定员定额标准与单位的实际情况不相符合。

（二）定额标准缺乏科学合理性

现行的定额不是根据单位的工作任务和财力可能计算出来的，而是根据历年的决算数据倒推出来的，即按照往年或近几年各项经费的决算支出数除以编制人数得出。定额与实际情况有很大差距。定额标准的高低不是按照单位的职能予以确定，导致部门之间苦乐不均，相互攀比，从而形成管理上的被动。

四、定员定额标准的制定方法

（一）充分准备基础性资料

收集制定定额的基础性数据资料，包括单位的编制人数和实有人数、房屋建筑物面积、机动车的编制和实有数、主要办公设备数、业务工作指标和其他数据资料。对收集的资料进行分析整理，并保证与定额中的相关数据一致，使各项资料具有准确性和可比性。

（二）细化、量化支出内容

对一般预算支出的项目要尽可能地继续分解、细化，并尽可能地予以量化。一是可按国家现行有关规定，制定出量化的开支标准；二是测算出每人每月所耗用办公用品的具体数量、人员平均加班次数、每人每天大致使用电话时间等具体的量化指标。

（三）共性支出标准按人员制定综合定额

单位经费开支的具体项目纷繁复杂，要按简便易行的原则进行科学合理的分类、汇总和分析，将性质大体相同的开支项目合并，确定共性支出的范围和项目，并按此确定一个基准，即按照最基本的支出需要制定涵盖行政单位各项支出的一个综合定额。由于目前难以确定每个单位资产占用量的合理性，确定定额标准时暂不能以资产的多少为标准，而要以人员编制作为测算定额的基础数据，因为各个部门的人员在一些公用开支的各种消耗方面大体是一致的。

（四）不同支出按定额分类分档核定

我国的行政部门种类较多，按照各行政单位的职责特点及人员构成等各方面的因素，可将其划为三类。一是党委机关、人大和政协部门。这些部门没有其他的专项业务费，同时，人大和政协的人员构成级别较高，人员经费的开支标准可在平均定额标准的基础上分别核定一定的增长幅度。二是政府机关中的综合类部门。这些部门在业务开展上横向和纵向联系较多，业务费的开支较大，如计委、财政、经贸、税务、工商、教育等部门。三是政府机关中的一般部门。其业务一般多在内部开展，业务费的开支相对较少，如文联、作协、对外友协等社团类单位。

对邮电费、差旅费、会议费、业务费等按不同部门业务的合理需要分别制定不同的定额标准,一些与业务工作性质有直接关联的项目的开支标准应有所区别,如综合部门的出差次数要远高于一般社团类、政务类的部门。在核定定额标准时,一定要根据部门的工作性质划分定额项目中支出标准的等级,分档核定定额标准,即将各行政部门按性质分类,在确定一个平均定额的前提下,对不同性质的部门,综合考虑其开展工作所需的经费开支情况,测算出不同的加减系数,分别计算出各类部门的定员定额标准。

1. 标准公用经费定额的确定

标准公用经费定额按平均原则,选取有代表性单位的主要开支项目进行测算确定。以在职职工或其他人员人均定额为主,以实物定额为辅。具体讲,即以消耗对象为主体进行定额的因素分析测算。对于正常公用经费定额不能包括的特殊情况,可再核定一个经费预算调整数,以保证单位维持正常运转的需要。

2. 正常公用经费分类分档定额系数的确定

定额系数是对标准定额的调整和修正,即对同类单位的标准定额,根据同类别、不同档次单位的划分,针对定额项目的相关因素进行调整的系数。各因素的调整系数可以不同,属共性的可以不进行调整,系数为"1"。其他项目的具体定额系数在调研、测算的基础上确定。

事业单位由财政部门会同各事业财务主管部门参照行政单位的确定方法测定。在当前一个时期,鼓励事业单位创收,利用各事业单位的经费自给率对其正常公用经费定额给予调整,经费自给率高的单位定额适当高一些,在政策上给予引导。事业单位经费自给率指单位的收入(不包括财政补助收入和上级补助收入)占其经常性支出的比例,主要衡量单位经过努力所取得的收入能够满足自己支出的程度。现阶段将其作为对正常公用经费定额的补充调整系数,主要是为了适应市场经济的要求,鼓励单位创收的积极性,按收入与支出相对应的原则,多收可适当多支,根据其经费自给率的高低,对部分公用经费开支项目的定额作进一步调整,以使定员更趋科学、合理、公平,更好地贯彻国家对事业单位分类改革的总体要求。

(五)开支标准的确定以国家规定为主,实际支出为辅

定额标准的确定既要能够满足行政机关开展工作的基本需要,又要考虑国家财力的可能,不能脱离实际制定不足的定额或超前定额。一是对国家有明确规定的开支标准的项目,要严格按照标准核定。二是对国家有规定的开支标准,但与实际开支相距较大的项目,要适当调整其标准,尽量满足工作需要,如差旅费和会议费等。三是对国家没有规定开支标准的项目,按实际开支的平均水平核定。如杂项费中的消防器材更新费、门前绿化费、垃圾清运费等。四是严格清理不合理的开支项目。在实际工作中,存在用事业经费弥补行政经费的情况,也存在一些不应在行政经费中开支的情况,在制定定员定额标准时要对现有开支项目进行彻底清理,准确界定开支范围和项目,确保定额中的支出项目规范化。

定员定额标准制定以后,要根据情况的变化不断完善,对通过实际执行反映不尽合理的定员定额标准进行修订。另外,随着客观情况的发展变化及国家政策的调整,定员定额的标准也应相应地进行调整,以保证定员定额的先进性和合理性。

第三节　公共部门预算的编制与管理

一、行政单位预算的编制与管理

（一）行政单位预算管理办法

财政部门对行政单位实行"收支统一管理，定额、定项拨款，超支不补、结转结余按规定使用"的预算管理办法。

1. 收支统一管理

收支统一管理就是将行政单位的全部收入和全部支出都纳入单位预算管理体系，进行统一管理，单位可综合利用各项资金统筹安排各项支出，解决收支管理分离、财务与资金管理脱节的状况，提高财政部门和行政单位财务部门的监管职能。

行政单位预算的编制要做到量入为出，收支平衡，不打赤字预算。收入和支出预算的编制要求具体如下：

（1）要求将单位取得的财政预算拨款收入、可用非税资金收入（即指财政部门按规定从财政专户核拨给行政单位的非税资金收入、经财政部门核准由单位留用的非税资金收入的合计数）、其他收入全部编入收入预算，并根据全部收入情况统筹兼顾。

（2）合理安排各项支出，即行政单位在编制支出预算时，要确保国家统一规定的工资、津贴、补贴等刚性支出和维持机关正常运转所需的公务费、业务费等必不可少的支出。行政单位可用的预算外资金收入和其他收入作为经费来源的补充，要与财政预算拨款收入统筹安排使用，主要用于安排经常性支出和必要的专项支出。

实行收支统一管理，有利于统筹安排各项资金，全面反映行政单位预算的收支状况，提高资金使用效益，并为财政部门核实行政单位预算提供可靠依据。

2. 定额、定项拨款

这是由财政部门确定行政单位财政预算拨款和财政专户拨款额度的方法。

定额是指财政部门根据行政单位工作的性质和特点，结合国家财政状况，对行政编制或实有人数及人均支出标准确定的公务费、差旅费等，按车辆数和标准消耗确定的汽车燃修费等支出定额或开支水平。对行政单位经常性支出预算的测算和拨付一般采用定额办法。

定项是指财政部门对行政单位为完成某一专项或特定工作任务专门安排的经费拨款额度。一般情况下，对行政单位的专项会议费、专项修缮费、专项购置费和专项业务费等专项支出预算采取定项拨款办法。并非所有行政单位都有定项拨款，定项拨款并非固定不变，当行政单位没有专项或特殊工作任务时，可以不实行定项拨款。

定额拨款和定项拨款两种办法可互相结合使用，专项经费预算也可依据定额方法确定。定额、定项拨款办法有利于合理分配预算经费，既可以保证行政单位的基本开支需要，又可以满足特殊或专项任务的支出要求，促使行政单位各项任务顺利完成。

行政单位所需的合理经费由国家财政拨款解决。财政部门拨款时要做到以下两点。一是与政府职能转变和机构改革相结合。对市场经济体制下管理职能逐步弱化直至消失的行政机构，应当根据国家机构改革的部署及进程，逐步缩减、停止对其经费供给，促使其撤销、合并，或者改组为企业集团等。二是与非税资金收入及其他收入相结合。这些收入要全部纳入行政单位预算，用以抵补行政单位的支出。

3. 超支不补、结转结余按规定使用

行政单位收支预算一经财政部门或主管预算单位核批，除特殊因素外，一般不予调整，由单位自求平衡，这意味着预算经费包干使用。对于预算执行中的超预算支出，财政部门或主管预算单位不再追加财政预算拨款和财政专户拨款，有助于增强单位预算的约束力，强化单位预算管理、控制预算支出的责任，便于形成自我约束、自我完善的预算管理机制；行政单位形成的各项收支结余在年度结束时进行具体项目内容分析，区分为结转资金和结余资金，并按照同级财政部门的规定执行。

（二）行政单位预算的编制

行政单位预算是行政单位根据其职责和工作任务编制的年度财务收支计划。它是对单位一定时期财务收支规模、结构、资金来源和去向所作的预测。

1. 行政单位收入预算的编制

行政单位收入预算指预算年度取得的各项收入以及用于各项支出的情况，包括财政预算拨款收入和其他收入等项内容。行政单位在编制预算时，应按规定合理划分不同类型的收入，将应列入预算的各项收入全部列入预算，不得遗漏，但没有收入数额的项目可以空置。

（1）财政预算拨款收入。财政预算拨款收入反映是指行政单位从同级财政部门取得的财政预算资金。拨入的专项经费要在财政预算拨款收入项下单列反映；根据机构编制主管部门核定的单位编制和财政部门核定的定额，结合行政工作任务需要和财力可能，逐项计算编列。

（2）其他收入。其他收入是指行政单位依法取得的除财政拨款收入以外的各项收入，包括利息收入、非独立核算单位的刊物发行收入、服务收入等。其他收入应列入单位收入预算，用于本单位的支出。

其他收入按"节"级科目分项填列。有收费标准的项目应当按照标准计算编列；没有收费标准的项目则要根据上年执行情况，结合预算年度相关因素编列。行政单位编制预算时，应按规定合理划分不同类型收入，将应列预算的各项收入全部列入，不得遗漏，非独立核算后勤机构取得的各项收入以及其他服务性收入等其他收入也应列入单位收入预算。

将除财政预算拨款收入以外的其他收入，连同财政预算拨款收入一起纳入单位收入预算，并不意味着国家鼓励行政单位组织创收，也不改变财政预算拨款是行政单位资金来源主渠道的资金供给方式。

2. 行政单位支出预算的编制

行政单位支出预算包括基本支出和项目支出等项内容。支出预算要在合理分类的基础上根据要求分别编列。

（1）基本支出。这是维持单位日常基本运转所需要的支出，编制时应按其用途列入相应的预算科目。其中，人员经费支出项目应按编制人数和规定标准计算编列；公用经费支出项目应按支出定额计算，没有支出定额的，应按上年实际支出数，并考虑本年度增减变化因素编列。

（2）项目支出。项目支出主要包括大型设备购置费、大型修缮费、大型会议费和专项业务费，可按照支出用途分别编列到有关项目，或按专项工作任务分项编列，并参考有关开支水平和定额标准编列。项目支出应当有详细的说明。

行政单位对预算收支各部分预测的结果进行综合汇编后，就形成了行政单位预算。行政单位预算的编制要坚持收支平衡的原则，并按统筹兼顾、确保重点的原则安排各项支出。财政预算拨款收入应根据管理要求用于基本支出和项目支出，尤其要优先安排用于保证人员基本工资和开展公务活动必不可少的开支，在此前提下，统筹安排其他各项支出。用于职工待遇方面的支出，必须符合国家规定的范围和标准。

行政单位应按照财政部门规定的编制要求、程序、预算报表格式编制年度预算及其说明，并按规定的报送时间经主管部门审核同意后报同级财政部门，一级预算单位直接报送财政部门。行政单位还要填报非税资金（如行政性收费、基金等）收支计划。各部门、单位应在规定期限内将单位概预算、决算报财政部主管财务司。

二、事业单位预算的编制与管理

（一）事业单位预算管理办法

国家对事业单位实行"核定收支、定额或者定项补助、超支不补、结转结余按规定使用"的预算管理办法，少数非财政补助收入大于支出较多的事业单位，可以实行收入上缴办法。

1. 核定收支

这是指全面核定事业单位的全部收支，并将其全部纳入单位预算统筹安排。事业单位要将全部收入包括财政补助收入和各项非财政补助收入与各项支出统一编列预算，报经主管部门和财政部门核定，主管部门和财政部门根据事业特点、事业发展计划、事业单位财务收支状况以及国家财政政策和财力可能，核定事业单位年度预算收支规模，其中包括财政补助具体数额。核定收支健全了单位预算，有利于掌握事业规模，加强事业单位收支管理，提高事业资金的使用效益。

2. 预算缴拨款

举办公共事业是政府的重要职能，我国财政支持事业的资金规模将随着财政收入的增加而不断扩大，并保持必要的增长速度。目前，在市场机制的作用下，社会力量和个人兴办某些事业（如具有显著经济效益的文化娱乐业、职业化体育运动项目）等现象已不断出现，形成了多渠道、多形式兴办事业的新格局。但是，社会参与有社会效益而无直接投资回报的事业项目的积极性较低。因此，政府在不再包办一切事业的同时，对事业的资金支持方式也要相应改革。

（1）预算补助。预算补助形式为定额或者定项补助，这是国家财政对事业单位自身组织的收入不能够满足支出的事业单位采取的预算拨付方式。一是定额补助,指国家财政根据事业单位的性质、特点和收支状况等因素,并按相应标准确定一个总的补助数额,如对高等院校实行生均定额补助等。二是定项补助,指国家财政根据事业单位收支情况,确定对事业单位的某些特定支出项目进行补助,如工资支出项目,或大型修缮和设备购置等补助,具体项目因各事业单位情况不同而有所区别。

对非财政补助收入可以满足经常性支出的事业单位,定额或者定项补助可以为零。对事业单位的财政补助不论数额多大,都是补助性质,不同的事业单位存在的只是补助程度上的差别,财政拨款和补助确定的原则是按照社会共同需要确定财政资金的供给范围和额度。财政部门对事业单位的"拨款"改为"补助",进一步明确了国家与事业单位之间的关系,实质上是改变国家财政统包事业、由财政平衡单位预算的做法。

(2)预算上缴。少数事业单位因占有较多国家资源或国有资产,得到国家特殊政策,以及收支归集配比不清等原因而取得较多收入,超出其正常支出较多的,可以实行收入上缴办法。

收入上缴形式:一是定额上缴,即在核定预算时,确定一个上缴的绝对数额。二是按比例上缴,即根据收支情况,确定按收入的一定比例上缴。

上缴时间:一是预算年度执行过程中按月或按季上缴;二是在年终一次性上缴。

由于各地情况差异较大,各事业单位情况不同,具体的上缴办法授权给各级财政部门会同主管部门根据当地实际情况确定。

3. 确定对事业单位的财政补助或上缴的原则

(1)按社会共同需要确定补助范围和数额,保证重点与兼顾一般相结合。对代表长远利益、符合社会共同需要、市场调节低效的领域或者事务,财政补助数额较大,财政应按维持其正常发展的需要核拨经费。对那些收入比较稳定,又具有较大公益性和福利性的事业单位,财政可根据国家发展事业的政策和单位收支状况,采取定额或定项补助的办法拨付一部分经费。对可进入市场的事业单位,应与财政在经费上脱钩,逐步将其推向市场,财政补助将逐渐减少甚至不补助,事业单位转型为企业单位,并鼓励社会力量兴办这类单位。这有利于财政工作方式由被动变为主动,充分利用财政分配的杠杆作用。

(2)结合事业单位经费自给水平确定具体的财政补助额度。根据不同单位的实际情况,确定不同的财政补助定额或标准,尽可能做到科学合理,并随形势变化作相应调整。在社会主义市场经济条件下,事业单位收入来源渠道呈现出多元化的发展格局。

(3)各单位编制本单位预决算草案,按照国家规定上缴预算收入,安排预算支出,并接受国家有关部门的监督。

(二)事业单位预算的编制

事业单位预算的编制概括起来就是要综合运用基数法、因素分析法、定额法编制事业单位收支预算,使事业单位预算切合实际,有利于操作,切实发挥预算在事业单位财务管理中的积极作用。

1. 事业单位收入预算的编制

事业单位收入由财政补助收入和非财政补助收入两部分组成,其中非财政补助又包括上级补助收入、事业收入、经营收入、附属单位上缴收入、其他收入等。

(1) 财政补助收入,指事业单位从同级财政部门取得的各类财政拨款。财政"定额补助"单位应根据定员或基本数字,按照财政部门确定的补助定额标准计算编制。财政"定项补助"单位应按财政部门确定的补助项目,根据事业发展计划和财力可能,逐项计算编列。财政补助收入只能用于安排事业支出。

(2) 非财政补助收入。对于非财政补助收入,根据收入分类要求,编列各有关项目收入预算。单位各项收入除经营收入外,都可直接用于事业支出。

第一,上级补助收入。它是指事业单位从主管部门和上级单位取得的非财政补助收入,如事业单位的主管部门或上级单位用自身组织的收入或集中下级单位的收入拨给事业单位的资金。

第二,事业收入。事业收入是事业单位开展专业业务活动及其辅助活动取得的收入。事业收入根据项目逐项编制。对有收费标准的收入项目,根据有关业务量按标准计算,如学校学费根据在校学生人数,结合规定的收费标准计算;没有明确收费标准的项目,根据上年收入完成情况,结合本年度相关因素编列。

事业单位的非税资金要纳入单位预算统一核算、统一管理。从财政专户核拨的非税资金数,一般按预计可缴入财政专户的非税资金数编列。按照规定应当上缴财政预算的资金不列入单位预算收入;应缴财政专户的非税资金也不得列入。

第三,经营收入。经营收入是事业单位在专业业务活动及其辅助活动之外开展非独立核算经营活动取得的收入。为了正确反映经营收支结果,经营收支预算应按照配比的原则进行编列。经营收入根据上年收入完成情况,结合本年度经营活动直接编入单位收入预算。

第四,附属单位上缴收入。附属单位上缴收入是事业单位附属独立核算单位按照有关规定上交的收入,按附属单位上缴比例或定额编列预算。

第五,其他收入。其他收入指上述范围以外的各项收入,如事业单位取得的投资收益、利息收入、捐赠收入等应当作为其他收入处理,参照上年度实际水平并结合预算年度具体情况编列预算。

上级补助收入和事业收入(含预算外资金收入)、其他收入除另有规定外,一般也应该用于安排事业支出;专项资金安排的支出项目应作详细说明。

以前年度收支结余转入的事业基金(其中的一般基金)有余额的,可以在余额范围内安排用于弥补本年度预算支出超出预算收入的差额。

2. 事业单位支出预算的编制

事业单位支出由事业支出、经营支出、上缴上级支出、对附属单位补助支出、成本费用和其他支出等项内容组成。

(1) 事业支出。事业支出是指事业单位开展专业业务活动及其辅助活动发生的基本支出和项目支出。事业单位在编制支出预算时,要根据支出划分的有关要求,分清不同性质的支出项目。各项具体支出项目,属于人员支出的,应按有关标准和编制人数等计算编列;属于公用支出的,有支出定额的,要按定额计算编列,没有支出定额的,要根据实际情况测算编列。

(2) 经营支出。经营支出是指事业单位在专业业务活动及其辅助活动之外开展非独立核算经营活动发生的支出。预算编制方法同上。

(3) 上缴上级支出。上缴上级支出是指事业单位按照财政部门和主管部门的规定上缴上级单位的支出。

(4) 对附属单位补助支出。对附属单位补助支出是指事业单位用财政补助收入之外的收入对附属单位补助发生的支出。

上述的两项支出属于调拨性质的支出。这是按照预算管理级次在上下级之间进行的资金调拨。对附属单位补助支出是指事业单位用非财政预算资金对附属单位补助发生的支出,如将从各附属单位集中的资金、接受捐赠的资金等用于对附属单位补助而发生的支出。上缴上级支出是实行收入上缴办法的事业单位按照规定的定额或者比例上缴上级单位的支出。对附属单位补助支出和上缴上级支出按规定的补助和上缴标准计算编列。

(5) 成本费用。成本费用是指实行成本核算的事业单位在生产产品,提供劳务和项目开发过程中发生的应列入商品(产品,劳务)成本的各项费用。

(6) 其他支出。其他支出是指除上述规定范围以外的各项支出,包括利息支出、捐赠支出等。

事业单位预算收支各部分计算的结果进行综合后,就形成事业单位预算。

三、公共部门预算的核批

(一) 财政部门对主管部门核批预算

财政部门在收到经主管部门审核汇总或一级预算单位报送的单位预算后,应进行审核;对符合预算编制要求的,应在规定的期限内予以批复。根据部门预算管理的新规定,财政部门核批单位预算一般只核批到主管部门。

(二) 财政部门在批复单位预算时核定单位各项收支

财政部门在批复单位预算时应按照单位预算管理办法,统一核定单位各项收支预算。对收入预算应明确核定各项收入指标;对支出预算要统筹兼顾、确保重点,在核定"款"项总支出的同时,还要核定分类支出数额,并可根据管理需要具体核定到基本工资等"目"级重点项目的支出数额。对实行收入上缴办法的事业单位,应核定其上缴上级支出数额。

(三) 财政部门在核定单位预算时确定财政补助或上缴数额

财政部门在核定单位预算时,财政预算拨款标准应根据单位基本工作任务需要,结合国家财力可能确定。对事业单位,既可确定一个总补助数额,也可针对某些支出项目核定补助数额。对共同支出项目制定统一的补助定额,对特殊支出项目要根据单位的特点确定不同的补助标准和支持力度,优化财政资金支出结构。

(四) 财政部门在核批单位预算时批复单位非税资金收支计划

2010年6月,财政部制发《关于将按预算外资金管理的收入纳入预算管理的通知》,规定自2011年1月1日起,中央各部门各单位的全部预算外收入纳入预算管理,收入全额上缴国库,支出通过公共财政预算或政府性基金预算安排。地方各级财政部门要按照国务院规定,自 2011 年 1 月 1 日起将全部预算外收支纳入预算管理。相应修订《政府收支分类科目》,取消全部预算外收支科目。这意味着从 2011 年起,将按预算外资金管理的收入全部纳入预算管理,此举意味着预算外资金概念已成为历史。

因此,财政部门在核批单位预算时,同时对单位非税资金收支计划要予以批复。非税资金收支计划要与单位预算中的非税资金收支相关数额相衔接。对非税资金支出计划中的重要项目数额,要予以具体核定。可用非税资金收入应与财政预算拨款或补助收入一并核定,统一下达,并应首先用于工资等人员支出以及必不可少的业务和设备购置开支。对于必须指定用途的,财政部门在核批单位预算时应予以明确。

第四节　公共部门财务会计的基本理论

一、公共部门财务会计的适用范围

会计核算按其适用范围和核算对象可分为两大类:一类是企业会计核算,它反映和监督社会再生产过程中生产、流通领域的企业经营资金的活动,这些企业的主要特征是以营利为目的;另一类是非企业会计核算,即政府和非营利组织会计核算,它反映和监督社会再生产过程中分配领域、精神生产和社会福利领域的政府财政机关和行政单位财政资金、事业单位和民间非营利组织业务资金的活动,这些单位的主要特征是不以营利为目的,而以社会效益为目的。

公共部门所使用的资金基本上属于社会再生产过程中分配领域里的政府财政资金和事业单位业务资金以及社会捐赠资金。这些单位不直接提供物质产品,它们从事各种业务活动,为社会生产和人民生活服务,在社会再生产过程中同样起着不可忽视的作用。适用于行政单位、事业单位和民间非营利组织的财务核算,就称为公共部门财务核算。

公共部门财务会计核算的对象,是非生产领域中政府财政资金、事业单位和民间非营利组织业务资金的活动。

二、公共部门财务会计的组成

公共部门财务会计从总的方面来看由政府财务会计、公立非营利组织财务会计(事业单位财务会计)和民间非营利组织财务会计三部分组成。政府财务会计包括了政府财政会计和行政单位财务会计两大内容,其中行政单位财务会计是政府财务会计的基本内容,限于篇幅,本书关于政府的财务会计只介绍行政单位财务会计。

行政单位财务会计按国家机关性质,可以分为立法机关财务会计、行政机关财务会计、审判机关财务会计、检察机关财务会计和军队财务会计。此外,我国的党派财务会计、社会团体财务会计也可归属于行政单位财务会计。

非营利组织财务会计可分为公立非营利组织财务会计(即事业单位财务会计)和民间非营利组织财务会计。事业单位涉及的范围甚广,按其主要行业来看,可以分为科研单位财务会计、教育单位财务会计、文艺单位财务会计、医院财务会计、体育单位财务会计、农林水利事业单位财务会计、城市维护建设事业单位财务会计等。

公共部门财务会计的体系大致如图2-1所示。

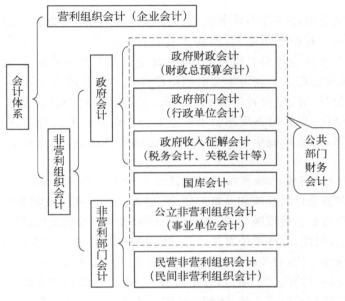

图2-1 会计体系概述

▶三、公共部门财务会计的特点

公共部门财务会计的特点主要是同企业财务会计相比较而言的。行政、事业等单位及民间非营利组织的性质、任务、资金运动方式与企业不一样,两者的对象、任务不同,内容、方法也有很大差别。

企业是进行生产经营活动的经济组织,是独立的经济核算单位,从事商品生产和商品流通活动,其经营目标是谋取盈利,实现资产增值。企业在建设初期或扩大经营规模之时,由所有者投入资本金,其各项日常开支均依靠自身的生产经营收入来抵补。企业财务会计的主要特点是:核算费用成本,计算经营盈亏,会计核算以经营盈亏核算为中心。

公共部门是非营利性组织,主要完成行政事业的业务工作,其业务目标是谋求最广泛的社会效益。除事业单位、民间非营利组织有不同程度的业务收入外,公共部门的资金大都直接或间接来自纳税人及其他出资人,在此条件下力求做到收支相抵。公共部门会计核算的主要特点是：核算业务收支，计算收支余超，会计核算以收支结余核算为中心。

公共部门财务会计的特点具体表现在以下四个方面。

(一) 出资者提供的资金不具有营利性、增值性，但具有限制性

公共部门资金的供给者，涉及纳税人、捐赠人、受益人等广大人群，他们提供的资金原则上称为基金。基金的特征是要按出资者的意愿完成一定的任务，实现社会效益。公共部门财务核算首先表现为基金财务核算，要能反映各项基金按预期目的运用的结果。

公共部门资金的提供者不要求投资回报和投资回收，但要求按法律规定或出资者的意愿把资金用在指定用途上，即要求资金有限制性。在这些单位中不仅资产基金、专用基金、专项资金等具有特定的用途，就是经费拨款等实际上也都有严格的具体用途，不能挪作他用。企业资本金的增值性体现了企业投资者的权利，而基金的限制性则体现了公共部门出资者的权利。为此，公共部门财务会计要按不同的项目核算基金的使用情况，尽管对各项基金不一定要分别设置有关的资产、负债、收入、支出等科目进行核算，但必须提供各项基金的收支结余情况，以便考核各项基金的使用效益。

(二) 有关财政资金的收支项目要适应国家预算管理的要求

公共部门财务会计所反映和监督的资金，很大一部分直接或间接属于政府财政资金。国家决算报告要直接反映行政、事业单位的财政性收入和支出，以及总预算单位的全部收入和支出，因此，这些单位有关收入、支出的核算必须与预算科目衔接。也就是说，对于行政、事业单位，有关科目的明细核算要按预算收支科目进行，并在财务核算报表中按预算收支科目的类、款、项、目分别列示。只有严格按照预算收支科目组织核算，才能保证各单位核算的口径一致，才便于汇编政府收支的决算报告，用以反映和监督总预算的执行情况。至于某些事业单位的自筹资金，在管理上则比较灵活，但也要比照财政资金的管理作出与其相一致的规范。

(三) 公共部门财务会计不进行盈亏核算，着重核算有关资金的收支结余

企业财务核算必须按照经济核算的原则，进行成本核算，确定企业盈亏；政府、事业单位与民间非营利组织不以营利为目的。政府预算的收入和支出，一般并无直接的配比关系，其收支差额不反映经营成果，只反映资金使用的余缺，所以一般不核算成本，不计算盈亏。至于事业单位与民间非营利组织的收入和支出，有的有较紧密的配比关系，有的则并无严格的配比关系，而且大多数事业单位的业务支出还不能足额补偿，只能在一定意义上实现收支相抵，因此，对事业单位与民间非营利组织也不进行盈亏核算，只进行收支结余的核算。

在某些事业单位与民间非营利组织中，为了考核经济效益，促进增收节支，改善事业管理，也可以进行分项目成本核算，如科研课题成本核算、医疗成本核算、人才成本核算等。但是，事业单位与民间非营利组织的成本核算同企业的成本核算相比较，由于历史的原因原始资产的取得和积累已经无法精确计量，由此导致其成本费用的精确计量和分配比较困难，有关基础工作也比较薄弱，目前只能在部分单位，或者部分项目中实

行成本核算,无法要求所有事业单位进行全面精确的成本核算。

(四)政府会计核算原则上实行收付实现制,事业单位财务会计原则上实行权责发生制,民间非营利组织财务会计一般以权责发生制为基础

权责发生制对于收入和费用是以其是否体现本期经营成果和生产消耗为标准来确定其归属期的。凡是体现本期经营成果的收入和体现本期生产消耗的支出,不论款项是否实际收进或付出,都作为本期收支计算。权责发生制的处理,是同权利和责任的形成相联系的,而不考虑货币资金的收支是否发生。

为了正确划分各个财务核算期间的收入和费用,应设置"应收款项"、"预收款项"、"应付费用"(预提费用)、"预付费用"(待摊费用)等科目。在企业财务核算中,为了正确核算各个财务核算期间的成本和盈亏,都采用权责发生制这种收支确认原则。

收付实现制对于收入和费用是以其是否发生货币资金的收付为标准来确定其归属期的。凡是本期实际发生的款项的收入和本期实际发生的款项支出的费用,不论是否归属于本期的工作成果或劳动消耗,都作为本期收支计账。收付实现制的处理,同货币资金的收付紧密联系,而不考虑权利和责任是否发生。实行收付实现制,不采用待摊、预提科目,只少量使用应收、应付科目。

在政府财务核算中,为了如实反映当期预算收入和预算支出的货币金额,平衡当期的货币收支,一般都采用收付实现制的收支确认原则。但是,对于已在预算中安排而未实际发生支出的费用,可作为财政应返还额度处理。

在事业单位与民间非营利组织中,为了对收入、支出进行配比核算,考核业务成果,同时为了充分地反映单位在财务活动中的权利和义务,原则上可采用权责发生制或以权责发生制为基础。但是,对于某些规模较小的单位及次要的经济业务,则可采用收付实现制。权责发生制和收付实现制在应用上并不是绝对的,在实际工作中还可以有修正的权责发生制和修正的收付实现制,对各单位可以根据具体情况有选择地加以规范。权责发生制和收付实现制在一定条件下同时并用,是公共部门财务会计核算的一个特点。

上述公共部门财务会计的特点,总的说来具有一定的稳定性。但是,随着财务核算环境的改变,这些特点会相应发生变化,而且不同单位的具体条件各异,这些特点的具体表现也会有一定的差别性。这是我们需要加以注意的。

四、公共部门财务会计的一般原则

会计核算的一般原则是对会计核算提供信息的基本要求,是处理具体会计核算业务的基本依据。会计核算原则既是财务会计理论的概括,又是财务会计实践经验的总结。它在会计核算准则中居于主导地位,指导着会计核算要素的确认计量和会计核算方法的选择,因此也就成为衡量财务会计信息质量的重要标准。

(一)会计信息质量要求

会计信息质量要求,是衡量信息质量的标准或控制信息质量的要求。在非企业财务会计和企业财务会计之间,具有一定的共性。

1. 相关性原则

相关性原则又称有用性原则,是指财务核算所提供的经济信息应当有助于信息使用者正确作出经济决策,财务核算所提供的信息要同经济决策相关联。财务核算所提供的信息主要应满足以下三方面的需要:第一,符合国家宏观管理的要求;第二,满足上级主管部门和有关各方了解单位财务状况和收支情况的需要;第三,满足单位内部加强管理的需要。

2. 客观性原则

客观性原则是指财务核算所提供的信息应当以实际发生的经济业务为依据,如实反映财务状况和收支情况,做到内容真实、数字准确、资料可靠。核算的数字应为实际发生数,而不能是预计数、估计数,更不能是有意伪造数。

财务核算的客观性包括真实性、可靠性和可验证性。真实性是指反映的结果应同实际情况一致,不弄虚作假,隐瞒谎报。可靠性是指经济业务的记录和报告要以客观事实为依据,不受主观意念的支配,要求两位合格的财务核算人员根据相同的原始资料对同一业务进行处理时,应得出实质相同的结论。可验证性是指有可靠的合法的凭据来复查数据的来源及数据的加工过程。客观性是财务核算信息的生命,不真实、不可靠、不能验证的财务核算信息,只会导致错误的决策,不仅无用无益,反而有害。

3. 可比性原则

可比性原则是指财务核算应当按照规定的处理方法进行,财务核算指标应当口径一致、相互可比。不同的单位,尤其是同一行业的不同单位,处理同一业务问题要使用相同的程序和方法,以便相互比较,判断优劣。

财务核算信息的可比性,首先要求不同单位在重要问题上的核算口径一致,其次要求在所选择的处理方法上可以比较,以便分清先进落后。强调财务核算的可比性,并不意味着核算方法没有选择性,并不排斥具体核算处理上的因地制宜。

4. 一贯性原则

一贯性原则是指各个单位财务核算的方法和程序在不同的会计期间要保持前后一致,不能随意变更,以便于单位对前后各期的财务核算资料进行纵向比较。

实行一贯性原则,并不意味着一个单位的财务核算方法一旦实行以后就绝对不能变动。当发现原有核算方法不适应本单位经济活动或不足以反映变化了的经济业务时,可在下一财务核算年度进行变更,但必须对变更的情况、变更的原因及变动后对单位财务收支的影响在财务核算报表说明中表述清楚。

5. 及时性原则

及时性原则是指对财务事项的处理,必须在经济业务发生时及时进行,讲求时效,以便于财务核算信息的及时利用。失去时效的财务核算信息便成了历史材料,对决策无任何作用。

及时性有两个要求:一是经济业务的财务核算处理应在当期内进行,不得跨期;二是财务核算报表应在财务核算期间结束后按规定日期报告,不得拖延。

6. 清晰性原则

清晰性原则是指财务核算记录和财务核算报告应当清晰明了,便于理解和利用,数据记录和文字说明要能一目了然地反映经济活动的来龙去脉,对有些不易理解的问题,应在财务情况说明书中作出说明。

7. 重要性原则

重要性原则是指财务核算报告在全面反映单位财务收支情况的同时,对重要的经济业务要单独反映,详细核算,对不重要的经济业务可灵活处理。

重要的经济业务的标志,一是看发生的金额大小,二是看它对经济决策的影响程度。财务核算报告要充分反映一切重要的经济信息,对于一些非常事件和重大变动要充分揭示,以便作出决策。但是,对于数额较小的经济业务,可与其他项目合并示列;对某些次要的经济业务,还可以采用简化的方法处理。

（二）会计核算确认计量要求

会计确认计量要求,是对会计核算信息处理方法和程序的要求,它规定对会计核算要素确认计量的基本原则,实际上也规范着会计核算报表列示的原则。会计核算要素确认计量要求,同各单位的经济业务和会计核算要素的具体内容有很紧密的联系,因而在企业和小企业之间,在财政机关、行政单位和事业单位之间,存在着较大的差别。

1. 收付实现制和权责发生制原则

政府财务会计原则上实行收付实现制,事业单位财务会计原则上实行权责发生制,民间非营利组织会计核算则一般以权责发生制为基础。不同单位实行不一样的收支确认原则,而且在执行中有程度上的差别,这是公共部门财务会计原则方面的一个重要特点,因而要因事制宜地应用这一原则。

2. 专款专用原则

专款专用原则是指对于有指定用途的资金应按照规定的用途使用,并单独反映。在公共部门中,出资者对所提供的资财不具有资本收益和资本回收的要求,但具有按预定用途使用的要求。这样在资金管理和核算上就要有限制性。行政、事业单位中的资产基金、专用基金等具有指定用途,甚至是事业基金实际上也规定有具体的使用范围,不能挪作他用,特别是不能用于生产经营。政府会计核算方面的各项收入虽可由本级政府统筹分配使用,但在实行复式预算条件下,有关收入要分别按照规定用于基本支出和项目支出,具有一定的限制性。虽然专款专用使财务核算主体的资金使用权限有所减弱,但这也不失为控制资金使用的一种办法,是对不要求投资回报的非营利性资金使用的一种约束。按规定用途使用资金,是公共部门财务会计区别于企业会计的又一个重要特点。

3. 历史成本原则

历史成本原则是指公共部门需要核算记录的财产物资应当按照取得或购建时的实际成本核算,而不论市场上有多少种不同价格,不采用现行市价、重置价值、变现价值等其他计价方法。

采用历史成本原则是以整个经济活动中的币值基本稳定为前提的,如果物价发生巨大波动,历史成本就不能确切反映单位财产物资的状况。虽然历史成本原则有这种局限性,但它依然是目前比较可行的办法。当物价变动时,除国家另有规定者外,不得调整账面价值。

4. 配比原则

配比原则是指在有业务收支活动的事业单位中,对一个财务核算期间的收入及与其相关的费用支出应当配合起来进行比较,在同一财务核算期间登记入账,以便计算收支结余,考核经济效益。应计入本期的收入和费用支出,不能脱节,也不能任意提前或错后。

配比是指有关收入和支出在同一财务核算期间(首先表现为在一个财务核算年度内)进行配比。之所以采用配比原则,是由于有关收入和支出的发生存在因果关系,即收入是因为支出一定的费用而产生的。但是,在行政单位收入很少,且与支出无对应关系。在事业单位和民间非营利组织,业务收入和业务支出之间往往也无严格的因果关系,更无直接的比例关系,支出多的项目,收入可能多也可能并不多。因此,这种配比具有一定的相对性。

最后要指出,在《企业财务会计制度》中,还规定有划分收益性支出与资本性支出原则、谨慎原则、实质重于形式原则等。这些原则对于公共部门财务会计也是适用的,只是在应用上没有企业财务会计那样经常,所以在财务核算制度中未作规定。

五、公共部门财务会计要素

财务会计的具体内容多种多样,为了对有关会计内容进行确认、计量、记录、报告,就需要对财务会计核算对象作一基本的带有规律性的科学分类,把财务会计对象分解为若干基本的构成要素。

公共部门的财务核算要素有资产、负债、净资产、收入、支出五项。公共部门不以营利为目的,其收支差额不具有经营成果的性质,只表示收入在使用以后的余超情况,所以不设"利润"要素,而设"净资产"要素;与此相联系,公共部门的出资人不要求投资回报和投资回收,其所投入的资金不具有权益的性质,但要按规定用途使用,所以不设"所有者权益"要素,而设"净资产"要素。与企业的所有者权益和利润两要素相区别,净资产是公共部门财务会计中特有的会计要素,其核算内容和处理程序都具有自己的特点。

在上述五个要素中,资产、负债、净资产是单位财务状况的静态表现,也是资产负债表的要素;收入、支出是财务收支的动态表现,也是收入支出情况表的要素。通过这五项会计要素,就可以从静态上和动态上系统地揭示单位的财务状况和收支情况。

第五节 公共部门财务会计核算方法

一、公共部门财务会计科目

财务核算科目是对财务会计要素进一步分类的项目,是对财务会计对象的具体内容按照一定原则进行科学分类的一种方法。

会计科目是设置账户、处理账务的依据。通过设置会计科目,可以把各项会计要素的增减变动分门别类地记在账上,清楚地为单位内部管理和外部有关方面提供一系列具体的分类核算指标。设置会计科目还有助于财务会计的合理分工。

会计科目的设置在很大程度上还决定着会计报表的内容和结构。会计报表中的数据是由按会计科目设置的各种账簿提供的,报表项目的分类方法和分类的详细程度,都依存于会计科目的设置。

（一）会计科目的设置原则

会计科目的设置对会计信息的质量有决定性的影响,必须认真对待。总结以往的经验,公共部门财务会计科目的设置应该遵循以下三个原则。

1. 会计科目的名称和核算内容应具有统一性

为了保证财务核算资料在各地区、各部门以及在全国范围内汇总、分析,特别是为了反映国家预算的执行情况,公共部门的会计科目应由财政部统一制定,各地区、各部门、各单位都要遵照执行。会计科目的名称,未经财政部同意,不得改变或合并,其核算内容和使用方法,亦不得改变。不需要的科目,可以不用。如有需要,各地区、各部门可以增设科目,但需报请财政部同意。至于明细科目,可由各地区、各部门和基层单位按一定要求自行规定。

2. 会计科目要适应各单位业务活动的特点,适应预算管理的要求

公共部门的业务活动与企业的生产经营活动不同,会计科目要充分考虑各单位业务活动的实际需要来设置。对于收入、支出全部或大部纳入预算管理的单位,则其收入支出类科目应按照国家预算收支的款、项、目、节来设置总账科目和明细科目。这样才便于将核算结果同政府预算进行对比分析,加强预算管理。

3. 会计科目要简明、实用、通俗易懂

会计科目应当让人一目了然。同时,为了便于编制会计凭证,登记账簿,查阅账目,实行电算化,每一科目应有统一的固定编号。

（二）会计科目的分类

为了正确地掌握和运用会计科目,必须按一定的标准对会计科目进行分类。

1. 按提供指标的经济内容分类

会计科目按提供指标的经济内容进行分类,也就是按会计要素分类。实际工作中的会计科目表就是按这种分类排列的,它包括如下五大类。

（1）资产类科目。这一类科目反映的是全部资产的状况。资产类科目按资产的流动性强弱,可分为"现金""银行存款""应收票据""应收账款""预付账款""材料""产成品""长期投资""固定资产""无形资产"等科目。

（2）负债类科目。这一类科目反映的是全部负债的状况。负债类科目按不同的债权人和债务类型,可分为"短期借款""应付票据""应付账款""预收账款""其他应付款""应缴税费""应缴财政款"等科目。

（3）净资产类科目。这一类科目反映的是资产净值的情况。净资产类科目按其用途,可分为两大类：一类是基金类,反映各种资产占用的净值,如"事业基金""非流动资产基金""资产基金""专用基金"等科目；另一类反映的是非指定用途资金的收支差额,

通常可设"财政拨款结转""财政拨款结余""事业结余""经营结余"等科目。

(4) 收入类科目。这一类科目反映的是全部收入的情况。收入类科目按收入的来源，可分为"财政补助收入""财政拨款收入""事业收入""经营收入""附属单位缴款""其他收入"等科目。

(5) 支出类科目。这一类科目反映的是全部费用支出的情况。支出类科目按支出的去向，可分为"经费支出""拨出经费""事业支出""经营支出""对附属单位补助支出""其他支出"等科目。

2. 按提供指标的详细程度分类

为了适应单位内部管理的需要，对财务核算科目要按照提供指标的详细程度，分为总分类科目和明细分类科目，通常称为总账科目和明细科目。

总账科目是对财务核算对象具体内容进行总括分类的科目，由国家财政部门统一制定。明细科目是对财务核算对象具体内容进行详细分类的科目，通常由主管部门和基层单位根据经济业务内容和内部管理要求自行确定。经济业务复杂、管理要求较高的单位，还可把明细科目细分为一级明细科目和二级明细科目。公共部门财务核算科目汇总表如表2-1所示。

表2-1 公共部门财务会计科目汇总表

	行政单位会计科目	事业单位会计科目	民间非营利组织会计科目
	科目名称	科目名称	科目名称
资产类	库存现金 银行存款 零余额账户用款额度 财政应返还额度 应收账款 预付账款 其他应收款 存货 固定资产 累计折旧 在建工程 无形资产 累计摊销 待处理财产损溢 政府储备物资 公共基础设施 受托代理资产	库存现金 银行存款 零余额账户用款额度 短期投资 财政应返还额度 应收票据 应收账款 预付账款 其他应收款 存货 长期投资 固定资产 累计折旧 在建工程 无形资产 累计摊销 待处置资产损溢	现金 银行存款 其他货币资金 短期投资 短期投资跌价准备 应收票据 应收账款 其他应收款 坏账准备 预付账款 存货 存货跌价准备 待摊费用 长期股权投资 长期债权投资 长期投资减值准备 固定资产 累计折旧 在建工程 文物文化资产 固定资产清理 无形资产 受托代理资产

续 表

行政单位会计科目 科 目 名 称	事业单位会计科目 科 目 名 称	民间非营利组织会计科目 科 目 名 称
负债类 应缴财政款 应缴税费 应付职工薪酬 应付账款 应付政府补贴款 其他应付款 长期应付款 受托代理负债	短期借款 应缴税费 应缴国库款 应缴财政专户款 应付职工薪酬 应付票据 应付账款 预收账款 其他应付款 长期借款 长期应付款	短期借款 应付票据 应付账款 预收账款 应付工资 应交税金 其他应付款 预提费用 预计负债 长期借款 长期应付款 受托代理负债
净资产类 财政拨款结转 财政拨款结余 其他资金结转结余 资产基金 待偿债净资产	事业基金 非流动资产基金 专用基金 财政补助结转 财政补助结余 非财政补助结转 事业结余 经营结余 非财政补助结余分配	非限定性净资产 限定性净资产
收入类 财政拨款收入 其他收入	财政补助收入 事业收入 上级补助收入 附属单位上缴收入 经营收入 其他收入	捐赠收入 会费收入 提供服务收入 政府补助收入 商品销售收入 投资收益 其他收入
支出类 经费支出 拨出经费	事业支出 上缴上级支出 对附属单位补助支出 经营支出 其他支出	业务活动支出 管理费用 筹资费用 其他费用

(三) 账户

账户是按照规定的会计科目在账簿中对会计要素的具体内容进行分类核算的工具。会计科目仅是对会计要素分类的项目,而要有分类核算的具体数据,则要通过账户记录来取得。

会计科目与账户是既有联系又有区别的两个概念。其联系在于:会计科目是账户的名称,账户是根据会计科目开设的;设置会计科目和开设账户的目的都是为了提供分类核算的会计信息;会计科目所反映的经济内容和账户所核算的经济内容是一致的。其区别在于:会计科目仅是分类的项目,没有具体的格式,不存在结构问题,而账户既有名称又有具体的结构;从其作用来看,会计科目是进行分类核算的依据,而账户则是进行分类核算的载体和工具。在实际工作中会计科目和账户往往互相通用,不加区别。

在不同的记账方法下,账户的结构是不同的,即使在同一种记账方法下,不同性质账户的结构也是有差别的。但是,不论采用何种记账方法,也不论是何种性质的账户,其基本结构总是相同的。账户一般划分为左右两方,每一方再根据需要设置若干专栏,用来分别登记经济业务引起的财务核算要素的增加或减少,以及增减变动的结果。

在账户左右两方记录的主要内容是:期初余额,本期增加额,本期减少额,期末余额。在某一具体账户中,哪一方记录增加额,哪一方记录减少额,期末余额在哪一方,则取决于所采用的记账方法和账户的类别。

第六节 借贷记账法

借贷记账法是以全部资金为记账主体,以"借"、"贷"为记账符号,记录财务核算要素增减变动的一种复式记账方法。

一、会计等式和账户分类

借贷记账法下的会计等式为

$$资产=负债+净资产$$

或

$$资产=负债+净资产+(收入-支出)$$

在借贷记账法下,会计科目按会计要素分为五类,即资产、负债、净资产、收入、支出。这五类会计科目可按其与基本会计等式的关系,分为资产类账户和负债类账户。资产、支出账户为资产类账户;负债、基金、收入、结余账户为负债类账户。

二、记账符号和账户结构

借贷记账法以"借"、"贷"作为记账符号。各个账户都分为"借方"和"贷方",用来反映各财务核算要素的增减变动。"借方"在账户的左方,"贷方"在账户的右方。资产类账户和负债类账户中登记的事项不同,账户余额的方向也不同。

资产类账户,期初余额列在账户的借方,即左方,与在资产负债表中排列的方向一致。增加记在借方,即与余额相同的方向;减少记在贷方,即与余额相反的方向;期末余额在借方。

负债类账户,期初余额列在账户的贷方,即右方,与在资产负债表中排列的方向一致。增加记在贷方,即与余额相同的方向;减少记在借方,即与余额相反的方向;期末余额在贷方。

三、记账规则

（一）运用借贷记账法登记经济业务

按以下两个步骤来进行：

（1）根据经济业务的内容，确定其涉及哪些资产类项目或负债类项目，这些项目是增加还是减少；

（2）确定经济业务应记入哪些账户，记入这些账户的借方还是贷方。

（二）所发生的各种经济业务引起资产和负债的增减变动有四种类型

借贷记账法的记账有以下四种情况：

（1）资产增加、资产减少的业务，分别记入资产类账户借方、资产类账户贷方；

（2）负债增加、负债减少的业务，分别记入负债类账户贷方、负债类账户借方；

（3）资产和负债同时增加的业务，分别记入资产类账户借方、负债类账户贷方；

（4）资产和负债同时减少的业务，分别记入资产类账户贷方、负债类账户借方。

因此，借贷记账法的记账规则可概括为有借必有贷，借贷必相等。

借贷记账法是一种复式记账法，它与其他复式记账法比较具有三个明显的优点：一是记账规则单一，一项业务有借必有贷，没有同方向的记录，账户对应关系清楚，能够鲜明地表现资金运动的来龙去脉；二是账户不要求固定分类，可以使用资产类和负债类双重性质的账户，账户设置适应性强，使用也很方便；三是账户试算平衡通过借贷平衡来实现，因而使用的记账凭证简单清晰，账务记录的汇总和检查十分简便。这种记账方法目前已在我国各个行业中普遍推行。

四、会计凭证

会计凭证是记录经济业务、明确经济责任的书面证明，是登记账簿的依据。会计凭证按照填制程序和用途，分为原始凭证和记账凭证。原始凭证是在经济业务发生时取得或填制的书面证明，是表明经济业务执行和完成情况的唯一合法凭据，也是填制记账凭证的根据。记账凭证是会计人员根据审核后的原始凭证，按照会计制度要求确定会计分录的凭证，是登记账簿的依据。

（一）原始凭证

1. 原始凭证的设置

事业、行政等单位对不同的经济业务使用不同的原始凭证，主要有以下六类。

（1）支出凭证。如直接用以报销经费的购货发货票、领料单、工资单、差旅费报销单等。它是各单位核算实际支出数的依据。从外单位取得的原始凭证，必须盖有填制单位的公章。自制原始凭证必须有经办单位负责人或指定负责人的签名或盖章，并注明支出的用途和理由。其中，付出款项的凭证要有收款单位和收款人的收款证明，购买实物的凭证要有本单位验收入库的签章。

对一些经常性的支出，如差旅费等，应填制统一格式的报销单，将其他原始凭证作为附件附上。对一些原始凭证较多的支出项目，如会议费、体育竞赛费等可填制支出报销凭证汇总单，将其他原始凭证作为附件附上。

从外单位取得的原始凭证如有遗失，应取得签发单位盖有公章的证明，并注明原来凭证的号码、金额、内容等，由经办单位负责人批准后才能代作原始凭证。遗失的原始凭证确实无法取得证明的，如火车票、轮船票、飞机票、用餐单据等，则应由当事人写出详细情况，经单位领导签字批准，方可报销。

（2）收款凭证。单位收到各种收入款项，都要开给对方收款收据。收款收据是开给交款单位或交款人的书面证明，是单位核算各项收入的依据。收款收据一式三联，第一联为入账依据，第二联为给交款单位或交款人的收据，第三联为存根，定期缴销，不得撕下。收款收据要加盖收款单位公章和经手人印章。

各单位对各种收款收据，要指定专人负责收发、保管和登记。收款收据要逐页、按编号顺序使用。如因填写错误需要作废，应全份保存注销，加盖"作废"戳记，不得撕毁。收据用完后的全部存根，应妥善保存，以备查考。各种专用收据，原则上由主管部门统一印发，并规定使用要求。

（3）往来结算凭证。往来结算凭证包括暂存款、暂付款等结算凭证，是单位各项往来款项结算的书面证明。支付暂付款时，应由借款人出具借据（借款凭证），写明用途，由借款人签章和单位负责人或授权人审批签章。收回借款时，使用三联借据的，应退还副联代替收据；不使用三联借据的，应另开收据。某些特定项目的暂收款项，如医院预收病人的住院费等，应使用专用的结算凭证；一般性的暂收款项，可使用通用式的收款收据。

（4）银行结算凭证。银行结算凭证包括向银行送存现金的送款单、现金支票、转账支票、信汇委托书、付款委托书等。银行结算凭证由银行统一印制，各单位向银行购用或领用，按银行规定的办法填制使用。

（5）缴拨款凭证。缴拨款凭证是单位同主管部门或财政机关发生收入上缴或退回、经费投入或交还的书面证明。

应缴国家的各种预算收入，由单位填具"国库缴款书"上缴国库；应由主管部门集中缴库的，由单位上缴后通过银行汇结。误缴国库的款项，由收入机关填制"收入退还书"退库归还。"国库缴款书"和"收入退还书"由财政部门统一制定。

上级单位对所属财务核算单位办理各种预算拨款时，应填具银行印制的"付款委托书"或"信汇委托书"，通知银行转账；本单位如缴回经费拨款，则填具"付款委托书"或"信汇委托书"，通过银行从单位存款户转出。

（6）财产物资收付凭证。财产物资收付凭证是指固定资产、材料等收进、付出的书面证明。固定资产调入、调出，应填制"固定资产调拨单"；购进材料，应填制"收料单"，办理入库手续；发出材料，应填制"发料单"，办理出库手续；材料发出业务较多的单位，可按期汇总编制"发出材料汇总表"，以便进行材料发出的核算。

2. 原始凭证的填制和审核

会计部门办理每一项经济业务，都必须取得或填制原始凭证，做到收支有据，责任分明。原始凭证应具备下列基本要素：凭证名称；填制日期；凭证编号；接受凭证单位的名称；经济业务内容，包括品名、数量、单价、金额等；填制凭证单位的名称、经办人签章和单位财务公章。

原始凭证如果确实无法取得的，应由经手人出具书面证明，经批准后，视同原始凭证；如果属于零星开支，由业务部门负责人批准；如果金额较大，应经单位领导批准。

原始凭证填制时如发生错误，不得涂抹、刮擦或挖补，可以划线更正。有关现金和银行存款收付的原始凭证如填写错误，则必须按规定手续报废并重新填制。

原始凭证要由业务部门和会计部门进行认真审核，主要是审核原始凭证的真实性、正确性、规范性和合法性。真实性是指凭证记录的经济业务是否符合实际情况；正确性是指凭证中有关项目数字的计算是否正确无误；规范性是指凭证中的项目是否填写齐全，必要的说明是否书写清楚，有关人员的签章手续是否齐全；合法性是指凭证中记录的经济业务是否符合有关政策、法令、制度和计划的规定，有无违反财经纪律的行为。原始凭证审核最终要保证经济业务的合法性，但如凭证中记录的经济业务不真实，那么也就谈不上其合法性。通常业务部门的负责人侧重审核真实性，以保证凭证中记录的经济业务完全符合实际情况。财务部门有关审核人员则在全面审核的基础上侧重审核合法性，以确保凭证中记录的经济业务符合有关政策、法令、制度和计划的要求。

原始凭证中的有关开支，凡是有计划、有预算、有开支标准制度的，可由会计主管人员或业务部门负责人审批；凡是临时性、特殊性、数额较大的，应由单位负责人审批。

会计人员在审核原始凭证时，对不真实、不合法的原始凭证，应拒绝受理；对记载不准确、不完整或不合要求的原始凭证，应予以退回，要求补充更正。

（二）记账凭证

1. 记账凭证的格式和填制

记账凭证是根据原始凭证填制的、用来确定会计分录的凭证，是登记账簿的根据。

记账凭证应具备下列基本要素：填制单位的名称；凭证名称；填制日期；凭证编号；经济业务的内容摘要；财务核算科目的名称和金额；所附原始凭证的张数；制单、复核、记账等人员的签章。

事业、行政单位采用借贷记账法时所使用的记账凭证基本格式，如表2-2所示。

表2-2 记账凭证　　　　第148号

20××年×月×日　　　　附单据2张

摘　要	科目名称		金　额
	借　方	贷　方	
购入仁和公司材料价款未付	材料	应付账款	6 000

会计主管　　　　记账　　　　复核　　　　制单

上列记账凭证的格式,是按照借贷记账法的记账规则设计的。在记账凭证的科目名称栏分设借方和贷方两个专栏,而金额栏只设一个,以体现"有借必有贷,借贷必相等"的要求。借贷记账法下的记账凭证,比资金收付记账法下的记账凭证,简单明了,篇幅紧凑,便于填制。

在业务较多的单位,也可采用收款凭证、付款凭证、转账凭证三种记账凭证。

记账凭证一般根据每项经济业务的原始凭证编制。对当天发生的同类经济业务,可以适当归并后编制一张记账凭证。但是,不同的经济业务不能合并编制一张记账凭证,不同日期的经济业务,也不能合在一起编制。

记账凭证必须附有所登记经济业务的原始凭证。如果一张原始凭证涉及几张记账凭证,可将原始凭证附在一张主要的记账凭证后面,在其他记账凭证上注明附有该原始凭证的记账凭证编号。如果一张原始凭证中所列的费用应由几个单位共同负担,该原始凭证可由一方保存,保存原始凭证的单位应向其他付费单位开具分割单,作为对方的原始凭证。年终收支冲账的记账凭证和更正错账的记账凭证,可不附原始凭证。

总账科目以下的明细科目,如果需要列在记账凭证上,可把明细科目的名称和金额同时记在科目名称栏内,明细科目的金额不能填写在记账凭单的金额栏内。

财务人员填写记账凭证,字迹必须清晰、工整,不可潦草。用阿拉伯数字记录金额的,应一个一个地书写,不能连笔书写。金额一律写到角分,角位、分位无数字的,应写明"00",或"0",不能用"—"代替。

2. 总账科目汇总表的编制

经济业务较多的单位可以把每天的记账凭证汇总编制成总账科目汇总表,作为登记总账的依据。总账科目汇总表是一种汇总记账凭证,编制方法如下:根据一定时期内记账凭证中的会计分录,对每一总账科目的借方和贷方,分别加计出发生额合计,填入总账科目汇总表内;然后计算出全部科目借方和贷方的本期发生额总计金额,如果借方和贷方总计金额相等,一般说明记账凭证发生额的汇总没有错误;核对无误以后,可根据每一科目借方和贷方本期发生额的合计来登记总账科目,并在"总账页数"栏注明,以备查考。

3. 记账凭证的审核和保管

为了加强预算收支管理,保证核算工作质量,对填制的记账凭证应由财务核算部门中指定的稽核人员进行审核:第一,审查记账凭证中的内容、日期、编号、摘要、财务核算科目、金额、原始凭证张数、有关人员签章等,是否真实、准确、完整;第二,审查记账凭证中的经济业务是否符合有关制度的规定,是否合法。重要经济业务的记账凭证还必须经主管财务核算人员的审核。在稽核人员或会计主管人员审核无误、签字盖章后,才能据以登记账簿。

记账凭证应按照填制的顺序,按月连续编号。月终将记账凭证连同所附原始凭证装订成册,加具封面,并在左上角装订处粘贴封签,由有关财务核算人员加盖骑缝印章,妥善保管。

对于不便随同记账凭证一起装订的原始凭证,可以抽出单独保管。但是应在有关记账凭证上注明抽出原始凭证的名称和数量,由保管人签章,年终随有关记账凭证一同归档。

五、账簿

账簿是以会计凭证为依据,序时、分类地登记全部经济业务的簿籍。设置和登记账簿是会计核算的中心环节。

（一）账簿的设置

1. 总分类账

总分类账是按照总账科目对单位全部财务核算要素进行总括分类登记的账簿,并控制各种日记账和明细账,简称总账。

总账按会计制度规定的总账会计科目设置账户,根据记账凭证或总账科目汇总表进行登记。总账的格式通常采用三栏式。

2. 明细分类账

明细分类账是按照明细科目对单位某项财务核算要素进行明细分类登记的账簿,是总账的详细说明,简称明细账。

明细账根据记账凭证及原始凭证或原始凭证汇总表进行登记。明细账的格式一般采用三栏式或多栏式。

（1）支出明细账。支出明细账是反映具体开支项目的明细账。支出明细账格式一般采用多栏式,按预算支出的"目"级科目设账户,按主管部门或财政部门规定的"节"级科目设专栏。

各单位对事业支出、经营支出、项目支出、专用基金支出,应分别设置明细账,按开支用途设置账户,登记支出的明细内容。

（2）收入明细账。收入明细账是反映具体收入项目的明细账。其格式一般采用多栏式,按主要收入项目或收入单位设置账户,按具体收入项目设置专栏。

各单位对事业收入、经营收入、其他收入和专用基金收入,应设置相应的收入明细账,按主要收入项目设置账户。

（3）缴拨款项明细账。缴拨款项明细账是反映财政机关与主管单位、主管单位二级单位及基层单位之间,预算资金的拨入、拨出和专项资金的上缴、下拨情况的明细账,通常采用三栏式。

有所属会计单位的单位,一般应设置拨出经费和拨出专项款明细账,并按所属单位名称设置账户;也可只设总账,不设明细账。

上级单位对于下级单位上缴的资金和下拨的支出,应设置相应的明细账,按下级单位名称设置账户。下级单位对于上缴上级的收入和上级下拨的资金,只设总账,不设明细账。

（4）往来款项明细账。往来款项明细账是用来反映债权、债务结算情况的明细账。各单位一般应对暂存款、暂付款、合同预收款、合同预付款、借入款、借出款等分别设置往来款项明细账,按往来的单位或个人名称设置账户。其格式可采用三栏式或多栏式。

(5) 固定资产明细账。固定资产明细账是具体核算各种固定资产增减变化和结存情况的明细账。按照固定资产的类别和名称分设账户。其格式一般可采用数量金额三栏式,根据原始凭证逐笔登记。

(6) 存货明细账。存货明细账是具体核算各种存货收发和结存情况的明细账。按照存货的类别和品名分设账户。其格式一般采用数量金额三栏式,根据原始凭证逐笔登记。

3. 日记账

日记账是按照经济业务发生的时间先后顺序,逐日逐笔登记经济业务的账簿。目前事业、行政、民间非营利组织等单位仅设置现金日记账和银行存款日记账这种反映特定经济业务的特种日记账,而不设置反映全部经济业务的普通日记账。

(1) 库存现金日记账。库存现金日记账是核算现金收付结存情况的账簿,又称现金出纳账,通常为三栏式,并设"对方财务核算科目名称"专栏,由出纳人员根据现金收付的原始凭证按照业务发生的先后顺序逐笔登记,每日结出余额与现金库存数核对,月末与总账"现金"科目核对。

(2) 银行存款日记账。银行存款日记账是核算银行存款收付结存情况的账簿,通常采用三栏式,由出纳人员根据银行存款收付的原始凭证按业务发生的先后顺序逐笔登记,定期与银行对账单进行核对。

此外,各单位还可根据需要设置备查账簿。

(二) 账簿的启用和登记

1. 账簿的启用

账簿的启用要注意以下四个问题。

(1) 各种账簿的扉页,要附列"经管人员一览表",内容包括账簿名称、启用日期、账簿页数(活页账在订本后填写)、记账人员姓名、财务核算主管人员签章等。记账人员调动时,应在表内注明交接日期、接办人员姓名,并由交接双方签章。总账和各种明细账的账首都应列示账户目录,以便查阅。

(2) 账簿的使用,以每一财务核算年度为期限。在新年度开始时,除财产物资管理部门的固定资产和库存材料明细账可在年终结账后转给下年度使用以外,其他各种账簿必须一律建立新账,不能连年使用旧账。

(3) 现金日记账和银行存款日记账必须采用订本式。总账和明细账可采用订本式或活页式。

(4) 使用活页式账页,应按每一账户分别编写,定期装订成册。年终账务结束后,另加目录,记明各种账户的名称和页数,以便查阅。

2. 账簿的登记

账簿的登记应遵守以下五个要求。

(1) 为了保证账簿记录的正确性,账簿必须根据审核无误的财务核算凭证进行登记。记账时,应将记账凭证的日期、编号、业务内容摘要、金额等逐项记入账内,同时在记账凭证上注明所记账簿的页数,或划"√"符号,表示已经入账,避免重记、漏记。

(2) 为了使账簿记录保持清晰、耐久,便于保存,防止涂改,记账必须用钢笔和蓝、黑墨水书写,不能用铅笔或圆珠笔,红色墨水只能在冲销错账、登记负数(发生额或余额)和划线(改错或结账)时使用。

(3) 为了保证账簿记录的严密性,防止涂改账目,各种账簿必须按编定的页次逐页、逐行顺序连续登记,不能隔页、跳行登记。如果发生隔页、跳行,应将空页、空行用红线对角划掉,加盖"作废"字样,并由记账人员签章。对订本式账簿,不得任意撕去账页;对活页式账簿,不得任意抽换账页。

(4) 为了保证账簿记录的连续性,每登满一张账页结转下页时,应结出发生额合计和余额,填入本页最末一行和下页第一行有关栏内,并在摘要栏内注明"过次页"和"承前页"字样,也可以只写在下页第一行有关栏内,并在摘要栏注明"承前页"字样。

(5) 登记账簿如发生错误,不能涂改、挖补、刮擦或用药水消除字迹,必须根据错误的具体情况,采用正确的错账更正法予以更正。

(三) 会计账务处理程序

会计账务处理程序是指各种财务核算凭证和账簿之间的相互联系和登记程序。在不同的单位,设置不同的财务核算凭证和账簿,它们之间有着不同的相互联系和登记程序。目前,在事业、行政等单位,大多采用科目汇总表的会计处理程序。其程序如下:

(1) 据原始凭证(或原始凭证汇总表)填制记账凭证;

(2) 根据有关货币资金的记账凭证及原始凭证登记现金日记账和银行存款日记账;

(3) 根据记账凭证及原始凭证登记各种明细账;

(4) 根据记账凭证编制总账科目汇总表;

(5) 根据总账科目汇总表登记总账;

(6) 各种日记账、明细账同总账的有关账户进行核对;

(7) 根据总账和明细账编制财务核算报表。

科目汇总表的会计账务处理程序如图2-2所示。

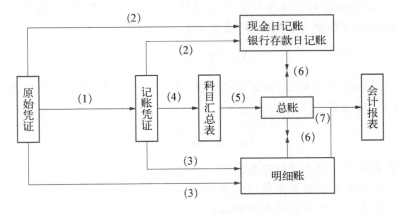

图2-2 财务处理程序图

经济业务较少的单位,可以采用记账凭证的账务处理程序,即直接根据记账凭证登记总账,不编制总账科目汇总表。

会计账务处理程序并不是固定不变的。各单位可根据本身经济业务繁简、人员分工等情况确定会计账务处理程序中的某些具体问题。合理组织会计账务处理程序,不仅可以使会计核算工作有条不紊地进行,而且可以提高会计核算工作效率,保证会计核算质量。

本章小结

公共部门预算是指公共部门根据公共事业发展计划和公共事务的管理任务编制的、并经过规定程序批准的年度财务收支计划。它包括政府组织的单位预算(立法机关、行政机关、审判机关、检察机关)和非政府组织的单位预算(国有事业单位、接受国家经常性资助的非国有事业单位、社会团体和社会中介组织)两个组成部分,分别执行不同的预算制度。

行政单位实行"收支统一管理,定额、定项拨款,超支不补,结转结余按规定使用"的预算管理办法。行政单位收入预算包括预算拨款收入和其他收入内容;支出预算包括基本支出(含非税资金支出)、项目支出(含非税资金支出)和其他支出等项内容。

事业单位实行"核定收支,定额或者定项补助(或上缴),结转结余按规定使用"的预算管理办法。事业单位收入预算由财政补助收入和非财政补助收入两部分组成;支出预算包括事业支出、经营支出、对附属单位补助支出、上缴上级支出和其他支出等。

公共部门财务会计从总的方面来看由政府财务会计、事业单位财务会计核算和民间非营利组织财务会计三部分组成,其主要特点是:核算业务收支,计算收支余超,财务核算以收支结余核算为中心。

公共部门财务会计的一般原则包括相关性原则、客观性原则、可比性原则、一贯性原则、及时性原则、清晰性原则、重要性原则、收付实现制和权责发生制原则、专款专用原则、历史成本原则、配比原则。

公共部门财务会计要素有资产、负债、基金、收入、支出五项。

公共部门财务核算的方法包括合理设置财务核算科目、账户、账簿等,运用借贷记账法,按照账务处理程序,正确登记财务核算凭证与账簿。

关键术语

公共组织预算、定员定额、行政单位预算、事业单位预算、资产、负债、基金、收入支出、结余、总账、明细账、日记账

复习思考题

1. 试述定员定额的含义和分类。
2. 试述行政单位和事业单位的预算管理方式。
3. 设置财务核算科目的原则有哪些?
4. 试述公共组织财务核算的一般原则。
5. 试述借贷记账法的要点。
6. 在公共部门中,一般要采用哪些原始凭证和记账凭证?

7. 在公共部门中,一般使用哪些账簿?通常采用什么样的账务处理程序?

阅读材料

学校预算编制实例

假设某学校年初学生人数为 2 500 人,年度计划秋季毕业 500 人,招生 800 人,按规定教职员工与学生的比例为 1∶3.6。该校教职员工工资的预算定额确定为平均每人每月 120 元,根据历年开支规律,补助工资占工资总额的比例为 15%,按照国家规定的福利费标准和历年开支规律,职工福利费约为工资总额的 5%;离休人员费用年平均定额为 2 600 元,退休人员费用年平均定额为 2 000 元,离休人员 20 人,退休人员为 25 人;该校学生享受助学金的比例为 80%,每月标准为 19.50 元。公务费年人均定额为 120 元,业务费人均定额为 150 元,设备购置费每个新生每年开支定额为 600 元,修缮费全年每个学生开支定额为 160 元,全年安排的其他费用为 200 000 元。

单位预算的编制步骤包括以下具体步骤。

一、确定基本数字

学校的学生人数是确定教职员工人员编制,以及决定助学金和学校其他经费数额的基础,学校人数变动大,因此,需要求出计划年度平均在校学生人数。

年度平均在校学生人数=年初学生人数+(招生人数-毕业人数)×
  当年新生在校月数/12
  =2 500+(800-500)×4/12=2 600(人)

确定教职员工编制人数的方法有两种:一种是按教职员工与学生的比例;另一种是教职员工与班数的比例。

教职员工数=计划年度平均在校学生人数/教职员工与学生的比例
  =2 600/3.6=722(人)

二、测算人员经费

1. 工资

根据教职员工平均人数和每人每月平均工资定额求出工资额。平均工资定额根据历年执行情况,考虑计划年度工资调整和增减人员影响工资水平的因素,加以调整确定。

全年工资总额=月平均工资定额×教职员工人数×12
  =120×722×12=1 039 680(元)

2. 补助工资

一般在全年工资总额的基础上,根据补助工资占工资总额的比例测算。

全年补助工资=全年工资总额×补助工资占工资总额的比例
  =1 039 680×15%=155 952(元)

3. 职工福利费

全年职工福利费＝全年工资总额×计提比例
＝1 039 680×5％＝51 984(元)

4. 离休退休人员费

按离休退休人数和全年费用定额计算。

计划全年离退休人员费用＝离退休人数×全年费用定额
＝2 600×20＋2 000×25＝102 000(元)

5. 助学金

按照学生人数和国家规定的享受比例、助学金标准及享受的时间进行计算。

全年助学金＝每月助学金标准×计划年度平均在校学生人数×
助学金享受比例×全年享受月数
＝19.50×2 600×80％×12＝486 720(元)

该校全年人员经费＝1 039 680＋155 952＋51 984＋102 000＋486 720
＝1 836 336(元)

三、公用经费的计算

公务费和业务费一般是根据计划年度平均学生人数和开支定额进行测算的；购置费和修缮费一般是根据实际需要和财力可能进行测算的。实行经费包干后，这部分费用则根据需要，并参考历年开支规律，从而确定开支额度；然后，设备购置费按新增学生人数、修缮费按原有学生人数计算经费数额。

1. 公务费

该费用是根据计划年度平均在校学生人数和开支定额进行计算的。公式为

全年公务费＝计划年度平均在校学生人数×全年平均开支定额
＝2 600×120＝312 000(元)

2. 业务费

高等学校的业务费是指为完成专业所需的消耗性费用开支。业务费的计算一般也是按照计划年度平均在校学生人数和平均开支定额计算的。

全年业务费＝150×2 600＝390 000(元)

3. 设备购置费

该项费用的计算是按全年平均开支定额和计划年度新增加人数,即招生人数与毕业人数的差额计算的。公式为

计划年度设备购置费＝开支定额×(招生人数－毕业人数)
＝600×(800－500)＝180 000(元)

4. 修缮费

该项费用的计算是按修缮费定额和原有的学生人数进行计算的。公式为

计划年度修缮费＝开支定额×原有学生人数
＝160×2 500＝400 000(元)

该校全年公用经费＝312 000＋390 000＋180 000＋400 000＋200 000
　　　　　　　＝1 482 000（元）

该校全年经费＝全年人员经费＋全年公用经费
　　　　　　＝1 836 336＋1 482 000＝3 318 336（元）

（资料来源：王金秀、陈志勇编著：《国家预算管理》，中国人民大学出版社，2001年。）

第二篇　行政单位会计

第三章 行政单位资产、负债和净资产的管理与核算

教学目的与要求

通过本章的学习,了解行政单位资产、负债和净资产的内容。掌握行政单位流动资产、非流动资产、应缴财政款、应付及暂收款、资产基金、待偿债净资产、结转结余各个科目的管理与核算方法。

第一节 行政单位资产的管理与核算

行政单位是指行使国家权力、管理国家事务、维护社会公共秩序、进行各项行政管理工作的机关。行政单位包括:国家权力机关,即人大机关;国家行政机关,即国务院和地方各级人民政府及其工作机构;审判机关和监察机关等。此外,民主党派和人民团体本身不属于行政单位,但是在预算管理上,因其经费主要来源于国家财政拨款,比照行政单位处理,就此也纳入行政单位之中。从其职能方面来看,行政单位不直接参与生产,在于创造社会生产的良好环境,维护国家机器的有序运行。

一、行政单位资产管理与核算概述

会计上所核算的资产一般分为五类:流动资产、固定资产、对外投资、无形资产、递延资产。行政单位的资产是指行政单位占有或者使用的,能以货币计量的经济资源,包括流动资产、固定资产、在建工程、无形资产等。占有是指行政单位对经济资源拥有法律上的占有权。新《行政单位财务制度》中明确规定,由行政单位管理,供社会公众使用的政府储备物资、公共基础设施等,也属于行政单位核算的资产。这些都是由行政单位是国家权力机构的延伸和行政单位的非营利性所决定的。

行政单位所核算的资产具有以下六个特点。一是资产属于国家所有,由行政单位占有或使用。二是对于符合定义的经济资源,应当在取得对其相关的权利并且能够可

靠地进行货币计量时确认。符合资产定义并确认的资产项目,应当列入资产负债表。三是资产应当按照取得时实际成本进行计量。除国家另有规定外,行政单位不得自行调整其账面价值。其中,以支付对价方式取得的资产,应当按照取得资产时支付的现金或者现金等价物的金额,以及所付出的非货币性资产的评估价值等金额计量。取得资产时没有支付对价的,其计量金额应当按照有关凭据注明的金额加上相关税费、运输费等确定;没有相关凭据但依法经过资产评估的,其计量金额应当按照评估价值加上相关税费、运输费等确定;没有相关凭据也未经评估的,其计量金额比照同类或类似资产的市场价格加上相关税费、运输费等确定;没有相关凭据也未经评估,其同类或类似资产的市场价格无法可靠取得,所取得的资产应当按照名义金额(即人民币1元,下同)入账。四是出租、出借、减少资产必须报同级财政部门审批。五是不得以任何形式占有、使用国有资产对外投资或者举办经济实体。六是应当按照有关规定实行资产共享、装备共建。

内部控制制度是现代管理理论的重要组成部分,是强调以预防为主的制度,目的在于通过建立完善的制度和程序来防止错误和舞弊的发生,提高管理的效果及效率。目前,《行政事业单位内部控制规范(试行)》已于2014年1月1日正式实施。

《行政事业单位内部控制规范(试行)》中明确规定,行政事业单位内部控制是由行政事业单位的领导层和全体员工实施的、旨在提高行政事业单位管理服务水平和风险防范能力,促进单位可持续、健康发展,维护社会主义市场经济秩序和社会公众利益,实现行政事业单位管理服务目标所制定的政策和程序。行政单位内部控制的目标主要包括:合理保证单位经济活动合法合规、资产安全和使用有效、财务信息真实完整,有效防范舞弊和预防腐败,提高公共服务的效率和效果。行政事业单位建立与实施内部控制应遵循的原则有五个。一是全面性原则。内部控制应当贯穿决策、执行和监督全过程,覆盖企业及其所属单位的各种业务和事项。二是重要性原则。内部控制应当在全面控制的基础上,关注重要业务事项和高风险领域。三是制衡性原则。内部控制应当在治理结构、机构设置及权责分配、业务流程等方面形成相互制约、相互监督,同时兼顾效率。首先是防范风险,其次才是兼顾运营效率。四是适应性原则。内部控制应当与行政事业单位的规模、状况和风险水平等相适应,并随着情况的变化及时加以调整。五是成本效益原则。内部控制应当权衡实施成本与预期效益,以适当的成本实现有效控制。内部控制的设计和运行受制于成本与效益原则。成本小于效益,是任何理性的管理活动都必须遵循的法则。

行政事业单位内部控制的控制方法一般包括八个。一是不相容岗位相互分离。合理设置内部控制关键岗位,明确划分职责权限,实施相应的分离措施,形成相互制约、相互监督的工作机制。二是内部授权审批控制。明确各岗位办理业务和事项的权限范围、审批程序和相关责任,建立重大事项集体决策和会签制度。相关工作人员应当在授权范围内行使职权、办理业务。三是归口管理。根据本单位实际情况,按照权责对等的原则,采取成立联合工作小组并确定牵头部门或牵头人员等方式,对有关经济活动实行统一管理。四是预算控制。强化对经济活动的预算约束,使预算管理贯穿于单位经济活动的全过程。五是财产保护控制。建立资产日常管理制度和定期清查机制,采取资产记录、实物保管、定期盘点、账实核对等措施,确保资产安全完整。六是会计控制。建立健全本单位财会管理制度,加强会计机构建设,提高会计人员业务水平,强化会计人员岗位责任制,规范会计基础工作,加强会计档案管理,明确会计凭证、会计账簿和财务会计报告处理程序。七是单据控制。要求单位根据国家有关规定和单位的经济活动业务流程,在内部管理制度中明确界定各项经济活动所涉及的表单和票据,要求相关工作人员按照规定填制、审核、归档、保管单据。八是信息内部公开。建立健全经济活动相关信息内部公开制度,根据国家有关规定和单位的实际情况,确定信息内部公开的内容、范围、方式和程序。

二、行政单位流动资产的管理与核算

流动资产是指可以在一年内(含一年)变现或者耗用的资产,包括库存现金、银行存款、零余额账户用款额度、财政应返还额度、应收及暂付款项、存货等。

(一)库存现金的管理与核算

行政单位的库存现金,是指行政单位在预算执行过程中为保证日常开支需要而存放在财务部门的可以随时支用的现金。

1. 库存现金的管理

现金管理制度是国家金融管理的一项重要制度,也是行政单位会计工作的一个组成部分。根据《现金管理暂行条例》和《现金管理暂行条例实施细则》等有关规定,现金管理应做到以下八点。

(1)各单位所保存的现金,要核定一个库存限额。现金库存限额是指银行根据规定,对在银行开户的行政单位,核定一个保留库存现金的最高额度。这个额度内的库存现金主要用于开户单位日常零星现金支付和备用金的需要。为了方便各单位零星现金开支的需要,各单位应提出申请,报开户银行审批,核定库存现金限额,原则上以3—5天的日常开支量为准,超过限额的应及时送存银行,单位要如实反映现金库存。

(2)不得坐支现金。单位支出现金,应从库存现金限额中支取,或者从银行提取,不得从本单位的现金收入中直接支付。各单位现金收入应当于当日送存开户银行。当日送存确有困难的,由开户银行确定送存时间。行政单位支付现金,可以从本单位库存现金限额中支付或者从开户银行提取,不得从本单位的现金收入中直接支付(即坐支)。因特殊情况需要坐支现金的,应当事先报经开户银行审查批准,由开户银行核定坐支范围和限额。坐支单位应当定期向开户银行报送坐支金额和使用情况。坐支是指有现金收入的开户单位,不通过银行,将自己收入的现金直接用于自身的现金支出。将现金收入送存银行(即不坐支),有利于银行了解现金的来源和去向,加强对现金的全面管理和监督,有利于保护现金安全,有利于防止贪污、挪用和不合理开支,有利于单位加强财务管理。

(3)明确规定现金的使用范围。各单位之间的经济往来,除零星小额可支付现金外,其他都必须通过银行进行结算。在开户银行开户的个体工商户、农村承包经营户异地采购所需货款,应当通过银行汇兑方式支付。因采购地点不固定,交通不便必须携带现金的,由开户银行根据实际需要,予以支付现金。《现金管理暂行条例》规定,现金的使用范围为:职工工资、津贴;个人劳务报酬;根据国家规定颁发给个人的各种科学技术、文化艺术、体育等各种奖金;各种劳保、福利费用以及国家规定的对个人的其他支付;向个人收购农副产品和其他物资的价款;出差人员必须随身携带的差旅费;结算起点以下的零星支出(结算起点为 1 000 元);中国人民银行确定需要支付现金的其他支出。

(4) 从开户银行提取现金,应当写明用途,由本单位财会部门负责人签字盖章,经开户银行审核后,予以支付现金。虚报、谎报现金用途是套取现金的非法行为,必须禁止。

(5) 不得以"白条"抵库。所谓"白条"抵库,就是以不符合财务制度的凭证顶替库存现金。"白条"抵库容易造成财务混乱,给不法分子以可乘之机,必须禁止。

(6) 单位之间不得相互借用现金。借用现金逃避了银行监督,给不正当使用现金开了方便之门。

(7) 钱账分管。在《会计基础工作规范》中,将会计工作岗位分为:会计机构负责人或会计主管人员,出纳,财产物资核算,工资核算,成本费用核算,财务成果核算,资金核算,往来结算,总账报表,稽核,档案管理等。并规定出纳人员不得兼管稽核、会计档案保管和收入、费用、债权债务账目的登记工作。行政单位的会计核算比较单一,总的来说归纳为:"会计管账不管钱,出纳管钱不管账"(现金出纳账和银行存款明细账除外)。此外,钱账分管是指钱物和账务分别管理的一种内部控制制度。《行政事业单位内部控制规范(试行)》中第四十一条规定,单位应当建立健全货币资金管理岗位责任制,合理设置岗位,不得由一人办理货币资金业务的全过程,确保不相容岗位相互分离。具体要求有以下三点。一是出纳不得兼管稽核、会计档案保管和收入、支出、债权、债务账目的登记工作。二是严禁一人保管收付款项所需的全部印章。财务专用章应当由专人保管,个人名章应当由本人或其授权人员保管。负责保管印章的人员要配置单独的保管设备,并做到人走柜锁。三是按照规定应当由有关负责人签字或盖章的,应当严格履行签字或盖章手续。

(8) 对现金收付款凭证加强审核。出纳员付款时必须取得合法的原始凭证,并加强对原始凭证的审核。审核原始凭证可以从以下四个方面进行。一是真实性审核。审查该凭证是否反映了经济业务的本来面目,有无伪造、虚开,对缺乏真实性的凭证要进一步查明,确属虚假的要拒绝收受。二是合法性审核。审查该凭证是否符合政策法规、财务制度的规定,有无违反预算(计划)和财经纪律,有疑问的地方要及时确认并取得合规性凭据。三是完整性审核。审查该凭证的手续是否完备,应填项目是否填写完整,有关经办人员是否签章,领导是否签字批准等。四是正确性审核。审查该凭证的摘要和数字是否填写清楚、正确,数量、单价、金额计算是否正确,金额大小写是否相符等。出纳员付出现金后,应当在原始单据上加盖"现金付讫"戳记,并在当天入账,不准以借据抵现金入账。收到现金后,属于各项收入的现金,都应当开给对方合法收款凭证。

2. 现金的核算

为了核算行政单位库存现金的增减结存情况,设置"库存现金"(资产类)总账科目。

其借方反映库存现金的增加数,贷方反映库存现金的减少数。本科目期末借方余额,反映行政单位实际持有的库存现金。其主要账务处理如下:

(1) 从银行等金融机构提取现金,按照实际提取的金额,借记本科目,贷记"银行存款""零余额账户用款额度"等科目;将现金存入银行等金融机构,借记"银行存款",贷记本科目;将现金退回单位零余额账户,借记"零余额账户用款额度"科目,贷记本科目。

(2) 因支付内部职工出差等原因所借的现金,借记"其他应收款"科目,贷记本科目;出差人员报销差旅费时,按照应报销的金额,借记有关科目,按照实际借出的现金金额,贷记"其他应收款"科目,按照其差额,借记或贷记本科目。

(3) 因开展业务或其他事项收到现金,借记本科目,贷记有关科目;因购买服务、商品或者其他事项支出现金,借记有关科目,贷记本科目。

(4) 收到受托代理的现金时,借记本科目,贷记"受托代理负债"科目;支付受托代理的现金时,借记"受托代理负债"科目,贷记本科目。

行政单位应当设置"现金日记账",由出纳人员根据收付款凭证,按照业务发生顺序逐笔登记。每日终了,应当计算当日的现金收入合计数、现金支出合计数和结余数,并将结余数与实际库存数核对,做到账款相符。

每日终了结算现金收支,核对库存现金时发现有待查明原因的现金短缺或溢余,应通过"待处理财产损溢"科目核算。属于现金短缺,应当按照实际短缺的金额,借记"待处理财产损溢"科目,贷记本科目;属于现金溢余,应当按照实际溢余的金额,借记本科目,贷记"待处理财产损溢"科目。待查明原因后作如下处理:如为现金短缺,属于应由责任人赔偿或向有关人员追回的部分,借记"其他应收款"科目,贷记"待处理财产损溢"科目;如为现金溢余,属于应支付给有关人员或单位的,借记"待处理财产损溢"科目,贷记"其他应付款"科目。

行政单位有外币现金的,应当分别按照人民币、外币种类设置"现金日记账"进行明细核算。有关外币现金业务的账务处理参见"银行存款"科目的相关规定。

3. 核算举例

[例3-1] 某行政单位10月份发生如下现金收支业务:

(1) 10月1日,开出现金支票从银行提取现金600元作为备用金。其会计分录如下:

借:库存现金　　　　　　　　　　　　　　　　　　　600
　　贷:银行存款　　　　　　　　　　　　　　　　　　600

(2) 10月8日,本机关工作人员王欣因公出差预支现金200元。其会计分录如下:

借:其他应收款——王欣　　　　　　　　　　　　　　200
　　贷:库存现金　　　　　　　　　　　　　　　　　　200

(3) 10月12日,用现金120元购买办公用品。其会计分录为

借:经费支出——基本支出——商品和服务支出——办公费　120
　　贷:库存现金　　　　　　　　　　　　　　　　　　120

(4) 10月15日,职工王欣报销差旅费150元,退回现金50元。其会计分录如下:

```
借：经费支出——基本支出——商品和服务支出——差旅费        150
    库存现金                                              50
  贷：其他应收款——王欣                                    200
```

(5) 10月25日，从本单位在商业银行开设的零余额账户中提现金800元，准备购买办公用品。其会计分录如下。

```
借：库存现金                                              800
  贷：零余额账户用款额度                                    800
```

(6) 10月26日，收到职工交来的转赠地震灾区的捐款，现金20 000元。其会计分录如下。

```
借：库存现金                                           20 000
  贷：受托代理负债                                      20 000
```

[例3-2] 某行政单位盘点库存现金发生如下会计事项：

(1) 某日盘点库存现金，发现库存数比账面数短少180元，暂时无法查明原因。其会计分录如下。

```
借：待处理财产损溢——现金短款                             180
  贷：库存现金                                             180
```

(2) 次日经查明分析，短少的现金是出纳工作失误所致，经单位领导批准，同意作经费支出报销40%，剩余60%由出纳赔偿。其会计分录如下。

```
借：经费支出——基本支出——商品和服务支出——其他费用      72
    其他应收款——出纳员                                   108
  贷：待处理财产损溢——现金短款                             180
```

(3) 某日盘点库存现金，发现库存数比账面数多30元，暂时无法查明原因。其会计分录如下。

```
借：库存现金                                               30
  贷：待处理财产损溢——现金长款                              30
```

经查明，多余的现金不属于本单位所有，也没找到失主，经领导批准作无主款处理，转作应缴财政款。其会计分录如下。

```
借：待处理财产损溢——现金长款                              30
  贷：应缴财政款                                            30
```

(二) 银行存款的管理与核算

1. 银行存款的管理

按照国家现金管理制度的规定，行政单位的各项资金拨入、调出与使用都必须在国家银行开立"银行存款"科目，通过银行办理转账结算。有外币的单位，应在有关银行开立"外币存款"账户。行政单位的拨入资金不准以个人名义在银行开户存取，也不得作为"储蓄存款"存入储蓄所存取款项。行政单位开设银行存款账户，应当报同级财政部门审批，并由财务部门统一管理，未经审批同意不得自行到银行开户。《行政事业单位内部控制规范（试行）》中也规定，单位应当加强对银行账户的管理，严格按照规定的审批权限和程序开立、变更和撤销银行账户。

为了加强行政单位银行存款的管理,行政单位必须遵守下列银行账户的管理原则:严格遵守国家银行的各项结算制度和现金管理制度,接受银行的监督;银行账户只限于本单位使用,不得出租、出借、套用或转让;单位各种收付款凭证,必须如实填写款项来源和用途,不得巧立名目、弄虚作假、套取现金、套购物资,严禁利用账户搞非法活动。

各单位应当严格管理支票,不得签发"空头支票"。空白支票必须严格领用和注销手续,支票存根应由领取人签章,支票存根不得散失。各单位应按月与开户银行核对账目,保证账账相符。平时开出的支票应尽量避免跨月支取,年终开出的支票一律不准跨年支取。《行政事业单位内部控制规范(试行)》中,规定行政事业单位应当建立健全票据管理制度。财政票据、发票等各类票据的申领、启用、核销、销毁均应履行规定手续。单位应当按照规定设置票据专管员,建立票据台账,做好票据的保管和序时登记工作。票据应当按照顺序号使用,不得拆本使用,做好废旧票据管理。负责保管票据的人员要配置单独的保险柜等保管设备,并做到人走柜锁。行政事业单位不得违反规定转让、出借、代开、买卖财政票据、发票等票据,不得擅自扩大票据适用范围。

2. 银行存款的核算

为了核算和反映行政单位银行存款的增减变动及其结存情况,应设置"银行存款"(资产类)总账科目。借方记行政单位将款项存入银行或其他金融机构而增加的银行存款数;贷方记行政单位因支取或转账结算而减少的银行存款数;期末借方余额,反映行政单位实际存放在银行或其他金融机构的款项。其主要账务处理如下:

(1) 将款项存入银行或者其他金融机构,借记本科目,贷记"库存现金"、"其他收入"等有关科目。

(2) 提取和支出存款时,借记"库存现金"等相关科目,贷记本科目。

(3) 收到银行存款利息,借记本科目,贷记"其他收入"等科目;支付银行手续费或银行扣收罚金等时,借记"经费支出"科目,贷记本科目。

(4) 收到受托代理的银行存款时,借记本科目,贷记"受托代理负债"科目;支付受托代理的存款时,借记"受托代理负债"科目,贷记本科目。

3. 核算举例

[例3-3] 某行政单位银行存款基本户代收某单位保证金800 000元。其会计分录为

借:银行存款　　　　　　　　　　　　　　　　　　　　　　800 000
　　贷:其他应付款——保证金　　　　　　　　　　　　　　800 000

[例3-4] 例3-3中的行政单位银行存款基本户退还某单位保证金200 000元。其会计分录如下。

借:其他应付款——保证金　　　　　　　　　　　　　　　200 000
　　贷:银行存款　　　　　　　　　　　　　　　　　　　　200 000

[例3-5] 某行政单位收到应缴财政款80 000元,存入银行。其会计分录如下。

借:银行存款　　　　　　　　　　　　　　　　　　　　　　80 000
　　贷:应缴财政款　　　　　　　　　　　　　　　　　　　80 000

[**例 3-6**]　某行政单位修缮房屋,按合同规定以转账支票方式支付预付款 60 000元。其会计分录如下。

借：预付账款　　　　　　　　　　　　　　　　　　　　　　60 000
　　贷：银行存款　　　　　　　　　　　　　　　　　　　　　60 000

[**例 3-7**]　某行政单位收到外单位汇入的在本单位学习进修人员的工资 2 000元。其会计分录如下。

借：银行存款　　　　　　　　　　　　　　　　　　　　　　2 000
　　贷：其他应付款　　　　　　　　　　　　　　　　　　　　2 000

[**例 3-8**]　某行政单位开出银行结算凭证,购买办公室材料 2 000元,已验收入库;一般办公用品 500元。其会计分录如下。

借：存货——材料　　　　　　　　　　　　　　　　　　　　2 000
　　贷：资产基金——存货　　　　　　　　　　　　　　　　　2 000
借：经费支出——基本支出——商品和服务支出——办公费　　 2 500
　　贷：银行存款　　　　　　　　　　　　　　　　　　　　　2 500

[**例 3-9**]　某行政单位收到受托代理的银行存款 120 000元。其会计分录如下。

借：银行存款　　　　　　　　　　　　　　　　　　　　　　120 000
　　贷：受托代理负债　　　　　　　　　　　　　　　　　　　120 000

4. 外币业务的说明

行政单位发生外币业务的,应当按照业务发生当日或当期期初的即期汇率,将外币金额折算为人民币金额记账,并登记外币金额和汇率。

期末,各种外币账户的期末余额,应当按照期末的即期汇率折算为人民币,作为外币账户期末人民币余额。调整后的各种外币账户人民币余额与原账面余额的差额,作为汇兑损溢计入当期支出。

（1）以外币购买物资、劳务等,按照购入当日或当期期初的即期汇率将支付的外币或应支付的外币折算为人民币金额,借记有关科目,贷记本科目、"应付账款"等科目的外币账户。

（2）以外币收取相关款项等,按照收入确认当日或当期期初的即期汇率将收取的外币或应收取的外币折算为人民币金额,借记本科目、"应收账款"等科目的外币账户,贷记有关科目。

（3）期末,根据各外币账户按期末汇率调整后的人民币余额与原账面人民币余额的差额,作为汇兑损溢,借记或贷记本科目、"应收账款""应付账款"等科目,贷记或借记"经费支出"等科目。

行政单位应当按开户银行或其他金融机构、存款种类及币种等,分别设置"银行存款日记账",由出纳人员根据收付款凭证,按照业务的发生顺序逐笔登记,每日终了应结出余额。"银行存款日记账"应定期与"银行对账单"核对,至少每月核对一次。月度终了,行政单位账面余额与银行对账单余额之间如有差额,必须逐笔查明原因并进行处理,按月编制"银行存款余额调节表",调节相符。《行政事业单位内部控制规范（试行）》的第四十三条明确规定,单位应当加强货币资金的核查控制。指定不办理货币资金业务的会计人员定期和不定期抽查盘点库存现金，核对银行存款余额，抽查银行对账单、银行日记账及银行存款余额调节表，核对是否账实相符、账账相符。对调节不符、可能存在重大问题的未达账项应当及时查明原因，并按照相关规定处理。

特别要说明的是，我国实行国库集中收付制度改革以后，行政单位通过财政直接支付和财政授权支付的财政经费拨款不再通过银行存款科目核算。

[例3-10] 5月3日，某行政单位收到某国外公益组织的捐款50 000美元。当日美元对人民币的汇率为：1美元＝6.1元人民币。其会计分录为

  借：银行存款   305 000
    贷：其他收入   305 000

5月6日，该行政单位发生外事服务支出，用去外汇50 000美元，用于工作人员出国的住宿费、差旅费、伙食补助等。当日美元对人民币的汇率为：1美元＝6.2元人民币。其会计分录为

  借：经费支出——基本支出——商品和服务支出——出国差旅费 310 000
    贷：银行存款——美元户   310 000

5月30日，该行政单位的"银行存款——美元户"账面余额为20 000美元，合人民币12 228元。月末美元对人民币的汇率为：1美元＝6.0 969元人民币。其会计分录为

汇兑损益＝20 000×6.0 969－12 228＝290（元）

  借：经费支出——基本支出——商品和服务支出——汇兑损失 290
    贷：银行存款   290

（三）零余额账户用款额度的管理与核算

零余额账户用款额度是指实行国库集中支付的行政单位根据财政部门批复的用款计划收到和支用的零余额账户用款额度。

1. 零余额账户与零余额账户用款额度的管理

零余额账户是指财政部门为本部门和预算单位在商业银行开设的账户，用于财政直接支付和财政授权支付及清算。行政单位的零余额账户可以办理转账、汇兑、委托收款和提取现金等支付结算业务，单位的往来收入等各种非财政性资金，不得进入零余额账户。零余额账户是一个过渡账户，不是实存账户。

零余额账户的性质决定了其在国库单一账户体系和财政支付管理中具有重要作用，是实现财政集中支付的桥梁。首先，零余额账户是连接国库单一账户与商品或劳务供应商账户的纽带，代理国库单一账户对商品或劳务供应商的支付。财政支付的实质是预算资金从国库单一账户转移到商品或劳务供应商账户，在零余额账户模式下，这一资金转移是通过零余额账户的支付与清算活动实现的，预算支出先由零余额账户向商品或劳务供应商账户支付，然后国库单一账户向零余额账户支付清算，完成整个支付过程。其次，更为重要的是，零余额账户是实现对预算资金最终付款控制的必要的技术手段，是我国国库单一账户制度保证预算资金在实际支付时才流出国库单一账户的一项重要制度安排。零余额账户的零余额特性，使得所有预算资金得以集中控制在国库单

一账户,从而克服传统的因分散、重复设置账户而导致的预算资金大量滞留于预算单位以及由此引发的一系列弊端。

零余额账户用款额度是行政单位的一个财政授权支付额度,在此额度内,行政单位可按审批的分月用款计划开具支付令使用零余额账户用款额度实现日常支付。行政单位零余额账户的用款额度具有与银行存款相同的支付结算功能。行政单位零余额账户用款额度由财政部门按政府收支分类科目的"类""款""项",分基本支出和项目支出分别下达,"类""款""项"及基本支出和项目支出之间的用款额度不可调剂使用。需要单独核算的资金,可在零余额账户中分账核算。零余额账户用款额度,在年度内可累加使用。代理银行在用款额度累计余额内,根据行政单位支付指令,及时、准确办理资金支付业务,并在规定时间内与中国人民银行清算。

2. 零余额账户用款额度的核算

为了核算行政单位实行国库集中支付以后,财政授权支付情况下所取得的零余额账户用款额度的增减变动情况,行政单位应设置"零余额账户用款额度"(资产类)总账科目。本科目借方登记收到财政下达的授权支付额度,贷方登记行政单位授权支付的支付数、提现数。年度终了注销单位零余额账户用款额度后,应无余额。如有余额,应按照《财政国库管理制度改革单位年终结余资金账务处理暂行规定》等有关规定进行账务处理。其主要账务处理如下:

(1) 收到"财政授权支付额度到账通知书"时,根据通知书所列数额,借记本科目,贷记"财政拨款收入"科目;

(2) 按规定支用额度时,借记"经费支出"等科目,贷记本科目;

(3) 从零余额账户提取现金时,借记"库存现金"科目,贷记本科目。

3. 核算举例

[例 3-11] 某行政单位收到"财政授权支付额度到账通知单",列明本月授权支付额度为 50 万元。

借:零余额账户用款额度　　　　　　　　　　　　　　500 000
　　贷:财政拨款收入　　　　　　　　　　　　　　　　　　500 000

[例 3-12] 某行政单位开具支付令,从零余额账户中取款购买计算机一台,价款 6 000 元,计算机直接交付使用。

借:经费支出——基本支出——基本建设支出——设备购置费　　6 000
　　贷:零余额账户用款额度　　　　　　　　　　　　　　　　　　6 000

同时:

借:固定资产　　　　　　　　　　　　　　　　　　　6 000
　　贷:资产基金——固定资产　　　　　　　　　　　　　　　6 000

[例 3-13] 某行政单位从零余额账户提取现金 1 500 元,购买复印纸一批,价款 1 000 元。

借:库存现金　　　　　　　　　　　　　　　　　　　1 500
　　贷:零余额账户用款额度　　　　　　　　　　　　　　　1 500

同时:

借：经费支出——基本支出——商品和服务支出——业务费　　　　1 000
　　贷：库存现金　　　　　　　　　　　　　　　　　　　　　　　　1 000

年末，根据代理银行提供的对账单作银行注销额度的相关账务处理，借记"财政应返还额度——财政授权支付"科目，贷记本科目。如单位本年度财政授权支付预算指标数大于财政授权支付额度下达数，根据两者间的差额，借记"财政应返还额度——财政授权支付"科目，贷记"财政拨款收入"科目。

下年度年初，行政单位根据代理银行提供的额度恢复到账通知书作恢复额度的相关账务处理，借记本科目，贷记"财政应返还额度——财政授权支付"科目。行政单位收到财政部门批复的上年未下达零余额账户用款额度时，借记本科目，贷记"财政应返还额度——财政授权支付"科目。

[例 3-14] 某行政单位至年度终了时，尚未支用的授权支付额度为 350 000 元，年终结余资金根据规定予以注销，依据代理银行提供的对账单作相关注销额度的会计账务处理。

借：财政应返还额度——财政授权支付　　　　　　　　　　　　350 000
　　贷：零余额账户用款额度　　　　　　　　　　　　　　　　　　350 000

[例 3-15] 行政单位至年终尚未使用的授权支付额度为 350 000 元，但本单位年终结余资金为 1 000 000 元，根据财政部门的确认通知单和代理银行提供的对账单作相关注销额度的会计账务处理。

借：财政应返还额度——财政授权支付　　　　　　　　　　　　1 000 000
　　贷：零余额账户用款额度　　　　　　　　　　　　　　　　　　350 000
　　　　财政补助收入——财政授权支付　　　　　　　　　　　　　650 000

[例 3-16] 年初，某行政单位收到代理银行的"财政授权支付额度恢复到账通知书"，恢复本单位的授权支付额度 350 000 元。

借：零余额账户用款额度　　　　　　　　　　　　　　　　　　　350 000
　　贷：财政应返还额度——财政授权支付　　　　　　　　　　　　350 000

[例 3-17] 某行政单位收到财政部门批复的上年末下达零余额账户用款额度 120 000 元。

借：零余额账户用款额度　　　　　　　　　　　　　　　　　　　120 000
　　贷：财政应返还额度——财政授权支付　　　　　　　　　　　　120 000

单位在使用年终结余时，其手续与核算同正常经费支出。

（四）财政应返还额度的管理与核算

1. 财政应返还额度的概念和管理

财政应返还额度是指实行国库集中支付的行政单位应收财政返还的资金额度，包括财政直接支付用款额度和财政授权支付用款额度。按照财政部批复的部门预算，当年尚未支用或者尚未收到的预算额度，并按规定应当留归单位继续使用的资金。

实行国库集中支付的行政单位，年度支出预算被批准后，其年度财政直接支付的预算指标和财政授权支付的预算指标被确定下来。预算年度内行政单位对这些财政资金预算指标的使用，全部实行用款计划管理。行政单位的分月用款计划根据财政部门批复的预算、有关财政资金支付的规定文件所规定的资金支付方式的范围、各种表格等编制。对于以财政直接支付方式获取的财政预算资金指标,财政部门根据行政单位批准的分月用款计划直接申请签发支付令,实现日常支付;对于以财政授权支付方式获取的财政预算资金指标,由财政部门先下达零余额账户用款额度后,行政单位在用款额度内支用或提取现金使用。年度终了,如果当年核批的财政直接支付的预算指标数大于财政直接支付的年度实际支付数时,行政单位就存在尚未使用的财政直接支付用款额度;如果当年核批的财政授权支付的预算指标数大于财政授权支付的年度实际支付数时,行政单位就存在尚未使用的财政授权支付用款额度。每年年末财政部门对于行政单位尚未使用的财政直接支付用款额度和财政授权支付用款额度,采用先注销后恢复的管理办法。即年度终了,财政部门对行政单位尚未使用的用款额度先进行注销;次年初,财政部门再对行政单位尚未使用的用款额度予以恢复,供行政单位使用。因此,行政单位在年终尚未使用的财政直接支付用款额度和当年财政授权支付用款额度,这些尚未使用的用款额度结余构成了财政应返还额度,行政单位按照规定填报"财政应返还额度申报审核表",以财政部门审核结果为准可以在次年继续使用。

2. 财政应返还额度的核算

为了核算实行国库集中支付的行政单位年终尚未使用的预算指标数,行政单位应设置"财政应返还额度"(资产类)总账科目。此科目下应当设置"财政直接支付""财政授权支付"两个明细科目进行明细核算。主要账务处理如下。

(1) 年末国库集中支付尚未使用资金额度的账务处理。

财政直接支付:年末,行政单位根据本年度财政直接支付预算指标数与财政直接支付实际支出数的差额,借记本科目(财政直接支付),贷记"财政拨款收入"科目。

财政授权支付:年末,财政授权支付尚未使用资金额度的账务处理,参见"零余额账户用款额度"科目。

(2) 下年初恢复以前年度财政资金额度的账务处理,参见"零余额账户用款额度"科目。

(3) 行政单位使用以前年度财政资金额度的账务处理。

财政直接支付。行政单位使用以前年度财政直接支付额度发生支出时,借记"经费支出"科目,贷记本科目(财政直接支付)。

财政授权支付。行政单位使用以前年度财政授权支付额度发生支出时的账务处理,参见"零余额账户用款额度"科目。

3. 核算举例

[例3-18] 某行政单位是实行国库集中支付的行政单位,年度终了通过对账确认本年度财政直接支付预算指标数为1 000 000元,当年财政直接支付实际支出数为900 000元,存在尚未使用的财政直接支付预算指标100 000元。

借:财政应返还额度——财政直接支付 100 000
　　贷:财政拨款收入 100 000

[例3-19] 年度终了,某行政单位收到代理银行转来的"财政授权支付注销额度通知单",列示应注销额度为50 000元。

借：财政应返还额度——财政授权支付　　　　　　　　　　　　　　50 000
　　贷：零余额账户用款额度　　　　　　　　　　　　　　　　　　　50 000

[例3-20] 例3-18中的行政单位下年度初收到代理银行转来的"财政直接支付入账通知单"，使用上年尚未使用的财政直接支付用款额度100 000元购买办公室笔记本电脑10台，已直接交付使用。

借：经费支出——基本支出——基本建设支出——办公设备购置　100 000
　　贷：财政应返还额度——财政直接支付　　　　　　　　　　　　　100 000
借：固定资产　　　　　　　　　　　　　　　　　　　　　　　　　100 000
　　贷：资产基金——固定资产　　　　　　　　　　　　　　　　　　100 000

[例3-21] 例3-19中的行政单位下年度初收到代理银行转来的50 000元财政授权支付额度恢复到账通知单。

借：零余额账户用款额度　　　　　　　　　　　　　　　　　　　　50 000
　　贷：财政应返还额度——财政授权支付　　　　　　　　　　　　　50 000

（五）应收账款的管理与核算

1. 应收账款的管理

应收账款是2014年新《行政单位会计制度》中的新设科目。只有当行政单位在出租资产、出售物资并发生应收待结算款项时，才会产生应收账款的核算。另外，行政单位收到的商业汇票，也通过该科目进行核算。应收账款应当在资产已租出或物资已售出尚未收到款项时确认。应收账款是行政单位发生的待结算债权，在管理上要求做到严格控制、健全手续、及时清理结算，以免发生不必要的损失。

2. 应收账款的核算

为了核算应收账款业务，行政单位应该设置"应收账款"（资产类）总账科目。本科目应当按照购货、接受服务单位（或个人）或开出、承兑商业汇票的单位等进行明细核算。应收账款的主要账务处理如下：

（1）出租资产发生的应收账款。出租资产尚未收到款项时，按照应收未收金额，借记本科目，贷记"其他应付款"科目。收回应收账款时，借记"银行存款"等科目，贷记本科目；同时，借记"其他应付款"科目，按照应缴的税费，贷记"应缴税费"科目，按照扣除应缴税费后的净额，贷记"应缴财政款"科目。

（2）出售物资发生的应收账款。物资已发出并到达约定状态且尚未收到款项时，按照应收未收金额，借记本科目，贷记"待处理财产损溢"科目。收回应收账款时，借记"银行存款"等科目，贷记本科目。

（3）收到商业汇票。出租资产收到商业汇票，按照商业汇票的票面金额，借记本科目，贷记"其他应付款"科目。出售物资收到商业汇票，按照商业汇票的票面金额，借记本科目，贷记"待处理财产损溢"科目。商业汇票到期收回款项时，借记"银行存款"等科目，贷记本科目。其中，出租资产收回款项的，还应当同时借记"其他应付款"科目，按照应缴的税费，贷记"应缴税费"科目，按照扣除应缴税费后的净额，贷记"应缴财政款"科目。

行政单位应当设置"商业汇票备查簿"，逐笔登记每一笔应收商业汇票的种类、号数、出票日期、到期日、票面金额、交易合同号等相关信息资料。商业汇票到期结清票款或退票后，应当在备查簿内逐笔注销。

3. 核算举例

［例 3-22］ 某行政单位经批准向甲单位出租办公房 5 间，月租金 8 万元，每月收取一次，房子已租出，尚未收到甲单位租金。

月末尚未收到租金时：

借：应收账款	80 000
贷：其他应付款——甲单位	80 000

收到租金 8 万元，应交 5% 的营业税：

借：银行存款	80 000
贷：应收账款	80 000
借：其他应付款——甲单位	80 000
贷：应缴税费	4 000
应缴财政款	76 000

［例 3-23］ 某行政单位经上级批准将不需用的材料出售，出售价款为 5 000 元，材料已发出，但是款项未收到。（不考虑材料的原值冲销）

材料发出，未收到款项时：

借：应收账款	5 000
贷：待处理财产损溢	5 000

收到出售材料款，存入银行时：

借：银行存款	5 000
贷：应收账款	5 000

行政单位应收账款逾期三年或以上、有确凿证据表明确实无法收回，按规定报经批准后予以核销。核销的应收账款应在备查簿中保留登记。

（1）转入待处理财产损溢时，按照待核销的应收账款金额，借记"待处理财产损溢"科目，贷记本科目。

（2）已核销的应收账款在以后期间收回的，借记"银行存款"科目，贷记"应缴财政款"等科目。

本科目期末借方余额，反映行政单位尚未收回的应收账款。

［例 3-24］ 某行政单位年初经核查确认三年之前向甲公司出租资产形成的应收账款 8 000 元。因该公司债务危机确实无法收回。

将待核销的应收账款转入待处理财产损溢时：

借：待处理财产损溢	8 000
贷：应收账款——甲公司	8 000

报经批准予以核销时：

借：其他应付款	8 000
贷：待处理财产损溢	8 000

假如年末已核销的应收账款又收回 5 000 元时：

借：银行存款　　　　　　　　　　　　　　　　　　　　　　　　　5 000
　　贷：应缴财政款　　　　　　　　　　　　　　　　　　　　　　　　5 000

（六）预付账款的管理与核算

1. 预付账款的管理

预付账款核算行政单位按照购货、服务合同规定预付给供应单位（或个人）的款项。行政单位依据合同规定支付的定金，也通过本科目核算。行政单位支付可以收回的订金，不通过本科目核算，应当通过"其他应收款"（资产类）总账科目核算。本科目应当按照供应单位（或个人）名称进行明细核算。预付账款应当在已支付款项且尚未收到物资或服务时确认。本科目期末借方余额，反映行政单位实际预付但尚未结算的款项。

预付账款必须遵守关于资产管理的有关规定，严格管理，认真加以控制；必须在规定的范围内发生预付款业务，以少量、短期、必需和安全为原则；必须制定相应的内部控制制度，完善相关审批手续，建立预付回收责任制。

2. 预付账款的主要账务处理

（1）发生预付账款时，借记本科目，贷记"资产基金——预付款项"科目；同时，借记"经费支出"科目，贷记"财政拨款收入""零余额账户用款额度""银行存款"等科目。

（2）收到所购物资或服务时，按照相应预付账款金额，借记"资产基金——预付款项"科目，贷记本科目；发生补付款项的，按照实际补付的款项，借记"经费支出"科目，贷记"财政拨款收入""零余额账户用款额度""银行存款"等科目。收到物资的，同时按照收到所购物资的成本，借记有关资产科目，贷记"资产基金"及相关明细科目。

（3）发生当年预付账款退回的，借记"资产基金——预付款项"科目，贷记本科目；同时，借记"财政拨款收入""零余额账户用款额度""银行存款"等科目，贷记"经费支出"科目。

发生以前年度预付账款退回的，借记"资产基金——预付款项"科目，贷记本科目；同时，借记"财政应返还额度""零余额账户用款额度""银行存款"等科目，贷记"财政拨款结转""财政拨款结余""其他资金结转结余"等科目。

3. 核算举例

[例3-25] 某行政单位与某公司约定购买一台办公设备，每台价款6万元，该单位先通过财政授权支付30%的预付款。该公司收到预付款后2个月运抵该公司并负责调试成功，该行政单位与验收合格当日支付剩余的70%的价款。

签订合同支付预付款时：
借：预付账款　　　　　　　　　　　　　　　　　　　　　　　　　18 000
　　贷：资产基金——预付款项　　　　　　　　　　　　　　　　　　18 000
借：经费支出——基本支出——基本建设支出——设备购置费　　　 18 000
　　贷：零余额账户用款额度　　　　　　　　　　　　　　　　　　　18 000

2个月后收到设备，支付剩余70%的价款时：
借：资产基金——预付款项　　　　　　　　　　　　　　　　　　　18 000
　　贷：预付账款　　　　　　　　　　　　　　　　　　　　　　　　18 000

借：经费支出——基本支出——基本建设支出——设备购置费　　42 000
　　贷：零余额账户用款额度　　　　　　　　　　　　　　　42 000
借：固定资产　　　　　　　　　　　　　　　　　　　　　　60 000
　　贷：资产基金——固定资产　　　　　　　　　　　　　　60 000

逾期三年或以上、有确凿证据表明确实无法收到所购物资和服务，且无法收回的预付账款，按照规定报经批准后予以核销。核销的预付账款应在备查簿中保留登记。

（1）转入待处理财产损溢时，按照待核销的预付账款金额，借记"待处理财产损溢"科目，贷记本科目。

（2）已核销的预付账款在以后期间又收回的，借记"零余额账户用款额度""银行存款"等科目，贷记"财政拨款结转""财政拨款结余""其他资金结转结余"等科目。

[例 3 - 26]　某行政单位经核查确认，五年前向甲公司预付的采购技术设备款200 000元因该公司被撤销已经没有希望收到所购技术设备，也确实无法收回预付款项。该款项支付时使用的是财政授权支付方式，属于基本支出。

待核销的预付账款转入待处理财产损溢时：
借：待处理财产损溢　　　　　　　　　　　　　　　　　　200 000
　　贷：预付账款——甲公司　　　　　　　　　　　　　　 200 000
报经批准予以核销时：
借：资产基金——预付账款　　　　　　　　　　　　　　　200 000
　　贷：待处理财产损溢　　　　　　　　　　　　　　　　 200 000
假如年末已核销的预付账款又收回5 000元时：
借：零余额账户用款额度　　　　　　　　　　　　　　　　200 000
　　贷：财政拨款结转　　　　　　　　　　　　　　　　　 200 000

（七）其他应收账款的管理与核算

1. 其他应收款的管理

其他应收款是指行政单位除应收账款、预付账款以外的其他各项应收及暂付款项，如职工预借的差旅费、拨付给内部有关部门的备用金、应向职工收取的各种垫付款项等。为了核算除应收账款、预付账款以外的其他各项应收及暂付款项，行政单位应该设置"其他应收款"（资产类）总账科目。本科目应当按照其他应收款的类别以及债务单位（或个人）名称进行明细核算。本科目期末借方余额，反映行政单位尚未收回的其他应收款。

2. 其他应收款的主要账务处理

（1）发生其他应收及暂付款项时，借记本科目，贷记"零余额账户用款额度""银行存款"等科目。

（2）收回或转销上述款项时，借记"银行存款""零余额账户用款额度"或有关支出等科目，贷记本科目。

（3）行政单位内部实行备用金制度的，有关部门使用备用金以后应当及时到财务部门报销并补足备用金。财务部门核定并发放备用金时，借记本科目，贷记"库存现金"等科目。根据报销数用现金补足备用金定额时，借记"经费支出"科目，贷记"库存现金"

等科目,报销数和拨补数都不再通过本科目核算。

3. 核算举例

[例3-27] 某行政单位某年部分其他应收款业务如下:

(1) 4月5日,某行政单位职工小王出差借款5 000元,财务部门开具现金支票。

借:其他应收款——小王　　　　　　　　　　　　　　　　5 000
　　贷:银行存款　　　　　　　　　　　　　　　　　　　　　5 000

(2) 4月8日,该该行政单位下属工程部门从财务部门领取备用金20 000元,财务部门开出现金支票支付。

借:其他应收款——工程部门　　　　　　　　　　　　　　20 000
　　贷:银行存款　　　　　　　　　　　　　　　　　　　　　20 000

(3) 4月13日,职工小王出差归来报销差旅费,实际开支4 500元,交回多余现金500元。

借:经费支出——基本支出——商品和服务支出——差旅费　　4 500
　　库存现金　　　　　　　　　　　　　　　　　　　　　　　500
　　贷:其他应收款——小王　　　　　　　　　　　　　　　　5 000

(4) 4月20日,该单位下属管理部门到财务部门报销发票18 000元,财务部门用现金补足备用金定额。

借:经费支出——基本支出——商品和服务支出——业务费　　18 000
　　贷:库存现金　　　　　　　　　　　　　　　　　　　　　18 000

逾期三年或以上、有确凿证据表明确实无法收回的其他应收款,按规定报经批准后予以核销。核销的其他应收款应在备查簿中保留登记。

(1) 转入待处理财产损溢时,按照待核销的其他应收款金额,借记"待处理财产损溢"科目,贷记本科目。

(2) 已核销的其他应收款在以后期间又收回的,如属于在核销年度内收回的,借记"银行存款"等科目,贷记"经费支出"科目;如属于在核销年度以后收回的,借记"银行存款"等科目,贷记"财政拨款结转""财政拨款结余""其他资金结转结余"等科目。

[例3-28] 某行政单位年初经核查确认三年前以非财政拨款为职工小李代垫的水电费2 000元,因其重病确实无法收回。

待核销的其他应收款转入待处理财产损溢时:

借:待处理财产损溢　　　　　　　　　　　　　　　　　　2 000
　　贷:其他应收款——代垫水电费——小李　　　　　　　　2 000

报经批准予以核销时:

借:经费支出——其他资金支出——对个人和家庭补助支出——水电费
　　　　　　　　　　　　　　　　　　　　　　　　　　　　2 000
　　贷:待处理财产损溢　　　　　　　　　　　　　　　　　2 000

假如年末小李重病好转回来偿还水电费1 000元时:

借:库存现金　　　　　　　　　　　　　　　　　　　　　1 000
　　贷:其他资金结余结转　　　　　　　　　　　　　　　　1 000

（八）存货的管理与核算

1. 存货的计价和管理

存货是指行政单位在开展业务活动及其他活动中为耗用而储存的各种物资,包括材料、燃料、包装物和低值易耗品及未达到固定资产标准的家具、用具、装具等的实际成本。应当特别注意的是,行政单位接受委托人指定受赠人的转赠物资,应当通过"受托代理资产"科目核算,不通过本科目核算。行政单位随买随用的零星办公用品等,可以在购进时直接列作支出,不通过本科目核算。

2. 存货的核算

为了核算行政单位在开展业务活动及其他活动中为耗用而储存的各种物资,行政单位应当设置"存货"(资产类)总账科目。本科目应当按照存货的种类、规格和保管地点等进行明细核算。行政单位有委托加工存货业务的,应当在本科目下设置"委托加工存货成本"科目。出租、出借的存货,应当设置备查簿进行登记。本科目期末借方余额,反映行政单位存货的实际成本。存货的主要账务处理有以下四种情形。

（1）存货在取得时,应当按照其实际成本入账。

购入的存货,其成本包括购买价款、相关税费、运输费、装卸费、保险费以及其他使得存货达到目前场所和状态所发生的支出。购入的存货验收入库,按照确定的成本,借记本科目,贷记"资产基金——存货"科目;同时,按照实际支付的金额,借记"经费支出"科目,贷记"财政拨款收入""零余额账户用款额度""银行存款"等科目;对于尚未付款的,应当按照应付未付的金额,借记"待偿债净资产"科目,贷记"应付账款"科目。

置换换入的存货,其成本按照换出资产的评估价值,加上支付的补价或减去收到的补价,加上为换入存货支付的其他费用(运输费等)确定。换入的存货验收入库,按照确定的成本,借记本科目,贷记"资产基金——存货"科目;同时,按实际支付的补价、运输费等金额,借记"经费支出"科目,贷记"财政拨款收入""零余额账户用款额度""银行存款"等科目。

接受捐赠、无偿调入的存货,其成本按照有关凭据注明的金额加上相关税费、运输费等确定;没有相关凭据可供取得,但依法经过资产评估的,其成本应当按照评估价值加上相关税费、运输费等确定;没有相关凭据可供取得、也未经评估的,其成本比照同类或类似存货的市场价格加上相关税费、运输费等确定;没有相关凭据也未经评估,其同类或类似存货的市场价格无法可靠取得,该存货按照名义金额入账。接受捐赠、无偿调入的存货验收入库,按照确定的成本,借记本科目,贷记"资产基金——存货"科目;同时,按实际支付的相关税费、运输费等金额,借记"经费支出"科目,贷记"财政拨款收入""零余额账户用款额度""银行存款"等科目。

委托加工的存货,其成本按照未加工存货的成本加上加工费用和往返运输费等确定。委托加工的存货出库,借记本科目下的"委托加工存货成本"明细科目,贷记本科目下的相关明细科目。支付加工费用和相关运输费等时,借记"经费支出"科目,贷记"财政拨款收入""零余额账户用款额度""银行存款"等科目;同时,按照相同的金额,借记本科目下的"委托加工存货成本"明细科目,贷记"资产基金——存货"科目。委托加工完成的存货验收入库时,按照委托加工存货的成本,借记本科目下的相关明细科目,贷记本科目下的"委托加工存货成本"明细科目。

(2) 存货发出时,应当根据实际情况采用先进先出法、加权平均法或者个别计价法确定发出存货的实际成本。计价方法一经确定,不得随意变更。

开展业务活动等领用、发出存货,按照领用、发出存货的实际成本,借记"资产基金——存货"科目,贷记本科目。

经批准对外捐赠、无偿调出存货时,按照对外捐赠、无偿调出存货的实际成本,借记"资产基金——存货"科目,贷记本科目。对外捐赠、无偿调出存货发生由行政单位承担的运输费等支出,借记"经费支出"科目,贷记"财政拨款收入""零余额账户用款额度""银行存款"等科目。

经批准对外出售、置换换出的存货,应当转入待处理财产损溢,按照相关存货的实际成本,借记"待处理财产损溢"科目,贷记本科目。

(3) 报废、毁损的存货,应当转入待处理财产损溢,按照相关存货的账面余额,借记"待处理财产损溢"科目,贷记本科目。

(4) 行政单位的存货应当定期进行清查盘点,每年至少盘点一次。对于发生的存货盘盈、盘亏,应当及时查明原因,按规定报经批准后进行账务处理。

盘盈的存货,按照取得同类或类似存货的实际成本确定入账价值;没有同类或类似存货的实际成本,按照同类或类似存货的市场价格确定入账价值;同类或类似存货的实际成本或市场价格无法可靠取得,按照名义金额入账。盘盈的存货,按照确定的入账价值,借记本科目,贷记"待处理财产损溢"科目。

盘亏的存货,转入待处理财产损溢时,按照其账面余额,借记"待处理财产损溢"科目,贷记本科目。

3. 核算举例

[例 3-29] 某行政单位通过单位零余额账户支付款项购买甲材料 500 千克,每千克 30 元,增值税 2 550 元,另外,以银行存款支付运杂费 500 元。

　　借:存货——甲材料　　　　　　　　　　　　　　　　　　18 050
　　　贷:资产基金——存货　　　　　　　　　　　　　　　　　　18 050
　　借:经费支出——基本支出——商品和服务支出——材料费　　18 050
　　　贷:零余额账户用款额度　　　　　　　　　　　　　　　　　17 550
　　　　银行存款　　　　　　　　　　　　　　　　　　　　　　　　500

[例 3-30] 某行政单位经批准以账面余额为 50 000 元、评估价值为 40 000 元的闲置的丁材料置换 A 单位的包装物。另外,以现金支付运杂费 800 元。

丁材料转入待处理财产损溢时:
　　借:待处理财产损溢　　　　　　　　　　　　　　　　　　　40 000
　　　贷:存货——丁材料　　　　　　　　　　　　　　　　　　　40 000
实现置换换入包装物时:
　　借:存货——包装物　　　　　　　　　　　　　　　　　　　40 800
　　　贷:资产基金——存货　　　　　　　　　　　　　　　　　　40 800

```
借：经费支出——基本支出——商品和服务支出——运杂费        800
    贷：库存现金                                        800
换出丁材料时：
借：资产基金——存货——丁材料                        40 000
    贷：待处理财产损溢                                40 000
```

[例 3-31] 某行政单位接受香港一人士捐赠的一批丙材料，注明发票的金额为 95 000 元，另外以银行存款支付运费 2 000 元。

```
借：存货——丙材料                                   97 000
    贷：资产基金——存货                              97 000
借：经费支出——基本支出——商品和服务支出——运杂费      2 000
    贷：库存现金                                      2 000
```

[例 3-32] 某行政单位收到政府统一采购的乙材料，价值为 50 000 元。根据财政部门开具的拨款通知单等凭证验收入库。

```
借：存货——乙材料                                   50 000
    贷：资产基金——存货                              50 000
借：经费支出——基本支出——商品和服务支出——材料费    50 000
    贷：财政拨款收入                                  50 000
```

[例 3-33] 某行政单位使用 B 材料委托丙公司加工成 C 类专用材料。领用 B 材料实际成本为 6 000 元，以银行存款支付加工费和运输费 3 000 元。C 类专用材料加工完成并验收入库。

```
B 材料发出时：
借：存货——委托加工存货成本                         60 000
    贷：存货——B 材料                                60 000
支付加工费和运输费时：
借：经费支出——基本支出——商品和服务支出——加工费等   3 000
    贷：银行存款                                      3 000
借：存货——委托加工存货成本                          3 000
    贷：资产基金——存货                               3 000
加工完成验收 C 类材料入库时：
借：存货——C 材料                                   63 000
    贷：存货——委托加工存货成本                      63 000
```

[例 3-34] 某行政单位经上级批准将不需要的 B 材料卖出，该材料的实际成本为 10 000 元，出售价款 5 000 元，此款存入银行。不考虑相关税费。

```
B 材料转入待处理财产损溢时：
借：待处理财产损溢                                  10 000
    贷：存货——B 材料                                10 000
实现出售时：
```

借：资产基金——存货		10 000
贷：待处理财产损溢		10 000

取得卖出价款时：

借：银行存款		5 000
贷：待处理财产损溢		5 000

处理净收入：

借：待处理财产损溢		5 000
贷：应缴财政款		5 000

[例3-35]　某行政单位期末盘点库存材料，盘亏C材料70千克，每千克40元。

借：待处理财产损溢——待处理财产价值		2 800
贷：存货——C材料		2 800

经核查，亏损的C材料70千克属于自然损耗，准予核销。

借：资产基金——存货		2 800
贷：待处理财产损溢——待处理财产价值		2 800

三、行政单位非流动资产的管理与核算

（一）固定资产的管理与核算

1. 固定资产的定义和分类

固定资产是指可供长期使用而不改变其实物形态的设备与设施。新《行政单位会计制度》规定行政单位的固定资产是指使用期限超过一年（不包括一年），单位价值在1 000元以上（其中：专用设备单位价值在1 500元以上），并且在使用过程中基本保持原有物质形态的资产。要指出的是，在行政单位，有些单位价值虽未达到规定标准，但使用时间在1年以上的大批同类物资，也作为固定资产管理，如图书馆的图书等。行政单位的固定资产可分为以下六类。

（1）房屋及构筑物。它包括行政单位拥有占用权和使用权的房屋、建筑物及其附属设施，还包括办公大楼、库房、职工宿舍、职工食堂、锅炉、围墙、水塔及房屋的附属设施。构筑物包括道路、围墙、水塔等，附属设备包括房屋、建筑物内的电梯、通信线路、输电线路、水气管道等。

（2）专用设备。这是指行政单位根据业务工作的实际需要购置的各种具有专门性能和专门用途的设备，如公安消防用的专用设备、仪器等。

（3）通用设备。这是指行政单位用于业务工作的通用性设备，包括办公用具、交通工具等。

（4）文物和陈列品。这是指行政单位占有的或者使用的具有特别价值的文物和陈列品，如古物、纪念物品等。

（5）图书、档案。这是指行政单位统一管理使用的批量业务用书，如单位图书馆、阅览室的图书等。

（6）家具、用具、装具及动植物。

2. 行政事业单位资产的内部控制

《行政事业单位内部控制规范(试行)》中规定,行政事业单位应当对资产实行分类管理,建立健全资产内部管理制度,并且应当合理设置岗位,明确相关岗位的职责权限,确保资产安全和有效使用。其第44条规定,行政事业单位应当加强对实物资产和无形资产的管理,明确相关部门和岗位的职责权限,强化对配置、使用和处置等关键环节的管控。

(1) 对资产实施归口管理。明确资产使用和保管责任人,落实资产使用人在资产管理中的责任。贵重资产、危险资产、有保密等特殊要求的资产,应当指定专人保管、专人使用,并规定严格的接触限制条件和审批程序。

(2) 按照国有资产管理相关规定,明确资产的调剂、租借、对外投资、处置的程序、审批权限和责任,明确行政单位资产处置应当遵循公开、公平、公正和竞争、择优的原则,严格履行相关审批程序。

(3) 建立资产台账,加强资产的实物管理。单位应当定期清查盘点资产,确保账实相符。财会、资产管理、资产使用等部门或岗位应当定期对账,发现不符的,应当及时查明原因,并按照相关规定处理。

(4) 建立资产信息管理系统,做好资产的统计、报告、分析工作,实现对资产的动态管理,行政单位应当提高资产使用效率,按照国家有关规定实行资产共享、共用。

3. 固定资产核算的有关说明

行政单位应当根据固定资产定义、有关主管部门对固定资产的统一分类,结合本单位的具体情况,制定适合本单位的固定资产目录、具体分类方法,作为进行固定资产核算的依据。行政单位应当设置"固定资产登记簿"和"固定资产卡片",按照固定资产类别、项目和使用部门等进行明细核算。出租、出借的固定资产,应当设置备查簿进行登记。有关具体说明如下:

(1) 固定资产的各组成部分具有不同的使用寿命、适用不同折旧率的,应当分别将各组成部分确认为单项固定资产。

(2) 购入需要安装的固定资产,应当先通过"在建工程"科目核算,安装完毕交付使用时再转入本科目核算。

(3) 行政单位的软件,如果其构成相关硬件不可缺少的组成部分,应当将该软件的价值包括在所属的硬件价值中,一并作为固定资产,通过本科目进行核算;如果其不构成相关硬件不可缺少的组成部分,应当将该软件作为无形资产,通过"无形资产"科目核算。

(4) 行政单位购建房屋及构筑物不能够分清支付价款中的房屋及构筑物与土地使用权部分的,应当全部作为固定资产,通过本科目核算;能够分清支付价款中的房屋及构筑物与土地使用权部分的,应当将其中的房屋及构筑物部分作为固定资产,通过本科目核算,将其中的土地使用权部分作为无形资产,通过"无形资产"科目核算;境外行政单位购买具有所有权的土地,作为固定资产,通过本科目核算。

(5) 行政单位借入、以经营租赁方式租入的固定资产,不通过本科目核算,应当设置备查簿进行登记。

4. 固定资产的价值确认

(1) 应当按照以下三个条件确认固定资产。

① 购入、换入、无偿调入、接受捐赠不需安装的固定资产,在固定资产验收合格时确认;

② 购入、换入、无偿调入、接受捐赠需要安装的固定资产,在固定资产安装完成交付使用时确认;

③ 自行建造、改建、扩建的固定资产,在建造完成交付使用时确认。

(2) 固定资产的计价原则。

固定资产的计价是指以货币表现固定资产的价值。行政单位的固定资产应当按照固定资产取得时的实际成本计价。为了如实地反映固定资产价值的增减变动,保证核算统一性,各行政单位应按国家规定的统一计价原则,对固定资产进行计价。

① 购入和调入的固定资产其成本包括实际支付的购买价款、相关税费、使固定资产交付使用前所发生的可归属于该项资产的运输费、装卸费、安装费和专业人员服务费等。以一笔款项购入多项没有单独标价的固定资产,按照各项固定资产同类或类似固定资产市场价格的比例对总成本进行分配,分别确定各项固定资产的入账价值。

② 自行建造的固定资产,其计价成本包括建造该项资产至交付使用前所发生的全部必要支出。固定资产的各组成部分需要分别核算的,按照各组成部分固定资产造价确定其成本;没有各组成部分固定资产造价的,按照各组成部分固定资产同类或类似固定资产市场造价的比例对总造价进行分配,确定各组成部分固定资产的成本。

③ 自行繁育的动植物,其计价成本包括在达到可使用状态前所发生的全部必要支出。

④ 在原有固定资产基础上进行改建、扩建、修缮的固定资产,其成本按照原固定资产的账面价值("固定资产"科目账面余额减去"累计折旧"科目账面余额后的净值)加上改建、扩建、修缮发生的支出,再扣除固定资产拆除部分账面价值后的金额确定。

⑤ 置换取得的固定资产,其计价成本按照换出资产的评估价值加上支付的补价或减去收到的补价,加上为换入固定资产支付的其他费用(运输费等)确定。

⑥ 接受捐赠、无偿调入的固定资产,其计价成本按照有关凭据注明的金额加上相关税费、运输费等确定;没有相关凭据可供取得,但依法经过资产评估的,其成本应当按照评估价值加上相关税费、运输费等确定;没有相关凭据可供取得、也未经评估的,其成本比照同类或类似固定资产的市场价格加上相关税费、运输费等确定;没有相关凭据也未经评估,其同类或类似固定资产的市场价格无法可靠取得,所取得的固定资产应当按照名义金额入账。

⑦ 已投入使用但尚未办理移交手续的固定资产,可先按估计价值入账,待确定实际价值以后,再进行调整。

⑧ 盘盈的固定资产,按照取得同类或类似固定资产的实际成本确定入账价值;没有同类或类似固定资产的实际成本,按照同类或类似固定资产的市场价格确定入账价值;同类或类似固定资产的实际成本或市场价格无法可靠取得,按照名义金额入账。

购置固定资产过程中发生的差旅费,不记入固定资产价值。

已经入账的固定资产,除发生下列五种情况外,不得任意变动:

① 根据国家规定对固定资产价值重新估价;

② 增加补充设备或改良装置的;

③ 将固定资产的一部分拆除的;

④ 根据实际价值调整原来暂估价值的;

⑤ 发现原来记录固定资产价值有错误的。

5. 固定资产的核算

为了核算各类固定资产,行政单位应当设置"固定资产"(资产类)总账科目。行政单位应当根据固定资产定义、有关主管部门对固定资产的统一分类,结合本单位的具体情况,制定适合本单位的固定资产目录、具体分类方法,作为进行固定资产核算的依据。行政单位应当设置"固定资产登记簿"和"固定资产卡片",按照固定资产类别、项目和使用部门等进行明细核算。出租、出借的固定资产,应当设置备查簿进行登记。本科目期末借方余额,反映行政单位固定资产的原价。其主要账务处理有以下七种情形。

(1) 取得固定资产时,应当按照其成本入账。

① 购入不需安装的固定资产,按照确定的固定资产成本,借记本科目,贷记"资产基金——固定资产"科目;同时,按照实际支付的金额,借记"经费支出"科目,贷记"财政拨款收入""零余额账户用款额度""银行存款"等科目。

购入需要安装的固定资产,先通过"在建工程"科目核算。安装完工交付使用时,借记本科目,贷记"资产基金——固定资产"科目;同时,借记"资产基金——在建工程"科目,贷记"在建工程"科目。

购入固定资产分期付款或扣留质量保证金的,在取得固定资产时,按照确定的固定资产成本,借记本科目(不需安装)或"在建工程"科目(需要安装),贷记"资产基金——固定资产、在建工程"科目;同时,按照已实际支付的价款,借记"经费支出"科目,贷记"财政拨款收入""零余额账户用款额度""银行存款"等科目;按照应付未付的款项或扣留的质量保证金等金额,借记"待偿债净资产"科目,贷记"应付账款"或"长期应付款"科目。

② 自行建造的固定资产,工程完工交付使用时,按照自行建造过程中发生的实际支出,借记本科目,贷记"资产基金——固定资产"科目;同时,借记"资产基金——在建工程"科目,贷记"在建工程"科目;已交付使用但尚未办理竣工决算手续的固定资产,按照估计价值入账,待确定实际成本后再进行调整。

③ 购入需要繁育的动植物,按照购入的成本,借记本科目(未成熟动植物),贷记"资产基金——固定资产"科目;同时,按照实际支付的金额,借记"经费支出"科目,贷记"财政拨款收入""零余额账户用款额度""银行存款"等科目。

发生繁育费用,按照实际支付的金额,借记本科目(未成熟动植物),贷记"资产基金——固定资产"科目;同时,借记"经费支出"科目,贷记"财政拨款收入""零余额账户用款额度""银行存款"等科目。

动植物达到可使用状态时,借记本科目(成熟动植物),贷记本科目(未成熟动植物)。

④ 在原有固定资产基础上进行改建、扩建时，将固定资产转入改建、扩建、修缮时，按照固定资产的账面价值，借记"在建工程"科目，贷记"资产基金——在建工程"科目；同时，按照固定资产的账面价值，借记"资产基金——固定资产"科目，按照固定资产已计提折旧，借记"累计折旧"科目，按照固定资产的账面余额，贷记本科目。

工程完工交付使用时，按照确定的固定资产成本，借记本科目，贷记"资产基金——固定资产"科目；同时，借记"资产基金——在建工程"科目，贷记"在建工程"科目。

⑤ 置换取得的固定资产，按照确定的固定资产成本，借记本科目（不需安装）或"在建工程"科目（需安装），贷记"资产基金——固定资产、在建工程"科目；按照实际支付的补价、相关税费、运输费等，借记"经费支出"科目，贷记"财政拨款收入""零余额账户用款额度""银行存款"等科目。

⑥ 接受捐赠、无偿调入的固定资产，按照确定的成本，借记本科目（不需安装）或"在建工程"科目（需要安装），贷记"资产基金——固定资产、在建工程"科目；按照实际支付的相关税费、运输费等，借记"经费支出"科目，贷记"财政拨款收入""零余额账户用款额度""银行存款"等科目。

（2）按月计提固定资产折旧时，按照实际计提的金额，借记"资产基金——固定资产"科目，贷记"累计折旧"科目。

（3）与固定资产有关的后续支出，分以下两种情况处理。

① 为增加固定资产使用效能或延长其使用寿命而发生的改建、扩建或修缮等后续支出，应当计入固定资产成本，通过"在建工程"科目核算，完工交付使用时转入本科目。有关账务处理参见"在建工程"科目。

② 为维护固定资产正常使用而发生的日常修理等后续支出，应当计入当期支出但不计入固定资产成本，借记"经费支出"科目，贷记"财政拨款收入""零余额账户用款额度""银行存款"等科目。

（4）出售、置换换出固定资产。

经批准出售、置换换出的固定资产转入待处理财产损溢时，按照固定资产的账面价值，借记"待处理财产损溢"科目，按照已计提折旧，借记"累计折旧"科目，按照固定资产的账面余额，贷记本科目。

（5）无偿调出、对外捐赠固定资产。

经批准无偿调出、对外捐赠固定资产时，按照固定资产的账面价值，借记"资产基金——固定资产"科目，按照已计提折旧，借记"累计折旧"科目，按照固定资产的账面余额，贷记本科目。

无偿调出、对外捐赠固定资产发生由行政单位承担的拆除费用、运输费等，按照实际支付的金额，借记"经费支出"科目，贷记"财政拨款收入""零余额账户用款额度""银行存款"等科目。

（6）报废、毁损固定资产。

报废、毁损的固定资产转入待处理财产损溢时，按照固定资产的账面价值，借记"待处理财产损溢"科目，按照已计提折旧，借记"累计折旧"科目，按照固定资产的账面余额,贷记本科目。

(7) 盘盈、盘亏固定资产。

行政单位的固定资产应当定期进行清查盘点,每年至少盘点一次。对于固定资产发生盘盈、盘亏的,应当及时查明原因,按照规定报经批准后进行账务处理。

① 盘盈的固定资产,按照确定的入账价值,借记本科目,贷记"待处理财产损溢"科目。

② 盘亏的固定资产,按照盘亏固定资产的账面价值,借记"待处理财产损溢"科目,按照已计提折旧,借记"累计折旧"科目,按照固定资产账面余额,贷记本科目。

6. 核算举例

[例 3-36] 某行政单位用预算拨款资金购入设备 1 台,买价 100 000 元,增值税 17 000 元,运杂费及安装费 3 000 元,货款以银行存款支付。其会计分录如下。

借:固定资产　　　　　　　　　　　　　　　　　　120 000
　　贷:资产基金——固定资产　　　　　　　　　　　　120 000
同时:
借:经费支出——基本支出——基本建设支出——设备购置费　120 000
　　贷:财政拨款收入　　　　　　　　　　　　　　　　120 000

[例 3-37] 某行政单位用上级拨入专款购入汽车一辆,该汽车购价 234 000 元,发生与该汽车有关的费用 10 000 元,共计 244 000 元,均以银行存款支付。其会计分录如下。

借:固定资产——通用设备　　　　　　　　　　　　244 000
　　贷:资产基金——固定资产　　　　　　　　　　　　244 000
同时:
借:经费支出——项目支出——基本建设支出——设备购置费　244 000
　　贷:财政拨款收入　　　　　　　　　　　　　　　　244 000

[例 3-38] 如例 3-37 中购买的汽车需要按照价款的 15% 扣留质量保证金 25 100 元,三个月后无质量问题再支付质量保证金。其会计分录如下。

借:固定资产——通用设备　　　　　　　　　　　　244 000
　　贷:资产基金——固定资产　　　　　　　　　　　　244 000
同时:
借:经费支出——项目支出——基本建设支出——设备购置费　244 000
　　贷:财政拨款收入　　　　　　　　　　　　　　　　244 000
借:待偿债净资产　　　　　　　　　　　　　　　　　25 100
　　贷:应付账款　　　　　　　　　　　　　　　　　　25 100

[例 3-39] 某行政单位接受外单位捐赠汽车一辆,价值 350 000 元,发生与该汽车有关的费用 50 000 元,均以银行存款支付。其会计分录如下。

借:经费支出——基本支出——基本建设支出——设备购置费　50 000
　　贷:银行存款　　　　　　　　　　　　　　　　　　50 000
同时:

借：固定资产——通用设备　　　　　　　　　　　　　　　　400 000
　　贷：资产基金——固定资产　　　　　　　　　　　　　　　　400 000

[例3－40] 某行政单位扩建其办公楼。该办公楼原价1 000 000元，已累计折旧600 000元。其会计分录如下。

借：在建工程　　　　　　　　　　　　　　　　　　　　　　400 000
　　贷：资产基金——在建工程　　　　　　　　　　　　　　　400 000

同时：

借：资产基金——固定资产　　　　　　　　　　　　　　　　400 000
　　累计折旧　　　　　　　　　　　　　　　　　　　　　　　600 000
　　贷：固定资产　　　　　　　　　　　　　　　　　　　　 1 000 000

[例3－41] 某行政单位按月计提固定资产折旧500 000元，其会计分录如下。

借：资产基金——固定资产　　　　　　　　　　　　　　　　500 000
　　贷：累计折旧　　　　　　　　　　　　　　　　　　　　　500 000

[例3－42] 某行政单位经上级批准有偿出售旧专用设备一项，账面原值为500 000元，获出售收入70 000元，货款收妥并已存入银行，以现金支付相关税费600元。其会计分录如下。

经批准出售旧专用设备转入待处理财产损溢时：

借：待处理财产损溢——待处理财产价值　　　　　　　　　　500 000
　　贷：固定资产——专用设备　　　　　　　　　　　　　　　500 000

实现旧设备出售时：

借：资产基金——专用设备　　　　　　　　　　　　　　　　500 000
　　贷：待处理财产损溢　　　　　　　　　　　　　　　　　　500 000

出售旧设备所取得的收入存入银行时：

借：银行存款　　　　　　　　　　　　　　　　　　　　　　 70 000
　　贷：待处理财产损溢——处理净收入　　　　　　　　　　　 70 000

支付出售旧设备发生的相关税费时：

借：待处理财产损溢——处理净收入　　　　　　　　　　　　　　600
　　贷：库存现金　　　　　　　　　　　　　　　　　　　　　　　600

结转净收入：

借：待处理财产损溢——处理净收入　　　　　　　　　　　　 69 400
　　贷：应缴财政款　　　　　　　　　　　　　　　　　　　　 69 400

[例3－43] 某行政单位经上级批准无偿调出已使用过、现不需用的设备一台给相关部门，该设备账面原值250 000元。其会计分录如下。

借：资产基金——固定资产　　　　　　　　　　　　　　　　250 000
　　贷：固定资产　　　　　　　　　　　　　　　　　　　　　250 000

[例3－44] 某行政单位经上级批准报废已无法使用的固定资产一项，账面原值60 000元，其变现收入10 000元已收到并存入银行，以现金支付清理费11 000元。

核销账面资产时：

```
借：待处理财产损溢——待处理财产价值         60 000
    贷：固定资产                              60 000
借：资产基金——固定资产                       60 000
    贷：待处理财产损溢                         60 000
结转清理收入与支出时：
借：待处理财产损溢——处理净收入              11 000
    贷：库存现金                              11 000
借：银行存款                                  10 000
    贷：待处理财产损溢——处理净收入           10 000
借：经费支出——基本支出——商品和服务支出——清理费   1 000
    贷：待处理财产损溢——处理净收入            1 000
```

[例3-45] 某行政单位在固定资产清查过程中，盘亏通用设备一台，账面原值240 000元，现经有关部门批准后予以销账。其会计分录如下。

转入待处理财产损溢时：
```
借：待处理财产损溢                           240 000
    贷：固定资产——通用设备                  240 000
```
报经批准予以处理时：
```
借：资产基金——固定资产                     240 000
    贷：待处理财产损溢                        240 000
```

[例3-46] 某行政单位在固定资产清查中，发现未入账的专用设备一台，完全重置价值为30 000元。其会计分录如下。

转入待处理财产损溢时：
```
借：固定资产——专用设备                      30 000
    贷：待处理财产损溢                         30 000
```
报经批准予以处理时：
```
借：待处理财产损溢                            30 000
    贷：资产基金——固定资产                   30 000
```

（二）累计折旧的管理与核算

1. 累计折旧的管理与规定

新《行政单位财务规则》中规定，行政单位的固定资产不计提折旧，但财政部另有规定的除外。也就是说，行政单位可以建立折旧制度，对固定资产和公共基础设计提折旧，但行政单位对固定资产、公共设施是否计提折旧由财政部另行规定。固定资产、公共基础设施计提折旧是指在固定资产、公共基础设施预计使用寿命内，按照确定的方法对应折旧金额进行系统分摊。按规定对固定资产、公共基础设施计提折旧的，折旧金额应当根据固定资产、公共基础设施原价和折旧年限确定，不考虑预计净残值。

行政单位计提折旧的范围包括房屋及建筑物、通用设备、专用设备等固定资产和公共基础上设施。行政单位对以下五项固定资产不计提折旧：文物及陈列品；图书、档案；动植物；以名义金额入账的固定资产；境外行政单位持有的能够与房屋及构筑物区分、拥有所有权的土地。

2. 累计折旧的核算

行政单位为了核算固定资产、公共基础设施计提的累计折旧，应当设置"累计折旧"（资产类）总账科目。行政单位应当按照固定资产、公共基础设施的类别、项目等进行明细核算。占有公共基础设施的行政单位，应当在本科目下设置"固定资产累计折旧"和"公共基础设施累计折旧"两个一级明细科目，分别核算对固定资产和公共基础设施计提的折旧。本科目期末贷方余额，反映行政单位计提的固定资产、公共基础设施折旧累计数。

累计折旧的主要账务处理主要有以下两项。

（1）按月计提固定资产、公共基础设施折旧时，按照应计提折旧金额，借记"资产基金——固定资产、公共基础设施"科目，贷记本科目。

（2）固定资产、公共基础设施处置时，按照所处置固定资产、公共基础设施的账面价值，借记"待处理财产损溢"科目（出售、置换换出、报废、毁损、盘亏）或"资产基金——固定资产、公共基础设施"科目（无偿调出、对外捐赠），按照固定资产、公共基础设施已计提折旧，借记本科目，按照固定资产、公共基础设施的账面余额，贷记"固定资产""公共基础设施"科目。

3. 累计折旧有关的特别说明

（1）行政单位应当根据固定资产、公共基础设施的性质和实际使用情况，合理确定其折旧年限。省级以上财政部门、主管部门对行政单位固定资产、公共基础设施折旧年限作出规定的，从其规定。

（2）行政单位一般应当采用年限平均法或工作量法计提固定资产、公共基础设施折旧。

（3）行政单位固定资产、公共基础设施的应折旧金额为其成本，计提固定资产、公共基础设施折旧不考虑预计净残值。

（4）行政单位一般应当按月计提固定资产、公共基础设施折旧。当月增加的固定资产、公共基础设施，当月不提折旧，从下月起计提折旧；当月减少的固定资产、公共基础设施，当月照提折旧，从下月起不提折旧。

（5）固定资产、公共基础设施提足折旧后，无论能否继续使用，均不再计提折旧；提前报废的固定资产、公共基础设施，也不再补提折旧；已提足折旧的固定资产、公共基础设施，可以继续使用的，应当继续使用，规范管理。

（6）固定资产、公共基础设施因改建、扩建或修缮等原因而提高使用效能或延长使用年限的，应当按照重新确定的固定资产、公共基础设施成本以及重新确定的折旧年限，重新计算折旧额。

4. 核算举例

[例3-47] 某行政单位的一台专用设备原价45 000元，预计使用年限5年，该设备折旧采用年限平均法。该设备月折旧额的计算及账务处理如下：

年折旧额=45 000÷5=9 000(元)

月折旧额=9 000÷12=750(元)

借：资产基金——固定资产　　　　　　　　　　　　　　　　　　750
　　贷：累计折旧——固定资产累计折旧　　　　　　　　　　　　　750

(三) 在建工程的管理与核算

1. 在建工程的管理

在建工程是指行政单位已经发生必要支出，但尚未完工交付使用的各种建筑（包括新建、改建、扩建、修缮等）、设备安装工程和信息系统建设工程的实际成本。不能够增加固定资产、公共基础设施使用效能或延长其使用寿命的修缮、维护等，不属于在建工程。由于原来制度中行政单位会计将建造、改建、扩建及修缮固定资产以及安装设备过程中所发生的支出减去变价收入后的净增加值计入固定资产的成本，而不对在建过程中所发生的实际成本进行核算，这样不便于对工程进度进行监督，也不便于对工程成本进行控制，所以在新《行政会计制度》中新增了"在建工程"科目用于核算各项建筑、安装工程所发生的实际成本，同时也使原先散记在其他资产科目的在建工程支出有了统一明确的核算规范。

2. 在建工程的合同管理

一般的在建工程项目都是通过合同来确定的，行政事业单位在建工程的项目有内部控制方面的要求。《行政事业单位内部控制规范（试行）》中，有关于建设项目控制的规定中明确提出，行政事业单位应当建立健全建设项目内部管理制度。

(1) 应当合理设置岗位，明确内部相关部门和岗位的职责权限，确保项目建议和可行性研究与项目决策、概预算编制与审核、项目实施与价款支付、竣工决算与竣工审计等不相容岗位相互分离。

(2) 应当建立与建设项目相关的议事决策机制，严禁任何个人单独决策或者擅自改变集体决策意见。决策过程及各方面意见应当形成书面文件，与相关资料一同妥善归档保管。

(3) 应当建立与建设项目相关的审核机制。项目建议书、可行性研究报告、概预算、竣工决算报告等应当由单位内部的规划、技术、财会、法律等相关工作人员或者根据国家有关规定委托具有相应资质的中介机构进行审核，出具评审意见。单位应当依据国家有关规定组织建设项目招标工作，并接受有关部门的监督。单位应当采取签订保密协议、限制接触等必要措施，确保标底编制、评标等工作在严格保密的情况下进行。

(4) 应当按照审批单位下达的投资计划和预算对建设项目资金实行专款专用，严禁截留、挪用和超批复内容使用资金。财会部门应当加强与建设项目承建单位的沟通，准确掌握建设进度，加强价款支付审核，按照规定办理价款结算。实行国库集中支付的建设项目，单位应当按照财政国库管理制度相关规定支付资金。

(5) 单位应当加强对建设项目档案的管理。做好相关文件、材料的收集、整理、归档和保管工作。

(6) 经批准的投资概算是工程投资的最高限额，如有调整，应当按照国家有关规定报经批准。单位建设项目工程洽商和设计变更应当按照有关规定履行相应的审批程序。

（7）建设项目竣工后，单位应当按照规定的时限及时办理竣工决算，组织竣工决算审计，并根据批复的竣工决算和有关规定办理建设项目档案和资产移交等工作。建设项目已实际投入使用但超时限未办理竣工决算的，单位应当根据对建设项目的实际投资暂估入账，转作相关资产管理。

3. 在建工程的核算

为了核算已经发生必要支出，但尚未达到交付使用状态的建设工程，行政单位应当设置"在建工程"（资产类）总账科目。本科目应当按照具体工程项目等进行明细核算；需要分摊计入不同工程项目的间接工程成本，应当通过本科目下设置的"待摊投资"明细科目核算。行政单位的基本建设投资应当按照国家有关规定单独建账、单独核算，同时按照本制度的规定至少按月并入本科目及其他相关科目反映。行政单位应当在本科目下设置"基建工程"明细科目，核算由基建账套并入的在建工程成本。有关基建并账的具体账务处理另行规定。本科目期末借方余额反映行政单位尚未完工的在建工程的实际成本。在建工程的主要账务处理有以下四种情况。

（1）建筑工程。

① 将固定资产转入改建、扩建或修缮等时，按照固定资产的账面价值，借记本科目，贷记"资产基金——在建工程"科目；同时，按照固定资产的账面价值，借记"资产基金——固定资产"科目，按照固定资产已计提折旧，借记"累计折旧"科目，按照固定资产的账面余额，贷记"固定资产"科目。

② 将改建、扩建或修缮的建筑部分拆除时，按照拆除部分的账面价值（没有固定资产拆除部分的账面价值的，比照同类或类似固定资产的实际成本或市场价格及其拆除部分占全部固定资产价值的比例确定），借记"资产基金——在建工程"科目，贷记本科目。

改建、扩建或修缮的建筑部分拆除获得残值收入时，借记"银行存款"等科目，贷记"经费支出"科目；同时，借记"资产基金——在建工程"科目，贷记本科目。

③ 根据工程进度支付工程款时，按照实际支付的金额，借记"经费支出"科目，贷记"财政拨款收入""零余额账户用款额度""银行存款"等科目；同时按照相同的金额，借记本科目，贷记"资产基金——在建工程"科目。

根据工程价款结算账单与施工企业结算工程价款时，按照工程价款结算账单上列明的金额（扣除已支付的金额），借记本科目，贷记"资产基金——在建工程"科目；同时，按照实际支付的金额，借记"经费支出"科目，贷记"财政拨款收入""零余额账户用款额度""银行存款"等科目，按照应付未付的金额，借记"待偿债净资产"科目，贷记"应付账款"科目。

④ 支付工程价款结算账单以外的款项时，借记本科目，贷记"资产基金——在建工程"科目；同时，借记"经费支出"科目，贷记"财政拨款收入""零余额账户用款额度""银行存款"等科目。

⑤ 工程项目结束，需要分摊间接工程成本的，按照应当分摊到该项目的间接工程成本，借记本科目（××项目），贷记本科目（待摊投资）。

⑥ 建筑工程项目完工交付使用时，按照交付使用工程的实际成本，借记"资产基

金——在建工程"科目,贷记本科目;同时,借记"固定资产""无形资产"科目(交付使用的工程项目中有能够单独区分成本的无形资产),贷记"资产基金——固定资产、无形资产"科目。

⑦ 建筑工程项目完工交付使用时扣留质量保证金的,按照扣留的质量保证金金额,借记"待偿债净资产"科目,贷记"长期应付款"等科目。

⑧ 为工程项目配套而建成的、产权不归属本单位的专用设施,将专用设施产权移交其他单位时,按照应当交付专用设施的实际成本,借记"资产基金——在建工程"科目,贷记本科目。

⑨ 工程完工但不能形成资产的项目,应当按照规定报经批准后予以核销。转入待处理财产损溢时,按照不能形成资产的工程项目的实际成本,借记"待处理财产损溢"科目,贷记本科目。

(2) 设备安装。

① 购入需要安装的设备,按照购入的成本,借记本科目,贷记"资产基金——在建工程"科目;同时,按照实际支付的金额,借记"经费支出"科目,贷记"财政拨款收入""零余额账户用款额度""银行存款"等科目。

② 发生安装费用时,按照实际支付的金额,借记本科目,贷记"资产基金——在建工程"科目;同时,借记"经费支出"科目,贷记"财政拨款收入""零余额账户用款额度""银行存款"等科目。

③ 设备安装完工交付使用时,按照交付使用设备的实际成本,借记"资产基金——在建工程"科目,贷记本科目;同时,借记"固定资产""无形资产"科目(交付使用的设备中有能够单独区分成本的无形资产),贷记"资产基金——固定资产、无形资产"科目。

(3) 信息系统建设。

① 发生各项建设支出时,按照实际支付的金额,借记本科目,贷记"资产基金——在建工程"科目;同时,借记"经费支出"科目,贷记"财政拨款收入""零余额账户用款额度""银行存款"等科目。

② 信息系统建设完成交付使用时,按照交付使用信息系统的实际成本,借记"资产基金——在建工程"科目,贷记本科目;同时,借记"固定资产""无形资产"科目,贷记"资产基金——固定资产、无形资产"科目。

(4) 在建工程的毁损。

毁损的在建工程成本,应当转入"待处理财产损溢"科目进行处理。转入待处理财产损溢时,借记"待处理财产损溢"科目,贷记本科目。

4. 核算举例

[例 3-48] 某行政单位经报批并纳入预算对一建筑物进行改建(非基本建设项目),账面价值 460 000 元,发生拆除的残值变价收入 7 000 元存入银行;根据改建工程合同的规定,工程总价款为 653 000 元,按工程进度通过财政直接支付给施工企业工程价款 150 000 元,按照工程价款结算账单上列明的金额(扣除以支付的金额),应付未付工程款 50 000 元;年底该项改建工程竣工并交付使用,根据合同规定,按照改建工程价款 5%预留质量保证金(预留期 9 个月)外,剩余工程价款通过财政授权支付;该项改建

工程经过9个月运行未发生质量缺陷,支付预留的质量保证金。其会计分录如下。

将建筑物转入改建时:

借:在建工程 460 000
　　贷:资产基金——在建工程 460 000
借:资产基金——固定资产 460 000
　　贷:固定资产 460 000

发生拆除的残值变价收入时:

借:银行存款 7 000
　　贷:经费支出——基本支出——基本建设支出——改建工程 7 000
借:资产基金——在建工程 7 000
　　贷:在建工程 7 000

根据工程合同规定结算工程款时:

借:经费支出——基本支出——基本建设支出——改建工程 150 000
　　贷:财政拨款收入 150 000
借:待偿债净资产 50 000
　　贷:应付账款 50 000
借:在建工程 200 000
　　贷:资产基金——在建工程 200 000

支付未付工程款时:

借:应付账款 17 350
　　贷:待偿债净资产 17 350
借:经费支出——基本支出——基本建设支出——改建工程 17 350
　　贷:零余额账户用款额度 17 350

工程交付使用时:

借:资产基金——在建工程 653 000
　　贷:在建工程 653 000

同时结转固定资产:

借:固定资产 653 000
　　贷:资产基金——固定资产 653 000

九个月后支付预留的保证金时:

借:应付账款 32 650
　　贷:待偿债净资产 32 650
借:经费支出——基本支出——基本建设支出——改建工程 32 650
　　贷:零余额账户用款额度 32 650

[例3-49] 某行政单位购入一批需安装的专业设备,取得增值税专用发票上注明的设备价款200 000元,增值税进项税额43 000元,支付运费1 000元,款项通过单位零余额账户支付;安装设备时,以库存现金支付安装费用1 000元。其会计分录如下。

支付设备款和税费时:

```
借：在建工程——设备安装——专业设备              244 000
    贷：资产基金——在建工程                        244 000
借：经费支出——基本支出——基本建设支出——安装工程  244 000
    贷：零余额账户用款额度                         244 000
```
支付安装费时：
```
借：在建工程——设备安装——专业设备              1 000
    贷：资产基金——在建工程                        1 000
借：经费支出——基本支出——基本建设支出——安装工程  1 000
    贷：库存现金                                   1 000
```
设备安装完交付使用时：
```
借：固定资产                                    245 000
    贷：资产基金——固定资产                        245 000
借：资产基金——在建工程                          245 000
    贷：在建工程——设备安装——专用设备            245 000
```

[例3-50] 某行政单位一项设备在安装过程中发生毁损10%，该工程成本为200 000元。其会计分录如下。

转入待处理财产损溢时：
```
借：待处理财产损溢                              20 000
    贷：在建工程——设备安装                        20 000
```
报经批准予以核销时：
```
借：资产基金——在建工程                          20 000
    贷：待处理财产损溢                             20 000
```

（四）无形资产的管理与核算

1. 无形资产的定义和管理

无形资产是指不具有实物形态而能够为使用者提供某种权利的非货币性资产，包括著作权、土地使用权、专利权、非专利权等。行政单位购入的不构成相关硬件不可缺少组成部分的软件，也应当作为无形资产核算。

原《行政单位会计制度》未设置"无形资产"科目，这样就让软件一类行政单位的无形资产无法在会计上体现，而且，对于行政单位取得的无形资产也没有规定如何核算和管理，不利于国有资产管理和监督，容易造成资产流失和管理混乱。为了跟上时代的步伐、适应全部资产都应该纳入行政单位的核算中这一目标，新《行政单位会计制度》中增设了"无形资产"和"累计摊销"两个总账科目，专门用于核算无形资产的原值和计提的累计摊销，可以进一步提高行政单位会计信息的全面性、完整性、准确性和有用性，有效防止国有资产的流失，让行政单位的无形资产有了更科学化的管理。

2. 无形资产的核算

为了核算的无形资产原价，行政单位应当设置"无形资产"（资产类）总账科目。本科目应当按照无形资产的类别、项目等进行明细核算。无形资产应当在完成对其权属的规定登记或其他证明单位取得无形资产时确认。本科目期末借方余额，反映行政单位无形资产的原价。其主要账务处理有六种情形。

(1) 取得无形资产时,应当按照其实际成本入账。

① 外购的无形资产,其成本包括实际支付的购买价款、相关税费以及可归属于该项资产达到预定用途所发生的其他支出。

购入的无形资产,按照确定的成本,借记本科目,贷记"资产基金——无形资产"科目;同时,按照实际支付的金额,借记"经费支出"科目,贷记"财政拨款收入""零余额账户用款额度""银行存款"等科目。

购入无形资产尚未付款的,取得无形资产时,按照确定的成本,借记本科目,贷记"资产基金——无形资产"科目;同时,按照应付未付的款项金额,借记"待偿债净资产"科目,贷记"应付账款"科目。

② 委托软件公司开发软件,视同外购无形资产进行处理。

软件开发前按照合同约定预付开发费用时,借记"预付账款"科目,贷记"资产基金——预付款项"科目;同时,借记"经费支出"科目,贷记"财政拨款收入""零余额账户用款额度""银行存款"等科目。

软件开发完成交付使用,并支付剩余或全部软件开发费用时,按照软件开发费用总额,借记本科目,贷记"资产基金——无形资产"科目;按照实际支付的金额,借记"经费支出"科目,贷记"财政拨款收入""零余额账户用款额度""银行存款"等科目;按照冲销的预付开发费用,借记"资产基金——预付款项"科目,贷记"预付账款"科目。

③ 自行开发并按法律程序申请取得的无形资产,按照依法取得时发生的注册费、聘请律师费等费用确定成本。

取得无形资产时,按照确定的成本,借记本科目,贷记"资产基金——无形资产"科目;同时,按照实际支付的金额,借记"经费支出"科目,贷记"财政拨款收入""零余额账户用款额度""银行存款"等科目。

依法取得前所发生的研究开发支出,应当于发生时直接计入当期支出,但不计入无形资产的成本。借记"经费支出"科目,贷记"财政拨款收入""零余额账户用款额度""财政应返还额度""银行存款"等科目。

④ 置换取得的无形资产,其成本按照换出资产的评估价值加上支付的补价或减去收到的补价,加上为换入无形资产支付的其他费用(登记费等)确定。

置换取得的无形资产,按照确定的成本,借记本科目,贷记"资产基金——无形资产"科目;按照实际支付的补价、相关税费等,借记"经费支出"科目,贷记"财政拨款收入""零余额账户用款额度""银行存款"等科目。

⑤ 接受捐赠、无偿调入的无形资产,其成本按照有关凭据注明的金额加上相关税费确定;没有相关凭据可供取得,但依法经过资产评估的,其成本应当按照评估价值加上相关税费确定;没有相关凭据可供取得,也未经评估的,其成本比照同类或类似资产的市场价格加上相关税费确定;没有相关凭据也未经评估,其同类或类似无形资产的市场价格无法可靠取得,所取得的无形资产应当按照名义金额入账。

接受捐赠、无偿调入无形资产时,按照确定的无形资产成本,借记本科目,贷记"资产基金——无形资产"科目;按照发生的相关税费,借记"经费支出"科目,贷记"零余额账户用款额度""银行存款"等科目。

(2) 按月计提无形资产摊销时,按照应计提的金额,借记"资产基金——无形资产"科目,贷记"累计摊销"科目。

(3) 与无形资产有关的后续支出,分以下情况处理。

① 为增加无形资产使用效能而发生的后续支出,如对软件进行升级改造或扩展其功能等所发生的支出,应当计入无形资产的成本,借记本科目,贷记"资产基金——无形资产"科目;同时,借记"经费支出"科目,贷记"财政拨款收入""零余额账户用款额度""银行存款"等科目。

② 为维护无形资产的正常使用而发生的后续支出,如对软件进行的漏洞修补、技术维护等所发生的支出,应当计入当期支出但不计入无形资产的成本,借记"经费支出"科目,贷记"财政拨款收入""零余额账户用款额度""银行存款"等科目。

(4) 报经批准出售、置换换出无形资产转入待处理财产损溢时,按照待出售、置换换出无形资产的账面价值,借记"待处理财产损溢"科目,按照已计提摊销,借记"累计摊销"科目,按照无形资产的账面余额,贷记本科目。

(5) 报经批准无偿调出、对外捐赠无形资产,按照无偿调出、对外捐赠无形资产的账面价值,借记"资产基金——无形资产"科目,按照已计提摊销,借记"累计摊销"科目,按照无形资产的账面余额,贷记本科目。无偿调出、对外捐赠无形资产发生由行政单位承担的相关费用支出等,按照实际支付的金额,借记"经费支出"科目,贷记"财政拨款收入""零余额账户用款额度""银行存款"等科目。

(6) 无形资产预期不能为行政单位带来服务潜力或经济利益的,应当按规定报经批准后将无形资产的账面价值予以核销。

待核销的无形资产转入待处理财产损溢时,按照待核销无形资产的账面价值,借记"待处理财产损溢"科目,按照已计提摊销,借记"累计摊销"科目,按照无形资产的账面余额,贷记本科目。

3. 核算举例

[例 3-51]　某行政单位报经批准并纳入预算购入正版文书处理软件一套,价格 15 000 元,价款通过财政直接支付付讫,已安装完毕投入使用。其会计分录如下。

　　借:经费支出——基本支出——基本建设支出——办公软件　　15 000
　　　贷:财政拨款收入　　　　　　　　　　　　　　　　　　　　15 000
　　借:无形资产——软件　　　　　　　　　　　　　　　　　　　15 000
　　　贷:资产基金——无形资产　　　　　　　　　　　　　　　　15 000

[例 3-52]　某行政单位经批准获取 500 平方米的土地使用权,价值 2 000 000 元,款项尚未支付。其会计分录如下。

　　借:无形资产——土地　　　　　　　　　　　　　　　　　　2 000 000
　　　贷:资产基金——无形资产　　　　　　　　　　　　　　　2 000 000
　　借:待偿债净资产　　　　　　　　　　　　　　　　　　　　2 000 000
　　　贷:应付账款　　　　　　　　　　　　　　　　　　　　　2 000 000

[例 3-53]　某行政单位委托软件公司开发财务软件,双方合同确定的开发费用

总额 200 000 元。按照合同约定开发前预付开发费用 100 000 元,开发完成并交付使用再付 100 000 元。全部款项支付采用财政直接支付。其会计分录如下。

预付开发费用时:
借:预付账款　　　　　　　　　　　　　　　　　　　100 000
　　贷:资产基金——预付账款　　　　　　　　　　　　　　100 000
借:经费支出——基本支出——基本建设支出——财务软件　100 000
　　贷:财政拨款收入　　　　　　　　　　　　　　　　　　100 000

软件开发完成交付使用并支付剩余开发费用时:
借:无形资产——财务软件　　　　　　　　　　　　　　200 000
　　贷:资产基金——无形资产　　　　　　　　　　　　　　200 000
借:经费支出——基本支出——基本建设支出——财务软件　100 000
　　贷:财政拨款收入　　　　　　　　　　　　　　　　　　100 000
借:资产基金——预付账款　　　　　　　　　　　　　　100 000
　　贷:预付账款　　　　　　　　　　　　　　　　　　　　100 000

[例 3-54] 某行政单位自行开发的一项专利通过法律程序申请取得。该专权在依法取得前共发生研究开发支出 150 000 元,款项通过单位零余额账户支付;申请时发生注册费、聘请律师费等费用 50 000 元,以银行存款付讫。其会计分录如下。

依法取得专利权前所发生的研究开发支出:
借:经费支出——基本支出——商品和服务支出——专利申请费　150 000
　　贷:零余额账户用款额度　　　　　　　　　　　　　　　　150 000

依法取得专利权时:
借:无形资产——专利权　　　　　　　　　　　　　　　　　5 000
　　贷:资产基金——无形资产　　　　　　　　　　　　　　　　5 000
借:经费支出——基本支出——商品和服务支出——专利申请费　5 000
　　贷:银行存款　　　　　　　　　　　　　　　　　　　　　　5 000

[例 3-55] 某行政单位以一项专利权置换一项技术软件。该专利权的账面余额 200 000 元,评估价值 80 000 元,已计摊销 100 000 元。通过单位零余额账户支付补价款 10 000 元。

对于置换转入的技术软件,其会计分录如下。
借:无形资产——技术软件　　　　　　　　　　　　　　　90 000
　　贷:资产基金——无形资产　　　　　　　　　　　　　　　90 000
借:经费支出——基本支出——商品和服务支出——专利费　10 000
　　贷:零余额账户用款额度　　　　　　　　　　　　　　　　10 000

对置换换出的专利权,其会计分录如下。
转入待处理财产损溢时:
借:待处理财产损溢　　　　　　　　　　　　　　　　　100 000
　　累计摊销　　　　　　　　　　　　　　　　　　　　100 000
　　贷:无形资产——专利权　　　　　　　　　　　　　　　20 000

实现置换换出时：

借：资产基金——无形资产　　　　　　　　　　　　　　　100 000
　　贷：待处理财产损溢　　　　　　　　　　　　　　　　　100 000

4. 无形资产的摊销

"累计摊销"是新增（资产类）总账科目，主要是为了核算行政单位无形资产计提的累计摊销。本科目应当按照无形资产的类别、项目等进行明细核算。行政单位应当对无形资产进行摊销，以名义金额计量的无形资产除外。本科目期末贷方余额，反映行政单位计提的无形资产摊销累计数。摊销是指在无形资产使用寿命内，按照确定的方法对应摊销金额进行系统分摊。有关说明如下。

（1）行政单位应当按照以下原则确定无形资产的摊销年限。

① 法律规定了有效年限的，按照法律规定的有效年限作为摊销年限；

② 法律没有规定有效年限的，按照相关合同或单位申请书中的受益年限作为摊销年限；

③ 法律没有规定有效年限、相关合同或单位申请书也没有规定受益年限的，按照不少于10年的期限摊销。

④ 非大批量购入、单价小于1 000元的无形资产，可以于购买的当期，一次将成本全部摊销。

（2）行政单位应当采用年限平均法计提无形资产摊销。

（3）行政单位无形资产的应摊销金额为其成本。

（4）行政单位应当自无形资产取得当月起，按月计提摊销；无形资产减少的当月，不再计提摊销。

（5）无形资产提足摊销后，无论能否继续带来服务潜力或经济利益，均不再计提摊销；核销的无形资产，如果未提足摊销，也不再补提摊销。

（6）因发生后续支出而增加无形资产成本的，应当按照重新确定的无形资产成本，重新计算摊销额。

5. 累计摊销的主要账务处理

（1）按月计提无形资产摊销时，按照应计提摊销金额，借记"资产基金——无形资产"科目，贷记本科目。

（2）出售、置换换出、核销无形资产时，按照所处置无形资产的账面价值，借记"待处理财产损溢"科目，如果是无偿调出或对外捐赠则按照所处置无形资产的账面价值，借记"资产基金——无形资产"科目，按照已计提摊销，借记本科目，按照无形资产的账面余额，贷记"无形资产"科目。

6. 累计摊销的核算举例

[例3－56]　某行政单位外购的一项专利权60 000元，该专利权法律规定的有效年限为10年。其按月计提累计摊销时的会计处理为

月摊销额＝60 000÷10÷12＝500（元）

借：资产基金——无形资产　　　　　　　　　　　　　　　500
　　贷：累计摊销——专利权　　　　　　　　　　　　　　500

[例 3-57] 某行政单位经报批准将一项非专利技术无偿调给兄弟单位,该非专利技术的账面余额 80 000 元,已计提摊销 64 000 元。其会计分录如下。

借：资产基金——无形资产　　　　　　　　　　　　　16 000
　　累计摊销　　　　　　　　　　　　　　　　　　　64 000
　　贷：累计摊销——非专利技术　　　　　　　　　　　80 000

[例 3-58] 某行政单位出售一项专利权,该专利权的账面余额为 200 000 元。已计提摊销 120 000 元,取得出售价款 90 000 元,款项存入银行。假设不涉及相关税费。会计分录如下。

转入待处理财产损溢时：

借：待处理财产损溢　　　　　　　　　　　　　　　　80 000
　　累计摊销　　　　　　　　　　　　　　　　　　 120 000
　　贷：无形资产——专利权　　　　　　　　　　　　200 000

实现出售时：

借：资产基金——无形资产　　　　　　　　　　　　　80 000
　　贷：待处理财产损溢　　　　　　　　　　　　　　 80 000

取得出售价款时：

借：银行存款　　　　　　　　　　　　　　　　　　　90 000
　　贷：待处理财产损溢　　　　　　　　　　　　　　 90 000

处置净收入时：

借：待处理财产损溢　　　　　　　　　　　　　　　　90 000
　　贷：应缴财政款　　　　　　　　　　　　　　　　 90 000

（五）待处理财产损溢的管理与核算

1. 待处理财产损溢的管理

根据新《行政单位财务规则》的规定,行政单位资产处置应当遵循公开、公平、公正的原则,依法进行评估,严格履行相关审批程序。新的《行政单位会计制度》增加了"待处理财产损溢"科目并进一步诠释。"待处理财产损溢"科目核算行政单位待处理财产的价值及财产处理损溢。

行政单位财产的处理包括资产的出售、报废、毁损、盘盈、盘亏,以及货币性资产损失核销等。这是针对行政单位强化国有资产管理而增设的,因为资产管理与预算管理脱节是以往国有资产管理弱化的重要原因之一,所以必须强化资产管理与预算管理相结合、资产管理与财务管理相结合、实物管理与价值管理相结合。这样才更符合管理精细化科学化的模式。

2. 待处理财产损溢的核算

为了核算行政单位待处理财产的价值及财产处理损溢,行政单位应该设置"待处理财产损溢"（资产类）总账科目。本科目应当按照待处理财产项目进行明细核算；对于在财产处理过程中取得收入或发生相关费用的项目,还应当设置"待处理财产价值"、"处理净收入"明细科目,进行明细核算。行政单位财产的处理,一般应当先记入本科目,按照规定报经批准后及时进行相应的账务处理。年终结账前一般应处理完毕。本科目期末如为借方余额,反映尚未处理完毕的各种财产的价值及净损失;期末如为贷方余额,反映尚未处理完毕的各种财产净溢余。年度终了时,要将此科目余额项目报经上级主管机关批准进行相应处理,处理之后本科目一般应无余额。其主要账务处理有七种情形。

(1) 按照规定报经批准处理无法查明原因的现金短缺或溢余。

① 属于无法查明原因的现金短缺,报经批准核销的,借记"经费支出"科目,贷记本科目。

② 属于无法查明原因的现金溢余,报经批准后,借记本科目,贷记"其他收入"科目。

(2) 按照规定报经批准核销无法收回的应收账款、其他应收款。

① 转入待处理财产损溢时,借记本科目,贷记"应收账款""其他应收款"科目。

② 报经批准对无法收回的其他应收款予以核销时,借记"经费支出"科目,贷记本科目;对无法收回的应收账款予以核销时,借记"其他应付款"等科目,贷记本科目。

(3) 按照规定报经批准核销预付账款、无形资产。

① 转入待处理财产损溢时,借记本科目(核销无形资产的,还应借记"累计摊销"科目),贷记"预付账款""无形资产"科目。

② 报经批准予以核销时,借记"资产基金——预付款项、无形资产"科目,贷记本科目。

(4) 出售、置换换出存货、固定资产、无形资产、政府储备物资等。

① 转入待处理财产损溢时,借记"待处理财产损溢"科目(出售、置换换出固定资产的,还应当借记"累计折旧"科目;出售、置换换出无形资产的,还应当借记"累计摊销"科目),贷记"存货""固定资产""无形资产""政府储备物资"等科目。

② 实现出售、置换换出时,借记"资产基金"及相关明细科目,贷记"待处理财产损溢"科目。

③ 出售、置换换出资产过程中收到价款、补价等收入,借记"库存现金""银行存款"等科目,贷记"待处理财产损溢"科目(处理净收入)。

④ 出售、置换换出资产过程中发生相关费用,借记"待处理财产损溢"科目(处理净收入),贷记"库存现金""银行存款""应缴税费"等科目。

⑤ 出售、置换换出完毕并收回相关的应收账款后,按照处置收入扣除相关税费后的净收入,借记"待处理财产损溢"科目(处理净收入),贷记"应缴财政款"。如果处置收入小于相关税费的,按照相关税费减去处置收入后的净支出,借记"经费支出"科目,贷记"待处理财产损溢"科目(处理净收入)。

(5) 盘亏、毁损、报废各种实物资产。

① 转入待处理财产损溢时,借记"待处理财产损溢"科目(处置固定资产、公共基础设施的,还应当借记"累计折旧"科目),贷记"存货""固定资产""在建工程""政府储备物资""公共基础设施"等科目。

② 报经批准予以核销时,借记"资产基金"及相关明细科目,贷记"待处理财产损溢"科目。

③ 毁损、报废各种实物资产过程中取得的残值变价收入、发生相关费用,以及取得的残值变价收入扣除相关费用后的净收入或净支出的账务处理,比照本科目(4)④有关出售资产进行处理。

（6）核销不能形成资产的在建工程成本。

转入待处理财产损溢时,借记本科目,贷记"在建工程"科目。报经批准予以核销时,借记"资产基金——在建工程"科目,贷记"待处理财产损溢"科目。

（7）盘盈存货、固定资产、政府储备物资等实物资产。

转入待处理财产损溢时,借记"存货""固定资产""政府储备物资"等科目,贷记"待处理财产损溢"科目。报经批准予以处理时,借记本科目,贷记"资产基金"及相关明细科目。

3．核算举例（略）

（六）政府储备物资的管理与核算

1．政府储备物资的定义与管理

政府储备物资是指行政单位直接储存管理的各项政府应急或救灾储备物资等。负责采购并拥有储备物资调拨权力的行政单位（简称"采购单位"）将政府储备物资交由其他行政单位（简称"代储单位"）代为储存的,由采购单位通过本科目核算政府储备物资,代储单位将受托代储的政府储备物资作为受托代理资产核算。

2．政府储备物资的核算

为了核算行政单位直接储存管理的各项政府应急或救灾储备物资等,行政单位应当设置"政府储备物资"（资产类）总账科目。本科目应当按照政府储备物资的种类、品种、存放地点等进行明细核算。本科目期末借方余额,反映行政单位管理的政府储备物资的实际成本。其主要账务处理如下。

（1）取得政府储备物资时,应当按照其成本入账。

① 购入的政府储备物资,其成本包括购买价款、相关税费、运输费、装卸费、保险费以及其他使政府储备物资达到目前场所和状态所发生的支出;单位支付的政府储备物资保管费、仓库租赁费等日常储备费用,不计入政府储备物资的成本。

购入的政府储备物资验收入库,按照确定的成本,借记本科目,贷记"资产基金——政府储备物资"科目;同时,按实际支付的金额,借记"经费支出"科目,贷记"财政拨款收入""零余额账户用款额度""银行存款"等科目。

② 接受捐赠、无偿调入的政府储备物资,其成本按照有关凭据注明的金额加上相关税费、运输费等确定;没有相关凭据可供取得,但依法经过资产评估的,其成本应当按照评估价值加上相关税费、运输费等确定;没有相关凭据可供取得、也未经评估的,其成本比照同类或类似政府储备物资的市场价格加上相关税费、运输费等确定。

接受捐赠、无偿调入的政府储备物资验收入库,按照确定的成本,借记本科目,贷记"资产基金——政府储备物资"科目,由行政单位承担运输费用等的,按实际支付的相关税费、运输费等金额,借记"经费支出"科目,贷记"财政拨款收入""零余额账户用款额度""银行存款"等科目。

(2) 政府储备物资发出时,应当根据实际情况采用先进先出法、加权平均法或者个别计价法确定发出政府储备物资的实际成本。计价方法一经确定,不得随意变更。

① 经批准对外捐赠、无偿调出政府储备物资时,按照对外捐赠、无偿调出政府储备物资的实际成本,借记"资产基金——政府储备物资"科目,贷记本科目。

对外捐赠、无偿调出政府储备物资发生由行政单位承担的运输费等支出时,借记"经费支出"科目,贷记"财政拨款收入""零余额账户用款额度""银行存款"等科目。

② 行政单位报经批准将不需储备的物资出售时,应当转入待处理财产损溢,按照相关储备物资的账面余额,借记"待处理财产损溢"科目,贷记本科目。

(3) 盘盈、盘亏或报废、毁损政府储备物资。

行政单位管理的政府储备物资应当定期进行清查盘点,每年至少盘点一次。对于发生的政府储备物资盘盈、盘亏或者报废、毁损,应当及时查明原因,按规定报经批准后进行账务处理。

① 盘盈的政府储备物资,按照取得同类或类似政府储备物资的实际成本确定入账价值;没有同类或类似政府储备物资的实际成本,按照同类或类似政府储备物资的市场价格确定入账价值。

盘盈的政府储备物资,按照确定的入账价值,借记本科目,贷记"待处理财产损溢"科目。

② 盘亏或者报废、毁损的政府储备物资,转入待处理财产损溢时,按照其账面余额,借记"待处理财产损溢"科目,贷记本科目。

3. 核算举例

[例 3-59]　某行政单位为地震灾区购入帐篷一批,取得的增值税专用发票上注明的价款 500 000 元,增值税进项税额 85 000 元,支付运输费和装卸费 5 000 元,款项实行财政直接支付。其会计分录如下。

　　借:政府储备物资——救灾帐篷　　　　　　　　　　　　　590 000
　　　　贷:资产基金——政府储备物资　　　　　　　　　　　　590 000
　　借:经费支出——项目支出——商品和服务支出——救灾物资　　5 000
　　　　贷:财政拨款收入　　　　　　　　　　　　　　　　　　　5 000

[例 3-60]　某行政单位经批准将不需储备的救灾帐篷出售,该物资的账面余额 100 000 元,出售价款 90 000 元,款项存入银行。假设没有发生相关税费。其会计分录如下。

转入待处理财产损溢时:

　　借:待处理财产损溢　　　　　　　　　　　　　　　　　100 000
　　　　贷:政府储备物资——救灾帐篷　　　　　　　　　　　100 000

实现出售时:

　　借:资产基金——政府储备物资　　　　　　　　　　　　100 000
　　　　贷:待处理财产损溢　　　　　　　　　　　　　　　　100 000

取得出售价款时:

借：银行存款　　　　　　　　　　　　　　　　　　　　　　90 000
　　贷：待处理财产损溢　　　　　　　　　　　　　　　　　　　90 000
处理净收入时：
借：待处理财产损溢　　　　　　　　　　　　　　　　　　　　90 000
　　贷：应缴财政款　　　　　　　　　　　　　　　　　　　　90 000

[例3-61]　某行政单位年终盘点政府储备物资，发现救灾帐篷多余200套，每套市场价格1 000元尚未入账。其会计分录如下。
借：政府储备物资——救灾帐篷　　　　　　　　　　　　　200 000
　　贷：待处理财产损溢　　　　　　　　　　　　　　　　　200 000
上述盘盈的救灾帐篷报经批准准予处理时：
借：待处理财产损溢　　　　　　　　　　　　　　　　　　200 000
　　贷：政府储备物资——救灾帐篷　　　　　　　　　　　　200 000

（七）公共基础设施的管理与核算

1. 公共基础设施的管理

公共基础设施是指由行政单位占有并直接负责维护管理、供社会公众使用的工程性公共基础设施资产，包括城市交通设施、公共照明设施、环保设施、防灾设施、健身设施、广场及公共构筑物等其他公共设施。应该特别注意的是，与公共基础设施配套使用的修理设备、工具器具、车辆等动产，作为管理公共基础设施的行政单位的固定资产核算，不通过本科目核算。与公共基础设施配套、供行政单位在公共基础设施管理中自行使用的房屋构筑物等，能够与公共基础设施分开核算的，作为行政单位的固定资产核算，也不通过本科目核算。

2. 公共基础设施的核算

为了核算由行政单位占有并直接负责维护管理、供社会公众使用的工程性公共基础设施资产，包括城市交通设施、公共照明设施、环保设施、防灾设施、健身设施、广场及公共构筑物等其他公共设施，行政单位应当设置"公共基础设施"（资产类）总账科目。本科目应当按照公共基础设施的类别和项目进行明细核算。行政单位应当结合本单位的具体情况，制定适合于本单位管理的公共基础设施目录、分类方法，作为进行公共基础设施核算的依据。本科目期末借方余额，反映行政单位管理的公共基础设施的实际成本。其主要账务的三种情况处理如下。

（1）公共基础设施在取得时，应当按照其成本入账。

① 行政单位自行建设的公共基础设施，其成本包括建造该公共基础设施至交付使用前所发生的全部必要支出。

公共基础设施的各组成部分需要分别核算的，按照各组成部分公共基础设施造价确定其成本；没有各组成部分公共基础设施造价的，按照各组成部分公共基础设施同类或类似市场造价的比例对总造价进行分配，确定各组成部分公共基础设施的成本。

公共基础设施建设完工交付使用时，按照确定的成本，借记本科目，贷记"资产基金——公共基础设施"科目；同时，借记"资产基金——在建工程"科目，贷记"在建工程"科目。已交付使用但尚未办理竣工决算手续的公共基础设施，按照估计价值入账，待确定实际成本后再进行调整。

② 接受其他单位移交的公共基础设施,其成本按照公共基础设施的原账面价值确认,借记本科目,贷记"资产基金——公共基础设施"科目。

(2) 公共基础设施的后续支出。与公共基础设施有关的后续支出,分以下两种情况处理。

① 为增加公共基础设施使用效能或延长其使用寿命而发生的改建、扩建或大型修缮等后续支出,应当计入公共基础设施成本,通过"在建工程"科目核算,完工交付使用时转入本科目。

② 为维护公共基础设施的正常使用而发生的日常修理等后续支出,应当计入当期支出,借记有关支出科目,贷记"财政拨款收入""零余额账户用款额度""银行存款"等科目。

(3) 公共基础设施的处置。

行政单位管理的公共基础设施向其他单位移交、毁损、报废时,应当按照规定报经批准后进行账务处理。

① 经批准向其他单位移交公共基础设施时,按照移交公共基础设施的账面价值,借记"资产基金——公共基础设施"科目,按照已计提折旧,借记"累计折旧"科目,按照公共基础设施的账面余额,贷记本科目。

② 报废、毁损的公共基础设施,转入待处理财产损溢时,按照待处理公共基础设施的账面价值,借记"待处理财产损溢"科目,按照已计提折旧,借记"累计折旧"科目,按照公共基础设施的账面余额,贷记本科目。

3. 核算举例

[例 3-62] 某行政单位自行建造公共照明设施完工并交付使用,设施总造价200 000元。其会计分录如下。

借:公共基础设施——公共照明设施　　　　　　　　　　　　200 000
　　贷:资产基金——公共基础设施　　　　　　　　　　　　　　200 000
借:资产基金——在建工程　　　　　　　　　　　　　　　　200 000
　　贷:在建工程　　　　　　　　　　　　　　　　　　　　　　200 000

[例 3-63] 某行政单位接受其他单位移交的防灾设施,原账面价值100 000元,已计提折旧60 000元。其会计分录如下。

借:公共基础设施——防灾设施　　　　　　　　　　　　　　40 000
　　累计折旧　　　　　　　　　　　　　　　　　　　　　　　60 000
　　贷:资产基金——公共基础设施　　　　　　　　　　　　　100 000

[例 3-64] 某行政单位占有并直接负责维护管理的城市交通设施发生报废,该设施的账面价值余额5 000 000元,已计提折旧4 500 000元。在报废清理过程发生变价收入80 000元,已存入银行;发生清理费用10 000元,以财政直接支付付讫。其会计分录如下。

转入待处理财产损溢时:
借:待处理财产损溢　　　　　　　　　　　　　　　　　　　500 000
　　累计折旧　　　　　　　　　　　　　　　　　　　　　　4 500 000
　　贷:公共基础设施——城市交通设施　　　　　　　　　　5 000 000

报经批准予以核销时：

借：公共基础设施——城市交通设施　　　　　　　　500 000
　　贷：待处理财产损溢　　　　　　　　　　　　　　　　　500 000

取得变价收入时：

借：银行存款　　　　　　　　　　　　　　　　　　80 000
　　贷：待处理财产损溢　　　　　　　　　　　　　　　　　80 000

支付清理费时：

借：待处理财产损溢　　　　　　　　　　　　　　　10 000
　　贷：财政拨款收入　　　　　　　　　　　　　　　　　　10 000

处置净收入时：

借：待处理财产损溢　　　　　　　　　　　　　　　70 000
　　贷：应缴财政款　　　　　　　　　　　　　　　　　　　70 000

（八）受托代理资产的管理与核算

1. 受托代理资产的管理

受托代理资产是指行政单位接受委托方委托管理的各项资产，包括受托指定转赠的物资、受托储存管理的物资等。值得注意的是，行政单位收到受托代理资产为现金和银行存款的，不通过本科目核算，应当通过"库存现金""银行存款"科目进行核算。

2. 受托代理资产的核算

为了核算行政单位接受委托方委托管理的各项资产，包括受托指定转赠的物资、受托储存管理的物资等，行政单位应当设置"受托代理资产"（资产类）总账科目。本科目应当按照资产的种类和委托人进行明细核算；属于转赠资产的，还应当按照受赠人进行明细核算。科目期末借方余额，反映单位受托代理资产中实物资产的价值。受托代理资产两种情况的主要账务处理如下。

（1）受托转赠物资。

① 接受委托人委托需要转赠给受赠人的物资，其成本按照有关凭据注明的金额确定；没有相关凭据可供取得的，其成本比照同类或类似物资的市场价格确定。

接受委托转赠的物资验收入库，按照确定的成本，借记本科目，贷记"受托代理负债"科目；受托协议约定由行政单位承担相关税费、运输费等的，还应当按照实际支付的相关税费、运输费等金额，借记"经费支出"科目，贷记"银行存款"等科目。

② 将受托转赠物资交付受赠人时，按照转赠物资的成本，借记"受托代理负债"科目，贷记本科目。

③ 转赠物资的委托人取消了对捐赠物资的转赠要求，且不再收回捐赠物资的，应当将转赠物资转为存货或固定资产，按照转赠物资的成本，借记"受托代理负债"科目，贷记本科目；同时，借记"存货""固定资产"科目，贷记"资产基金——存货、固定资产"科目。

（2）受托储存管理物资。

① 接受委托人委托储存管理的物资，其成本按照有关凭据注明的金额确定。

接受委托储存的物资验收入库，按照确定的成本，借记本科目，贷记"受托代理负债"科目。

② 支付由受托单位承担的与受托储存管理的物资相关的运输费、保管费等费用时,按照实际支付的金额,借记"经费支出"科目,贷记"银行存款"等科目。

③ 根据委托人要求交付受托储存管理的物资时,按照储存管理物资的成本,借记"受托代理负债"科目,贷记本科目。

3. 核算举例

[例 3-65] 某行政单位接受某基金会的委托储存管理的救灾物资,该物资发票金额 80 000 元,并已经验收入库。另外,支付现金 900 元作为运输费用。其会计分录如下。

借:受托代理资产——某基金会——救灾物资　　　　　　80 000
　　贷:受托代理负债　　　　　　　　　　　　　　　　　80 000
借:经费支出——项目支出——商品和服务支出——救灾物资　900
　　贷:库存现金　　　　　　　　　　　　　　　　　　　 900

如果上述基金会要求行政单位交付受托储存物资时:

借:受托代理负债　　　　　　　　　　　　　　　　　　80 000
　　贷:受托代理资产——某基金会——救灾物资　　　　　80 000

第二节　行政单位负债的管理与核算

一、行政单位负债概述

行政单位的负债是行政单位承担的能以货币计量,需要以资产偿付的债务。行政单位的负债包括应缴财政款、应缴税费、应付职工薪酬、应付账款、应付政府补贴款、其他应付款、长期应付款等。行政单位的负债相对于一般企业来讲比较简单,不单独发行债券、不向银行借款、没有应付利润等。

行政单位负债具有一般负债的共性,表现在:一是负债是指已经发生,并在未来一定时期内必须偿付的经济义务;二是负债是可用货币计量的,有确切的或可预计的金额;三是负债有确切的债权人和偿还期限。《行政单位会计制度》中明确规定,行政单位的负债,应当按照承担的相关合同金额或实际发生额进行计量。行政单位承担的负债中有偿支付利息要求的,应当按照相关合同规定的利息计算方法计量应付利息。

行政单位负债又有以下四个特点:一是行政单位负债的债权人主要是国家财政,如应缴财政款;二是行政单位负债的偿付一般以货币的形式来实现;三是行政单位负债一般以国家财政法律、法规、规章约束为前提;四是行政单位负债一般不存在债权人放弃债权的情况。

行政单位的负债按照偿还时间的要求,分为短期负债和长期负债。短期负债是指要求在 1 年以内(含 1 年)偿还的负债,包括应缴财政款、应缴税费、应付职工薪酬、应付账款、应付政府补贴款、其他应付款等。长期负债是指要求在1年以后(不含1年)偿还的负债,包括长期应付款等。以下分别介绍各类负债的具体管理与核算。

二、行政单位应缴财政款的管理与核算

(一)应缴财政款的定义和管理

应缴财政款是指行政单位按照规定取得的应当上缴财政的款项,包括罚没收入、行政事业性收费、政府性基金、国有资产处置和出租收入等。

(1)罚没收入,是行政单位依法收缴的罚款(罚金)、没收款、赃款、没收物资、赃物的变价收入的合称。

(2)行政事业性收费,是行政单位根据国家法律法规行使其管理职能,向公民、法人和其他组织收取的各项收费收入,包括管理性、资源性收费和证照性收费,如工本费、注册费、登记费等。

(3)政府性基金,是指行政单位按照国家法律法规规定,向公民、法人、和其他组织征收的具有专项用途的财政资金,如广电部门征收的国家电影事业发展专项资金收入、铁路运输部门征收的铁路建设基金收入等。

(4)国有资产处置收入,是指行政单位国有资产产权的转移或核销所产生的收入,包括国有资产的出售收入、出让收入、置换差价收入、报废报损残值变价收入等。

(5)国有资产出租收入,是指行政在保证完成正常工作的前提下,经审批同意,出租、出借国有资产所得的收入。

应缴财政款是行政单位代行政府职能过程中收取的财政性资金,这些款项遵循"财政专户存储,收支两条线"的管理规定,取得时需要缴入国库或财政专户,形成财政专户管理资金。取得此类款项后,行政单位不得缓缴、截留、挪用或自行坐支,年终必须将当年的应缴国库或财政专户款项全部缴清。

应当注意的是,行政单位按照国家税法等有关规定应当缴纳的各种税费,通过"应缴税费"科目核算,不在本科目核算。

(二)应缴财政款的核算

为了核算行政单位取得的按规定应当上缴财政的款项,行政单位应当设置"应缴财政款"(负债类)总账科目。贷方登记取得的应缴财政的各项收入数;借方登记上缴数。本科目贷方余额,反映行政单位应当上缴财政但尚未缴纳的款项。年终本账户应无余额。本科目应当按照应缴财政款项的类别进行明细核算。年终清缴后,本科目一般应无余额。其主要账务处理如下:

(1)取得按照规定应当上缴财政的款项时,借记"银行存款"等科目,贷记本科目。

(2)处置资产取得应当上缴财政的处置净收入的账务处理,参见"待处理财产损溢"科目。

(3)上缴应缴财政的款项时,按照实际上缴的金额,借记本科目,贷记"银行存款"科目。

（三）核算举例

［例3-66］ 某行政单位根据有关规定征收政府性基金8 000元，该款项实行集中汇缴方式上缴国库。其会计分录如下。

借：银行存款　　　　　　　　　　　　　　　　　　　　　　　　8 000
　　贷：应缴财政款——政府性基金收入　　　　　　　　　　　　　　8 000

［例3-67］ 某行政单位将本月取得的政府性基金共计800 000元全数通过银行上缴国库。其会计分录如下。

借：应缴财政款——政府性基金收入　　　　　　　　　　　　　　800 000
　　贷：银行存款　　　　　　　　　　　　　　　　　　　　　　　　800 000

三、行政单位暂存及应付款项的管理与核算

行政单位的暂存及应付款项包括应缴税费、应付职工薪酬、应付账款、应付政府补贴款、其他应付款、长期应付款、受托代理负债。应缴税费是指行政单位按照国家税法等有关规定应当缴纳的各种税费。应付职工薪酬是指行政单位按照有关规定应当支付给职工的各种薪酬。应付账款是指行政单位因购买物资或服务等而承担的偿还期限不超过1年（含1年）的款项。应付政府补贴款是指负责发放政府补贴的行政单位，按照规定应当支付给政府补贴接受者的各种政府补贴款。其他应付款是指行政单位除应缴财政款、应缴税费、应付职工薪酬、应付账款、应付政府补贴款之外的其他各项应付及暂存款项。长期应付款是指行政单位应付的偿还期限超过1年（不含1年）的款项。

（一）应缴税费的管理与核算

1. 应缴税费的管理

应缴税费是指行政单位按照税法等规定应当缴纳的各种税费，包括营业税、城市维护建设税、教育费附加、房产税、车船税、城镇土地使用税等，也包括行政单位代扣代缴的个人所得税。应缴税费应当在产生缴纳税费义务时确认。

2. 应缴税费的核算

为了核算行政单位按照税法等规定应当缴纳的各种税费，行政单位应当设置"应缴税费"（负债类）总账科目。贷方登记计算出的应缴的各项税收、规费数；借方登记上缴数。本科目期末贷方余额，反映行政单位应缴未缴的税费数额。本科目应当按照应缴纳的税费种类进行明细核算。其主要账务处理如下：

（1）因资产处置等发生营业税、城市维护建设税、教育费附加等缴纳义务的，按照税法等规定计算的应缴税费金额，借记"待处理财产损溢"科目，贷记本科目；实际缴纳时，借记本科目，贷记"银行存款"等科目。

（2）因出租资产等发生营业税、城市维护建设税、教育费附加等缴纳义务的，按照税法等规定计算的应缴税费金额，借记"应缴财政款"等科目，贷记本科目；实际缴纳时，借记本科目，贷记"银行存款"等科目。

（3）代扣代缴个人所得税，按照税法等规定计算的应代扣代缴的个人所得税金额，

其中通过职工工资代扣个人所得税,则借记"应付职工薪酬"科目,如果从劳务费中代扣个人所得税,则借记"经费支出"科目,贷记本科目。实际缴纳时,借记本科目,贷记"财政拨款收入""零余额账户用款额度""银行存款"等科目。

3. 核算举例

[例3-68] 某行政单位2015年2月转让一项专利权,该专利权原账面价值300 000元,已累计摊销130 000元,取得转让收入200 000元,款项已存入银行、该转让专利应交税费11 000元。其会计分录如下。

转入待处理时:

借:待处理财产损溢——待处理财产价值　　　　　　　　170 000
　　累计摊销　　　　　　　　　　　　　　　　　　　　130 000
　　贷:无形资产　　　　　　　　　　　　　　　　　　300 000

实现出售时:

借:资产基金——无形资产　　　　　　　　　　　　　　300 000
　　贷:待处理财产损溢——待处理财产价值　　　　　　300 000

收到价款存入银行时:

借:银行存款　　　　　　　　　　　　　　　　　　　　200 000
　　贷:待处理财产损溢——处理净收入　　　　　　　　200 000

发生应交税费时:

借:待处理财产损溢——处理净收入　　　　　　　　　　 11 000
　　贷:应交税费　　　　　　　　　　　　　　　　　　 11 000

结转处置损溢时:

借:待处理财产损溢——处理净收入　　　　　　　　　　189 000
　　贷:应缴财政款　　　　　　　　　　　　　　　　　189 000

(二)应付职工薪酬的管理与核算

1. 应付职工薪酬的管理

应付职工薪酬是指行政单位按照有关规定应付给职工及为职工支付的各种薪酬,包括基本工资、奖金、国家统一规定的津贴补贴、社会保险费、住房公积金等。应付职工薪酬应当在规定支付职工薪酬的时间确认。

基本工资是指行政单位按国家统一规定发放给工作人员的职务工资、级别工资、岗位工资、技术等级工资等。

奖金是指行政单位发放给工作人员的年终一次性奖金。

国家统一规定的津贴补贴是指行政单位按照国家规定发放给工作人员的艰苦边远地区津贴、地区附加津贴、岗位津贴等。

社会保险费是指行政单位及其工作人员按规定向社会保险管理机构缴存的基本养老、基本医疗、失业、工伤、生育等社会保险费。

住房公积金是指行政单位及其工作人员按人力资源和社会保障部、财政部规定的基本工资和津贴补贴以及规定比例向住房公积金管理机构缴存的长期住房公积金。

2. 应付职工薪酬的核算

为了核算行政单位按照有关规定应付给职工及为职工支付的各种薪酬,行政单位应当设置"应付职工薪酬"(负债类)总账科目。贷方登记本月应发的各种职工薪酬,借方登记本月发放的各种职工薪酬,本科目期末贷方余额,反映行政单位应付未付的职工薪酬。本科目应当根据国家有关规定按照"工资(离退休费)""地方(部门)津贴补贴""其他个人收入"以及"社会保险费""住房公积金"等进行明细核算。其主要账务处理如下:

(1) 发生应付职工薪酬时,按照计算出的应付职工薪酬金额,借记"经费支出"科目,贷记本科目。

(2) 向职工支付工资、津贴补贴等薪酬时,按照实际支付的金额,借记本科目,贷记"财政拨款收入""零余额账户用款额度""银行存款"等科目。

从应付职工薪酬中代扣为职工垫付的水电费、房租等费用时,按照实际扣除的金额,借记本科目(工资),贷记"其他应收款"等科目。

从应付职工薪酬中代扣代缴个人所得税,按照代扣代缴的金额,借记本科目(工资),贷记"应缴税费"科目。

从应付职工薪酬中代扣代缴社会保险费和住房公积金,按照代扣代缴的金额,借记本科目(工资),贷记"其他应付款"科目。

(3) 缴纳单位为职工承担的社会保险费和住房公积金时,借记本科目(社会保险费、住房公积金),贷记"财政拨款收入""零余额账户用款额度""银行存款"等科目。

3. 核算举例

[例3-69] 某行政单位5月7日计算本月应付职工薪酬为825 000元,其中工资(离退休费)为500 000元,地方(部门)津贴补贴为300 000元,其他个人收入25 000元。

```
借:经费支出——基本支出——工资和福利支出——工资      825 000
    贷:应付职工薪酬——工资(离退休费)                500 000
                 ——地方(部门)津贴补贴               300 000
                 ——其他个人收入                      25 000
```

5月10日该单位通过财政部门零余额账户向职工实际支付职工实际支付薪酬715 000元。代扣由职工个人承担的社会保险费30 000元、住房公积金60 000元、个人所得税20 000元。

```
借:应付职工薪酬——工资(离退休费)                    500 000
             ——地方(部门)津贴补贴                   300 000
             ——其他个人收入                          25 000
    贷:财政拨款收入                                   825 000
借:应付职工薪酬——工资                                110 000
    贷:其他应付款——社会保险费                         30 000
              ——住房公积金                            60 000
       应缴税费——个人所得税                           20 000
```

5月31日,该行政单位通过零余额账户缴纳代扣的由职工个人承担的社会保险费30 000元、住房公积金60 000元、个人所得税20 000元。

借：其他应付款——社会保险费		30 000
——住房公积金		60 000
应交税费——个人所得税		20 000
贷：财政零余额账户用款额度		110 000

（三）应付账款的管理与核算

1. 应付账款的管理

应付账款是指行政单位因购买物资或服务、工程建设等而应付的偿还期限在1年以内（含1年）的款项。应付账款应当在收到所购物资或服务、完成工程时确认。

2. 应付账款的核算

为了行政单位因购买物资或服务、工程建设等而应付的偿还期限在1年以内（含1年）的款项，行政单位应当设置"应付账款"（负债类）总账科目。贷方登记应付未付的数额，借方登记偿付账款的数额，贷方余额反映应付而尚未支付的账款。本科目期末贷方余额，反映行政单位尚未支付的应付账款。本科目应当按照债权单位（或个人）进行明细核算。其主要账务处理如下：

（1）收到所购物资或服务、完成工程但尚未付款时，按照应付未付款项的金额，借记"待偿债净资产"科目，贷记本科目。

（2）偿付应付账款时，借记本科目，贷记"待偿债净资产"科目；同时，借记"经费支出"科目，贷记"财政拨款收入""零余额账户用款额度""银行存款"等科目。

（3）无法偿付或债权人豁免偿还的应付账款，应当按照规定报经批准后进行账务处理。经批准核销时，借记本科目，贷记"待偿债净资产"科目。核销的应付账款应在备查簿中保留登记。

3. 核算举例

[例3-70] 某行政单位6月3日收到向A公司采购的计算一批，取得的增值税专用发票上注明计算机价款500 000元，增值税进项税额85 000元，款项在两个月内支付。计算机直接交付使用。其会计分录如下。

借：待偿债净资产		585 000
贷：应付账款——A公司		585 000
借：固定资产		585 000
贷：资产基金——固定资产		585 000

8月1日，该行政单位通过零余额账户偿付计算机款项585 000元。其会计分录如下。

借：应付账款——A公司		585 000
贷：待偿债净资产		585 000
借：经费支出——基本支出——基本建设支出——设备购置费		585 000
贷：零余额账户用款额度		585 000

（四）应付政府补贴款的管理与核算

1. 应付政府补贴款的管理

应付政府补贴款是指发放政府补贴的行政单位，按照规定应当支付给政府补贴接受者的各种政府补贴款。应付政府补贴款应当在规定发放政府补贴的时间确认。

2. 应付政府补贴款的核算

为了核算负责发放政府补贴的行政单位,按照规定应当支付给政府补贴接受者的各种政府补贴款,行政单位应当设置"应付政府补贴款"(负债类)总账科目。贷方登记计算出的应付给政府补贴接受者的补贴数;借方登记支付数,期末贷方余额,反映行政单位应付未付的政府补贴金额。本科目应当按照应支付的政府补贴种类进行明细核算。行政单位还应当按照补贴接受者建立备查簿,进行相应明细核算。其主要账务处理如下:

(1) 发生应付政府补贴时,按照规定计算出的应付政府补贴金额,借记"经费支出"科目,贷记本科目。

(2) 支付应付的政府补贴款时,借记本科目,贷记"零余额账户用款额度""银行存款"等科目。

3. 核算举例

[例 3-71] 某行政单位 7 月 4 日,按照房改政策规定标准计算出职工提租补贴 100 000 元。其会计分录如下。

借:经费支出——基本支出——对个人和家庭补助——提租补贴　100 000
　　贷:应付政府补贴款——提租补贴　　　　　　　　　　　　　　　100 000

7月31日,该单位通过单位零余额账户向职工支付提租补贴 100 000 元。其会计分录如下。

借:应付政府补贴款——提租补贴　　　　　　　　　　　　　100 000
　　贷:零余额账户用款额度　　　　　　　　　　　　　　　　　　100 000

(五) 其他应付款的管理与核算

1. 其他应付款的管理

其他应付款是指行政单位除应缴财政款、应缴税费、应付职工薪酬、应付政府补贴款、应付账款以外的其他各项偿还期在 1 年以内(含 1 年)的应付及暂存款项,如收取的押金、保证金、未纳入行政单位预算管理的转拨资金、代扣代缴职工社会保险费和住房公积金等。

2. 其他应付款的核算

为核算行政单位除应缴财政款、应缴税费、应付职工薪酬、应付政府补贴款、应付账款以外的其他各项偿还期在 1 年以内(含 1 年)的应付及暂存款项,行政单位应当设置"其他应付款"(负债类)总账科目。贷方登记发生的各种应付、暂收款项,借方登记应付暂收款的支付数,期末贷方余额反映行政单位尚未支付的其他应付款。本科目应当按照其他应付款的类别以及债权单位(或个人)进行明细核算。其主要账务处理如下:

(1) 发生其他各项应付及暂存款项时,借记"银行存款"等科目,贷记本科目。

(2) 支付其他各项应付及暂存款项时,借记本科目,贷记"银行存款"等科目。

(3) 因故无法偿付或债权人豁免偿还的其他应付款项,应当按规定报经批准后进行账务处理。经批准核销时,借记本科目,贷记"其他收入"科目。

核销的其他应付款应在备查簿中保留登记。

3. 核算举例

[例3-72] 某行政单位出租办公室用房20间,月租金20万元,每月收租金,房子已出租1个月,但仍未收到租金。营业税税率为5%。其会计分录如下。

月末,尚未收到租金:

借:应收账款　　　　　　　　　　　　　　　　　　　200 000
　　贷:其他应付款　　　　　　　　　　　　　　　　　　200 000

收到租金20万元,应缴营业税10 000元:

借:银行存款　　　　　　　　　　　　　　　　　　　200 000
　　贷:应收账款　　　　　　　　　　　　　　　　　　　200 000
借:其他应付款　　　　　　　　　　　　　　　　　　200 000
　　贷:应缴税费　　　　　　　　　　　　　　　　　　　 10 000
　　　　应缴财政款　　　　　　　　　　　　　　　　　190 000

[例3-73] 某行政单位从应付职工薪酬中代扣代缴职工社会保险费170 000元,住房公积金335 000元。其会计分录如下。

借:应付职工薪酬(工资)　　　　　　　　　　　　　505 000
　　贷:其他应付款　　　　　　　　　　　　　　　　　　505 000

[例3-74] 某行政单位将长期无人认领的其他应付款项35 000元,按规定报经批准后核销。其会计分录如下。

借:其他应付款　　　　　　　　　　　　　　　　　　 35 000
　　贷:其他收入　　　　　　　　　　　　　　　　　　　 35 000

(六)长期应付款的管理与核算

1. 长期应付款的管理

长期应付款是指行政单位发生的偿还期限超过1年(不含1年)的应付款项,如跨年度分期付款购入固定资产的价款等。长期应付款应当按照以下条件确认:

(1)因购买物资、服务等发生的长期应付款,应当在收到所购物资或服务时确认;

(2)因其他原因发生的长期应付款,应当在承担付款义务时确认。

2. 长期应付款的核算

为了核算核算行政单位发生的偿还期限超过1年(不含1年)的应付款项,行政单位应当设置"长期应付款"(负债类)总账科目。贷方登记借入的长期应付款,借方登记偿付的长期应付款数额,期末贷方余额,反映行政单位尚未支付的长期应付款。本科目应当按照长期应付款的类别以及债权单位(或个人)进行明细核算。其主要账务处理如下:

(1)发生长期应付款时,按照应付未付的金额,借记"待偿债净资产"科目,贷记本科目。

(2)偿付长期应付款时,借记"经费支出"科目,贷记"财政拨款收入""零余额账户用款额度""银行存款"等科目;同时,借记本科目,贷记"待偿债净资产"科目。

(3)无法偿付或债权人豁免偿还的长期应付款,应当按照规定报经批准后进行账务处理。经批准核销时,借记本科目,贷记"待偿债净资产"科目。核销的长期应付款应在备查簿中保留登记。

3. 核算举例

[例3-75] 某行政单位2013年7月5日购入专用设备一批,价值5 000 000元,分两年分期付款,每年7月31日通过财政部门零余额账户支付50%。专用设备收到并直接投入使用。其会计分录如下。

收到专业设备时:

借:待偿债净资产	5 000 000
贷:长期应付款——专用设备价款	5 000 000
借:固定资产——专用设备	5 000 000
贷:资产基金——固定资产	5 000 000

每年7月31日偿付长期应付款时:

借:经费支出——基本支出——基本建设支出——设备购置费	2 500 000
贷:零余额账户用款额度	2 500 000
借:长期应付款	2 500 000
贷:待偿债净资产	2 500 000

(七)受托代理负债的管理与核算

1. 受托代理负债的管理

受托代理负债是指行政单位接受委托,取得受托管理资产时形成的负债。受托代理负债应当在行政单位收到受托代理资产并产生受托代理义务时确认。

2. 受托代理负债的核算

为了核算行政单位接受委托,取得受托管理资产时形成的负债,行政单位应当设置"受托代理负债"(负债类)总账科目。贷方登记发生的受托管理资产形成的负债数额,借方登记的是归还资产二而清偿的负债数额,期末贷方余额,反映行政单位尚未清偿的受托代理负债。本科目应当按照委托人等进行明细核算;属于指定转赠物资和资金的,还应当按照指定受赠人进行明细核算。

受托代理负债的账务处理参见"受托代理资产""库存现金""银行存款"等科目。

第三节　行政单位净资产的管理与核算

一、行政单位净资产概述

行政单位净资产是指行政单位的资产减去负债或收入减去支出的差额。行政单位净资产反映国家和单位对资产的所有权,包括财政拨款结转、财政拨款结余、其他资金结余、资产基金、待偿债净资产等。

财政拨款结转是指行政单位当年预算已执行但尚未完成,或因故未执行,下一年度需要按照原用途继续使用的财政拨款滚存资金。财政拨款结余是指行政单位当年预算工作目标已完成,或因故终止,剩余的财政拨款滚存资金。其他资金结余是指行政单位除财政拨款收支以外的各项收支相抵后剩余的滚存资金。资产基金是指行政单位的预付账款、应收账款、存货、在建工程、固定资产、无形资产等资产在净资产中对应的占用金额,代表不能作为支出资金来源的净资产。待偿债净资产是指行政单位的应缴税费、应付职工薪酬、应付账款、应付政府补贴款、长期应付款等负债在净资产中对应的抵减金额,代表着抵减结转结余资金的净资产。

严格地说,行政单位的净资产并不是一个独立的会计要素,而是资产要素与负债要素的差额,是由资产要素和负债要素派生出来的一个要素。

二、行政单位资产基金和待偿债净资产的管理与核算

(一) 资产基金的管理与核算

1. 资产基金的核算

新《行政单位会计制度》中未设置"固定基金"科目,但设置了"资产基金"(净资产类)总账科目。并且,为了核算行政单位的预付账款、存货、固定资产、在建工程、无形资产、政府储备物资、公共基础设施等非货币性资产在净资产中占用的金额,在"资产基金"总账科目下应当设置"预付款项""存货""固定资产""在建工程""无形资产""政府储备物资""公共基础设施"等明细科目,进行明细核算。在新旧转账衔接时,应当参照原账中"固定资产"科目的转账规定,相应地将原账中"固定基金"科目的余额,分别转入新账中"资产基金——存货""资产基金——固定资产""资产基金——无形资产"和"资产基金——公共基础设施"科目。本科目期末贷方余额,反映行政单位非货币性资产在净资产中占用的金额。

2. 资产基金的主要账务处理

(1) 资产基金应当在发生预付账款,取得存货、固定资产、在建工程、无形资产、政府储备物资、公共基础设施时确认。发生预付账款时,按照实际发生的金额,借记"预付账款"科目,贷记本科目(预付款项);同时,按照实际支付的金额,借记"经费支出"科目,贷记"财政拨款收入""零余额账户用款额度""银行存款"等科目。取得存货、固定资产、在建工程、无形资产、政府储备物资、公共基础设施等资产时,按照取得资产的成本,借记"存货""固定资产""在建工程""无形资产""政府储备物资""公共基础设施"等科目,贷记本科目(存货、固定资产、在建工程、无形资产、政府储备物资、公共基础设施);同时,按照实际发生的支出,借记"经费支出"科目,贷记"财政拨款收入""零余额账户用款额度""银行存款"等科目。

(2) 收到预付账款购买的物资或服务时,应当相应冲减资产基金。按照相应的预付账款金额,借记本科目(预付款项),贷记"预付账款"科目。

(3) 领用和发出存货、政府储备物资时,应当相应冲减资产基金。领用和发出存货、政府储备物资时,按照领用和发出存货、政府储备物资的成本,借记本科目(存货、政府储备物资),贷记"存货""政府储备物资"科目。

(4) 计提固定资产折旧、公共基础设施折旧、无形资产摊销时,应当冲减资产基金。计提固定资产折旧、公共基础设施折旧、无形资产摊销时,按照计提的折旧、摊销金额,借记本科目(固定资产、公共基础设施、无形资产),贷记"累计折旧""累计摊销"科目。

(5) 无偿调出、对外捐赠存货、固定资产、无形资产、政府储备物资、公共基础设施时,应当冲减该资产对应的资产基金。无偿调出、对外捐赠存货、政府储备物资时,按照存货、政府储备物资的账面余额,借记本科目及其明细,贷记"存货""政府储备物资"等科目。无偿调出、对外捐赠固定资产、公共基础设施、无形资产时,按照相关固定资产、公共基础设施、无形资产的账面价值,借记本科目及其明细,按照已计提折旧、已计提摊销的金额,借记"累计折旧""累计摊销"科目,按照固定资产、公共基础设施、无形资产的账面余额,贷记"固定资产""公共基础设施""无形资产"科目。

(6) 通过"待处理财产损溢"科目核算的资产处置,有关本科目的账务处理参见"待处理财产损溢"科目。

3. 核算举例

[例 3-76] 某行政单位按照购货合同规定预付给供应单位货款 5 000 元,款项通过单位零余额账户支付。其会计分录如下。

借:预付账款 5 000
　贷:资产基金——预付账款 5 000
借:经费支出——基本支出——商品和服务支出——业务费 5 000
　贷:零余额账户用款额度 5 000

8月16日,该单位收到这批存货,价款 5 000 元,增值税款 850 元。运杂费 200 元,通过零余额账户补付款项 1 050 元,该批存货已经验收入库。其会计分录如下。

借:资产基金——预付账款 5 000
　贷:预付账款 5 000
借:经费支出——基本支出——商品和服务支出——业务费 1 050
　贷:零余额账户用款额度 1 050
借:存货 6 050
　贷:资产基金——存货 6 050

[例 3-77] 某行政单位专用设备一台原价 40 000 元,已提折旧 18 000 元,因不用,决定出售。出售价款 10 000 元存入银行。在清理过程中,以银行存款支付清理费用 500 元。因出售该项固定资产发生的按照税法等规定计算的应缴税费金额为 500 元。其会计分录如下。

转入待处理财产损溢时:

借:待处理财产损溢——待处理资产价值 22 000
　　累计折旧 18 000
　贷:固定资产 40 000

实际出售时:

借:资产基金——固定资产 22 000
　贷:待处理财产损溢——待处理资产价值 22 000

收到价款时：
借：银行存款 10 000
　　贷：待处理财产损溢——处理净收入 10 000
发生清理费用时：
借：待处理财产损溢——处理净收入 500
　　贷：银行存款 500
按照税费等规定计算的应缴税费金额时：
借：待处理财产损溢——处理净收入 500
　　贷：应缴税费 500
处置完毕时：
借：待处理财产损溢——处理净收入 9 000
　　贷：应缴财政款 9 000

（二）待偿债净资产的管理与核算

1. 待偿债净资产的核算

待偿债金资产是指行政单位因发生应付账款和长期应付款而相应需在净资产中冲减的金额。为了核算的是行政单位因发生应付账款和长期应付款而相应需在净资产中冲减的金额，行政单位应当设置"待偿债净资产"（净资产类）总账科目。本科目期末借方余额，反映行政单位因尚未支付的应付账款和长期应付款而需相应冲减净资产的金额。

2. 待偿债净资产的主要账务处理

（1）发生应付账款、长期应付款时，按照实际发生的金额，借记本科目，贷记"应付账款""长期应付款"等科目。

（2）偿付应付账款、长期应付款时，按照实际偿付的金额，借记"应付账款""长期应付款"等科目，贷记本科目；同时，按照实际支付的金额，借记"经费支出"科目，贷记"财政拨款收入""零余额账户用款额度""银行存款"等科目。

（3）因债权人原因，核销确定无法支付的应付账款、长期应付款时，按照报经批准核销的金额，借记"应付账款""长期应付款"科目，贷记本科目。

3. 核算举例

[例3-78] 某行政单位9月6日，购买办公室设备一台，买价及相关税费为20 000元，设备已交付使用，款项尚未支付。其会计分录如下。

借：固定资产——通用设备 20 000
　　贷：资产基金——固定资产 20 000
借：待偿债净资产 20 000
　　贷：应付账款 20 000

9月20日，通过单位零余额账户偿付应付账款20 000元。其会计分录为

借：应付账款 20 000
　　贷：待偿债净资产 20 000
借：经费支出——基本支出——基本建设支出——设备购置费 20 000
　　贷：零余额账户用款额度 20 000

三、行政单位结转和结余的管理与核算

结转和结余,是行政单位年度各项收入与各项支出相抵之后的余额。其中:结转资金是指当年预算已执行但未完成,或者因故未执行,下一年度需要按照原用途继续使用的资金;结余资金是指当年预算工作目标已完成,或者因故终止,当年剩余的资金。结转资金在规定使用年限未使用或者未使用完的,视为结余资金。

(一)财政拨款结转的管理与核算

1. 财政拨款结转的管理

财政拨款结转是指行政单位滚存的财政拨款结转资金,包括基本支出结转、项目支出结转。虽然这次会计制度改革重新界定了结转和结余的概念,但同时考虑到中央和地方关于结转和结余资金管理可能存在的差异,因此对结转和结余资金的管理仅作原则性规定。财政拨款结转和结余的具体管理,还要按照同级财政部门的规定执行。

2. 财政拨款结转的核算

为了核算行政单位滚存的财政拨款结转资金,行政单位应当设置"财政拨款结转"(净资产类)总账科目。在总账科目下还需要设置"基本支出结转""项目支出结转"两个明细科目;在"基本支出结转"明细科目下按照"人员经费"和"日常公用经费"进行明细核算,在"项目支出结转"明细科目下按照具体项目进行明细核算;本科目还应当按照《政府收支分类科目》中"支出功能分类科目"的项级科目进行明细核算。有公共财政预算拨款、政府性基金预算拨款等两种或两种以上财政拨款的行政单位,还应当按照财政拨款种类分别进行明细核算。本科目还可以根据管理需要按照财政拨款结转变动原因,设置"收支转账""结余转账""年初余额调整""归集上缴""归集调入""单位内部调剂""剩余结转"等明细科目,进行明细核算。本科目期末贷方余额,反映行政单位滚存的财政拨款结转资金数额。其主要账务的七种情况处理如下。

(1)调整以前年度财政拨款结转。因发生差错更正,以前年度支出收回等原因,需要调整财政拨款结转的,按照实际调增财政拨款结转的金额,借记有关科目,贷记本科目(年初余额调整);按照实际调减财政拨款结转的金额,借记本科目(年初余额调整),贷记有关科目。

(2)从其他单位调入财政拨款结余资金。按照规定从其他单位调入财政拨款结余资金时,按照实际调增的额度数额或调入的资金数额,借记"零余额账户用款额度""银行存款"等科目,贷记本科目(归集调入)及其明细。

(3)上缴财政拨款结转。按照规定上缴财政拨款结转资金时,按照实际核销的额度数额或上缴的资金数额,借记本科目(归集上缴)及其明细,贷记"财政应返还额度""零余额账户用款额度""银行存款"等科目。

(4)单位内部调剂结余资金。经财政部门批准对财政拨款结余资金改变用途,调整用于其他未完成项目等,按照调整的金额,借记"财政拨款结余"科目(单位内部调剂)及其明细,贷记本科目(单位内部调剂)及其明细。

(5)结转本年财政拨款收入和支出。

① 年末,将财政拨款收入本年发生额转入本科目,借记"财政拨款收入——基本支出拨款、项目支出拨款"科目及其明细,贷记本科目(收支转账——基本支出结转、项目支出结转)及其明细。

② 年末,将财政拨款支出本年发生额转入本科目,借记本科目(收支转账——基本支出结转、项目支出结转)及其明细,贷记"经费支出——财政拨款支出——基本支出、项目支出"科目及其明细。

(6) 将完成项目的结转资金转入财政拨款结余。年末完成上述财政拨款收支转账后,对各项目执行情况进行分析,按照有关规定将符合财政拨款结余性质的项目余额转入财政拨款结余,借记本科目(结余转账——项目支出结转)及其明细,贷记"财政拨款结余"(结余转账——项目支出结余)科目及其明细。

(7) 年末冲销有关明细科目余额。

年末收支转账后,将本科目所属"收支转账""结余转账""年初余额调整""归集上缴""归集调入""单位内部调剂"等明细科目余额转入"剩余结转"明细科目;转账后,本科目除"剩余结转"明细科目外,其他明细科目应无余额。

3. 核算举例

[例 3-79] 某市检察院年终结账。"财政拨款收入"和"经费支出"总账和明细账的余额如下表所示。该单位没有政府性基金预算拨款收入,因而也没有相应的政府性基金预算拨款支出,没有政府性基金预算拨款结转。

"财政拨款收入"总账和明细账户的贷方余额　　　　　　　　　　单位:元

总账账户	明　细　账　户	贷方余额
财政拨款收入		857 000
	基本支出拨款——人员经费	120 400
	基本支出拨款——日常公用经费	388 000
	基本支出拨款——查办和预防职务犯罪	231 200
	基本支出拨款——公诉和审判监督	85 600
	基本支出拨款——项目支出——控告申诉	31 800

"经费支出"总账和明细账户的借方余额　　　　　　　　　　单位:元

总账账户	明　细　账　户	借方余额
经费支出		850 000
	财政拨款支出——基本支出——人员经费	120 400
	财政拨款支出——基本支出——日常办公经费	386 000
	财政拨款支出——项目支出——查办和预防职务犯罪	230 200
	财政拨款支出——项目支出——公诉和审判监督	81 600
	财政拨款支出——项目支出——控告申诉	31 800

(1) 年末，将财政拨款收入本年发生额转入财政补助结转时：

借：财政拨款收入——基本支出拨款——人员经费　　　　　　120 400
　　　　　　　　——基本支出拨款——日常公用经费　　　　388 000
　　　　　　　　——基本支出拨款——查办和预防职务犯罪　231 200
　　　　　　　　——基本支出拨款——公诉和审判监督　　　 85 600
　　　　　　　　——基本支出拨款——控告申诉　　　　　　 31 800
　　贷：财政拨款结转——收支结转——基本支出结转——人员经费　120 400
　　　　　　　　　　——收支结转——基本支出结转——日常公用经费
　　　　　　　　　　　　　　　　　　　　　　　　　　　　388 000
　　　　　　　　　　——收支结转——基本支出结转——查办和预防职务犯罪
　　　　　　　　　　　　　　　　　　　　　　　　　　　　231 200
　　　　　　　　　　——收支结转——基本支出结转——公诉和审判监督
　　　　　　　　　　　　　　　　　　　　　　　　　　　　 85 600
　　　　　　　　　　——收支结转——基本支出结转——控告申诉　 31 800

(2) 年末，将财政拨款支出本年发生额转入财政补助结转时：

借：财政拨款结转——收支结转——基本支出结转——人员经费　120 400
　　　　　　　　——收支结转——基本支出结转——日常公用经费
　　　　　　　　　　　　　　　　　　　　　　　　　　　　386 000
　　　　　　　　——收支结转——基本支出结转——查办和预防职务犯罪
　　　　　　　　　　　　　　　　　　　　　　　　　　　　230 200
　　　　　　　　——收支结转——基本支出结转——公诉和审判监督
　　　　　　　　　　　　　　　　　　　　　　　　　　　　 81 600
　　　　　　　　——收支结转——基本支出结转——控告申诉　 31 800
　　贷：经费支出——财政拨款支出——基本支出——人员经费　　120 400
　　　　　　　　——财政拨款支出——基本支出——日常办公经费　386 000
　　　　　　　　——财政拨款支出——基本支出——查办和预防职务犯罪
　　　　　　　　　　　　　　　　　　　　　　　　　　　　230 200
　　　　　　　　——财政拨款支出——项目支出——公诉和审判监督　81 600
　　　　　　　　——财政拨款支出——项目支出——控告申诉　　31 800

(3) 经查，该检察院"查办和预防职务犯罪"和"控告申诉"项目当年的专项业务活动都已经完成，当年的结转资金转入当年结余。"公诉和审判监督"项目当年的专项业务活动尚未完成，形成的收支财政拨款结转应当继续用于延续至明年的公诉和审判监督项目支出预算。将完成项目的结转资金转入财政拨款结余账户中，会计分录如下。

借：财政拨款结转——结余转账——项目支出结转——查办和预防职务犯罪
　　　　　　　　　　　　　　　　　　　　　　　　　　　　 1 000
　　贷：财政拨款结余——结余转账——项目支出结余——查办和预防职务犯罪
　　　　　　　　　　　　　　　　　　　　　　　　　　　　 1 000

（4）根据财政部门要求，将基本支出中的日常办公用经费的当年结转资金2 000元上缴财政。按照规定上缴财政拨款结转资金时，按照实际核销的财政授权额度数额，其会计分录如下。

借：财政拨款结转——归集上缴——基本支出结转——日常公用经费
                   2 000
 贷：零余额账户用款额度   2 000

将本账户所属"收支结转"明细账户余额转入"剩余结转"明细账户。其会计处理为

借：财政拨款结转——收支结转——项目支出结转——公诉和审判监督
                   4 000
 贷：财政拨款结转——剩余结转——项目支出结转——公诉和审判监督
                   4 000

（5）将本账户所属"结余转账"明细账户余额转入"剩余结转"明细账户，其会计处理为

借：财政拨款结转——结余转账——项目支出结转——查办和预防职务犯罪
                   1 000
 贷：财政拨款结转——剩余结转——项目支出结余——查办和预防职务犯罪
                   1 000

（6）将本账户所属"归集上缴"明细账户余额转入"剩余结转"明细账户，其会计处理为

借：财政拨款结转——归集上缴——基本支出结转——日常公用经费
                   2 000
 贷：财政拨款结转——剩余结转——基本支出结转——日常公用经费
                   2 000

转账后，本账户除"剩余结转"明细账户的贷方余额为4 000元，其他明细账户均无余额。

（二）财政拨款结余的管理与核算

1．财政拨款结余的核算

财政拨款结余是指行政单位滚存的财政拨款项目支出结余资金。为了核算行政单位滚存的财政拨款项目支出结余资金，行政单位应当设置"财政拨款结余"（净资产类）总账科目。在总账科目下还应当按照具体项目、《政府收支分类科目》中"支出功能分类科目"的项级科目等进行明细核算。有公共财政预算拨款、政府性基金预算拨款等两种或两种以上财政拨款的行政单位，还应当按照财政拨款的种类分别进行明细核算。本科目还可以根据管理需要按照财政拨款结余变动原因，设置"结余转账""年初余额调整""归集上缴""单位内部调剂""剩余结转"等明细科目，进行明细核算。本科目期末贷方余额，反映行政单位滚存的财政拨款结余资金数额。

2．财政拨款结余的主要账务处理

（1）调整以前年度财政拨款结余。因发生差错更正、以前年度支出收回等原因，需

要调整财政拨款结余的,按照实际调增财政拨款结余的金额,借记有关科目,贷记本科目(年初余额调整);按照实际调减财政拨款结余的金额,借记本科目(年初余额调整),贷记有关科目。

(2) 上缴财政拨款结余。按照规定上缴财政拨款结余时,按照实际核销的额度数额或上缴的资金数额,借记本科目(归集上缴)及其明细,贷记"财政应返还额度""零余额账户用款额度""银行存款"等科目。

(3) 单位内部调剂结余资金。经财政部门批准将本单位完成项目结余资金调整用于基本支出或其他未完成项目支出时,按照批准调剂的金额,借记本科目(单位内部调剂)及其明细,贷记"财政拨款结转"(单位内部调剂)科目及其明细。

(4) 将完成项目的结转资金转入财政拨款结余。年末,对财政拨款各项目执行情况进行分析,按照有关规定将符合财政拨款结余性质的项目余额转入本科目,借记"财政拨款结转"(结余转账——项目支出结转)科目及其明细,贷记本科目(结余转账——项目支出结余)及其明细。

(5) 年末冲销有关明细科目余额。年末,将本科目所属"结余转账""年初余额调整""归集上缴""单位内部调剂"等明细科目余额转入"剩余结余"明细科目;转账后,本科目除"剩余结余"明细科目外,其他明细科目应无余额。

3. 核算举例

[例 3-80] 上例中,按照规定上缴财政拨款结余时,实际核销的财政应返还额度数额为 1 000 元。其会计分录如下。

借:财政拨款结转——归集上缴——项目支出结余——查办和预防职务犯罪
                     1 000
 贷:财政应返还额度   1 000

接上例,年末,将本账户所属"结余转账"明细账户余额转入"剩余结余"账户中。其会计分录如下。

借:财政拨款结余——结余转账——项目支出结余——查办和预防职务犯罪
                     1 000
 贷:财政拨款结余——剩余结余——项目支出结余——查办和预防职务犯罪
                     1 000

年末将本账户所属"归集上缴"明细账户余额转入"剩余结余"明细账户。其会计分录如下。

借:财政拨款结余——归集上缴——项目支出结余——查办和预防职务犯罪
                     1 000
 贷:财政拨款结余——剩余结余——项目支出结余——查办和预防职务犯罪
                     1 000

(三) 其他资金结转结余的管理与核算

1. 其他资金结转结余的核算

其他资金结转结余是指行政单位除财政拨款收支以外的其他各项收支相抵后剩余的滚存资金。为了核算行政单位除财政拨款收支以外的其他各项收支相抵后剩余的滚存资金,行政单位应当设置"其他资金结转结余"(净资产类)总账科目。在总账科目下还要设置"项目结转"和"非项目结余"明细科目,分别对项目资金和非项目资金进行明细核算。对于项目结转,还应当按照具体项目进行明细核算。本科目还可以根据管理需要按照其他资金结转结余变动原因,设置"收支转账""年初余额调整""结余调剂""剩余结转结余"等明细科目,进行明细核算。本科目期末贷方余额,反映行政单位滚存的各项非财政拨款资金结转结余数额。

2. 其他资金结转结余的主要账务处理

(1) 调整以前年度其他资金结转结余。因发生差错更正、以前年度支出收回等原因,需要调整其他资金结转结余的,按照实际调增的金额,借记有关科目,贷记本科目(年初余额调整)及其相关明细。按照实际调减的金额,借记本科目(年初余额调整)及其相关明细,贷记有关科目。

(2) 结转本年其他资金收入和支出。

① 年末,将其他收入中的项目资金收入本年发生额转入本科目,借记"其他收入"科目及其明细,贷记本科目(项目结转——收支转账)及其明细;将其他收入中的非项目资金收入本年发生额转入本科目,借记"其他收入"科目及其明细,贷记本科目(非项目结余——收支转账)。

② 年末,将其他资金支出中的项目支出本年发生额转入本科目,借记本科目(项目结转——收支转账)及其明细,贷记"经费支出——其他资金支出"科目(项目支出)及其明细、"拨出经费"科目(项目支出)及其明细;将其他资金支出中的基本支出本年发生额转入本科目,借记本科目(非项目结余——收支转账),贷记"经费支出——其他资金支出"科目(基本支出)、"拨出经费"科目(基本支出)。

(3) 缴回或转出项目结余。完成上述(2)转账后,对本年末各项目执行情况进行分析,区分年末已完成项目和尚未完成项目,在此基础上,对完成项目的剩余资金根据不同情况进行账务处理:

① 需要缴回原项目资金出资单位的,按照缴回的金额,借记本科目(项目结转——结余调剂)及其明细,贷记"银行存款""其他应付款"等科目。

② 将项目剩余资金留归本单位用于其他非项目用途的,按照剩余的项目资金金额,借记本科目(项目结转——结余调剂)及其明细,贷记本科目(非项目结余——结余调剂)。

(4) 用非项目资金结余补充项目资金。按照实际补充项目资金的金额,借记本科目(非项目结余——结余调剂),贷记本科目(项目结转——结余调剂)及其明细。

(5) 年末冲销有关明细科目余额。年末收支转账后,将本科目所属"收支转账""年初余额调整""结余调剂"等明细科目余额转入"剩余结转结余"明细科目;转账后,本科目除"剩余结转结余"明细科目外,其他明细科目应无余额。

3. 核算举例

[例3-81] 某行政单位年终结账。"其他收入——银行存款利息收入——非项目资金"为25 000元,"其他收入——库存现金溢余——非项目资金"为300元,"其他收入——省级财政——项目资金——大案要案查处"为250 000元,"经费支出——其

他资金支出——基本支出——日常公用经费——办公费"为24 000元。"经费支出——其他资金支出——项目支出——大案要案查处"为200 000元,"拨出经费——项目支出——大案要案查处"为40 000元。结转本年其他资金收入和支出。会计分录如下。

  借：其他收入——银行存款利息收入——非项目资金　　　　25 000
    ——库存现金溢余——非项目资金　　　　　　　　　　300
    ——省级财政——项目资金——大案要案查处　　　250 000
  贷：其他资金结转结余——非项目结余——收支转账　　　25 300
    ——项目结转——收支转账——大案要案查处
                 250 000
  借：其他资金结转结余——非项目结余——收支转账　　　24 000
    ——项目结转——收支转账——大案要案查处
                 240 000
  贷：经费支出——基本支出（其他资金支出）——日常公用经费——办公费
                 24 000
    ——项目支出（其他资金支出）——大案要案查处　200 000
    拨出经费——项目支出——大案要案查处　　　　　　40 000

经审查,该行政单位大案要案查处项目已经完成,剩余资金10 000元需要缴回上级财政时,其会计分录如下。

  借：其他资金结转结余——项目结转——结余调剂——大案要案查处
                 10 000
  贷：银行存款　　　　　　　　　　　　　　　　　　　　10 000

年末将本账户所属"收支转账"明细账户余额转入"剩余结余结转"明细账户。其会计分录如下。

  借：其他资金结转结余——非项目结余——收支转账　　　　300
    ——项目结转——收支转账——大案要案查处
                 10 000
  贷：其他资金结转结余——剩余结转结余　　　　　　　10 300

年末将本账户所属"结余调剂"明细账户余额转入"剩余结余结转"明细账户。其会计分录如下。

  借：其他资金结转结余——剩余结转结余　　　　　　　10 000
  贷：其他资金结转结余——项目结转——结余调剂——大案要案查处
                 10 000

本 章 小 结

  行政单位资产是指行政单位占有或者使用的,能以货币计量的经济资源,包括流动资产、固定资产、在建工程、无形资产等。其中,流动资产是指可以在一年内变现或者耗用的资产,包括库存现金、银行存款、零余额账户用款额度、财政应返还额度、应收及预付款项、存货等。固定资产是指使用期限超过1年(不含1年)，单位价值在规定标准以上，并且在使用过程中基本保持原有物质形态的资产。在建工程是指已经发生必要支出，但尚未达到交付使用状态的建设工程。无形资产是指不具有实物形态而能为使用者提供某种权利的资产，包括著作权、土地使用权等。

负债是指行政单位所承担的能以货币计量，需要以资产等偿还的债务。行政单位的负债包括应缴财政款、应缴税费、应付职工薪酬、应付账款、应付政府补贴款、其他应付款、长期应付款等。行政单位的负债按照偿还时间的要求，分为短期负债和长期负债。短期负债是指要求在1年以内(含1年)偿还的负债，包括应缴财政款、应缴税费、应付职工薪酬、应付账款、应付政府补贴款、其他应付款等。长期负债是指要求在1年以后(不含1年)偿还的负债，包括长期应付款。

净资产是指行政单位资产扣除负债后的余额。行政单位的净资产包括财政拨款结转、财政拨款结余、其他资金结转结余、资产基金、待偿债净资产等。财政拨款结转是指行政单位当年预算已执行但尚未完成，或因故未执行，下一年度需要按照原用途继续使用的财政拨款滚存资金。财政拨款结余是指行政单位当年预算工作目标已完成，或因故终止，剩余的财政拨款滚存资金。其他资金结转结余是指行政单位除财政拨款收支以外的各项收支以外的各项收支相抵后剩余的资金。资产基金是指行政单位的非货币性资产在净资产中占用的金额。待偿债净资产是指行政单位因发生应付账款和长期应付款而相应需要在净资产中冲减的金额。

关 键 术 语

库存现金、银行存款、零余额账户用款额度、财政应返还额度、存货、固定资产、在建工程、无形资产、应缴财政款、应缴税费、应付职工薪酬、应付账款、应付政府补贴款、其他应付款、长期应付款、财政拨款结转、财政拨款结余、其他资金结转结余、净资产基金、待偿债净资产

复 习 思 考 题

1. 什么是行政单位的资产、负债、净资产？它们各自包括哪些内容？
2. 什么是行政单位的流动负债和流动负债？各自包括哪些内容？
3. 行政单位的资产和负债如何确认和计量？
4. 什么是零余额账户用款额度和财政应返还额度？零余额账户用款额度有何功能？
5. 行政单位存货和政府储备物资发出的计价方式有哪些？
6. 行政单位的接受捐赠、无偿调入、盘盈的存货如何计价？
7. 什么是行政单位固定资产？包括哪几类？如何确认？
8. 行政单位无形资产指的是什么？计提摊销的范围和方法是什么？
9. 什么是行政单位的政府储备物资和公共基础建设？
10. 什么是行政单位的受托代理资产和受托代理负债？

公共部门财务会计

11. 什么是行政单位应缴财政款和应交税费？
12. 行政单位的应付账款、长期应付款、其他应付款有什么区别？
13. 行政单位的结转结余分为哪几类？
14. 什么是行政单位的资产基金、待偿债净资产？与其对应的项目有哪些？
15. 某市行政单位2014年发生以下部分经济业务：

（1）经上级主管部门批准，采用直接支付方式集中采购购入电脑30台，每台购买价8 000元，已验收交付使用，货款已付。

（2）经上级主管部门批准将一辆小轿车作价出售，小轿车原账面价值为350 000元，售价280 000元，价款通过零余额账户收讫。

（3）某月末，将收到的行政性收费5 000元缴入国库。

（4）某月应拨交工会经费2 500元。工会未在银行开户，工会经费由行政代管。

（5）所属部门暂借备用金4 000元，财务部门以银行存款支付。

（6）通过政府集中采购购入材料2 000公斤，含税单价10元，共计价款20 000元，材料已验收入库，货款以银行转账支票支付。

（7）所属部门从仓库领用办公用材料300元。

请为以上经济业务编制会计分录。

16. 某行政单位某月发生甲材料进出库情况如下：

4月1日	期初结存	840千克	单价10元
8	购进	400千克	单价11元
12	发出	400千克	
19	购进	1 000千克	单价12元
25	发出	600千克	
30	发出	400千克	

要求：根据以上资料，采用先进先出法和加权平均法分别计算发出甲材料和期末结存甲材料的实际成本。

阅读材料

行政事业单位资产管理改革研究

行政事业单位资产是我国各部门正常履行职能的基本物质保障，离开行政事业单位资产，各项工作就无法开展，因此加强行政事业单位资产管理改革研究具有重要的现实意义。

一、行政事业单位国有资产管理中存在的问题

1. 资产严重流失

（1）资产购置环节流失。在资产购置的过程中，因为缺乏科学的决策机制加上

部分单位决策失误和经验不足等原因,直接导致单位资产严重流失。

(2)资产使用环节流失。在资产使用过程中,一些单位没能妥善管理,经常出现资产损坏和丢失现象,部分行政事业单位对此没有制定严格的追责和索赔制度,往往通过不合法的方式私自处理。

(3)资产处置环节流失。由于在资产处置过程中存在大量不规范因素,加上很多行政单位没有严格执行国有资产处置管理的相关规定,导致资产流失现象更为严重。

2. 资产使用效率低下

目前,很多企业中存在大量闲置资产,这主要是企业中资产配置不公、缺乏规范化管理而造成的,这使资产的使用效率降低,行政事业单位固定资产使用率过低。

3. 财务管理和资产管理相脱离

行政事业单位资产管理主要采用的是分散管理、分散使用和各自为政的形式,这种管理形式使资产管理和财务管理相脱离,也没有统一的规范,造成单位资产管理职责不明确。

4. 单位资产管理中存在账实不符现象

由于会计核算制度不规范,也没有相关的管理规定和标准,导致单位资产管理中出现账实不符现象。首先,一部分本该入账的没有及时入账,有的单位甚至很少记账,一年一次或者几年一次,对其中存在的问题置之不理,任其发展。其次,一些本该销账的没有及时进行销账处理,使账目一片混乱。另外,部分单位将购置资产的费用不记入资产账,固定资产明细账不完整,账外资产大量存在。

二、行政事业单位资产管理存在问题的原因分析

1. 管理职责和管理主体不明确

行政事业单位中国有资产的管理没有明确国有资产到底该由谁管理、怎样管理以及管理应遵照的原则等问题,这就使得行政事业单位国有资产管理体制中的问题更加突出。国家和财政部在管理体制和政策制定方面,没有形成一套完整的自上而下的政策和管理体制,这就使得行政事业单位资产与财务都没有得到统一有效的宏观管理。

2. 管理制度不精细,不完善

由于行政事业单位和财政部门的部分资产和财务管理制度相对比较陈旧,对资产管理职责不清或是划分不详细,在其操作过程中,行政事业单位和财政部门在遇到具体问题时无人负责,相互推诿,这就使得资产和财务管理的主体职能模糊不清,管理实效作用不大,行政事业单位资产与财务管理没能实现完美的有机结合。

3. 资产和财务管理没有统一结合起来,缺少有效的约束机制

多年来,许多部门单位之间资产实物和财产管理严重脱节,资产的借用、调用频繁,这就使得行政事业单位普遍拥有账外资产,这种资产流动性强,其使用权与占有权分离,这就给行政事业单位正常的会计核算带来了麻烦。现行财政管理体

制中,资产管理,财务管理、会计管理相互脱节,一些基层财政部门在制定预算的过程中没有细化到项目,还有部分财政部门对非税收入不进行"收支脱钩"管理,这导致很多部门单位只求拥有资产、不思资产和财务管理,不求资产使用效率等现象频发。

三、行政事业单位资产管理体制改革思路

1. 构建新的资产管理模式

改革行政事业单位资产管理体制应该结合财政和行政事业单位体制改革,建立新的行政事业单位资产管理模式。构建国家所有、政府分级监管、财政管理资产、部门独立占有和使用的行政事业单位资产管理新模式。探索行政事业单位资产管理与相结合有效途径,逐步发展社会主义市场经济,使国有资产配置更加合理,使用效率更高。

2. 完善政府资产采购制度

建立集中统一的政府采购管理体制,将政府采购作为公共支出的主要方式,是我国现阶段的政府采购体系应该好好借鉴的。要建立比较完善的国有资产政府采购制度,以下四个方面应该注意:完善相关实施细则,指导财政支出、资产政府采购行为;强化政府的宏观调控功能,实现货币与实物分离,支出预算与资金分离;提高国有资产配置的合理性,使其使用效率得到最大化;提倡廉政建设,增强政府采购的透明度。行政事业单位要在合理的预算范围内编制合适的采购计划,上报审批,坚持先预算后支出,确保政府采购按照批准的预算严格执行。

3. 建立规范化的资产台账制度

行政事业单位国有资产台账的主要作用是反映实物资产的总量、分布以及资产的变动情况,记录资产形成、占用主体转换、处置或报废的全过程。操作分为三个层次进行:(1)各级财政部门宏观管理的处室内,设立事业单位国有资产管理总台账;(2)在行政事业单位负责资产管理的有关处室内,设立行政事业单位国有资产分台账;(3)在各级行政事业单位设立国有资产使用的台账。

4. 建立规范化的资产绩效评价程序

操作步骤主要包括两方面:第一,制定行政事业单位业绩目标,按实际估算资产需求数额及预期结果;第二,记录资产管理全过程。追踪资产运作、实施情况、详细记录,对管理过程中出现的问题及时纠正。

5. 建立健全资产监管机制

(1)强化内部监管机制。各行政事业单位要建立完善资产管理内部监管制度,让单位资产预算管理、财务管理、实物管理、产权管理等工作逐步进入规范化轨道,全面提高行政事业单位资产运用效率。(2)建立外部监督机制。对资产管理和使用不当造成的资产浪费与不合理损失,要追究相关人员的责任。督促各行政事业单位对国有资产的占有、使用及管理情况定期向社会公开,充分发挥舆论的监管作用。

(资料来源:高玮:"行政事业单位资产管理改革研究",《现代营销》(学苑版),2015年第4期。)

第四章 行政单位收入和支出的管理与核算

教学目的与要求

通过本章的学习,了解行政单位收入与支出的相关概念,对行政单位收入与支出的管理要求有初步的掌握,同时熟练行政单位收入与支出的账务处理。

第一节 行政单位收入的管理与核算

一、行政单位收入概述

行政单位的收入是指行政单位为开展业务活动,依法取得的非偿还性资金,行政单位的收入包括财政拨款收入和其他收入。

(一) 财政拨款收入

财政拨款收入是指行政单位从同级财政部门取得的财政预算资金。主要包括两层含义。一是"从同级财政部门取得",指行政单位直接或者按照部门预算隶属关系从同一级次财政部门取得的财政拨款。一级预算单位一般是从同级财政部门直接取得;二级及二级以下预算单位一般是按照部门预算隶属关系,通过一级预算单位从同级财政部门取得。二是"财政预算资金",包括行政单位从同级财政部门取得的所有财政拨款,强调全面、完整,包括公共财政预算经费和政府性基金预算经费拨款等。

(二) 其他收入

其他收入是指行政单位依法取得的除财政拨款以外的各项收入。目前行政单位存在的其他收入主要包括三种。

1. 非独立核算的有偿服务性收入

这是指行政单位在推进机构改革和行政机关后勤管理体制改革进程中,分流部分人员,利用机关的生活服务设施和交通工具,在搞好对内服务的同时,向社会开放,实行对外有偿服务,取得一定的收入。

2. 非同级财政拨款收入

这是指行政单位从非同级财政部门取得的拨款收入,比如,一些中央垂直管理部门从地方财政部门取得的收入。这部分收入的构成比较复杂,除垂直管理部门向非同级财政部门主动申请外,还有地方政府主动给予的奖励收入,也有垂直管理单位代征地方收入的手续费收入等。

3. 行政单位在业务活动中形成的其他收入

在业务活动中产生的其他形式的收入,如银行存款利息收入等。

行政单位的收入是非偿还性资金。行政单位取得的各项收入是不需要偿还的,可以用于开展各项业务活动和其他相关活动。行政单位取得的需要偿还的资金,应当作为负债处理,而不能作为单位的收入处理。行政单位依法取得的应当纳入财政预算的罚没收入、行政性收费和基金,以及应当缴入财政专户的非税资金,不属于行政单位的收入,必须及时足额上缴。

二、行政单位收入的管理要求和核算

(一)行政单位收入的管理要求

财政拨款收入是行政单位主要甚至是全部的资金来源,是行政单位开展业务活动的基本财力保证。因此,行政单位必须加强对财政拨款收入的管理。行政单位财政拨款收入的管理要求主要有七点。

(1)行政单位需要按照部门预算和用款计划申请取得财政拨款收入。行政单位应当严格按照经批准的年度部门预算和分月用款计划申请取得财政拨款收入,不可以申请与预算不符的、超预算的财政拨款收入。因为行政单位的财政拨款收入是经法定程序批准的,所以行政单位需要严格执行已经批准的预算,预算在执行过程中原则上不予调整。因特殊情况需要调整预算的,行政单位应当按照规定程序报送审批。

(2)行政单位需要按规定用途申请取得财政拨款收入。行政单位需要按照部门预算规定的资金用途申请取得财政拨款收入。按照部门预算的要求,行政单位的经费支出分为基本支出和项目支出两大类。行政单位在申请财政拨款收入时,首先区分基本支出和项目支出的财政拨款资金进行申请;然后再按基本支出的具体支出的科目和项目支出的科目进行申请。

(3)行政单位需要按规定的财政资金支付方式取得财政拨款收入。财政资金的支付方式有财政直接支付方式、财政授权支付方式和其他方式。其中,财政直接支付方式和财政授权支付方式为国库单一账户制度下的财政资金支付方式。行政单位在确定部门预算和用款计划时,其财政资金支付方式也被确定下来。

(4)行政单位要按预算管理级次申请取得财政拨款收入。行政单位要按预算管理级次申请取得财政拨款收入,不可以越级申请取得财政拨款收入。行政单位的隶属关系如有改变,需要在办理划转预算管理关系时,办理财政拨款收入的划转手续。

(5) 行政单位需要按照收支平衡的原则,合理安排各项资金,不得超预算安排支出;应当坚持"量入为出,保障重点,兼顾一般,厉行节约"的原则。

(6) 行政单位取得各项收入,应当符合国家规定,按照财务管理的要求,分项如实核算。

(7) 行政单位的各项收入应当全部纳入单位预算,统一核算,统一管理。

(二) 行政单位收入的收缴管理制度

1. 收缴方式

财政收入的收缴方式分为直接缴库和集中汇缴两种方式。其中,直接缴库是指由缴款单位或缴款人按有关法律法规规定,直接将应缴收入缴入国库单一账户或财政专户;集中汇缴是指由征收机关(有关法定单位)按有关法律规定,将所收的应缴收入汇总缴入国库单一账户或财政专户。

2. 收缴程序

(1) 直接缴库程序。直接缴库的税收收入,由纳税人或税务代理人提出纳税申报,经征收机关审核无误后,由纳税人通过开户银行将税款缴入国库单一账户。直接缴库的其他收入,比照上述程序缴入国库单一账户或财政专户。

(2) 集中汇缴程序。小额零散税收和法律另有规定的应缴收入,由征收机关负责执收并于收缴收入的当日汇总缴入国库单一账户。非税收入中的现金缴款,比照本程序缴入国库单一账户或财政专户。

3. 国库集中支付制度

国库集中支付是以国库单一账户体系为基础,以健全的财政支付信息系统和银行间实时清算系统为依托,支付款项时,由预算单位提出申请,经规定审核机构(国库集中支付执行机构或预算单位)审核后,将资金通过单一账户体系支付给收款人的制度。国库单一账户体系包括财政部门在同级人民银行设立的国库单一账户和财政部门在代理银行设立的财政零余额账户、单位零余额账户、非税资金财政专户和特设专户。财政性资金的支付采用财政直接支付和财政授权支付两种方式。

财政直接支付是指预算单位按照部门预算和用款计划确定的资金用途,提出支付申请,经财政国库执行机构审核后开出支付令,送代理银行,通过国库单一账户体系中的财政零余额账户或非税资金支付专户,直接将财政性资金支付到收款人或收款单位账户。

财政授权支付是指预算单位按照部门预算和用款计划确定资金用途,根据财政部门授权,自行开具支付令送代理银行,通过国库单一账户体系中的单位零余额账户或特设专户,将财政性资金支付到收款人或用款单位账户。财政授权支付的支出范围是指除财政直接支付支出以外的全部支出。

4. 行政单位收入的内部控制

行政单位收入的内部控制,是指单位为实现控制目标,通过制定制度、实施措施和执行程序,对经济活动的风险进行防范和管控。行政单位内部控制对于保障行政单位财产安全完整和会计信息资料的正确可靠具有重要意义。

行政单位内部控制建设以财政部印发的《行政单位内部控制规范(试行)》(财会

〔2012〕21号）（以下简称《内控规范》）为依据，该规范自2014年1月1日起在全国各级行政单位正式实施，共六章六十五条，具体包括总则、风险评估和控制方法、单位层面内部控制、业务层面内部控制、评价与监督、附则等内容。《内控规范》的颁布和实施，标志着我国内控建设工作又上了一个新台阶，内控建设的范围进一步扩大，由原先的单一企业主体向行政单位领域拓展，必将进一步提高我国行政单位的内部管理水平，规范内部控制，加强廉政风险防控机制建设。

在《行政单位内部控制规范（试行）》总则中第十一条强调行政单位在收支方面的管理应注意以下情形：收入是否实现归口管理，是否按照规定及时向财会部门提供收入的有关凭据，是否按照规定保管和使用印章和票据等；发生支出事项时是否按照规定审核各类凭据的真实性、合法性，是否存在使用虚假票据套取资金的情形。

为明确行政单位相关岗位的职责权限，确保收款、会计核算等不相容岗位相互分离，在《内控规范》第二十五条中强调行政单位应当建立健全收入内部管理制度。同时在《内控规范》第二十六条中强调了行政单位的各项收入应当由财会部门归口管理并进行会计核算，严禁设立账外账。

（三）财政拨款收入的核算

1. 科目设置

为了核算行政单位从同级财政部门取得的各类财政预算资金。设置"财政拨款收入"（收入类）总账科目。在总账下还应当设置"基本支出拨款"和"项目支出拨款"两个明细科目，分别核算行政单位取得用于基本支出和项目支出的财政拨款资金；同时，本科目还要按照《政府收支分类科目》中"支出功能分类"的相关科目进行明细核算；在"基本支出拨款"明细科目下按照"人员经费"和"日常公用经费"进行明细核算，在"项目支出拨款"明细科目下按照具体项目进行明细核算。

有公共财政预算拨款、政府性基金预算拨款等两种或两种以上财政预算拨款的行政单位，还应当按照财政拨款的种类分别进行明细核算。

2. 主要的账务处理

（1）在财政直接支付方式下，行政单位根据部门预算和用款计划，在需要财政部门支付财政资金时，向财政部门提出财政直接支付申请。财政部门审核无误后，通过财政零余额账户直接将款项支付给收款人。当行政单位收到财政部门委托财政零余额账户代理银行转来的财政直接支付入账通知书及相关原始凭证时，确认财政拨款收入。在财政直接支付方式下，行政单位根据财政国库支付执行机构委托代理银行转来的《财政直接支付入账通知书》及原始凭证，借记有关支出科目，贷记本科目。

（2）在财政授权支付方式下，行政单位根据部门预算和用款计划，按规定时间和程序向财政部门申请财政授权支付用款额度。财政部门审核无误后，将财政授权支付用款额度下达到行政单位财政零余额账户代理银行。行政单位收到单位零余额账户代理银行转来的财政授权支付到账通知书，确认财政拨款收入。在财政授权支付方式下，行政单位根据收到的《财政授权支付额度到账通知书》，借记"零余额账户用款额度"等科目，贷记本科目。

年末,如单位本年度财政授权支付预算指标数大于财政授权支付额度下达数,根据两者间的差额,借记"财政应返还额度——财政授权支付"科目,贷记本科目。

年末,行政单位根据本年度财政直接支付预算指标数与财政直接支付实际支出数的差额,借记"财政应返还额度——财政直接支付"科目,贷记本科目。

(3) 财政资金的支付方式除财政直接支付和财政授权支付方式之外的方式称为财政资金的其他支付方式。在其他支付方式下,行政单位应当在收到财政资金时确认财政拨款收入。在其他支付方式中具有代表性的支付方式为财政实拨资金方式。在此方式下,行政单位根据部门预算和用款计划,按规定时间和程序向财政部门或上级单位提出资金拨入要求。财政部门或上级单位审核无误后,将财政资金直接拨入行政单位的开户银行。行政单位收到开户银行转来的收款通知时,确认财政拨款收入。在其他支付方式下,实际收到财政拨款收入时,借记"银行存款"等科目,贷记本科目。缴回拨款或下拨给其所属单位款项时,借记本科目,贷记"银行存款"等科目。

(4) 本年度财政直接支付的资金收回时,借记本科目,贷记"经费支出"等科目。

(5) 年末,将本科目的本期发生额转入财政拨款结转,借记本科目,贷记"财政拨款结转"科目。年终结账后,本科目应无余额。

3. 核算举例

[例4-1] 某行政单位职工工资由财政统发,本月单位职工工资总额50 000元,依据财政部门开具的拨款通知书、单位职工工资表等有关凭据记账。其会计分录如下。

借:应付职工薪酬　　　　　　　　　　　　　　　　　　　　　50 000
　　贷:财政拨款收入——基本支出拨款——人员经费　　　　　　50 000

[例4-2] 某市审计局收到财政部门委托其代理银行转来的财政直接支付入账通知书,财政部门为该行政单位支付了为开展某项专业业务活动所发生的费用600 000元,该审计局应当编制的会计分录如下。

借:经费支出——基本支出——商品和服务支出——办公费　　600 000
　　贷:财政拨款收入——项目支出拨款　　　　　　　　　　　　600 000

[例4-3] 某市审计局本年度财政直接支付的预算指标数(基本支出拨款)为2 000 000元,汇总当年财政直接支付实际支出数(基本支出)为1 800 000元,年末确定行政单位应收财政返还的资金额度为200 000元,其会计分录如下。

借:财政应返还额度——财政直接支付　　　　　　　　　　　　200 000
　　贷:财政拨款收入——基本支出拨款　　　　　　　　　　　　200 000

[例4-4] 某行政单位收到代理银行盖章的"授权支付到账通知书"月授权额度为400万元,依据有关凭证记账。其会计分录如下。

借:零余额账户用款额度　　　　　　　　　　　　　　　　　4 000 000
　　贷:财政拨款收入——财政授权支付　　　　　　　　　　　4 000 000

[例4-5] 某行政单位收到同级财政机关拨来的设备专款60 000元。其会计分录如下。

借:银行存款　　　　　　　　　　　　　　　　　　　　　　　60 000
　　贷:财政拨款收入——项目支出拨款　　　　　　　　　　　　60 000

[例 4-6] 某行政单位通过财政拨款直接购入电脑一批,价款是 90 000 元。其会计分录如下。

借:经费支出——基本支出——基本建设支出——设备购置费　　90 000
　　贷:财政拨款收入——基本支出拨款　　　　　　　　　　　　　90 000
同时,借:固定资产　　　　　　　　　　　　　　　　　　　　　　90 000
　　　　贷:资产基金——固定资产　　　　　　　　　　　　　　　 90 000

[例 4-7] 某行政单位将多拨的行政经费 80 000 元缴回财政机关。其会计分录如下。

借:财政拨款收入——基本支出拨款　　　　　　　　　　　　　　80 000
　　贷:银行存款(零余额账户用款额度)　　　　　　　　　　　　　80 000

三、其他收入的管理与核算

其他收入是指行政单位依法取得的除财政拨款收入以外的各项收入。包括库存现金溢余、有偿服务收入、专项收入、银行存款利息收入等。行政单位从上级主管部门、非同级财政部门取得的用于完成项目或专项任务的资金。

(一)其他收入的管理

为了防止可能出现的弊端,行政单位必须对其他收入有正确的认识,并加强对其他收入的管理。

首先,其他收入作为财政拨款收入资金的补充纳入单位预算,统筹使用,并不意味着国家鼓励行政单位自行组织收入。行政单位的支出来源主渠道仍应是国家财政拨款。

其次,其他收入的取得必须符合国家规定。严禁行政单位经商办企业。为分流人员而兴办的经济实体,必须坚持政企分开的原则,自主经营,独立核算,自负盈亏,在职能、人员、财务等方面与原机关彻底脱钩。

最后,行政单位的其他收入必须及时入账,严格银行存款账户的管理,防止私设"小金库",要按预算管理的要求,对单位的其他收入如实按项进行填报,不得瞒报、少报和虚报。

(二)其他收入的核算

1. 科目设置

为了核算行政单位取得的除财政拨款收入以外其他各项收入行政单位从上级主管部门、非同级财政部门取得的用于完成项目或专项任务的资金,设置"其他收入"(收入类)总账科目。行政单位从上级单位等取得的用于转给下级单位、不纳入本单位预算的资金,不通过本科目核算,通过"其他应付款"科目核算。同时,在总账科目下应当按照其他收入的类别、来源单位、项目资金和非项目资金进行明细核算,对于项目资金收入,还应当按照具体项目进行明细核算。

2. 主要的账务处理

(1)收到属于其他收入的各种款项,按照实际收到的金额,借记"银行存款"、"库存现金"等科目,贷记本科目。

(2) 年末将本科目本期发生额转入其他资金结余,借记本科目,贷记"其他资金结余"科目。年终结账后,本科目应无余额。

3. 核算举例

[例4-8] 某行政单位收到购买国库券的利息收入6 000元。其会计分录如下。

借:银行存款　　　　　　　　　　　　　　　　　　　　6 000
　　贷:其他收入——利息收入　　　　　　　　　　　　　6 000

[例4-9] 某行政单位出售废品,获得废品变价收入200元。其会计分录如下。

借:库存现金　　　　　　　　　　　　　　　　　　　　200
　　贷:其他收入　　　　　　　　　　　　　　　　　　　200

第二节　行政单位支出的管理与核算

一、行政单位支出概述

行政单位支出是指行政单位为开展业务活动所发生的各项资金耗费及损失,包括经费支出和拨出经费。

(一) 经费支出

经费支出是指行政单位自身开展业务活动使用各项资金发生的基本支出和项目支出。经费支出是行政单位为实现社会管理职能,完成行政任务而按预算发生的各项资金的耗费,是行政单位最主要的支出。

行政单位的经费支出根据资金管理要求分为基本支出和项目支出两部分。基本支出是指行政单位为维持正常运转和完成日常工作任务发生的支出;项目支出是指行政单位为完成专项或特定工作任务发生的支出。

(二) 拨出经费

拨出经费是指行政单位按核定预算将财政或上级单位拨入的专项经费,按预算级次转拨给下属预算单位资金,如拨给所属单位的专项经费和补助经费等。

(三) 支出内部控制制度

行政单位支出管理是依据现行财政经济制度规定、有关的行政事业开支标准、批准的行政单位预算和其他有关法律法规,对行政单位支出的项目、范围和标准等进行规范管理,将行政单位的财务行为限定在法律法规许可的范围内,督促各行政单位合理、节约使用资金,少花钱多办事,实现单位绩效最大化。

为确定行政单位经济活动的各项支出标准,明确支出报销流程,按照规定办理支出事项。《行政事业单位内部控制规范》(以下简称《规范》)第二十九条强调行政单位应当建立健全支出内部管理制度。单位应当合理设置岗位,明确相关岗位的职责权限,确保支出申请和内部审批、付款审批和付款执行、业务经办和会计核算等不相容岗位相互分离。

同时,在《规范》第三十条强调行政单位应当按照支出业务的类型,明确内部审批、审核、支付、核算和归档等支出各关键岗位的职责权限。实行国库集中支付的,应当严格按照财政国库管理制度有关规定执行。

(1) 加强支出审批控制。明确支出的内部审批权限、程序、责任和相关控制措施。审批人应当在授权范围内审批,不得越权审批。

(2) 加强支出审核控制。全面审核各类单据。重点审核单据来源是否合法,内容是否真实、完整,使用是否准确,是否符合预算,审批手续是否齐全。

支出凭证应当附上反映支出明细内容的原始单据,并由经办人员签字或盖章,超出规定标准的支出事项应由经办人员说明原因并附上审批依据,确保与经济业务事项相符。

(3) 加强支付控制。明确报销业务流程,按照规定办理资金支付手续。签发的支付凭证应当进行登记。使用公务卡结算的,应当按照公务卡使用和管理有关规定办理业务。

(4) 加强支出的核算和归档控制。由财会部门根据支出凭证及时准确登记账簿;与支出业务相关的合同等材料应当提交财会部门作为账务处理的依据。

二、行政单位经费支出的管理与核算

(一)经费支出的内容

经费支出是行政单位自身开展业务活动使用各项资金发生的基本支出和项目支出,是行政单位会计核算的重要内容。为全面反映行政单位各项经费支出的内容,便于分析和考核各项经费支出的实际发生情况和效果,从而有针对性地加强和改善对行政单位经费支出的管理。行政单位有必要对经费支出按照一定的要求进行适当的分类。

1. 按照政府支出经济分类科目

支出经济分类主要反映政府支出的经济性质和具体用途。行政单位的经费支出应当按照《政府收支分类科目》中的"支出经济分类科目"进行分类。按照现行《政府收支分类科目》,"支出经济分类科目"设置类、款两级科目,具体科目设置情况如下。

(1) 工资福利支出。反映单位在职职工和编外长期聘用人员的各类劳动报酬,以及为上述人员缴纳的各项社会保险费的支出。下分设7款内容为基本工资、津贴补贴、奖金、社会保障缴费、伙食费、伙食补助费、其他工资福利支出。

① 基本工资:反映国家统一规定的基本工资,包括:公务员的职务工资、级别工资;机关工人的岗位工资、技术等级工资;事业单位工作人员的岗位工资、薪级工资;各类学校毕业生试用期工资;军队军官文职干部的职务工资、军衔工资、基础工资和军龄工资等。

② 津贴补贴:反映经国家批准建立的机关事业单位艰苦边远地区津贴、机关工作人员地区附加津贴、机关工作人员岗位津贴、事业单位工作人员特殊岗位津贴补贴。

③ 奖金：反映机关工作人员年终一次性奖金。

④ 社会保障缴费：反映单位为职工缴纳的基本养老、基本医疗、失业、工伤、生育等社会保险费，残疾人就业保障金，军队为军人缴纳的伤亡、退役医疗等社会保险费。

⑤ 伙食费：反映军队、武警义务兵、供给制学院伙食费和干部、士官灶差补助等支出。

⑥ 伙食补助费：反映单位发给职工的伙食补助费，如午餐补助等。

⑦ 其他工资福利支出：反映上述项目未包括的人员支出，如各种加班工资、病假两个月以上期间的人员工资、编制外长期聘用人员，公务员及参照和依照公务员制度管理的单位工作人员转入企业工作并按规定参加企业职工基本养老保险后给予的一次性补贴等。

（2）商品和服务支出。反映单位购买商品和服务的支出（不包括用于固定资产的工资、战略性和应急储备支出，但军事方面的耐用消费品和设备购置费、军事性建设费以及军事建筑物的购置费都在本科目反映）。分设 30 款：办公费、印刷费、咨询费、手续费、水费、电费、邮电费、取暖费、物业管理费、交通费、差旅费、出国费、维修(护)费、租赁费、会议费、培训费、招待费、专用材料费、装备购置费、工程建设费、作战费、军用油料费、军队其他运行维护费、被装购置费、专用燃料费、劳务费、委托业务费、工会经费、福利费、其他商品和服务支出。

（3）对个人和家庭的补助。反映政府用于对个人和家庭的补助支出。分设 14 款：离休费、退休费、退职(役)费、抚恤金、生活补助、救济费、医疗费、助学金、奖励金、生产补贴、住房公积金、提租补贴、购房补贴、其他对个人和家庭的补助支出。

（4）对企事业单位的补贴。反映政府对各类企业、事业单位及民间非营利组织的补贴。分设 4 款：企业政策性补贴、事业单位补贴、财政贴息、其他对企事业单位的补贴支出。

（5）转移性支出。分设 2 款：不同级政府间转移性支出、同级政府间转移性支出。

（6）赠与。反映对国内外政府、组织等提供的援助、捐赠以及交纳国际组织会费等的支出。下设 2 款：对国内的赠与、对国外的赠与。

（7）债务利息支出。分设 6 款：国库券付息、向国家银行借款付息、其他国内借款付息、向国外政府借款付息、向国际组织借款付息、其他国外借款付息支出。

（8）债务还本支出。下设 2 款：国内债务还本、国外债务还本。

（9）基本建设支出。反映各级发展及改革部门集中安排的公共财政预算（不包括政府性基金以及各类自筹资金等）用于购置固定资产、战略性和应急性储备、土地和无形资产，以及购建基础设施、大型修缮所发生的支出。分设 9 款：房屋建筑物购建、办公设备购置、专用设备购置、交通工具购置、基础设施建设、大型修缮、信息网络购建、物资储备、其他基本建设支出。

（10）其他资本性支出。反映非各级发展及改革部门集中安排的用于购置固定资产、战略性和应急性储备、土地和无形资产，以及购建基础设施、大型修缮和财政支持企业更新改造所发生的支出。分设 9 款：房屋建筑物购建、办公设备购置、专用设备购置、交通工具购置、基础设施建设、大型修缮、信息网络购建、物资储备、其他资本性支出。

(11) 贷款转贷及产权参股。反映政府部门发放的贷款和向企业参股投资方面的支出。分设6款：国内贷款、国外贷款、国内转贷、国外转贷、产权参股、其他贷款转贷及产权参股支出。

(12) 其他支出。分设5款：预备费、预留、补充全国社会保障基金、未划分的项目支出、其他支出。

2. 按照政府支出功能分类

支出功能分类，主要反映政府的各项职能活动。将政府支出分为类、款、项三级。其中，类、款两级科目设置情况如下。

(1) 一般公共服务。反映政府提供一般公共服务的支出，分设32款：人大事务、政协事务、政府办公厅(室)及相关机构事务、发展与改革事务、统计信息事务、财政事务、税收事务、审计事务、海关事务、人事事务、纪检监察事务、人口与计划生育事务、商贸事务、知识产权事务、工商行政管理事务、食品和药品监督管理事务、质量技术监督与检验检疫事务、国土资源事务、海洋管理事务、测绘事务、地震事务、气象事务、民族事务、宗教事务、港澳台侨事务、档案事务、共产党事务、民主党派事务、群众团体事务、彩票事务、国债事务、其他一般公共服务支出。

(2) 外交。反映政府外交事务支出，包括外交行政管理、驻外机构、对外援助、国际组织、对外合作与交流、边界勘界联检等方面的支出。人大、政协、政府及所属各部门(除国家领导人、外交部门)的出国费、招待费列相关功能科目，不在本科目反映。分设8款：外交管理事务、驻外机构、对外援助、国际组织、对外合作与交流、对外宣传、边界勘界联检、其他外交支出。

(3) 国防。反映政府用于现役部队、国防后备力量、国防动员等方面的支出。分设3款：现役部队及国防后备力量、国防动员、其他国防支出。

(4) 公共安全。反映政府维护社会公共安全方面的支出。有关事务包括武装警察、公安、国家安全、检察、法院、司法行政、监狱、劳教、国家保密等。分设10款：武装警察、公安、国家安全、检察、法院、司法、监狱、劳教、国家保密、其他公共安全支出。

(5) 教育。反映政府教育事务支出。有关具体事务包括教育行政管理、学前教育、小学教育、初中教育、普通高中教育、普通高等教育、初等职业教育、中专教育、技校教育、职业高中教育、高等职业教育、广播电视教育、留学生教育、特殊教育、干部继续教育、教育机关服务等。分设10款：教育管理事务、普通教育、职业教育、成人教育、广播电视教育、留学教育、特殊教育、教师进修及干部继续教育、教育附加及教育基金支出、其他教育支出。

(6) 科学技术。反映用于科学技术方面的支出。分设9款：科学技术管理事务、基础研究、应用研究、技术研究与开发、科技条件与服务、社会科学、科学技术普及、科技交流与合作、其他科学技术支出。

(7) 文化体育与传媒。反映政府在文化、文物、体育、广播影视、新闻出版等方面的支出。分设6款：文化、文物、体育、广播影视、新闻出版、其他文化体育与传媒支出。

(8) 社会保障和就业。分设17款：社会保障和就业管理事务、民政管理事务、财政对社会保险基金的补助、补充全国社会保障基金、行政单位离退休、企业关闭破产补助、就业补助、抚恤、退役安置、社会福利、残疾人事业、城市居民最低生活保障、其他城镇社会救济、农村社会救济、自然灾害生活救助、红十字事业、其他社会保障和就业支出。

（9）社会保险基金支出。分设6款：基本养老保险基金支出、失业保险基金支出、基本医疗保险基金支出、工伤保险基金支出、生育保险基金支出、其他社会保险基金支出。

（10）医疗卫生。分设10款：医疗卫生管理事务、医疗服务、社区卫生服务、医疗保障、疾病预防控制、卫生监督、妇幼保健、农村卫生、中医药、其他医疗卫生支出。

（11）环境保护。分设10款：环境保护管理事务、环境监测与监察、污染防治、自然生态保护、天然林保护、退耕还林、风沙荒漠治理、退牧还草、已垦草原退耕还草、其他环境保护支出。

（12）城乡社区事务。分设10款：城乡社区管理事务、城乡社区规划与管理、城乡社区公共设施、城乡社区住宅、城乡社区环境卫生、建设市场管理与监督、政府住房基金支出、土地有偿使用支出、城镇公用事业附加支出、其他城乡社区事务支出。

（13）农林水事务。分设7款：农业、林业、水利、南水北调、扶贫、农业综合开发、其他农林水事务支出。

（14）交通运输。分设4款：公路水路运输、铁路运输、民用航空运输、其他交通运输支出。

（15）工业商业金融等事务。分设18款：采掘业、制造业、建筑业、电力、信息产业、旅游业、涉外发展、粮油事务、商业流通事务、物资储备、金融业、烟草事务、安全生产、国有资产监管、中小企业事务、可再生能源、能源节约利用、其他工业商业金融等事务支出。

（16）其他支出。分设4款：预备费、年初预留、住房改革支出、其他支出。

（17）转移性支出。分设8款：返还性支出、财力性转移支付、专项转移支付、政府性基金转移支付、彩票公益金转移支付、预算外转移支出、调出资金、年终结余。

3. 按照单位预算管理要求分类

行政单位的经费支出应当按照单位预算管理的要求进行分类，按照单位预算管理的要求，行政单位的经费支出可分为基本支出和项目支出。

（1）基本支出。

基本支出是指行政单位为保障机构正常运转和完成日常工作而发生的支出，包括人员经费支出和日常公用经费支出。

人员经费支出，是指为保障机构正常运转和完成日常工作任务而发生的可归集到个人的各项支出。人员经费支出涉及的支出经济分类科目包括工资福利支出以及对个人和家庭的补助支出。

日常公用经费支出，是指为保障机构正常运转和完成日常工作任务而发生的不能归集到个人的各项支出。日常公用经费支出涉及的支出经济类科目主要包括商品和服务支出，其他资本性支出等。支出经济类科目的基本建设支出科目通常不列入日常公用经费支出，而列入项目支出。

(2) 项目支出。

项目支出是指行政单位为完成特定的工作任务,在基本支出之外发生的各项支出。从项目属性来看,行政单位项目支出中的项目可以包括房屋建筑物购建类项目、房租类项目、大中型修缮类项目、设备购置类项目、信息网络购建类项目、信息系统运行维护类项目、大型会议和培训类项目、专项课题和规划类项目、执法办案类项目、监督检查类项目、调查统计类项目、重大宣传类项目等。从是否属于基本建设项目来看,行政单位项目支出中的项目可以分成行政业务类项目、基本建设类项目两大类。从项目的重要性来看,行政单位项目支出的项目可以分为重点项目、一般项目等类别。

(二) 经费支出的管理

经费支出管理是行政单位财务管理的一项重要内容,也是财政部门或上级主管部门考核行政单位预算执行情况的重要方面。行政单位必须严格按照有关规定,采取切实可行的办法加强对经费支出的管理。行政单位经费支出的要求主要有五项。

1. 行政单位应当建立健全一系列经费支出的内部管理制度,对各项经费支出实施严格的制度管理

行政单位应当建立健全各项经费支出全部由单位财务部门统一管理的制度,行政单位的其他职能部门都不允许在单位财务部门之外设立账外账或"小金库";行政单位对于基本支出可以建立健全标准定额管理制度,对于项目支出可以建立健全考核制度;对于其他收入,可以进一步建立健全综合纳入单位经费支出的管理制度;对重大支出项目,可以进一步建立健全严格的审批制度等。

2. 各项经费支出必须严格执行国家规定的开支范围及标准

开支范围是按照行政单位的工作任务、工作性质及特点,按照部门预算规定的用途对行政单位的各项支出项目所规定的开支内容。开支标准是指在开支范围确定的基础上,对行政单位的各项支出项目所规定的开支额度。行政单位的开支范围及标准,是行政单位编制预算、财政部门核定预算的重要依据,是考核、分析预算执行情况的尺度,也是控制支出的依据。因此,行政单位需要严格执行国家规定的开支范围及标准,不得扩大开支范围和提高开支标准,对违反财经纪律和不合理的支出都不能办理支出手续。

3. 行政单位要保证人员经费和日常公用经费的需要

对于行政单位的基本支出,实行优先保障、优先安排的管理原则。只有在基本支出得到保证后,才可以安排项目支出。行政单位的基本支出是为了保障其正常运转、完成日常工作任务而发生的支出,包括人员经费支出和日常公用经费支出,一般采用定员、定额的管理办法。

4. 行政单位的项目支出要保证专款专用

行政单位需要严格按照批准的项目和用途使用,不得任意改变项目内容或扩大使用范围。行政单位应当为每一项目支出进行独立核算,以反映项目资金来源和使用情况以及项目进行进度和完成情况,并对资金的使用效益作出评价。

5. 行政单位应当采取有效措施,对节约潜力大、管理薄弱的支出进行重点管理和控制

在人员经费管理方面,行政单位需要严格执行主管部门核定的人员编制数,严格执

行人员工资标准。在日常公用经费管理方面：对于车辆购置费管理,行政单位要严格按照车辆购置标准购置车辆,不能超标准购置车辆；在会议费管理方面,行政单位需要建立健全会议的审批制度,严格控制会议数量、会期和参加会议的人数,严格控制会议费支出。行政单位需要节约使用各项资金,提高各项资金的使用效率。

（三）经费支出的核算

1. 经费支出的列报口径

列报口径就是支出数的确认标准。行政单位的各项支出按实际支出数额列报,不能以拨作支、以领代报,也不能按预算数列报。为了正确地核算单位的经费支出,在列报各项经费支出时,应按下列口径办理：

（1）对于发给个人的工资、津贴、补贴、福利补助等,必须根据实有人数和实发金额,取得本人签收的凭证列为经费支出,不能以编制定额或预算计划数额列支。

（2）对于购入的办公用品和行政用材料,一般情况下可直接作为经费支出。如果材料数额较大,则不能作为经费支出直接列支,而通过存货核算。领用时,凭领用单上的数额确定经费支出。

（3）行政单位的工会经费和职工福利费等按规定提取的经费,按提取数列支。

（4）拨付给下属单位的预算补助款和各项补助性质的支出,应按实际支出数及相关的原始凭证作为经费支出列支。

（5）用"设备购置费"购入的固定资产,应在验收无误后列作经费支出。

（6）其他各项费用均以实际报销的数额列作经费支出。

2. 经费支出的核算

为核算行政单位在开展业务活动中发生的各项支出,设置"经费支出"（支出类）总账科目。在总账科目下还应当分别按照"财政拨款支出"和"其他资金支出"、"基本支出"和"项目支出"等分类进行明细核算；并按照《政府收支分类科目》中"支出功能分类"的相关科目进行明细核算；在"基本支出"明细科目下按照"人员经费"和"日常公用经费"进行明细核算,在"项目支出"明细科目下按照具体项目进行明细核算；同时,在"基本支出"和"项目支出"明细科目下还应当按照《政府收支分类科目》中"支出经济分类"的款级科目进行明细核算。

有公共财政预算拨款、政府性基金预算拨款等两种或两种以上财政预算拨款的行政单位,还应当将本科目按照财政拨款的种类分别进行明细核算。其主要账务处理如下：

（1）计提单位职工薪酬。按照实际支付的金额,借记本科目,贷记"应付职工薪酬"科目。

（2）支付单位以外人员劳务费。按照应当支付的金额,借记本科目；按照代扣代缴个人所得税的金额,贷记"应缴税费"科目,按照扣税后实际支付的金额,贷记"财政拨款收入"、"零余额账户用款额度"、"银行存款"等科目。

（3）支付购买存货、固定资产、无形资产、政府储备物资和工程结算的款项。按照实际支付的金额,借记"经费支出"科目,贷记"财政拨款收入"、"零余额账户用款额度"、"银行存款"等科目；同时,按照采购或工程结算成本,借记"存货"、"固定资产"、"无形资产"、"在建工程"、"政府储备物资"等科目,贷记"资产基金"及其明细科目。

(4) 发生预付账款的。按照实际预付的金额,借记本科目,贷记"财政拨款收入""零余额账户用款额度"、"银行存款"等科目;同时,借记"预付账款"科目,贷记"资产基金"其明细科目。

(5) 偿还各种应付款项。按照实际偿付的金额,借记本科目,贷记"财政拨款收入"、"零余额账户用款额度"、"银行存款"等科目;同时,借记"应付账款""长期应付款",贷记"待偿债净资产"等科目。

(6) 发生其他各项支出。按照实际支付的金额,借记本科目,贷记"财政拨款收入""零余额账户用款额度""银行存款"等科目。

(7) 行政单位因退货等原因发生支出收回的。属于当年支出收回的,借记"财政拨款收入""零余额账户用款额度""银行存款"等科目,贷记本科目;属于以前年度支出收回的,借记"财政应返还额度""零余额账户用款额度""银行存款"等科目,贷记"财政拨款结转""财政拨款结余""其他资金结余"等科目。

(8) 行政单位使用其他资金垫付应由财政资金支付的款项。借记本科目(其他资金支出),贷记"银行存款"等科目。收到已经垫付的财政拨款时,借记本科目(财政拨款支出),贷记本科目(其他资金支出),同时,借记"银行存款"等科目,贷记"财政拨款收入""零余额账户用款额度"等科目。

(9) 年末。将本科目的本期发生额,分别转入财政拨款结转和其他资金结余,借记"财政拨款结转""其他资金结余"科目,贷记本科目。年终结账后,本科目应无余额。

3. 核算举例

[例 4-10] 某行政单位 12 月"工资汇总表"的职工薪酬总额为 829 000 元,其中基本工资 400 000 元,社会保障缴费 129 000 元,津贴补贴为 100 000 元,年终一次性奖金为 200 000 元,该行政单位会计分录如下。

借:经费支出——财政拨款支出(基本支出)
　　　　——工资福利支出——基本工资　　　　　　400 000
　　　　——工资福利支出——社会保障费　　　　　129 000
　　　　——工资福利支出——津贴补贴　　　　　　100 000
　　　　——工资福利支出——奖金　　　　　　　　200 000
　贷:应付职工薪酬　　　　　　　　　　　　　　　　829 000

[例 4-11] 某教育局需要支付外聘人员劳务费 50 000 元,其中需要代扣代缴个人所得税 5 000 元,该教育局通过单位余额账户支付其劳务费,其会计分录如下。

借:经费支出——基本支出——商品和服务支出——劳务费　50 000
　贷:应缴税费——个人所得税　　　　　　　　　　　　　5 000
　　零余额账户用款额度　　　　　　　　　　　　　　　45 000

[例 4-12] 某行政单位购入的库存材料验收入库,按照确定的成本(买价、税费等)支付 5 000 元,采取授权支付方式。其会计分录如下。

借:存货　　　　　　　　　　　　　　　　　　　　　5 000
　贷:资产基金——存货　　　　　　　　　　　　　　5 000

同时，
  借：经费支出——基本支出——商品和服务支出——业务费 5 000
    贷：零余额账户用款额度 5 000

[例4-13] 某行政单位开出转账支票，购买一批办公用设备，价款20 000元，设备已到货。其会计分录如下。
  借：经费支出——基本支出——基本建设支出——设备购置费 20 000
    贷：银行存款 20 000
  借：固定资产 20 000
    贷：资产基金——办公设备 20 000

[例4-14] 某行政单位与某公司约定购买两台设备，每台价款100 000元，该单位先支付50%的预付款。该公司收到预付款后，过3个月将设备运抵该单位并负责调试成功，该单位于验收合格当日支付剩余50%价款。支付预付款时，其会计分录如下。
  借：预付账款——某公司 100 000
    贷：资产基金——预付款项 100 000
  借：经费支出——其他资金支出——基本建设支出——设备购置费
      100 000
    贷：零余额账户用款额度 100 000

[例4-15] 某行政单位开出转账支票，支付办公用房的维修费5 500元。其会计分录如下。
  借：经费支出——基本支出——商品和服务支出——修缮费 5 500
    贷：银行存款 5 500

[例4-16] 某行政单位职工王新报销差旅费500元（原预借400元），补付现金100元。其会计分录如下。
  借：经费支出——基本支出——商品和服务支出——差旅费 500
    贷：其他应收款——王新 400
      库存现金 100

[例4-17] 某行政单位上月购买的一台办公用设备，价值1 500元，因无法使用，经与生产厂家联系，同意退货，现已收到退货款。其会计分录如下。
  借：银行存款 1 500
    贷：经费支出——基本支出——基本建设支出——设备购置费 1 500
  借：资产基金——办公设备 1 500
    贷：固定资产 1 500

[例4-18] 经财政部门批准，某行政单位从零余额账户向其他银行存款户（建行）归还使用其他资金垫付的款项6 000元。其会计分录如下。
  借：银行存款——建行 6 000
    贷：零余额账户用款额度 6 000
同时，借：经费支出——基本支出——商品和服务支出——××费 6 000
    贷：经费支出——其他资金支出——商品和服务支出——××费 6 000

[例4-19] 某行政单位"经费支出——基本支出"账户借方余额550 000元,"经费支出——项目支出"账户借方余额300 000元,进行年末转账。其会计分录如下。

借：财政拨款结转　　　　　　　　　　　　　　　　　　　　　850 000
　　贷：经费支出——财政拨款支出——基本支出　　　　　　　　550 000
　　　　　　　　——财政拨款支出——项目支出　　　　　　　　300 000

三、行政单位拨出经费的管理与核算

（一）拨出经费的核算

拨出经费是指行政单位向所属单位拨出的纳入预算管理的非同级财政拨款资金,包括拨给所属单位的专项经费和补助经费等。

为核算行政单位行政单位向所属单位拨出的纳入预算管理的非同级财政拨款资金,设置"拨出经费"(支出类)总账科目。在总账本科目下还应当按照"基本支出"和"项目支出"等分类进行明细核算；还应当按照接受拨出经费的具体单位和款项类别等分别进行明细核算。其主要账务处理如下：

（1）向所属单位拨付非同级财政拨款资金等款项时,借记本科目,贷记"零余额账户用款额度""银行存款"等科目；

（2）收回拨出经费时,借记"零余额账户用款额度""银行存款"等科目,贷记本科目；

（3）年末,将本科目的本期发生额,转入其他资金结余,借记"其他资金结转结余"科目,贷记本科目。年终结账后,本科目应无余额。

（二）核算举例

[例4-20] 某行政单位向所属某单位拨付非财政拨款经费300 000元,其中,科研课题项目经费270 000元,培训专项经费30 000元。其会计分录如下。

借：拨出经费——项目经费——××单位　　　　　　　　　　　270 000
　　　　　　——项目经费——××单位　　　　　　　　　　　 30 000
　　贷：银行存款　　　　　　　　　　　　　　　　　　　　　　300 000

[例4-21] 某行政单位拨给下属单位本月经费80 000元。其会计分录如下。

借：拨出经费——项目经费　　　　　　　　　　　　　　　　　 80 000
　　贷：银行存款　　　　　　　　　　　　　　　　　　　　　　 80 000

[例4-22] 某行政单位收到下属单位缴回的剩余经费4 500元。其会计分录如下。

借：银行存款　　　　　　　　　　　　　　　　　　　　　　　　4 500
　　贷：拨出经费——项目经费　　　　　　　　　　　　　　　　 4 500

[例4-23] 年终,某行政单位将"拨出经费——项目经费"的借方余额780 000元转入"其他资金结转结余"。其会计分录如下。

借：其他资金结转结余　　　　　　　　　　　　　　　　　　　 780 000
　　贷：拨出经费　　　　　　　　　　　　　　　　　　　　　　780 000

本 章 小 结

本章主要介绍行政单位收入与支出的相关内容。行政单位的收入是行政单位为开展业务活动,依法取得的非偿还性资金,它包括财政拨款收入和其他收入。支出是指行政单位为开展业务活动所发生的各项资金耗费及损失,包括经费支出和拨出经费。经费支出按照不同的标准可以划分不同分类。编制行政单位收入的核算分录,收到拨款时,借记"银行存款"、"经费支出"、"存货"、"零余额账户用款额度"等科目,贷记"财政拨款收入"、"其他收入"科目。缴回拨款时,借记"财政拨款收入"、"其他收入"科目,贷记"银行存款"等科目。年末将本期发生额转入其他资金结余,借记"财政拨款收入"、"其他收入"科目,贷记"其他资金结转结余"科目。年终结账后,应无余额。编制行政单位支出的核算分录,行政单位发生经费支出时,借记"经费支出"、"拨出经费"等科目,贷记"银行存款"、"库存现金"、"存货"等科目。行政单位支出收回或冲销转出时,借记"银行存款"等有关科目,贷记"经费支出"等科目。年终结转后无余额。

关 键 术 语

行政单位收入、行政单位支出、财政拨款收入、国库集中收付、财政直接支付、财政授权支付、支出经济分类科目、经费支出、拨出经费

复 习 思 考 题

1. 什么是行政单位收入?它包括哪两类?
2. 什么是财政拨款收入?行政单位财政拨款收入管理的要求有哪些?
3. 什么是其他收入?其他收入的管理要求主要包括哪些内容?
4. 简述国库集中支付制度。
5. 试比较财政直接支付和财政授权支付两种支付方式。
6. 经费支出的分类方式有哪些?
7. 经费支出的一般管理要求有哪些?
8. 根据以下经济业务,编制相应会计分录:

(1) 某行政单位出售废品,获得收入 5 000 元。

(2) 某行政单位将收到上级拨给的自然灾害救济款 40 000 元,其中 10 000 元通过银行转拨给下属单位。

(3) 某行政单位本月按计划应转拨给下级单位 120 000 元,除抵充原下级借款 50 000 元外,实拨存款 70 000 元。

(4) 某行政单位收回拨给下属单位 500 000 元,款项已存银行。

(5) 年终将单位"拨出经费"科目余额 80 000 元转账。

(6) 某审计行政单位通过财政直接支付方式支付一笔款项 95 600 元,具体内容为支付信息系统建设款项,适用的政府支出功能分类科目为"一般公共服务支出——审计事务所——信息化建设"。相应的信息系统已开工建设两年,现建设完成并交付使用,实际成本为 216 000 元,作为无形资产管理。

(7) 某环境保护行政单位本年度财政直接支付预算指数为 755 000 元。年末,财政直接支付实际支出数为 752 600 元,本年度财政直接支付预算指标数与财政直接支付实际支出数的差额为 2 400 元,其中,基本支出中人员经费的差额为 200 元,日常公用经费的差额 800 元,均属于"节能环保支出——环境保护管理事务——行政运行"科目的反映内容;项目支出的差额为 1 400 元,具体科目为"节能环保支出——环境监测与监察——建设项目环审查与监督"。年末编制转账分录。

阅 读 资 料

浅议行政单位国库集中支付制度

在社会主义市场经济体制下,原有传统的分散支付制度已远远不能满足公共财政体制建设的需要。在"十五"期间我国的国库集中支付制度的实施切切实实地解决了财政支付过程中存在的一些问题和弊端。

一、国库集中支付制度的意义

国库集中支付制度是指政府将所有的财政性资金都纳入国库单一账户管理,收入直接缴入国库或财政专户,而支出则是以国库单一账户体系为基础,以健全的财政支付系统和银行清算系统为依据,对预算单位需要购买的商品或劳务而要支付的款项经过国库单一账户体系支付到商品和劳务供应者或用款单位的一种制度。在国库集中支付制度下,财政资金并没有下拨到各预算单位,而是由财政国库直接进行支付。这样既减少了预算单位的存量资金,使得财政资金可以集中起来,而不是分散在各个预算单位,便于财政做宏观的统筹安排,也减少了由预算单位自己进行支付而发生舞弊的可能,这是其一。其二,国库集中支付制度也是当今国际社会所普遍采用的一种政府资金管理制度。我们可以借鉴国际上其他国家在运行国库集中支付制度时的先进经验和优点,从而使我们更加踏实、深入地推进财政体制的改革。

二、国库集中支付制度利弊分析

（一）国库集中支付制度的优点

1. **盘活存量资金,提高资金使用效率**

在传统的财政资金支付制度下,国库资金从年初预算到行政单位,便由行政单位自行安排使用支付。各个单位项目安排进度不一,资金支付迟早不一。这就形成了大量的沉淀资金在预算单位,而国库集中支付制度则是能把资金集中起来统筹安排,灵活运用,极大地提高了财政资金的使用效率。

2. **规范了支付行为,预防舞弊发生**

在国库集中支付制度下,行政单位的购买商品和劳务的行为,经过了事前预算、政府采购和最后的国库集中支付将资金直接支付到商品和劳务的供应商手中。这就减少了资金的周转环节,也减少了好大一部分的人情面子,预防了一些舞弊行为的发生。

3. 加强了财政监督力度

我国现行的行政单位的会计核算制度是收付实现制,如果没有预算管理、政府采购和国库集中支付,要想知道行政单位的财政资金用到哪里了、怎么用的,只有通过事后报表和事后审计才能知晓。无疑,这大大削弱了财政的监督力度。如今的财政体制改革将预算管理、政府采购和国库集中支付结合起来,同时进行,财政资金的运用就不仅有事前的预算、事中的采购,还有事后的支付,都在财政及政府机关的监督之下。这也是我国建立高效政府和廉洁政府的前提。

(二)国库集中支付制度的不足

1. 不能和部门预算完美结合

修订后的预算法规定,本级人民代表大会或本级人民代表大会常务委员会审核本级政府的预算、预算调整、决算和决算执行。这就和预算的施行形成了时间差,使国库集中支付的项目不能和预算项目做到完全一致。在部门预算经审批前,为保证政府部门的正常运行,行政单位的有些开支是必须支付的。所以,这就没能和部门预算做到完美结合。

2. 流程繁琐,资金支付效率不高

在国库集中支付制度下,每一笔资金的支付,尤其是直接支付,在商品或劳务验收完工后,先由预算单位提出网络支付,申请带好纸质的发票和相关手续去当地财政的国库部门层层审核把关确认无误后,再由国库部门将资金支付给供货方。这样的流程在运行过程中,延长了资金的支付期限,违背了公共财政的便民原则。而且,在此支付过程中,由于一个地区的国库部门面对的是本区域内所有的行政单位,所以,将甲供货方的款项打给乙供货方的事时有发生,这也不是我们公共财政改革的初衷。

3. 信息化程度低

在美国、法国、日本、巴西等国库集中支付制度实行较早的国家,都有一个健全的、强大的电子信息网络系统,直接联网中央和地方政府的所有的财政资金收付情况。这样国家就更能及时、准确地掌握财政资金的流向和动态。我们国家现阶段的国库集中支付制度却没有这样从上到下的健全的电子网络系统,以更加全面地反映中央和地方的财政资金情况。不仅如此,现行的国库集中支付网络还时常有一些缺陷出现,网络维护又不能及时跟进。这就给国库集中支付制度的彻底实行造成一些制约因素。

4. 人员素质和水平要求不高

在国库集中支付制度下预算单位的所有账务又回归到了本单位。除了账务系统的操作外,还增加了国库集中支付系统的操作、部门预算的网上编制、工资系统的操作和固定资产的电子软件记录等业务。这就要求在国库集中支付制度下需要的不仅仅是单纯的财务人员,更需要的是懂财务、懂会计电算化和熟悉各项财经法律法规的人才,尤其是能不断适应新制度改革的复合型财务人员。

三、影响国库集中支付制度实施效果的因素分析

(一)思想意识因素

在我国的计划经济体制下,传统的分散支付制度实施了很长一段时间,各级政府

的财政部门和其他行政单位已经习惯了将财政资金预算到单位,然后由单位自主进行支配和支付。而国库集中支付则是一种全新的理念,要求各级行政单位的负责人和财务人员解放思想意识,从财政资金的拨付、使用和最后的绩效考核都要接受新的改变。因此,在这个改变的过程就形成了国库集中支付制度改革的制约因素。

(二)制度设计

任何一项体制的改革,都要有立法的跟进,我国目前《预算法》的审批实施时间未能和国库集中支付同步进行,行政单位的会计核算制度仍然使用收付实现制而非全责发生制,固定资产的核算不计提折旧等。这些制度设计的缺陷也形成了国库集中支付制度全面实施的制约因素。

(三)配套设施

硬件方面,没有一个健全的完整的信息网络平台,就让国库集中支付制度在运行中,不能完全发挥其统收统支财政资金的职能,也不能提供全面的信息资料。软件方面,人员素质和技术水平的滞后,也让国库集中支付制度在运行中遇到了很多障碍,阻碍了国库集中支付制度的全面推行。

虽有上述制约因素影响着国库集中支付制度的实施效果,但是为了满足现如今市场经济体制下政府职能的转变和运行,我们只有不断地进行改革,摸索着前行,让我们的政府部门更好地为人民服务。我们只有在不断地前行过程中,且改革,且改进,且完善。

四、优化国库集中支付制度的对策

(一)加强预算制度的改革

新预算法的推出实施,将预算内容细化到了目级科目,并且一再强调预算公开与透明,引入了预算绩效考核概念,扩大了政府收支预算范围,制定了预算审查体系框架。但仍未改变当年预算当年审核的原则,这就使预算的审批滞后于预算的执行。美国的预算编制是在预算生效前一年的3月份开始实行,有充足的时间去审核和下达。我国的预算编制时间是在预算年度前一年的11月份左右进行,而审核则是在预算年度3月份的两会上进行。每个预算年初的国库集中支付就不能严格按照预算项目进行支付。如果我国能将预算的编制和审核下达时间安排的更加合理一些,那么国库集中支付制度就能严格执行编制的预算,减少预算执行过程中的调整项目,避免预算执行在年末集中进行的现象发生。这样也就做到了预算控制和国库集中支付的完美结合,使政府部门的每一笔开支都能做到有预算、有指标,且通过国库集中支付制度直接支付给商品或劳务的供应商。

(二)简化流程、提高资金支付效率

国库集中支付制度的核心就是通过国库单一账户来完成财政资金的支付,其本意是规范财政资金的支付行为、提高财政资金的使用效率、为预算执行提供保障、国库单一账户的运作是国家财政资金正常运转的关键,也是国库单一账户体系的核心。现阶段的国库单一账户的支付流程繁琐,影响到了财政资金的支付效率。因此,我们应该考虑通过扫描、上传纸质材料等电子网络流程来替换预算单位和财政国库部门之间的人员往来,同时依靠预算单位上报的电子信息为准直接审核支付,而不是国库部门依据预算单位传递的纸质材料重新打印支付凭证进行支付。这样,既减少了出错的可能,也减少了支付所需要的时间。这就符合了财政体制改革的初衷:建立一个廉洁、透明、高效的公共财政。

（三）建立一套先进的信息系统

美国的 GFMIS 系统,就涵盖了所有的部门预算,所有的财政拨款及国库单一账户资金所有的流入和流出。法国的国库收付系统、日本的国库信息管理系统、巴西政府的财务信息系统,都能反映从中央到地方所有财政资金的运行情况。借鉴国际先进经验,我国应该建立一套健全的集预算、收付和管理于一体的信息网络系统,进一步加速我国国库电算化以及财、税、库、行之间的计算机联网进程,实现数据互通、信息共享、互相监督。通过此系统,能观察到整个中央和地方的财政收支预算情况,还避免了财政收入资金在各级收入过渡账户的沉淀情况,增加了财政资金的时效性,提高了财政资金的使用效率。同时,还便于财政部门对财政资金进行监督和制约,将未支出的财政资金集中在国库单一账户中,更加有利于财政部门对资金的统一调度和管理,充裕的财力可提高国家财政的宏观调控能力。

（四）培养一批高素质、高水平的业务人员

任何一项改革的成功,都离不开人才的培养和跟进。国库集中支付制度的改革更是涉及从上到下各级政府的所有行政单位。所以,培养一批懂业务、高素质的财务人才迫在眉睫。我国财政部门应该通过竞争选拔、集中培训和跟踪教育等方式对各级行政单位的财务人员进行补充,使我国的国库集中支付制度改革得以顺利进行,尽早实现公共财政理念。

五、结语

我国的国库集中支付制度改革是实现我国公共财政理念改革的重点,是政府支出管理的重要手段,也是预算执行的必要保障。由于我国的分散支付制度实行了好长一段时间,在国库集中支付制度实施初期,有其必然的制约因素和存在的一些问题。比如,与预算制度、税收制度的改革不是很契合,支付流程不是很完美,信息网络建设不是很健全,再有就是人员因素的制约等方面的问题。但是,任何一项体制的改革都是一个循序渐进的过程。我们只有不断加强立法的跟进,从试点到全面铺开的大量的宣传和思想意识改变的跟进,技术支持、软硬件实施等配套设施的跟进等。本文针对以上问题提出了一些相应的改进措施希望能对我国的国库集中支付制度改革顺利实施有所帮助。

（资料来源：杜越楠："浅议行政单位国库集中支付制度",《中国集体经济》,2015 年第 19 期。）

第五章 行政单位财务报告和财务分析

教学目的与要求

通过本章的学习,掌握和理解行政单位的财务报告和财务分析的内容,理解年终清理和年终转账的过程和内容,掌握财务报表的编制方法和编制内容,以及财务分析的指标体系、内容及其分析方法。

第一节 行政单位财务报告

一、行政单位财务报告概述

行政单位对经常的、大量的日常收支业务,运用会计账户、编审会计凭证、登记会计账簿及财产清查等专门的会计核算方法进行反映和监督。但是,日常的会计记录资料毕竟是比较分散的,不能用来直接、全面、综合地反映行政单位一定时期内的预算执行情况全貌。行政单位会计在此基础上将日常核算资料进行综合和整理,定期编制出反映行政单位财务状况和预算执行结果的总结性书面文件就是行政单位财务报告。行政单位财务报告包括财务报表和财务情况说明书。行政单位财务报告的作用有三点。

(1) 各单位利用财务报告,可以分析、检查本单位预算的执行情况,发现本单位预算执行过程中存在的问题和潜力;也可以从中了解单位的财经纪律、财务制度的遵守情况;有利于总结经验,解决问题,不断提高本行政单位的预算管理水平。

(2) 各级主管部门利用下级单位的财务报告,可以考核各单位执行国家有关方针政策的情况,督促各单位认真遵守财经制度与法规,维护财经纪律;可以了解、分析各单位预算的执行情况,通过对各所属单位的财务报告数据的比较,发现所属单位之间预算执行的差距,了解造成差距的原因,可作为本系统领导决策和进行综合平衡的重要依据。

(3) 财政部门利用行政单位上报的财务报告或主管部门编制的汇总财务报告,便于检查、了解各行政单位应上缴的财政预算任务是否按时足额完成,预算收支是否按计划实现;可据以分析各单位预算资金收支的实际需要量,以便正确地核定预算拨款和调剂预算资金,作为下期编制和审核预算的重要参考依据。

二、行政单位财务报告的编制要求

行政单位资产负债表、财政拨款收入支出表和经费支出明细表应当至少按照年度编制,收入支出表应当至少按照月度和年度编制。编制财务报告的基本目的,是向财务报告的使用者提供有关财务方面的信息资料,保证财务报告提供的信息能及时、准确、完整地反映单位的财务状况。因此,行政单位编制财务报告时应遵循以下三项原则。

(一) 真实性原则

行政单位财务报告应该是对各行政单位预算执行情况真实、正确的反映。因此,行政单位在编制财务报告前,所有应入账的预算资金的收支业务,要全部登记入账,并要切实做到账实相符、账证相符、账账相符、账表相符,要根据核对无误的账簿记录,编制财务报告。数字应有根有据,不能估计数字,更不准弄虚作假,要保证会计报表数字准确无误。

(二) 完整性原则

财务报告应当全面反映单位的资金活动和经费收支的情况,反映单位经济活动的全貌。财务报告只有全面反映单位的财务状况,提供完整的财务信息资料,才能满足各方面对财务信息资料的需要。因此,财务报告要严格按照财政部门或上级主管部门统一规定的报表种类、格式、内容、计算方法和填制口径编报,以保证满足逐级分析和汇总的需要。财务报告中每一行次、项目均应一一填明。凡上级规定应加报的补充资料和要求作文字说明的,要分别报送,以保证财务报告的内容完整。

(三) 及时性原则

财务报告的时间性很强,如果编报不及时就会失去它应有的作用,且影响各单位报表的及时汇总上报,从而影响会计信息使用者作出正确的决策。所以,行政单位财务报告必须按照国家或上级主管部门规定的期限和程序,在保证报告信息真实、完整的前提下,在规定的期限内及时报送有关方面。

三、行政单位财务报告的主要内容及编制方法

(一) 财务报告的主要内容

行政单位的财务报告包括财务报表和财务情况说明书。财务报表包括资产负债表、收入支出表、财政拨款收入支出表、经费支出明细表、固定资产投资决算报表,以及相关附表和报表附注。财务情况说明书主要说明行政单位本期收入、支出、结转结余、专项资金使用及资产负债变动等情况,以及影响财务状况变化的重要事项,总结财务管理经验,对存在的问题提出改进意见。财务报表是行政单位财务报告的主要组成部分。

财务报表按不同的标准有不同的分类①。

1. 按报表内容分类

行政单位财务报表按其所反映的经济内容不同,可分为资产负债表、收入支出总表、财政拨款收入支出表、经费支出明细表。除此之外,还有一些附表,即根据财政部门或主管部门的要求编制报送的补充性报表,如基本数字表、报表说明书。

2. 按编报时间分类

行政单位财务报表按照其编报时间,可分为月报、季报和年报。

(1) 月报是反映行政单位截至报告月度资金活动情况和经费收支情况的报表。月报要求编报资产负债表、收入支出表。

(2) 季报是行政单位报告其季度资金活动情况和经费收支情况的报表。季报应在月报的基础上较详细地反映单位经费收支的全貌。季报还要求加报基本数字表。

(3) 年报,也称年度决算报表,是全面反映年度资金活动情况和经费收支预算执行情况的报表。

3. 按编报层次分类

行政单位财务报表按编报层次可分为本级报表和汇总报表。本级报表是反映各行政单位财务状况和经费收支预算执行情况的财务报表。汇总报表是各主管部门和二级单位对本级财务报表和经审查过的所属单位财务报表进行汇总后编制的报表。

(二) 资产负债表的编制方法

资产负债表是反映行政单位在某一特定日期财务状况和经费收支情况的财务报表。资产负债表应当按照资产、负债和净资产分类、分项列示。它分为月度报表、季度报表和年度报表。通常,月度报表和季度报表的内容一致,年度报表则是在 12 月份报表的基础上,通过年终转账和会计处理以后生成的报表。资产负债表能够反映行政单位在某一时点占有或使用的经济资源和负担的债务情况,是一种静态报表。

资产负债表一般分为两部分:表首和正表。

表首由表名、编表单位、编制日期及表内金额单位组成。表名为资产负债表,编表单位表示该表反映的是哪一单位的财务状况,编制日期表示该表反映的是哪一特定日期的财务状况,表内金额单位是说明表内金额的单位是元,还是千元等。

正表是资产负债表的基本部分。该表分为左右两方:左方是资产部类,具体包括资产类科目;右方为负债部类,具体包括负债类、净资产类科目。左右两方总额平衡,正是基于"资产=负债+净资产"会计方程式的平衡原理。资产负债表(月报或季报)的参考格式如表 5-1 所示。

资产负债表的项目,按会计要素的类别分别列示。表内各项目均按有关账户的余额数字填列。具体填列方法如下:

该表"年初余额"栏内各项数字,应当根据上年年末资产负债表"期末余额"栏内数字填列。如果本年度资产负债表规定的各个项目的名称和内容同上年度不相一致,应对上年年末资产负债表各项目的名称和数字按照本年度的规定进行调整,填入该表"年

---

① 财政部:《行政单位会计制度》,财库〔2013〕218 号印发。

初余额"栏内。

表 5-1　资产负债表

财行政 01 表

编制单位：　　　　　　　　　　　年　　月　　日　　　　　　　　　　　单位：元

资　　产	年初余额	期末余额	负债和净资产	年初余额	期末余额
流动资产：			短期负债：		
库存现金			应缴财政款		
银行存款			应缴税费		
财政应返还额度			应付职工薪酬		
应收账款			应付账款		
其他应收款			应付政府补贴款		
预付账款			其他应付款		
存货			一年内到期的长期负债		
其中：政府储备物资			短期负债合计		
流动资产合计			长期负债：		
固定资产			长期应付款		
固定资产原价			长期负债合计		
其中：公共基础设施原价			受托代理负债		
减：累计折旧			负债合计		
其中：公共基础设施累计折旧			财政拨款结转		
在建工程			财政拨款结余		
无形资产			其他资金结余		
无形资产原价			其中：项目结余		
减：累计摊销			净资产保留		
待处理财产损溢			净资产抵减		
受托代理资产			净资产合计		
资产总计			负债和净资产总计		

此表"期末余额"栏各项目的内容和填列方法。

1. 资产部类项目

（1）"库存现金"项目，反映行政单位期末库存现金的金额。本项目应当根据"库存现金"科目的期末余额填列；期末库存现金中有属于受托代理现金的，本项目应当根据"库存现金"科目的期末余额减去其中属于受托代理的现金金额后的余额填列。

（2）"银行存款"项目，反映行政单位期末银行存款的金额。本项目应当根据"银行存款"科目的期末余额填列；期末银行存款中有属于受托代理存款的，本项目应当根据"银行存款"科目的期末余额减去其中属于受托代理的存款金额后的余额填列。

（3）"财政应返还额度"项目，反映行政单位期末财政应返还额度的金额。本项目应当根据"财政应返还额度"科目的期末余额填列。

（4）"应收账款"项目，反映行政单位期末尚未收回的应收账款金额。本项目应当根据"应收账款"科目的期末余额填列。

（5）"其他应收款"项目，反映行政单位期末尚未收回的其他应收款余额。本项目应当根据"其他应收款"科目的期末余额填列。

（6）"预付账款"项目，反映行政单位预付给物资或者服务提供者款项的金额。本项目应当根据"预付账款"科目的期末余额填列。

（7）"存货"项目，反映行政单位期末为开展业务活动耗用而储存的存货的实际成本。本项目应当根据"存货"科目的期末余额填列。

（8）"固定资产"项目，反映行政单位期末各项固定资产的账面价值。本项目应当根据"固定资产"科目的期末余额减去"累计折旧"科目中"固定资产累计折旧"明细科目的期末余额后的金额填列。

"固定资产原价"项目，反映行政单位期末各项固定资产的原价。本项目应当根据"固定资产"科目的期末余额填列。

"固定资产累计折旧"项目，反映行政单位期末各项固定资产的累计折旧金额。本项目应当根据"累计折旧"科目中"固定资产累计折旧"明细科目的期末余额填列。

（9）"在建工程"项目，反映行政单位期末除公共基础设施在建工程以外的尚未完工交付使用的在建工程的实际成本。本项目应当根据"在建工程"科目中属于非公共基础设施在建工程的期末余额填列。

（10）"无形资产"项目，反映行政单位期末各项无形资产的账面价值。本项目应当根据"无形资产"科目的期末余额减去"累计摊销"科目的期末余额后的金额填列。

"无形资产原价"项目，反映行政单位期末各项无形资产的原价。本项目应当根据"无形资产"科目的期末余额填列。

"累计摊销"项目，反映行政单位期末各项无形资产的累计摊销金额。本项目应当根据"累计摊销"科目的期末余额填列。

（11）"待处理财产损溢"项目，反映行政单位期末待处理财产的价值及处理损溢。本项目应当根据"待处理财产损溢"科目的期末借方余额填列；如"待处理财产损溢"科目期末为贷方余额，则以"一"号填列。

（12）"政府储备物资"项目，反映行政单位期末储存管理的各种政府储备物资的实际成本。本项目应当根据"政府储备物资"科目的期末余额填列。

（13）"公共基础设施"项目，反映行政单位期末占有并直接管理的公共基础设施的账面价值。本项目应当根据"公共基础设施"科目的期末余额减去"累计折旧"科目中"公共基础设施累计折旧"明细科目的期末余额后的金额填列。

"公共基础设施原价"项目，反映行政单位期末占有并直接管理的公共基础设施的原价。本项目应当根据"公共基础设施"科目的期末余额填列。

"公共基础设施累计折旧"项目,反映行政单位期末占有并直接管理的公共基础设施的累计折旧金额。本项目应当根据"累计折旧"科目中"公共基础设施累计折旧"明细科目的期末余额填列。

(14)"公共基础设施在建工程"项目,反映行政单位期末尚未完工交付使用的公共基础设施在建工程的实际成本。本项目应当根据"在建工程"科目中属于公共基础设施在建工程的期末余额填列。

(15)"受托代理资产"项目,反映行政单位期末受托代理资产的价值。本项目应当根据"受托代理资产"科目的期末余额(扣除其中受托储存管理物资的金额)加上"库存现金""银行存款"科目中属于受托代理资产的现金余额和银行存款余额的合计数填列。

2. 负债部类项目

(1)"应缴财政款"项目,反映行政单位期末按规定应当上缴财政的款项(应缴税费除外)。本项目应当根据"应缴财政款"科目的期末余额填列。

(2)"应缴税费"项目,反映行政单位期末应缴未缴的各种税费。本项目应当根据"应缴税费"科目的期末贷方余额填列;如"应缴税费"科目期末为借方余额,则以"一"号填列。

(3)"应付职工薪酬"项目,反映行政单位期末尚未支付给职工的各种薪酬。本项目应当根据"应付职工薪酬"科目的期末余额填列。

(4)"应付账款"项目,反映行政单位期末尚未支付的偿还期限在1年以内(含1年)的应付账款的金额。本项目应当根据"应付账款"科目的期末余额填列。

(5)"应付政府补贴款"项目,反映行政单位期末尚未支付的应付政府补贴款的金额。本项目应当根据"应付政府补贴款"科目的期末余额填列。

(6)"其他应付款"项目,反映行政单位期末尚未支付的其他各项应付及暂收款项的金额。本项目应当根据"其他应付款"科目的期末余额填列。

(7)"一年内到期的长期负债"项目,反映行政单位期末承担的1年以内(含1年)到偿还期的非流动负债。本项目应当根据"长期应付款"等科目的期末余额分析填列。

(8)"长期应付款"项目,反映行政单位期末承担的偿还期限超过1年的应付款项。本项目应当根据"长期应付款"科目的期末余额减去其中1年以内(含1年)到偿还期的长期应付款金额后的余额填列。

(9)"受托代理负债"项目,反映行政单位期末受托代理负债的金额。本项目应当根据"受托代理负债"科目的期末余额(扣除其中受托储存管理物资对应的金额)填列。

3. 净资产类项目

(1)"财政拨款结转"项目,反映行政单位期末滚存的财政拨款结转资金。本项目应当根据"财政拨款结转"科目的期末余额填列。

(2)"财政拨款结余"项目,反映行政单位期末滚存的财政拨款结余资金。本项目应当根据"财政拨款结余"科目的期末余额填列。

(3)"其他资金结转结余"项目,反映行政单位期末滚存的除财政拨款以外的其他资金结转结余的金额。本项目应当根据"其他资金结转结余"科目的期末余额填列。

"项目结转"项目,反映行政单位期末滚存的非财政拨款未完成项目结转资金。本项目应当根据"其他资金结转结余"科目中"项目结转"明细科目的期末余额填列。

(4)"资产基金"项目,反映行政单位期末预付账款、存货、固定资产、在建工程、无形资产、政府储备物资、公共基础设施等非货币性资产在净资产中占用的金额。本项目应当根据"资产基金"科目的期末余额填列。

(5)"待偿债净资产"项目,反映行政单位期末因应付账款和长期应付款等负债而相应需在净资产中冲减的金额。本项目应当根据"待偿债净资产"科目的期末借方余额以"一"号填列。

4. 行政单位按月编制资产负债表的,应当遵照的规定

(1)月度资产负债表应在资产部分"银行存款"项目下增加"零余额账户用款额度"项目。

(2)"零余额账户用款额度"项目,反映行政单位期末零余额账户用款额度的金额。本项目应当根据"零余额账户用款额度"科目的期末余额填列。

(3)"财政拨款结转"项目。本项目应当根据"财政拨款结转"科目的期末余额,加上"财政拨款收入"科目本年累计发生额,减去"经费支出——财政拨款支出"科目本年累计发生额后的余额填列。

(4)"其他资金结转结余"项目。本项目应当根据"其他资金结转结余"科目的期末余额,加上"其他收入"科目本年累计发生额,减去"经费支出——其他资金支出"科目本年累计发生额,再减去"拨出经费"科目本年累计发生额后的余额填列。

"项目结转"项目。本项目应当根据"其他资金结转结余"科目中"项目结转"明细科目的期末余额,加上"其他收入"科目中项目收入的本年累计发生额,减去"经费支出——其他资金支出"科目中项目支出本年累计发生额,再减去"拨出经费"科目中项目支出本年累计发生额后的余额填列。

(5)月度资产负债表其他项目的填列方法与年度资产负债表的填列方法相同①。

(三)收入支出总表的编制

收入支出表是反映行政单位在某一会计期间全部收支情况的报表。表首也由表名、编表单位、编制日期和表内金额单位组成。

收入支出表应当按照收入、支出的构成和结转结余情况分类、分项列示。三部分之间的关系是:收入—支出=结余。参考格式如表5-2,收入、支出项目都需列示"本月数"和"本年累计数"。该表"本月数"栏反映各项目的本月实际发生数。在编制年度收入支出表时,应当将本栏改为"上年数"栏,反映上年度各项目的实际发生数;如果本年度收入支出表规定的各个项目的名称和内容同上年度不一致,应对上年度收入支出表各项目的名称和数字按照本年度的规定进行调整,填入本年度收入支出表的"上年数"栏。

该表"本年累计数"栏反映各项目自年初起至报告期末止的累计实际发生数。编制年度收入支出表时,应当将本栏改为"本年数"。

---

① 财政部:《行政单位会计制度》,财库[2013]218号印发。

表 5-2　收入支出表

财行政 02 表
编制单位：　　　　　　　　　　　　_____年_____月　　　　　　　　　　　　单位：元

项　　　目	行次	本月数	本年累计数
一、年初各项资金结转结余	1		
（一）年初财政拨款结转结余	2		
1. 财政拨款结转	3		
2. 财政拨款结余	4		
（二）年初其他资金结转结余	5		
二、各项资金结转结余调整及变动	6		
（一）财政拨款结转结余调整及变动	7		
（二）其他资金结转结余调整及变动	8		
三、收入合计	9		
（一）财政拨款收入	10		
1. 基本支出拨款	11		
2. 项目支出拨款	12		
（二）其他资金收入	13		
1. 非项目收入	14		
2. 项目收入	15		
四、支出合计	16		
（一）财政拨款支出	17		
1. 基本支出	18		
2. 项目支出	19		
（二）其他资金支出	20		
1. 非项目支出	21		
2. 项目支出	22		
五、本期收支差额	23		
（一）财政拨款收支差额	24		
（二）其他资金收支差额	25		
六、年末各项资金结转结余	26		
（一）年末财政拨款结转结余	27		
1. 财政拨款结转	28		
2. 财政拨款结余	29		
（二）年末其他资金结余	30		

该表"本月数"栏各项目的内容和填列方法具体如下。

1. "年初各项资金结转结余"项目

"年初各项资金结转结余"项目及其所属各明细项目,反映行政单位本年初所有资金结转结余的金额。各明细项目应当根据"财政拨款结转""财政拨款结余""其他资金结转结余"及其明细科目的年初余额填列。本项目及其所属各明细项目的数额,应当与上年度收入支出表中"年末各项资金结转结余"中各明细项目的数额相等。

2. "各项资金结转结余调整及变动"项目

"各项资金结转结余调整及变动"项目及其所属各明细项目,反映行政单位因发生需要调整以前年度各项资金结转结余的事项,以及本年因调入、上缴或交回等导致各项资金结转结余变动的金额。

(1) "财政拨款结转结余调整及变动"项目,根据"财政拨款结转""财政拨款结余"科目下的"年初余额调整""归集上缴""归集调入"明细科目的本期贷方发生额合计数减去本期借方发生额合计数的差额填列;如为负数,以"一"号填列。

(2) "其他资金结转结余调整及变动"项目,根据"其他资金结转结余"科目下的"年初余额调整""结余调剂"明细科目的本期贷方发生额合计数减去本期借方发生额合计数的差额填列;如为负数,以"一"号填列。

3. "收入合计"项目

"收入合计"项目,反映行政单位本期取得的各项收入的金额。本项目应当根据"财政拨款收入"科目的本期发生额加上"其他收入"科目的本期发生额的合计数填列。

(1) "财政拨款收入"项目及其所属明细项目,反映行政单位本期从同级财政部门取得的各类财政拨款的金额。本项目应当根据"财政拨款收入"科目及其所属明细科目的本期发生额填列。

(2) "其他资金收入"项目及其所属明细项目,反映行政单位本期取得的各类非财政拨款的金额。本项目应当根据"其他收入"科目及其所属明细科目的本期发生额填列。

4. "支出合计"项目

"支出合计"项目,反映行政单位本期发生的各项资金支出金额。本项目应当根据"经费支出"和"拨出经费"科目的本期发生额的合计数填列。

(1) "财政拨款支出"项目及其所属明细项目,反映行政单位本期发生的财政拨款支出金额。本项目应当根据"经费支出——财政拨款支出"科目及其所属明细科目的本期发生额填列。

(2) "其他资金支出"项目及其所属明细项目,反映行政单位本期使用各类非财政拨款资金发生的支出金额。本项目应当根据"经费支出——其他资金支出"和"拨出经费"科目及其所属明细科目的本期发生额的合计数填列。

5. "本期收支差额"项目

"本期收支差额"项目及其所属各明细项目,反映行政单位本期发生的各项资金收入和支出相抵后的余额。

(1)"财政拨款收支差额"项目,反映行政单位本期发生的财政拨款资金收入和支出相抵后的余额。本项目应当根据本表中"财政拨款收入"项目金额减去"财政拨款支出"项目金额后的余额填列;如为负数,以"—"号填列。

(2)"其他资金收支差额"项目,反映行政单位本期发生的非财政拨款资金收入和支出相抵后的余额。本项目应当根据本表中"其他资金收入"项目金额减去"其他资金支出"项目金额后的余额填列;如为负数,以"—"号填列。

6."年末各项资金结转结余"项目

"年末各项资金结转结余"项目及其所属各明细项目,反映行政单位截至本年末的各项资金结转结余金额。各明细项目应当根据"财政拨款结转""财政拨款结余""其他资金结转结余"科目的年末余额填列。

上述"年初各项资金结转结余"、"年末各项资金结转结余"项目及其所属各明细项目,只在编制年度收入支出表时填列①。

(四)财政拨款收入支出表的编制

财政拨款收入支出表是反映行政单位在某一会计期间财政拨款收入、支出、结转及结余情况的报表。它也由表首和正表组成。

表首也由表名、编表单位、编制日期和表内金额单位组成。参考格式见表5-3。

正表"项目"栏内各项目,应当根据行政单位取得的财政预算拨款种类分项设置;其中"项目支出"下,根据每个项目设置;行政单位取得除公共财政预算拨款和政府性基金预算拨款以外的其他财政拨款的,应当按照财政拨款种类增加相应的资金项目及其明细项目。

本表各栏及其对应项目的内容和填列方法如下。

(1)"年初结转结余"栏中各项目根据"财政拨款结转""财政拨款结余"及其明细科目的年初余额填列,且各项目的数额与上年度财政拨款收入支出表中"年末结转结余"栏中各项目的数额相等。

(2)"调整年初结转结余"栏中各项目根据"财政拨款结转""财政拨款结余"科目中"年初余额调整"科目及其所属明细科目的本年发生额填列。如调整减少年初财政拨款结转结余,以"—"号填列。

(3)"归集调入或上缴"栏中各项目根据"财政拨款结转""财政拨款结余"科目中"归集上缴"和"归集调入"科目及其所属明细科目的本年发生额填列。对归集上缴的财政拨款结转结余资金,以"—"号填列。

(4)"单位内部调剂"栏中各项目根据"财政拨款结转"和"财政拨款结余"科目中的"单位内部调剂"及其所属明细科目的本年发生额填列。对单位内部调剂减少的财政拨款结转结余项目,以"—"号填列。

(5)"本年收入"栏中各项目根据"财政拨款收入"科目及其所属明细科目的本年发生额填列。

(6)"本年支出"栏中各项目根据"经费支出"和"转出经费"科目及其所属相关明细

---

① 财政部:《行政单位会计制度》,财库〔2013〕218号印发。

科目的本年发生额的合计数填列。

(7)"年末结转结余"栏中各项目根据"财政拨款结转""财政拨款结余"科目及其所属明细科目的年末余额填列①。

表 5-3 财政拨款收入支出表

财行政 03 表

编制单位：　　　　　　　　　　　　年度　　　　　　　　　　　　单位：元

项　目	年初财政拨款结转结余		调整年初财政拨款结转结余	归集调入或上缴	单位内部调剂		本年财政拨款收入	本年财政拨款支出	年末财政拨款结转结余	
	结转	结余			结转	结余			结转	结余
一、公共财政预算资金										
(一)基本支出										
1. 人员经费										
2. 日常公用经费										
(二)项目支出										
1. ××项目										
2. ××项目										
……										
二、政府性基金预算资金										
(一)基本支出										
1. 人员经费										
2. 日常公用经费										
(二)项目支出										
1. ××项目										
2. ××项目										
……										
总计										

(五)经费支出明细表的编制

经费支出明细表是反映行政单位在一定时期内预算执行情况的报表。经费支出明细表的项目，应当按"政府预算支出科目"列示。对于用财政拨款和预算外资金收入安排的支出应按支出的用途分别列示。该表应于每月末、季末、年末报出，表内各项目的数据根据"经费支出明细账"中记录的数据填列。经费支出明细表的参考格式见表5-4、表5-5、表5-6。

---

① 财政部：《行政单位会计制度》，财库〔2013〕218号印发。

表 5-4　经费支出明细表

编制单位：　　　　　　　　　　　　　年度　　　　　　　　　　　　　　　　　　　　　　　　　财行政 04 表
单位：元

项目			合计	工资福利支出						商品和服务支出								
支出功能分类科目编码			科目名称	小计	基本工资	津贴补贴	奖金	社会保障缴费	伙食补助费	……	小计	办公费	印刷费	水费	电费	邮电费	取暖费	物业管理费	差旅费	会议费	培训费	……
类	款	项	栏次																			
			合计																			

续表

表5-5 经费支出明细表

项目			对个人和家庭的补助						基本建设支出					其他资本性支出					对企事业单位的补贴			
	科目名称		小计	离休费	退休费	生活补助	医疗费	住房公积金	……	小计	房屋建筑物构建	办公设备购置	交通工具购置	……	小计	房屋建筑物构建	办公设备购置	交通工具购置	……	小计	企业政策性补贴	事业单位补贴	财政贴息
支出功能分类科目编码	类	栏次																					
	款																						
	项	合计																					

表5-6 经费支出明细表

续表

项目			债务利息支出					赠与			贷款转贷及产权参股			其他支出
支出功能分类科目编码	科目名称	小计	向国家银行借款付息	其他国内借款付息	向国外政府借款付息	向国际组织借款付息	其他国外借款付息	小计	对国内的赠与	对国外的赠与	小计	国内贷款	产权参股	其他贷款转贷及产权参股支出
栏次														
合计														
类														
款														
项														

通过阅读经费支出明细表,可以了解掌握行政单位各项支出的具体用途和支出水平,便于分析其支出的合理性,控制不合理的开支;可以了解行政单位预算支出的执行情况,从而对财政部门或上级主管部门加强预算管理、控制预算拨款数均有重要意义。

(六)附注

行政单位的报表附注应当至少披露下列内容:

(1)遵循《行政单位会计制度》的声明;

(2)单位整体财务状况、预算执行情况的说明;

(3)会计报表中列示的重要项目的进一步说明,包括其主要构成、增减变动情况等;

(4)重要资产处置、资产重大损失情况的说明;

(5)以名义金额计量的资产名称、数量等情况,以及以名义金额计量理由的说明;

(6)或有负债情况的说明、1年以上到期负债预计偿还时间和数量的说明;

(7)以前年度结转结余调整情况的说明;

(8)有助于理解和分析会计报表的其他需要说明事项[①]。

四、行政单位年度财务报告的编报和审批

行政单位年度财务报告指行政单位在每个会计年度终了,根据财政部门决算编审工作要求,在日常会计核算的基础上编制的、综合反映本单位财务收支状况和各项资金管理状况的总结性文件。

通过编报行政单位年度财务报告,收集汇总行政单位财务收支、经费来源与运用、资产与负债、机构、人员与工资等方面的基本数据,可以全面、真实地反映行政单位财务状况和预算执行结果,为财政部门审查批复决算和编制后续年度财政预算提供基本依据,并满足国家财务会计监管、各项资金管理以及宏观经济决策等信息需要。

(一)行政单位年度财务报告的编报

年终清理结算和结账是行政单位编报年度决算的一个重要环节,也是保证单位决算报表数字准确、真实、完整的一项基础性工作。各行政单位在年度终了前,应根据财政部门或上级主管部门的决算编审工作要求,对各项收支项目、往来款项、货币资金及财产物资进行全面的年终清理结算,并在此基础上办理年度结账、编报决算。

1. 年终清理结算

年终清理结算就是对单位全年预算资金和其他资金收支活动进行全面清理、核对、整理和结算的工作。其主要内容有五项。

(1)清理核对年度预算数字和预算领拨款数字。年终前,财政机关、上级单位和所属各单位之间,应当认真清理核对全年预算数字。同时,要逐笔清理核对上下级之间预算拨款和预算缴款数字,按核定的预算或调整的预算,该拨付的拨付,该缴回的缴回,保证上下级之间的年度预算数、领拨经费数和上缴、下拨数一致。

---

① 财政部:《行政单位会计制度》,财库〔2013〕218号印发。

为了准确反映各项收支数额,凡属本年度的应拨款项,应当在12月31日前汇达对方。主管会计单位对所属各单位的预算拨款和非税资金拨款,截至12月25日,逾期一般不再下拨。

(2) 清理核对各项收支款项。本年度的各项收入要及时入账。本年度的各项应缴预算款和应缴财政专户的预算外资金,要在年终前全部上缴。本年度的各项支出要按规定的支出渠道如实列报。单位的年度支出决算,一律以基层用款单位截至12月31日的本年实际支出数为准,不得将年终前预拨下一年度的预算拨款列入本年的支出,也不得以上级会计单位的拨款数代替基层会计单位的实际支出数。

(3) 清理债权债务等往来结算款项。行政单位的暂付款、暂存款等往来款项,年终前都要尽量清理完毕、严格控制。按有关规定应当转作各项收入或各项支出的往来款项,一定要及时转入有关收入、支出账户,编入本年决算,不得在往来账上长期挂账,以免收入、支出数字不实。主管单位收到财政专户核拨的非税资金属于应返还所属单位的部分应及时转拨所属单位,不得在"其他应付款"挂账。

(4) 清理财产物资。年终前,各行政单位应对各项财产物资进行清查盘点,发生盘盈、盘亏,要及时查明原因,按规定作出处理,并调整账务,做到账账相符、账实相符。由于年末会计事务很多,而盘点财产物资牵涉面又较广,所以,要事先计划,提早进行清查工作。

(5) 清理货币资金。年终前,行政单位要及时与开户银行对账,银行存款账面余额应与银行对账单的余额相符。现金账面余额应与库存现金相符。

2. 年终结账

各行政单位在年终清理结算的基础上进行年终结账。年终结账工作,一般分为年终转账、结清旧账和记入新账三个环节。

(1) 年终转账。账目核对无误后,首先计算出各账户借方或贷方的12月份合计数和全年累计数,结出12月末的余额。然后,根据12月末的账户余额,编制结账前的"资产负债表",经试算平衡无误后,再将应对冲结转的各个收支账户的余额按年终冲转办法,填制12月31日的记账凭证,办理冲账结转。

(2) 结清旧账。将结账后无余额的账户结出全年总累计数,然后在下面划双红线,表示本账户全部结清。对年终有余额的账户,在"全年累计数"下行的"摘要"栏内注明"结转下年"字样,再在下面划双红线,表示年终余额转入新账,旧账结束。

(3) 记入新账。根据本年度各个总账、明细账和日记账的账户余额,编制年终决算的资产负债表和有关明细表。将表中各账户的年终余额数(不编制记账凭证)直接记入新年度总账、明细账和日记账各账户预留空行的余额栏内,并在"摘要"栏注明"上年结转"字样,以区别新年度发生数。

行政单位的单位决算经财政部门或上级主管部门审核批复后,需调整上报决算数字时,还应当相应调整旧账,重新办理结账和过入新账手续。

年终清理和年终结账完毕,即可编制年终决算报表。年度决算报表的种类和要求,按财政部门和上级主管部门下达的有关决算编审规定组织执行,行政单位需要编报的年报通常有资产负债表、收入支出总表、财政拨款收入支出表、经费支出明细表、基本数字表以及报表说明书。

年度财务报告应当层层汇总编制。基层单位的财务报告应根据登记完整、核对无误的账簿记录和其他有关资料编制,切实做到账表相符,不得估列代编。主管会计单位和二级会计单位应根据本级报表和经审核后的所属单位财务报表编制汇总财务报表,借以反映全系统的预算执行情况和资金活动情况。汇总财务报表的种类和内容、格式与基层财务报表相同。汇总编制时应将相同项目的金额加计总额后填列,但上下级单位之间对应的上缴、下拨数以及系统内部各单位之间的往来款项应相互冲销。如果上级单位拨出经费与所属单位的拨入经费对冲,系统内部本单位的暂收款和所属单位的暂付款冲销等,以免重复计算。

(二) 行政单位年度财务报告的审批

行政单位年度财务报告编好之后,要认真进行审核,确认无误之后才能上报。上级单位对所属单位上报的财务报表,要再一次进行审核,然后汇总。

1. 政策性审核

政策性审核主要是审查行政单位的财务报表中反映的资金收支和预算执行情况是否符合国家的政策、法规、制度,有无违反财经纪律的现象。

(1) 预算执行情况的审核。审核有无截留应拨给下属单位的经费;本单位经费支出是否严格控制,有无不合理支出。

(2) 专项资金使用情况的审核。审核专项资金是否用到了指定的项目,是否做到了专款专用,是否单独建账,是否单独核算;项目进度如何,资金使用效益如何;结余资金是否按规定进行了处理,等等。

(3) 其他各项收入、支出的审核。审核各种收费是否符合有关规定;应缴预算收入是否及时、足额上缴,有没有截留挪用情况;收取附属单位缴款是否按规定收取,有无乱摊派、乱收款现象;各项支出的安排是否合理,等等。

(4) 其他方面的审核。债权债务等往来款项的管理是否严格,是否进行了及时清理结算;材料物资有无积压浪费现象;有价证券的购买是否符合规定,有无足够的资金来源,是否挪用了预算拨款或专项拨款购买有价证券,是否有违反规定炒买炒卖股票及企业债券情况,等等。

2. 技术性审核

技术性审核主要是审核财务报表的数字是否正确,规定的报表是否齐全,表内项目是否按规定填报,有无漏报、错报情况,报送是否及时,报表上各项签章是否齐全等。

(1) 审核上下级单位之间的上缴、下拨数是否一致;

(2) 审核上下年度有关数字是否一致;

(3) 审核各个报表之间的有关数字是否一致;

(4) 审核各个报表中的数字计算是否正确;

(5) 审核报表中的数字与业务部门提供的数字是否一致。

各行政单位只有对经过认真审核后的财务报表,才能签章上报;上级主管部门只有对所属单位的财务报表进行了认真审核批复之后,才能进行汇总。

第二节 行政单位财务分析

一、行政单位财务分析概述

财务分析是经济活动分析的一种形式,是财务管理的组成部分和重要手段。其以会计核算和报表资料及其他相关资料为依据,采用一系列专门的分析技术和方法,对企业等经济组织过去和现在有关筹资活动、投资活动、经营活动、分配活动的盈利能力、营运能力、偿债能力和增长能力状况等进行分析与评价的经济管理活动。它是为企业的投资者、债权人、经营者及其他关心企业的组织或个人了解企业过去、评价企业现状、预测企业未来作出正确决策提供准确的信息或依据的经济应用学科。行政事业单位财务分析,主要是相依据财务报表和其他有关信息资料,运用系统科学的财务分析方法,对行政事业单位的财务活动过程及其业绩成果进行研究、分析和评价,以利于行政事业单位的管理者、投资者以及政府管理机构掌握行政事业单位的资金活动情况并进行营运决策的一项管理活动[①]。

行政单位的财务报表,虽然反映了行政单位在一定时期内预算执行的结果和财务收支的状况,但由于预算收支错综复杂,涉及报告期内全部业务活动,财务报表数字还不能具体地说明预算执行结果的好坏及其形成原因。为了进一步弄清预算在执行过程中超支或结余的具体情况和原因,以肯定成绩、找出差距、揭露矛盾、改进工作,就需要对财务报表的数字资料、各项指标内在因素的相互关系进行全面分析研究,总结预算管理工作中的经验教训,寻找进一步增收节支、提高资金使用效益的途径,为编制下年预算提供线索和依据,不断提高预算管理水平。

行政单位财务制度规定的财务分析指标主要有:支出增长率,当年预算支出完成率,人均开支,项目支出占总支出比重,人员支出、公用支出占总支出的比率,人均办公使用面积,人车比例等。这些指标是反映行政单位财务状况和工作成果的重要财务比率。

(一)支出增长率

支出增长率是衡量行政单位支出的增长水平的指标。其计算公式如下:

$$支出增长率 = (本期支出总额 \div 上期支出总额 - 1) \times 100\%$$

通过计算支出增长率,可以分析支出的增长是否与其行政职能的大小、人员编制的多少及业务规模和财政状况相适应。

(二)当年预算支出完成率

当年预算支出完成率是衡量行政单位当年支出总预算及分项预算完成的程度的指标。其计算公式如下:

[①] 缪匡华编著:《公共组织财务管理》,厦门大学出版社,2014年,第221页。

当年预算支出完成率＝年终执行数÷(年初预算数±年中预算调整数)×100％

年终执行数不含上年结转和结余支出数。

(三) 人均开支

人均开支是衡量行政单位人均年消耗经费水平的指标。其计算公式如下：

人均开支＝本期支出数÷本期平均在职人员数×100％

通过计算人均开支指标，可以反映行政单位费用支出定额的执行情况，反映行政单位费用开支的规模和水平；可以用于对比分析并找出人均开支增减的原因。

(四) 项目支出占总支出比重

专项支出占总支出的比重，是反映行政单位专项支出与总支出两者之间比例关系的指标。其计算公式如下：

项目支出比率＝本期项目支出数÷本期支出总数×100％

通过计算专项支出占总支出的比重，可以反映行政单位的支出结构及专项业务活动的规模，可以用于对比分析并找出专项支出增减的原因。

(五) 人员支出、公用支出占总支出的比率

人员支出、公用支出占总支出的比率，是衡量行政单位的支出结构的指标。其计算公式如下：

人员支出比率＝本期人员支出数÷本期支出总数×100％
公用支出比率＝本期公用支出数÷本期支出总数×100％

通过计算人员经费占总支出的比重，可以反映行政单位经费支出结构和人员经费支出的规模，可用于对比分析并找出人员经费占总支出比重增减的原因。

(六) 人均办公使用面积

人均办公使用面积是衡量行政单位办公用房配备情况的指标。其计算公式如下：

人均办公使用面积＝本期末单位办公用房使用面积÷本期末在职人员数

(七) 人车比例

人车比例是衡量行政单位公务用车配备情况的指标。其计算公式如下：

人车比例＝本期末在职人员数÷本期末公务用车实有数

通过计算人车比例，可以反映单位机动车的配备情况。通过对比分析，可以看出行政单位车辆配备的变化情况，与其他单位比较所存在的差异，并进一步找出变化的原因和差异产生的原因。

另外，各行政单位及其他分析主体还可以根据自身的实际情况，增加分析一些财务比率指标，比如计算分析经费支出与收入比率、结余与收入比率、资产负债率、固定资产占总资产的比重等[1]。

---

[1] 财政部：《行政单位财务规则》第六十三条，财政部令第71号。

二、行政单位财务分析的内容和形式

(一) 行政单位财务分析的内容

行政单位财务分析的内容包括预算收支执行情况、开支水平、人员增减情况、固定资产利用情况等。

1. 预算收支执行情况的分析

这主要分析行政单位实际收支与预算安排之间的差异及其产生的原因。行政单位的收入主要依靠国家财政拨款,因此其预算执行情况的分析着重在预算支出执行情况的分析。预算支出执行情况的分析,可以通过编制"预算支出执行情况分析表"进行,分别列示预算支出各项目的上年实际数、本年预算数、本年实际数,以及本年实际数占上年实际数的比重和占本年预算数的比重,并分析各项目本年实际数与预算数产生差异的原因。

2. 开支水平的分析

这主要分析各种支出是否按进度进行,是否按规定的用途、标准使用,开支水平和支出结构是否合理,各项费用定额的执行情况,通过与前期、与同类型单位相比,找出差距及其形成原因。

3. 人员增减情况的分析

这主要分析人员是否控制在国家核定的编制内,有无超编现象及超编原因,各类人员配备及其结构是否合理;人员数量和结构变化情况及其原因;人员增减变化对支出的影响及影响程度。

4. 固定资产利用情况的分析

这主要分析固定资产的增减变化及其资金来源是否正当、合理;新增固定资产中各类固定资产所占比重是否合理,重大的固定资产购置是否经过比较充分的可行性论证,业务急需的固定资产购置是否给予优先安排;减少的固定资产是否合理,有无合法的手续;现有固定资产利用状况如何,有无长期闲置积压现象等。

(二) 行政单位财务分析的形式

行政单位财务分析根据财务管理的需要可分为全面分析和专题分析,定期分析和不定期分析,以及事前分析、事中分析和事后分析。行政单位财务分析的各项内容,均应编写成书面材料,随同决算和季度报表上报。

三、行政单位财务分析的程序和方法

(一) 财务分析的程序

1. 总体分析

首先利用比较分析法对财务报表揭示出的单位一般情况进行总体分析,了解单位的财务状况、预算执行情况、经费支出及结余情况等。

2. 具体分析

在总体分析的基础上,可采用比率分析法进行具体分析,以说明单位某些经济指标构成的合理性、业务活动的业绩、业务活动及资金活动的发展趋势。

3. 深入分析

对上述分析中出现的一些重大差异进行深入分析,找出形成差异的原因及改进的措施。

(二) 财务分析的方法

财务分析的方法有很多种,分为定性分析法和定量分析法。定性分析法主要包括经验判断法、会议分析法、专家分析法、类比分析法;定量分析法主要包括比较分析法、比率分析法、因素分析法。

1. 定性分析法

所谓定性分析方法是指对行政事业单位各项财务指标变动的合法性理性、可行性、有效性进行科学的论证和说明。定性分析的方法一般有四种。

(1) 经验判断法。

经验判断法是分析人员在了解过去和现实资料以及定量分析结果的基础上,充分考虑单位内外条件变化,运用个人的经验和知识作出判断。这种分析方法主要靠个人的经验,作出的判断带有一定的主观性,其缺点十分明显。一般来说,这种方法是在条件限制或时间紧迫的情况下不得不采取的一种权宜方法。

(2) 会议分析法。

会议分析法是由分析人员召集对分析对象状况熟悉、有经验的有关人员开会,按照预先拟定的分析提纲进行分析、研究、讨论。充分发扬民主,广泛征求意见,然后把各方面的意见整理、归纳、分析,判断未来的情况并作出分析结论。这是一种集思广益的方法,但这种分析方法会产生意见很不一致的情况,给作出正确的分析结论带来困难。

(3) 专家分析法。

专家分析法是邀请一组专家开会座谈,互相交换情报资料,经过充分讨论的条件下,把专家们的意见集中起来,作出综合分析判断。它与会议分析法有相同的优点,但同样是个人的直观判断,具有一定的主观性。

(4) 类比分析法。

类比分析法是在分析者掌握与分析对象有关的过去的资料、现在的情况等有关数据及其变化规律的基础上,利用所掌握的这些资料与其分析对象之间的类比性来进行推测,这种分析虽然也主要是靠人的经验和认识来进行判断,但它有一定的客观依据进行比较,所以能提高分析信息的可靠性[①]。

2. 定量分析法

定量分析的方法一般有以下三种。

(1) 比较分析法。

比较分析法,是通过对比两期或连续数期财务报告中的相同指标,确定其增减变动的方向、数额和幅度,来说明行政事业单位财务状况或经营成果变动趋势的一种方法。

---

① 缪匡华编著:《公共组织财务管理》,厦门大学出版社,2014年,第229—230页。

比较分析法的具体运用主要有重要财务指标的比较、会计报表的比较和会计报表项目构成的比较三种方式。

① 重要财务指标的比较。

它是将不同时期财务报告中的相同指标或比率进行比较,直接观察其增减变动情况及变动幅度,考察其发展趋势,预测其发展前景。对不同时期财务指标的比较,可以有以下三种方法。

固定基动态比率。它是以某一时期的数额为固定的基期数额而计算出来的动态比率。其计算公式为

$$固定基动态比率 = 分析期数额 \div 固定基期数额$$

环比动态比率。它是以每一分析朗的前期数额为基期数额而计算出来动态比率。其计算公式为

$$环比动态比率 = 分析期数额 \div 前期数额$$

绝对数分析法。绝对数分析是将不同时期、相同项目的绝对金额进行比较,以观察其绝对额的变化趋势。

② 会计报表的比较。

会计报表的比较是各连续数期的会计报表的金额并列起来,比较其相同指标的增减变动金额和幅度,据以判断企业财务状况和经营成果发展变化的一种方法。

③ 会计报表项目构成的比较。

这是在会计报表比较的基础上发展而来的。它是以会计报表中的某个总体指标作为100%,再计算出其各组成项目占该总体指标的百分比,从而来比较各个项目百分比的增减变动,以此来判断有关财务活动的变化趋势。但在采用比较分析法时,必须注意以下问题:

① 用于进行对比的各个时期的指标,在计算口径上必须一致;

② 剔除偶发性项目的影响,使作为分析的数据能反映正常的经营状况;

③ 应用例外原则,应对某项有显著变动的指标做重点分析,研究其产生的原因,以便采取对策,趋利避害[①]。

(2) 比率分析法。

比率分析法是指利用财务报表中两项相关数值的比率揭示企业财务状况和经营成果的一种分析方法。根据分析的目的和要求的不同,比率分析主要有以下三种。

① 构成比率。构成比率又称结构比率,是某个经济指标的各个组成部分与总体的比率,反映部分与总体的关系。其计算公式为

$$构成比率 = 某个组成部分数额 \div 总体数额$$

利用构成比率,可以考察总体中某个部分的形成和安排是否合理,以便协调各项财务活动。

---

① 缪匡华编著:《公共组织财务管理》,厦门大学出版社,2014年,第230—231页。

② 效率比率。它是某项经济活动中所费与所得的比率,反映投入与产出的关系。利用效率比率指标,可以进行得失比较,考察经营成果,评价经济效益。

③ 相关比率。它是根据经济活动客观存在的相互依存、相互联系的关系,以某个项目和与其有关但又不同的项目以对比所得的比率,反映有关经济活动的相互关系,如流动比率。

比率分析法的优点是计算简便,计算结果容易判断,而且可以使某些指标在不同规模的企业之间进行比较,甚至也能在一定程度上超越行业间的差别进行比较。采用这一方法时对比率指标的使用应该注意以下三点:

① 对比项目的相关性。计算比率的子项和母项必须具有相关性,把不相关的项目进行对比是没有意义的。

② 对比口径的一致性。计算比率的子项和母项必须在计算时间、范围等方面保持口径一致。

③ 衡量标准的科学性。运用比率分析,需要选用一定的标准与之对比,以便对企业的财务状况作出评价。通常而言,科学合理的对比标准有:预定目标、历史标准、行业标准、公认标准。

(3) 因素分析法。

因素分析法是依据分析指标与其影响因素的关系,从数量上确定各因素对分析指标影响方向和影响程度的一种方法。采用这种方法的出发点在于,当有若干因素对分析对象发生影响作用时,假定其他各个因素都无变化。顺序确定每一个因素单独变化所产生的影响。因素分析法具体有两种:连环替代法和差额分析法。采用因素分析法时,必须注意以下问题:① 因素分解的关联性;② 因素替代的顺序性;③ 顺序替代的连环性;④ 计算结果的假定性。

上述各方法有一定程度的重合①。

四、行政单位财务分析报告的编写

财务分析报告是指行政单位在一定会计期间对单位进行财务活动情况分析的书面性报告,是把行政事业活动和财务状况分析的数据、情况、成绩、问题、原因等,向有关领导和部门进行反映和说明的总结性书面报告。财务分析报告是在进行了财务分析之后,对单位的计划完成情况、预算执行情况以及财务状况所进行的综述。

编写财务分析报告的基本要求是:抓住主要矛盾,实事求是反映问题;数字运用恰当、准确,观点和材料相统一;文字精练、准确。

(一) 财务分析报告的主要内容

1. 提要部分

此部分概括行政事业单位综合情况,让财务报告接收者对财务分析说明有个总括的认识。

---

① 缪匡华编著:《公共组织财务管理》,厦门大学出版社,2014年,第231—232页。

2. 说明部分

此部分是对单位运行及财务现状的介绍。该部分要求文字表述恰当、数据引用准确。对财务指标进行说明时可适当运用绝对数、比较数及复合指标数。特别要关注单位当前运作上的重心,对重要事项要单独反映。

3. 分析部分

此部分是对单位的业务活动情况进行分析研究。在说明问题的同时还要分析问题,寻找问题的原因和症结,以达到解决问题的目的。财务分析一定要有理有据,要细化分解各项指标,突出表达分析的内容。分析问题一定要善于抓住当前要点,多反映单位运行焦点和易于忽视的问题。

4. 评价部分

此部分在作出财务说明和分析后,对于业务情况、财务状况、成果业绩,应该从财务角度给予公正、客观的评价和预测。评价要从正面和负面两方面进行,评价既可以单独分段进行,也可以将评价内容穿插在说明部分和分析部分。

5. 建议部分

在此部分,财务人员在对财务分析后形成的意见和看法,特别是对存在的问题所提出的改进建议。财务分析报告中提出的建议要具体化,有一套切实可行的方案[1]。

(二)在编写事业单位财务分析报告过程中须注意的事项

1. 建立台账和数据库

财务人员对分析的项目按性质、用途、类别、区域、责任人,按月度、季度、年度进行统计,建立台账,以便在编写财务分析报告时有据可查。

2. 关注重要事项

财务人员对业务运行、财务状况中的重大变动事项要勤于做笔录,记载事项发生的时间、计划、预算、责任人及发生变化的各影响因素。

3. 关注业务运行

财务人员应尽可能争取多参加相关会议,了解行政、事业等各类情况,听取各方面意见。

4. 定期收集报表

财务人员除收集会计核算方面的有些数据之外,还应要求各相关部门及时提交可利用的其他报表,对这些报表要认真审阅、及时发现问题、总结问题。

5. 岗位分析

所有财务人员应对本职工作养成分析的习惯,这样既可以提升个人素质,也有利于各岗位之间相互借鉴经验。只有每一岗位都发现问题、分析问题,才能编写出内容全面的、有深度的财务分析报告[2]。

---

[1] 缪匡华编著:《公共组织财务管理》,厦门大学出版社,2014年,第234页。
[2] 缪匡华编著:《公共组织财务管理》,厦门大学出版社,2014年,第234—235页。

本 章 小 结

本章主要介绍行政单位财务报告和财务分析。在第一节中,首先对行政单位的财务报告进行概述,使读者对财务报告有个大致的了解。接下来介绍财务报告的编制要求和编制方法,财务报告中包含有多个不同内容的报表,包括资产负债表、收入支出表、财政拨款收入支出表、经费明细表、基本数字表、报表说明书及附注,每个报表的编制都有一定的要求。对行政单位年度财务报告的编报和审批也进行了简单的描述。第二节的内容主要是行政单位的财务分析,首先是对财务分析进行的概述,这一部分介绍行政单位财务分析中需要用到的各种指标及其用途。对财务分析的内容和形式也做了简单的概述。在财务分析的程序和方法介绍这一部分,比较详细地介绍了几种财务分析方法,最后介绍了一下行政单位财务分析的编报流程。本章的主要目的是帮助读者了解行政单位的财务报告的编制和财务分析的方法,希望能够对读者在实际工作中起到一定的帮助。

关 键 术 语

行政单位、财务报告、财务报表、编制要求、编制方法、财务分析、程序、方法、指标

复 习 思 考 题

1. 行政单位财务报告的内容和意义是什么?
2. 行政单位财务报告的编制要求是什么?
3. 行政单位财务报告各报表的编制方法是什么?
4. 行政单位年度财务报告的编报应注意什么?
5. 行政单位财务分析的含义是什么?
6. 行政单位财务分析的指标体系有哪些?具体内容是什么?
7. 行政单位财务分析的方法有哪些?
8. 行政单位财务分析报告的编写应注意什么问题?

阅 读 材 料

加强行政单位财务分析的思考

行政单位财务分析是反映行政单位一定时期财务状况和经营成果的总结性书面文件,是行政单位财务管理工作的重点及最终成果,是财政部门、上级主管单位、行政单位内部及其他财务报告使用者了解单位发展情况、制定政策、指导单位预算执行的重要会计信息资料,也是单位编制下年度财务收支计划的基础。但是,长期以来,由于行政单位所需经费一般由国家财政全部或部分补助,造成了行政单位重视会计核算,忽视财务分析的现状,即使是实施会计集中核算以来,也存在重核算轻分析的思

想。那么,如何加强财政资金科学化、精细化管理?加强财务分析无疑将成为提高财政资金管理水平的方法之一,也是作为国库集中支付改革过渡性阶段——会计集中核算从"核算型"向"核算管理型"转变的必然要求。

一、如何搞好财务分析

1. 思想上要高度重视。财务分析的目的是在于解释各项目变化及其产生的原因,通过分析发现一些问题,衡量现在的财务状况,将大量的报表数据转换为对管理者决策有用的信息。真实、客观的财务分析报告,不但能够对提高单位资金使用效率,堵塞日常工作中的漏洞、防止腐败、建立健全内部控制制度起到积极的作用,而且也能为今后的财政体制改革提供重要参考依据。

2. 要熟悉单位业务工作的特点。财务分析过程中要深刻领会财务数据背后的业务背景,切实发现业务活动过程中存在的一些问题。所以,在搞好核算的同时,要了解单位业务工作的特点,避免因对单位业务工作不熟悉而出现就数据论数据的"泛泛而谈"、"无的放矢"。

3. 要加强对财务知识的学习。通过学习,不断提高自己分析问题、解决问题的能力,不断增强自己对财务数据的职业敏感性,能够及时、准确地判断出经济业务发生的合理性和合规性,由此写出来的分析报告也就能真正为单位领导的科学决策提供翔实、有用的财务信息。

4. 要提高自己的职业判断能力。报表上各种数据并不只是平常业务核算中财务数字的简单拼凑。每一个财务数据背后都预示着动态的收入增加、费用发生、负债偿还等变化过程。所以,财务人员要具备透过现象看本质的能力。

5. 要科学运用分析技术和方法。在做财务分析时应根据不同的主题选择不同的分析方法,财务分析的常用方法有比较分析法、因素分析法、差额分析法等。一般情况下应对单位的收支情况、支出结构等实际指标与其各项计划指标进行横向与纵向的对比分析,并与上年同期各项指标采用绝对数与相对数指标结合的方法进行对比分析,分析各项指标的执行情况、存在问题。可结合相关图、表进行分析,简明扼要地表达资料各项目之间的内在联系,显示出各指标之间的差异及变动趋势,分析必须有数据、有比较。

6. 分析条理清晰明了。财务分析报告的内容和结构应有条理、有层次,用于分析的数据来源真实可靠,分析评价意见应客观、中肯,总结应全面、有重点,财务分析建议应有针对性、可操作性。

7. 语言表达精练简洁。财务分析的语言表达不需要太多的修饰和华丽的词句,要用通俗易懂的语言进行表达,要言之有物,使自己所撰写的分析报告更具直观性,让会计信息的使用者看得懂、用得上。

二、财务分析应遵循的原则

1. 整体性原则:财务分析要着眼全局,重点分析,一定要准确把握财务分析指标的有用性,发挥财务分析指标的决策参考作用。

2. 可比性原则:一般情况下应对单位的收支情况、支出结构等实际指标与其各项计划指标进行横向与纵向的对比分析,并与上年同期各项指标采用绝对数与相对数指标结合的方法进行对比分析,分析各项指标的执行情况、存在问题。

3. 可行性原则:对存在问题的改进建议要切实可行。

4. 明了性原则:财务分析结果直观、易懂、明确,使财务信息使用者能够准确地加以理解和运用。

5. 实效性原则:财务分析结果要做到有用、及时。

三、财务分析的程序

1. 认真做好年终决算工作,做到数字真实、计算准确、内容完整。

2. 搜集涉及单位财务运行方面的数据和资料。在平时的工作中,应紧密结合财政政策的变化和单位在经费保障方面存在的问题,注意把握日常财务管理方面中的热点和难点问题,有意识地积累有关资料,如:各类政策、法规性文件,历年财务报表和财务分析报告,统计资料或年度财务预算等,丰富财务分析报告信息内容。如果缺少这些基础性资料,我们在做财务分析的时候只能是"巧妇难为无米之炊"。

3. 确定分析的对象和目的,做到有的放矢,写出具有针对性的财务分析报告。比如:提供给财务部门分管领导的分析报告可以专业化一些,提供给非财务主管领导的分析报告则要通俗易懂。

4. 拟订分析提纲。这是财务分析报告构思中的一个关键环节。提纲是报告的"骨架",拟定提纲的过程实际上就是把调查材料进一步分类,构架的过程。

5. 进行具体分析。根据确定的分析指标,采用相应的方法,进行认真分析。这是财务分析的核心环节。

6. 作出分析结论。通过分析,发现问题、查找原因,提出解决问题的对策措施或者是改进建议。

7. 认真撰写财务分析报告。

四、分析中应注意的问题

1. 注意对会计报表的理解。如果对会计报表不熟悉、不理解,那么,做出来的分析报告,也可能会"以其昏昏,使人昭昭",因此,强化对会计报表的理解是做好财务分析的前提和基础。

2. 注意数据资料的可靠性。为进行财务分析而收集的数据或资料一定要真实、准确、可靠,否则做出来的财务分析就是虚假的财务分析,非但没有价值,还会误导会计信息使用者做出错误决策。

3. 注意分析的标准。要结合核算单位业务工作特点,选择有用的指标进行分析。由于行政单位职能职责、管理方式、经费来源渠道的差异,决定了行政单位和单位的财务分析有所不同。行政单位会计报表分析的内容包括预算执行情况分析、开支水平分析、人员增减情况分析和固定资产利用情况分析等。

(1) 预算执行情况分析。这主要分析行政单位实际收支与预算安排之间的差异,及其差异产生的原因。由于行政单位的收入主要依靠国家财政拨款,因此其预算执行情况的分析着重在预算支出执行情况的分析。预算执行情况的分析可以通过编制"预算支出执行情况分析表"进行,分别列示预算支出各项目的上年实际数、本年预算数、本年实际数,以及本年实际数占上年实际数的比重和占本年预算数的比重,并分析各项目本年实际数与预算数产生差异的原因。

(2) 开支水平分析。这主要分析行政单位各项支出是否按规定用途使用,是否符合费用开支标准,是否符合费用开支定额,有否超标准开支,有否铺张浪费,有否乱开支和乱摊销。可与本单位以前年度比,也可与其他单位比,找出差距及其形成原因,以便今后加以改进。

(3) 人员增减情况分析。这主要分析行政单位的人员配备是否符合国家核定的人员编制要求,具体地说各类人员配备在结构上是否合理,在总量上是否超出编制总数,若存在超编现象,应分析超编原因,及超编对支出的影响程度;若存在缺编现象,应分析缺编原因及缺编对支出的影响程度。

(4) 固定资产利用情况分析。这主要分析固定资产是否得到充分有效地运用,是否有不需用的固定资产,是否有未使用的固定资产;在用的固定资产利用程度如何,是否有闲置浪费的现象;在用的固定资产维护保养工作如何,有否乱用、滥用、丢失、毁损和非正常报废现象;固定资产的增加、减少,是否正当、合理,手续是否完备。

行政单位财务分析评价指标主要有支出增长率、衡量行政单位支出增长水平,计算公式为:

支出增长率=(本期支出总数÷上期支出总数-1)×100%

人均开支,衡量行政单位人均年消耗经费水平。

人均开支=本期支出总额÷本期工资项目平均人数

专项支出占总支出比重,衡量行政单位支出结构。

专项支出占总支出比重=本期专项支出数÷本期支出总数×100%

人员支出占总支出比重,衡量行政单位支出结构。

人员支出占总支出比重=(基本工资+补助工资+其他工资+职工福利费+
　　　　　　　　　　　社会保障费)÷本期支出总数×100%

人车比重,衡量行政单位小汽车占有情况。

人车比重=期末工资项目人数÷期末小汽车实有数

财务分析是否深入,从一个侧面反映出单位预算管理、财务管理的水平的高低。文无定法,财务分析也没有固定格式,也不提倡千篇一律,只要掌握了基本知识,就能灵活运用财务分析的专门技术和方法,并充分发挥会计人员的专业水平、熟练的业务技能、创新的工作思路撰写出高质量的财务分析报告。

(资料来源:熊培:"加强行政单位财务分析的思考",《乌蒙论坛》,2014年第2期)

第三篇　事业单位会计

第六章 事业单位资产、负债和净资产的管理与核算

教学目的与要求

通过本章的学习,了解事业单位资产、负债和净资产的内容,明确事业单位资产、负债和净资产的有关概念以及管理要求,并且掌握和应用资产、负债和净资产的核算方法。

第一节 事业单位资产的管理与核算

一、事业单位资产管理与核算概述

(一)事业单位资产的概念

资产是指事业单位占有或者使用的能以货币计量的经济资源,包括各种财产、债权和其他权利。

1. 资产必须是一种经济资源

这种经济资源具有为事业单位开展业务及其他活动提供或创造客观条件的某种经济权利或经济潜能。换言之,这种经济资源必须有用,必须具有使用价值,必须能够为事业单位创造社会效益和经济效益。只有具备这种条件的经济资源才能够作为资产存在和确认,否则,如果这种经济资源已经消耗殆尽,丧失了使用价值,那么它就不能作为资产来存在和确认了。

2. 资产必须能用货币来计量

事业单位开展业务或其他活动所拥有的各种经济资源,如房屋、设备、仪器、材料、燃料、低值易耗品等,其实物形态各不相同,所采取的计量方式也是多种多样的,如重量、长度、容积等。财务会计显然不能用各种实物计量单位进行计量。在商品经济条件下,货币是一般等价物,以各种实物形态存在的资产价值,都可以通过货币这个一般等

价物获得统一的表现和计量。货币计量构成了会计核算的一个基本前提。因此,一种经济资源如果不能用货币来计量,事业单位就难以确认和计量这种经济资源的价值,这种不能确认和计量价值的经济资源也就不能被确认为资产。

3. 资产必须为事业单位所占有或者使用

一项资产如果被确认为是一个事业单位的资产,这个事业单位必须对其拥有占有权或使用权。就国有事业单位而言,其占有或者使用的资产基本上是国家通过不同方式拨入形成的;事业单位组织收入形成的那部分资产,由于组织收入过程中基本上是运用国有资产进行的,也应属于国家所有。因此,一般讲,事业单位对本单位的资产并没有所有权,只有占有权或者使用权。

所以,一项资产如果不为一个事业单位所占有或者使用,就不能被确认为这个事业单位的资产。

4. 资产包括财产、债权和其他权利

资产所包含的内容十分广泛。其中,有的资产是以实物形态存在的,如固定资产、存货等;有的资产则不是以实物形态存在的,如无形资产等。但是,对资产的确认不是以资产的存在形式为标准的。凡是有助于事业单位开展业务及其他各项活动,能够为事业单位创造社会效益和经济效益,事业单位享有占有权或使用权,并能够用货币来计量的经济资源,无论其存在形式如何都应当作为事业单位的资产予以确认。

(二)事业单位资产的主要内容

根据事业单位资产的性质、特点和使用的实际情况,事业单位资产的内容主要包括四个方面:流动资产、固定资产、对外投资和无形资产。随着事业单位财务制度改革,事业单位的资产内容设置越来越趋同于企业资产,这表明事业单位的资产管理越来越规范和严格。

相比较于企业而言,事业单位资产内容的特点表现在没有递延资产。递延资产是指不能全部计入当前损益,需要在以后年度分期摊销的费用,企业的开办费就是典型的递延资产。事业单位与企业不同,事业单位的开办费基本由国家财政支付,而且由于事业单位的非营利性特点,使这种开办费无须进行摊销。

《行政事业单位内部控制规范》中指出,事业单位内部控制是事业单位管理制度的组成部分。它由内部控制环境、风险评估、内部控制活动、信息及其沟通和内部控制监督等要素组成,并体现为与行政、管理、专业活动、财务和会计系统融为一体的组织管理结构、政策、程序和措施等,是行政事业单位为履行职能、实现总体目标而应对风险的自我约束和规范的过程。

事业单位内部控制活动是指有助于确保管理者的指令得以执行,合理保证管理服务目标的实现,指导员工实施管理指令、管理和化解风险而采取的政策和程序,属于组织的基础行为。事业单位内部控制措施一般包括不相容职务分离控制、授权审批控制、会计系统控制、财产保护控制、预算控制、运营分析控制和绩效考评控制等。

对事业单位内部控制制度进行评价主要是对内部控制中的具体问题,特别是对差错、浪费、损失、非授权使用或滥用职权等敏感问题进行评价,找出失控的原因,提出相应的改进、补救措施。单位在判断内部控制设计与运行有效性时,应当充分考虑下列因素:首先,是否针对风险设置了合理的细化控制目标;其次,是否针对细化控制目标设置了对应的控制活动;再次,相关控制活动是如何运行的;同时,相关控制活动是否得到了持续一致的运行;最后,实施相关控制活动的人员是否具备必需的权限和能力。

事业单位在内部控制评价中,应对事业单位内部控制缺陷进行分类分析。内部控制缺陷一般可分为设计缺陷和运行缺陷。设计缺陷是指缺少为实现控制目标所必需的控制或现存控制设计不适当、即使正常运行也难以实现控制目标;运行缺陷是指现存控制设计完好但没有按设计意图运行,或执行者没有获得必要授权或缺乏胜任能力以有效地实施控制。

二、事业单位流动资产的管理与核算

流动资产是指可以在一年以内变现或者耗用的资产,包括货币资金、应收及预付款项和存货等。资产按其流动性可分为流动资产和非流动资产。流动资产与非流动资产是相对的概念,其一般特征是流动性大,周转期限短,不断改变形态,其价值通过一次消耗、转移或实现。

(一) 库存现金的管理与核算

1. 库存现金的管理

事业单位的库存现金主要用于事业单位的日常零星开支。库存现金是流动资产及其他所有资产中最富流动性的一种资产,是立即可以投入流通的交换媒介,因此事业单位必须严格遵守国家关于库存现金管理的各项规定,加强和健全对库存现金的内部控制制度,确保库存现金的安全,提高库存现金的使用效益,防止发生不必要的损失和浪费。

国家银行是库存现金管理制度的执行和监督机关,事业单位在办理库存现金收付业务时应坚持以下八项原则。

(1) 遵守库存现金限额。为了方便各单位零星现金开支的需要,各单位应提出申请,报开户银行审批,核定库存现金限额,原则上以3—5天的日常开支量为准,超过限额的应及时送存银行。单位必须如实反映现金库存。

(2) 不得坐支现金。单位支出现金,应从库存现金限额中支取,或者从银行提取,不得从本单位的现金收入中直接支付。各单位现金收入应当于当日送存开户银行。当日送存确有困难的,由开户银行确定送存时间。行政单位支付现金,可以从本单位库存现金限额中支付或者从开户银行提取,不得从本单位的现金收入中直接支付(即坐支)。因特殊情况需要坐支现金的,应当事先报经开户银行审查批准,由开户银行核定坐支范围和限额。坐支单位应当定期向开户银行报送坐支金额和使用情况。坐支是指有现金收入的开户单位,不通过银行,将自己收入的现金直接用于自身的现金支出。将现金收入送存银行(即不坐支),有利于银行了解现金的来源和去向,加强对现金的全面管理和监督,有利于保护现金安全,有利于防止贪污、挪用和不合理开支,有利于单位加强财务管理。

(3) 明确规定现金的使用范围。各单位之间的经济往来,除零星小额可支付现金外,其他都必须通过银行进行结算。在开户银行开户的个体工商户、农村承包经营户异地采购所需货款,应当通过银行汇兑方式支付。因采购地点不固定,交通不便必须携带现金的,由开户银行根据实际需要,予以支付现金。现金的使用范围,国务院的《现金管理暂行条例》规定,限于:职工工资、津贴;个人劳动报酬;根据国家规定颁发给个人的科学技术、文化艺术、体育等各种奖金;各种劳保、福利费用以及国家规定对个人的其他支出;向个人收购农副产品和其他物资的价款;出差人员必须随身携带的差旅费;结算起点(1 000元)以下的零星支出;中国人民银行确定需要支付现金的其他支出。

(4) 从开户银行提取现金,应当写明用途,由本单位财会部门负责人签字盖章,经开户银行审核后,予以支付现金。虚报、谎报现金用途是套取现金的非法行为,必须禁止。

(5) 不得以"白条"抵库。所谓"白条"抵库,就是以不符合财务制度的凭证顶替库存现金。"白条"抵库容易造成财务混乱,给不法分子以可乘之机,必须禁止。

(6) 单位之间不得相互借用现金。借用现金逃避了银行监督,给不正当使用现金开了方便之门。

(7) 会计、出纳要分开。《行政事业单位内部控制规范(试行)》中第四十一条规定,单位应当建立健全货币资金管理岗位责任制,合理设置岗位,不得由一人办理货币资金业务的全过程,确保不相容岗位相互分离。具体要求有以下三点:一是出纳不得兼管稽核、会计档案保管和收入、支出、债权、债务账目的登记工作;二是严禁一人保管收付款项所需的全部印章,财务专用章应当由专人保管,个人名章应当由本人或其授权人员保管。负责保管印章的人员要配置单独的保管设备,并做到人走柜锁;三是按照规定应当由有关负责人签字或盖章的,应当严格履行签字或盖章手续。为了保证现金的安全,防止各种错误、弊病的发生,会计管账不能管钱,出纳管钱不能管账,以加强内部控制。

(8) 现金收支业务必须根据合法凭证办理。任何现金收支都必须以合法的原始凭证为依据。审核原始凭证可以从以下四个方面进行。一是真实性审核。审查该凭证是否反映了经济业务的本来面目,有无伪造、虚开,对缺乏真实性的凭证要进一步查明,确属虚假的要拒绝收受。二是合法性审核。审查该凭证是否符合政策法规、财务制度的规定,有无违反预算(计划)和财经纪律,有疑问的地方要及时确认并取得合规性凭据。三是完整性审核。审查该凭证的手续是否完备,应填项目是否填写完整,有关经办人员是否签章,领导是否签字批准等。四是正确性审核。审查该凭证的摘要和数字是否填写清楚、正确,数量、单价、金额计算是否正确,金额大小写是否相符等。出纳员付出现金后,应当在原始单上加盖"现金付讫"戳记,并在当天入账,不准以借据抵现金入账。收到现金后,属于各项收入的现金,都应当开给对方合法收款凭据。

2. 库存现金的核算

为了核算事业单位库存现金的收入、支出和结存情况,应设置"库存现金"(资产类)总账科目。其借方记现金增加数,贷方记现金减少数,借方余额反映库存现金数额。期末借方余额反映事业单位实际持有的库存现金。

事业单位除了进行现金总分类核算外,还应设置"现金日记账",由出纳人员根据原始凭证逐笔顺序登记。每日业务终了,应计算当日现金收入合计数、现金支出数和结余数,并将结余数与实际库存数核对,做到账款相符,并编制"库存现金日报表"。有外币

现金的事业单位,应分别按人民币、各种外币设置"现金日记账"进行明细核算。其主要账务处理如下:

(1) 从银行等金融机构提取现金,按照实际提取的金额,借记本科目,贷记"银行存款"等科目;将现金存入银行等金融机构,按照实际存入的金额,借记"银行存款"等科目,贷记本科目。

(2) 因开展业务等其他事项收到现金,按照实际收到的金额,借记本科目,贷记有关科目;因购买服务或商品等其他事项支出现金,按照实际支出的金额,借记有关科目,贷记本科目。

3. 核算举例

[例6-1] 某事业单位开出现金支票,向银行提取1 000元现金备用。根据现金支票存根,填制记账凭证。会计分录如下:

  借:库存现金   1 000
    贷:银行存款   1 000

[例6-2] 用现金180元支付购买办公用品款,根据有关凭证,填制记账凭证。其会计分录如下。

  借:事业支出——基本支出——商品和服务支出——办公费   180
    贷:库存现金   180

[例6-3] 某单位预交定金900元。其会计分录如下。

  借:库存现金   800
    贷:预收账款——某单位   800

因内部职工出差等原因借出的现金,按照实际借出的现金金额,借记"其他应收款"科目,贷记本科目;出差人员报销差旅费时,按照应报销的金额,借记有关科目,按照实际借出的现金金额,贷记"其他应收款"科目,按其差额,借记或贷记本科目。

[例6-4] 职员刘某出差预借差旅费3 000元。会计分录如下:

  借:其他应收款——刘某   3 000
    贷:库存现金   3 000

[例6-5] 职员刘某出差回公司,总共可以报销的金额为4 000元,用现金支付1 000元的差额。其会计分录如下。

  借:事业支出——基本支出——商品和服务支出——差旅费   4 000
    贷:其他应收款——刘某   3 000
      库存现金   1 000

(二) 银行存款的管理与核算

1. 银行存款的管理

按照国家现金管理制度的规定,事业单位的各项资金拨入、调出与使用都必须在国家银行开立"银行存款"账户,通过银行办理转账结算。有外币的单位,应在有关银行开立"外币存款"账户。事业单位的拨入资金不准以个人名义在银行开户存取,也不得作为"储蓄存款"存入储蓄所存取款项。事业单位开设银行存款账户,应当报同级财政部门审批,并由财务部门统一管理,未经审批同意不得自行到银行开户。《行政事业单位内部控制规范（试行）》中也规定，事业单位应当加强对银行账户的管理，严格按照规定的审批权限和程序开立、变更和撤销银行账户。

为了加强事业单位银行存款的管理，事业单位必须遵守下列银行账户的管理原则：严格遵守国家银行的各项结算制度和现金管理制度，接受银行的监督；银行账户只限于本单位使用，不得出租、出借、套用或转让；单位各种收付款凭证，必须如实填写款项来源和用途，不得巧立名目、弄虚作假、套取现金、套购物资，严禁利用账户搞非法活动。

各事业单位应当严格管理支票，不得签发"空头支票"。空白支票必须严格领用和注销手续，支票存根应由领取人签章，支票存根不得散失。各单位应按月与开户银行核对账目，保证账账相符。平时开出的支票应尽量避免跨月支取，年终开出的支票一律不准跨年支取。《行政事业单位内部控制规范（试行）》中，规定事业单位应当建立健全票据管理制度。财政票据、发票等各类票据的申领、启用、核销、销毁均应履行规定手续。事业单位应当按照规定设置票据专管员，建立票据台账，做好票据的保管和序时登记工作。票据应当按照顺序号使用，不得拆本使用，做好废旧票据管理。负责保管票据的人员要配置单独的保险柜等保管设备，并做到人走柜锁。事业事业单位不得违反规定转让、出借、代开、买卖财政票据、发票等票据，不得擅自扩大票据适用范围。

事业单位在银行开户时要特别注意以下三个问题。

第一，事业单位的各项收支，由单位财务部门统一管理。事业单位内部各部门取得的事业收入、经营收入等，都要纳入单位财务部门的统一监管之下。并且原则上应由单位财务部门开立账户，单位所属非独立核算部门不得另设账户。

第二，事业单位要本着相对集中、有利于管理的原则开立账户，防止和杜绝开立账户过多、过滥的现象。

第三，事业单位必须在经国家有关部门正式批准的银行或非银行金融机构开立账户及办理有关存款、取款和转账结算等业务。

根据有关规定，事业单位必须遵守下列银行账户管理三项原则。

第一，严格遵守国家银行的各项结算制度和现金管理制度，接受银行监督。

第二，银行账户只限本单位使用，不得出借、出租、套用或转让给其他单位或个人使用。

第三，各单位应当严格管理支票，不准签发空头支票。空白支票必须严格领用注销手续，支票存根应由领取人签章。各单位按月与开户银行对账，保证账账、账款相符。

为了保证全国企事业单位、机关单位之间结算工作的顺利进行，国家银行对结算方式、程序、手续都作了统一规定。根据中国人民银行现行结算办法的规定，银行的结算方式分为银行汇票、商业汇票、银行本票、支票、汇兑、委托收款（同城、异地）和托收承付（异地）等结算方式。

2. 银行存款的核算

为了核算事业单位存入银行和其他金融机构的各种存款，应设置"银行存款"（资产类）总账科目。其借方记存入银行或其他金融机构的存款数，贷方记提取和支出存款数，借方余额反映事业单位银行存款数额。该科目期末借方余额，反映事业单位实际存放在银行或其他金融机构的款项。事业单位应当按开户银行、存款种类及币种等,分别设置"银行存款日记账",由出纳人员根据收付款凭证,按照业务的发生顺序逐笔登记,每日终了应结出余额。"银行存款日记账"应定期与"银行对账单"进行核对。其主要账务处理如下:

(1) 将款项存入银行或其他金融机构,借记本科目,贷记"库存现金""事业收入""经营收入"等有关科目;

(2) 提取和支出存款时,借记有关科目,贷记本科目。

3. 核算举例

[例6-6] 某事业单位收到主管部门拨来本月经费200 000元。根据银行转来的"收款通知",填制记账凭证。其会计分录如下。

借:银行存款　　　　　　　　　　　　　　　　　　　　200 000
　　贷:财政补助收入　　　　　　　　　　　　　　　　　　200 000

[例6-7] 接银行通知,支付水电费5 400元。根据有关凭证,填制记账凭证。其会计分录如下。

借:事业支出——基本支出——商品和服务支出——水电费　　5 400
　　贷:银行存款　　　　　　　　　　　　　　　　　　　　5 400

[例6-8] 将超过库存限额的现金300元送存银行。凭银行签章的"回单",填制记账凭证。其会计分录如下。

借:银行存款　　　　　　　　　　　　　　　　　　　　　300
　　贷:库存现金　　　　　　　　　　　　　　　　　　　　300

事业单位除了进行银行存款总分类核算外,还应按开户银行和其他金融机构的名称,以及存款种类等,分别设置"银行存款日记账",由出纳人员根据收付款凭证逐笔顺序登记,每日终了应结出余额。

4. 外币业务的说明

有外币存款的事业单位应在本账户下分别按人民币和各种外币设置"银行存款日记账"进行明细核算。

事业单位发生的外币银行存款业务,应按当日中国人民银行颁布的人民币外汇汇率,将外币金额折合为人民币记账,并登记外国货币金额和折合率。年度终了(外币存款业务量大的单位可按季或月结算)事业单位应将外币账户余额按照期末中国人民银行颁布的人民币外汇汇率折合为人民币,作为外币账户期末人民币余额。调整后的各种外币账户人民币余额与原账面余额的差额,作为汇兑损溢列入事业支出账户。

[例6-9] 某事业单位年初美元存款30 000美元,汇率为1∶6.40,账面人民币余额为192 000元。年末,美元存款余额为25 000美元,账面人民币余额为160 000元。12月31日中国人民银行颁布的汇率为1∶6.20,年终进行调账。

调整后的人民币余额为25 000(美元)×6.2=155 000(元)。

应调整人民币余额的差额为160 000-155 000=5 000(元)。

应计汇兑损失为5 000(元)。

据此作会计分录如下。

借：事业支出——基本支出——商品和服务支出——汇兑损失　　5 000
　　贷：银行存款——外币存款　　　　　　　　　　　　　　　　　5 000

5. 银行对账工作及银行存款余额调节表的编制

银行存款的对账工作：事业单位的银行存款日记账必须定期与银行对账单核对，至少每月核对一次。核对相符后即将对账单的回执联加盖单位公章和会计印章退还银行。如核对不符，应及时查找原因：凡属记账造成的，由银行划转款项进行纠正；凡属"未达账项"，必须认真查找原因，并编制"银行存款余额调节表"调节相符。未达账项是指结算双方，一方已登记入账，而另一方尚未登记入账的款项。未达账项的原因一般有以下四种情况：

第一，银行已收款入账，而单位尚未入账的款项；
第二，银行已付款入账，而单位尚未入账的款项；
第三，单位已收款入账，而银行尚未入账的款项；
第四，单位已付款入账，而银行尚未入账的款项。

下面举例说明"银行存款余额调节表"的编制方法。

[例6-10] 某事业单位月终"银行存款"账面余额为155 000元，而银行送来的对账单余额为153 000元，经过逐笔核对发现有以下几笔未达账项：

(1) 单位委托银行收款4 000元，银行已办理收款入账，但单位尚未收到收款收据，尚未入账。

(2) 单位委托银行支付水电费9 000元，银行已付款入账，但单位尚未接到银行通知，尚未入账。

(3) 单位收到转账支票一张计2 000元，单位已入账，而银行尚未接到通知，尚未入账。

(4) 单位已签发转账支票一张计5 000元，已付款入账，而持票人尚未到银行办理转账手续，银行尚未入账。

表6-1　银行存款余额调节表

201×年6月30日　　　　　　　　　　　　　　　　　　　　　　　单位：元

项　　目	金　额	项　　目	金　额
单位银行存款月末余额	155 000	银行对账单月末余额	153 000
加：银行已收单位未收	4 000	加：单位已收银行未收	2 000
减：银行已付单位未付	9 000	减：单位已付银行未付	5 000
调节后余额	150 000	调节后余额	150 000

未达账项进行调节的方法，是在本单位的"银行存款"的余额和"银行对账单"的余额中，各自加进对方已收而本单位未收的未达账项，减去对方已付而本单位未付的未达账项后，检查两方面余额是否相等。

根据上述例题的资料编制银行存款余额调节表，其格式见表6-1。

这里应注意的是：银行存款双方账面余额经调节相符后，还不能据以调整账面记录，必须等到未达账项变成"已达账项"时，才能根据银行转来的有关凭证进行账务处理。

（三）零余额账户用款额度的管理与核算

1. 零余额账户和零余额账户用款额度的管理

零余额账户是指财政部门为预算单位在商业银行开设的账户，用于财政直接支付和财政授权支付及清算。事业单位的零余额账户可以办理转账、汇兑、委托收款和提取现金等支付结算业务，单位的往来收入等各种非财政性资金，不得进入零余额账户。零余额账户是一个过渡账户，不是实存账户。

财政直接支付和财政授权支付是实行国库集中收付制度下的两种财政资金支出方式。国库集中收付制度，是指以国库单一账户体系为基础，将所有财政性资金都纳入国库单一账户体系管理，收入直接缴入国库和财政专户，支出通过国库单一账户体系支付到商品和劳务供应者或用款单位的一项国库管理制度。我国于 2005 年开始在全国范围内实行国库管理制度的改革，其中国库集中支付制度涉及所有参与预算分配的行政事业单位，因此这对于事业单位会计制度也影响深远。

在财政直接支付方式下，事业单位在需要使用财政性资金时，按照批复的部门预算和资金使用计划，向财政国库支付执行机构提出支付申请。财政国库支付执行机构根据批复的部门预算和资金使用计划及相关要求对支付申请审核无误后，向代理银行发出支付令，并通知中国人民银行国库部门，通过代理银行进入全国银行清算系统实时清算，财政资金从国库单一账户划拨到收款人的银行账户。

在财政授权支付方式下，事业单位按照批复的部门预算和资金使用计划，向财政国库支付执行机构申请授权支付的月度用款限额，财政国库支付执行机构将批准后的限额通知代理银行和事业单位，并通知中国人民银行国库部门。事业单位在月度用款额度内，自行开具支付令，通过财政国库支付执行机构转由代理银行向收款人付款，并与国库单一账户清算。

零余额账户实行用款额度管理，并且只能用于财政部门授权事业单位支付额度内的支付和与国库单一账户以及非税资金财政专户的清算业务。该账户可以办理转账、提取现金等业务。

2. 零余额账户用款额度的核算

为了核算实行国库集中支付的事业单位根据财政部门批复的用款计划收到和支用的零余额账户用款额度，应设置"零余额账户用款额度"（资产类）总账科目。本科目借方登记收到财政下达的授权支付额度，贷方登记事业单位授权支付的支付数、提现数，期末借方余额，反映事业单位尚未支用的零余额账户用款额度。该科目年度终了注销单位零余额账户用款额度后，应无余额。如有余额，应按照《财政国库管理制度改革单位年终结余资金账务处理暂行规定》等有关规定进行账务处理。其主要账务处理如下：

（1）在财政授权支付方式下，收到代理银行盖章的"授权支付到账通知书"时，根据通知书所列数额，借记本科目，贷记"财政补助收入"科目。

（2）按规定支用额度时，借记有关科目，贷记本科目。

（3）从零余额账户提取现金时，借记"库存现金"科目，贷记本科目。

(4) 因购货退回等发生国库授权支付额度退回的,属于以前年度支付的款项,按照退回金额,借记本科目,贷记"财政补助结转""财政补助结余""存货"等有关科目;属于本年度支付的款项,按照退回金额,借记本科目,贷记"事业支出""存货"等有关科目。

(5) 年度终了,依据代理银行提供的对账单作注销额度的相关账务处理,借记"财政应返还额度——财政授权支付"科目,贷记本科目。事业单位本年度财政授权支付预算指标数大于零余额账户用款额度下达数的,根据未下达的用款额度,借记"财政应返还额度——财政授权支付"科目,贷记"财政补助收入"科目。

下年初,事业单位依据代理银行提供的额度恢复到账通知书作恢复额度的相关账务处理,借记本科目,贷记"财政应返还额度——财政授权支付"科目。事业单位收到财政部门批复的上年末未下达零余额账户用款额度的,借记本科目,贷记"财政应返还额度——财政授权支付"科目。

3. 核算举例

[例 6-11] 某事业单位今年收到代理银行盖章下的《财政授权支付用款额度到账通知书》,书上所列金额为 300 000 元。其会计分录如下。

借:零余额账户用款额度　　　　　　　　　　　　　　　　300 000
　　贷:财政补助收入　　　　　　　　　　　　　　　　　　　　300 000

[例 6-12] 根据财政部门所审定的工资清单,合计 500 000 元送代理银行办理支付。其会计分录如下。

借:事业支出——基本支出——工资和福利支出——工资　　500 000
　　贷:零余额账户用款额度　　　　　　　　　　　　　　　　500 000

[例 6-13] 甲单位从零余额账户中提取现金 20 000 元。其会计分录如下。

借:库存现金　　　　　　　　　　　　　　　　　　　　　20 000
　　贷:零余额账户用款额度　　　　　　　　　　　　　　　　20 000

[例 6-14] 某事业单位在 2013 年财政授权支付年终结余资金 480 000 元,2014年 1 月 2 日,该事业单位收到代理银行转来的"财政授权支付额度恢复到账通知书",恢复 2013 年财政授权支付额度 480 000 元。其会计分录如下。

(1) 财政授权支付年终结余资金

借:财政应返还额度——财政授权支付　　　　　　　　　480 000
　　贷:零余额账户用款额度　　　　　　　　　　　　　　　　480 000

(2) 恢复额度

借:零余额账户用款额度　　　　　　　　　　　　　　　480 000
　　贷:财政应返还额度——财政授权支付　　　　　　　　　　480 000

(四) 短期投资的管理与核算

1. 短期投资的管理

对外投资是指事业单位依法利用货币资金、实物、无形资产等方式向其他单位的投资。事业单位对外投资的目的,一方面是为了盘活闲置的资金,另一方面是为了一定的利益所得,或者是为了促进自身的事业发展。短期投资是指事业单位依法取得的、持有时间不超过 1 年(含 1 年)的投资。事业单位是从事公益事业的非营利性经济组织,为了满足公众的需求,在保证完成事业单位事业任务完成的情况下,是可以利用国有资产进行对外投资,用来弥补财政经费的供给不足,促进各项事业的平衡发展。事业单位应当严格遵守国家法律、行政法规以及财政部门、主管部门关于对外投资的有关规定。不得从事股票、期货、基金、企业债券等投资,国家另有规定的除外。

对外投资可按不同标准进行分类。

(1)按投资的性质分类,对外投资可分为债权性投资和权益性投资。

债权性投资是指事业单位通过投资取得被投资单位的债权,从而与被投资单位形成债权债务关系的对外投资。权益性投资是指事业单位通过投资取得被投资单位一定份额的所有权,从而与被投资单位形成所有权关系的对外投资。

(2)按投资期限分类,对外投资可分为短期投资和长期投资。

短期投资是指事业单位依法取得,持有时间不超过1年(含1年)的投资,主要是国债投资。长期投资是指事业单位依法取得,持有时间超过1年(不含1年)的股权和债权性质的投资。这里介绍"短期投资"的会计处理,本章后面介绍"长期投资"的会计处理。

2. 短期投资的核算

为核算事业单位短期投资的增减变化,事业单位应设置"短期投资"(资产类)总账科目。其借方表示取得短期投资的成本,贷方表示收回或出售的短期投资的成本,该科目期末借方余额,反映事业单位持有的短期投资成本。本账户应当按照国债投资的种类等进行明细核算。短期投资的核算环节分为短期投资取得的核算、短期投资持有期间取得收益的核算和短期投资收回的核算。其主要账务处理如下:

(1)短期投资在取得时,应当按照其实际成本入账,实际成本包括购买价款、税费、手续费等相关费用,借记本科目,贷记"银行存款"等科目;

(2)短期投资持有期间收到利息时,按实际收到的金额,借记"银行存款"科目,贷记"其他收入——投资收益"科目;

(3)出售短期投资或到期收回短期国债本息,按照实际收到的金额,借记"银行存款"科目,按照出售或收回短期国债的成本,贷记本科目,按其差额,贷记或借记"其他收入——投资收益"科目。

3. 核算举例

[例6-15] 某事业单位用银行存款购入持有时间为半年的国债,购买价款为5 000元。其会计分录如下。

借:短期投资　　　　　　　　　　　　　　　　　　　　　5 000
　　贷:银行存款　　　　　　　　　　　　　　　　　　　　　　5 000

[例6-16] 按以上例子,如果该事业单位利用这次短期投资收到利息收入200元,其银行已收讫。其会计分录如下。

借:银行存款　　　　　　　　　　　　　　　　　　　　　　200
　　贷:其他收入——投资收益　　　　　　　　　　　　　　　　200

[例6-17] 如果该事业单位出售例6-15购入的国债,收到价款7 000元,成本是5 000元。其会计分录如下。

```
借：银行存款                                    7 000
    贷：短期投资                                 5 000
        其他收入——投资收益                      2 000
```
如果只收到价款3 000元。其会计分录如下。
```
借：银行存款                                    3 000
    其他收入——投资收益                          2 000
    贷：短期投资                                 5 000
```

(五) 财政应返还额度的管理与核算

1. 财政应返还额度的管理

财政应返还额度，是指实行国库集中收付的事业单位年终应收财政下年度返还的资金额度，即反映结转下年度使用的用款额度。要引起注意的是，只有在已经纳入财政国库集中支付制度改革的事业单位才有财政应返还额度的业务，如果事业单位没有被纳入国库集中支付改革体系，就没有这项业务。

2. 财政应返还额度的核算

为核算实行国库集中收付的事业单位应收财政返还的资金额度，事业单位应当设置"财政应返还额度"（资产类）总账科目。其借方表示应收财政返还的资金额度增加数，贷方登记收回财政返还的资金额度，该科目期末借方余额，反映事业单位应收财政返还的资金额度。本账户应当设置"财政直接支付""财政授权支付"两个明细账户，进行明细核算。其主要账务处理有如下两种情况。

(1) 财政直接支付。年度终了，事业单位根据本年度财政直接支付预算指标数与当年财政直接支付实际支出数的差额，借记本科目（财政直接支付），贷记"财政补助收入"科目。下年度恢复财政直接支付额度后，事业单位以财政直接支付方式发生实际支出时，借记有关科目，贷记本科目（财政直接支付）。

(2) 财政授权支付。年度终了，事业单位依据代理银行提供的对账单作注销额度的相关账务处理，借记本科目（财政授权支付），贷记"零余额账户用款额度"科目。事业单位本年度财政授权支付预算指标数大于零余额账户用款额度下达数的，根据未下达的用款额度，借记本科目（财政授权支付），贷记"财政补助收入"科目。下年初，事业单位依据代理银行提供的额度恢复到账通知书作恢复额度的相关账务处理，借记"零余额账户用款额度"科目，贷记本科目（财政授权支付）。事业单位收到财政部门批复的上年末未下达零余额账户用款额度时，借记"零余额账户用款额度"科目，贷记本科目（财政授权支付）。

3. 核算举例

[例6-18] 某事业单位已经纳入了财政国库集中收付制度的改革中，年终，本年度财政直接支付预算指标数为150 000元，财政直接支付实际支出数为130 000元，两者差额为20 000元。次年年初，该事业单位使用恢复的财政直接支付额度支付日常支出5 000元。其会计分录如下。

```
(1) 借：财政应返还额度——财政直接支付           20 000
        贷：财政补助收入                         20 000
```

(2) 借：事业支出——××支出——××支出——××费　　　5 000
　　　贷：财政应返还额度——财政直接支付　　　　　　　　　5 000

[**例 6 - 19**]　某事业单位已经纳入了财政国库集中收付制度的改革中，年终，本年度财政直接支付预算指标数为 150 000 元，单位零余额账户代理银行收到零余额账户用款额度 145 000 元，本年度财政授权支付实际支出数为 135 000 元。事业单位存在尚未使用的财政授权支付预算额度 10 000 元，存在尚未收到的财政授权支付预算指标 5 000 元。次年初，收到财政部门批复的上年终了未下达的单位零余额账户用款额度 5 000 元，并且收到代理银行提供的额度恢复到账通知书，恢复额度为 10 000 元。其会计分录如下。

(1) 借：财政应返还额度——财政授权支付　　　　5 000
　　　贷：财政补助收入　　　　　　　　　　　　　　　　5 000
　　借：财政应返还额度——财政授权支付　　　　10 000
　　　贷：零余额账户用款额度　　　　　　　　　　　　10 000
(2) 借：零余额账户用款额度　　　　　　　　　　10 000
　　　贷：财政应返还额度——财政授权支付　　　　　　10 000
　　借：零余额账户用款额度　　　　　　　　　　5 000
　　　贷：财政应返还额度——财政授权收入　　　　　　5 000

（六）应收及预付账款的管理与核算

应收及预付账款是事业单位应收未收、暂时垫付或预付给有关单位或个人而形成的一种停留在结算过程中的资金，体现为事业单位对有关单位或个人的一种债权，包括应收票据、应收账款、预付账款、其他应收款等内容。

1. 应收、预付账款的管理

事业单位应加强对各种应收、预付款项的管理。具体是指：

(1) 严格控制各种应收、预付款项的额度；

(2) 按照提供劳务或有偿服务的合同协议，指定专人做好结算和催收工作，制订工作计划，按期足额回收，防止可能的意外和损失发生；

(3) 对各种应收、预付款项，应督促有关经办人员或单位，及时办理结账和结报手续；

(4) 对各种应收、预付款项，应按照购货或劳务合同的规定，按单位名称分科目设置有关的明细账，详细记载；

(5) 通过加强对应收、预付账款的管理，加速资金的周转，提高资产的使用效益。

2. 应收账款的核算

应收账款因开展经营活动销售产品、提供有偿服务等而应收取的款项。如医院病人欠交的医药费等。

为了核算事业单位的应收账款，应设置"应收账款"（资产类）总账科目。借方登记发生的应收账款额，贷方登记应收账款的收回额，借方余额反映待结算应收账款的累计数。应收账款应按债务单位或个人名称设置明细账。本科目期末借方余额，反映事业单位尚未收回的应收账款。其主要账务处理如下：

(1) 发生应收账款时,按照应收未收金额,借记本科目,按照确认的收入金额,贷记"经营收入"等科目,按照应缴增值税金额,贷记"应缴税费——应缴增值税"科目。

(2) 收回应收账款时,按照实际收到的金额,借记"银行存款"等科目,贷记本科目。

(3) 逾期三年或以上、有确凿证据表明确实无法收回的应收账款,按规定报经批准后予以核销。核销的应收账款应在备查簿中保留登记。转入待处置资产时,按照待核销的应收账款金额,借记"待处置资产损溢"科目,贷记本科目;报经批准予以核销时,借记"其他支出"科目,贷记"待处置资产损溢"科目;已核销应收账款在以后期间收回的,按照实际收回的金额,借记"银行存款"等科目,贷记"其他收入"科目。

[例6-20] 某事业单位向A公司提供某项服务,应收未收款项200 000元。其会计分录如下。

借:应收账款——A公司　　　　　　　　　　　　　　　　200 000
　　贷:经营收入　　　　　　　　　　　　　　　　　　　　200 000

[例6-21] 接上例,如果A公司的应收账款逾期3年,并且有证据可以确定这部分账款无法收回,申请核销。其会计分录如下。

借:待处置资产损溢　　　　　　　　　　　　　　　　　　200 000
　　贷:应收账款——A公司　　　　　　　　　　　　　　　200 000

报批准准予核销,其会计分录如下。

借:其他支出　　　　　　　　　　　　　　　　　　　　　200 000
　　贷:待处置资产损溢　　　　　　　　　　　　　　　　　200 000

如果该事业单位在以后收回了A公司逾期的应收账款,其会计分录如下。

借:银行存款　　　　　　　　　　　　　　　　　　　　　200 000
　　贷:其他收入　　　　　　　　　　　　　　　　　　　　200 000

同时在备查账簿注销已核销的应收账款。

3. 预付款项的核算

预付账款是指事业单位按照购货、劳务合同规定预付给供应单位的款项。

为了核算事业单位的预付账款,应设置"预付账款"(资产类)总账科目。其借方记预付款项发生数,贷方记收到所购物品或劳务结算数及退回多付的款项数,借方余额反映实际预付但尚未结算的款项。本账户应按供应单位(或个人)名称设置明细账,进行明细核算。事业单位应当通过明细核算或辅助登记方式,登记预付账款的资金性质(区分财政补助资金、非财政专项资金和其他资金)。预付款项业务不多的单位也可以将预付的账款直接记入"应收账款"账户的借方,不设本账户。其主要账务处理有如下四种情况。

(1) 发生预付账款时,按照实际预付的金额,借记本科目,贷记"零余额账户用款额度""财政补助收入""银行存款"等科目。

(2) 收到所购物资或劳务,按照购入物资或劳务的成本,借记有关科目,按照相应预付账款金额,贷记本科目,按照补付的款项,贷记"零余额账户用款额度""财政补助收入""银行存款"等科目。

(3) 收到所购固定资产、无形资产的,按照确定的资产成本,借记"固定资产""无形资产"科目,贷记"非流动资产基金——固定资产、无形资产"科目;同时,按资产购置支出,借记"事业支出""经营支出"等科目,按照相应预付账款金额,贷记本科目,按照补付的款项,贷记"零余额账户用款额度""财政补助收入""银行存款"等科目。

(4) 逾期三年或以上、有确凿证据表明因供货单位破产、撤销等原因已无望再收到所购物资,且确实无法收回的预付账款,按规定报经批准后予以核销。核销的预付账款应在备查簿中保留登记。报经批准予以核销时,借记"其他支出"科目,贷记"待处置资产损溢"科目;已核销应收账款在以后期间收回的,按照实际收回的金额,借记"银行存款"等科目,贷记"其他收入"科目。

[例 6-22] 某事业单位为采购一批紧俏物资材料而预付货款 53 600 元。根据银行付款通知单,填制记账凭证。其会计分录如下。

借:预付账款 53 600
  贷:银行存款 53 600

[例 6-23] 上述预付货款的物资材料已运到,实际货款为 54 000 元,材料已验收入库,不足款尚未支付。根据发票账单等有关凭证,填制记账凭证。其会计分录如下。

借:存货——材料 54 000
  贷:预付账款 53 600
    应付账款 400

[例 6-24] 某事业单位向 A 公司订购工作所需物品,双方约定该事业单位向 A 公司预付 60 000 元定金,该事业单位采用财政授权方式通过单位零余额账户支付。10 天后,该事业单位收到 A 公司的物品以及发票,含增值税一共 75 000 元。该事业单位验收物品入库,并开转账支票,用银行存款补足货款 15 000 元。其会计分录如下。

(1) 预付账款时:

借:预付账款 60 000
  贷:零余额账户用款额度 60 000

(2) 收到物品时:

借:存货 75 000
  贷:预付账款 75 000

(3) 补付货款时:

借:预付账款 15 000
  贷:银行存款 15 000

(七) 应收票据的管理与核算

1. 应收票据的管理

应收票据是指事业单位因销售商品或者提供劳务时采用商业汇票方式进行结算而收到的商业汇票。所谓商业汇票是指收款人或者付款人(或承兑申请人)签发,由承兑人承兑并于到期日向收款人或背书人支付款项的票据。

商业汇票按承兑人的不同,分为商业承兑汇票和银行承兑汇票。商业承兑汇票是指由收款人签发,经付款人承兑,或由付款人签发并承兑的票据。银行承兑汇票是指由收款人或承兑申请人签发,并由承兑申请人向银行申请,经银行审查同意承兑的票据。

商业票据的持票人可以将票据转让他人,转让时须在票据背面背书。经过背书的票据如果出票人或付款人到期不能兑付,背书人员负有连带责任。

2. 应收票据的核算

为了核算事业单位因从事经营活动或提供劳务而收到的商业汇票,应设置"应收票据"(资产类)总账科目。其借方记事业单位收到应收票据的票面金额,贷方记应收票据到期收回的金额,借方余额反映事业单位持有的商业汇票票面金额。

事业单位除了进行应收票据总分类核算外,还应设置"应收票据备查簿",逐笔登记每张应收票据的种类、号数、出票日期、票面金额、付款人、承兑人、背书人的姓名或单位名称、到期日、收款日和收回金额等资料。其主要账务处理有如下四种情况。

(1) 因开展经营活动销售产品、提供有偿服务等而收到的商业汇票,按照商业汇票的票面金额,借记本科目,贷记"经营收入"等有关账户。应收票据到期收回的票面金额,借记"银行存款"账户,贷记本科目。单位持未到期的应收票据向银行贴现,应按实际收到的金额(面值扣除贴现息后的净额),借记"银行存款"等账户,按贴现息部分,借记"经营支出"账户,按应收票据的票面金额,贷记本科目。

(2) 持未到期的商业汇票向银行贴现,按照实际收到的金额(即扣除贴现息后的净额),借记"银行存款"科目,按照贴现息,借记"经营支出"等科目,按照商业汇票的票面金额,贷记本科目。

(3) 将持有的商业汇票背书转让以取得所需物资时,按照取得物资的成本,借记有关科目,按照商业汇票的票面金额,贷记本科目,如有差额,借记或贷记"银行存款"等科目。

(4) 商业汇票到期时,应当分别以下情况处理:

① 收回应收票据,按照实际收到的商业汇票票面金额,借记"银行存款"科目,贷记本科目;

② 因付款人无力支付票款,收到银行退回的商业承兑汇票、委托收款凭证、未付票款通知书或拒付款证明等,按照商业汇票的票面金额,借记"应收账款"科目,贷记本科目。

3. 核算举例

[例 6-25]　某事业单位销售产品一批,货款共计 120 000 元,经双方协商,采用商业汇票结算方式结算货款。该单位收到 90 天到期面额为 120 000 元的商业汇票一张。凭有关凭证,填制记账凭证。会计分录如下:

收到商业汇票时:

借:应收票据　　　　　　　　　　　　　　　　　　　　　　　　120 000

　　贷:经营收入　　　　　　　　　　　　　　　　　　　　　　120 000

期满收回货款时:

借:银行存款　　　　　　　　　　　　　　　　　　　　　　　　120 000

　　贷:应收票据　　　　　　　　　　　　　　　　　　　　　　120 000

假设外单位无力支付票据款 120 000 元,其会计分录如下。

借:应收账款　　　　　　　　　　　　　　　　　　　　　　　　120 000

　　贷:应收票据　　　　　　　　　　　　　　　　　　　　　　120 000

4. 应收票据贴现的计算

如果事业单位在持有的应收票据到期前出现资金紧缺,可以持未到期的票据向银行申请贴现,以便得到所需要的资金。"贴现"就是票据持有人将未到期的票据在背书后送交银行,银行受理后从票据到期值中扣除按银行贴现率计算确定的贴息,然后将余款付给持票人。

票据贴现实际上是单位融通资金的一种形式,银行要按照一定的利率从票据价值中扣除自贴现日起至到期日止的贴现利息。

应收票据的背书是指持票人在票据背面签字,签字人称为背书人,银行贴现所扣的利息称为银行贴现息,银行贴现时所用利率称为贴现率。

应收票据贴现的计算公式如下:

$$贴现利息=票据到期值×贴现率×贴现期$$
$$贴现净额=票据到期值-贴现利息$$

式中,贴现期为贴现日至到期日的间隔时间。

[例6-26] 某事业单位将一张期限为180天,面值为30 000元,已持有60天的商业汇票向银行贴现,年贴现率为10%。

票据到期值=30 000(元)

贴现利息=30 000×10%×120/360=1 000(元)

贴现净额=30 000-1 000=29 000(元)

根据银行转来的收款通知,其会计分录如下。

借:银行存款	29 000
经营支出	1 000
贷:应收票据	30 000

(八)其他应收款的管理与核算

1. 其他应收款的管理

其他应收款是指事业单位除财政应返还额度、应收票据、应收账款、预付账款以外的其他各项应收及暂付款项,如职工预借的差旅费、拨付给内部有关部门的备用金、应向职工收取的各种垫付款项等。其他应收款虽然与事业单位专业及辅助业务活动无直接联系,但它也是事业单位流动资产的重要组成部分。其他应收款中的备用金是指事业单位留存在财务部门以外部门或人员的现金。事业单位留存的现金,除了由财会部门集中保管的库存现金外,还有一部分是为满足事业单位内部经常使用现金的部门和人员日常零星而分散的现金支出。

事业单位其他应收款管理的三个要求:一是严格控制,事业单位应该严格控制此类款项的规模,能不借就不借、能少借就少借、能迟借就迟借;二是责任明确,实在必须发生的其他应收款应该履行规范的借支、报批手续,该签字的人必须签字;三是及时清理,一旦形成了其他应收款,该报账时一定要及时报账清账、对于同一对象借支的款项要做到原借未清的不能再借。

2. 其他应收款的核算

为了核算事业单位除应收票据、应收账款、预付账款以外的其他各种应收及暂付款项，应设置"其他应收款"（资产类）总账科目。借方登记发生的其他各种应收款，贷方登记收回的其他应收款数，借方余额反映尚未结算的其他应收款项。本账户应按其他应收款的项目和债务人设置明细账，进行明细核算。本科目期末借方余额，反映事业单位尚未收回的其他应收款。其主要账务处理有如下五种情况。

（1）发生其他各种应收及暂付款项时，借记本科目，贷记"银行存款""库存现金"等科目。

（2）收回或转销其他各种应收及暂付款项时，借记"库存现金""银行存款"等科目，贷记本科目。

（3）事业单位内部实行备用金制度的，有关部门使用备用金以后应当及时到财务部门报销并补足备用金。财务部门核定并发放备用金时，借记本科目，贷记"库存现金"等科目。根据报销数用现金补足备用金定额时，借记有关科目，贷记"库存现金"等科目，报销数和拨补数都不再通过本科目核算。

（4）逾期三年或以上、有确凿证据表明确实无法收回的其他应收款，按规定报经批准后予以核销。核销的其他应收款应在备查簿中保留登记。

① 转入待处置资产时，按照待核销的其他应收款金额，借记"待处置资产损溢"科目，贷记本科目。

② 报经批准予以核销时，借记"其他支出"科目，贷记"待处置资产损溢"科目。

③ 已核销其他应收款在以后期间收回的，按照实际收回的金额，借记"银行存款"等科目，贷记"其他收入"科目。

3. 核算举例

[例6-27] 某事业单位签发一张现金支票，拨出备用金1 000元备用。根据现金支票存根，填制记账凭证。其会计分录如下。

借：其他应收款——备用金　　　　　　　　　　　　　　　　1 000
　　贷：银行存款　　　　　　　　　　　　　　　　　　　　　　1 000

[例6-28] 某事业单位为日常工作购买办公用品，到财务部门领取现金1 200元，采购后凭借发票报销1 000元，交回现金200元。其会计分录如下。

（1）领取现金时：

借：其他应收款　　　　　　　　　　　　　　　　　　　　　1 200
　　贷：银行存款　　　　　　　　　　　　　　　　　　　　　　1 200

（2）回来报销时：

借：事业支出——基本支出——商品和服务支出——办公费　　1 000
　　库存现金　　　　　　　　　　　　　　　　　　　　　　　　200
　　贷：其他应收款　　　　　　　　　　　　　　　　　　　　　1 200

（九）存货的管理与核算

1. 存货的管理

存货是指事业单位在业务及其他活动过程中为耗用而储存的各种材料、燃料、包装物、产成品及低值易耗品及达不到固定资产标准的用具、装具、动植物等。事业单位的存货处于经常性的不断耗用或者重置之中,是流动资产十分重要的组成部分,其金额往往占流动资产的相当比例。要指出的是,只要占有权或者使用权属于事业单位的材料、产成品和低值易耗品等,无论存放在什么地方,都应视为该事业单位的存货;相反,如果上述物品的占有权或者使用权已经转移,即使这些物品还放置在该事业单位的仓库内,也不能作为该事业单位的存货予以统计。

(1) 由于各事业单位的业务性质和特点不同,在存货的核算和管理上可以采取不同的方式:存货品种多、数量大、价值较高的事业单位,应对存货进行细类划分,使用存货账户进行核算;存货品种少、数量小、价值较低的事业单位,不一定对存货进行细类划分,也不一定使用存货账户进行核算,其购入和耗用可以直接列作支出。

(2) 事业单位应建立、健全存货的购买、验收、进出库、保管、领用等管理制度,明确责任,严格管理,并尽可能降低存货的库存和消耗,保证存货的安全,提高存货的使用效益。

(3) 加强对存货的清查盘点工作。存货的清查盘点是指事业单位通过查点数量、测量过磅等方法,确定存货的实际库存数量,并与存货账面数量进行核对,进而确定存货长余或者短缺及其原因的一种方法,也是事业单位财务管理的一项基础性工作。由于对存货的验收、计量、核算、管理中可能发生的疏漏,以及存货的自然耗损和发生的其他意外事故等原因,有时会发生存货的盘盈或者盘亏,造成存货的账实不符。因此,为了及时发现问题、堵塞漏洞、加强管理、健全制度,最大限度地保证存货的安全和完整,做到账实相符,事业单位必须对存货进行定期或者不定期的清查盘点,进而核实存货的实际库存数,并与存货的账面记录进行核对;分清责任,按规定的程序报经单位有关部门批准后,计入当期收支,并进行相应的账务处理,使存货的账面记录与库存实物相符。

2. 存货的核算

为了核算事业单位在开展业务活动及其他活动中为耗用而储存的各种材料、燃料、包装物、低值易耗品及达不到固定资产标准的用具、装具、动植物等的实际成本。应设置"存货"(资产类)总账科目。借方登记验收入库或购入增加数,贷方登记领用出库和损失数,借方余额反映库存未耗用的各类存货。事业单位随买随用的零星办公用品,可以在购进时直接列作支出,不通过本科目核算。本科目应当按照存货的种类、规格、保管地点等进行明细核算。事业单位应当通过明细核算或辅助登记方式,登记取得存货成本的资金来源(区分财政补助资金、非财政专项资金和其他资金)。发生自行加工存货业务的事业单位,应当在该科目下设置"生产成本"明细科目,归集核算自行加工存货所发生的实际成本(包括耗用的直接材料费用、发生的直接人工费用和分配的间接费用)。本科目期末借方余额,反映事业单位存货的实际成本。其主要账务处理有如下三种情况。

(1) 存货取得的核算。

① 购入的存货,其成本包括购买价款、相关税费、运输费、装卸费、保险费以及其他使得存货达到目前场所和状态所发生的其他支出。事业单位按照税法规定属于增值税一般纳税人的,其购进非自用(如用于生产对外销售的产品)材料所支付的增值税款不计入材料成本。购入的存货验收入库,按确定的成本,借记本科目,贷记"银行存款""应

付账款""财政补助收入""零余额账户用款额度"等科目。

属于增值税一般纳税人的事业单位购入非自用材料的,按确定的成本(不含增值税进项税额),借记本科目,按增值税专用发票上注明的增值税额,借记"应缴税费——应缴增值税(进项税额)"科目,按实际支付或应付的金额,贷记"银行存款""应付账款"等科目。

② 自行加工的存货,其成本包括耗用的直接材料费用、发生的直接人工费用和按照一定方法分配的与存货加工有关的间接费用。

自行加工的存货在加工过程中发生各种费用时,借记本科目(生产成本),贷记本科目(领用材料相关的明细科目)、"应付职工薪酬""银行存款"等科目。

加工完成的存货验收入库,按照所发生的实际成本,借记本科目(相关明细科目),贷记本科目(生产成本)。

③ 接受捐赠、无偿调入的存货,其成本按照有关凭据注明的金额加上相关税费、运输费等确定;没有相关凭据的,其成本比照同类或类似存货的市场价格加上相关税费、运输费等确定;没有相关凭据、同类或类似存货的市场价格也无法可靠取得的,该存货按照名义金额(即人民币1元,下同)入账。相关财务制度仅要求进行实物管理的除外。

接受捐赠、无偿调入的存货验收入库,按照确定的成本,借记本科目,按照发生的相关税费、运输费等,贷记"银行存款"等科目,按照其差额,贷记"其他收入"科目。

按照名义金额入账的情况下,按照名义金额,借记本科目,贷记"其他收入"科目;按照发生的相关税费、运输费等,借记"其他支出"科目,贷记"银行存款"等科目。

[例6-29] 某事业单位属于增值税一般纳税人,购入非自用材料A,总共花费68 000元,增值税款为3 600元,款项已通过银行收讫,材料已经验收入库。其会计分录如下。

借:存货——材料——材料A	68 000
应缴税费——应缴增值税(进项税额)	3 600
贷:银行存款	71 600

[例6-30] 某事业单位自行加工所用产品,在生产产品的过程中:耗用材料30 000元,都为直接材料费用;耗用人工费用60 000元,其中,直接人工40 000元,间接人工10 000元;用银行存款支付各项费用10 000元,其中,直接费用7 000元,间接费用3 000元。其会计分录如下。

耗用材料费用时:

借:存货——生产成本	30 000
贷:存货——材料	30 000

耗用人工费用时:

借:存货——生产成本	40 000
——制造费用	10 000
贷:应付职工薪酬	50 000

耗用其他费用时:

借:存货——生产成本	7 000
——制造费用	3 000
贷:银行存款	10 000

期末结转制造费用：
借：存货——生产成本　　　　　　　　　　　　　　　　13 000
　　贷：存货——制造费用　　　　　　　　　　　　　　　　13 000
产品完工入库：
借：存货——产成品　　　　　　　　　　　　　　　　100 000
　　贷：存货——生产成本　　　　　　　　　　　　　　　100 000

[例6-31]　某事业单位接受外来捐赠，发票上注明金额为50 000元，运输费为1 000元，已由银行付讫，该物品A已被验收入库。其会计分录如下。

借：存货——物品A　　　　　　　　　　　　　　　　51 000
　　贷：银行存款　　　　　　　　　　　　　　　　　　　1 000
　　　　其他收入　　　　　　　　　　　　　　　　　　50 000

（2）存货发出的计价与核算
① 发出存货。

存货在发出时，应当根据实际情况采用先进先出法、加权平均法或者个别计价法确定发出存货的实际成本。计价方法一经确定，不得随意变更。低值易耗品的成本于领用时一次摊销。开展业务活动等领用、发出存货，按领用、发出存货的实际成本，借记"事业支出"、"经营支出"等科目，贷记本科目。

现将存货发出的核算方法举例说明如下。

第一，先进先出法。先进先出法是以先购进的材料先发出假定前提，领用或者出售材料的价值，按材料入库的先后顺序计价，即先入库的先出库。

[例6-32]　某事业单位自用A材料的资料见表6-2。

表6-2　A材料明细账　　　　　　　　　　　　　　　　　单位：元

年	月	日	摘要	收入			发出			结存		
				数量	单价	金额	数量	单价	金额	数量	单价	金额
1	1		期初结存							100	10	1 000
		10	购入	200	10.5	2 100				100 200	10 10.5	1 000 2 100
		11	发出				100 100	10 10.5	1 000 1 050	100	10.5	1 050
		18	购入	400	11	4 400				100 400	10.5	1 050 4 400
		20	发出				100 100	10.5 11	1 050 1 000	300	11	3 300
		23	发出				200	11	2 200	100	11	1 100
1		31	本期发生额及金额	600		6 500	600		6 400	100	11	1 100

月末,根据上述资料,填制记账凭证。其会计分录如下。

借:事业支出——基本支出——商品和服务支出——业务费　　6 400
　　贷:存货——材料　　　　　　　　　　　　　　　　　　　　6 400

第二,加权平均法。加权平均法是以加权平均计算的单位成本为依据计算期末结存材料和发出材料实际成本的方法。其计算公式为

$$加权平均单价 = \frac{期初结存材料成本 + 本期购入材料成本}{期初结存材料数量 + 本期购入材料数量}$$

$$发出材料实际成本 = 发出材料数量 \times 加权平均单价$$

[例 6-33] 某事业单位采用加权平均法确定其发出材料的实际成本,有关资料见表 6-3。

表 6-3　A 材料明细账　　　　　　　　　　单位:元

年	月	日	摘要	收入			发出			结存		
				数量	单价	金额	数量	单价	金额	数量	单价	金额
1	1		期初结存							100	10	1 000
		10	购入	200	10.5	2 100				300		
		11	发出				200			100		
		18	购入	400	11	4 400				500		
		20	发出				200			300		
		23	发出				200			100		
1	31		本期发生额及金额	600		6 500	600	10.71	6 426	100	10.71	1 071

材料加权平均单价 $= \dfrac{1\,000 + 6\,500}{100 + 600} = 10.71(元)$

发出材料实际成本 $= 10.71 \times 600 = 6\,426(元)$

月末,根据上述材料,填制记账凭证。其会计分录如下。

借:事业支出——基本支出——商品和服务支出——业务费　　6 426
　　贷:存货——材料　　　　　　　　　　　　　　　　　　　　6 426

② 对外捐赠、无偿调出存货。

对外捐赠、无偿调出存货,转入待处置资产时,按照存货的账面余额,借记"待处置资产损溢"科目,贷记本科目。属于增值税一般纳税人的事业单位对外捐赠、无偿调出购进的非自用材料,转入待处置资产时,按照存货的账面余额与相关增值税进项税额转出金额的合计金额,借记"待处置资产损溢"科目,按存货的账面余额,贷记本科目,按转出的增值税进项税额,贷记"应缴税费——应缴增值税(进项税额转出)"科目。实际捐出、调出存货时,按照"待处置资产损溢"科目的相应余额,借记"其他支出"科目,贷记"待处置资产损溢"科目。

[例 6-34] 某事业单位为增值税一般纳税人,对外捐赠甲材料,成本为 20 000

元,增值税进项税额为 3 400 元。其会计分录如下。

  捐赠时：借：待处置资产损溢   23 400
      贷：存货——甲材料   20 000
        应缴税费——应缴增值税(进项税额转出) 3 400
  送出时：借：其他支出   23 400
      贷：待处置资产损溢   23 400

（3）存货清查的核算。

  事业单位的存货应当定期进行清查盘点，每年至少盘点一次。对于发生的存货盘盈、盘亏或者报废、毁损，应当及时查明原因，按规定报经批准后进行账务处理。

  ① 盘盈的存货，按照同类或类似存货的实际成本或市场价格确定入账价值；同类或类似存货的实际成本、市场价格均无法可靠取得的，按照名义金额入账。盘盈的存货，按照确定的入账价值，借记本科目，贷记"其他收入"科目。

  ② 盘亏或者毁损、报废的存货，转入待处置资产时，按照待处置存货的账面余额，借记"待处置资产损溢"科目，贷记本科目。属于增值税一般纳税人的事业单位购进的非自用材料发生盘亏或者毁损、报废的，转入待处置资产时，按照存货的账面余额与相关增值税进项税额转出金额的合计金额，借记"待处置资产损溢"科目，按存货的账面余额，贷记本科目，按转出的增值税进项税额，贷记"应缴税费——应缴增值税(进项税额转出)"科目。报经批准予以处置时，按照"待处置资产损溢"科目的相应余额，借记"其他支出"科目，贷记"待处置资产损溢"科目。处置存货过程中所取得的收入、发生的费用，以及处置收入扣除相关处置费用后的净收入的账务处理，参见"待处置资产损溢"科目。

[例 6-35] 某事业单位月末对材料进行盘点，发现经营用 A 材料盘盈 30 公斤，每公斤 11 元，事业用 B 材料盘亏 60 公斤，每公斤 15 元。根据"材料盘盈、盘亏表"，填制记账凭证。其会计分录如下。

  借：存货——材料 A   330
    贷：经营支出   330
  借：事业支出——基本支出——商品和服务支出——业务费 900
    贷：存货——A 材料   900

[例 6-36] 某事业单位(小规模纳税人)生产的甲产品完工已验收入库，共 500 件，每件单位成本为 310 元。根据有关凭证，填制记账凭证。其会计分录如下。

  借：存货——产成品——甲   155 000
    贷：成本费用   155 000

[例 6-37] 该单位领用甲产品 200 件，按先进先出法计算的单位成本为 320 元，结转其成本。根据有关凭证，填制记账凭证。其会计分录如下。

  借：事业支出——基本支出——商品和服务支出——业务费 64 000
    贷：存货——产成品——甲   64 000

[例 6-38] 该单位销售甲产品 100 件，每件售价 390 元，收到转账支票。已售产品实际成本为 31 000 元。根据有关凭证，填制记账凭证。其会计分录如下。

公共部门财务会计

销售产品取得收入时：
借：银行存款 39 000
　　贷：经营收入 39 000
结转成本时：
借：经营支出 31 000
　　贷：存货——产成品——甲 31 000

三、事业单位对外投资的管理与核算

（一）长期投资的概念

对外投资是指事业单位利用货币资金、实物和无形资产等方式向其他单位进行的投资，包括债券投资和其他投资。事业单位对外投资一般是为了取得投资回报。这种投资可以是对其他事业单位的投资，也可以是对企业的投资。事业单位新会计制度将对外投资划分为长期投资和短期投资。短期投资在前面内容中有所介绍，此处不再累赘。长期投资是指事业单位依法取得的，持有时间超过1年（不含一年）的股权和债权性质的投资，主要包括长期股权投资和长期债权投资。

（二）事业单位长期投资应注意的五个问题

（1）事业单位应当严格控制对外投资。在保证单位正常运转和事业发展的前提下，按照国家有关规定可以对外投资的，应当履行相关审批程序。长期投资要按照规定的程序报批。事业单位长期投资应当按照国家有关规定报经主管部门、国有资产管理部门和财政部门批准或者备案。长期投资属于将非经营性资产转作经营性资产的投资，应由单位申报，主管部门审核，国有资产管理部门批准，如果一次性转作经营性投资的资产价值量是巨大的，由国有资产管理部门送同级财政部门征求意见后审批，并将批准文件报财政部门备案。

（2）事业单位以非货币性资产对外长期投资的，要按照有关规定进行资产评估。

（3）事业单位对外长期投资所利用的货币资金、实物和无形资产等，遵循的总原则应当是以不影响本单位完成正常的事业计划为前提，事业单位不得使用财政拨款及其结余进行对外投资，不得从事股票、期货、基金、企业债券等投资，国家另有规定的除外。

（4）事业单位利用国有资产对外长期投资的，资产的国家所有性质不变。

（5）事业单位长期投资的对象，包括其他事业单位、企业及事业单位兴办的独立核算的生产经营单位等；不包括事业单位依法兴办的附属的非独立核算的生产经营单位。事业单位长期投资也不包括事业单位对外出租、出借有关资产的行为。

（三）长期投资的核算。

为了核算事业单位以自有资产通过各种方式向其他单位的投资，应设置"长期投资"（资产类）总账科目。其借方登记取得长期投资的成本，贷方登记转让、核销长期投资的成本，该科目期末借方余额，反映事业单位持有的长期投资成本。本账户应当按照长期投资的种类和被投资单位等设置明细账，进行明细核算。其主要账务处理有如下

两种情况。

1. 长期股权投资

长期股权投资在取得时,应当按照其实际成本作为投资成本。

(1) 以货币资金取得的长期股权投资,按照实际支付的全部价款(包括购买价款以及税金、手续费等相关税费)作为投资成本,借记本科目,贷记"银行存款"等科目;同时,按照投资成本金额,借记"事业基金"科目,贷记"非流动资产基金——长期投资"科目。

(2) 以固定资产取得的长期股权投资,按照评估价值加上相关税费作为投资成本,借记本科目,贷记"非流动资产基金——长期投资"科目,按发生的相关税费,借记"其他支出"科目,贷记"银行存款""应缴税费"等科目;同时,按照投出固定资产对应的非流动资产基金,借记"非流动资产基金——固定资产"科目,按照投出固定资产已计提折旧,借记"累计折旧"科目,按投出固定资产的账面余额,贷记"固定资产"科目。

(3) 以已入账无形资产取得的长期股权投资,按照评估价值加上相关税费作为投资成本,借记本科目,贷记"非流动资产基金——长期投资"科目,按发生的相关税费,借记"其他支出"科目,贷记"银行存款""应缴税费"等科目;同时,按照投出无形资产对应的非流动资产基金,借记"非流动资产基金——无形资产"科目,按照投出无形资产已计提摊销,借记"累计摊销"科目,按照投出无形资产的账面余额,贷记"无形资产"科目。以未入账无形资产取得的长期股权投资,按照评估价值加上相关税费作为投资成本,借记本科目,贷记"非流动资产基金——长期投资"科目,按发生的相关税费,借记"其他支出"科目,贷记"银行存款""应缴税费"等科目。

(4) 长期股权投资持有期间,收到利润等投资收益时,按照实际收到的金额,借记"银行存款"等科目,贷记"其他收入——投资收益"科目。

(5) 转让长期股权投资,转入待处置资产时,按照待转让长期股权投资的账面余额,借记"待处置资产损溢——处置资产价值"科目,贷记本科目。实际转让时,按照所转让长期股权投资对应的非流动资产基金,借记"非流动资产基金——长期投资"科目,贷记"待处置资产损溢——处置资产价值"科目。转让长期股权投资过程中取得价款、发生相关税费,以及转让价款扣除相关税费后的净收入的账务处理,参见"待处置资产损溢"科目。

(6) 因被投资单位破产清算等原因,有确凿证据表明长期股权投资发生损失,按规定报经批准后予以核销。将待核销长期股权投资转入待处置资产时,按照待核销的长期股权投资账面余额,借记"待处置资产损溢"科目,贷记本科目。报经批准予以核销时,借记"非流动资产基金——长期投资"科目,贷记"待处置资产损溢"科目。

[例6-39] 某事业单位于2007年2月8日购入股票500股,每股面值100元,另付佣金、税金等200元。根据有关凭证,填制记账凭证。其会计分录如下。

借:长期投资　　　　　　　　　　　　　　　　　　　　　　50 200
　　贷:银行存款　　　　　　　　　　　　　　　　　　　　　　50 200
同时:
借:事业基金　　　　　　　　　　　　　　　　　　　　　　50 200
　　贷:非流动资产基金——长期投资　　　　　　　　　　　　50 200

[例6-40] 某事业单位向另一单位投资已使用过的机器设备一台,评估价168 000元,该机器原价150 000元。根据有关凭证,填制记账凭证。其会计分录如下。

借:长期投资——股权投资　　　　　　　　　　　　　　168 000
　　贷:非流动资产基金——长期投资　　　　　　　　　　　　168 000
借:非流动资产基金——固定资产　　　　　　　　　　　150 000
　　贷:固定资产　　　　　　　　　　　　　　　　　　　　　150 000

[例6-41] 某事业单位用某专利进行投资,双方协商价值为145 000元,该专利初始的账面价值为128 000元。根据有关凭证,填制记账凭证。其会计分录如下。

借:长期投资——股权投资　　　　　　　　　　　　　　145 000
　　贷:非流动资产——长期投资　　　　　　　　　　　　　　145 000
同时:
借:非流动资产基金——无形资产　　　　　　　　　　　128 000
　　贷:无形资产　　　　　　　　　　　　　　　　　　　　　128 000

[例6-42] 某事业单位从被投资单位处分得鼓励25 000元,存入银行。其会计分录如下。

借:银行存款　　　　　　　　　　　　　　　　　　　　25 000
　　贷:其他收入——投资收益　　　　　　　　　　　　　　　25 000

[例6-43] 某事业单位转让一笔账面价值为20 000元的股权投资,并收到价款56 000元,已被银行收讫,转让过程发生支出2 000元。其会计分录如下。

转让股权投资时:
借:待处置资产损溢——处置资产价值　　　　　　　　　20 000
　　贷:长期投资——股权投资　　　　　　　　　　　　　　　20 000
实际转让时:
借:非流动资产基金——长期投资　　　　　　　　　　　20 000
　　贷:待处置资产损溢——处置资产价值　　　　　　　　　　20 000
借:银行存款　　　　　　　　　　　　　　　　　　　　56 000
　　贷:待处置资产损溢——处置净收入　　　　　　　　　　　56 000
借:待处置资产损溢——处置净收入　　　　　　　　　　2 000
　　贷:银行存款　　　　　　　　　　　　　　　　　　　　　2 000
借:待处置资产损溢——处置净收入　　　　　　　　　　54 000
　　贷:长期投资——股权投资　　　　　　　　　　　　　　　54 000

[例6-44] 甲事业单位持有乙公司150 000元的股份,乙公司因为经营出现问题,导致甲事业单位无法收回。甲事业单位的会计分录如下。

将投资转入待处置资产:
借:待处置资产损溢　　　　　　　　　　　　　　　　　150 000
　　贷:长期投资——股权投资——乙公司　　　　　　　　　　150 000
报批准予以核销:

借：非流动资产基金——长期投资——乙公司　　　　　　　　150 000
　　贷：待处置资产损溢　　　　　　　　　　　　　　　　　　150 000

2. 长期债权投资

长期债券投资在取得时，应当按照其实际成本作为投资成本。

(1) 以货币资金购入的长期债券投资，按照实际支付的全部价款（包括购买价款以及税金、手续费等相关税费）作为投资成本，借记本科目，贷记"银行存款"等科目；同时，按照投资成本金额，借记"事业基金"科目，贷记"非流动资产基金——长期投资"科目。

(2) 长期债券投资持有期间收到利息时，按照实际收到的金额，借记"银行存款"等科目，贷记"其他收入——投资收益"科目。

(3) 对外转让或到期收回长期债券投资本息，按照实际收到的金额，借记"银行存款"等科目，按照收回长期投资的成本，贷记本科目，按照其差额，贷记或借记"其他收入——投资收益"科目；同时，按照收回长期投资对应的非流动资产基金，借记"非流动资产基金——长期投资"科目，贷记"事业基金"科目。

[例 6-45]　某事业单位用银行存款购买了 6 000 元的长期债券，5 年期限，年利率为 8%。其会计分录如下。

借：长期投资——债券投资　　　　　　　　　　　　　　　　6 000
　　贷：银行存款　　　　　　　　　　　　　　　　　　　　　6 000
借：事业基金　　　　　　　　　　　　　　　　　　　　　　　6 000
　　贷：非流动资产基金——长期投资　　　　　　　　　　　　6 000

[例 6-46]　根据上面例子，假设该债券分次计息，一次还本，1 年后，该事业单位收到利息 480 元。其会计分录如下。

借：银行存款　　　　　　　　　　　　　　　　　　　　　　　480
　　贷：其他收入——投资收益　　　　　　　　　　　　　　　　480

[例 6-47]　结合上面例子，5 年后，该事业单位收回本息。其会计分录如下：

借：银行存款　　　　　　　　　　　　　　　　　　　　　　6 480
　　贷：长期投资　　　　　　　　　　　　　　　　　　　　　6 000
　　　　其他收入——投资收益　　　　　　　　　　　　　　　　480
借：非流动资产基金——长期投资　　　　　　　　　　　　　6 000
　　贷：事业基金　　　　　　　　　　　　　　　　　　　　　6 000

[例 6-48]　若该事业单位将该债券在 4 年后转让，实际收到银行存款 7 500 元。其会计分录如下。

借：银行存款　　　　　　　　　　　　　　　　　　　　　　7 500
　　贷：长期投资　　　　　　　　　　　　　　　　　　　　　6 000
　　　　其他收入——投资收益　　　　　　　　　　　　　　　1 500
借：非流动资产基金——长期投资　　　　　　　　　　　　　6 000
　　贷：事业基金　　　　　　　　　　　　　　　　　　　　　6 000

四、事业单位固定资产的管理与核算

（一）固定资产的概念及核算范围

事业单位的固定资产是指使用期限在一年以上，单位价值在规定标准以上，并在使用过程中基本保持原有物质形态的资产。新《事业单位财务规则》规定：事业单位的通用设备单位价值在1 000元以上、专用设备单位价值在1 500元以上，使用期限在一年以上，并在使用过程中基本保持原有物质形态的资产都属于固定资产。单位价值虽未达到规定标准，但是耐用时间在一年以上的大批同类物资，应作为事业单位固定资产管理。

（二）固定资产的分类

事业单位的固定资产是事业单位开展业务及其他活动的重要物质条件，其品种繁多、规格不一，为了加强固定资产管理，正确进行固定资产核算，必须对固定资产进行科学、合理的分类。固定资产按自然属性和用途一般可分为六类：房屋和建筑物、专用设备、通用设备、文物和陈列品、图书、其他固定资产。

1. 房屋和构筑物

房屋和建筑物是指事业单位拥有占有权和使用权的房屋、建筑物及其附属设施。其中，房屋包括办公用房、业务用房、库房、职工宿舍用房、职工食堂、锅炉房等，构筑物包括道路、围墙、水塔等，附属设备包括房屋、建筑物内的电梯、通信线路、输电线路、水气管道等。

2. 专用设备

专用设备是指事业单位根据业务工作的实际需要购置的各种具有专门性能和专门用途的设备，如学校的教学仪器、科研单位的科研仪器、医院的医疗器械等。

3. 通用设备

通用设备是指事业单位用于业务工作的通用性设备，如办公用的家具、交通工具等。

4. 文物和陈列品

文物和陈列品是指博物馆、展览馆、纪念馆等文化事业单位的各种文物和陈列品，如古物、字画、纪念物品等。

5. 图书、档案

图书是指专业用图书馆、文化馆收藏的书籍，以及事业单位收藏的统一管理使用的业务用书，如单位图书馆（室）、阅览室的图书等。

6. 家具、用具、装具及动植物

事业单位固定资产种类繁多、规格不一，特别是不同类型的事业单位占有和使用的相当一部分固定资产的性质差异较大，因此其管理上的侧重点和要求也各有不同。各主管部门可根据本系统的具体情况制定各类固定资产明细目录。

（三）固定资产的内部控制制度要求

《行政事业单位内部控制规范（试行）》中规定，事业单位应当对资产实行分类管理，建立健全资产内部管理制度，并且应当合理设置岗位，明确相关岗位的职责权限，确保资产安全和有效使用。第44条规定，事业单位应当加强对实物资产和无形资产的管理，明确相关部门和岗位的职责权限，强化对配置、使用和处置等关键环节的管控。

1. 对资产实施归口管理

明确资产使用和保管责任人，落实资产使用人在资产管理中的责任。贵重资产、危险资产、有保密等特殊要求的资产，应当指定专人保管、专人使用，并规定严格的接触限制条件和审批程序。

2. 出租、出借固定资产的管理

按照国有资产管理相关规定，明确资产的调剂、租借、对外投资、处置的程序、审批权限和责任，明确事业单位资产处置应当遵循公开、公平、公正和竞争、择优的原则，严格履行相关审批程序。事业单位出租、出借资产，应当按照国家有关规定经主管部门审核同意后报同级财政部门审批。

3. 建立固定资产台账，加强资产的实物管理

单位应当定期清查盘点资产，确保账实相符。财会、资产管理、资产使用等部门或岗位应当定期对账，发现不符的，应当及时查明原因，并按照相关规定处理。

4. 建立固定资产信息管理系统

做好资产的统计、报告、分析工作，实现对资产的动态管理，事业单位应当提高资产使用效率，按照国家有关规定实行资产共享、共用。

（四）固定资产的计价

事业单位的固定资产按下列规定的价值记账。

（1）购入、调入的固定资产，按照实际支出的买价或调拨价、运杂费、安装费等记账。购置车辆按规定支付的车辆购置附加税计入购价之内。购建的固定资产应当按照取得时的实际成本记账。固定资产借款利息和有关费用，以及外币借款的汇兑差额，在固定资产办理竣工决算之前发生的应当计入固定资产价值，在竣工决算之后发生的应当计入当期支出或费用。

（2）自制的固定资产，按开支的工、料、费记账。

（3）在原有固定资产基础上进行改建、扩建的固定资产，按改建、扩建发生的支出减去改建、扩建过程中的变价收入后的净增加值，增记固定资产。

（4）融资租入的固定资产，按租赁协议确定的设备价款、运杂费、安装费等记账。

（5）接受捐赠的固定资产，按照同类固定资产的市场价格或根据所提供的有关凭证记账。接受固定资产时发生的相关费用，应当计入固定资产价值。

（6）盘盈的固定资产，按重置完全价值入账。

（7）已投入使用但尚未办理移交手续的固定资产，可先按估计价值入账，待确定实际价值后，再进行调整；对固定资产进行改建、扩建，其净增值部分应当计入固定资产价值。

购置固定资产过程中发生的差旅费不计入固定资产价值。

(五) 固定资产的核算

为了核算事业单位的固定资产的原价,应设置"固定资产"(资产类)总账科目。其借方记增加的固定资产原值,贷方记减少的固定资产的原值,借方余额反映现有固定资产的原值总值。事业单位除了进行固定资产的总分类核算外,还应按固定资产分类设备明细账和固定资产卡片进行明细核算。

1. 固定资产在取得时,应当按照其实际成本入账

(1) 购入的固定资产,其成本包括购买价款、相关税费以及固定资产交付使用前所发生的可归属于该项资产的运输费、装卸费、安装调试费和专业人员服务费等。以一笔款项购入多项没有单独标价的固定资产,按照各项固定资产同类或类似资产市场价格的比例对总成本进行分配,分别确定各项固定资产的入账成本。

购入不需安装的固定资产,按照确定的固定资产成本,借记本科目,贷记"非流动资产基金——固定资产"科目;同时,按照实际支付金额,借记"事业支出""经营支出""专用基金——修购基金"等科目,贷记"财政补助收入""零余额账户用款额度""银行存款"等科目。

[例6-49] 某事业单位以财政补助资金,购入一台不需安装的机器,机器价款为50 000元,该事业单位采用直接支付的方式付款,假定不考虑其他相关税费。其会计分录如下。

借:事业支出——财政补助支出——基本建设支出——设备购置费 50 000
　　贷:财政补助收入 50 000
同时,
借:固定资产 50 000
　　贷:非流动资产基金——固定资产 50 000

购入需要安装的固定资产,先通过"在建工程"科目核算。安装完工交付使用时,借记本科目,贷记"非流动资产基金——固定资产"科目;同时,借记"非流动资产基金——在建工程"科目,贷记"在建工程"科目。

[例6-50] 某事业单位购入需要安装的设备,用于经营活动,价税合计50 000元,运输费用为1 000元,安装调试费用为20 000元,所有款项以银行存款支付。其会计分录如下。

购入时:
借:在建工程——设备安装 51 000
　　贷:非流动资产基金——在建工程 51 000
借:经营支出 51 000
　　贷:银行存款 51 000
支付安装费用时:
借:在建工程——设备安装 20 000
　　贷:非流动资产基金——在建工程 20 000
借:经营支出 20 000
　　贷:银行存款 20 000

安装完成支付使用时：

借：固定资产　　　　　　　　　　　　　　　　　　　　　　53 000
　　贷：非流动资产基金——固定资产　　　　　　　　　　　　　53 000
借：非流动资产基金——在建工程　　　　　　　　　　　　　　53 000
　　贷：在建工程——设备安装　　　　　　　　　　　　　　　　53 000

购入固定资产扣留质量保证金的，应当在取得固定资产时，按照确定的成本，借记本科目（不需安装）或"在建工程"科目（需要安装），贷记"非流动资产基金——固定资产、在建工程"科目。同时取得固定资产全款发票的，应当同时按照构成资产成本的全部支出金额，借记"事业支出""经营支出""专用基金——修购基金"等科目，按照实际支付金额，贷记"财政补助收入""零余额账户用款额度""银行存款"等科目，按照扣留的质量保证金，贷记"其他应付款"[扣留期在1年以内（含1年）]或"长期应付款"（扣留期超过1年）科目；取得的发票金额不包括质量保证金的，应当同时按照不包括质量保证金的支出金额，借记"事业支出""经营支出""专用基金——修购基金"等科目，贷记"财政补助收入""零余额账户用款额度""银行存款"等科目。质保期满支付质量保证金时，借记"其他应付款""长期应付款"科目，或借记"事业支出""经营支出""专用基金——修购基金"等科目，贷记"财政补助收入""零余额账户用款额度""银行存款"等科目。

[例6-51]　某事业单位购入一台不需要安装的设备，发票价格为150 000元，发生的运费为2 500元，包装费为2 500元，已取得固定资产全款发票。按照合同规定，购入该项固定设备需要扣留10%的质量保证金，其余款项以银行存款支付。其会计分录如下。

借：固定资产　　　　　　　　　　　　　　　　　　　　　155 000
　　贷：非流动资产基金——固定资产　　　　　　　　　　　　155 000
同时，借：事业支出——基本支出——基本建设支出——设备购置费
　　　　　　　　　　　　　　　　　　　　　　　　　　　　155 000
　　　　贷：银行存款　　　　　　　　　　　　　　　　　　　139 500
　　　　　　其他应付款　　　　　　　　　　　　　　　　　　 15 500
质保期满支付质量保证金：
借：其他应付款　　　　　　　　　　　　　　　　　　　　　15 500
　　贷：银行存款　　　　　　　　　　　　　　　　　　　　　15 500

（2）自行建造的固定资产，其成本包括建造该项资产至交付使用前所发生的全部必要支出。工程完工交付使用时，按自行建造过程中发生的实际支出，借记本科目，贷记"非流动资产基金——固定资产"科目；同时，借记"非流动资产基金——在建工程"科目，贷记"在建工程"科目。已交付使用但尚未办理竣工决算手续的固定资产，按照估计价值入账，待确定实际成本后再进行调整。

[例6-52]　某事业单位购入一台需要安装的机器，全部支出为300 000元，安装完毕后，经调试可正常使用，随即交付使用。其会计分录如下。

借：固定资产　　　　　　　　　　　　　　　　　　　　　300 000
　　贷：非流动资产基金——固定资产　　　　　　　　　　　　300 000

同时，借：非流动资产基金——在建工程　　　　　　　　　　　　300 000
　　　　贷：在建工程　　　　　　　　　　　　　　　　　　　300 000

（3）在原有固定资产基础上进行改建、扩建、修缮后的固定资产，其成本按照原固定资产账面价值（"固定资产"科目账面余额减去"累计折旧"科目账面余额后的净值）加上改建、扩建、修缮发生的支出，再扣除固定资产拆除部分的账面价值后的金额确定。将固定资产转入改建、扩建、修缮时，按固定资产的账面价值，借记"在建工程"科目，贷记"非流动资产基金——在建工程"科目；同时，按固定资产对应的非流动资产基金，借记"非流动资产基金——固定资产"科目，按固定资产已计提折旧，借记"累计折旧"科目，按固定资产的账面余额，贷记本科目。工程完工交付使用时，借记本科目，贷记"非流动资产基金——在建工程"科目。这里的账面价值，是指某会计科目的账面余额减去相关备抵科目（如"累计折旧""累计摊销"科目）账面余额后的净值。这里的账面余额，是指某会计科目的账面实际余额。同时，借记"非流动资产基金——在建工程"科目，贷记"在建工程"科目。

[例 6-53]　某事业单位对一固定资产进行改扩建，改扩建前该固定资产的原价为 200 000 元，计提折旧 50 000 元。在改扩建过程中支付的价款为 100 000 元，发生变价收入为 10 000 元，款项以银行存款收付。其会计分录如下。

① 固定资产转入在建工程：
借：在建工程　　　　　　　　　　　　　　　　　　　　　150 000
　　贷：非流动资产基金——在建工程　　　　　　　　　　　150 000
同时，借：非流动资产基金　　　　　　　　　　　　　　　　150 000
　　　　　累计折旧　　　　　　　　　　　　　　　　　　　 50 000
　　　　贷：固定资产　　　　　　　　　　　　　　　　　　200 000

② 支付价款时：
借：事业支出——基本支出——基本建设支出——改建工程　 100 000
　　贷：银行存款　　　　　　　　　　　　　　　　　　　　100 000
同时，
借：在建工程　　　　　　　　　　　　　　　　　　　　　100 000
　　贷：流动资产基金——在建工程　　　　　　　　　　　　100 000

③ 发生变价收入时：
借：银行存款　　　　　　　　　　　　　　　　　　　　　 10 000
　　贷：待处置资产损溢　　　　　　　　　　　　　　　　　 10 000

④ 工程交付使用：
借：固定资产　　　　　　　　　　　　　　　　　　　　　240 000
　　贷：非流动资产基金——固定资产　　　　　　　　　　　240 000
借：非流动资产基金——在建工程　　　　　　　　　　　　　250 000
　　贷：在建工程　　　　　　　　　　　　　　　　　　　　250 000
固定资产成本＝150 000＋100 000－10 000＝240 000

(4) 以融资租赁租入的固定资产,其成本按照租赁协议或者合同确定的租赁价款、相关税费以及固定资产交付使用前所发生的可归属于该项资产的运输费、途中保险费、安装调试费等确定。融资租入的固定资产,按照确定的成本,借记本科目(不需安装)或"在建工程"科目(需安装),按照租赁协议或者合同确定的租赁价款,贷记"长期应付款"科目,按照其差额,贷记"非流动资产基金——固定资产、在建工程"科目。同时,按照实际支付的相关税费、运输费、途中保险费、安装调试费等,借记"事业支出""经营支出"等科目,贷记"财政补助收入""零余额账户用款额度"、"银行存款"等科目。定期支付租金时,按照支付的租金金额,借记"事业支出""经营支出"等科目,贷记"财政补助收入""零余额账户用款额度""银行存款"等科目;同时,借记"长期应付款"科目,贷记"非流动资产基金——固定资产"科目。跨年度分期付款购入固定资产的账务处理,参照融资租入固定资产。

[例6-54] 某事业单位与某供应商签订协议购买一项固定资产,用于专业业务活动,价款为30 000元,分三期平均支付,在支付第一期时,供应商提供固定资产,该项支出通过财政授权方式支付。其会计分录如下。

支付第一期:
借:固定资产　　　　　　　　　　　　　　　　　　　30 000
　　贷:长期应付款　　　　　　　　　　　　　　　　　　20 000
　　　　非流动资产基金——固定资产　　　　　　　　　10 000
借:事业支出——基本支出——基本建设支出——设备购置费　10 000
　　贷:银行存款　　　　　　　　　　　　　　　　　　　10 000
支付第二、三期时:
借:事业支出——基本支出——基本建设支出——设备购置费　10 000
　　贷:银行存款　　　　　　　　　　　　　　　　　　　10 000
同时,借:长期应付款　　　　　　　　　　　　　　　　10 000
　　　　贷:非流动资产基金　　　　　　　　　　　　　　10 000

(5) 接受捐赠、无偿调入的固定资产,其成本按照有关凭据注明的金额加上相关税费、运输费等确定;没有相关凭据的,其成本比照同类或类似固定资产的市场价格加上相关税费、运输费等确定;没有相关凭据、同类或类似固定资产的市场价格也无法可靠取得的,该固定资产按照名义金额入账。接受捐赠、无偿调入的固定资产,按照确定的固定资产成本,借记本科目(不需安装)或"在建工程"科目(需安装),贷记"非流动资产基金——固定资产、在建工程"科目;按照发生的相关税费、运输费等,借记"其他支出"科目,贷记"银行存款"等科目。

[例6-55] 某事业单位接受名人捐赠,价值为300 000元,在捐赠过程中,发生运费1 000元,以现金支付。其会计分录如下。

支付价款时:
借:固定资产　　　　　　　　　　　　　　　　　　　301 000
　　贷:非流动资产基金　　　　　　　　　　　　　　　301 000
同时,

借：其他支出　　　　　　　　　　　　　　　　　　　　　　　　　1 000
　　贷：库存现金　　　　　　　　　　　　　　　　　　　　　　　　　1 000

2．计提固定资产折旧

按月计提固定资产折旧时，按照实际计提金额，借记"非流动资产基金——固定资产"科目，贷记"累计折旧"科目。

[例6-56]　某事业单位拥有设备一台，其原值时380 000元，预计使用年限为10年。

固定资产年折旧额＝380 000÷10＝38 000元
固定资产月折旧率＝38 000÷12÷380 000≈0.83％
固定资产月折旧额＝0.83％×380 000＝3 154元

其会计分录如下。

借：非流动资产基金——固定资产　　　　　　　　　　　　　　　3 154
　　贷：累计折旧　　　　　　　　　　　　　　　　　　　　　　　　3 154

3．与固定资产有关的后续支出

（1）为增加固定资产使用效能或延长其使用年限而发生的改建、扩建或修缮等后续支出，应当计入固定资产成本，通过"在建工程"科目核算，完工交付使用时转入该科目。因前面已经举例，这里不再累赘。有关账务处理参见"在建工程"科目。

（2）为维护固定资产的正常使用而发生的日常修理等后续支出，应当计入当期支出但不计入固定资产成本，借记"事业支出""经营支出"等科目，贷记"财政补助收入""零余额账户用款额度""银行存款"等科目。

[例6-57]　某事业单位用银行存款支付房屋维修费用435 000元。其会计分录如下。

借：事业支出——基本支出——商品和服务支出——修缮费　　　435 000
　　贷：银行存款　　　　　　　　　　　　　　　　　　　　　　　435 000

4．报经批准出售、无偿调出、对外捐赠固定资产或以固定资产对外投资

（1）出售、无偿调出、对外捐赠固定资产，转入待处置资产时，按照待处置固定资产的账面价值，借记"待处置资产损溢"科目，按照已计提折旧，借记"累计折旧"科目，按照固定资产的账面余额，贷记本科目。实际出售、调出、捐出时，按照处置固定资产对应的非流动资产基金，借记"非流动资产基金——固定资产"科目，贷记"待处置资产损溢"科目。出售固定资产过程中取得价款、发生相关税费，以及出售价款扣除相关税费后的净收入的账务处理，参见"待处置资产损溢"科目。

[例6-58]　某事业单位将一台机器出售，机器原价为20 000元，已提折旧10 000元，双方协议售价12 000元，取得款项存入银行。其会计分录如下。

借：待处置资产损溢——处置资产价值　　　　　　　　　　　　10 000
　　累计折旧　　　　　　　　　　　　　　　　　　　　　　　　10 000
　　贷：固定资产　　　　　　　　　　　　　　　　　　　　　　　20 000
借：非流动资产基金——固定资产　　　　　　　　　　　　　　　10 000
　　贷：待处置资产损溢——处置资产价值　　　　　　　　　　　　10 000

借：银行存款　　　　　　　　　　　　　　　　　　　　　　　12 000
　　贷：待处置资产损溢——处置净收入　　　　　　　　　　　12 000
借：待处置资产损溢——处置净收入　　　　　　　　　　　　　12 000
　　贷：应缴国库款　　　　　　　　　　　　　　　　　　　　12 000

（2）以固定资产对外投资，按照评估价值加上相关税费作为投资成本，借记"长期投资"科目，贷记"非流动资产基金——长期投资"科目，按发生的相关税费，借记"其他支出"科目，贷记"银行存款""应缴税费"等科目；同时，按照投出固定资产对应的非流动资产基金，借记"非流动资产基金——固定资产"科目，按照投出固定资产已计提折旧，借记"累计折旧"科目，按照投出固定资产的账面余额，贷记本科目。

[例 6-59]　某事业单位将一固定资产用于对外长期投资，本固定资产原价为 360 000 元，已提折旧 240 000 元，双方签订协议定价为 200 000 元。其会计分录如下。

借：长期投资　　　　　　　　　　　　　　　　　　　　　　200 000
　　贷：非流动资产基金——长期投资　　　　　　　　　　　200 000
借：非流动资产基金——固定资产　　　　　　　　　　　　　120 000
　　累计折旧　　　　　　　　　　　　　　　　　　　　　　240 000
　　贷：固定资产　　　　　　　　　　　　　　　　　　　　360 000

5. 固定资产的清查盘点

事业单位的固定资产应当定期进行清查盘点，每年至少盘点一次。对于发生的固定资产盘盈、盘亏或者报废、毁损，应当及时查明原因，按规定报经批准后进行账务处理。

（1）盘盈的固定资产，按照同类或类似固定资产的市场价格确定入账价值；同类或类似固定资产的市场价格无法可靠取得的，按照名义金额入账。盘盈的固定资产，按照确定的入账价值，借记本科目，贷记"非流动资产基金——固定资产"科目。

[例 6-60]　某事业单位进行资产清查盘点，发现有一台机器未入账，该机器市场价格为 80 000 元。其会计分录如下。

借：固定资产　　　　　　　　　　　　　　　　　　　　　　80 000
　　贷：非流动资产基金——固定资产　　　　　　　　　　　80 000

要说明的是，固定资产盘点中发现闲置的固定资产，应当按照规定及时处理，使之合理流动，发挥效益，防止积压。

（2）盘亏或者毁损、报废的固定资产，转入待处置资产时，按照待处置固定资产的账面价值，借记"待处置资产损溢"科目，按照已计提折旧，借记"累计折旧"科目，按照固定资产的账面余额，贷记本科目。报经批准予以处置时，按照处置固定资产对应的非流动资产基金，借记"非流动资产基金——固定资产"科目，贷记"待处置资产损溢"科目。处置毁损、报废固定资产过程中所取得的收入、发生的相关费用，以及处置收入扣除相关费用后的净收入的账务处理，参见"待处置资产损溢"科目。

[例 6-61]　某事业单位的仪器设备一台，因科学技术进步等原因经批准报废。该设备原价 93 000 元，收回残值收入 850 元，支付清理费用 1 200 元。根据有关凭证，填制记账凭证。其会计分录如下。

```
借：待处置资产损溢——处置资产价值           93 000
    贷：固定资产                              93 000
借：非流动资产基金——固定资产               93 000
    贷：待处置资产损溢——处置资产价值        93 000
借：银行存款                                    850
    贷：待处置资产损溢——处置净收入             850
借：待处置资产损溢——处置净收入             1 200
    贷：银行存款                               1 200
```

[例6-62] 某事业单位盘亏电视机一台，其账面价值7 500元，根据盘亏表，填制记账凭证。其会计分录如下。

```
借：待处置资产损溢——处置资产价值            7 500
    贷：固定资产                               7 500
借：非流动资产基金——固定资产                7 500
    贷：待处置资产损溢——处置资产价值         7 500
```

除会计部门进行固定资产总账核算外，财产管理部门也应设置一套固定资产明细账，根据固定资产的类别和财产品名设户，进行各种固定资产的收进、发出、余存的数量和金额的明细核算。

（六）累计折旧的管理与核算

1. 累计折旧的管理

固定资产折旧，是指在固定资产使用寿命内，按照确定的方法对应折旧金额进行系统分摊。这里需要注意的是，事业单位固定资产的应折旧金额为其成本，计提固定资产折旧不考虑预计净残值。事业单位应当对除下列各项资产以外的其他固定资产计提折旧：文物和陈列品；动植物；图书、档案；以名义金额计量的固定资产。

2. 事业单位固定资产折旧计提的要求

折旧是指在固定资产使用寿命内，按照确定的方法对应折旧金额进行系统分摊。在确定计提折旧的范围时还应该注意以下七点。

（1）事业单位应当根据固定资产的性质和实际使用情况，合理确定其折旧年限。省级以上财政部门、主管部门对事业单位固定资产折旧年限作出规定的，从其规定。

（2）事业单位一般应当采用年限平均法或工作量法计提固定资产折旧。

（3）事业单位固定资产的应折旧金额为其成本，计提固定资产折旧不考虑预计净残值。

（4）事业单位一般应当按月计提固定资产折旧。当月增加的固定资产，当月不提折旧，从下月起计提折旧；当月减少的固定资产，当月照提折旧，从下月起不提折旧。

（5）固定资产提足折旧后，无论能否继续使用，均不再计提折旧；提前报废的固定资产，也不再补提折旧。已提足折旧的固定资产，可以继续使用的，应当继续使用，规范管理。

（6）计提融资租入固定资产折旧时，应当采用与自有固定资产相一致的折旧政策。

能够合理确定租赁期届满时将会取得租入固定资产所有权的,应当在租入固定资产尚可使用年限内计提折旧;无法合理确定租赁期届满时能够取得租入固定资产所有权的,应当在租赁期与租入固定资产尚可使用年限两者中较短的期间内计提折旧。

(7) 固定资产因改建、扩建或修缮等原因而延长其使用年限的,应当按照重新确定的固定资产的成本以及重新确定的折旧年限,重新计算折旧额。

3. 事业单位固定资产折旧的计算方法

(1) 平均年限法。平均年限法也称为直线法,是指将固定资产的应折旧金额按均等的数额在其预计使用期内分配于每一会计期间的一种方法。其计算公式如下。

$$固定资产年折旧率 = 应折旧金额(成本) \div 预计使用年限$$
$$固定资产月折旧率 = 固定资产年折旧额 \div 12$$

[例 6-63] 某事业单位拥有机器一台,原值为 360 000 元,预计使用年限为 10 年。则:

固定资产年折旧额 = 360 000 ÷ 10 = 36 000 元
固定资产月折旧率 = 36 000 ÷ 12 ÷ 360 000 ≈ 0.83%
固定资产月折旧额 = 360 000 × 0.83% = 2 988 元

(2) 工作量法。工作量法是按照固定资产实际完成的工作总量计算折旧的一种方法。采用工作量法计提折旧,应先以固定资产在使用年限内预计总工作量(如工作时数或总产量)去除应计折旧总额,算出每一工作量应分摊的折旧,然后乘以当期的实际工作量,求出该期应计提的折旧额。其计算公式如下。

$$当期折旧额 = 当期工作量 \times 单位折旧额$$

[例 6-64] 某事业单位用一台仪器,原价为 16 000 元,预计可以使用 80 000 个小时,按工作量法计提折旧,在某一日,该仪器已经工作了 2 400 个小时。则:

单位小时折旧额 = 16 000 ÷ 8 000 = 2 元/小时
本月折旧额 = 2 400 × 2 = 4 800 元

4. 固定资产折旧的核算

为了核算事业单位固定资产计提的累计折旧,新设"累计折旧"(资产类)总账科目,借方登记已计提折旧数,贷方登记按月应计提折旧数,本科目贷方余额,反映累计计提折旧数额。其主要账务处理如下。

(1) 按月计提固定资产折旧时,按照应计提折旧金额,借记"非流动资产基金——固定资产"科目,贷记本科目。

(2) 固定资产处置时,按照所处置固定资产的账面价值,借记"待处置资产损溢"科目,按照已计提折旧,借记本科目,按照固定资产的账面余额,贷记"固定资产"科目。

[例 6-65] 业务内容同上例,其会计分录如下。

借:非流动资产基金——固定资产　　　　　　　　　　　　　4 800
　　贷:累计折旧　　　　　　　　　　　　　　　　　　　　　4 800

（七）在建工程的管理与核算

1. 在建工程的管理

在建工程是指已经发生必要支出，但尚未达到支付使用状态的各种建筑工程（包括新建、改建、扩建、修缮等）和设备安装工程的实际成本。事业单位无论是新建、改建、扩建还是进行技术改造、设备更新等，在建工程所发生的各种建筑和安装支出均属于资本性支出，所形成的固定资产为固定资产。在建工程包括事业单位为建造、改建、扩建及修缮固定资产以及安装设备而进行的各项建筑工程和安装工程。为核算事业单位在建工程的增减变动情况，事业单位应当设置"在建工程"（资产类）总账科目，借方登记转入改扩建的固定资产价值或者在建工程的实际成本，贷方登记的是竣工结算数，本科目期末借方余额，反映事业单位尚未完工的在建工程发生的实际成本。本科目应当按照工程性质和具体工程项目等进行明细核算。事业单位的基本建设投资应当按照国家有关规定单独建账、单独核算，同时按照本制度的规定至少按月并入该科目及其他相关科目反映。事业单位应当在该科目下设置"基建工程"明细科目，核算由基建账套并入的在建工程成本，有关基建并账的具体账务处理另行规定。

2. 在建工程的核算内容

（1）建筑工程的核算。

① 将固定资产转入改建、扩建或修缮等时，按照固定资产的账面价值，借记本科目，贷记"非流动资产基金——在建工程"科目；同时，按照固定资产对应的非流动资产基金，借记"非流动资产基金——固定资产"科目，按照已计提折旧，借记"累计折旧"科目，按照固定资产的账面余额，贷记"固定资产"科目。

② 根据工程价款结算账单与施工企业结算工程价款时，按照实际支付的工程价款，借记本科目，贷记"非流动资产基金——在建工程"科目；同时，借记"事业支出"等科目，贷记"财政补助收入""零余额账户用款额度""银行存款"等科目。

③ 事业单位为建筑工程借入的专门借款的利息，属于建设期间发生的，计入在建工程成本，借记本科目，贷记"非流动资产基金——在建工程"科目；同时，借记"其他支出"科目，贷记"银行存款"科目。

④ 工程完工交付使用时，按照建筑工程所发生的实际成本，借记"固定资产"科目，贷记"非流动资产基金——固定资产"科目；同时，借记"非流动资产基金——在建工程"科目，贷记本科目。

[例6-66] 某事业单位将自行建成的多媒体会议室投入使用，建造成本是600 000元。其会计分录如下。

借：固定资产　　　　　　　　　　　　　　　　　　　　　　　600 000
　　贷：非流动资产基金——固定资产　　　　　　　　　　　　　600 000
同时，借：非流动资产基金——在建工程　　　　　　　　　　　　600 000
　　　　贷：在建工程　　　　　　　　　　　　　　　　　　　　600 000

（2）设备安装工程的核算。

① 购入需要安装的设备，按照确定的成本，借记本科目，贷记"非流动资产基金——在建工程"科目；同时，按照实际支付金额，借记"事业支出""经营支出"等科目，

贷记"财政补助收入""零余额账户用款额度""银行存款"等科目。融资租入需要安装的设备,按照确定的成本,借记本科目,按照租赁协议或者合同确定的租赁价款,贷记"长期应付款"科目,按照其差额,贷记"非流动资产基金——在建工程"科目。同时,按照实际支付的相关税费、运输费、途中保险费等,借记"事业支出""经营支出"等科目,贷记"财政补助收入""零余额账户用款额度""银行存款"等科目。

② 发生安装费用,借记本科目,贷记"非流动资产基金——在建工程"科目;同时,借记"事业支出""经营支出"等科目,贷记"财政补助收入""零余额账户用款额度""银行存款"等科目。

③ 设备安装完工交付使用时,借记"固定资产"科目,贷记"非流动资产基金——固定资产"科目;同时,借记"非流动资产基金——在建工程"科目,贷记本科目。

[例 6-67] 某事业单位以自有资金购入设备一台,价款为 265 000 元,所花的运输费用为 5 000 元,款项都通过银行付讫。安装设备时,支付安装公司材料费为 10 000 元,服务费为 10 000 元。设备安装完毕后就支付使用。其会计分录如下。

① 支付设备价款时:
借:事业支出——基本支出——基本建设支出——设备购置费　　270 000
　　贷:银行存款　　　　　　　　　　　　　　　　　　　　　　270 000

② 设备安装时:
借:在建工程　　　　　　　　　　　　　　　　　　　　　　　270 000
　　贷:非流动资产基金——在建工程　　　　　　　　　　　　　270 000

③ 支付材料费与服务费时:
借:事业支出——基本支出——商品和服务支出——材料费　　　20 000
　　贷:非流动资产基金——固定资产　　　　　　　　　　　　　20 000
借:在建工程　　　　　　　　　　　　　　　　　　　　　　　20 000
　　贷:非流动资产基金——在建工程　　　　　　　　　　　　　20 000

④ 设备安装完毕并交付使用时:
借:固定资产　　　　　　　　　　　　　　　　　　　　　　　290 000
　　贷:非流动资产基金——固定资产　　　　　　　　　　　　　290 000
借:非流动资产基金——在建工程　　　　　　　　　　　　　　290 000
　　贷:在建工程　　　　　　　　　　　　　　　　　　　　　　290 000

五、事业单位无形资产的管理与核算

(一) 无形资产的概念

无形资产是指不具有实物形态而能为事业单位提供某种权利的资产,包括专利权、商标权、土地使用权、商誉、非专利技术、著作权及其他财产权利。无形资产是一种非物质性资产,但并不是所有的非物质性资产都是无形资产,只有那些事业单位拥有某种独占权利,并能供事业单位长期使用抑或能带来一定收益的非物质性资产才是无形资产。事业单位购入的不构成相关硬件不可缺少组成部分的应用软件,应当作为无形资产管理。

(二) 无形资产的内容及计价

专利权是指对发明者在某一产品的造型、配方、结构、制造工艺或程序的发明上给予其制造、使用和出售等方面的专门权利。专利权人拥有的专利受专利法保护。事业单位不应将其所拥有的一切专利权都予以本金化，作为无形资产核算，只有那些能够给事业单位带来较大经济价值的，并且事业单位为此作了支出的专利，才能作为无形资产进行核算。专利权如果是购买的，其记账成本价值除买价外，还应包括有关部门收取的相关费用等；如果是自行开发的，它的成本应包括创造该项专利的试验费用、申请专利登记费用以及聘请律师费用等。

商标权是指专门在某类指定的商品或产品上使用特定的名称或图案的权利。商标经过注册登记，就获得了法律上的保护。单位自创的商标，其注册登记费用不高，不一定作为无形资产来核算。受让商标，一次性支出费用较大的，可以将其本金作为无形资产入账核算。其记账价值包括买价、支付的手续费以及其他因受让商标而发生的费用等。

土地使用权是指事业单位依法取得在一定时期内对国有土地进行开发、利用、经营等活动的权利。事业单位拥有并入账的土地使用权，不能作为无形资产核算；花了较大的代价取得的土地使用权，应予以本金化，将取得时所发生的一切支出，作为土地使用权成本，记入无形资产科目。这里有两种情况：一是事业单位向土地管理部门申请土地使用权时支付的出让金，要作为无形资产入账；二是事业单位原先通过行政划拨方式取得的土地使用权，没有入账核算，但其在将土地使用权有偿转让、出租、抵押、作价入股和投资时按规定要补缴土地出让金，要作为无形资产入账。

商誉通常是指企业由于所处地理位置优越，或由于信誉好而赢得了客户的信任，或由于组织得当等原因而形成的一种无形价值。这一概念是随着企业产权有偿转让行为的发生，才在企业财务会计中出现的。商誉可以是自己建立的，也可以是外购的，但是只有向外购入时，才能作为无形资产核算。商誉的计价方法很多，也很复杂。通常，商誉的价值可以按买者付给卖者的价款总额与买进单位所有净资产总额之间的差额计算。

非专利技术是指先进的、未公开的、未申请专利的，且可以带来经济效益的技术或者资料，又称"专有技术"、"技术秘密"、"技术诀窍"。事业单位的非专利技术一般是指在组织事业收入或经营收入过程中取得的有关生产、经营和管理方面未获得专利权的知识、经验和技巧。非专利技术不受专利法的保护，但却是一种事实上的专利，它可以进行转让和投资。

著作权又称版权，是指文学、艺术和科学作品等著作权人依法对其作品所拥有的专有权利。著作权一般包括发表权、署名权、修改权、保护作品完整权、使用权和获得报酬权，著作权受国家法律保护。

(三) 无形资产的管理

一般而言，事业单位的无形资产大多是自创和转让的。因此，事业单位必须高度重视、依法保护、合理运用无形资产，加强无形资产的管理，促进事业的更快发展。在对无形资产管理上主要应注意以下三个问题。

（1）要增强无形资产管理的意识。无形资产虽然是一种看不见、摸不着的资产，但却是一种客观存在着的权利，这种权利本身具有内在的价值，尤其是当无形资产进行转让或投资时，这种价值就会得到确认和实现。因此，事业单位要提高认识，转变观念，充分认识到无形资产是一种"无形"但又具有实实在在价值的资产。

（2）要重视对无形资产的保护。事业单位要充分运用国家颁布的有关法律、法规，加强对所拥有的无形资产的保护，发明创造要及时申请专利，产品使用的商标要及时注册，还要注意对各种非专利技术的自我保护，等等。同时，对各种侵权行为，事业单位要利用法律武器，保护自己拥有的合法权利不受侵犯。

（3）要依法合理利用无形资产。事业单位转让和处置无形资产要进行应当遵循公开、公平、公正和竞争、择优的原则，严格履行相关审批程序。在审批同意之后还要经过法定资产评估机构的评估，事业单位在运用无形资产对外长期投资时按照要求按评估价值入账。

（四）无形资产的核算

为了核算事业单位的专利权、非专利技术、商标权、土地使用权、商誉等各种无形资产的价值，应设置"无形资产"（资产类）总账科目。其借方记投资者投入、购入或自创并按法律程序申请取得的各种无形资产的价值，贷方记无形资产转出的实际成本及无形资产摊销额，借方余额反映尚未摊销的无形资产的价值。本账户应按无形资产类别设明细账。

1. 无形资产取得的核算

事业单位无形资产取得的途径主要有购入、自创、接受捐赠等，取得的方式有两种：一是取得所有权；二是取得使用权。事业单位无论是取得无形资产的所有权还是使用权，所发生的支出均计入事业支出。事业单位购入的不构成相关硬件不可缺少组成部分的应用软件，应当作为无形资产入账。

（1）外购的无形资产，其成本包括购买价款、相关税费以及可归属于该项资产达到预定用途所发生的其他支出。购入的无形资产，按照确定的无形资产成本，借记本科目，贷记"非流动资产基金——无形资产"科目；同时，按照实际支付金额，借记"事业支出"等科目，贷记"财政补助收入""零余额账户用款额度""银行存款"等科目。

（2）委托软件公司开发软件视同外购无形资产进行处理。支付软件开发费时，按照实际支付金额，借记"事业支出"等科目，贷记"财政补助收入""零余额账户用款额度""银行存款"等科目。软件开发完成交付使用时，按照软件开发费总额，借记本科目，贷记"非流动资产基金——无形资产"科目。

（3）自行开发并按法律程序申请取得的无形资产，按照依法取得时发生的注册费、聘请律师费等费用，借记本科目，贷记"非流动资产基金——无形资产"科目；同时，借记"事业支出"等科目，贷记"财政补助收入""零余额账户用款额度""银行存款"等科目。依法取得前所发生的研究开发支出，应于发生时直接计入当期支出，借记"事业支出"等科目，贷记"银行存款"等科目。

（4）接受捐赠、无偿调入的无形资产，其成本按照有关凭据注明的金额加上相关税费等确定;没有相关凭据的,其成本比照同类或类似无形资产的市场价格加上相关税费等确定;没有相关凭据、同类或类似无形资产的市场价格也无法可靠取得的,该资产按照名义金额入账。接受捐赠、无偿调入的无形资产,按照确定的无形资产成本,借记本科目,贷记"非流动资产基金——无形资产"科目;按照发生的相关税费等,借记"其他支出"科目,贷记"银行存款"等科目。

(5) 按月计提无形资产摊销时,按照应计提摊销金额,借记"非流动资产基金——无形资产"科目,贷记"累计摊销"科目。

核算举例:

[例6-68] 某事业单位购买一项商标权,价款 210 000 元,款项已由银行支付。根据有关凭证,填制记账凭证。其会计分录如下。

借:无形资产   210 000
  贷:银行存款   210 000

[例6-69] 某事业单位试制一种新产品,用银行存款支付试验费用 97 200 元,支付申请专利登记费及聘请律师费 2 300 元。根据有关凭证,填制记账凭证。其会计分录如下。

借:事业支出——基本支出——商品和服务支出——业务费   99 500
  贷:银行存款   99 500

[例6-70] 上述新产品试验成功申请专利,结转其实际成本。根据有关凭证,填制记账凭证。其会计分录如下。

借:无形资产   99 500
  贷:事业支出——基本支出——商品和服务支出——业务费 99 500

2. 无形资产的后续支出

(1) 为增加无形资产的使用效能而发生的后续支出,如对软件进行升级改造或扩展其功能等所发生的支出,应当计入无形资产的成本,借记本科目,贷记"非流动资产基金——无形资产"科目;同时,借记"事业支出"等科目,贷记"财政补助收入""零余额账户用款额度""银行存款"等科目。

核算举例:

[例6-71] 2012年1月1日,某事业单位取得一项软件系统,价款为 500 000 元,摊销年限为 5 年。2014 年 3 月 8 日,该事业单位对该项软件进行系统升级,用零余额账户用款额度支付软件公司劳务费 150 000 元,该软件的使用期限也延长 2 年。其会计分录如下。

① 取得软件系统以及升级改造前摊销的会计分录省略。
② 支付升级改造费:

借:无形资产   150 000
  贷:非流动资产基金——无形资产   150 000

同时,

借:事业支出——基本支出——商品和服务支出——劳务费   150 000
  贷:零余额账户用款额度   150 000

③ 计提 2014 年软件系统摊销额（按年摊销额）：

软件系统账面价值＝500 000－(500 000/5×12)×(2×12＋3)＝275 000(元)

软件系统升值后成本＝275 000＋150 000＝425 000(元)

软件系统 2014 年摊销额＝425 000/(4×12＋9)×9≈67 105(元)

借：非流动资产基金——无形资产　　　　　　　　　　　　　　　67 105
　　贷：累计摊销　　　　　　　　　　　　　　　　　　　　　　　67 105

（2）为维护无形资产的正常使用而发生的后续支出，如对软件进行漏洞修补、技术维护等所发生的支出，应当计入当期支出但不计入无形资产成本，借记"事业支出"等科目，贷记"财政补助收入""零余额账户用款额度""银行存款"等科目。

[例 6－72] 2014 年 3 月 8 号，某事业单位对其软件系统进行技术维护，用零余额账户用款额度支付软件公司 80 000 元。其会计分录如下。

借：事业支出——基本支出——商品和服务支出——维护费　　　　80 000
　　贷：零余额账户用款额度　　　　　　　　　　　　　　　　　80 000

3. 报经批准转让、无偿调出、对外捐赠无形资产或以无形资产对外投资

（1）转让、无偿调出、对外捐赠无形资产，转入待处置资产时，按照待处置无形资产的账面价值，借记"待处置资产损溢"科目，按照已计提摊销，借记"累计摊销"科目，按照无形资产的账面余额，贷记本科目。实际转让、调出、捐出时，按照处置无形资产对应的非流动资产基金，借记"非流动资产基金——无形资产"科目，贷记"待处置资产损溢"科目。转让无形资产过程中取得价款、发生相关税费，以及出售价款扣除相关税费后的净收入的账务处理，参见"待处置资产损溢"科目。

[例 6－73] 某事业单位取得一项专利权，取得的成本是 240 000 元，有效期限为 5 年，2 年后，该事业单位将该项专利转让给另一个单位，双方协定价格为 200 000 元，收取的价款存入银行，转让过程中发生税费 5 000 元，已用银行存款支付。其会计分录如下。

借：待处置资产损溢——处置资产价值　　　　　　　　　　　　　144 000
　　累计摊销　　　　　　　　　　　　　　　　　　　　　　　　96 000
　　贷：无形资产　　　　　　　　　　　　　　　　　　　　　　240 000
借：非流动资产基金——无形资产　　　　　　　　　　　　　　　144 000
　　贷：待处置资产价值　　　　　　　　　　　　　　　　　　　144 000
借：银行存款　　　　　　　　　　　　　　　　　　　　　　　　200 000
　　贷：待处置资产损溢——处置净收入　　　　　　　　　　　　200 000
借：待处置资产损溢——处置净收入　　　　　　　　　　　　　　5 000
　　贷：应缴税费　　　　　　　　　　　　　　　　　　　　　　5 000
借：待处置资产损溢——处置净收入　　　　　　　　　　　　　　195 000
　　贷：应缴国库款　　　　　　　　　　　　　　　　　　　　　195 000

（2）以已入账无形资产对外投资，按照评估价值加上相关税费作为投资成本，借记"长期投资"科目，贷记"非流动资产基金——长期投资"科目，按发生的相关税费，借记"其他支出"科目，贷记"银行存款""应缴税费"等科目；同时，按照投出无形资产对应的

非流动资产基金,借记"非流动资产基金——无形资产"科目,按照投出无形资产已计提摊销,借记"累计摊销"科目,按照投出无形资产的账面余额,贷记本科目。

[例 6-74] 甲事业单位买入一项专利,向乙公司投资,该项专利的评估价为 150 000 元,账面余额为 180 000 元,累计摊销 50 000 元。假设不考虑相关税费,其会计分录如下。

① 确认长期股权投资时:
借:长期投资——股权投资——乙公司　　　　　　　　　150 000
　　贷:非流动资产基金——长期投资　　　　　　　　　　　150 000
② 转销投资基金时:
借:非流动资产基金——无形资产　　　　　　　　　　　130 000
　　累计摊销　　　　　　　　　　　　　　　　　　　　　50 000
　　贷:无形资产——专利权　　　　　　　　　　　　　　　180 000

4. 核销无形资产

无形资产预期不能为事业单位带来服务潜力或经济利益的,应当按规定报经批准后将该无形资产的账面价值予以核销。转入待处置资产时,按照待核销无形资产的账面价值,借记"待处置资产损溢"科目,按照已计提摊销,借记"累计摊销"科目,按照无形资产的账面余额,贷记本科目。报经批准予以核销时,按照核销无形资产对应的非流动资产基金,借记"非流动资产基金——无形资产"科目,贷记"待处置资产损溢"科目。

[例 6-75] 某事业单位拥有一项专利权,专利权的账面余额为 800 000 元,采用直线法摊销,摊销期限为 10 年,该专利权摊销 8 年后不能继续使用了,予以报废处理。其会计分录如下。

① 将无形资产转入待处置资产:
报废时累计摊销额=800 000÷10×8=640 000(元)
借:待处置资产损溢　　　　　　　　　　　　　　　　　160 000
　　累计摊销　　　　　　　　　　　　　　　　　　　　640 000
　　贷:无形资产——专利权　　　　　　　　　　　　　　800 000
② 经批准将专利权予以核销:
借:非流动性资产基金——无形资产　　　　　　　　　　160 000
　　贷:待处置资产损溢——处置资产价值　　　　　　　　160 000

(五) 累计摊销的管理与核算

1. 累计摊销的管理

无形资产有一定的有效期限,因为无形资产所具有的价值权利最终都会终结或消失,但这种权利又总会持续一个阶段,在这个阶段内其价值应逐步转移到受益期内的产品价值中。因此,无形资产的成本应在其有效期内摊销。有的无形资产的有效期限有规定,如商标权为 10 年等;有的没有规定期限的,按照预计使用期限或者不少于 10 年期限分期摊销。

事业单位应当对无形资产进行摊销,以名义金额计量的无形资产除外。摊销是指

在无形资产使用寿命内,按照确定的方法对应摊销金额进行系统分摊。有关说明如下:

(1) 事业单位应当按照如下原则确定无形资产的摊销年限:法律规定了有效年限的,按照法律规定的有效年限作为摊销年限;法律没有规定有效年限的,按照相关合同或单位申请书中的受益年限作为摊销年限;法律没有规定有效年限、相关合同或单位申请书也没有规定受益年限的,按照不少于10年的期限摊销。

(2) 事业单位应当采用年限平均法对无形资产进行摊销。

(3) 事业单位无形资产的应摊销金额为其成本。

(4) 事业单位应当自无形资产取得当月起,按月计提无形资产摊销。

(5) 因发生后续支出而增加无形资产成本的,应当按照重新确定的无形资产成本,重新计算摊销额。

无形资产的摊销只考虑成本,不考虑残值,一般采用直线法在其有效期内逐年进行摊销。其计算公式如下:

$$某项无形资产年摊销额 = 无形资产原始成本 \div 有效年限$$
$$某项无形资产月摊销额 = 年摊销额 \div 12$$

2. 累计摊销的核算

为了核算事业单位无形资产计提的累计摊销,应该设置"累计摊销"(资产类)总账科目,借方登记已计提累计摊销数,贷方登记按月计提的无形资产摊销数,本科目期末贷方余额,反映事业单位计提的无形资产摊销累计数。其主要账务处理如下:

(1) 按月计提无形资产摊销时,按照应计提摊销金额,借记"非流动资产基金——无形资产"科目,贷记本科目。

(2) 无形资产处置时,按照所处置无形资产的账面价值,借记"待处置资产损溢"科目,按照已计提摊销,借记本科目,按照无形资产的账面余额,贷记"无形资产"科目。

3. 核算举例

[例6-76] 某实行内部成本核算的事业单位购买一项专利权,其价值为300 000元,按规定摊销期限为15年。该单位购买4年后转让给另一单位,取得转让收入250 000元。根据有关凭证,填制记账凭证。其会计分录如下。

年摊销额 = 20 000(元)

每年摊销时应作如下会计分录:

借:经营支出	20 000
贷:无形资产	20 000

取得转让收入时:

借:银行存款	250 000
贷:事业收入	250 000

结转转让无形资产的成本(摊余价值计算为220 000元)时:

借：事业支出——基本支出——商品和服务支出——业务费　　220 000
　　贷：无形资产　　　　　　　　　　　　　　　　　　　　　　220 000

六、待处置资产损溢的管理与核算

1. 待处置资产损溢的管理

根据新《事业单位财务规则》的规定，事业单位资产处置应当遵循公开、公平、公正的原则，依法进行评估，严格履行相关审批程序。新的《事业单位会计制度》增加了"待处置资产损溢"科目并进一步诠释："待处置资产损溢"科目核算行政单位待处置资产的价值及财产处理损溢。事业单位资产的处理包括资产的出售、报废、毁损、盘盈、盘亏，以及货币性资产损失核销等。这是针对事业单位强化国有资产管理而增设的，因为资产管理与预算管理脱节是以往国有资产管理弱化的重要原因之一，所以必须强化资产管理与预算管理相结合、资产管理与财务管理相结合、实物管理与价值管理相结合。这样才更符合"收支两条线"的管理模式。

2. 待处置资产损溢的核算

为了核算事业单位待处置资产的价值及资产处置损溢，事业单位应该设置"待处置资产损溢"（资产类）总账科目。借方登记转入处置资产价值数，贷方登记经批准核销数和处置净收入数，本科目期末如为借方余额，反映尚未处置完毕的各种资产的价值及净损失；期末如为贷方余额，反映尚未处置完毕的各种资产净溢余。本科目应当按照待处置资产项目进行明细核算；对于在财产处理过程中取得收入或发生相关费用的项目，还应当设置"待处置资产价值""处置净收入"明细科目，进行明细核算。事业单位资产处置包括资产的出售、出让、转让、对外捐赠、无偿调出、盘亏、报废、毁损以及货币性资产损失核销等，一般应当先记入本科目，按照规定报经批准后及时进行相应的账务处理。年终结账前一般应处置完毕。年度终了，报经批准处理后，本科目一般应无余额。

（1）按规定报经批准予以核销的应收及预付款项、长期股权投资、无形资产的账务处理。

① 转入待处置资产时，借记本科目，如果核销无形资产的，还应借记"累计摊销"科目，贷记"应收账款""预付账款""其他应收款""长期投资""无形资产"等科目。

② 应收及预付款项报经批准予以核销时，借记"其他支出"科目，长期投资、无形资产报经批准予以核销时，借记"非流动资产基金——长期投资、无形资产"科目，贷记本科目。

（2）盘亏或者毁损、报废的存货、固定资产的账务处理。

① 转入待处置资产时，借记本科目（处置资产价值），如处置固定资产的，还应借记"累计折旧"科目，贷记"存货"、"固定资产"等科目。

② 报经批准予以处置时，处置存货，则借记"其他支出"科目，如处置固定资产，则借记"非流动资产基金——固定资产"科目，贷记本科目（处置资产价值）。

③ 处置毁损、报废存货、固定资产过程中收到残值变价收入、保险理赔和过失人赔偿等，借记"库存现金""银行存款"等科目，贷记本科目（处置净收入）。

④ 处置毁损、报废存货、固定资产过程中发生相关费用,借记本科目(处置净收入),贷记"库存现金""银行存款"等科目。

⑤ 处置完毕,按照处置收入扣除相关处置费用后的净收入,借记本科目(处置净收入),贷记"应缴国库款"等科目。

(3) 对外捐赠、无偿调出存货、固定资产、无形资产的账务处理。

① 转入待处置资产损溢时,借记本科目,如捐赠、调出固定资产、无形资产的,还应借记"累计摊销""累计摊销"科目,贷记"存货""固定资产""无形资产"。

② 实际捐出、调出时,捐出、调出存货的,借记"其他支出"科目;捐出、调出固定资产、无形资产的,借记"非流动资产基金——固定资产、无形资产"科目,贷记本科目。

(4) 转让(出售)长期股权投资、固定资产、无形资产的账务处理。

① 转入待处置资产时,借记本科目(处置资产价值),如转让固定资产、无形资产的,还应借记"累计折旧""累计摊销"科目,贷记"长期投资""固定资产""无形资产"等科目。

② 实际转让时,借记"非流动资产基金——长期投资、固定资产、无形资产"科目,贷记本科目(处置资产价值)。

③ 转让过程中取得价款、发生相关税费,以及转让价款扣除相关税费后的净收入的账务处理,按照国家有关规定,比照有关毁损、报废存货、固定资产的科目进行处理。

关于待处置资产损溢的举例前面章节已经涉及,所以此处不再赘述。

第二节 事业单位负债的管理与核算

一、事业单位负债概述

(一) 事业单位负债的概念

事业单位负债是指事业单位所承担的能以货币计量,需要以资产或者劳务偿付的债务。换句话讲,负债是指事业单位资产总额中属于债权人的那部分权益或利益,它代表的是事业单位对其债权人所应承担的全部经济责任。

负债具有以下五个特点:

(1) 负债是指已经发生的,并在未来一定时期内必须偿付的经济义务,这种偿付可以用货币、物品、提供劳务、再负债等债权人所能接受的形式来实现。

(2) 负债是可计量的,有确切的或要预计的金额。

(3) 负债在一般情况下有确切的债权人和到期日。

(4) 大部分负债是交易的结果,而这种交易一般是以契约、合同、协议或者法律约束为前提的。

(5) 负债只有在偿还,或债权人放弃债权,或情况发生变化以后才能消失。

(二) 事业单位负债的内容

事业单位的负债按流动性,分为流动负债和非流动负债。流动负债是指预计在 1

年内(含1年)需偿还的负债。非流动负债是指流动负债以外的负债。

1. 事业单位的流动负债

流动负债主要包括短期借款、应缴款项、应付职工薪酬、应付及预收款项等。

（1）短期借款。事业单位借入的期限在1年内(含1年)的各种借款。

（2）应缴款项。事业单位应缴未缴的各种款项,包括应当上缴国库或者财政专户的款项、应缴税费,以及按照国家有关规定应当上缴的款项。

（3）应付职工薪酬。事业单位应付未付的职工工资、津贴补贴等。

（4）应付及预收款项。事业单位在开展业务活动中发生的各项债务,包括应付票据、应付账款、其他应付款等应付款项和预收款项。

2. 事业单位的非流动负债

非流动负债包括长期借款、长期应付款等。

（1）长期借款。事业单位借入的期限超过1年(不含1年)的各种借款。

（2）长期应付款。事业单位发生的偿还期限超过1年(不含1年)的应付款项,主要指事业单位融资租入固定资产发生的应付租赁款。

事业单位的负债应当按照合同金额或实际发生额进行计量。

（三）负债管理的要求

事业单位应当对不同性质的负债分别管理,及时清理并按照规定办理结算,保证各项负债在规定期限内归还。在负债管理上应注意以下两个问题。

1. 要严格控制负债规模

事业单位主要从事培养人才、提高科学技术水平、增强人民体质、丰富人民文化生活、增进社会福利事业等各项社会主义精神文明建设活动,其资金来源主要依靠国家财政补助。当前,一部分有条件的事业单位依法开展了组织事业收入和经营收入的活动,随着经济体制改革和各项事业体制改革的深化,这一活动还会不断增加。由于事业单位资金短缺问题的客观存在,一些事业单位在一定条件下需向有关部门和机构借款来开展组织事业收入或经营收入活动。但是,事业单位毕竟不同于企业,它不是生产物质产品的纯经营单位,因此,事业单位利用借款来开展组织事业收入和经营收入活动应格外慎重,应严格控制其规模。同时,当前事业单位没有破产的有关规定,因此,它不能像企业那样在经营失败、资不抵债的情况下,可以按照《企业破产法》进行破产申请,并以净存资产抵还部分负债。如果事业单位借款超过了一定的限度,经营效益又不佳,其借款归还实际上无法得到保证,既影响债权人的利益,又可能影响事业单位正常业务工作的开展。

2. 要对负债进行及时清理,按规定办理有关结算

对往来中属于负债性质的款项,如应付款项、预收款项等,事业单位要及时组织清理,保证按时进行结算,对有关借入款和应缴款要保证在规定的期限内偿还和缴纳。

二、事业单位借入款项的管理与核算

（一）短期借款的管理与核算

为核算事业单位借入的期限在1年内(含1年)各种借款,应设置"短期借款"(负债

类)总账科目。贷方表示借入的短期借款本金,借方表示归还的短期借款本金,贷方余额表示事业单位尚未偿还的短期借款本金。该科目应当按照贷款单位和贷款种类进行明细核算。

(1)借入各种短期借款时,按照实际借入的金额,借记"银行存款"科目,贷记本科目。

(2)银行承兑汇票到期,本单位无力支付票款的,按照银行承兑汇票的票面金额,借记"应付票据"科目,贷记本科目。

(3)支付短期借款利息时,借记"其他支出"科目,贷记"银行存款"科目。

(4)归还短期借款时,借记本科目,贷记"银行存款"科目。

[例6-77] 某事业单位向银行借款800 000元,并已转入存款账户,同时,以300 000元用于购买材料,500 000元用于购置仪器设备。根据有关凭证,填制记账凭证。其会计分录如下。

借:银行存款　　　　　　　　　　　　　　　　　800 000
　　贷:短期借款　　　　　　　　　　　　　　　　800 000
借:存货　　　　　　　　　　　　　　　　　　　300 000
　　事业支出——基本支出——基本建设支出——设备购置费　500 000
　　贷:银行存款　　　　　　　　　　　　　　　　800 000
同时:
借:固定资产　　　　　　　　　　　　　　　　　500 000
　　贷:非流动资产基金——固定资产　　　　　　　500 000

[例6-78] 上述借款到期,归还借款并支付利息共计860 000元。根据有关凭证,填制记账凭证。其会计分录如下。

借:短期借款　　　　　　　　　　　　　　　　　800 000
　　贷:银行存款　　　　　　　　　　　　　　　　800 000
借:其他支出　　　　　　　　　　　　　　　　　60 000
　　贷:银行存款　　　　　　　　　　　　　　　　60 000

(二)长期借款的管理与核算

长期借款是指事业单位向银行或其他金融机构借入的期限超过1年(不含1年)的各种借款。为核算长期借款本金的增减结存变化,事业单位应设置"长期借款"账户。该账户属于负债性质,其贷方表示借入的长期借款本金,借方表示归还的长期借款本金,贷方余额表示事业单位尚未偿还的长期借款本金。本账户应当按照贷款单位和贷款种类进行明细核算。

(1)借入各项长期借款时,按照实际借入的金额,借记"银行存款"科目,贷记本科目。

(2)为购建固定资产支付的专门借款利息,分别以下情况处理:

第一,属于工程项目建设期间支付的,计入工程成本,按照支付的利息,借记"在建工程"科目,贷记"非流动资产基金——在建工程"科目;同时,借记"其他支出"科目,贷记"银行存款"科目。

第二,属于工程项目完工交付使用后支付的,计入当期支出但不计入工程成本,按照支付的利息,借记"其他支出"科目,贷记"银行存款"科目。

(3) 其他长期借款利息,按照支付的利息金额,借记"其他支出"科目,贷记"银行存款"科目。

(4) 归还长期借款时,借记本科目,贷记"银行存款"科目。

[例 6-79] 某事业单位向银行借款 80 000 元,期限为 2 年,年利率为 11%,每年计息一次。其会计分录如下。

借:银行存款　　　　　　　　　　　　　　　　　　　　　　　80 000
　　贷:长期借款　　　　　　　　　　　　　　　　　　　　　　　80 000

1 年后,该事业单位向银行支付利息 8 800 元,其会计分录如下。

借:其他支出　　　　　　　　　　　　　　　　　　　　　　　 8 800
　　贷:银行存款　　　　　　　　　　　　　　　　　　　　　　　 8 800

2 年后,该事业单位向银行归还借款,并且支付利息 8 800 元,其会计分录如下。

借:长期借款　　　　　　　　　　　　　　　　　　　　　　　80 000
　　其他支出　　　　　　　　　　　　　　　　　　　　　　　 8 800
　　贷:银行存款　　　　　　　　　　　　　　　　　　　　　　　88 800

(三) 预收账款的管理与核算

预收账款是指事业单位按照合同规定向购货单位或接受劳务单位预收的款项。为了核算事业单位的预收账款,应设置"预收账款"(负债类)总账科目。其贷方记单位按规定预收账款数,借方记货物销售实现(劳务兑现)数,贷方余额反映尚未结清的预收款项。本账户应按购买单位设置明细账。

单位收到账款时,借记"银行存款"或"现金"账户,贷记"预收账款"账户;货物销售实现(劳务兑现)时,借记"预收账款"账户,贷记有关收入账户。退回多付的款项,作相反会计分录。

预收账款业务不多的单位,也可将预收的账款直接记入"应付账款"账户的贷方,不设"预收账款"账户。

[例 6-80] 某事业单位接受一项订货合同,按合同规定,货款总计 148 000 元,预计 6 个月完成。订货方预付货款 50%,款项已入银行,另 50% 待产品完工发出后再支付。根据有关凭证,填制记账凭证。其会计分录如下。

收到预收的货款时:

借:银行存款　　　　　　　　　　　　　　　　　　　　　　　74 000
　　贷:预收账款　　　　　　　　　　　　　　　　　　　　　　　74 000

6 个月后发出产品尚未收到补付货款时:

借:预收账款　　　　　　　　　　　　　　　　　　　　　　　74 000
　　应收账款　　　　　　　　　　　　　　　　　　　　　　　74 000
　　贷:经营收入　　　　　　　　　　　　　　　　　　　　　　 148 000

三、事业单位应付款项的管理与核算

应付款项包括应付职工薪酬、应付票据、应付账款、预收账款、长期应付款和其他应付款。

（一）应付职工薪酬的管理与核算

应付职工薪酬是指事业单位为获得职工提供的服务而按有关规定应付给职工及为职工支付的各种薪酬，包括基本工资、绩效工资、国家统一规定的津贴补贴、社会保险金、住房公积金等。

为了总括反映事业单位职工薪酬结算与分配情况，事业单位应当设置"应付职工薪酬"（负债类）总账科目。该科目核算事业单位按有关规定应付给职工及为职工支付的各种薪酬，包括基本工资、绩效工资、国家统一规定的津贴补贴、社会保险费、住房公积金等。贷方登记本月应发的各种职工薪酬，借方登记本月发放的各种职工薪酬，本科目期末贷方余额，反映事业单位应付未付的职工薪酬。年度终了，"应付职工薪酬"科目一般无余额。该科目应当根据国家规定按照"工资（离退休费）""地方（部门）津贴补贴""其他个人收入"以及"社会保险费""住房公积金"等进行明细核算。

（1）计算当期应付职工薪酬，借记"事业支出""经营支出"等科目，贷记本科目。

[例6-81] 某事业单位根据职工所在部门，给职工发工资，其中给行政办公室、科研机构和后勤服务部门发放150 000元，给经营部门发放20 000元。其会计分录如下。

借：事业支出——基本支出——工资和福利支出——工资　　　150 000
　　经营支出——基本支出——工资和福利支出——工资　　　 20 000
　贷：应付职工薪酬　　　　　　　　　　　　　　　　　　　170 000

（2）向职工支付工资、津贴补贴等薪酬，借记本科目，贷记"财政补助收入""零余额账户用款额度""银行存款"等科目。

[例6-82] 某事业单位用银行存款给职工发工资，共170 000元，其中给行政办公室、科研机构和后勤服务部门发放150 000元，给经营部门发放20 000元。其会计分录如下。

借：应付职工薪酬——工资　　　　　　　　　　　　　　　170 000
　贷：银行存款　　　　　　　　　　　　　　　　　　　　170 000

（3）按税法规定代扣代缴个人所得税，借记本科目，贷记"应缴税费——应缴个人所得税"科目。

[例6-83] 某事业单位给职员代扣代缴其个人所得税，在本月份总共交了340 000元个人所得税。其会计分录如下。

借：应付职工薪酬　　　　　　　　　　　　　　　　　　　340 000
　贷：应缴税费——应缴个人所得税　　　　　　　　　　　340 000

（4）按照国家有关规定缴纳职工社会保险费和住房公积金，借记本科目，贷记"财政补助收入""零余额账户用款额度""银行存款"等科目。

[例 6-84] 某事业单位开出零余额支票 80 000 元来支付本单位为职工负担的社会保险费和住房公积金,其中 60 000 元的社会保险费,20 000 元的住房公积金。其会计分录如下。

借:应付职工薪酬——社会保险费　　　　　　　　　　　60 000
　　　　　　　　——住房公积金　　　　　　　　　　　　20 000
　贷:零余额账户用款额度　　　　　　　　　　　　　　　　80 000

(5) 从应付职工薪酬中支付其他款项,借记本科目,贷记"财政补助收入""零余额账户用款额度""银行存款"等科目。

(二) 应付票据的管理与核算

应付票据是指事业单位对外发生债务时所开出的、承兑的商业汇票,分为商业承兑汇票和银行承兑汇票。

为了核算事业单位对外发生债务时所开出的、承兑的商业汇票,应设置"应付票据"(负债类)总账科目。其贷方记开出、承兑汇票或以汇票抵押贷款数,借方记到期支付票面金额数,贷方余额反映已经开出承兑而尚未付款的应付票据数额。事业单位除应设置应付票据总账外,还应设置"应付票据备查簿",详细登记每一应付票据的种类、号数、签发日期、到期日、票面金额、收款人姓名或单位名称,以及付款日期和金额等详细资料。应付票据到期付清时,应在备查簿内逐笔注销。

(1) 开出、承兑商业汇票时,借记"存货"等科目,贷记本科目。以承兑商业汇票抵付应付账款时,借"应付账款"科目,贷记本科目。

(2) 支付银行承兑汇票的手续费时,借记"事业支出""经营支出"等科目,贷记"银行存款"等科目。

[例 6-85] 某事业单位开出并承兑一张面值为 234 000 元、期限为 3 个月的商业汇票,用于购买材料甲,增值税专用发票上注明金额为 200 000 元,增值税额为 34 000 元,材料已验收入库。开出并承兑商业汇票编制会计分录如下。

借:存货——材料甲　　　　　　　　　　　　　　　　　234 000
　贷:应付票据　　　　　　　　　　　　　　　　　　　　234 000

该例中的商业汇票为银行承兑汇票,该事业单位已支付银行承兑手续费 100 元。其会计分录如下。

借:事业支出——基本支出——商品和服务支出——手续费　　100
　贷:银行存款　　　　　　　　　　　　　　　　　　　　　100

(3) 商业汇票到期时,应当分别以下情况处理:

第一,收到银行支付到期票据的付款通知时,借记本科目,贷记"银行存款"科目;

第二,银行承兑汇票到期,本单位无力支付票款的,按照汇票票面金额,借记本科目,贷记"短期借款"科目;

第三,商业承兑汇票到期,本单位无力支付票款的,按照汇票票面金额,借记本科目,贷记"应付账款"科目。

[例 6-86] 某事业单位(一般纳税人)按合同规定开出面值为 140 000 元、期限为 6 个月的银行承兑汇票一张,以购买材料,材料已验收入库,材料价款为 119 658.12 元,

增值税税款为 20 341.88 元。向银行支付面值 1‰ 的承兑手续费。凭有关凭证,填制记账凭证,会计分录如下。

(1) 开出票据时:

借:存货——材料 119 658.12
    应缴税费——应交增值税(进项税额) 20 341.88
  贷:应付票据 140 000

(2) 支付银行承兑手续费时:

借:经营支出 140
  贷:银行存款 140

[例 6-87] 上述票据到期,支付票面金额。凭有关凭证,填制记账凭证。其会计分录如下。

借:应付票据 140 000
  贷:银行存款 140 000

如果到期票据为商业承兑汇票。其会计分录如下。

借:应付票据 140 000
  贷:应付账款 140 000

(三) 应付账款的管理与核算

应付账款是指事业单位发生的,除应付票据以外的应付购货款及接受劳务的应付款项。为了核算事业单位因购买材料、物资和接受劳务供应而应付给供应单位的款项,应设置"应付账款"(负债类)总账科目。贷方登记应付未付的数额,借方登记偿付账款的数额,贷方余额反映应付而尚未支付的账款。本账户应按供应单位设明细账,主要适用于实行内部成本核算的事业单位。

(1) 购入材料、物资等已验收入库但货款尚未支付的,按照应付未付金额,借记"存货"等科目,贷记本科目。

(2) 偿付应付账款时,按照实际支付的款项金额,借记本科目,贷记"银行存款"等科目。

(3) 开出、承兑商业汇票抵付应付账款,借记本科目,贷记"应付票据"科目。

(4) 无法偿付或债权人豁免偿还的应付账款,借记本科目,贷记"其他收入"科目。

[例 6-88] 某事业单位发生应付账款的业务如下:

(1) 该事业单位从甲公司购入一项材料,应付款项为 20 000 元,增值税为 3 400 元,甲公司代垫运输费为 2 000 元,材料已经验收入库,款项尚未支付。其会计分录如下。

借:存货 25 400
  贷:应付账款——甲公司 25 400

(2) 根据供电部门通知,该事业单位本月应付电费为 4 800 元,其中,事业部门 3 600 元、经营部门 1 200 元,款项尚未支付。其会计分录如下。

借:事业支出——基本支出——商品和服务支出——水电费 3 600
  经营支出——基本支出——商品和服务支出——水电费 1 200
  贷:应付账款——××电力公司 4 800

(3) 到付电费日期时,该事业单位用银行存款支付电费 4 800 元。其会计分录如下:

借:应付账款——××电力公司　　　　　　　　　　　　　　4 800
　　贷:银行存款　　　　　　　　　　　　　　　　　　　　　　4 800

(四) 预收账款的管理与核算

预收账款是指事业单位按照合同规定预收的款项。事业单位有时在销售产品或提供劳务以前,按合同规定,要向购货单位或接受劳务单位预收部分或全部款项。这些预收款需要事业单位在一定时间内交付货物或提供劳务来予以偿付。收到的款项是事业单位预收的账款,构成事业单位一项负债。在事业单位按照合同如期交货或提供劳务以后,预收账款才转为收入,债务才得以消除。

为了反映预收账款的增减变动情况,应设置"预收账款"(负债类)总账科目,核算事业单位按合同规定预收的款项。贷方登记事业单位从付款方预收款项,借方登记确认有关收入并转销的预收款项,期末贷方余额,反映事业单位按合同规定预收但尚未实际结算的款项。该科目应当按照债权单位(或个人)进行明细核算。

(1) 从付款方预收款项时,按照实际预收的金额,借记"银行存款"等科目,贷记本科目。

(2) 确认有关收入时,借记本科目,按照应确认的收入金额,贷记"经营收入"等科目,按照付款方补付或退回付款方的金额,借记或贷记"银行存款"等科目。

(3) 无法偿付或债权人豁免偿还的预收账款,借记本科目,贷记"其他收入"科目。

[例 6-89] 某事业单位非增值税一般纳税人,该事业单位与甲公司签订购货合同,向其出售一批产品,共需支付款项为 800 000 元,根据购货合同的规定,甲公司在购货合同签订后的一周内,应当向该事业单位预付 500 000 元,剩余款项在交货完付清,在签订合同的一周内,该事业单位收到甲公司预付的 500 000 元,该事业单位将货物发送到甲公司,并收到甲公司补付的剩余款项。该事业单位编制会计分录如下。

(1) 收到预付款项时:

借:银行存款　　　　　　　　　　　　　　　　　　　　　　500 000
　　贷:预收账款——甲公司　　　　　　　　　　　　　　　　500 000

(2) 按合同发出货物时:

借:预收账款——甲公司　　　　　　　　　　　　　　　　　800 000
　　贷:经营收入　　　　　　　　　　　　　　　　　　　　　800 000

(3) 收到补付款项时:

借:银行存款　　　　　　　　　　　　　　　　　　　　　　300 000
　　贷:预收账款——甲公司　　　　　　　　　　　　　　　　300 000

(五) 其他应付款的管理与核算

其他应付款是指事业单位应付、暂收其他单位或个人的款项,如租入固定资产的租金、存入保证金、应付统筹退休金、个人交存的住房公积金及应付给投资者的收益等。

为了核算事业单位发生的应付、暂收的款项,应设置"其他应付款"(负债类)总账科目。

贷方登记发生的各种应付、暂收款项,借方登记应付暂收款的支付数,期末贷方余额反映事业单位尚未支付的应付、暂收款。本账户应按应付、暂收款项的类别或单位、个人设置明细账。

(1) 发生其他各项应付及暂收款项时,借记"银行存款"等科目,贷记本科目。

(2) 支付其他应付款项时,借记本科目,贷记"银行存款"等科目。

(3) 无法偿付或债权人豁免偿还的其他应付款项,借记本科目,贷记"其他收入"科目。

[例6-90] 甲公司向乙事业单位租入固定资产,租金为1 200元,并存入银行。根据有关凭证,填制记账凭证。乙事业单位会计分录如下。

(1) 收到押金时:

借:银行存款　　　　　　　　　　　　　　　　　　1 200
　　贷:其他应付款——存入保证金　　　　　　　　　　　　1 200

(2) 固定资产如期归还,退还租金:

借:其他应付款——存入保证金　　　　　　　　　　　　1 200
　　贷:银行存款　　　　　　　　　　　　　　　　　　　　1 200

如果该事业单位租入固定资产到期,因甲公司撤销,乙事业单位的押金无法退还。其会计分录如下。

借:其他应付款——存入保证金　　　　　　　　　　　　1 200
　　贷:其他收入　　　　　　　　　　　　　　　　　　　　1 200

(六) 长期应付款的管理与核算

长期应付款是指事业单位发生的偿还期限在1年以上(不含1年)的应付款项。长期应付款除具有非流动负债的一般特点外,还具有分期付款性质,如事业单位采用融资租入固定资产形成的租赁费,可以确认为长期应付款,并且是在整个租赁期间逐期偿还的。

根据《事业单位会计制度》规定,事业单位应设置"长期应付款"(负债类)总账科目,用来核算事业单位发生的偿还期限在1年以上(不含1年)的应付款项。贷方登记确认的长期应付款,借方登记偿还的长期应付款,期末贷方余额,反映事业单位尚未支付的长期应付款。本科目应当按照长期应付款的类别以及债权单位(或个人)进行明细核算。

(1) 发生长期应付款时,借记"固定资产""在建工程"等科目,贷记本科目、"非流动资产基金"等科目。

(2) 支付长期应付款时,借记"事业支出""经营支出"等科目,贷记"银行存款"等科目;同时,借记本科目,贷记"非流动资产基金"科目。

(3) 无法偿付或债权人豁免偿还的长期应付款,借记本科目,贷记"其他收入"科目。

[例6-91] 某事业单位分期购买一台机器设备,按照合同规定,需在未来3年之内,每年年末用银行存款付款一次,每年支付300 000元,总共需要支付的价款为900 000元,购买的设备用于经营活动。其会计分录如下。

(1) 取得设备时：
借：固定资产　　　　　　　　　　　　　　　　　　　　　900 000
　　贷：长期应付款　　　　　　　　　　　　　　　　　　　　　900 000
(2) 每年年末付款时：
借：经营支出　　　　　　　　　　　　　　　　　　　　　　300 000
　　贷：银行存款　　　　　　　　　　　　　　　　　　　　　　300 000
借：长期应付款　　　　　　　　　　　　　　　　　　　　　300 000
　　贷：非流动资产基金——固定资产　　　　　　　　　　　　300 000

四、事业单位应缴款项的管理与核算

应缴款项包括应缴税费、应缴国库款和应缴财政专户款。

(一) 应缴税费的管理与核算

应缴税费是指事业单位按税法规定应缴纳的各种税金，主要包括：属于一般纳税人的事业单位应交的增值税，事业单位提供劳务或销售产品应缴纳的税金（包括营业税、城市维护建设税、资源税等），有所得税业务的事业单位应缴纳的所得税等。应缴税费在上交前暂时停留在事业单位中，形成一笔短期负债；上交后，在一定期限内还要同国家进行清算，多交的退回，少交的要补交。事业单位要按规定及时足额地上交各种税金，以维护国家利益。

为了核算事业单位应缴纳的各种税金，应设置"应缴税费"（负债类）总账科目。其贷方记计算出的应缴纳的税金数，借方记缴纳的税金数，贷方余额反映应缴未缴的税金数，期末如为借方余额，反映多缴的税金数。各单位应按所缴纳的税金种类进行明细核算。

1. 发生营业税、城市维护建设税、教育费附加纳税义务的

按税法规定计算的应缴税费金额，如果是出售非流动资产，应缴的税费借记"待处置资产损溢——处置净收入"科目，其他的应交税费则借记有关支出科目，贷记本科目。实际缴纳时，借记本科目，贷记"银行存款"科目。

[例 6-92]　某事业单位转让一项专利权，取得的转让收入为 100 000 元，并且由银行收讫，适用的营业税税率为 5%，计算营业税并作会计分录。其会计分录如下：

(1) 计算应缴纳营业税：应交营业税＝100 000×5%＝5 000 元
借：待处置资产损溢——处置净收入　　　　　　　　　　　5 000
　　贷：应缴税费——应缴营业税　　　　　　　　　　　　　　5 000
(2) 下月缴纳营业税时：
借：应缴税费——应缴营业税　　　　　　　　　　　　　　5 000
　　贷：银行存款　　　　　　　　　　　　　　　　　　　　　5 000

2. 属于增值税一般纳税人的事业单位发生的应缴增值税核算

属于增值税一般纳税人的事业单位购入非自用材料的，按确定的成本（不含增值税进项税额），借记"存货"科目，按增值税专用发票上注明的增值税额，借记本科目（应缴

增值税——进项税额),按实际支付或应付的金额,贷记"银行存款""应付账款"等科目。

属于增值税一般纳税人的事业单位所购进的非自用材料发生盘亏、毁损、报废、对外捐赠、无偿调出等税法规定不得从增值税销项税额中抵扣进项税额的,将所购进的非自用材料转入待处置资产时,按照材料的账面余额与相关增值税进项税额转出金额的合计金额,借记"待处置资产损溢"科目,按材料的账面余额,贷记"存货"科目,按转出的增值税进项税额,贷记本科目(应缴增值税——进项税额转出)。

属于增值税一般纳税人的事业单位销售应税产品或提供应税服务,按包含增值税的价款总额,借记"银行存款""应收账款""应收票据"等科目,按扣除增值税销项税额后的价款金额,贷记"经营收入"等科目,按增值税专用发票上注明的增值税金额,贷记本科目(应缴增值税——销项税额)。

属于增值税一般纳税人的事业单位实际缴纳增值税时,借记本科目(应缴增值税——已交税金),贷记"银行存款"科目。

[例 6-93] 某事业单位为增值税一般纳税人,增值税率为17%,本月发生以下与增值税有关的业务,其会计分录如下。

(1) 购入非自用的材料,增值税专用发票注明购入价格为 100 000 元,增值税为 17 000 元,款项以银行存款付讫,材料验收入库。

借:存货——材料	100 000
应缴税费——应缴增值税(进项税额)	17 000
贷:银行存款	117 000

(2) 该事业单位销售商品,增值税专用发票注明售价 200 000 元,增值税 34 000 元,款项已由银行收讫。

借:银行存款	234 000
贷:经营收入	200 000
应缴税费——应缴增值税(销项税额)	34 000

(3) 材料毁损,账面价值为 5 000 元,相应进项税额为 850 元。

借:待处置资产损溢	5 850
贷:存货——材料	5 000
应缴税费——应缴增值税	850

(4) 月末计算应缴增值税:34 000－17 000－850＝16 150(元)

(5) 下月初缴纳增值税。

借:应缴税费——应缴增值税(已交税金)	16 150
贷:银行存款	16 150

属于增值税小规模纳税人的事业单位销售应税产品或提供应税服务,按实际收到或应收的价款,借记"银行存款""应收账款""应收票据"等科目,按实际收到或应收价款扣除增值税额后的金额,贷记"经营收入"等科目,按应缴增值税金额,贷记本科目(应缴增值税)。实际缴纳增值税时,借记本科目(应缴增值税),贷记"银行存款"科目。

[例 6-94] 某事业单位为增值税小规模纳税人,本月发生以下与增值税有关的业务,其会计分录如下。

公共部门财务会计

(1) 购入非自用的材料,增值税专用发票注明购入价格为 1 000 元,增值税为 170 元,款项以银行存款付讫,材料验收入库。

借：存货——材料　　　　　　　　　　　　　　　　　　　　　1 170
　　贷：银行存款　　　　　　　　　　　　　　　　　　　　　　1 170

(2) 该事业单位销售产品获得不含税收入 2 000 元,缴纳增值税 340 元,款项已由银行收讫。

借：银行存款　　　　　　　　　　　　　　　　　　　　　　　2 340
　　贷：经营收入　　　　　　　　　　　　　　　　　　　　　　2 000
　　　　应缴税费——应缴增值税　　　　　　　　　　　　　　　　340

(3) 下月初缴纳增值税。

借：应缴税费——应缴增值税　　　　　　　　　　　　　　　　　340
　　贷：银行存款　　　　　　　　　　　　　　　　　　　　　　　340

3. 发生房产税、城镇土地使用税、车船税纳税义务的

按税法规定计算的应缴税金数额,借记有关科目,贷记本科目。实际缴纳时,借记本科目,贷记"银行存款"科目。

[例 6-95]　某事业单位需要缴纳营业用房房产税 8 000 元。其会计分录如下。

(1) 计算房产税时：

借：经营支出　　　　　　　　　　　　　　　　　　　　　　　8 000
　　贷：应缴税费——应缴房产税　　　　　　　　　　　　　　　8 000

(2) 缴纳房产税时：

借：应缴税费——应缴房产税　　　　　　　　　　　　　　　　8 000
　　贷：银行存款　　　　　　　　　　　　　　　　　　　　　　8 000

4. 代扣代缴个人所得税的

按税法规定计算应代扣代缴的个人所得税金额,借记"应付职工薪酬"科目,贷记本科目。实际缴纳时,借记本科目,贷记"银行存款"科目。

[例 6-96]　某事业单位为职工代扣代缴个人所得税 10 000 元,并且在次月初通过银行转账实际缴纳代扣税款。其会计分录如下。

(1) 代扣个人所得税：

借：应付职工薪酬　　　　　　　　　　　　　　　　　　　　10 000
　　贷：应缴税费——应缴所得税　　　　　　　　　　　　　　10 000

(2) 缴纳代扣的个人所得税：

借：应缴税费——应缴所得税　　　　　　　　　　　　　　　10 000
　　贷：银行存款　　　　　　　　　　　　　　　　　　　　　10 000

5. 发生企业所得税纳税义务的

按税法规定计算的应缴税金数额,借记"非财政补助结余分配"科目,贷记本科目。实际缴纳时,借记本科目,贷记"银行存款"科目。

[例 6-97]　某事业单位经营收入为 500 000 元,经营支出为 200 000 元,无其他纳税调整项目。关于企业所得税的会计分录如下。

应缴纳企业所得税＝(500 000－200 000)×25％＝75 000(元)

(1) 确认缴纳企业所得税时：

借：非财政补助结余分配　　　　　　　　　　　　　　　　75 000
　　　贷：应缴税费——应缴所得税　　　　　　　　　　　　　75 000

(2) 缴纳企业所得税时：

借：应缴税费——应缴所得税　　　　　　　　　　　　　　75 000
　　　贷：银行存款　　　　　　　　　　　　　　　　　　　　75 000

6．发生其他纳税义务的

按照应缴纳的税费金额，借记有关科目，贷记本科目。实际缴纳时，借记本科目，贷记"银行存款"等科目。

[例 6－98]　某事业单位月末计算出应交营业税 250 元，应交增值税 5 220 元。根据有关凭证，填制记账凭证。会计分录如下：

借：经营支出　　　　　　　　　　　　　　　　　　　　　6 017
　　　贷：应缴税费——应交营业税　　　　　　　　　　　　　　250
　　　　　　　　　　——应交增值税　　　　　　　　　　　　5 220
　　　　　　　　　　——应交城建税　　　　　　　　　　　　382.9
　　　　　其他应付款——教育费附加　　　　　　　　　　　　164.1

(二) 应缴国库款的管理与核算

应缴国库款是事业单位按规定应缴入国家预算的收入。

1．应缴国库款的内容

事业单位的应缴国库款，主要包括以下六项。

(1) 事业单位代收的纳入预算管理的基金。

(2) 行政性收费收入，指公安、司法、民政、工商行政管理等部门所发各种证照、簿册，向有关个人和单位收取的工本费和手续费、商标注册费、企业登记费、公证费等。

(3) 罚没收入，指行政、工商、公安、司法、海关、税务等部门依法处理的罚没收入和没收物品的变价收入等。

(4) 无主财物变价收入。

(5) 追回的赃款、赃物变价收入。

(6) 其他按预算管理规定应上缴预算的款项。

应缴国库款属于国家财政性资金，事业单位应依法积极组织，并按时足额上缴，不得列入暂存不缴，不得挪用，不得误入非税资金"财政专户"，也不得以任何借口截留、坐支。各单位收到的应缴国库款应及时存入银行存款账户，并逐级上缴。应缴国库款原则上按月清缴，年终必须将当年的应缴国库款全部清缴入库。

2．应缴国库款的核算

为了反映应缴国库款增减变动情况，事业单位应设置"应缴国库款"(负债类)总账科目，核算事业单位按规定应缴入国库的款项(应缴税费除外)。贷方登记取得的应缴国库款项；借方登记上缴的国库款项。期末贷方余额，反映事业单位应缴入国库但尚未缴纳的款项。本科目应当按照应缴国库的各款项类别进行明细核算。

(1) 按规定计算确定或实际取得应缴国库的款项时,借记有关科目,贷记本科目。

(2) 事业单位处置资产取得的应上缴国库的处置净收入的账务处理,参见"待处理资产损溢"科目。

(3) 上缴款项时,借记本科目,贷记"银行存款"等科目。

[例 6 - 99] 某事业单位收到罚没收入 3 800 元。根据有关凭证,填制记账凭证。其会计分录如下。

借:银行存款　　　　　　　　　　　　　　　　　　　　3 800
　　贷:应缴国库款　　　　　　　　　　　　　　　　　　3 800

[例 6 - 100] 月末,将本月应缴国库款 3 800 元缴入国库。根据有关凭证,填制记账凭证。其会计分录如下。

借:应缴国库款　　　　　　　　　　　　　　　　　　　3 800
　　贷:银行存款　　　　　　　　　　　　　　　　　　　3 800

(三) 应缴财政专户款的管理与核算

1. 应缴财政专户款的含义及内容

应缴财政专户款是指事业单位按规定代收的应上缴财政专户储存的非税资金。非税资金是指国家机关、事业单位、社会团体、具有行政管理职能的企业主管部门和政府委托的其他机构,为履行或代行政府职能,依据国家法律、法规和具有法律效力的规章而收取、提取募集和安排使用的,未纳入国家预算管理的各种财政性资金,主要包括:法律、法规规定的行政事业性收费、基金和附加收入等;国务院或省级人民政府及其财政、计划(物价)部门审批的行政事业性收费;国务院以及财政部审批建立的基金、附加收入等;主管部门从属单位集中的上缴资金;用于乡镇政府开支的乡自筹和乡统筹资金;其他未纳入预算管理的财政性资金。

社会保障基金在国家财政建立社会保障预算制度以前,先按非税资金管理制度进行管理,专款专用,同时加强财政、审计监督。

事业单位和社会团体通过市场取得的不体现政府职能的经营、服务性收入,不作为预算外资金管理,收入可不上缴财政专户,但必须依法纳税,并纳入单位财务收支计划,实行收支统一核算。

非税资金是国家财政性资金,不是部门和单位的自有资金,必须纳入财政管理。实行"财政专户存储,收支两条线"管理。国家机关和受政府委托的部门、单位统一收取和使用的专项用于公共工程和社会事业的基金、收费,以及社会保障基金等,收入全额上缴同级财政专户,支出按计划和规定用途专用,不得挪作他用,收支结余可结转下年度专项使用;各部门和各单位的其他非税资金,收入上缴同级财政专户,支出由财政结合预算内资金统筹安排,其中少数费用开支有特殊需要的非税资金,经财政部门核定收支计划后,可按确定的比例或按收支结余的数额定期缴入同级财政专户。

2. 应缴财政专户款的核算

为了核算事业单位按规定代收的应上缴财政专户的非税资金,应设置"应缴财政专户款"(负债类)总账账户。其贷方记收到应缴财政专户的各项收入,借方记上缴财政专户数,贷方余额反映应缴未缴数,年终本账户无余额。本账户应按非税资金的类别设置明细账。

(1) 取得应缴财政专户的款项时,借记有关科目,贷记本科目。

(2) 上缴款项时,借记本科目,贷记"银行存款"等科目。

[例6-101] 某事业单位收到应缴财政专户的事业性收费4 200元,款项已存入银行。根据有关凭证,填制记账凭证。其会计分录如下。

借:银行存款　　　　　　　　　　　　　　　　　　　　　4 200
　贷:应缴财政专户款　　　　　　　　　　　　　　　　　　4 200

[例6-102] 将上述款项上缴财政专户。根据有关凭证,填制记账凭证。其会计分录如下。

借:应缴财政专户款　　　　　　　　　　　　　　　　　　4 200
　贷:银行存款　　　　　　　　　　　　　　　　　　　　　4 200

[例6-103] 收到财政专户拨款3 000元。根据有关凭证,填制记账凭证。其会计分录如下。

借:银行存款　　　　　　　　　　　　　　　　　　　　　3 000
　贷:事业收入　　　　　　　　　　　　　　　　　　　　　3 000

第三节　事业单位净资产的管理与核算

一、事业单位净资产概述

1. 净资产的形成

事业单位的净资产是指资产减去负债的差额,用公式可以表示为:资产－负债＝净资产,包括事业基金、非流动资产基金、专用基金、结转结余等。事业单位净资产的产生方式主要有两种:一是事业单位业务活动收入与支出相抵留存的差额,其业务活动包括专业业务活动和经营活动,收入和支出的资金来源包括财政补助资金、非财政专项资金;二是持有的长期投资的占用金额。

2. 净资产的分类

事业单位的净资产包括事业基金、非流动资产基金、专用基金、各项结转结余等。

(1) 事业基金。事业单位拥有的非限定用途的净资产,主要来源于非财政补助结余扣除非财政补助结余分配后滚存的金额。

(2) 非流动资产基金。事业单位非流动资产占用的金额,包括长期投资、固定资产、在建工程、无形资产等非流动资产占用的金额。

(3) 专用基金。事业单位按规定提取、设置的有专门用途的净资产,包括修购基金、职工福利基金以及其他专用基金等。

(4) 各项结转结余。事业单位年度收入与支出相抵后的余额。结转资金是指当年预算已执行但未完成,或者因故未执行,下一年度需要按照原用途继续使用的资金。结余资金是指当年预算工作目标已完成,或者因故终止,当年剩余的资金。结转分为财政补助结转、非财政补助结转。结余分为财政补助结余、事业结余、经营结余、非财政补助结余分配。财政拨款结转结余的管理,应当按照同级财政部门的规定执行。非财政拨款结转按照规定结转下一年度继续使用。非财政拨款结余可以按照国家有关规定提取职工福利基金,剩余部分作为事业基金用于弥补以后年度单位收支差额;国家另有规定的,从其规定。

二、事业单位事业基金的管理与核算

（一）事业基金的概念

事业基金是指事业单位拥有的非限定用途的净资产,其来源主要为非财政补助结余扣除结余分配后滚存的金额。与其他基金相比,事业基金主要有两个来源。

（1）已完成项目的非财政补助专项剩余资金,按规定留在本事业单位使用的,转入事业基金。

（2）事业结余和经营结余扣除非财政补助结余分配的金额,转入事业基金。事业结余是指事业单位一定期间是除财政补助收支、非财政专项资金收支和经营收支以外各项收支相抵后的余额。经营结余是指事业单位一定期间各项经营收支相抵后余额弥补以前年度经营亏损后的余额。

事业基金是事业单位进行日常事务的客观需要。事业基金就是事业单位的"蓄水池",作为历年滚存下来的非限定用途净资产,可以成为以后年度事业单位弥补收支不足的资金来源,也可以为事业单位的进一步规模发展起到促进作用。事业单位应当加强事业基金的管理,遵循收支平衡的原则,统筹安排、合理使用,支出不得超出基金规模。

（二）事业基金的核算

为核算事业基金的形成、转出和积累情况,事业单位应设置"事业基金"（净资产）总账科目,核算事业单位拥有的非限定用途的净资产,主要为非财政补助结余扣除非财政补助结余分配后滚存的金额。贷方登记事业基金的形成增加数,借方登记事业基金冲减数,期末贷方余额反映事业单位历年积存的非限定用途净资产的金额。事业单位发生需要调整以前年度非财政补助结余的事项,通过本科目核算。国家另有规定的,从其规定。

（1）年末,将"非财政补助结余分配"科目余额转入事业基金,借记或贷记"非财政补助结余分配"科目,贷记或借记本科目。

[例6-104] 某事业单位将"非财政补助结余分配"账户的年终未分配结余800 000元转入"事业基金"。其会计分录如下。

借:非财政补助结余分配　　　　　　　　　　　　　　　　800 000
　　贷:事业基金　　　　　　　　　　　　　　　　　　　　　　800 000

（2）年末,将留归本单位使用的非财政补助专项（项目已完成）剩余资金转入事业基金,借记"非财政补助结转——××项目"科目,贷记本科目。

[例 6-105] 某事业单位科研室专项科研工程完工后,按规定将该非财政补助专项剩余资金 230 000 元留归本事业单位使用。其会计分录如下。

借:非财政补助结转——科研室专项科研　　　　　　　230 000
　　贷:事业基金　　　　　　　　　　　　　　　　　　　230 000

(3) 以货币资金取得长期股权投资、长期债券投资,按照实际支付的全部价款(包括购买价款以及税金、手续费等相关税费)作为投资成本,借记"长期投资"科目,贷记"银行存款"等科目;同时,按照投资成本金额,借记本科目,贷记"非流动资产基金——长期投资"科目。

(4) 对外转让或到期收回长期债券投资本息,按照实际收到的金额,借记"银行存款"等科目,按照收回长期投资的成本,贷记"长期投资"科目,按照其差额,贷记或借记"其他收入——投资收益"科目;同时,按照收回长期投资对应的非流动资产基金,借记"非流动资产基金——长期投资"科目,贷记本科目。

[例 6-106] 根据某事业单位发生如下业务,作其会计分录。

① 购买长期债券 28 000 元,并支付手续费 370 元。其会计分录如下。

借:长期投资　　　　　　　　　　　　　　　　　　　　28 370
　　贷:银行存款　　　　　　　　　　　　　　　　　　　 28 370
同时,借:事业基金　　　　　　　　　　　　　　　　　　28 370
　　　　　贷:非流动资产基金　　　　　　　　　　　　　 28 370

② 到期收回该债券,并获得利息 2 000 元。其会计分录如下。

借:银行存款　　　　　　　　　　　　　　　　　　　　30 000
　　贷:长期投资　　　　　　　　　　　　　　　　　　　 28 000
　　　　其他收入——投资收益　　　　　　　　　　　　　 2 000
同时,借:非流动资产基金——长期投资　　　　　　　　 28 000
　　　　　贷:事业基金　　　　　　　　　　　　　　　　 28 000

三、事业单位专用基金的管理与核算

(一) 专用基金的概念

专用基金是指事业单位按照规定提取或者设置的有专门用途的资金,主要包括修购基金、职工福利基金、医疗基金和住房基金等。

1. 专用基金管理的特点、原则与方法

专用基金一般不直接参加业务经营活动,其运作过程具有相对独立的特点。一是专用基金的取得一般都有专门的规定。如修购基金是根据事业收入和经营收入的一定比例提取,职工福利基金是根据结余的一定比例提取转入;其他基金的提取也有专门的规定。二是各项专用基金都规定有专门的用途和使用范围,专用基金一般不得占用或挪作他用。三是专用基金的使用,均属一次性消耗,没有循环周转,不可能通过专用基金支出直接取得补偿。

专用基金的管理应遵循"先提后用,专设账户,专款专用"的原则。"先提后用"是指各项专用基金必须根据规定的来源渠道,在取得资金以后方能安排使用;"专设账户"是指各项专用基金应单设账户进行管理和核算(应该注意的是,这里所指的账户是会计核算上的账户,并不是要求在银行开设专户);"专款专用"是指各种专用基金都要按照规定的用途和使用范围安排开支,支出不得超出资金规模,保证专用基金使用的合理、合法。

专用基金管理的方法主要是指取得和使用专用基金的具体办法、手段或规定。事业单位专用基金的管理主要采取以下三种办法。

(1) 按比例提取。《事业单位财务规则》对事业单位各项专用基金提取的比例作了原则规定:专用基金的提取,国家有统一规定的,要按统一规定执行;国家没有统一规定,按照财务管理权限,由财政部门和事业主管部门依据相关因素协商确定,如修购基金提取比例,要根据事业单位的收入规模和单位修缮购置的需要确定;职工福利基金提取比例,要依据单位收支结余数额和经费自给率确定。

(2) 按规定支出。对事业单位各项专用基金都规定了专门的用途,在使用中要注意划清各项专用基金的界限。如修购基金,按照财务制度规定,只能用于单位固定资产的修缮和购置,不能用于发奖金、搞福利。专用基金因特殊情况发生临时占用的,要及时清还。

(3) 收支有计划。事业单位对各项专用基金,要编制收支计划,收支计划不能打赤字。事业单位要根据专用基金来源的额度安排支出项目,量入为出,并应注意专用基金的积累。

2. 设置专用基金的意义

事业单位设置专用基金具有重要的现实意义如下。

(1) 专用基金是事业单位客观存在的一种资金形态。事业单位的资金类型多样,对各种资金的管理要求也有所不同。在开展业务经营过程中,一部分资金的运用是根据事业单位正常业务支出的需要,同时也客观存在着另一类资金,其支出范围及额度受到了严格限制,需要必要的积累,以满足某方面支出的需要,如事业单位提取的国家工作人员福利费,只能用于职工的福利开支,其支出范围受到严格的限制。事业单位本身的性质,决定了它不可能像企业一样通过市场取得全部价值的补偿。

(2) 设置专用基金符合事业单位的特点,符合改革和加强财务管理的要求。专用基金具有控制、专用等性能,如果管理和使用得当,将对事业的发展发挥积极作用。制度规定事业单位设置专用基金,并对其项目进行了必要的调整,是符合事业单位特点和加强事业单位财务管理要求的。如根据社会主义市场经济体制的要求,结合当前大多数事业单位自身都能组织一定收入,但还不能完全满足经常性支出,无法按折旧办法提取折旧的现实情况,为保证事业单位固定资产更新和维护有一个相对稳定的来源,统一规定了事业单位应按事业收入和经营收入的一定比例提取修购基金,用于事业单位的设备购置和房屋修缮。

(3) 设置专用基金有利于正确处理国家、集体和个人三者的利益关系,对事业单位的发展具有积极的促进作用。制度规定事业单位提取修购基金,使国家和事业单位的利益得到了保证,有利于事业单位持续健康发展;设立职工福利基金和医疗基金,保障了职工的正常权益,有利于消除职工的后顾之忧、增强事业单位职工的凝聚力、调动职工的工作积极性。

3. 专用基金的核算

为核算专用基金的提取、使用和结存情况,事业单位应该设置"专用基金"(净资产类)总账科目。该科目核算事业单位按规定提取或者设置的具有专门用途的净资产,主要包括修购基金、职工福利基金等。贷方登记专用基金的提取数,借方登记专用基金的支出数,期末贷方余额,反映事业单位专用基金余额。本科目应当按照专用基金的类别进行明细核算。

(1) 提取修购基金。修购基金一般是按照当年事业单位的事业收入和经营收入的一定比例提取。按规定提取修购基金时,按照提取金额,借记"事业支出"、"经营支出"科目,贷记本科目(修购基金)。并在"修缮费"和"设备购置费"中各列50%。

[例 6-107] 某事业单位年度事业收入为 103 000 元,经营收入为 200 000 元,修购基金的提取比例均为 5%。年终根据提取比例增设修购基金。

提取额=(103 000×5%)+(200 000×5%)=5 150+10 000=15 150(元)

其会计分录如下。

借:事业支出——基本支出——商品和服务支出——修缮费	2 575
——基本支出——基本建设支出——设备购置费	2 575
经营支出——基本支出——商品和服务支出——修缮费	5 000
——基本支出——基本建设支出——设备购置费	5 000
贷:专用基金——修购基金	15 150

(2) 提取职工福利基金。年末,按规定从本年度非财政补助结余中提取职工福利基金的,按照提取金额,借记"非财政补助结余分配"科目,贷记本科目(职工福利基金)。

[例 6-108] 某单位年终"事业结余"157 994 元,"经营结余"86 013 元,按 25% 税率计算缴纳所得税,按税后 30% 比例提取职工福利基金。

应交所得税额=86 013×25%=21 503.25(元)

应提职工福利基金额=[157 994+(86 013-21 503.25)]×30%=66 751.13(元)

根据提取额,其会计分录如下。

借:非财政补助结余分配——应缴所得税	21 503.25
贷:应缴税费——应缴所得税	21 503.25
借:非财政补助结余分配——提取专用基金	66 751.13
贷:专用基金——职工福利基金	66 751.13

(3) 提取、设置其他专用基金若有按规定提取的其他专用基金,按照提取金额,借记有关支出科目或"非财政补助结余分配"等科目,贷记本科目。若有按规定设置的其他专用基金,按照实际收到的基金金额,借记"银行存款"等科目,贷记本科目。

(4) 使用专用基金按规定使用专用基金时,借记本科目,贷记"银行存款"等科目;使用专用基金形成固定资产的,还应借记"固定资产"科目,贷记"非流动资产基金——

固定资产"科目。

四、事业单位非流动资产基金的管理与核算

(一) 非流动资产基金的概念

非流动资产基金是指事业单位非流动资产占用的金额,包括长期投资、固定资产、在建工程、无形资产等非流动资产占用的金额;长期投资、在建工程、无形资产反映的是原始成本投资占用的资额,它们是不需要折旧或者摊销的,而固定资产和无形资产反映的是净额占用的资金,他们是需要折旧或者摊销的。非流动资产基金主要具有以下三个特点:

(1) 非流动资产基金的用途是限定的,它必须使得资产用在其必须使用的用途之上,属于具有限定用途的净资产;

(2) 非流动资产基金的形成渠道具有广泛性,它可以通过拨款构建、自有资金构建固定资产、融资租入固定资产、捐赠等渠道形成;

(3) 非流动资产基金的长期投资、固定资产、在建工程、无形资产等基金和资产账户余额是相等的。

(二) 非流动资产基金的核算

为了核算非流动资产基金的增加、减少以及结存情况,事业单位应当设置"非流动资产基金"(净资产类)总账科目。该科目核算事业单位长期投资、固定资产、在建工程、无形资产等非流动资产占用的金额。该账户属于净资产类账户,其贷方表示因增加非流动资产增加的非流动资产基金,借方表示因转让、报废、折旧或摊销减少的非流动资产基金,本科目期末贷方余额,反映事业单位非流动资产占用的金额。该科目应当设置"长期投资""固定资产""在建工程""无形资产"等明细科目,进行明细核算。

(1) 非流动资产基金应当在取得长期投资、固定资产、在建工程、无形资产等非流动资产或发生相关支出时予以确认。取得相关资产或发生相关支出时,借记"长期投资""固定资产""在建工程""无形资产"等科目,贷记本科目等有关科目;同时或待以后发生相关支出时,借记"事业支出"等有关科目,贷记"财政补助收入""零余额账户用款额度""银行存款"等科目。

[例 6-109] 某研究院为实行国库集中收付和政府采购制度的事业单位。该研究院因为研究需要,按照政府采购程序与乙供货商签订一项购货合同,合同金额为 800 000 元,同时,收到乙供货商提供的物品和发票,发票上注明的金额为 800 000 元,当日,该事业单位向财政国库支付执行机构提交了"财政直接支付申请书",3 天后,该事业单位收到了"财政直接支付入账通知书",通知书上注明的金额为 800 000 元。其会计分录如下:

① 确定固定资产和应付账款增加时:
借:固定资产　　　　　　　　　　　　　　　　　　　　　800 000
　　贷:应付账款　　　　　　　　　　　　　　　　　　　　　　800 000
② 3 天后,确认事业支出和财政补助收入:

借:事业支出——基本支出——基本建设支出——设备购置费　　800 000
　　贷:财政补助收入　　　　　　　　　　　　　　　　　　　　　　800 000
借:应付账款　　　　　　　　　　　　　　　　　　　　　　　　　　800 000
　　贷:非流动资产基金——固定资产　　　　　　　　　　　　　　　800 000

(2)计提固定资产折旧、无形资产摊销时,应当冲减非流动资产基金。计提固定资产折旧、无形资产摊销时,按照计提的折旧、摊销金额,借记本科目(固定资产、无形资产),贷记"累计折旧""累计摊销"科目。

(3)处置长期投资、固定资产、无形资产,以及以固定资产、无形资产对外投资时,应当冲销该资产对应的非流动资产基金。

① 以固定资产、无形资产对外投资,按照评估价值加上相关税费作为投资成本,借记"长期投资"科目,贷记本科目(长期投资),按发生的相关税费,借记"其他支出"科目,贷记"银行存款"等科目;同时,按照投出固定资产、无形资产对应的非流动资产基金,借记本科目(固定资产、无形资产),按照投出资产已提折旧、摊销,借记"累计折旧""累计摊销"科目,按照投出资产的账面余额,贷记"固定资产""无形资产"科目。

② 出售或以其他方式处置长期投资、固定资产、无形资产,转入待处置资产时,借记"待处置资产损溢"、"累计折旧"(处置固定资产)或"累计摊销"(处置无形资产)科目,贷记"长期投资""固定资产""无形资产"等科目。实际处置时,借记本科目(有关资产明细科目),贷记"待处置资产损溢"科目。

[例6-110] 某事业单位处置未达到废弃年限的设备,其账面余额为550 000元,已提折旧350 000元,处置收入300 000元,已被银行收讫,这里不考虑税费。其会计分录如下。

① 将设备转入待处置资产:
借:待处置资产损溢——处置资产价值　　　　　　　　　　　　　200 000
　　累计折旧　　　　　　　　　　　　　　　　　　　　　　　　350 000
　　贷:固定资产　　　　　　　　　　　　　　　　　　　　　　　550 000
② 处置该设备时:
借:非流动资产基金——固定资产　　　　　　　　　　　　　　　200 000
　　贷:待处置资产损溢——处置资产价值　　　　　　　　　　　　200 000
③ 确认处置收入时:
借:银行存款　　　　　　　　　　　　　　　　　　　　　　　　　300 000
　　贷:待处置资产损溢——处置净收入　　　　　　　　　　　　　300 000

五、各项结转结余的管理与核算

(一)财政补助结转的管理与核算

1. 财政补助结转的核算

为核算事业单位滚存的财政补助结转资金,事业单位应设置"财政补助结转"(净资产类)总账科目,核算事业单位滚存的财政补助结转资金,包括基本支出结转和项目支出结转。贷方登记期末结转的财政补助收入本期发生额,借方登记期末结转的事业支出(财政补助支出)本期发生额,期末贷方余额,反映事业单位财政补助结转资金数额。本科目应当设置"基本支出结转""项目支出结转"两个明细科目,并在"基本支出结转"明细科目下按照"人员经费""日常公用经费"进行明细核算,在"项目支出结转"明细科目下按照具体项目进行明细核算;本科目还应按照《政府收支分类科目》中"支出功能分类科目"的相关科目进行明细核算。事业单位发生需要调整以前年度财政补助结转的事项,也通过本科目核算。其主要账务处理如下:

(1) 期末,将财政补助收入本期发生额结转入本科目,借记"财政补助收入——基本支出、项目支出"科目,贷记本科目(基本支出结转、项目支出结转);将事业支出(财政补助支出)本期发生额结转入本科目,借记本科目(基本支出结转、项目支出结转),贷记"事业支出——财政补助支出(基本支出、项目支出)"或"事业支出——基本支出(财政补助支出)、项目支出(财政补助支出)"科目。

(2) 年末,完成上述(一)结转后,应当对财政补助各明细项目执行情况进行分析,按照有关规定将符合财政补助结余性质的项目余额转入财政补助结余,借记或贷记本科目(项目支出结转——××项目),贷记或借记"财政补助结余"科目。

(3) 按规定上缴财政补助结转资金或注销财政补助结转额度的,按照实际上缴资金数额或注销的资金额度数额,借记本科目,贷记"财政应返还额度""零余额账户用款额度""银行存款"等科目。取得主管部门归集调入财政补助结转资金或额度的,作相反会计分录。

2. 核算举例

[例6-111] 某事业单位在2014年结账前有关会计账户的余额如下。

财政补助收入——基本支出(基本工资)	500 000
——基本支出(办公费)	10 000
——项目支出(办公用品购置)	30 000
事业支出——基本支出(财政补助支出)	340 000
——项目支出(财政补助支出)	17 000

根据上述资料,其会计分录如下。

① 结转有关收入:

借:财政补助收入——基本支出	510 000
——项目支出	30 000
贷:财政补助结转——基本支出结转	510 000
——项目支出结转	30 000

② 结转有关支出:

借:财政补助结转——基本支出结转	340 000
——项目支出结转	17 000
贷:事业支出——基本支出——财政补助支出	340 000
——项目支出——财政补助支出	17 000

③ 将符合财政补助结余性质的项目余额转入财政补助结余,并且,财政部门要求

将补助款项 170 000 元缴回财政部门。其会计分录如下。

借：财政补助结转——项目支出结转　　　　　　　　　　　　　　　13 000
　　贷：财政补助结余　　　　　　　　　　　　　　　　　　　　　　13 000
借：财政补助结转——基本支出结转　　　　　　　　　　　　　　　170 000
　　贷：零余额账户用款额度　　　　　　　　　　　　　　　　　　　170 000

（二）财政补助结余的管理与核算

1. 财政补助结余的核算

为核算滚存的财政补助项目支出结余资金，事业单位应设置"财政补助结余"（净资产类）总账账户，该科目核算事业单位滚存的财政补助项目支出结余资金，贷方登记转入的财政补助结余数额，借方登记上缴财政补助结余资金或注销财政补助结余额度数，期末贷方余额，反映事业单位财政补助结余资金数额。该科目应当按照《政府收支分类科目》中"支出功能分类科目"的相关科目进行明细核算，事业单位发生需要调整以前年度财政补助结余的事项，通过本科目核算。

（1）年末，对财政补助各明细项目执行情况进行分析，按照有关规定将符合财政补助结余性质的项目余额转入财政补助结余，借记或贷记"财政补助结转——项目支出结转（××项目）"科目，贷记或借记本科目。

（2）按规定上缴财政补助结余资金或注销财政补助结余额度的，按照实际上缴资金数额或注销的资金额度数额，借记本科目，贷记"财政应返还额度""零余额账户用款额度""银行存款"等科目。取得主管部门归集调入财政补助结余资金或额度的，作相反会计分录。

2. 核算举例

[例 6-112]　对上例的财政补助各明细项目进行分析，项目资金结余 13 000 元，符合结余资金性质，财政部门要求上缴财政补助结余资金。其会计分录如下。

（1）转入财政补助结余时：

借：财政补助结转——项目支出结转　　　　　　　　　　　　　　　13 000
　　贷：财政补助结余　　　　　　　　　　　　　　　　　　　　　　13 000

（2）上缴财政补助结余资金时：

借：财政补助结余　　　　　　　　　　　　　　　　　　　　　　　13 000
　　贷：银行存款　　　　　　　　　　　　　　　　　　　　　　　　13 000

（三）非财政补助结转的管理与核算

1. 非财政补助结转的核算

为核算除财政补助收支以外的各专项资金收入与其相关支出相抵后剩余滚存的、需按规定用途使用的结转资金，事业单位应设置"非财政补助结转"（净资产类）总账科目。贷方登记非财政补助各专项资金收入总计数，借方登记非财政补助各专项资金支出总计数，以及已完成项目缴回原拨入单位的剩余资金或留归本单位使用转为事业基金的剩余资金，期末贷方余额，反映事业单位非财政补助专项结转资金数额，本科目应当按照非财政专项资金的具体项目进行明细核算。

（1）期末，将事业收入、上级补助收入、附属单位上缴收入、其他收入本期发生额中的专项资金收入结转入本科目,借记"事业收入""上级补助收入""附属单位上缴收入""其他收入"科目下各专项资金收入明细科目,贷记本科目;将事业支出、其他支出本期发生额中的非财政专项资金支出结转入本科目,借记本科目,贷记"事业支出——非财政专项资金支出"或"事业支出——项目支出(非财政专项资金支出)""其他支出"科目下各专项资金支出明细科目。

(2)年末,完成上述(1)结转后,应当对非财政补助专项结转资金各项目情况进行分析,将已完成项目的项目剩余资金区分以下情况处理:缴回原专项资金拨入单位的,借记本科目(××项目),贷记"银行存款"等科目;留归本单位使用的,借记本科目(××项目),贷记"事业基金"科目。

2. 核算举例

[例6-113] 某事业单位正在为地方建设体育中心,其发生的经济业务如下。

(1)上级拨入资金800 000元,用于体育中心的建设,已经由银行收讫。其会计分录如下。

借:银行存款　　　　　　　　　　　　　　　　　　800 000
　　贷:上级补助收入——体育中心建设　　　　　　　　800 000

(2)以银行存款300 000元支付工程款。其会计分录如下。

借:事业支出——非财政专项支出——体育中心建设工程　　300 000
　　贷:银行存款　　　　　　　　　　　　　　　　　300 000
借:在建工程——体育中心建设工程　　　　　　　　　300 000
　　贷:非流动资产基金——在建工程　　　　　　　　　300 000

(3)以银行存款支付其他费用,总共200 000元。其会计分录如下。

借:事业支出——非财政专项支出——体育中心建设工程　　200 000
　　贷:银行存款　　　　　　　　　　　　　　　　　200 000
借:在建工程——体育中心建设工程　　　　　　　　　200 000
　　贷:非流动资产基金——在建工程　　　　　　　　　200 000

(4)体育中心建设完工,应付建筑公司700 000元,以银行存款结算未付的200 000元。其会计分录如下。

借:事业支出——非财政专项支出——基本建设支出——体育中心建设工程
　　　　　　　　　　　　　　　　　　　　　　　　200 000
　　贷:银行存款　　　　　　　　　　　　　　　　　200 000
借:在建工程——体育中心建设工程　　　　　　　　　200 000
　　贷:非流动资产基金——在建工程　　　　　　　　　200 000
借:固定资产　　　　　　　　　　　　　　　　　　　700 000
　　贷:非流动资产基金——固定资产　　　　　　　　　700 000
借:非流动资产基金——固定资产　　　　　　　　　　700 000
　　贷:在建工程——体育中心建设工程　　　　　　　　700 000

(5)结转体育中心建设工程的非财政补助结转,结转专项资金收入。其会计分录如下。

借：上级补助收入——体育中心建设工程　　　　　　　　800 000
　　贷：非财政补助结转——体育中心建设工程　　　　　　800 000
结转专项资金支出，其会计分录如下。
借：非财政补助结转——体育中心建设工程　　　　　　　700 000
　　贷：事业支出——非财政专项支出——体育中心建设工程　700 000
（6）体育中心的剩余资金60%上缴，40%留作事业基金。其会计分录如下。
借：非财政补助结转——体育中心建设工程　　　　　　　100 000
　　贷：银行存款　　　　　　　　　　　　　　　　　　　60 000
　　　　事业基金　　　　　　　　　　　　　　　　　　　40 000

（四）事业结余的管理与核算

1．事业结余的核算

事业结余是事业单位为开展专业业务活动及其辅助活动所获得的收入扣减相关支出后的余额，是事业单位一定期间除财政补助收支、非财政专项资金收支和经营支出以外各项收支相抵后的余额。为核算一定期间除财政补助收支、非财政专项资金收支和经营收支以外各项收支相抵后的余额，事业单位应当设置"事业结余"（净资产类）总账科目。贷方登记相关收入科目期末结转数，借方登记相关支出科目的期末结转数，该科目期末如为贷方余额，反映事业单位自年初至报告期末累计实现的事业结余；如为借方余额，反映事业单位自年初至报告期末累计发生的事业亏损。年末结账后，本科目应无余额。

（1）期末，将事业收入、上级补助收入、附属单位上缴收入、其他收入本期发生额中的非专项资金收入结转入本科目，借记"事业收入""上级补助收入""附属单位上缴收入""其他收入"科目下各非专项资金收入明细科目，贷记本科目；将事业支出、其他支出本期发生额中的非财政、非专项资金支出，以及对附属单位补助支出、上缴上级支出的本期发生额结转入本科目，借记本科目，贷记"事业支出——其他资金支出"或"事业支出——基本支出（其他资金支出）、项目支出（其他资金支出）"科目、"其他支出"科目下各非专项资金支出明细科目、"对附属单位补助支出"、"上缴上级支出"科目。

（2）年末，完成上述（1）结转后，将本科目余额结转入"非财政补助结余分配"科目，借记或贷记本科目，贷记或借记"非财政补助结余分配"科目。

2．核算举例

［例6-114］某事业单位在2014年结账前非财政、非专项资金的有关会计科目的余额如下：

表6-1　事业单位收入与支出

会 计 科 目	借方金额(元)	贷方金额(元)
事业收入——产品销售收入		500 000
上级补助收入——生活补助		200 000
附属单位上缴收入——乙单位		300 000

续表

会计科目	借方金额(元)	贷方金额(元)
其他收入——投资收益		200 000
事业支出——其他资金支出	500 000	
上缴上级支出——甲单位	100 000	
对附属单位补助支出	200 000	
其他支出——手续费	200 000	

根据表 6-1,其会计分录如下。

(1) 结转有关收入时:

借:事业收入——产品销售收入　　　　　　　　　500 000
　　上级补助收入——生活补助　　　　　　　　　200 000
　　附属单位上缴收入——乙单位　　　　　　　　300 000
　　其他收入——投资收益　　　　　　　　　　　200 000
　　贷:事业结余　　　　　　　　　　　　　　　1 200 000

(2) 结转有关支出时:

借:事业结余　　　　　　　　　　　　　　　　1 000 000
　　贷:事业支出——其他资金支出　　　　　　　500 000
　　　　上缴上级支出——甲单位　　　　　　　　100 000
　　　　对附属单位补助支出　　　　　　　　　　200 000
　　　　其他支出——手续费　　　　　　　　　　200 000

(3) 年末结转事业结余:

借:事业结余　　　　　　　　　　　　　　　　　200 000
　　贷:非财政补助结余分配　　　　　　　　　　200 000

(五) 经营结余的管理与核算

1. 经营结余的核算

经营结余是指事业单位在一定期间(通常为一年)各项经营收入与经营支出相抵后的余额。

为了核算经营结余,事业单位会计应设置"经营结余"(净资产类)总账科目,贷方记经营收入账户的期末余额转入数,借方记经营支出期末余额转入数,余额一般在贷方,反映事业单位当年经营收入大于支出的结余数,如果余额在借方,则表示事业单位当年经营支出大于收入的亏损数。其会计分录如下:

(1) 期末计算经营结余时,将"经营收入"账户余额转入"经营结余"账户的贷方。转账时,借记"经营收入"账户,贷记"经营结余"账户。

(2) 将"经营支出"的余额转入"经营结余"的借方。转账时,借记"经营结余"账户,贷记"经营支出"账户。

(3) 年终,"经营结余"账户如为贷方余额,表示当期盈余,将其全数转入"非财政补助结余分配"账户,借记"经营结余"账户,贷记"非财政补助结余分配"账户。结转后本账户无余额;如为借方余额,则表示当年经营亏损,年终不予结转,等待以后年度用盈余弥补。

2. 核算举例

[例6-115] 某事业单位年终经营收入余额200 000元,经营支出余额107 970元,期末,结转经营收支,其会计分录如下。

借:经营收入　　　　　　　　　　　　　　　　　　200 000
　　贷:经营结余　　　　　　　　　　　　　　　　　　　200 000
借:经营结余　　　　　　　　　　　　　　　　　　107 970
　　贷:经营支出　　　　　　　　　　　　　　　　　　　107 970

"经营结余"账户的贷方余额为92 030元,即当期该事业单位实现的经营结余。

(六) 非财政补助结余分配的核算

1. 非财政补助结余分配的计算

事业单位的非财政补助结余按一定比例提取职工福利基金,提取比例由主管部门会同同级财政部门确定。提取职工福利基金以后,剩余部分作为事业基金,用于弥补以后年度单位收支差额。

非财政补助结余分配的要求:

(1) 正确计算结余。事业单位要按照固定的计算方法和内容,对全年的收支活动进行全面的清查、核对、整理和计算,凡属本年的各项收入,都要及时入账,并严格区分财政拨款和非财政拨款,凡属本年的各项支出,都要按照规定的渠道列报,如实反映全年的收支结余情况。

(2) 按规定分配结余。非财政补助结余的分配,包括职工福利基金的提取和所得税的缴纳。职工福利基金的提取根据《事业单位财务规则》的规定,要按照非财政拨款结余的一定比例提取以及按照其他规定提取转入,最高比例一般不超过可分配结余的40%,主要用于单位职工的集体福利设施、集体福利待遇等的资金。其他各项基金的提取比例和管理办法,国家有统一规定的,按照统一规定执行;没有统一规定的,由主管部门会同同级财政部门确定。剩余部分作为事业基金,用于弥补以后年度单位收支差额。

2. 非财政补助结余分配的核算

非财政补助结余分配是指事业单位当年非财政补助结余分配的情况和结果。为了对非财政补助结余分配进行核算,事业单位会计应设置"非财政补助结余分配"(净资产类)总账科目。贷方登记期末转入的事业结余和经营结余的结余数,借方表示期末转入的事业亏损数和计算出的结余分配数,年末结账后,将本账户余额全数转入"事业基金"账户,结转后,本科目应无余额。

(1) 年末,将"事业结余"科目余额结转入本科目,借记或贷记"事业结余"科目,贷记或借记本科目;将"经营结余"科目贷方余额结转入本科目,借记"经营结余"科目,贷记本科目。

(2) 有企业所得税缴纳义务的事业单位计算出应缴纳的企业所得税,借记本科目,贷记"应缴税费——应缴企业所得税"科目。

（3）按照有关规定提取职工福利基金的，按提取的金额，借记本科目，贷记"专用基金——职工福利基金"科目。

（4）年末，按规定完成上述（1）至（3）处理后，将本科目余额结转入事业基金，借记或贷记本科目，贷记或借记"事业基金"科目。

3. 核算举例

[例6-116] 某事业单位事业结余为157 994元，经营结余为86 013元，事业结余和经营结余全数转入"非财政补助结余分配"账户。其会计分录如下。

  借：事业结余   157 994
    经营结余   86 013
   贷：非财政补助结余分配   244 007

假定该单位没有所得税缴纳业务，职工福利基金的提取比例为结余的30%。

职工福利基金的提取额＝244 007×30%≈73 202（元）

  借：非财政补助结余分配——提取专用基金   73 202
   贷：专用基金——职工福利基金   73 202

分配后，单位将当年未分配结余170 805元（244 007－73 202），全数转入事业基金。

  借：非财政补助结余分配   170 805
   贷：事业基金   170 805

本 章 小 结

资产是事业单位占有或者使用的能以货币计量的经济资源，主要包括流动资产、固定资产、无形资产和对外投资。流动资产是指可以在一年内变现或者耗用的资产，要加强对现金、各项存款、应收款项和存货的管理。对外投资是指事业单位利用货币资金、实物和无形资产等方式向其他单位的投资，包括短期投资和长期投资。固定资产的概念、分类和计价，无形资产的内容等，都应作为重点内容加以掌握。事业单位的负债包括借入款项、应付及预收款项、应缴款项等，要严格控制负债规模。遵守应缴国库款、应缴财政专户款的内容以及相关的管理规定。事业单位的结转和结余是指一定期间各项收入和支出相抵后的余额，包括财政结转和结余和非财政结转和结余两部分。事业单位专用基金管理的特点、原则和方法。事业基金是事业单位拥有的非限定用途的净资产。

关 键 术 语

流动资产、对外投资、固定资产、无形资产、短期投资、长期投资、应付款项、预收款项、暂存款项、事业基金、专用基金、非流动资产基金、财政补助结转、财政补助结余、非财政补助结转、事业结余、经营结余、专用基金、非财政补助结余分配

第六章 事业单位资产、负债和净资产的管理与核算

复习思考题

一、简答题

1. 什么是未达账项？为什么会产生未达账项？对未达账项应如何调整？
2. 事业单位的存货核算通常采用哪几种计价方法？
3. 什么是固定资产？对固定资产是如何计价的？
4. 事业单位对外投资要注意哪些问题？
5. 单位银行存款日记账与银行送来的对账单余额产生差异的原因有哪些？
6. 事业单位负债的内容有哪些？在核算中要注意哪些问题？
7. 什么是应缴国库款和应缴财政专户款？
8. 事业基金的构成是怎样的？来源有哪些？
9. 专用基金的管理原则和管理规定有哪些？
10. 事业单位的结余由哪几部分构成？

二、业务核算题

1. 某事业单位属于一般纳税人，并且在2014年12月发生了如下经济业务：

(1) 12月1日，从银行提取现金20 000元作为备用金。

(2) 12月3日，职员王某从外地出差回来，报销差旅费3 600元，并且退回多预支的500元，以现金支付。

(3) 12月5日，本单位销售产品，价税合计5 000元，以现金结算。

(4) 12月10日，该事业单位购买了4 800元的办公用品。

(5) 12月13日，徐某因公出差，借款5 000元。

(6) 12月20日，徐某出差回来，经过审核可以报销的差旅费为6 000元，用现金支付1 000元的差额。

(7) 12月30日，将现金5 000元送交银行。

要求：根据以上业务，编制会计分录。

2. 某事业单位为增值税一般纳税人，2014年10月发生如下经济业务：

(1) 10月1日，该事业单位购入非自用材料，增值税专用发票上注明材料价款为300 000元，增值税税额为51 000元，材料已经验收入库，但是货款未付。

(2) 10月3日，该事业单位购入价值为20 000元的非自用材料一批，同时向材料公司支付增值税进项税额3 400元，材料已验收入库，款项未付，但是材料公司开具的增值税专用发票尚未收到，该事业单位暂不做会计处理，月末仍未收到发票暂估材料价值为20 000元。

(3) 10月10号，该事业单位支付10月1号的应付账款。

(4) 10月20日，该事业单位开付一张商业汇票抵付10月3日购入的材料价款。

(5) 为了工作需要，该事业单位租入一台机器，应支付租赁费5 000元。

(6) 设备维修工程完工，工程款80 000元，留取工程质量保证金30 000元，其余款项已支付，此项维修工程从修购基金列支。

要求：根据以上业务，编制会计分录。

3. 某事业单位在 2015 年发生以下经济业务：
(1) 该事业单位完成其专项工程后，工程资金来源为非财政补助专项，按规定将该工程的剩余资金留归本单位使用，剩余资金为 30 000 元。
(2) 该事业单位以事业经费购入机器一台，价值为 500 000 元，开出转账支票一张。
(3) 用一台设备对外投资，该设备账面原价为 500 000 元，已计提折旧 300 000 元，双方签订合同评估价为 280 000 元，用银行存款支付相关税费 1 000 元。
(4) 该事业单位用 50 000 元修购基金购入设备一台。
(5) 到期兑付一项原购入的 60 000 元的长期债券，利息为 5 000 元。
(6) 事业收入 800 000 元，经营收入 600 000 元，按 6% 的比例提取修购基金。
(7) 某事业单位以财政直接支付的方式支付一项工程，价款总计为 2 000 000 元。
(8) 报废一台固定资产，原值为 100 000 元，已计提折旧 30 000 元。
要求：根据以上业务，编制会计分录。

4. 某事业单位一高管何某利用其全职私自挪用公款进行股票投资，造成该事业单位资金短缺，何某为了掩饰其行为，指使财务会计人员李某进行伪造会计凭证、会计账簿，凭空设置大量金额的应付账款和应付票据等负债类账户，给单位造成了不利影响。
要求：根据以上资料对该单位存在的问题进行讨论。

5. 某事业单位 2014 年结账前有关会计账户的余额如下：

财政补助收入——基本支出（基本工资）	36 000
——基本支出（办公费）	24 000
——项目支出（修理费）	16 000
事业支出——基本支出（财政补助支出）	20 000
——项目支出（财政补助支出）	18 000

财政部门要求将多余的补助款项缴回财政部门，根据上述资料编制其会计分录。

阅读材料

一、我国当前的事业单位分类改革现状

2008 年，我国决定实行大部制改革，在此基础上事业单位也进入分类改革和体制改革的新阶段。2011 年，中共中央、国务院《关于分类推进事业单位改革的指导意见》中将事业单位按照社会功能分为承担行政职能类、从事公益服务类和从事生产经营活动类三个大类。对承担行政职能的，逐步将其行政职能划归行政机构或转为行政机构；对从事生产经营活动的，逐步将其转为企业；对从事公益服务的，继续将其保留在事业单位序列、强化其公益属性。今后，不再批准设立承担行政职能的事业单位

和从事生产经营活动的事业单位。

2013年,中共十八大三中全会通过《中共中央关于全面深化改革若干重大问题的决定》,其中要求加快事业单位分类改革,加大政府购买公共服务力度,推动公办事业单位与主管部门理顺关系和去行政化,创造条件,逐步取消学校、科研院所、医院等单位的行政级别。建立事业单位法人治理结构,推进有条件的事业单位转为企业或社会组织。建立各类事业单位统一登记管理制度。

目前,事业单位改革的重点是推行全体员工的合同聘用制和实行事业单位法人治理。按照分类标准对事业单位进行分类,缩减规模,精简机构,减少不必要的开支;调整事业单位的组织架构,进一步落实政事分开,实行事业单位的社会化管理和法人治理。

当前,在我国经济社会继续全面深化改革的大环境下,在社会主义市场经济体制建设趋于完善的情况下,我国大部分事业单位自身的问题暴露得越来越多,尤其是在自身机构设置、管理体制和运行机制等方面的弊端显露得越来越多,严重制约着事业单位的发展和运行,同时,不利于社会经济的向前发展。

二、事业单位分类改革存在的问题

(一) 政事与事企不分

我国传统计划体制存在时期,政府机关对资源分配、人事任免和管理等拥有绝对的权力,事业单位表面上是与政府企业分开独立存在的,但实际上不拥有独立的法人资格,缺乏相应的自主权,成为完全依赖于政府机关的附属物。这是由于政府职能和事业单位的功能定位不准确、界限模糊不清,导致了大量的越位、缺位和错位的现象,从而导致政事不分。改革实行以来,有些事业单位实现企业化的管理,在工资分配、机构编制、人事任免与岗位管理等方面都拥有了一定的自主权,它们自主经营,自负盈亏。但是,政府与事业单位并未进行真正分离,有的单位还会从政府那里获取大量的经费支持,从表面看它们是独立的企业,但实际上内部还延续着行政机构的管理模式,制度不完善,内部缺乏活力,发展能力弱小。

(二) 事业单位人员众多,财政支出过大

我国事业单位人员众多,据统计,我国目前有130万个事业单位,共计3 000多万正式职工,如此庞大的数目,不但没有降低,反而有连年增长的趋势。这是因为政府机关经过几次机构改革和人员精简,将自身的一部分人员转移到事业单位;与此同时,每年很大一部分社会人员、应届毕业生把事业单位作为自己就业方向,导致事业单位人员数量居高不下。大部分事业单位没有收入来源,基本依赖国家财政拨款解决生存问题,机构转制、机制的调整以及事业人员的社保、工资等都需要政府财政的大量投入。每年国家用于事业单位的财务支出占财政支出的30%以上。

(三) 改革配套政策滞后

自从改革开放以来,我国社会经济得到了极大的发展,事业单位改革作为中国经济体制改革的组成部分,推动了社会事业的发展,支撑了公益性服务,对中国经济社会发展作出了重要贡献。经过近几年的事业单位的分类改革,政府积极探索事业单位人事制度管理,重点在用人制度、岗位管理制度、分配制度、激励制度和绩效管理制

度等方面进行研究和改革,但在市场经济体制下依然存在一些问题,如不能满足不同类别事业单位的特点,与市场经济和社会发展需求不相适应,还需要进一步的探索和完善。由于政策滞后,缺乏明确的依据和目标,改革不彻底,效果不明显,很多单位都是为了精简人员或减轻经费支出而改革。这样的改革治标不治本,制约了事业单位自身的发展,落后于社会主义市场经济体制发展的要求。

三、我国事业单位分类改革的建议对策

(一)政事与企事分开

事业单位必须对自身的职能有一个明确的认识,将政事与企事的界限划分清楚,把政府机构管理的服务性、技术性与辅助性工作可交给事业单位进行管理实施;把事业单位负责的行政类工作交由行政机构负责,如行政执法职能、行政管理等方面;把已经从事经营活动的营利性事业单位进行改制转为企业,将职能进行彻底转变。政府机构应对事业单位进行放权,将与事业单位的财政等关系进行彻底脱钩,改变政事的隶属关系,给事业单位提供充分的自主性,逐渐发展为社会主体。

(二)实行社会化管理

精简规模,转变事业单位的组织性质。按照中央的事业单位的分类标准,对现有的事业单位进行分类改革,理清事业单位的管理和运行机制。在分类改革完成后,将自收自支的事业单位实行企业化管理,这两个部门的事业单位脱离政府财政补贴,具有自己独立的法人资格,自负盈亏。在这些事业单位的组织性质与企业无异的状况下,每年也不会有众多的向往体制的求职者想方设法地挤入。将具有公益性质的事业单位实行社会化管理,改进政府对社会公益事业的管理机制,放开民间资本进入公益事业领域的准入资格,加强同民间公益组织的合作力度,优化资源配置,减少政府对公益性质的事业单位的财政投入。

(三)配套政策推进

对事业单位的分类必须本着科学的原则,分类改革需要跟财政、人事、社会保障等方面进行配套结合,跟社会保障制度、分配制度、事业单位人事制度、行政管理体制等方面的改革也需深化结合,做好统筹工作,加大事业单位分类改革的力度。

遵循事物的发展定律,根据事业单位的特点对其内部的运行、管理等机制进行创新,对各方面都进行规范与动态的管理。针对事业单位在工作中的职能、政策与发展等需要,应及时对事业单位的类别进行调整,同时,完善登记管理机制,对法人的资质与运行进行严格监管,健全各类型事业单位的绩效评估与责任制度,对单位的行为进行规范管理。由于事业单位分类改革进一步深化,必须建立相关的监督制度,健全对事业单位的监管机制。

总之,随着我国社会的发展,为了适应日新月异的变化,我国的政府机构、国有企业等都在进行大刀阔斧的改革,事业单位进行改革也是必然性的。事业单位在分类改革中的进程并非一帆风顺,发现问题解决问题,这才是持续发展的正确选择。

(资料来源:郭潇雨:"我国事业单位分类改革问题研究",《经济研究导刊》,2014年第11期。)

第七章 事业单位收入和支出管理与核算

教学目的与要求

　　理解事业单位收入与支出的概念,学习和掌握事业单位收入的类型及其核算,学习和掌握事业单位支出的类型及其核算。

第一节 事业单位的收入管理与核算

一、事业单位收入概述

（一）事业单位收入的概念和内涵

事业单位收入指事业单位为了某项业务活动以及其他活动的开展,通过多种方式依法取得的非偿还性资金。其内涵体现在以下四点。

（1）事业单位的收入是为了某项业务活动以及其他活动的开展而取得的。事业单位因完成国家规定的科、教、文、卫等事业任务而发生的资金耗用,可通过财政部门的财政补助收入或主管部门、上级补助收入得到补偿;同时,因开展有偿服务活动和经营生产活动而获得的事业收入与经营收入,也可成为其费用支出得以补偿的重要来源。因此,开展业务活动和其他活动是事业单位取得收入的前提。

（2）事业单位的收入是通过多种渠道取得的。事业单位收入来源渠道呈多元化趋势,包括财政补助收入、上级补助收入、附属单位上缴收入、事业收入、经营收入和其他收入等。

（3）事业单位的收入是依法取得的。事业单位各项收入的取得必须符合国家有关法律、法规和规章的规定。

（4）事业单位的收入是非偿还性的资金。事业单位取得各项收入后不需要偿还,可根据需要安排用于业务活动及其他活动。

在确认事业单位收入时应注意如下事项：首先,只有无须偿还的资金流入才是事业单位收入,须偿还的资金是事业单位负债。如果一笔资金在流入当时不能确定是否偿还或偿还的金额数量,可先将其作为事业单位收入,一旦确定为需要偿还或确定了偿还金额,则须转为事业单位负债;其次,取得的需要事业单位留本的资金,即不可耗用本金,只能耗用本金上的收益(如利息收益)的资金不能作为事业单位收入,而应直接作为事业单位净资产的增加。

(二) 事业单位收入管理的原则

1. 充分利用现有条件组织收入

在社会主义市场经济条件下,事业单位要保障各项事业得以较快发展,在依靠政府财政部门给予的支持外,还应按照市场经济的客观要求,充分利用自身各项条件,组织收入,拓宽服务范围。

2. 加强组织收入的合法性和合理性

合法性,就是要依法办事,合理性,就是要从我国实际出发,合理取得,合理分配,将组织收入活动最终纳入正确的轨道。

3. 正确处理社会效益与经济效益的关系

事业单位在开展组织收入活动时,应将社会效益放在首位,同时,按照市场经济规律来办事,讲求经济效益,切忌一味地追求经济效益而忽视社会效益。

4. 要注意划清各项收入的界限

应根据本单位的特点准确划分各项收入界限,如财政补助收入与上级补助收入、事业收入与经营收入、经营收入与附属单位上缴收入等。

除此之外,事业单位的各项收入应全部纳入单位预算,统一核算,统一管理。应缴预算的款项应及时呈报上缴,经营性服务收入应及时上交各种税费。

(三) 事业单位收入管理的内部控制制度

为了进一步提升事业单位对各项收入的管理水平,加强单位内部廉政建设,由财政部制定,并于2014年1月1日起实行的《行政事业单位内部控制规范(试行)》(以下简称《内控规范》)中明确就事业单位在收入管理方面作出如下规定。

(1) 单位应当建立健全收入内部管理制度。单位应当合理设置岗位,明确相关岗位的职责权限,确保收款、会计核算等不相容岗位相互分离。

(2) 单位的各项收入应当由财会部门归口管理并进行会计核算,严禁设立账外账。

业务部门应当在涉及收入的合同协议签订后及时将合同等有关材料提交财会部门作为账务处理依据,确保各项收入应收尽收,及时入账。财会部门应当定期检查收入金额是否与合同约定相符;对应收未收项目应当查明情况,明确责任主体,落实催收责任。

(3) 有政府非税收入收缴职能的单位,应当按照规定项目和标准征收政府非税收入,按照规定开具财政票据,做到收缴分离、票款一致,并及时、足额上缴国库或财政专户,不得以任何形式截留、挪用或者私分。

(4) 单位应当建立健全票据管理制度。财政票据、发票等各类票据的申领、启用、核销、销毁均应履行规定手续。单位应当按照规定设置票据专管员,建立票据台账,做好票据的保管和序时登记工作。票据应当按照顺序号使用,不得拆本使用,做好废旧票据管理。负责保管票据的人员要配置单独的保险柜等保管设备,并做到人走柜锁。单位不得违反规定转让、出借、代开、买卖财政票据、发票等票据,不得擅自扩大票据适用范围。

(四) 事业单位收入的分类

事业单位类型较多,收入项目复杂,为了便于对各项收入的内容,范围和特点的研究,并有针对性地加强管理,必须对事业单位收入进行科学合理的分类,事业单位收入按照来源的不同可以分为六种。

(1) 财政补助收入,即由事业单位从同级财政部门取得的各类财政拨款,包括基本支出补助和项目支出补助。

(2) 上级补助收入,即主管部门和上级单位拨入的非财政补助资金。

(3) 事业收入,即事业单位开展专业活动及辅助活动所取得的收入。

(4) 经营收入,即事业单位在专业活动及辅助活动之外开展非独立核算经营活动取得的收入。

(5) 附属单位缴款收入,即事业单位附属独立核算单位按照有关规定上缴的收入。

(6) 其他收入,即上述范围以外的收入,如事业单位取得的投资收益、利息收入、捐赠收入等。

(五) 事业单位收入的特点

以事业单位整体为主体,其取得的全部非偿还性资金都称为事业单位收入。

1. 与传统的经费收入相比,事业单位收入是"大口径"收入

不仅包括与经费收入对应的财政补助收入,而且也包括非财政补助的其他各项收入,反映了事业单位获取非偿还性资金的能力。

2. 与企业的收入相比,事业单位收入范围更为广泛

企业必须将所有者投入的资金(包括初始投入和后续投入)与这些资金运动产生的资金流入区分,以便正确计算资金的收益情况,因此所有者投入资金的增加直接增加所有者权益,不能作为企业收入;事业单位资金供应者不要求资金上的回报,因此没有必要区分投入资金与资金运动产生资金流入。资金供应者无偿供给的资金,社会捐赠的资金,以及事业单位运用资金产生的事业收入和经营收入都是事业单位的收入。

近年来,为了促进公共财政体系的建立健全和国家各项政策的顺利实施,并有效遏止腐败现象,国家对国库集中收付制度不断改革,使得财政资金运行的安全性、规范性、有效性进一步增强,而这一系列的改革对于事业单位收入支出的管理无疑发挥着重要作用。

2013年我国对国库集中收付制度进一步深化改革,其主要措施包括六个方面。

一是加强财政国库管理法制化建设。积极参与《预算法》和《预算法实施条例》修改工作;研究起草《财政资金支付条例》及其实施细则;研究修订《国家金库条例》及其实施细则。

二是继续深化国库集中支付制度和公务卡制度改革。继续扩大国库集中支付制度改革实施范围,全面推进乡级国库集中支付制度改革。扩大纳入国库集中支付的资金范围,积极研究将社会保险基金预算资金纳入国库集中支付范围。继续加大地方国库集中支付电子化管理工作推进力度,争取年底前所有省级财政部门全部推行国库集中支付电子化管理,并向有条件的市、县延伸。研究建立中央专项转移支付资金国库集中

支付管理新机制。研究完善中央预算单位公务卡管理办法,督导中央预算单位严格执行中央预算单位公务卡强制结算目录,指导地方各级财政部门制定实施符合本地情况的公务卡强制结算目录。推动完善公务卡受理环境,协调有关方面加大偏远地区、境外地区以及火车票代售点等的POS机布设力度,提高商户受理意愿,为公务卡制度实施创造良好的外部条件。

三是继续推进非税收入收缴制度改革。积极研究建立统一规范的非税收入收缴管理制度体系,研究制定《政府非税收入收缴管理办法》、《中央级政府非税收入收缴管理实施办法》、《非税收入退付管理办法》等。研究推行非税收入电子缴款,实现非税收入高效、透明上缴财政。继续加强非税收入收缴管理执行情况分析。建立健全非税收入执收监管体系。

四是稳步推进财税库银税收收入电子缴库横向联网。进一步扩大市、县横向联网上线范围和纳税人采用横向联网方式缴税的范围。完善横向联网系统,加快推进地方自行开发横向联网系统向全国统一的横向联网业务流程和接口标准转换工作。加强财税信息共享和分析利用,积极推进财政部门与税务部门之间建立财税信息交换统一框架,促进提高预算执行分析预测水平。推广销售点终端(POS)刷卡缴税、网上银行缴税等新型电子缴款方式。

五是加强预算执行动态监控机制建设。结合中央八项规定,继续增强重点领域、重点环节动态监控的针对性和力度。完善监控制度和办法,建立多层次预算执行互动机制,提高预算执行动态监控"解决问题"的能力。全面推进地方预算执行动态监控体系建设。

六是进一步加强国库现金管理。建立库底目标余额管理制度,不断发展和完善国库现金管理。在加强国库现金流预测和信息管理系统建设的基础上,合理确定库底余额目标区间,加大国库现金管理运作力度,增加操作频率并不断丰富国库现金管理投融资工具,实现国库现金管理操作的常态化和精细化。积极协调有关部门,加快推进地方国库现金管理工作。

二、财政补助收入的管理与核算

(一) 财政补助收入的概念和管理要求

财政补助收入指事业单位按照核定的预算和经费领报关系直接从财政部门或通过主管部门从财政部门取得的各类事业经费,包括基本支出补助和项目支出补助。

财政补助收入作为国家预算资金的一部分,必须加强对其管理,既要防止事业单位计划内预算资金出现短缺,也要预防对预算资金的挤压浪费。主管会计部门要编制季度分月用款计划,在申请当月财政补助拨款时,应分"款"、"项"填写"预算经费请拨单"上报同级财政部门,事业单位在使用财政补助拨款时,各项支出要严格执行国家有关部门财务规章规定的开支范围和开支标准,不得随意改变资金用途和支出规模,但因为上级下达的计划有较大调整,或者根据国家有关政策增加或者减少支出,对预算执行影响较大时,事业单位可以报请主管部门或者财政部门调整预算。

(二) 财政补助收入的核算

1. 科目设置

为了核算从同级财政部门取得的各类财政拨款,包括基本支出补助和项目支出补助。事业单位应设置"财政补助收入"(收入类)总账科目。部门预算中将支出预算区分为基本支出预算和项目支出预算,分别安排资金来源考核其实际执行情况。为将事业单位实际发生的基本支出和项目支出,与相关的财政补助收入进行对比,考核事业单位的部门预算执行情况,应在"财政补助收入"总账科目下设置"基本支出"和"项目支出"两个二级科目。为了进一步反映出事业单位对财政资金的用途,即用于何种事业活动,并且与财政部门的财政总预算会计中的一般预算支出的明细科目相互对照,事业单位应在"基本支出"和"项目支出"两个二级科目下再按照《政府收支分类科目》中的支出功能分类设置明细账。同时在"基本支出"明细科目下按照"人员经费"和"日常公用经费"进行明细核算,在"项目支出"明细科目下按照具体项目进行明细核算。

事业单位实际收到财政补助收入时,根据财政资金拨付方式的不同,借记"事业支出"、"零余额账户用款额度"、"银行存款"等科目,缴回时作相反的会计分录;本科目平时贷方余额表示财政补助收入的累计数,年终结账将本科目贷方余额全数转入"财政补助结转"科目,借记本科目,贷记"财政补助结转"科目。年终结账后,本科目无余额。

2. 具体账务处理

(1) 财政直接支付方式下财政补助收入的确认和计量。

在财政直接支付方式下,事业单位在需要支付财政资金时,应根据部门预算和用款计划向财政部门提出直接支付申请。经财政部门审核无误后,由财政部门通过财政零余额账户直接将款项支付给收款人。因此,事业单位根据财政国库支付执行机构委托代理银行转来的《财政直接支付入账通知书》及原始凭证,按照通知书中的直接支付入账金额,借记有关科目,贷记本科目。年度终了,根据本年度财政直接支付预算指标数与当年财政直接支付实际支出数的差额,借记"财政应返还额度——财政直接支付"科目,贷记本科目。

[例 7-1] 某事业单位已经纳入财政国库单一账户制度改革。2014 年 2 月 3 日,该事业单位根据经过批准的部门预算和用款计划,向主管财政申请支付其为开展某项专项活动发生的事业经费 10 000 元,2 月 13 日,财政部门经过审核无误后,采用财政直接支付方式为其支付了 10 000 元,2 月 20 日,该事业单位收到了财政零余额账户代理银行转来的财政直接支付到账通知书,该项事业经费应当在"项目支出——科学技术——基础研究——专项基础研究"科目中反映。该事业单位应于 2 月 20 日编制会计分录如下:

借:事业支出——项目支出——商品和服务支出——事业费　　10 000
　　贷:财政补助收入　　　　　　　　　　　　　　　　　　　　10 000

同时,在财政补助收入明细账的贷方登记如下:

项目支出——科学技术——基础研究——专项基础研究　　　10 000

[例 7-2] 续上例,该事业单位收到了财政零余额账户代理银行转来的财政直接

支付到账通知书,财政部门为该事业单位支付了为开展日常业务活动发生的事业经费21 000元,该项事业经费应当在"基本支出——科学技术——基础研究——机构运行"科目中反映。该事业单位编制会计分录如下:

借:事业支出——基本支出——商品和服务支出——业务费　　21 000
　　贷:财政补助收入　　　　　　　　　　　　　　　　　　　　21 000
同时,在财政补助收入明细账的贷方登记如下:
基本支出——科学技术——基础研究——机构运行　　　　　　21 000

（2）财政授权支付方式下财政补助收入的确认和计量。

在财政授权支付方式下,事业单位根据部门预算和用款计划,按照规定的时间和程序向财政部门申请财政授权支付用款额度。经过财政部门审核后,将财政授权支付额度下达到事业单位零余额账户代理银行。事业单位根据代理银行转来的《授权支付到账通知书》,按照通知书中的授权支付额度,借记"零余额账户用款额度"科目,贷记本科目。年度终了,事业单位本年度财政授权支付预算指标数大于零余额账户用款额度下达数的,根据未下达的用款额度,借记"财政应返还额度——财政授权支付"科目,贷记本科目。

［例7-3］　2014年3月10日,某科研所根据经过批准的部门预算和用款计划,为开展某项科学研究项目,向主管财政申请财政授权支付用款额度230 000元。4月3日,财政部门经审核后,采用财政授权支付方式下达了230 000元用款额度。4月8日,该科研所收到了财政零余额账户代理银行转来的财政授权支付到账通知书,该项经费应当在"项目支出——科学技术——基础研究——重大科学工程"科目中反映。该科研所应于4月8日编制会计分录如下:

借:零余额账户用款额度　　　　　　　　　　　　　　　　　230 000
　　贷:财政补助收入　　　　　　　　　　　　　　　　　　　　230 000
在财政补助收入总账科目的贷方,作明细登记如下:
项目支出——科学技术——基础研究——重大科学工程　　　　230 000

（3）财政实拨资金方式下财政补助收入的确认和计量。

在财政实拨资金方式下,事业单位根据部门预算和用款计划,按照规定的时间和程序向财政部门提出资金拨入请求。经过财政部门审核后,将财政资金直接拨入事业单位的开户银行。因此,事业单位在收到单位的开户银行转来的收款通知书时,按照通知书上所列的收款金额确认财政补助收入,即按照实际收到的金额,借记"银行存款"等科目,贷记本科目。

［例7-4］　某事业单位尚未纳入财政国库单一账户制度改革。2014年5月7日,该单位收到开户银行转来的收款通知,收到财政部门拨入的日常事业活动经费75 000元。该转拨的财政预算经费应当在"基本支出——一般公共服务——气象服务——气象事业机构"科目中反映。5月7日,该事业单位编制会计分录如下:

借:银行存款　　　　　　　　　　　　　　　　　　　　　　　75 000
　　贷:财政补助收入　　　　　　　　　　　　　　　　　　　　75 000
在财政补助收入总账科目的贷方,作明细登记如下:

基本支出——一般公共服务——气象服务——气象事业机构　　75 000

（4）发生购货退回时的财政补助收入的确认和计量。

因购货退回等发生国库直接支付款项退回的，属于以前年度支付的款项，按照退回金额，借记"财政应返还额度"科目，贷记"财政补助结转"（基本支出）、"财政补助结余"（项目支出）、"存货"等有关科目；属于本年度支付的款项，按照退回金额，借记本科目，贷记"事业支出"、"存货"等有关科目。

[例 7-5]　某事业单位当年购买专项研究设备，由于质量问题而发生退货，当初采购是通过财政直接支付了 50 万元，该事业单位编制会计分录如下。

借：财政补助收入　　　　　　　　　　　　　　　　　　　500 000
　　贷：事业支出——项目支出——基本建设支出——设备购置费　500 000

同时，在财政补助收入明细账的借方登记如下：

项目支出——科学技术——基础研究——专项基础研究　　500 000

（5）财政补助收入年终结转的确认和计量。

"财政补助收入"科目平时余额反映的是事业单位年度预算的执行情况和进度，平时不结转，在年终时才结转。期末，将本科目本期发生额转入财政补助结转，借记本科目，贷记"财政补助结转"科目。期末结账后，本科目应无余额。

[例 7-6]　某事业单位 2014 年末"财政补助收入"科目的贷方余额为 1 532 000 元。相关的明细账科目的贷方余额为："项目支出——科学技术——基础研究——专项基础研究"670 000 元，"基本支出——教育——普通教育——高等教育"530 000 元，"项目支出——文化体育与传媒——广播影视——电视"98 000 元，"基本支出——科学技术——基础研究——机构运行"234 000 元。该事业单位将以上"财政补助收入"账户的余额转入"财政补助结转"账户，编制会计分录如下。

借：财政补助收入　　　　　　　　　　　　　　　　　　1 532 000
　　贷：财政补助结转　　　　　　　　　　　　　　　　　1 532 000

同时，在财政补助收入明细账的借方登记如下：

项目支出——科学技术——基础研究——专项基础研究　　670 000
项目支出——文化体育与传媒——广播影视——电视　　　 98 000
基本支出——教育——普通教育——高等教育　　　　　　530 000
基本支出——科学技术——基础研究——机构运行　　　　234 000

三、事业单位非财政补助收入的管理与核算

非财政补助收入是指事业单位除财政补助收入以外各专项资金收入，包括事业收入、上级补助收入、附属单位上缴收入及其他专项资金收入等。

（一）上级补助收入

1. 上级补助收入的概念和特点

上级补助收入是事业单位从主管部门和上级单位取得的非财政补助收入，用来弥补其正常业务的资金不足。

上级补助收入是事业单位主管部门或上级单位用自身组织的收入或集中下级单位的收入拨入的资金。事业单位通过上级单位从财政部门取得的预算经费不能作为上级补助收入,而应作为财政补助收入处理。

2. 上级补助收入的核算

事业单位应设置"上级补助收入"(收入类)总账科目来核算上级补助收入业务。事业单位在收到上级补助收入时,按照实际收到的金额,借记"银行存款"等科目,贷记该科目,缴回时作相反的会计分录;期末,将本科目本期发生额中的专项资金收入结转入非财政补助结转,借记本科目下各专项资金收入明细科目,贷记"非财政补助结转"科目;将本科目本期发生额中的非专项资金收入结转入事业结余,借记本科目下各非专项资金收入明细科目,贷记"事业结余"科目。结账后本科目无余额。本科目应当按照发放补助单位、补助项目、《政府收支分类科目》中"支出功能分类"相关科目等进行明细核算。上级补助收入中如有专项资金收入,还应按具体项目进行明细核算。

[例7-7] 某事业单位2014年发生上级补助收入业务如下。

(1) 2014年4月3日,接到银行的通知,收到上级单位拨来的用于弥补事业单位日常专业业务活动开支不足的补助款40 000元。该活动应当在"基本支出——科学技术——基础研究——机构运行"科目中反映。事业单位应编制会计分录如下。

借:银行存款　　　　　　　　　　　　　　　　　　　　　　40 000
　　贷:上级补助收入　　　　　　　　　　　　　　　　　　　　40 000

同时,在上级补助收入明细账的贷方登记如下:

基本支出——科学技术——基础研究——机构运行　　　　40 000

(2) 2014年7月13日,该事业单位通过银行缴回多拨的上级补助款3 000元。事业单位应编制会计分录如下。

借:上级补助收入　　　　　　　　　　　　　　　　　　　　3 000
　　贷:银行存款　　　　　　　　　　　　　　　　　　　　　　3 000

同时,在上级补助收入明细账的借方登记如下:

基本支出——科学技术——基础研究——机构运行　　　　3 000

(3) 年终,该事业单位将"上级补助收入"科目本期发生额中的专项资金收入37 000元转入"非财政补助结转"科目。事业单位应编制会计分录如下。

借:上级补助收入　　　　　　　　　　　　　　　　　　　　37 000
　　贷:非财政补助结转　　　　　　　　　　　　　　　　　　　37 000

同时,在上级补助收入明细账的借方登记如下:

基本支出——科学技术——基础研究——机构运行　　　　37 000

(二) 附属单位上缴收入

1. 附属单位上缴收入的概念和管理

附属单位上缴收入是指事业单位附属独立核算单位按规定标准或比例缴纳的各项收入,包括附属的事业单位上缴的收入和附属的企业上缴的利润等。该收入既可以用来弥补自身开支,也可以用于弥补收入状况不佳的附属事业单位或附属企业的开支。

所谓附属单位是指与该事业单位间除有资金联系之外还存在其他联系的具有独立

法人资格的事业单位或企业。这些联系包括主体事业单位是否有权对其管理人员的职务进行任免,是否有权通过、修改、否决其决策等,如果两者只存在资金上的联系,则其只是该事业单位的投资单位,而非附属单位。事业单位开展非独立核算经营活动取得的收入不能作为附属单位上缴收入处理,而应作为经营收入。

附属单位上缴收入是对主体事业单位相关事业计划活动得以顺利开展必要的资金补充,因此,事业单位对其附属单位的业务活动要加强调控和监督,对上缴款项要实行计划管理。应注意的是,附属单位归还有事业单位垫付的房租、水电费等各种费用,不属于附属单位缴款范围,应当冲减项相应支出。

2. 附属单位上缴收入的核算

事业单位应设置"附属单位上缴收入"科目来核算附属单位缴款业务。收到附属单位缴来款项时,按照实际收到金额,借记"银行存款"等科目,贷记本科目,缴回时做相反会计分录;该科目平时余额在贷方,表示附属单位上缴收入的累计数,年终,将本科目本期发生额中的专项资金收入结转入非财政补助结转,借记本科目下各专项资金收入明细科目,贷记"非财政补助结转"科目;将本科目本期发生额中的非专项资金收入结转入事业结余,借记本科目下各非专项资金收入明细科目,贷记"事业结余"科目。结转后,该科目无余额。本科目应当按照附属单位、缴款项目、《政府收支分类科目》中"支出功能分类"相关科目等进行明细核算。附属单位上缴收入中如有专项资金收入,还应按具体项目进行明细核算。

[例 7 - 8] 某事业单位收到下属单位子公司按比例上缴的款项 35 000 元,款项已存入开户银行,该事业单位作会计分录如下。

借:银行存款   35 000
  贷:附属单位上缴收入   35 000

[例 7 - 9] 某事业单位年终结算时,将"附属单位缴款"科目本期发生额中的非专项资金收入 380 000 元转入"事业结余"科目,并做会计分录如下。

借:附属单位缴款   380 000
  贷:事业结余   380 000

(三)事业收入

1. 事业收入的概念和管理

事业收入指事业单位开展专业业务活动及其辅助活动所取得的收入,如医院的医疗和药品收入、学校的教学收入等。

事业收入的管理要求如下。

(1)要区分事业收入和经营收入以及其他收入的界限。事业单位应按本单位特点对其事业收入和经营收入进行准确划分,分别核算。当个别事业单位的事业活动和经营活动难以准确划分时,应当由主管部门和财政部门根据实际情况加以确认。

(2)事业单位必须严格执行国家批准的收费标准和收费项目,并使用符合国家规定的合法票据,建立健全的收费管理制度和严格的票据管理制度。

(3)事业单位要积极合理地组织收入,将取得的事业收入及时作入账处理,防止流失,并把社会效益放在首位,同时加强对账户的统一管理。

(4)事业单位应就其取得的事业收入按国家规定及时缴纳相关税款,主要涉及增值税或营业税。

2．事业收入的种类

各事业单位由于所处行业的不同而从事着不同的专业业务活动及其辅助活动,因此事业收入也存在着不同的种类:高等学校的事业收入包括教学收入和科研收入;体育事业单位的事业收入包括门票收入、出售广播电视转播权收入、广告赞助收入、体育技术服务收入、体育相关业务收入和其他体育事业收入等;广播电视事业单位的事业收入包括广告收入、有线电视收入、节目传输收入、节目交换收入、技术服务收入和其他事业收入等。

3．事业收入的核算

事业单位应设置"事业收入"(收入类)总账科目来核算事业收入业务。事业收入的管理方式包括采用财政专户返还方式和未采用财政专户返还方式两种,因此,事业收入在取得时的会计处理在两种管理方式下也存在着不同。

(1)采用财政专户返还方式管理的事业收入,从事专业业务活动的收入应上缴财政专户,收到财政专户返还的款项才确认事业收入。具体处理如下:

① 收到应上缴财政专户的事业收入时,按照收到的款项金额,借记"银行存款""库存现金"等科目,贷记"应缴财政专户款"科目。

② 向财政专户上缴款项时,按照实际上缴的款项金额,借记"应缴财政专户款"科目,贷记"银行存款"等科目。

③ 收到从财政专户返还的事业收入时,按照实际收到的返还金额,借记"银行存款"等科目,贷记本科目。

[例7-10] 某事业单位从事专业活动取得的收入采用财政专户返还方式管理,2014年6月20日,取得应缴财政专户款23 000元,并收存银行,21日将该项资金上缴财政专户。15日,收到财政按计划拨还资金21 500元,收存银行。该事业单位应编制会计分录如下。

```
收到应缴财政专户款时:借:银行存款                    23 000
                      贷:应缴财政专户款              23 000
向财政专户上缴款项时:借:应缴财政专户款              23 000
                      贷:银行存款                    23 000
收到财政专户返还事业收入时:借:银行存款              21 500
                          贷:事业收入                21 500
```

(2)未采用财政专户返还方式管理的事业收入,从事专业业务活动的收入,可直接确认为事业收入,而不需要上缴。取得收入或收到款项时,借记"银行存款""库存现金""应收账款"等科目,属于小规模纳税人的事业单位,按实际收到的价款扣除增值税额后的金额,贷记本科目,按应缴增值税金额,贷记"应缴税费——应缴增值税"科目;属于一般纳税人的事业单位,按实际收到的价款和适当的税率计算出应交增值税额,贷记"应缴税费——应缴增值税(销项税额)"科目,再根据实际收到的价款扣除该项增值税额后的余额贷记本科目。

[例7-11] 某医院某日收取诊疗收入 30 000 元,款项已存入银行。该医院应编制会计分录如下。

借:银行存款　　　　　　　　　　　　　　　　　　　　　　　　30 000
　　贷:事业收入　　　　　　　　　　　　　　　　　　　　　　　30 000

[例7-12] 某剧院某日收到 4 500 元的门票收入现金,该剧院应编制会计分录如下。

借:库存现金　　　　　　　　　　　　　　　　　　　　　　　　 4 500
　　贷:事业收入　　　　　　　　　　　　　　　　　　　　　　　 4 500

[例7-13] 某事业单位在开展专业业务活动过程中销售产品一批,获得 10 000 元收入,款项已存入银行,其中,应交增值税 1 700 元,该事业单位编制会计分录如下。

借:银行存款　　　　　　　　　　　　　　　　　　　　　　　　11 700
　　贷:事业收入　　　　　　　　　　　　　　　　　　　　　　　10 000
　　　　应缴税费——应缴增值税(销项税额)　　　　　　　　　　 1 700

(3)期末,将本科目本期发生额中的专项资金收入结转入非财政补助结转,借记本科目下各专项资金收入明细科目,贷记"非财政补助结转"科目;将本科目本期发生额中的非专项资金收入结转入事业结余,借记本科目下各非专项资金收入明细科目,贷记"事业结余"科目。结转后,本科目无余额。本科目应当按照事业收入类别、项目、《政府收支分类科目》中"支出功能分类"相关科目等进行明细核算。事业收入中如有专项资金收入,还应按具体项目进行明细核算。

[例7-14] 某事业单位在年终"事业收入"科目贷方余额有 540 000 元,其中非专项资金收入为 240 000 元、专项资金收入为 300 000 元,该事业单位将该科目结转并编制会计分录如下。

借:事业收入　　　　　　　　　　　　　　　　　　　　　　　 240 000
　　贷:事业结余　　　　　　　　　　　　　　　　　　　　　　240 000
借:事业收入　　　　　　　　　　　　　　　　　　　　　　　 300 000
　　贷:非财政补助结转　　　　　　　　　　　　　　　　　　　300 000

(四)其他收入

1. 其他收入的概念和内容

其他收入是指事业单位取得的除财政补助收入、事业收入、上级补助收入、附属单位上缴收入、经营收入以外的各项收入,包括投资收益、银行存款利息收入、租金收入、捐赠收入、收取的违约金等。

(1)投资收益。它是事业单位向除附属单位以外其他单位投资而取得的收益,但不包括附属单位上缴的收入。投资收益通常包括两部分:一是投资期间分得的利息或红利;二是出售或收回投资时形成的买卖差价或收回价值与最初投资价值的差额,该差异为正数时即为收益,为负数时即为损失。

(2)利息收入。它是事业单位因在银行存款或与其他单位或企业的资金往来而取得的利息收入。它不包括事业单位在各种债券投资上的利息收入,如国库券利息收入、金融债券的利息收入等,这些利息收入应列为事业单位的投资收益。

(3) 捐赠收入。它是事业单位以外的单位或个人（包括内部职工）无偿赠送给事业单位的未限定用途的财物，包括实物或现金。限定用途的捐赠财物应在财政补助收入中的项目拨款中单独反映。

(4) 固定资产租赁收入。它是事业单位将闲置的固定资产出租给其他单位或团体使用而取得的租金收入。

(5) 收取的违约金。它是依据有关合同或契约，事业单位对违反合同或契约条款的单位、企业或个人收取的罚金。

2. 其他收入的核算

事业单位应设置"其他收入"（收入类）总账科目核算其他收入业务。事业单位在取得其他收入时，借记"银行存款"等科目，贷记该科目；收入退回时，做相反会计分录。其主要账务具体处理如下。

(1) 投资收益。

① 对外投资持有期间收到利息、利润等时，按实际收到的金额，借记"银行存款"等科目，贷记本科目（投资收益）。

② 出售或到期收回国债投资本息，按照实际收到的金额，借记"银行存款"等科目，按照出售或收回国债投资的成本，贷记"短期投资"、"长期投资"科目，按其差额，贷记或借记本科目（投资收益）。

(2) 银行存款利息收入、租金收入。

收到银行存款利息、资产承租人支付的租金，按照实际收到的金额，借记"银行存款"等科目，贷记本科目。

(3) 捐赠收入。

① 接受捐赠现金资产，按照实际收到的金额，借记"银行存款"等科目，贷记本科目。

② 接受捐赠的存货验收入库，按照确定的成本，借记"存货"科目，按照发生的相关税费、运输费等，贷记"银行存款"等科目，按照其差额，贷记本科目。

应注意的是：接受捐赠固定资产、无形资产等非流动资产，不通过本科目核算。

(4) 现金盘盈收入。

每日现金账款核对中如发现现金溢余，属于无法查明原因的部分，借记"库存现金"科目，贷记本科目。

(5) 存货盘盈收入。

盘盈的存货，按照确定的入账价值，借记"存货"科目，贷记本科目。

应注意的是：盘盈固定资产，不通过本科目核算。

(6) 收回已核销应收及预付款项。

已核销应收账款、预付账款、其他应收款在以后期间收回的，按照实际收回的金额，借记"银行存款"等科目，贷记本科目。

(7) 无法偿付的应付及预收款项。

无法偿付或债权人豁免偿还的应付账款、预收账款、其他应付款及长期应付款，借记"应付账款""预收账款""其他应付款""长期应付款"等科目，贷记本科目。

事业单位的其他收入平时不结转,到年终时才结转。期末,将本科目本期发生额中的专项资金收入结转入非财政补助结转,借记本科目下各专项资金收入明细科目,贷记"非财政补助结转"科目;将本科目本期发生额中的非专项资金收入结转入事业结余,借记本科目下各非专项资金收入明细科目,贷记"事业结余"科目,结转后,该科目无余额。本科目应当按照其他收入的类别、《政府收支分类科目》中"支出功能分类"相关科目等进行明细核算。对于事业单位对外投资实现的投资净损益,应单设"投资收益"明细科目进行核算;其他收入中如有专项资金收入(如限定用途的捐赠收入),还应按具体项目进行明细核算。

[例7-15] 某企业通过银行划转,将20 000元捐赠给某事业单位,该事业单位编制会计分录如下。

借:银行存款　　　　　　　　　　　　　　　　　　20 000
　贷:其他收入——捐赠收入　　　　　　　　　　　　　　20 000

[例7-16] 某企业由于连续拖欠应缴纳的保险基金,金额为80万元,根据相关规定,该企业要上缴2‰的滞纳金。经办机构在收到该项滞纳金时应编制会计分录如下。

借:银行存款　　　　　　　　　　　　　　　　　　1 600
　贷:其他收入——滞纳金　　　　　　　　　　　　　　　1 600

[例7-17] 某事业单位在年末将"其他收入"科目的贷方余额330 000元全数转入"事业结余"科目,该事业单位应编制会计分录如下。

借:其他收入　　　　　　　　　　　　　　　　　　330 000
　贷:事业结余　　　　　　　　　　　　　　　　　　　330 000

四、经营收入的管理与核算

(一) 经营收入的概念与种类

经营收入是指事业单位在专业业务活动及辅助活动之外开展的非独立核算经营活动取得的收入。应当注意以下几个方面:首先,事业单位的经营收入是开展营业活动取得的收入,而不是开展专业业务活动及其辅助活动取得的收入。如某展览馆作为事业单位,其取得的门票收入将作为事业收入,而展览馆附设的商品部取得的销售收入则属于经营收入。其次,事业单位的经营收入是非独立核算的营业活动取得的收入,而不是独立核算的营业活动取得的收入。单位对其经营活动的过程及结果能够独立而完整地进行会计核算,称之为独立核算,如某剧院所属的乐队可作为独立法人,单独设置账目和计算盈亏,该乐队将其一部分商业演出收入上缴剧院,剧院应当将该项收入作为附属单位上缴收入处理。单位从上级单位领取一定数额物资和资金从事相关业务活动,不独立计算盈亏,且把日常发生的经济业务资料报由上级进行会计核算,称之为非独立核算,如学校的食堂未进行工商登记,且不实行独立核算,其取得的收入和发生的支出,报由学校进行统一核算,这部分收入可作为经营收入。

事业单位的事业收入和经营收入的共同之处,两者都是事业单位在开展业务活动过程中,通过向社会提供商品或服务而从接受者处取得的收入。不同之处在于,经营收入体现了保本获利原则,而事业收入体现了公益性原则。

事业单位经营收入主要有:事业单位非独立核算部门销售商品获取的销售收入和对外提供经营服务获取的服务收入;事业单位出租、出借暂时闲置的场地、房屋、仪器设备设备等获取的租赁收入;事业单位承包建筑、安装、维修等工程取得的工程承包收入以及其他经营收入,它是事业单位在专业业务活动及其辅助活动之外获取的除以上各项收入之外的收入。

(二)经营收入的管理要求

事业单位从经营活动中获取的经营收入一般要可以弥补经营活动中发生的经营支出,即满足自我维持原则。事业单位若在经营活动中发生了亏损,不可动用其事业活动中获取的资金对此亏损进行弥补。相反,事业单位可以根据需要,按照相关规定将其一部分在开展经营活动中获取的经营结余转出,用以支持事业活动。

(三)经营收入的核算

1. 科目设置

事业单位应设置"经营收入"(收入类)总账科目用以核算经营活动获取的收入取得或确认经营收入时,借记"银行存款"、"应收票据"、"应收账款"等科目,若该事业单位属于增值税小规模纳税人的事业单位实现经营收入,按实际出售价款,借记"银行存款""应收账款""应收票据"等科目,按出售价款扣除增值税额后的金额,贷记本科目,按应缴增值税金额,贷记"应缴税费——应缴增值税"科目。属于增值税一般纳税人的事业单位实现经营收入,按包含增值税的价款总额,借记"银行存款""应收账款""应收票据"等科目,按扣除增值税销项税额后的价款金额,贷记本科目,按增值税专用发票上注明的增值税金额,贷记"应缴税费——应缴增值税(销项税额)"科目。

[例7-18] 某事业单位于2014年2月1日销售一批商品,价税合计为10 000元,款项尚未收到,且该事业单位属于一般纳税人,应编制会计分录如下。

借:应收账款　　　　　　　　　　　　　　　　　　　10 000
　贷:经营收入　　　　　　　　　　　　　　　　　　　 8 547
　　　应缴税费——应缴增值税(销项税额)　　　　　　 1 453

2. 发生销货退回时的账务处理

在发生销货退回时,应冲减本期经营收入而不论该项销货退回是否属于本年度销售,若该事业单位属于小规模纳税人,贷记"银行存款"科目,按销售该批货物价款扣除增值税额后的金额,借记本科目,按销售时应交增值税金额,借记"应缴税费——应缴增值税"科目;若该事业单位属于一般纳税人,按不含税价格借记本科目,同时,按销售时计算出的应交增值税额借记"应缴税费——应缴增值税(销项税额)",贷记"银行存款"科目。

事业单位为获取经营收入而发生的折扣和折让,应当相应冲减经营收入。

[例7-19] 续上例,若该事业单位付款条件为(2/10,1/20,n/30),款项于2014年2月8日收讫。该事业单位应编制会计分录如下。

借:银行存款　　　　　　　　　　　　　　　　　　　9 800
　营业收入　　　　　　　　　　　　　　　　　　　　　200

贷：应收账款　　　　　　　　　　　　　　　　　　　　　　　10 000

　　[例7-20]　续上例，若在2014年2月18日，由于商品质量出现问题，购买方提出退货，该事业单位同意退货，并于2014年2月23日将款项通过银行划转到购买方账户。该事业单位应编制会计分录如下。

　　借：经营收入　　　　　　　　　　　　　　　　　　　　　　　8 547
　　　　应缴税费——应缴增值税（销项税额）　　　　　　　　　　 1 453
　　贷：银行存款　　　　　　　　　　　　　　　　　　　　　　　10 000

　　3. 期末的财务处理

　　期末，通过贷记"经营结余"科目，借记本科目，将本科目余额转入"经营结余"科目，结转后，本科目无余额。本科目应当按照经营活动类别、项目、《政府收支分类科目》中"支出功能分类"相关科目等进行明细核算。

　　[例7-21]　年终，某事业单位将"经营收入"科目贷方余额65 470元转入"经营结余"科目。该事业单位应编制会计分录如下。

　　借：经营收入　　　　　　　　　　　　　　　　　　　　　　　65 470
　　　贷：经营结余　　　　　　　　　　　　　　　　　　　　　　65 470

第二节　事业单位的支出管理与核算

一、事业单位支出概述

（一）事业单位支出的概念和管理

事业单位支出是指事业单位为了其业务活动和其他活动的顺利开展所耗费的各项资金，包括事业支出、经营支出、其他资金支出等。

事业单位的支出采用权责发生制，在其实际支付时予以确认，并按照实际发生额进行计量。对于事业单位的支出，既要保证其各项业务活动得以顺利的开展，也要严格遵照国家财政制度的各项规定，减少经费的支出，有效的使用各项资金，减少国家财政压力。在管理各项支出时，应做到以下三个方面。

（1）事业单位的所有支出必须全部纳入单位预算，并在日常工作中不断完善支出预算体系。同时，要做好各项支出的核算工作，加强对各项支出的管理制度，要从管理思想、方法和手段等方面对事业单位各项支出实行全面而系统的核算与控制，杜绝支出管理的随意性。

（2）事业单位的各项支出必须严格遵照国家相关财务规章制度的开支范围和标准。对于国家财务制度中没有统一规定的，事业单位可根据国家法律和政策，并结合本单位实际情况制定相应的开支标准，但必须报由主管部门和财政部门批准后才可执行。对于违背国家法律和政策的，主管部门和财政部门应当责令其限期改正。

（3）事业单位要划清各项支出的界限，包括事业支出和营业支出的界限、事业支出与附属单位补助支出和上缴上级支出的界限、基本支出和项目支出的界限,以及人员支出和公用支出的界限等。

(二)事业单位支出的分类

1. 事业单位支出按所开展业务活动的性质不同可分为以下六类

(1)事业支出,指事业单位开展专业业务活动及其辅助活动发生的基本支出和项目支出。

(2)经营支出,指事业单位在专业业务活动及其辅助活动之外开展非独立核算经营活动发生的支出。

(3)上缴上级支出,指事业单位按照财政部门和主管部门的规定上缴上级单位的支出。

(4)对附属单位补助,指事业单位用财政补助收入之外的收入对附属单位发生补助的支出。

(5)成本费用,实行成本核算的事业单位在生产产品,提供劳务和项目开发过程中发生的应列入商品(产品,劳务)成本的各项费用。

(6)其他支出,即本条上述规定范围以外的各项支出,包括利息支出、捐赠支出等。

2. 事业单位支出按支出对象的不同可分为如下两类

(1)本单位支出。事业单位本身为了其相关业务活动及其他活动得以顺利开展所耗用的各项资金和损失,包括事业支出、经营支出、其他支出等。

(2)调剂性支出。事业单位按规定将一部分非财政预算资金调剂给本系统内的其他单位所发生的支出,包括上缴上级支出、对附属单位补助支出。

3. 事业单位支出按支出的用途可分为如下两类

(1)基本支出。事业单位为保证其机构正常运转和完成其日常工作任务所发生的必要支出。

(2)项目支出。事业单位为了其某项特定工作任务的完成或为了促进本单位事业发展而发生的相关支出。

二、事业单位事业支出的管理与核算

(一)事业支出的概念和管理

事业支出即事业单位开展专业业务活动及其辅助活动发生的基本支出和项目支出。基本支出是指事业单位为了保障其正常运转、完成日常工作任务而发生的人员支出和公用支出。项目支出是指事业单位为了完成特定工作任务和事业发展目标,在基本支出之外所发生的支出。事业支出包括基本工资、补助工资、手续费、差旅费、租赁费、劳务费、奖助学金等其他费用。由于事业单位的专业活动一般都具有公益性,因此,该活动取得的收入通常不足以弥补相应的事业支出,对于不足以弥补支出的部分,需要通过财政补助收入或经营结余等方法加以弥补。

事业支出是事业单位支出的主要内容,事业单位要根据财政补助收入、事业收入、上级补助收入、附属单位上缴收入和其他收入等统筹安排事业支出,且以上收入不能用于经营支出,只能用于事业支出。事业单位应当准确划分事业支出与经营支出之间的界限,合理归集,无法划分的,要按一定标准分配。事业单位应当根据经批准的部门预算合理安排事业支出。部门预算的基本支出预算和项目支出预算应当分别管理,不能相互混淆。

此外,为了加强对事业支出的核算和管理,对事业支出的管理还应做到以下三点。

(1) 严格执行国家相关财政制度和纪律。国家对各项财政财务制度的规定是事业单位在办理事业支出时的法律依据,各单位都必须严格执行,不得违反规定办理事业支出。

(2) 建立合理的支出结构,加强对支出分类的管理。事业单位的各项支出不仅要与其相关的收入相配比,各项事业支出之间也应当保持一个合理的支出结构,注意不断优化事业支出中人员经费与公用经费的比例,使得人员经费和日常公用经费保持一个合理的支出结构,事业单位应当在相对增加公用经费的同时,严格执行国家有关工资、津贴、福利待遇等方面的规定,控制人员经费支出,促进事业活动不断发展。

(3) 提高资金使用效益,事业单位应本着勤俭节约原则使用每一笔事业经费,通过编制支出计划或预算来加强对各项资金的控制和管理,不断提高资金使用效益。

(二) 事业支出的分类

1. 按支出经济分类,设类、款两级,共包括12类

(1) 工资福利支出,该科目反映事业单位开支的在职职工和编制外长期聘用人员的各类劳动报酬,以及为以上人员缴纳的各项社会保险费等。该科目下分设的款级科目有基本工资、津贴补贴、奖金、社会保障缴费、伙食补助费、绩效工资、其他工资福利支出。

(2) 商品和服务支出,该科目反映事业单位购买商品和服务的支出(不包括用于购置固定资产的支出)。该科目下分设的款级科目有办公费、咨询费、水电费、取暖费、印刷费、维护维修费、会议费、培训费、招待费、交通费、出国费、手续费、邮电费、物业管理费、差旅费、租赁费、专用材料费、劳务费、工会经费、福利费、专用燃料费、委托业务费、公务用车运行维护费、其他交通费用、税金及附加费用、其他商品和服务支出。

(3) 对个人和家庭的补助,该科目反映事业单位用于对个人和家庭的补助支出。该科目下分设的款级科目有退休费、离休费、生活补助、救济费、医疗费、住房公积金、提租补贴、购房补贴、退职费、退役费、抚恤金、助学金、奖学金、生产补贴、其他对个人和家庭的补助支出。

(4) 对企事业单位的补贴,该科目反映政府对各类企业、事业单位及民间非营利组织的补贴。该科目下分设的款级科目有企业政策性补贴、事业单位补贴、财政贴息、国有资本经营预算费用性支出、其他对企事业单位的补贴支出。

(5) 转移性支出,该科目反映政府的转移性支出。该科目下分设的款级科目有不同级政府间转移性支出、同级政府间转移支出。

(6) 赠与,该科目反映事业单位对国内外政府、组织等提供的援助、捐赠以及缴纳国际组织会费等方面的支出。该科目下分设的款级科目有对国内的赠与和对国外的赠与。

(7) 基本建设支出,该科目反映事业单位由各级发展与改革部门集中安排的用于购置固定资产、土地和无形资产,以及构建大型修缮所发生的支出。该科目下分设的款级科目有房屋建筑物构建、专用设备购置、基础设施建设、办公设备购置、公务用车购置、其他交通工具购置、大型修缮、信息网络及软件购置更新、其他基本建设支出。

(8) 债务利息支出,该科目反映事业单位的债务利息支出。该科目下分设的款级科目有国内债务付息、向国家银行借款付息、其他国内借款付息、向国外政府借款付息、向国际组织借款付息、其他国外借款付息。

(9) 债务还本支出,该科目反映事业单位归还各类借款本金方面的支出。该科目下分设的款级科目有国内债务还本、国外债务还本。

(10) 其他资本支出,该科目反映事业单位由非各级发展与改革部门集中安排的用于购置固定资产、土地和无形资产,以及构建大型修缮所发生的支出。该科目下分设的款级科目有房屋建筑物构建、基础设施建设、专用设备购置、办公设备购置、公务用车购置、其他交通工具购置、大型修缮、信息网络及软件购置更新、其他资本性支出。

(11) 贷款转贷及产权参股,该科目反映政府部门发放的贷款和向企业参股投资方面的支出。该科目下分设的款级科目有国内贷款、国外贷款、国内转贷、国外转贷、产权参股、国有资本经营预算资本性支出、其他贷款转贷及产权参股支出。

(12) 其他支出,该科目反映不能划分到上述经济科目的其他支出。该科目下分设的款级科目有未划分的项目支出和其他支出等。

2. 按支出的性质不同,事业单位的事业支出可分为基本支出和项目支出

基本支出是事业单位维持正常运转和保障日常工作的顺利完成所必需的支出,包括各项人员经费,日常工作活动中的水电费、办公费等。项目支出是事业单位为完成某项专项任务而发生的各项支出,包括专项工程支出、专项事业任务支出等。

3. 按支出的对象和用途不同,事业单位的事业支出可分为人员经费支出和公用经费支出

人员经费支出是事业单位用于职工个人方面的费用开支。包括事业单位按规定支付的基本工资、补助工资、职工福利费、退休人员经费等。公用经费支出是事业单位为完成工作任务用于各项商品、劳务方面的支出和设备设施的维持性费用支出,以及直接用于公务活动的各项支出,包括办公费、水电费、交通费、培训费、取暖费、维修费、办公设备购置费等。

(三) 事业支出的列报口径和报销原则

1. 列报口径

(1) 对于发给个人的工资、津贴、补贴和抚恤救济费等,应根据实有人数和实发金额,取得本人签收的凭证后列报支出。

(2) 购入办公用品可直接列报支出。购入其他各种材料,可在领用时列报支出。

(3) 社会保障费、职工福利费和管理部门支付的工会经费,按照规定标准和实有人数每月计算提取,列为事业支出。

(4) 固定资产修购基金按核定的比例提取,直接列报支出。

(5) 购入固定资产,经验收后列报支出。

(6) 其他各项费用均按实际报销数列报支出。

2. 事业单位的事业支出报销要符合以下五项原则

(1) 符合财务制度要求。

(2) 按财务计划和开支标准办理。

(3) 报销使用的相关凭证要合法。

(4) 报销渠道要符合国家规定。

(5) 要讲究经济效益和社会效益。

(四) 事业支出的核算

事业单位应设置"事业支出"（支出类）总账科目来核算事业支出相关业务。事业单位为从事专业业务活动及其辅助活动人员计提的薪酬等，借记本科目，贷记"应付职工薪酬"等科目；事业单位开展专业业务活动及其辅助活动领用的存货，按领用存货的实际成本，借记本科目，贷记"存货"科目；事业单位开展专业业务活动及其辅助活动中发生的其他各项支出，借记本科目，贷记"库存现金""银行存款"（财政实拨资金方式下）、"零余额账户用款额度"（财政授权支付方式下）、"财政补助收入"（财政直接支付方式下）等科目；当年支出收回时作冲减事业支出处理；实行内部成本核算的事业单位结转已销业务成果或产品成本时，按实际成本借记该科目，贷记"产成品"科目；年终，将本科目（财政补助支出）本期发生额结转入"财政补助结转"科目，借记"财政补助结转——基本支出结转、项目支出结转"科目，贷记本科目（财政补助支出——基本支出、项目支出）或本科目（基本支出——财政补助支出、项目支出——财政补助支出）；将本科目（非财政专项资金支出）本期发生额结转入"非财政补助结转"科目，借记"非财政补助结转"科目，贷记本科目（非财政专项资金支出）或本科目（项目支出——非财政专项资金支出）；将本科目（其他资金支出）本期发生额结转入"事业结余"科目，借记"事业结余"科目，贷记本科目（其他资金支出）或本科目（基本支出——其他资金支出、项目支出——其他资金支出）。期末结账后，本科目应无余额。

本科目应当按照"基本支出"和"项目支出""财政补助支出""非财政专项资金支出"和"其他资金支出"等层级进行明细核算，并按照《政府收支分类科目》中"支出功能分类"相关科目进行明细核算；"基本支出"和"项目支出"明细科目下应当按照《政府收支分类科目》中"支出经济分类"的款级科目进行明细核算；同时在"项目支出"明细科目下按照具体项目进行明细核算。

[例 7-22] 某事业单位已实行财政国库集中支付制度，其 2014 年发生如下经济业务。

(1) 该事业单位活动业务部门从仓库领出日常办公共用品一批计 32 000 元，供开展日常专业业务活动使用。事业单位应编制会计分录如下。

借：事业支出　　　　　　　　　　　　　　　　　　　　　　32 000
　　贷：存货　　　　　　　　　　　　　　　　　　　　　　　32 000

同时，在事业支出明细账的借方登记如下：

基本支出——商品和服务支出——办公费　　　　　　　　　32 000

(2) 该事业单位 4 月"工资汇总表"资料如下：该月应发工资津贴等 64 000 元，其中基本工资为43 000元,各类津贴、补贴为21 000元。根据"离退休费用发放表"应付离休费33 290元,退休费13 158元。该事业单位已收到财政国库支付执行机构委托代理银行转来的财政直接支付入账通知书,财政国库支付执行机构通过财政零余额账户为事业单位支付了该项支出。事业单位应编制会计分录如下。

  借:事业支出   110 448
    贷:应付职工薪酬——工资及离退休费   89 448
      应付职工薪酬——地方(部门)津贴补贴   21 000
  同时,在事业支出明细账的借方登记如下:
  基本支出——工资福利支出——基本工资   43 000
  基本支出——工资福利支出——津贴补贴   21 000
  基本支出——对个人和家庭补助——离休费   33 290
  基本支出——对个人和家庭补助——退休费   13 158
  借:应付职工薪酬——工资及离退休费   89 448
    应付职工薪酬——地方(部门)津贴补贴   21 000
    贷:财政补助收入——基本支出——人员经费——基本工资及津贴 64 000
      财政补助收入——基本支出——人员经费——事业单位离退休 46 448

(3) 该事业单位从零余额账户领取现金1 500元支付报刊费,并编制会计分录如下。

  借:库存现金   1 500
    贷:零余额账户用款额度   1 500
  借:事业支出   1 500
    贷:库存现金   1 500
  同时,在事业支出明细账的借方登记如下:
  基本支出——商品和服务支出——办公费   1 500

(4) 该事业单位开展某专项业务活动共支出183 000元,其中,购买专用设备一台,价款为78 000元,劳务费为59 000元,印刷费为46 000元。该事业单位已收到财政国库支付执行机构委托代理银行转来的财政直接支付入账通知书,财政国库支付执行机构通过财政零余额账户为事业单位支付了该项支出。该专业业务活动的有关支出已列入本年度项目支出预算项目,事业单位应编制会计分录如下。

  借:事业支出   183 000
    贷:财政补助收入   183 000
  借:固定资产   78 000
    贷:非流动资产基金——固定资产   78 000
  同时,在事业支出明细账的借方登记如下:
  项目支出——其他资本性支出——专用设备购置   78 000
  项目支出——商品和服务支出——劳务费   59 000
  项目支出——商品和服务支出——印刷费   46 000

(5) 该事业单位驾驶员报销公务用车汽油费、过路费680元,事业单位用现金支付,并编制会计分录如下。

借：事业支出　　　　　　　　　　　　　　　　　　　　　　780
　　　　贷：库存现金　　　　　　　　　　　　　　　　　　　　780
　　同时，在事业支出明细账的借方登记如下：
　　基本支出——商品和服务支出——交通费　　　　　　　　　780
　　(6) 年终，该事业单位进行结账，将"事业支出"账户借方余额的其他资金支出895 500 元转入"事业结余"账户。"事业支出"有关明细账科目的借方余额为"基本支出——工资福利支出——基本工资"263 000 元，"基本支出——商品和服务支出——办公费"187 000 元，"基本支出——商品和服务支出——交通费"68 000 元，"项目支出（专项业务项目）——其他资本性支出——专用设备购置"167 000 元，"项目支出（专项业务项目）——商品和服务支出——劳务费"124 000 元，"项目支出（专项业务项目）——商品和服务支出——印刷费"86 500 元，事业单位应编制会计分录如下。
　　借：事业结余　　　　　　　　　　　　　　　　　　　　895 500
　　　　贷：事业支出　　　　　　　　　　　　　　　　　　895 500
　　同时，在事业支出明细账的借方登记如下：
　　基本支出——工资福利支出——基本工资　　　　　　　　263 000
　　基本支出——商品和服务支出——办公费　　　　　　　　187 000
　　基本支出——商品和服务支出——交通费　　　　　　　　 68 000
　　项目支出（专项业务项目）——其他资本性支出——专用设备购置　167 000
　　项目支出（专项业务项目）——商品和服务支出——劳务费　　124 000
　　项目支出（专项业务项目）——商品和服务支出——印刷费　　 86 500

三、事业单位其他资金支出的管理与核算

（一）上缴上级支出

1. 上缴上级支出的概念和管理

上缴上级支出是指实行收入上缴办法的事业单位按照规定的标准或比例上缴上级单位的支出。事业单位的上缴上级支出要与应缴财政专户款区别开。事业单位的上缴上级支出主要来源于事业单位利用自身资源取得的收入，如事业收入和经营收入，在上缴之前其所有权和使用权归事业单位所有。应缴财政专户款是事业单位因履行或代行政府职能，依据国家法律、法规和具有法律效力的规章而收取和安排使用的未纳入国家预算管理的各种财政性资金，在取得时不能作为事业单位自身的收入，而是作为负债，并在规定时间内根据相关方法上缴财政专户。此外，事业单位在返还上级单位对其事业支出中垫付的各项水电费，房租等费用时，不能作为上缴上级支出，而应计入相应支出。

2. 上缴上级支出的核算

事业单位应设置"上缴上级支出"（支出类）总账科目来核算上缴上级支出相关业务。上缴款项时，借记本科目，贷记"银行存款"等科目；到了年终，将该科目借方余额全数转入"事业结余"科目，借记"事业结余"科目，贷记本科目，结账后，本科目无余额。本科目应当按照收缴款项单位、缴款项目、《政府收支分类科目》中"支出功能分类"相关科

目等进行明细核算。

[例 7-23] 某中学按规定的标准将一部分事业收入上缴主管部门,该款项为 63 000 元,且已通过银行划转,其财务部门应编制会计分录如下。

借:上缴上级支出　　　　　　　　　　　　　　　　　　　63 000
　　贷:银行存款　　　　　　　　　　　　　　　　　　　　　　63 000

[例 7-24] 续上例,该中学在年终将"上缴上级支出"科目借方余额 74 000 元转入"事业结余"科目,其会计分录如下。

借:事业结余　　　　　　　　　　　　　　　　　　　　　74 000
　　贷:上缴上级支出　　　　　　　　　　　　　　　　　　　　74 000

（二）对附属单位补助支出

1. 对附属单位补助支出的概念和特点

对附属单位补助支出是事业单位用非财政预算资金对附属单位补助时发生的支出。该项支出资金的主要来源有:（1）收入较多的附属单位上缴的款项;（2）除了财政补助收入以外,事业单位自己组织的其他资金。

对附属单位补助支出的特点如下。

（1）该项补助是无偿拨付的。若事业单位要按投资协议或合同规定,向其附属企业投入由附属企业支付资金使用费或缴纳利润的资金为事业单位的对外投资,而非对附属单位补助。

（2）该项补助不需要单独报账。对于主管部门或上级单位拨给所属单位的需要单独报账的专项资金不能作为对附属单位补助处理,而应作为拨入专款。

（3）该项补助资金为国家预算以外的资金。事业单位对所属单位拨转预算资金的业务属于事业单位拨出经费,而不属于对附属单位补助业务。

2. 对附属单位补助支出的核算

事业单位应设置"对附属单位补助支出"（支出类）总账科目来核算对附属单位补助的相关业务。对附属单位补助时,借记本科目,贷记"银行存款"科目,收回补助时,作相反会计分录;年终结账时,通过借记"事业结余"科目,贷记本科目,将本科目借方余额全数转入"事业结余"科目,结转后,本科目无余额。本科目可按接受补助的附属单位名称设置明细账。本科目应当按照接受补助单位、补助项目、《政府收支分类科目》中"支出功能分类"相关科目等进行明细核算。

[例 7-25] 某事业单位用自有资金拨给所属单位甲补助款项 56 000 元,该补助款项属于基本支出业务补助。其中用于商品和服务的购买款项有 32 000 元,用于人员经费开支款项有 24 000 元,且两者之间不能调节使用。事业单位应编制会计分录如下。

借:对附属单位补助支出（甲单位）　　　　　　　　　　56 000
　　贷:银行存款　　　　　　　　　　　　　　　　　　　　　　56 000

同时,在对附属单位补助支出明细账的借方登记如下:

基本支出——商品和服务支出　　　　　　　　　　　　　32 000
基本支出——人员经费　　　　　　　　　　　　　　　　24 000

[例 7-26] 年终,某事业单位将"对附属单位补助支出"科目借方余额 245 000 元

转入"事业结余"科目。其中,"基本支出——工资福利支出"科目余额140 000元,"项目支出(专项专业业务)——商品和服务支出"科目余额105 000元,事业单位应编制会计分录如下:

  借:事业结余   245 000
    贷:对附属单位补助支出   245 000
  同时,在对附属单位补助明细账的贷方登记如下:
  基本支出——工资福利支出   140 000
  项目支出(专项专业业务)——商品和服务支出   105 000

(三) 其他支出

1. 其他支出的概念

  事业单位的其他支出是事业单位除事业支出、上缴上级支出、对附属单位补助支出、经营支出以外的各项支出,包括利息支出、捐赠支出、现金盘亏损失、资产处理损失、接受捐赠(调入)非流动资产发生的税费支出等。

2. 其他支出的核算

  事业单位应设置"其他支出"(支出类)总账科目核算其他支出相关业务。其他支出的主要账务处理如下。

  (1) 利息支出。

  支付银行借款利息时,借记本科目,贷记"银行存款"科目。

  (2) 捐赠支出。

  ① 对外捐赠现金资产,借记本科目,贷记"银行存款"等科目。

  ② 对外捐出存货,借记本科目,贷记"待处置资产损溢"科目。

  应注意的是:对外捐赠固定资产、无形资产等非流动资产,不通过本科目核算。

  (3) 现金盘亏损失。

  每日现金账款核对中如发现现金短缺,属于无法查明原因的部分,报经批准后,借记本科目,贷记"库存现金"科目。

  (4) 资产处理损失。

  事业单位的资产处理是指事业单位对其占有、使用的国有资产产权的转移及核销,包括资产的转让、出售出让、无偿调出、对外捐赠、盘亏、报废、毁损以及货币性资产损失的核销等。因资产处理而发生的损失为资产处理损失。一般处理资产时先通过"待处置资产损溢"科目,按规定报经批准后及时进行账务处理,借记本科目,贷记"待处置资产损溢"科目。

  (5) 接受捐赠(调入)非流动资产发生的税费支出。

  接受捐赠、无偿调入非流动资产发生的相关税费、运输费等,借记本科目,贷记"银行存款"等科目。

  期末,将本科目本期发生额中的专项资金支出结转入非财政补助结转,借记"非财政补助结转"科目,贷记本科目下各专项资金支出明细科目;将本科目本期发生额中的非专项资金支出结转入事业结余,借记"事业结余"科目,贷记本科目下各非专项资金支出明细科目。期末结账后,本科目应无余额。本科目应当按照其他支出的类别、《政府收支分类科目》中"支出功能分类"相关科目等进行明细核算。其他支出中如有专项资金支出,还应按具体项目进行明细核算。

[例7-27] 某事业单位为某些活动的顺利开展向银行借款300 000元,期限为半年,且年利率为5%,该事业单位于2014年4月2日通过银行划转一次性归还本息,该事业单位编制会计分录如下。

借:短期借款　　　　　　　　　　　　　　　　　　　300 000
　　其他支出——利息支出　　　　　　　　　　　　　　7 500
　　贷:银行存款　　　　　　　　　　　　　　　　　　307 500

[例7-28] 续上例,该事业单位于2014年7月5日向某灾区捐款150 000元,同时捐赠一批账面余额为78 000元的存货一批,该事业单位编制会计分录如下。

借:其他支出　　　　　　　　　　　　　　　　　　　150 000
　　贷:银行存款　　　　　　　　　　　　　　　　　　150 000
借:其他支出　　　　　　　　　　　　　　　　　　　78 000
　　贷:待处置财产损溢　　　　　　　　　　　　　　　78 000

[例7-29] 续上例,2014年9月28日,该事业单位盘亏固定资产23 400元,其中11 500元可归属为责任过失,剩余11 900元属于非正常损失,报经批准后列支,且编制会计分录如下。

借:待处置资产损溢　　　　　　　　　　　　　　　　23 400
　　贷:固定资产　　　　　　　　　　　　　　　　　　23 400
借:其他支出　　　　　　　　　　　　　　　　　　　11 900
　　其他应收款　　　　　　　　　　　　　　　　　　11 500
　　贷:待处置财产损溢　　　　　　　　　　　　　　　23 400

[例7-30] 续上例,该事业单位年某"其他支出"借方余额为460 000元,其中200 000元属于非专项资金支出,260 000元属于专项资金支出,该事业单位将该科目余额全数转入事业结余和非财政补助结转科目。

借:非财政补助结转　　　　　　　　　　　　　　　　260 000
　　贷:其他支出　　　　　　　　　　　　　　　　　　260 000
借:事业结余　　　　　　　　　　　　　　　　　　　200 000
　　贷:其他支出　　　　　　　　　　　　　　　　　　200 000

四、事业单位经营支出和成本费用的管理与核算

(一)经营支出

1. 经营支出的概念和管理

经营支出是指事业单位在专业业务及其辅助活动之外开展非独立核算经营活动发生的支出。

为准确反映事业单位经营活动所发生的支出,应将其发生的各项经营支出全部纳入单位的经营支出管理,并且事业单位的经营支出应当是使用经营收入发生的支出,因

此经营支出应当与经营收入进行配比。事业单位应当严格划分经营支出和事业支出的界限,两者的区分标准主要有:该项支出是否是用于事业单位开展除专业业务活动及其辅助活动之外的非独立核算的经营活动;该项支出的业务活动是否需要依靠业务活动收入独立维持;该项支出的收入来源是否是除了应当用于事业活动之外的收入等,通过判断若得出肯定结果的就是经营支出,否则属于事业支出。应当列入经营支出的项目不得列入事业支出,应当列入事业支出的项目也不得列入经营支出。此外,对同一期间发生的各项经营支出应按用途归集到经营支出的相关科目中,对于无法直接归集的,应按规定比例合理分摊。

2. 经营支出的核算

事业单位应设置"经营支出"(支出类)总账科目核算其经营支出业务。事业单位为在专业业务活动及其辅助活动之外开展非独立核算经营活动人员计提的薪酬等,借记本科目,贷记"应付职工薪酬"等科目;事业单位在专业业务活动及其辅助活动之外开展非独立核算经营活动领用、发出的存货,按领用、发出存货的实际成本,借记本科目,贷记"存货"科目;事业单位在专业业务活动及其辅助活动之外开展非独立核算经营活动中发生的其他各项支出,借记本科目,贷记"库存现金""银行存款""应缴税费"等科目;实行内部成本核算的事业单位结转已销的经营性劳务成果或产品时,按实际成本借记本科目,贷记"产成品"科目;期末将本科目余额全部转入"经营结余"科目,借记"经营结余"科目,贷记该科目,结转后本科目无余额。本科目应当按照经营活动类别、项目,以及《政府收支分类科目》中"支出功能分类"相关科目等进行明细核算。

[例 7-31] 2014 年 1 月 3 日,某事业单位开展经营活动,用现金购买所需用品一批,价款为 7 500 元,该事业单位编制会计分录如下。

借:经营支出 7 500
　贷:库存现金 7 500

[例 7-32] 续上例,2014 年 3 月 4 日,该事业单位为上述经营活动的开展,用银行存款支付了相关工资 8 000 元,该事业单位编制会计分录如下。

借:经营支出 8 000
　贷:银行存款 8 000

[例 7-33] 月末,某事业单位结转其经营活动过程中销售产品的成本 30 000 元,该事业单位编制会计分录如下。

借:经营支出 30 000
　贷:产成品 30 000

[例 7-34] 某事业单位在年末其"经营支出"科目借方余额为 240 000 元,该事业单位如数转入"经营支出"科目,并作出会计分录如下。

借:经营结余 240 000
　贷:经营支出 240 000

(二)成本费用

1. 成本费用的概念及其核算适用范围

事业单位的成本费用是指实行成本核算的事业单位在生产产品,提供劳务和项目开发过程中发生的应列入商品(产品、劳务)成本的各项费用。

事业单位成本费用核算就是事业单位运用会计程序和方法,按照确定的成本计算出商品(产品、劳务)成本费用的过程。在这里要注意事业单位的成本核算与企业单位的成本核算存在以下五点区别:(1)两者成本核算对象不完全相同。事业单位服务行业居多,生产行业较少,而企业单位两者均较多。(2)两者会计核算的原则不完全相同。事业单位可根据实际情况采用收付实现制或权责发生制,而企业单位必须采用权责发生制。(3)两者成本核算的科目不完全相同。事业单位成本核算的科目主要包括事业支出、经营支出、成本费用、销售税金等几项内容,而企业单位主要有待摊费用、预提费用、基本生产成本、辅助生产成本、制造费用、管理费用、营业费用、财务费用等。(4)两者成本核算的方法不完全相同。企业单位在进行成本核算时运用的方法比较灵活多样,如品种法、分批法、分步法等,而事业单位一般不采用这几种方法,且核算方法较为单一。(5)两者成本核算在决策中的地位不同。因为事业单位是在保证社会效益的前提下来提高经济效益,企业单位则是以追求经济效益为中心,因此成本核算成为企业单位在决策时的主要参考指标之一,相对而言成本核算在事业单位决策中的地位远不如企业单位。

事业单位要根据其业务活动开展的实际需要,进行成本费用核算,其范围大致包括三个方面:(1)生产产品并兼有商品营销的事业单位,须进行相关产品(商品)的成本费用核算;(2)进行项目开发的事业单位,须将项目在开发过程中的相关费用、支出进行成本核算;(3)对外提供技术咨询等劳务服务的事业单位,须对活动过程中相关服务费用进行核算。具体情况还须参照有关规定,如:医院应实行医疗成本和药品成本核算;文化事业单位应实行艺术表演和艺术表演场所方面的成本费用核算等。

2. 成本费用核算的意义和程序

事业单位实行成本核算是历史发展的需要。如今,在市场经济条件下政府的财政拨款主要集中于公用事业,其他事业单位财政拨款已经大大减少,因此,大部分事业单位需要通过成本核算,合理安排支出,提高资金使用效益,减少事业单位发展中的瓶颈,从而促进事业单位向着高效、精简、服务方向发展。目前,政府和主管部门主要是通过目标责任制来对事业单位日常工作进行考核的,而成本是考核的主要依据之一,因此事业单位实行成本核算有利于考核事业单位计划的执行情况。此外,事业单位成本核算还能为国家制定收费标准,宏观指导价格制定,进行经济决策提供有用的会计信息。由此可见,成本核算对事业单位发展有着重大意义,事业单位在实行成本核算时要遵循一定的程序。

具体核算程序有如下五个方面。

(1)确定成本计算对象。事业单位在实行成本费用的核算时,首先要确定核算对象,以便合理准确地归集费用,计算成本。由于事业单位业务和经营活动的广泛性,因此,成本核算对象也是多样化的,可以是生产的产品,可以是开发的项目,也可以是研究的课题等。例如,科学事业单位应以开发项目、科研课题、产品等为基本成本核算对象;医院应以医疗、药品、服务等为基本成本核算对象。

(2)成本项目的划分。成本项目是对成本费用按用途进行的分类,具体包括工资、津贴补贴、咨询费、租赁费、劳务费等。

(3) 确定成本计算期。成本计算期是成本计算的起止日期。通常情况下,计算产品成本时以月为成本计算期,计算课题研究相关成本是以课题周期为成本计算期,若该课题为跨年度课题,应先按年度核算成本,等课题结束时再计算其全部成本。

(4) 成本归集与分配。事业单位实行成本归集分配时,应遵循的基本原则是:直接费用直接计入成本计算对象,间接费用根据一定标准分配计入成本计算对象,且事业支出的成本费用与经营支出的成本费用应分别核算。此外,事业单位行政管理部门在生产或业务活动过程中所发生的组织和管理方面的费用,也就是期间费用一般直接计入当期结余,不计入产品或劳务成本。

(5) 建立成本计算单和编制成本计算表。成本计算单按成本计算对象开设,按成本项目划分专栏,成本计算表按成本计算单编制。

3. 成本核算的账务处理

事业单位应在"经营支出"总账下设置"成本费用"、"间接费用"等明细科目来核算成本费用相关业务。事业单位在开展业务活动中发生成本费用时:若为直接费用,借记"经营支出——成本费用"科目,贷记"银行存款""材料"等科目;若为间接费用,先通过借记"经营支出——间接费用"科目,贷记"银行存款""材料"等科目将其计入"经营支出——间接费用"科目,再根据一定标准分配计入成本,借记"经营支出——成本费用"科目,贷记"经营支出——间接费用"科目。产品验收入库时,借记"存货——产成品"科目,贷记"经营支出——成本费用"科目。"经营支出——成本费用"科目应按经营类别或产品种类设置明细账,对于成本核算较复杂的单位,还可以根据需要自行设置成本核算科目。

[例7-35] 某事业单位2014年发生如下经济业务。

(1) 该事业单位生产甲、乙两种产品,某日两种产品共耗用生产资料164 000元,其中,甲耗用了89 450元、乙耗用了74 550元,且生产部门发生相关水电费用23 000元,款项以银行存款支付。事业单位应编制会计分录如下。

借:经营支出——成本费用——甲产品——专用材料　　　　89 450
　　经营支出——成本费用——乙产品——专用材料　　　　74 550
　　贷:材料　　　　　　　　　　　　　　　　　　　　　164 000
借:经营支出——间接费用　　　　　　　　　　　　　　　 23 000
　　贷:银行存款　　　　　　　　　　　　　　　　　　　　23 000

(2) 用现金支付相关人员工资72 198元,其中,生产甲产品工人的工资为32 470元,生产乙产品工人的工资为26 400元,生产车间管理人员工资为7 890元,单位管理人员工资为5 438元。事业单位应编制会计分录如下。

借:经营支出——成本费用——甲产品——基本工资　　　　32 470
　　经营支出——成本费用——乙产品——基本工资　　　　26 400
　　经营支出——间接费用　　　　　　　　　　　　　　　 7 890
　　经营支出——期间费用　　　　　　　　　　　　　　　 5 438
　　贷:应付职工薪酬　　　　　　　　　　　　　　　　　　72 198

借：应付职工薪酬　　　　　　　　　　　　　　　　　　　　　　72 198
　　贷：库存现金　　　　　　　　　　　　　　　　　　　　　　　72 198

(3) 该事业单位将生产的间接费用在甲、乙两产品间按生产工人的工资比例进行分配，并编制会计分录：

间接费用：23 000＋7 890＝30 890(元)
甲产品负担费用：30 890×(32 470/58 870)＝17 037.5(元)
乙产品负担费用：30 890×(26 400/58 870)＝13 852.5(元)

借：经营支出——成本费用——甲产品——办公费用等间接费用　17 037.5
　　经营支出——成本费用——乙产品——办公费用等间接费用　13 852.5
　　贷：经营支出——间接费用　　　　　　　　　　　　　　　　30 890

(4) 甲、乙两种产品已生产完工，事业单位结转两种产品完工成本并编制会计分录如下：

甲产品完工成本：89 450＋32 470＋17 037.5＝138 957.5(元)
乙产品完工成本：74 550＋26 400＋13 852.5＝114 802.5(元)

借：存货——产成品　　　　　　　　　　　　　　　　　　　　253 760
　　贷：经营支出——成本费用——甲产品　　　　　　　　　　　138 957.5
　　　　经营支出——成本费用——乙产品　　　　　　　　　　　114 802.5

本 章 小 结

事业单位的收入是指事业单位为开展业务及其他活动依法取得的非偿还性资金，包括财政补助收入、非财政补助收入、经营收入和其他收入等。

事业单位支出是指事业单位为了其业务活动和其他活动的顺利开展需耗费的各项资金及开支，包括事业支出、上缴上级支出、对附属单位补助等。事业单位在进行支出业务时，要严格遵循国家财政财务制度，对各项支出划清界限，分类管理，以提高各项资金使用效益。

关 键 术 语

事业单位收入、事业单位支出、财政补助收入、上级补助收入、事业收入(支出)、经营收入(支出)、附属单位缴款收入、上缴上级支出、对附属单位补助支出、经营支出——成本费用核算

复习思考题

一、简答题

1. 事业单位的收入和支出各主要包括哪些内容？
2. 财政补助收入有几种划拨方式？不同支付方式有何区别？
3. 事业单位非财政补助收入包括哪些内容？
4. 什么是事业单位的上级补助收入？其特点是什么？
5. 什么是事业单位的附属单位上缴收入？附属单位上缴收入与经营收入有何

区别？

6. 事业收入的管理要求是什么？在不同方式下对取得事业收入的处理有何不同？

7. 事业收入与经营收入的联系与区别是什么？经营收入有哪些种类？

8. 事业单位的其他收入主要包括哪些内容？

9. 事业单位的事业支出应如何分类？一般管理要求是什么？

10. 什么是事业单位经营支出？经营支出与事业支出应如何让划分？

11. 事业单位和企业单位成本核算的区别是什么？请阐述成本核算的程序。

12. 什么是上缴上级支出？事业单位上缴上级支出与应缴财政专户款如何区分？

13. 对附属单位补助有哪些特点？

二、业务核算题

1. 某事业单位2014年发生如下经济业务，请根据各项经济业务编制会计分录。

(1) 3月24日，该事业单位为某项专业活动的开展购入一台设备，款项为540 000元，4月3日，收到单位零余额账户代理银行转来的《授权支付到账通知书》为其支付了款项。

(2) 4月15日，该事业单位通过财政直接支付方式支付了本月工资320 000元，并收到了《财政直接支付入账通知书》。

(3) 6月3日，收到上级单位拨入补助款项430 000元，并已转入其开户银行。

(4) 7月5日，收到附属单位上缴的款项115 000元，并已转入其开户银行。

(5) 8月12日，完成某一项目作业，取得收入230 000元，存入银行，且无须上缴财政专户。

(6) 10月23日，销售一批产品，其中售价为30 000元，不含增值税，且尚未收到相关款项。

(7) 11月18日，收到某企业捐赠收入250 000元，并已存入其开户银行。

2. 某事业单位2014年发生如下经济业务，请根据各项经济业务编制会计分录。

(1) 2月18日，用现金为有关部门购买办公用品，计1 500元。

(2) 3月26日，以现金支付经营人员资本工资，计53 000元。

(3) 4月3日，支付银行借款利息1 000元。

(4) 5月18日，按规定的比例上缴上级单位支出60 000元。

(5) 6月22日，用自有资金拨给附属单位甲一次性补助42 000元。

(6) 7月15日，经批准后处置一批存货，损失为2 300元。

(7) 9月15日，发放本月工资，工资汇总表的情况如下：应付工资金额合计180 000元，其中，基本工资115 000元，津贴65 000元，代扣住房公积金30 000元，代扣个人所得税12 000元，实发金额138 000元。单位承担职工住房公积金30 000元，各类保险金额42 000元。职工工资采用财政直接支付方式，缴纳社保、个人所得税通过零余额账户支付。

> 阅读材料

事业单位财政收支两条线管理的利与弊

在我国,事业单位的财务管理问题一直是社会关注的焦点,事业单位的性质受制于工作内容,因此不能完全实现市场化经营。在财务管理中,明显的收入支出冲突、支出无计划性等问题都严重制约着事业单位的有效运转。财政收支两条线管理在一定程度上解决了事业单位内部资金运转中存在的一些问题,但同时也有一些需要注意的事项,如何发扬财政收支两条线管理中的优势,祛除管理层存在的问题是当前应该十分重视的问题。

一、事业单位收支管理中存在的问题

(一)收入管理不规范

事业单位诞生于计划经济时期,因此重视收入、忽略支出问题在其发展初期就出现一直延续到现在。市场经济体制的出现将事业单位对运行效益的重视度进一步提升,虽然促进了事业单位的运行力度,但对收入问题的过度关注使得事业单位的支出问题不能得到应有的重视,从而在管理支出上有所疏忽。事业单位过度轻视支出问题很容易引发腐败问题,为了不断扩大收入项目的规模,巧立名目的收费情况不断增加,这种情况违背了事业单位本着服务社会和服务大众运行的目标,严重影响社会的稳定性。

(二)支出管理模糊

事业单位的支出管理模糊问题同样普遍存在,很多事业单位过于重视收入管理,因此也忽视了支出管理的问题,由此产生的依附于最大化拓收中的收支管理并不具备科学性,不具备有效地控制财务情况及加强管理力度的能力。在这样的环境下,有一些不真实的支出行为对单位的资金流动产生影响,使得公有资金私人化现象频繁。

在执行收支两条线管理之前,许多事业单位的支出情况并没有专门的机构进行管理,一般情况下,单位领导可以直接签字报账,这也是经费占用与胡乱支出问题滋生的温床。兼职管理部门只知道某些部门申请了资金,但不具备知晓资金用处的权利,所以申请到资金的部门用公款进行个人消费,严重影响了事业单位的形象,同时也使得有些部门的正当支出无法得到支持,使整个单位的工作开展不能有序进行。

二、财政收支两条线管理的运行方式

(一)收支两条线管理概述

事业单位的划分是非常细致的,在不同性质的事业单位,收支两条线管理的运行方式不同。一般事业单位内部的进出费用应当与财务部门直接挂钩,事业单位及时向财政管理部门上报办公支出费用,同时财务部门也为事业单位员工提供薪资保障。这样的安排将工作人员的收入与单位收入分割开来,有效避免了工作人员因个人利益问题损害公共利益。

在行政事业单位中,收支两条线管理更为复杂,主要包含了五项内容:第一,事

业单位的收费工作需要得到相关部门的批准,收费工作要严格按照相关规定来执行;第二,事业单位收费项目需要使用省级及省级以上财政部门印制的专用收费票据,确保收费透明化;第三,事业单位只开出收费票据,具体的收费权利交由挂钩银行;第四,事业单位所收费用全部上缴到国家指定的专用账户中;第五,事业单位必须对于所得资金制定支出计划,在审批后才能使用。

收支两条线管理的基本原则为:确保收入和支出两者平衡,整体把握事业单位支出预算,同时将资金综合统筹运用。

(二)收支两条线管理的实际操作

1. 收入与支出账目明晰

在实行收支两条线管理后,事业单位内部工作人员的所有待遇都应保持不变,同时事业单位中工作人员的社会福利与社会保障应有财政机构负责,而事业单位中的办公用品及办公设备等相关费用必须由财政部门按规定安排。事业单位的财政收入会被纳入预算之中。随着财政机构内部的审核制度不断完善,事业单位的收支账目会更加清晰明了。

2. 落实岗位收编

事业单位工作人员应根据自己的职责范围和服务区域完成其工作,根据职责范围和组织纪律性对工作岗位收编,使得事业单位工作人员有统一的编制,这样有利于收支两条线管理的有序进行。

3. 优化分配制度

事业单位应该根据其岗位、任务、工作完成情况来定制薪资酬劳标准,为表现优秀的员工提供更好的待遇,这样的分配机制对于工作人员有很好的激励作用。同时,事业单位要定期进行业务考核,以考核的实际结果作为是否继续聘用工作人员的依据。此外,为工作人员制定一定的目标,促进工作完成也是十分重要的。

三、财政收支两条线管理的优势与弊端

(一)统筹兼顾,全面考虑

在财政收支两条线管理模式下,事业单位的发展得到了全面的考虑。收支两条线管理将单位收入和支出有效地分割开来,各部门不再有随便申请资金进行个人消费的机会,资金可以用于一些急需部门,这样使得整个事业单位的运转情况不受到资金问题的影响。另一方面,收支两条线的明朗化处理也使得事业单位中的人际关系变得明朗,减少了单位内部存在的关系僵化问题。

(二)资金安全性提高

在财政收支两条线管理模式下,事业单位的资金安全性逐渐提升。事业单位可以根据原来的资金预算、支出规划完成单位运行,这样保证了事业单位功能的稳定性,能够帮助其及时、准确完成规划。同时,财政收支两条线管理使得资金紧张问题得以好转,有利于随时监控单位的资金循环情况。

(三)实际操作困难

事业单位的财政收支两条线管理面临着实际操作中的种种困难,因事业单位的

相互关系复杂,其资金的涉及区域广泛、涉及范围广,所以要实行财政收支两条线管理并不容易。财政部门的工作量和工作难度随着事业单位的转型也有一定的简化,但收入或支出的某个环节产生不确定的失误也会使得事业单位财政问题加剧。

（四）操作灵活性差

事业单位的财政收支两条线管理通过财政部门的资金的支出规划和收入管理进行统一的规划,这样使得事业单位丧失其本身行使财务管理的权利。其收支决策权和自主权都遭到剥夺,如果遇到急需资金的情况时,整个单位会陷入混乱之中。向财政部门申请资金所需时间长,在这期间所产生的对事业单位的影响难以预测。其操作灵活性差的问题还需要一些制度上的完善来解决。

（五）收支并未完全脱钩

根据收入情况来制定之处预算是财政管理中非常常见的一种模式,而收支两条线管理中同样也延续了这种管理模式的运用。财政部门对完全的收支脱钩存在负面看法,他们坚信完全的收支脱钩会打击事业单位员工的积极性,从而影响整个单位的财政收入。因此,财政部门往往采取对非税收收入提取一定比例的手续费并返还剩余征收款的模式进行管理,甚至在有些单位中实行全额返还,这样做使得收支难以脱钩。

（六）缺乏账户管理

在行政事业单位收支两条线管理不断深入的过程中,将银行账户的管理规范化并逐渐取消过度收费的账户是深入管理的必然趋势。有些事业单位因收费情况繁琐,被允许重新开设账户并实行汇缴制度,但财政部门对这一制度只能实行事后检查,这种做法使得应缴财政资金处于极度不安全的状态下,而财政部门对于资金信息的完整性无从得知,汇缴的时间问题也存在不确定性。财政部门对这类过度收费的账户存在管理上的空白,又因为这些账户是以事业单位的名义在商业银行中开设,所以财政部门无权管理,但账户上的资金应属于财政部门,这种管理上的矛盾性使得财政收支两条线管理处于一种尴尬的境地。

四、改进收支两条线管理的建议

事业单位的财政收支两条线管理对事业单位的财务状况有很好的监督及限制作用,如果能有效加强财政收支两条线管理,完善财政收支两条线管理的模式,对事业单位更加流畅运转有着非凡的意义。

（一）科学界定收费项目

在事业单位中,财政收入主要分为行政性收费和事业性收费两种,这两种收费性质存在根本上的差异。通过针对性强的管理方式区别管理两种收费对事业单位有着积极的影响。财政部门对事业单位的工作确定统一的补偿措施,合理管理两种收费,这样在加强事业单位财政管理有效性的同时也能帮助促进事业单位工作的开展。

（二）建立多方位合作下的管理机制

在市场经济体制中,开放的经济模式也应该与事业单位相融合。事业单位与经济机构的合作可以为事业单位的财政管理提供新的融资渠道,同时也带来了先进的管理模式。简单的财政收支两条线管理并不能深入完成多渠道管理,在审批标准上也存在很大的弊端,因此,加强财政收支两条线管理在这方面的改善,建立多方位合作下的管理体制,对于有效监督事业单位的财政情况非常有利。

(三) 加强法律法规建设

通过制定相关的法律法规实现事业单位财政收支两条线管理的落实非常有必要。事业单位拥有财务管理的权利,同时也能够实现工作人员的监督和管理,在遇到一些腐败的行为趋势时,既定的法律法规能够很好地处理行为不端人员,对违法违规行为进行严厉地惩处。建立并完善事业单位财政收支两条线管理制度及配套法律法规体系,能够监督地方政府执行收支两条线管理的制度化、程序化、规范化、法制化,为事业单位的财政收支两条线管理提供了强有力的法律保障。

(资料来源:蔡君:"事业单位财政收支两条线管理的利与弊",《时代金融》,2014年第9期。)

第八章 事业单位财务报告和财务分析

教学目的与要求

事业单位财务报告是事业单位对外提供信息的载体,包括财务报表和其他应当在财务会计报告中披露的相关信息和资料。通过对本章的学习,要求掌握事业单位财务报告的内涵,熟悉事业单位会计报表的编制要求,掌握事业单位财务报告的内容和主要会计报表的编制方法,了解事业单位年度财务报告的编报和审批流程。同时,通过学习事业单位财务分析的相关内容,熟悉事业单位财务分析报告的撰写。

第一节 事业单位财务报告

一、事业单位财务报告概述

事业单位财务报告是反映事业单位一定时期财务状况和某一会计期间的事业成果、预算执行等会计信息的总结性书面文件,是财政部门和上级单位了解情况、掌握政策、指导单位预算执行工作的重要资料,是事业单位加强内部管理、高效执行好财政预算、提高预算资金使用效果的重要体现,同时也是编制下年度单位财务收支计划的基础。事业单位应定期向主管部门和财政部门以及其他有关的报表使用者提供财务报告。

二、事业单位财务报告的编制要求

事业单位财务报告是主管部门和财政部门以及其他报表使用者了解事业单位财务状况和运营业绩的主要信息来源,也是事业单位加强内部管理、进行管理决策的主要依据。因此,事业单位编制财务报表,必须依照《事业单位会计制度》做到以下五点。

(1) 事业单位的财务报表由会计报表及其附注构成。会计报表包括资产负债表、收入支出表和财政补助收入支出表。

(2) 事业单位的财务报表应当按照月度和年度编制。

(3) 事业单位应当根据本制度规定编制并对外提供真实、完整的财务报表。事业单位不得违反本制度规定,随意改变财务报表的编制基础、编制依据、编制原则和方法,不得随意改变本制度规定的财务报表有关数据的会计口径。

(4) 事业单位财务报表应当根据登记完整、核对无误的账簿记录和其他有关资料编制,做到数字真实、计算准确、内容完整、报送及时。

(5) 事业单位财务报表应当由单位负责人和主管会计工作的负责人、会计机构负责人(会计主管人员)签名并盖章。

三、事业单位财务报告的主要内容及编制方法

事业单位的财务会计报告包括财务报表和其他应当在财务会计报告中披露的相关信息和资料(如财务情况说明书)。事业单位财务报表是对事业单位财务状况、事业成果、预算执行情况等的结构性表述。事业单位报送的年度财务报表包括资产负债表、收入支出表或者收入费用表、财政补助收入支出表等主表,有关附表以及财务情况说明书。各主管部门和单位可根据具体情况适当增加相关会计报表。

（一）资产负债表

资产负债表是指反映事业单位在某一特定日期的财务状况的报表。资产负债表是事业单位会计报表体系中主要的报表,它反映事业单位在某一特定日期全部资产、负债和净资产的情况。资产负债表按编制的时间不同,分为月报和年报。

事业单位的资产负债表采用账户式结构,报表分为左右两方,按照资产、负债和净资产分类列示。其格式与内容见表8-1。左方列示资产项目,反映全部资产的分布及存在形态；右方列示负债和净资产各项目,反映全部负债和净资产的内容及其构成。资产和负债项目分别以流动资产和非流动资产、流动负债和非流动负债列示,净资产按照项目内容排列。资产负债表要保持左右双方平衡,其平衡公式为

$$资产＝负债＋净资产$$

即 $$资产合计＝负债和净资产合计$$

表8-1 资产负债表

编制单位： ___年___月___日

会事业01表
单位:元

资　产	期末余额	年初余额	负债和净资产	期末余额	年初余额
流动资产:			流动负债:		
货币资金			短期借款		

续 表

资　产	期末余额	年初余额	负债和净资产	期末余额	年初余额
短期投资			应缴税费		
财政应返还额度			应缴国库款		
应收票据			应缴财政专户款		
应收账款			应付职工薪酬		
预付账款			应付票据		
其他应收款			应付账款		
存货			预收账款		
其他流动资产			其他应付款		
			其他流动负债		
流动资产合计			流动负债合计		
非流动资产：			非流动负债：		
长期投资			长期借款		
固定资产			长期应付款		
固定资产原价			非流动负债合计		
减：累计折旧			负债合计		
在建工程			净资产：		
无形资产			事业基金		
无形资产原价			非流动资产基金		
减：累计摊销			专用基金		
待处置资产损溢			财政补助结转		
非流动资产合计			财政补助结余		
			非财政补助结转		
			非财政补助结余		
			1. 事业结余		
			2. 经营结余		
			净资产合计		
资产总计			负债和净资产总计		

资产负债表的编制是对日常会计核算记录的数据进行归纳、整理和汇总后形成的。事业单位资产负债表的各个项目都设有"年初余额""期末余额"两栏。其填列方法如下。

1."年初余额"栏的填列

本表"年初余额"栏内各项数字，应当根据上年年末资产负债表"期末余额"栏内数字填列。如果没有特殊情况,年初数全年不变。如果本年度资产负债表规定的各个项目的名称和内容同上年度不相一致,应对上年年末资产负债表各项目的名称和数字按照本年度的规定进行调整,填入本表"年初余额"栏内。

2. "期末余额"栏的填列

事业单位资产负债表"期末余额"是指某一会计期期末的数字。"期末余额"的数据可根据总账科目,分不同情况予以填列。

对于报表项目名称及内容与总账科目含义完全一致的,可根据总账科目余额直接填列。如"短期投资"、"财政应返还额度"等项目可根据"短期投资"、"财政应返还额度"科目总账科目期末余额直接填列。

对于报表项目名称及内容涵盖若干个总账科目内容的,需要根据几个总账科目余额计算填列。如"货币资金"项目,应根据"库存现金""银行存款""零余额账户用款额度"科目的期末余额合计填列。

对于报表项目内容与总账科目内容不一致的,需要对总账科目分析调整后填列。如"长期投资"项目,应当根据"长期投资"科目期末余额减去其中将于1年内(含1年)到期的长期债券投资余额后的金额填列;"固定资产"项目,应根据"固定资产"科目期末余额减去"累计折旧"科目期末余额后的金额填列。

此外,还要注意有关项目应根据相关科目的不同方向的余额,以"一"号填列的情况,如"待处置资产损溢"等。上级单位或主管部门在编制汇总资产负债表时,应将上下级之间的对应科目数字予以抵消,即剔除关联业务重复数据后方可逐级汇总上报。上下级之间关联对应科目主要是收入类与支出类科目[①]。

根据上述原则,资产负债表"期末余额"栏各项目反映内容及其填列方法如下。

1. 资产类项目

(1)"货币资金"项目,反映事业单位期末库存现金、银行存款和零余额账户用款额度的合计数。本项目应当根据"库存现金"、"银行存款"、"零余额账户用款额度"科目的期末余额合计填列。

(2)"短期投资"项目,反映事业单位期末持有的短期投资成本。本项目应当根据"短期投资"科目的期末余额填列。

(3)"财政应返还额度"项目,反映事业单位期末财政应返还额度的金额。本项目应当根据"财政应返还额度"科目的期末余额填列。

(4)"应收票据"项目,反映事业单位期末持有的应收票据的票面金额。本项目应当根据"应收票据"科目的期末余额填列。

(5)"应收账款"项目,反映事业单位期末尚未收回的应收账款余额。本项目应当根据"应收账款"科目的期末余额填列。

(6)"预付账款"项目,反映事业单位预付给商品或者劳务供应单位的款项。本项目应当根据"预付账款"科目的期末余额填列。

---

① 穆家乐、穆远东编著:《新事业单位会计制度:图解与案例》,上海财经大学出版社,2013年,第211—212页。

(7)"其他应收款"项目,反映事业单位期末尚未收回的其他应收款余额。本项目应当根据"其他应收款"科目的期末余额填列。

(8)"存货"项目,反映事业单位期末为开展业务活动及其他活动耗用而储存的各种材料、燃料、包装物、低值易耗品及达不到固定资产标准的用具、装具、动植物等的实际成本。本项目应当根据"存货"科目的期末余额填列。

(9)"其他流动资产"项目,反映事业单位除上述各项之外的其他流动资产,如将在1年内(含1年)到期的长期债券投资。本项目应当根据"长期投资"等科目的期末余额分析填列。

(10)"长期投资"项目,反映事业单位持有时间超过1年(不含1年)的股权和债权性质的投资。本项目应当根据"长期投资"科目期末余额减去其中将于1年内(含1年)到期的长期债券投资余额后的金额填列。

(11)"固定资产"项目,反映事业单位期末各项固定资产的账面价值。本项目应当根据"固定资产"科目期末余额减去"累计折旧"科目期末余额后的金额填列。

"固定资产原价"项目,反映事业单位期末各项固定资产的原价。本项目应当根据"固定资产"科目的期末余额填列。

"累计折旧"项目,反映事业单位期末各项固定资产的累计折旧。本项目应当根据"累计折旧"科目的期末余额填列。

(12)"在建工程"项目,反映事业单位期末尚未完工交付使用的在建工程发生的实际成本。本项目应当根据"在建工程"科目的期末余额填列。

(13)"无形资产"项目,反映事业单位期末持有的各项无形资产的账面价值。本项目应当根据"无形资产"科目期末余额减去"累计摊销"科目期末余额后的金额填列。

"无形资产原价"项目,反映事业单位期末持有的各项无形资产的原价。本项目应当根据"无形资产"科目的期末余额填列。

"累计摊销"项目,反映事业单位期末各项无形资产的累计摊销。本项目应当根据"累计摊销"科目的期末余额填列。

(14)"待处理资产损溢"项目,反映事业单位期末待处理资产的价值及处理损溢。本项目应当根据"待处理资产损溢"科目的期末借方余额填列;如"待处理资产损溢"科目期末为贷方余额,则以"一"号填列。

(15)"非流动资产合计"项目,按照"长期投资""固定资产""在建工程""无形资产""待处理资产损溢"项目金额的合计数填列。

2. 负债类项目

(1)"短期借款"项目,反映事业单位借入的期限在1年内(含1年)的各种借款。本项目应当根据"短期借款"科目的期末余额填列。

(2)"应缴税费"项目,反映事业单位应交未交的各种税费。本项目应当根据"应缴税费"科目的期末贷方余额填列;如"应缴税费"科目期末为借方余额,则以"一"号填列。

(3)"应缴国库款"项目,反映事业单位按规定应缴入国库的款项(应缴税费除外)。本项目应当根据"应缴国库款"科目的期末余额填列。

(4)"应缴财政专户款"项目,反映事业单位按规定应缴入财政专户的款项。本项目应当根据"应缴财政专户款"科目的期末余额填列。

（5）"应付职工薪酬"项目，反映事业单位按有关规定应付给职工及为职工支付的各种薪酬。本项目应当根据"应付职工薪酬"科目的期末余额填列。

（6）"应付票据"项目，反映事业单位期末应付票据的金额。本项目应当根据"应付票据"科目的期末余额填列。

（7）"应付账款"项目，反映事业单位期末尚未支付的应付账款的金额。本项目应当根据"应付账款"科目的期末余额填列。

（8）"预收账款"项目，反映事业单位期末按合同规定预收但尚未实际结算的款项。本项目应当根据"预收账款"科目的期末余额填列。

（9）"其他应付款"项目，反映事业单位期末应付未付的其他各项应付及暂收款项。本项目应当根据"其他应付款"科目的期末余额填列。

（10）"其他流动负债"项目，反映事业单位除上述各项之外的其他流动负债，如承担的将于1年内（含1年）偿还的长期负债。本项目应当根据"长期借款"、"长期应付款"等科目的期末余额分析填列。

（11）"长期借款"项目，反映事业单位借入的期限超过1年（不含1年）的各项借款本金。本项目应当根据"长期借款"科目的期末余额减去其中将于1年内（含1年）到期的长期借款余额后的金额填列。

（12）"长期应付款"项目，反映事业单位发生的偿还期限超过1年（不含1年）的各种应付款项。本项目应当根据"长期应付款"科目的期末余额减去其中将于1年内（含1年）到期的长期应付款余额后的金额填列。

3. 净资产类项目

（1）"事业基金"项目，反映事业单位期末拥有的非限定用途的净资产。本项目应当根据"事业基金"科目的期末余额填列。

（2）"非流动资产基金"项目，反映事业单位期末非流动资产占用的金额。本项目应当根据"非流动资产基金"科目的期末余额填列。

（3）"专用基金"项目，反映事业单位按规定设置或提取的具有专门用途的净资产。本项目应当根据"专用基金"科目的期末余额填列。

（4）"财政补助结转"项目，反映事业单位滚存的财政补助结转资金。本项目应当根据"财政补助结转"科目的期末余额填列。

（5）"财政补助结余"项目，反映事业单位滚存的财政补助项目支出结余资金。本项目应当根据"财政补助结余"科目的期末余额填列。

（6）"非财政补助结转"项目，反映事业单位滚存的非财政补助专项结转资金。本项目应当根据"非财政补助结转"科目的期末余额填列。

（7）"非财政补助结余"项目，反映事业单位自年初至报告期末累计实现的非财政补助结余弥补以前年度经营亏损后的余额。本项目应当根据"事业结余"、"经营结余"科目的期末余额合计填列；如"事业结余"、"经营结余"科目的期末余额合计为亏损数，则以"—"号填列。在编制年度资产负债表时，本项目金额一般应为"0"；若不为"0"，本项目金额应为"经营结余"科目的期末借方余额（"—"号填列）。

"事业结余"项目,反映事业单位自年初至报告期末累计实现的事业结余。本项目应当根据"事业结余"科目的期末余额填列;如"事业结余"科目的期末余额为亏损数,则以"一"号填列。在编制年度资产负债表时,本项目金额应为"0"。

"经营结余"项目,反映事业单位自年初至报告期末累计实现的经营结余弥补以前年度经营亏损后的余额。本项目应当根据"经营结余"科目的期末余额填列;如"经营结余"科目的期末余额为亏损数,则以"一"号填列。在编制年度资产负债表时,本项目金额一般应为"0";若不为"0",本项目金额应为"经营结余"科目的期末借方余额("一"号填列)。

(二)收入支出表

收入支出表或者收入费用表是指反映事业单位在某一会计期间的事业成果及其分配情况的报表。作为事业单位会计报表体系中重要的报表,收入支出表综合反映事业单位在某一会计期间内各项收入、支出和结转结余情况,以及年末非财政补助结余的分配情况。收入支出表按编制的时间不同,分为月报和年报。

事业单位的收入支出表(收入费用表)采用"竖式结构",以多步式为主的格式,对收入按来源进行分类列示,对支出(费用)按功能进行分类列示,并按资金类别将结余划分为几大板块,分别列示"财政补助结转结余"、"事业结转结余"和"经营结余",同时反映非财政补助结余的形成及分配情况。其格式与内容见表8-2。

表8-2 收入支出表

编制单位: ___年___月

会事业02表
单位:元

项 目	本月数	本年累计数
一、本期财政补助结转结余		
财政补助收入		
减:事业支出(财政补助支出)		
二、本期事业结转结余		
(一)事业类收入		
1. 事业收入		
2. 上级补助收入		
3. 附属单位上缴收入		
4. 其他收入		
其中:捐赠收入		
减:(二)事业类支出		
1. 事业支出(非财政补助支出)		
2. 上缴上级支出		
3. 对附属单位补助支出		

续 表

项　　目	本月数	本年累计数
4. 其他支出		
三、本期经营结余		
经营收入		
减：经营支出		
四、弥补以前年度亏损后的经营结余		
五、本年非财政补助结转结余		
减：非财政补助结转		
六、本年非财政补助结余		
减：应缴企业所得税		
减：提取专用基金		
七、转入事业基金		

　　收入支出表的编制是对日常会计核算有关收入、支出及结转、结余分配记录的数据进行归纳、整理和汇总后形成的。收入支出表的各个项目都设有"本月数"和"本年累计数"两栏。其填列方法如下。

　　本表"本月数"栏反映各项目的本月实际发生数。在编制年度收入支出表时，应当将本栏改为"上年数"栏，反映上年度各项目的实际发生数；如果本年度收入支出表规定的各个项目的名称和内容同上年度不一致，应对上年度收入支出表各项目的名称和数字按照本年度的规定进行调整，填入本年度收入支出表的"上年数"栏。

　　本表"本年累计数"栏反映各项目自年初起至报告期末止的累计实际发生数。编制年度收入支出表时，应当将本栏改为"本年数"。

　　收入支出本表"本月数"栏各项目的内容和填列方法如下。

　　1. 本期财政补助结转结余

　　（1）"本期财政补助结转结余"项目，反映事业单位本期财政补助收入与财政补助支出相抵后的余额。本项目应当按照本表中"财政补助收入"项目金额减去"事业支出（财政补助支出）"项目金额后的余额填列。

　　（2）"财政补助收入"项目，反映事业单位本期从同级财政部门取得的各类财政拨款。本项目应当根据"财政补助收入"科目的本期发生额填列。

　　（3）"事业支出（财政补助支出）"项目，反映事业单位本期使用财政补助发生的各项事业支出。本项目应当根据"事业支出——财政补助支出"科目的本期发生额填列，或者根据"事业支出——基本支出（财政补助支出）"、"事业支出——项目支出（财政补助支出）"科目的本期发生额合计填列。

　　2. 本期事业结转结余

　　（1）"本期事业结转结余"项目，反映事业单位本期除财政补助收支、经营收支以外的各项收支相抵后的余额。本项目应当按照本表中"事业类收入"项目金额减去"事业类支出"项目金额后的余额填列;如为负数,以"—"号填列。

(2)"事业类收入"项目,反映事业单位本期事业收入、上级补助收入、附属单位上缴收入、其他收入的合计数。本项目应当按照本表中"事业收入"、"上级补助收入"、"附属单位上缴收入"、"其他收入"项目金额的合计数填列。

"事业收入"项目,反映事业单位开展专业业务活动及其辅助活动取得的收入。本项目应当根据"事业收入"科目的本期发生额填列。

"上级补助收入"项目,反映事业单位从主管部门和上级单位取得的非财政补助收入。本项目应当根据"上级补助收入"科目的本期发生额填列。

"附属单位上缴收入"项目,反映事业单位附属独立核算单位按照有关规定上缴的收入。本项目应当根据"附属单位上缴收入"科目的本期发生额填列。

"其他收入"项目,反映事业单位除财政补助收入、事业收入、上级补助收入、附属单位上缴收入、经营收入以外的其他收入。本项目应当根据"其他收入"科目的本期发生额填列。

"捐赠收入"项目,反映事业单位接受现金、存货捐赠取得的收入。本项目应当根据"其他收入"科目所属相关明细科目的本期发生额填列。

(3)"事业类支出"项目,反映事业单位本期事业支出(非财政补助支出)、上缴上级支出、对附属单位补助支出、其他支出的合计数。本项目应当按照本表中"事业支出(非财政补助支出)"、"上缴上级支出"、"对附属单位补助支出"、"其他支出"项目金额的合计数填列。

"事业支出(非财政补助支出)"项目,反映事业单位使用财政补助以外的资金发生的各项事业支出。本项目应当根据"事业支出——非财政专项资金支出"、"事业支出——其他资金支出"科目的本期发生额合计填列,或者根据"事业支出——基本支出(其他资金支出)"、"事业支出——项目支出(非财政专项资金支出、其他资金支出)"科目的本期发生额合计填列。

"上缴上级支出"项目,反映事业单位按照财政部门和主管部门的规定上缴上级单位的支出。本项目应当根据"上缴上级支出"科目的本期发生额填列。

"对附属单位补助支出"项目,反映事业单位用财政补助收入之外的收入对附属单位补助发生的支出。本项目应当根据"对附属单位补助支出"科目的本期发生额填列。

"其他支出"项目,反映事业单位除事业支出、上缴上级支出、对附属单位补助支出、经营支出以外的其他支出。本项目应当根据"其他支出"科目的本期发生额填列。

3. 本期经营结余

(1)"本期经营结余"项目,反映事业单位本期经营收支相抵后的余额。本项目应当按照本表中"经营收入"项目金额减去"经营支出"项目金额后的余额填列;如为负数,以"—"号填列。

(2)"经营收入"项目,反映事业单位在专业业务活动及其辅助活动之外开展非独立核算经营活动取得的收入。本项目应当根据"经营收入"科目的本期发生额填列。

(3)"经营支出"项目,反映事业单位在专业业务活动及其辅助活动之外开展非独立核算经营活动发生的支出。本项目应当根据"经营支出"科目的本期发生额填列。

4. 弥补以前年度亏损后的经营结余

"弥补以前年度亏损后的经营结余"项目,反映事业单位本年度实现的经营结余扣除本年初未弥补经营亏损后的余额。本项目应当根据"经营结余"科目年末转入"非财政补助结余分配"科目前的余额填列;如该年末余额为借方余额,以"一"号填列。

5. 本年非财政补助结转结余

(1)"本年非财政补助结转结余"项目,反映事业单位本年除财政补助结转结余之外的结转结余金额。如本表中"弥补以前年度亏损后的经营结余"项目为正数,本项目应当按照本表中"本期事业结转结余"、"弥补以前年度亏损后的经营结余"项目金额的合计数填列;如为负数,以"一"号填列。如本表中"弥补以前年度亏损后的经营结余"项目为负数,本项目应当按照本表中"本期事业结转结余"项目金额填列;如为负数,以"一"号填列。

(2)"非财政补助结转"项目,反映事业单位本年除财政补助收支外的各专项资金收入减去各专项资金支出后的余额。本项目应当根据"非财政补助结转"科目本年贷方发生额中专项资金收入转入金额合计数减去本年借方发生额中专项资金支出转入金额合计数后的余额填列。

6. 本年非财政补助结余

(1)"本年非财政补助结余"项目,反映事业单位本年除财政补助之外的其他结余金额。本项目应当按照本表中"本年非财政补助结转结余"项目金额减去"非财政补助结转"项目金额后的金额填列;如为负数,以"一"号填列。

(2)"应缴企业所得税"项目,反映事业单位按照税法规定应缴纳的企业所得税金额。本项目应当根据"非财政补助结余分配"科目的本年发生额分析填列。

(3)"提取专用基金"项目,反映事业单位本年按规定提取的专用基金金额。本项目应当根据"非财政补助结余分配"科目的本年发生额分析填列。

7. 转入事业基金

"转入事业基金"项目,反映事业单位本年按规定转入事业基金的非财政补助结余资金。本项目应当按照本表中"本年非财政补助结余"项目金额减去"应缴企业所得税"、"提取专用基金"项目金额后的余额填列;如为负数,以"一"号填列。

上述4—7的项目,只有在编制年度收入支出表时才填列;编制月度收入支出表时,可以不设置此7个项目。

(三) 财政补助收入支出表

财政补助收入支出表是指反映事业单位某一会计期间财政补助收入、支出、结转及结余情况的报表。它全面反映某一会计年度财政补助取得、支出及结转、结余情况,是主管部门、财政部门和有关信息使用者了解、评价事业单位财政拨款预算执行情况,进行财政拨款决策,加强财政拨款资金结转、结余管理的重要信息来源。财政补助收入支出表按年度编制。

事业单位财政补助收入支出表由财政补助结转结余年初数、本年归集及结余数和当年财政补助收支情况等7个部分组成,并分项列示,其格式与内容见表8-3。每个部分都反映基本支出和项目支出,基本支出中按人员经费和日常公用经费分别列示。除年初财政补助结转结余、调整年初财政补助结转结余两项外,其他项目都提供两年的比较数据。这些比较信息,为管理者和其他使用者分析、判断、合理安排事业单位财政补助拨款提供了基础信息。

表 8-3 收入支出表

编制单位:　　　　　　　　　　　　___年___月

会事业 03 表　　　单位:元

项　　目	本年数	上年数
一、年初财政补助结转结余		
（一）基本支出结转		
1. 人员经费		
2. 日常公用经费		
（二）项目支出结转		
××项目		
（三）项目支出结余		
二、调整年初财政补助结转结余		
（一）基本支出结转		
1. 人员经费		
2. 日常公用经费		
（二）项目支出结转		
××项目		
（三）项目支出结余		
三、本年归集调入财政补助结转结余		
（一）基本支出结转		
1. 人员经费		
2. 日常公用经费		
（二）项目支出结转		
××项目		
（三）项目支出结余		
四、本年上缴财政补助结转结余		
（一）基本支出结转		
1. 人员经费		
2. 日常公用经费		

续 表

项　　目	本年数	上年数
（二）项目支出结转		
××项目		
（三）项目支出结余		
五、本年财政补助收入		
（一）基本支出		
1. 人员经费		
2. 日常公用经费		
（二）项目支出		
××项目		
六、本年财政补助支出		
（一）基本支出		
1. 人员经费		
2. 日常公用经费		
（二）项目支出		
××项目		
七、年末财政补助结转结余		
（一）基本支出结转		
1. 人员经费		
2. 日常公用经费		
（二）项目支出结转		
××项目		
（三）项目支出结余		

财政补助收入支出表"上年数"栏内各项数字，应当根据上年度财政补助收入支出表"本年数"栏内数字填列。

财政补助收入支出表"本年数"栏各项目的内容和填列方法。

（1）"年初财政补助结转结余"项目及其所属各明细项目，反映事业单位本年初财政补助结转和结余余额。各项目应当根据上年度财政补助收入支出表中"年末财政补助结转结余"项目及其所属各明细项目"本年数"栏的数字填列。

（2）"调整年初财政补助结转结余"项目及其所属各明细项目，反映事业单位因本年发生需要调整以前年度财政补助结转结余的事项，而对年初财政补助结转结余的调整金额。各项目应当根据"财政补助结转""财政补助结余"科目及其所属明细科目的本年发生额分别填列。如调整减少年初财政补助结转结余,以"—"号填列。

(3)"本年归集调入财政补助结转结余"项目及其所属各明细项目,反映事业单位本年度取得主管部门归集调入的财政补助结转结余资金或额度金额。各项目应当根据"财政补助结转""财政补助结余"科目及其所属明细科目的本年发生额分别填列。

(4)"本年上缴财政补助结转结余"项目及其所属各明细项目,反映事业单位本年度按规定实际上缴的财政补助结转结余资金或额度金额。各项目应当根据"财政补助结转""财政补助结余"科目及其所属明细科目的本年发生额分别填列。

(5)"本年财政补助收入"项目及其所属各明细项目,反映事业单位本年度从同级财政部门取得的各类财政拨款金额。各项目应当根据"财政补助收入"科目及其所属明细科目的本年发生额填列。

(6)"本年财政补助支出"项目及其所属各明细项目,反映事业单位本年度发生的财政补助支出金额。各项目应当根据"事业支出"科目所属明细科目本年发生额中的财政补助支出数填列。

(7)"年末财政补助结转结余"项目及其所属各明细项目,反映事业单位截至本年末的财政补助结转和结余余额。各项目应当根据"财政补助结转""财政补助结余"科目及其所属明细科目的年末余额填列。

(四)会计报表附注

事业单位会计报表附注是为了便于会计报表使用者正确理解会计报表的内容而对会计报表的编制基础、编制依据、编制原则和方法及主要项目所作的解释,主要是对列示项目的文字描述或明细资料,以及对未能在会报表中列示项目的说明等。事业单位的会计报表附注至少应当披露下列内容:

(1)遵循《事业单位会计准则》、《事业单位会计制度》的声明;
(2)单位整体财务状况、业务活动情况的说明;
(3)会计报表中列示的重要项目的进一步说明,包括其主要构成、增减变动情况等;
(4)重要资产处置情况的说明;
(5)重大投资、借款活动的说明;
(6)以名义金额计量的资产名称、数量等情况,以及以名义金额计量理由的说明;
(7)以前年度结转结余调整情况的说明;
(8)有助于理解和分析会计报表需要说明的其他事项。①

四、事业单位年度财务报告的编报和审批

(一)年度财务报告的编报程序

事业单位在预算年度终了前,应根据财政部门或主管部门的决算编审工作要求,对各项收入账目、往来款项、货币资金和财产物资进行全面的年终清理结算,在此基础上

---

① 财政部:《事业单位会计制度》,财会[2012]22号。

办理年度结账,编写财务报告。

1. 年终清理和结算的主要事项

(1) 清理并核对年度预算资金的收支和各项缴拨款项的真实性。事业单位在年度终结之前,对财政部门、上级单位和所属单位之间的全部预算数(包括追加、追减和上、下划拨数)以及应上缴、拨补的款项等,都应该按规定逐笔进行清理和结算,保证上、下级之间的年度预算数,领拨经费数和上缴、下拨数保持一致。

为了准确反映各项收支数额,凡属本年度的应拨、应缴款项,应在12月31日之前汇达对方。实行分级管理、分级核算的事业单位,对所属二级单位的拨款,应截至12月25日,逾期者一般不再下拨。

(2) 确定年度收支范围。在年终结账之前,凡属本年度的各项收入均应及时入账,以便正确计算年终结余。本年度的各项应缴财政专户的预算外资金收入,应按有关规定,在年终之前全部缴入财政专户。凡属本年度的各项支出,应按规定的用途和使用范围,如实列账,确定各项支出的实际数额,以便正确计算年终结余。事业单位的年终决算,一律以截至12月31日的实际收支为准。

(3) 清理并结算往来账项。为了真实、准确、合理地反映事业单位财产的实有数,在年终结账之前,应清理各种往来账项,并结清各种往来账项。应收的款项要如数收回并入账,应付的款项要如数偿付并入账,按规定应该转作各项收入的账项或应该转作各项支出的账项,及时转入有关账户,其目的就是将这些收支编入本年决算之中。

总之,对各种债权、债务关系,要及时清理并进行款项的结算。如果有清理不完的往来账项,应分析具体原因,在决算报告中予以说明。

(4) 核对银行存款和现金。现金是一项重要流动资产,应当定期进行清查核对,做到日清月结。每天业务结束之时,都应当盘点当日的库存现金数额,并与账面结余数相核对。如有不一致,应及时作出会计处理,编制"现金盘点报告表",由出纳人员和盘点人员签字盖章,作为调整账面记录的原始凭证,并进一步查找不一致的原因,作出进一步的纠正处理。对银行存款的清查,是通过与开户银行核对账目的方法进行的。每月末开户银行均应向事业单位开列"对账单",而事业单位则应将"对账单"的记录与本单位"银行存款日记账"的记录进行逐笔核对,检查双方的存款余额是否一致。如果不一致,则应首先检查是否有"未达账项",对存在的未达账项,通过编制"银行存款余额调节表"进行调节,经过调节后,如若双方的存款余额一致,则说明双方会计记录是正确的。如果不一致,则说明双方的会计记录有错误,应当查明原因,及时处理。对未达账项,也应查明原因,及时作出有关会计处理,及时入账。

(5) 进行财产清查。事业单位在年终结账之前,应对各项财产物资进行实地盘点清查。在进行清查时,应当有专人负责,保管人员实际参与。对清查的结果,可编制"账存实存对比表",以求出各种财产物资的实有数,并与账面记录数相核对。如发现有盘盈、盘亏的情况,应及时查明原因,按规定作出会计处理,并及时调整账面记录,做到账实相符、账账相符,使年终决算报告能反映该单位财产物资的真实情况。

2. 在年终清理结算的基础上进行年终结账

年终结账包括年终转账、结清旧账和记入新账。

(1) 年终转账。账目核对无误后,首先计算出各账户借方或贷方的12月份合计数和全年累计数,结出12月末的余额。然后,编制结账前的"资产负债表",试算平衡后,再将应对冲结转的各个收支账户的余额按年终冲转办法,填制12月31日的记账凭单办理结账冲转。

(2) 结清旧账。将转账后无余额的账户结出全年总累计数,然后在下面划双红线,表示本账户全部结清。对年终有余额的账户,在"全年累计数"下行的"摘要"栏内注明"结转下年"字样,再在下面划双红线,表示年终余额转入新账,旧账结束。

(3) 记入新账。根据本年度各账户余额,编制年终决算的"资产负债表"和有关明细表。将表列各账户的年终余额数(不编制记账凭单),直接记入新年度相应的各有关账户,并在"摘要"栏注明"上年结转"字样,以区别新年度发生数。

事业单位的决算经财政部门或上级单位审批后,需调整决算数字时,应作相应调整。

(二) 对年度财务报告的审批

财政部门收到经主管部门(或一级预算单位)汇总报来的单位年度财务报告后,要认真审核。审核的主要内容如下。

(1) 审核编制范围是否全面,是否有漏报和重复编报现象。

(2) 审核编制方法是否符合国家统一的财务会计制度,是否符合事业单位会计决算报告的编制要求。

(3) 审核编制内容是否真实、完整、准确,审核单位账簿与报表是否相符、金额单位是否正确,有无漏报、重报项目以及虚报和瞒报等弄虚作假现象。

(4) 审核报表中的相关数据是否衔接一致,包括表间数据之间、分户数据与汇总数据之间、报表数据与计算机录入数据之间是否衔接一致。

(5) 将报表与上年数据资料进行核对,审核数据变动是否合理。

(三) 审核的方式

财务报告审核应采取人工审核与计算机审核相结合的方法。

人工审核包括政策性审核和规范性审核。政策性审核主要以现行财务制度和有关政策规定为依据,对重点指标进行审核;规范性审核侧重于报告编制的正确性和真实性及勾稽关系等方面的审核。

计算机审核是利用软件提供的数据审核功能,逐户审核报表的表内表间关系、检查数据的逻辑性及数据的完整性。

(四) 财务报告的批复

财政部门对符合有关规定的事业单位财务决算,要在规定的期限内批复。财务决算批复的项目一般包括单位的全部财务收支数额。

对事业单位财务决算批复的主要内容:本财务年度各项收入数额;本财务年度各项支出数额;本财务年度各项支出的运用渠道;用上年事业基金弥补收支差额数;结余分配数包括提取职工福利基金数、转入事业基金数;专用基金收支数额包括修购基金提取数、支出使用数等。

单位财务决算经财政部门审查批准后,才表明本年度财务活动的完成[①]。

第二节　事业单位财务分析

一、事业单位财务分析概述

事业单位的财务分析,就是依据事业单位的财务报表和其他有关信息资料,运用系统科学的财务分析方法,对事业单位的财务活动过程及其业绩成果进行研究、分析和评价,以利于事业单位的管理者、投资者以及政府管理机构掌握事业单位的资金活动情况并进行营运决策的一项管理活动。

对于主要以财政资金作为其资金来源的事业单位来说,依据国家有关的方针、法律、政策、法规、财务制度、经济纪律和其他相关标准和数据资料开展财务分析具有重要意义:

(1) 促进事业单位加强预算管理,保证公共预算顺利实现;
(2) 增强公共组织对业务发展状况的规律性认识;
(3) 促进事业单位严格执行财务制度和财经纪律;
(4) 有利于政府机构的管理和加强宏观经济调控。

二、事业单位财务分析的内容和形式

(一) 事业单位财务分析的内容

《事业单位财务规则》第五十七条规定,事业单位财务分析的内容包括预算编制与执行、资产使用、收入支出状况等。

1. 预算执行情况分析

主要分析事业单位实际收支与预算安排之间的差异,及其差异产生的原因。其中,预算执行情况的分析着重在预算支出执行情况的分析。预算执行情况的分析,可以通过编制"预算支出执行情况分析表"进行,分别列示预算支出各项目的上年实际数、本年预算数、本年实际数,以及本年实际数占上年实际数的比重和占本年预算数的比重,并分析各项目本年实际数与预算数产生差异的原因。

2. 资产利用情况分析

主要分析事业单位固定资产、无形资产、存货等资产是否得到充分有效地运用,是否有不需要用的、未使用的资产;在用资产利用程度如何,是否有闲置浪费的现象;在用资产维护保养工作如何,有否乱用、滥用、丢失、毁损和非正常报废现象;固定资产、无形资产、存货等资产的增加、减少是否正当、合理,手续是否完备。

---

① 缪匡华编著:《公共组织财务管理》,厦门大学出版社,2014年,第213—215页。

3. 支出状况分析

主要分析事业单位各项支出尤其是财政预算资金是否按规定用途使用,是否符合费用开支标准,是否符合费用开支定额,有否超标准开支,有否铺张浪费,有否乱开支和乱摊销。可与本单位以前年度比,也可与其他单位比,找出差距及其形成原因,以便今后加以改进[①]。

(二) 事业单位财务分析的形式

1. 按照财务分析的内容划分,分为全面分析和专题分析

全面分析是指对事业单位的各项财务活动进行全面、系统的综合分析。全面分析工作时间长、工作量大,要借助各种综合性资料有计划地进行。

专题分析是针对财务活动中某个特定项目、特定政策或特定问题而进行的专项分析。比如,为了控制单位的公用经费开支,可对差旅费、招待费、车辆运行费等支出情况进行专项分析。专项分析重点突出、针对性强、方式灵活,是事业单位在财务分析中经常运用的一种方法。

2. 按照财务分析的过程划分,分为事前分析、事中分析和事后分析

事前分析又称预测分析,是指在财务活动实施之前,对财务活动可行性、可靠性所进行的分析预测。一般来说,单位在编制年度预算之前,都需要进行事前分析。

事中分析又称控制分析,是指对某一个阶段或某一个特定时间的财务活动所进行的分析。这种分析,可以及时发现问题,总结经验,纠正偏差。事业单位都应在每季末对预算执行情况进行分析。

事后分析又称总结分析,是指在某项财务活动结束后所进行的总结分析。事业单位的年度财务决算分析,就属于典型的事后分析。

3. 按照财务分析的阶段性划分,分为定期分析和不定期分析

定期分析是按照规定的时间对财务活动进行的分析。它一般在财务报告期(月、季、年度)结束后进行。

不定期分析是一种临时性的检查分析,是为了研究和解决某些特定问题或者按照上级部门的要求,临时进行的一种分析。

三、事业单位财务分析的程序和方法

(一) 财务分析的程序

进行事业单位财务分析,有四个步骤程序。

1. 财务分析信息搜集整理阶段

明确财务分析目的、范围;制订财务分析计划;搜集整理财务分析信息。

2. 会计分析阶段

会计分析是财务分析的基础,会计分析的目的在于评价事业单位会计所反映的财务状况与经营成果的真实程度。通过对会计政策、会计方法、会计披露的评价,揭示会

---

① 刑俊英编著:《预算会计》(第三版),东北财经大学出版社,2014 年,第 379 页。

计信息的质量,通过对会计灵活性、会计估价的调整,修正会计数据,为财务分析奠定基础,并保证财务分析结论的可靠性。

进行会计分析,一般可按以下步骤进行:阅读会计报告;比较会计报表;解释会计报表;修正会计报表信息。

3. 财务分析的实施阶段

(1) 财务指标分析。

财务指标包括绝对指标和相对指标两种。对财务指标进行分析,特别是进行财务比率指标分析,是财务分析的一种重要方法或形式。财务指标能准确反映某方面的财务状况。进行财务分析,应根据分析的目的和要求选择正确的分析指标。正确选择与计算财务指标是正确判断和评价事业单位财务状况的关键所在。

(2) 基本因素分析。

财务分析不仅要解释现象,而且要分析原因。因素分析法就是要在报表整体分析和财务指标分析的基础上,对一些主要指标的完成情况,从其影响因素角度,深入进行定量分析,确定各因素对其影响的方向和程度,为单位正确进行财务评价提供最基本的依据。

4. 财务分析综合评价阶段

(1) 财务综合分析与评价。

财务综合分析与评价是在应用各种财务分析方法进行分析的基础上,与定性分析判断及实际调查情况结合起来,得出财务分析结论的过程。财务分析结论是财务分析的关键步骤,结论的正确与否是判断财务分析质量的唯一标准。

(2) 财务预测与价值评估。

财务分析既是一个财务管理循环的结束,又是另一财务管理循环的开始。应用历史或现实财务分析结果预测未来财务状况与单位价值,是现代财务分析的重要任务之一。

财务分析不能仅满足于事后分析原因,得出结论,而且要对单位未来发展及价值状况进行分析与评价。

(3) 财务分析报告。

财务分析报告是财务分析的最后步骤,是对财务分析工作的总结。它将财务分析的基本问题、财务分析结论,以及针对问题提出的措施建议以书面的形式表示出来,为财务分析主体及其他受益者提供决策依据。

(二) 事业单位财务分析方法

1. 比较分析法

比较分析法是通过两个有关可比指标进行对比,来分析指标之间互相联系的一种分析方法。通过指标对比,可以找出差距、揭露矛盾、分析原因,为解决问题提供线索。

在采用比较分析法进行分析时,通常是将本期实际数同以下三个指标进行对比分析:

(1) 与本期预算数比较,可以发现实际与预算之间的差异,反映预算执行情况和完成进度,发现可能存在的问题,找出影响预算执行的主要因素。

（2）与上期或上年同期的实际数比较,可以了解和分析本单位不同时期收入与支出的增减变化趋势,了解业务活动或资金活动的发展趋势。

（3）与先进水平比较,揭示本单位与先进水平的差异,了解本单位存在的问题和明确改进措施。

2. 比率分析法

通过计算各种财务比率指标,从而找出各项目变化的规律。事业单位财务比率主要包括预算收入和支出完成率、人员支出与公用支出分别占事业支出的比率、人均基本支出、资产负债率等。

（1）预算收入和支出完成率。

预算收入和支出完成率衡量事业单位收入和支出总预算及分项预算完成的程度。计算公式为：

$$预算收入完成率 = 年终执行数 \div (年初预算数 \pm 年中预算调整数) \times 100\%$$

其中,年终执行数不含上年结转和结余收入数

$$预算支出完成率 = 年终执行数 \div (年初预算数 \pm 年中预算调整数) \times 100\%$$

其中,年终执行数不含上年结转和结余支出数

预算收入和支出完成率,可以反映事业单位预算收入和支出的完成情况及预算调整的合理性。

（2）人员支出、公用支出占事业支出的比率。

人员支出、公用支出占事业支出的比率,衡量事业单位事业支出结构。计算公式为：

$$人员支出比率 = 人员支出 \div 事业支出 \times 100\%$$
$$公用支出比率 = 公用支出 \div 事业支出 \times 100\%$$

此比率可以反映事业单位支出结构的合理性,也可以反映事业单位的人员支出和公用支出规模的大小。

（3）人均基本支出。

人均基本支出,衡量事业单位按照实际在编人数平均的基本支出水平。计算公式为

$$人均基本支出 = (基本支出 - 离退休人员支出) \div 实际在编人数$$

人均基本支出,可以反映事业单位人均支出的规模大小及其合理性。

（4）资产负债率。

资产负债率,衡量事业单位利用债权人提供资金开展业务活动的能力,以及反映债权人提供资金的安全保障程度。计算公式为

$$资产负债率 = 负债总额 \div 资产总额 \times 100\%$$

资产负债率,可以反映事业单位利用借入资金进行业务活动的能力,以及事业单位

对债权人权益的保证程度。事业单位作为非营利组织,其资产负债率应保持比较低的水平。

此外,主管部门和事业单位还可以根据本单位的业务特点增加财务分析指标。具体方法可以参照行政单位财务分析方法。

四、事业单位财务分析报告的编写

事业单位财务分析报告是指事业单位在一定会计期间对单位进行财务活动情况分析的书面性报告。这是把事业活动和财务状况分析的数据、情况、成绩、问题、原因等,向有关领导和部门进行反映和说明的总结性书面报告。

事业单位财务分析报告格式内容包括提要部分、说明部分、分析部分、评价部分和建议部分。在编写事业单位财务分析报告过程中,要注意以下两个方面。

(一)积累素材,为撰写报告做好准备

1. 建立台账和数据库

通过会计核算形成了会计凭证、会计账簿和会计报表。但是,编写财务分析报告仅靠这些凭证、账簿、报表的数据往往是不够的。这就要求分析人员平时就做好大量的数据统计工作,对分析的项目按性质、用途、类别、区域、责任人,按月度、季度、年度进行统计,建立台账,以便在编写财务分析报告时有据可查。

2. 关注重要事项

财务人员对业务运行、财务状况中的重大变动事项要勤于做笔录,记载事项发生的时间、计划、预算、责任人及发生变化的各影响因素。必要时马上作出分析判断,并将各类各部门的文件归类归档。

3. 关注业务运行

财务人员应尽可能争取多参加相关会议,了解行政、事业等各类情况,听取各方面意见。

4. 定期收集报表

财务人员除收集会计核算方面的有些数据之外,还应要求各相关部门及时提交可利用的其他报表,对这些报表要认真审阅,及时发现问题、总结问题。

5. 岗位分析

所有财务人员应对本职工作养成分析的习惯,这样既可以提升个人素质,也有利于各岗位之间相互借鉴经验。只有每一岗位都发现问题、分析问题,才能编写出内容全面的、有深度的财务分析报告。

(二)建立财务分析报告指引

建立分析工作指引,将常规分析项目文字化、规范化、制度化,就可以达到事半功倍的效果。

总之,内容完整,格式统一,数字准确,条理清楚,文字简练,重点突出,说理透彻,评价正确,建议合理,措施可行,是编写财务分析报告的总体写作要求。

本 章 小 结

事业单位财务报告是反映事业单位一定时期财务状况和某一会计期间的事业成果、预算执行等会计信息的总结性书面文件,包括资产负债表、收入支出表或者收入费用表、财政补助收入支出表及会计报表附注等。

事业单位资产负债表是指反映事业单位在某一特定日期的财务状况的报表。资产负债表按编制的时间不同,分为月报和年报。

事业单位收入支出表或者收入费用表是指反映事业单位在某一会计期间的事业成果及其分配情况的报表。收入支出表按编制的时间不同,分为月报和年报。

事业单位财政补助收入支出表是指反映事业单位某一会计期间财政补助收入、支出、结转及结余情况的报表。财政补助收入支出表按年度编制。

事业单位会计报表附注是为了便于会计报表使用者正确理解会计报表的内容而对会计报表有关项目所作的补充和解释。它是事业单位财务报表的重要组成部分。

事业单位的财务分析,是依据事业单位的财务报表和其他有关信息资料,运用系统科学的财务分析方法,对事业单位的财务活动过程及其业绩成果进行研究、分析和评价。

事业单位财务分析的内容包括预算编制与执行、资产使用、收入支出状况等。

事业单位财务比率主要包括预算收入和支出完成率、人员支出与公用支出分别占事业支出的比率、人均基本支出、资产负债率等。

事业单位财务分析报告是指事业单位在一定会计期间对单位进行财务活动情况分析的书面性报告。事业单位财务分析报告格式内容包括提要部分、说明部分、分析部分、评价部分和建议部分。

关 键 术 语

事业单位、财务报告、财务报表、财务分析报告

复 习 思 考 题

1. 什么是事业单位财务报告?包括什么内容?
2. 事业单位年终清理要进行哪些工作?
3. 事业单位年终结账要进行哪些工作?年终转账如何进行?
4. 事业单位资产负债表含义和内容是什么?
5. 事业单位收入支出表含义和内容是什么?
6. 事业单位财政补助收入支出表含义和内容是什么?
7. 事业单位年度财务报告的编报和审批的流程有哪些?
8. 事业单位财务分析的含义和内容是什么?
9. 事业单位财务分析有哪些常用的方法?
10. 编写事业单位财务分析报告要注意哪些问题?

阅读材料

浅析事业单位财务分析报告的编制

事业单位要根据财政部门和主管部门的有关要求以及单位自身管理的需要,定期或不定期进行财务分析,便于分析和总结事业单位财务管理经验,找出问题和漏洞,发现和总结财务活动的规律,从而使财务管理工作得到改进,财务管理水平得到提高。现就事业单位财务分析报告编制中的五点问题分析如下。

一、财务分析内容应紧密围绕事业单位的主要经济活动

分析比对预算的编制情况和执行结果。一要看单位预算与国家的方针政策和财务制度的匹配度,是否贯彻了量力而行和尽力而为的原则;二要看预算执行进度与计划进度的同步程度,与历史前期相比较,发现特殊变化,并找到变化的原因。

分析事业单位的资产构成的合理性,对固定资产的保管及使用进行分析,比对账实是否相符,物资储备是否超出定额限制,对资产流失统计分析等;对事业单位房屋建筑物以及设备等固定资产利用率进行分析;对流动资产周转率进行分析;对负债来源的合规性、负债水平合理性以及负债构成情况进行分析。通过分析,发现资产负债结构以及资产使用过程中存在的疑点,从而迅速采取措施,进行针对性地改进,保证资产的安全、合理、有效使用。

分析事业单位的各项收入的合规性与执行国家规定的收费标准的情况,并与核定的收入计划进行比对;对各项应缴收入的足额上缴率及超收或短收的主客观因素进行分析;分析各项支出的完成率及支出用途的合规性和支出结构的合理性,并找出支出管理中存在的问题与漏洞,提出加强管理意见建议,从而提高资金使用效益和效果。

分析事业单位人员编制的合理性及单位各项支出定额的执行情况,对超编原因及各项支出定额的完善合理性做出解释。

分析事业单位各项财务管理制度与管理措施是否符合国家的有关规定,与事业单位的主要经济业务是否相适应,对措施落实情况进行总结与分析,在找出问题的同时,对进一步健全和完善各项财务规章制度和管理措施提出合理化的建议,以利于提高事业单位的财务管理水平。

二、财务分析报告主要采用的分析方法

在事业单位财务分析报告中常用的财务分析方法有比较分析法、比率分析法、因素分析法和差额分析法。

在运用比较分析法时,必须保证对比双方在指标内容、计算方法、计价标准、时间、单位、统计口径等方面保持一致。

比率分析法的运用:一是相关指标比率分析,如资产负债率;二是构成比率分析,如收入来源占比;三是动态比率分析,如收支增长率。

差额分析法,是对经济指标依照因素分析法分析后,所形成的排列顺序,计算因

素变动对经济指标造成的影响和作用。

三、事业单位财务分析常用指标介绍

预算收入和支出完成率,该指标衡量的是事业单位收入和支出总预算及分项预算完成的程度和预算管理水平。

人员支出、公用支出对事业单位总支出的占比,该指标通过分析事业支出结构,了解事业单位事业支出的合理性。通过将当年数据与以前年度数据相比较,分析事业单位支出结构变化情况及发展趋势;将本单位支出数据与其他事业单位支出数据进行横向比较,找出本单位与先进单位之间的差距所在,并提示加以改进。

人均基本支出,可以了解事业单位正常的人均运转水平,有利于健全定员定额支出标准体系。

资产负债率是企事业单位通用的重要财务分析指标,反映了事业单位利用借入资金开展业务活动的能力以及资金的安全保障程度。由于事业单位均属于公益性服务型的机构,而非盈利性机构,所以其资产负债率水平不宜过高,保持一个较低的比例才能与其单位属性相适应。

除以上常用的财务分析指标外,事业单位可以根据本单位的业务与经济活动特点,自主设置财务分析指标。首先是各事业单位通用的分析指标,其次是能够充分体现事业单位特点的财务分析指标。

四、《事业单位财务规则》对财务报告项目进行的重要调整

将"经营成果"修改为"事业成果",强化了事业单位的公益属性和非营利性,淡化了其经营色彩。这一变动与中央推进事业单位分类改革,强化事业单位的公益属性相统一,以利于政府加大对公益事业发展的支持力度。

将"收支情况表"调整为"收入支出表",对财务报表的填报内容做了较大的调整。除将教育收费收入等作为财政专户管理资金单独反映外,其他相关收入全部纳入预算管理,不再单独反映;把事业单位的支出分为基本支出与项目支出两大类,再按支出经济分类将基本支出与项目支出分为工资福利支出、商品和服务支出、对个人和家庭补助支出、其他资本性支出等明细项目;将结余栏目按照结转结余管理要求,明确区分了结转和结余。

随着政府不断加大对公共服务的投入,财政拨款在事业单位的收入中所占比重不断提升,为了加强对事业单位财政拨款收支情况的核算和考核,增加了"财政拨款收入支出表",从而做到细化预算编制、加快预算执行进度、消化结转结余资金。

政府支出分类改革取消了基本建设支出的功能分类,要求将基建支出纳入单位的部门预算,在与其他资本性支出统一核算的同时,单独设立了"固定资产投资决算报表",将事业单位基建账目并入单位财务报表体系,构成财务报表分析的重要组成部分。

《事业单位财务规则》要求事业单位将结转结余、对外投资、资产出租出借、资产处置、固定资产投资、绩效考评等作为财务情况说明书的重要内容予以反映。

五、财务分析报告的编制要点

事业单位财务分析报告要求充分利用本单位财务信息与数据,对事业单位的经济活动进行全面、具体的分析对比,了解事业单位收支情况、资产状况和经济活动的变化与发展趋势,对单位的财务管理做出全面客观的评价,并提出改进的具体意见建议。事业单位分析报告不仅是事业单位改进财务管理工作的依据,也为上级有关部门做出宏观决策提供重要参考数据。编写财务分析报告要本着抓住主要矛盾,实事求是反映问题的原则,在数字的运用上要恰当、准确,主要观点与相关数据材料相统一,在文字表述上要力求精练、准确。在内容上要包括四大方面:一是反映基本情况,列出主要分析数据,并与相关数据比较,使得差异与变化一目了然;二是对主要因素进行重点分析,要尽可能透彻地分析影响财务状况的主要因素;三是对财务管理工作做出客观评价,只有在肯定工作中好的做法与经验的同时,发现财务工作中所存在弊端与漏洞,才能形成对财务工作全面、准确、重点突出的评价;四是提出切实可行的改进工作的建议和措施。

(资料来源:温洁兰:"浅析事业单位财务分析报告的编制",《财经界》,2015年第11期。)

第四篇　民间非营利组织财务会计

第九章　民间非营利组织资产、负债和净资产的管理与核算

教学目的与要求

通过本章的学习,熟悉民间非营利组织会计资产和负债的种类,明确非营利组织会计文物文化资产的核算,理解民间非营利组织会计委托代理业务的概念与界定,掌握民间非营利组织委托代理资产和委托代理负债的核算。熟悉民间非营利组织净资产的分类,掌握限定性净资产与非限定性净资产及其核算。

第一节　民间非营利组织资产的管理与核算

▶ 一、民间非营利组织资产概述

《民间非营利组织会计制度》对资产进行了严格定义。民间非营利组织资产是指过去的交易或者事项形成并由民间非营利组织拥有或者控制的资源,该资源预期会给民间非营利组织带来经济利益或者服务潜力。民间非营利组织的资产具有以下三个特征。

(1) 资产预期能够给民间非营利组织带来经济利益或者服务潜力。所谓经济利益,是指直接或间接地流入民间非营利组织的现金或最终能转化为现金的非现金资产。在民间非营利组织中,对外投资是为了获得增值或回报,应当作为资产予以确认;持有一些存货是为了对外出售换取现金,应当作为资产予以确认。与企业不同的是,民间非营利组织持有许多资产并非是为了获取经济利益,而是为了向服务对象提供服务。因此,对于民间非营利组织而言,是否具备服务潜力是衡量一项经济资源是否应当作为资产予以确认和计量的重要标志。

(2) 资产是民间非营利组织所拥有的,或者即使不为民间非营利组织所拥有,也是

民间非营利组织所控制的。民间非营利组织拥有资产,就能够排他性地从资产中获得经济利益或服务潜力。有些资产虽然不为民间非营利组织所拥有,但是民间非营利组织能够支配这些资产,因此同样能够排他性地从资产中获得经济利益或服务潜力。如果民间非营利组织不能拥有或控制资产所能带来的经济利益或服务潜力,那么该资产就不能作为民间非营利组织的资产。

(3)资产是过去的交易或事项形成的。资产必须是现实的资产,而不是预期的资产。只有过去发生的交易或事项才能增加或减少民间非营利组织的资产,而不能根据谈判中的交易或计划中的经济业务来确认资产。

在民间非营利组织中,按照流动性对资产进行分类,可分为流动资产和非流动资产。流动资产主要包括货币资金、短期投资、应收款项与预付款项、存货等。除流动资产以外的其他资产都属于非流动资产,主要包括固定资产、无形资产、受托代理资产和长期投资。

二、民间非营利组织流动资产的管理与核算

民间非营利组织的流动资产是指可以在一年或者超过一年的一个营业周期内变现或者耗用的资产,包括货币资金、短期投资、应收款项与预付款项、存货等。

(一)货币资金的管理与核算

货币资金是指民间非营利组织中以货币形态表现的那部分资产,包括现金、银行存款、其他货币资金。

1. 现金的管理与核算

(1)现金的管理。

现金是一种流动性很强的一种货币。民间非营利组织必须对现金进行严格的管理和控制,使现金能在经营过程中合理地、通畅地流转,提高现金的使用效益,保证现金的安全。

现金管理应遵循以下五点。

第一,民间非营利组织应当设置"现金日记账",以加强对现金的管理与核算。所发生的现金收支业务必须通过出纳人员,由其根据审核无误的收付款凭证,按照业务发生的顺序,逐日逐笔登记。每日终了,应当结算当天的现金收入合计数、现金支出合计数和余额,做到日清月结、款账相符,每月月终,"现金日记账"的月末余额必须与"现金"科目的余额相符。

第二,民间非营利组织应当根据业务需要正确核定库存现金限额,库存现金限额一经核定,必须按限额控制库存现金。

第三,严格按照国家有关现金管理的规定收支现金,不得超范围、超额度使用现金,除零星开支外,一切付款均应由支票付款。

第四,民间非营利组织不得"坐支"现金。

第五,库存现金定期或不定期地由内部审计人员查核。

(2)现金的核算。

根据《非营利组织会计制度》的规定，民间非营利组织为了总括反映库存现金的收支和结存情况，应当设置"现金"（资产类）总账科目。借方反映现金的增加数，贷方反映现金的减少数，期末借方余额，反映库存现金的余额。其主要账务处理如下：

第一，收到现金时，借记"现金"科目，贷记有关科目；支出现金时，借记有关科目，贷记"现金"科目。

第二，从银行提取现金，不编制现金取款凭证，只编制银行付款凭证，借记"现金"科目，贷记"银行存款"科目；将现金存入银行，只编制现金付款凭证，不编制银行收款凭证，借记"银行存款"科目，贷记"现金"科目。

第三，每日终了结算和清查时发现的现金短缺，属于应由责任人或保险公司赔偿的部分，借记"其他应收款"科目，贷记"现金"科目；属于无法查明的其他原因的部分，借记"管理费用"科目，贷记"现金"科目。

第四，每日终了结算和清查时发现的现金溢余，属于应支付给有关人员或单位的部分，借记"现金"科目，贷记"其他应付款"科目；属于无法查明的其他原因的部分，借记"现金"科目，贷记"其他收入"科目。

第五，民间非营利组织内各部门、各单位周转使用的备用金，应在"其他应收款"或单设"备用金"科目核算，不在"现金"科目核算。

（3）核算举例。

[例9-1] 某民间非营利组织收到某个会员以现金交纳的当年会费150元，会员对于会费的使用没有限定专门的用途和使用时间。该民间非营利组织应编制会计分录如下。

借：现金　　　　　　　　　　　　　　　　　　　　　　　　150
　　贷：会费收入——非限定性收入　　　　　　　　　　　　　　　150

[例9-2] 某民间非营利组织的张庆出差归来，报销差旅费3 000元，原预借款2 500元。余款以现金支付。该民间非营利组织应编制会计分录如下。

借：业务活动成本　　　　　　　　　　　　　　　　　　　　3 000
　　贷：现金　　　　　　　　　　　　　　　　　　　　　　　　500
　　　　其他应收款　　　　　　　　　　　　　　　　　　　　2 500

2. 银行存款的管理与核算

（1）银行存款的管理。

民间非营利组织在银行存款的管理方面，必须严格按照国家有关规定开立账户。民间非营利组织开设账户后，除按核定的限额保留库存现金外，超过限额的现金必须存入国家批准设立的银行或非银行金融机构；除在规定的范围内可以用现金直接支付外，在单位正常运行过程中所发生的一切货币收支业务，都必须通过银行存款账户进行结算。应当按开户银行和其他金融机构、存款种类等，分别设置"银行存款日记账"，由出纳人员根据收付款凭证，按照业务发生的顺序逐笔登记，每日终了应结出余额。"银行存款日记账"应定期与"银行对账单"核对，至少每月一次。月度终了，民间非营利组织"银行存款"账面余额与银行对账单余额之间如有差额，必须逐笔查明原因进行处理，并按月编制"银行存款余额调节表"调节相符。

(2) 银行存款的核算。

为了总括反映银行存款的收支和结余情况,应当设置"银行存款"(资产类)总账科目。借方反映银行存款的增加数,贷方反映银行存款的减少数,期末借方余额,反映库存现金的余额。其主要账务处理如下:

第一,存款时,借记"银行存款"科目,贷记"现金""应收账款""捐赠收入""会费收入"等有关科目。

第二,取款时,借记"现金""应付账款""业务活动成本""管理费用"等有关科目,贷记"银行存款"科目。

第三,收到存款利息时,借记"银行存款"科目,贷记"其他应收款""筹资费用""其他收入"等科目,但是,在借款费用应予资本化的期内发生的与购建固定资产专门借款有关的存款利息,借记"银行存款"科目、贷记"其他应收款"或"在建工程"科目。

第四,定期对银行存款进行检查,如果有确凿证据表明存在银行或其他金融机构的款项已经全部或部分不能收回,应当将不能收回的金额确认为当期损失,借记"管理费用"科目,贷记"银行存款"科目。

[例9-3] 某民间非营利组织收到一笔金额为40 000元的无条件现金捐赠,并于当日将款项存入银行。该民间非营利组织应该编制会计分录如下。

借:现金 40 000
　贷:捐赠收入——非限定收入 40 000
借:银行存款 40 000
　贷:现金 40 000

[例9-4] 某民间非营利组织以银行存款支付当月办公楼物业管理费4 000元,该民间非营利组织应编制会计分录如下。

借:管理费用 4 000
　贷:银行存款 4 000

(3) 民间非营利组织发生外币业务时的账务处理。

第一,以外币购入商品、设备、服务等,按照购入当日(或当期期初)的市场汇率将支付的外币或应支付的外币折算为人民币金额,借记"固定资产""存货"等科目,贷记"现金""银行存款""应付账款"等科目的外币账户。

第二,以外币销售商品、提供服务或者获得外币捐赠等,按照收入确认当日(或当期期初)的市场汇率将收取的外币或应收取的外币折算为人民币金额,借记"银行存款""应收账款"等科目的外币账户,贷记"捐赠收入""提供服务收入""商品销售收入"等科目。

第三,借入外币借款时,按照借入当日(或当期期初)的市场汇率将借入款项折算为人民币金额,借记"银行存款"科目的外币账户,贷记"短期借款""长期借款"等科目的外币账户;偿还外币借款时,按照偿还当日(或当期期初)的市场汇率将偿还款项折算为人民币金额,借记"短期借款""长期借款"等科目的外币账户,贷记"银行存款"科目的外币账户。

第四,发生外币兑换业务时,如为购入外币,按照购入当日(或当期期初)的市场汇率将购入的外币折算为人民币金额,借记"银行存款"科目的外币账户,按照实际支付的人民币金额,贷记"银行存款"科目的人民币账户,两者之间的差额,借记或贷记"筹资费用"等科目;如为卖出外币,按照实际收到的人民币金额,借记"银行存款"科目的人民币账户,按照卖出当日(或当期期初)的市场汇率将卖出的外币折算为人民币金额,贷记"银行存款"科目的外币账户,两者之间的差额,借记或贷记"筹资费用"等科目。

各种外币账户的外币余额,期末时应当按照期末汇率折合为人民币。按照期末汇率折合的人民币金额与账面人民币金额之间的差额,作为汇兑损益计入当期费用。但是,属于在借款费用应予资本化的期间内发生的与购建固定资产有关的外币专门借款本金及其利息所产生的汇兑差额,应当予以资本化,记入"在建工程"科目。

(4) 银行存款的收款凭证和付款凭证的填制日期和依据。

第一,采用支票方式。收款单位对于收到的支票,应填制进账单,并连同支票送交银行,根据银行盖章退给收款单位的收款凭证联和有关的原始凭证编制收款凭证,或根据银行转来由签发人送交银行的支票后,经银行审查盖章的收款凭证联和有关的原始凭证编制收款凭证;付款单位对于付出的支票,应根据支票存根和有关原始凭证编制付款凭证。

第二,采用汇兑结算方式。收款单位对于汇入的款项,应在收到银行的收账通知时,据以编制收款凭证;付款单位对于汇出的款项,应在向银行办理汇款后,根据汇款回单编制付款凭证。

第三,采用银行汇票方式。收款单位应当将汇票、解讫通知和进账单送交银行,根据银行退回的进账单和有关的原始凭证编制收款凭证;付款单位应在收到银行签发的银行汇票后,根据"银行汇票申请书(存根联)"编制付款凭证。如有多余款项或因汇票超过付款期等原因而退款时,应根据银行的多余款收账通知编制收款凭证。

第四,采用商业汇票方式,应当分别商业承兑汇票和银行承兑汇票方式。

① 采用商业承兑汇票方式的,收款单位将要到期的商业承兑汇票连同填制的邮划或电划委托收款凭证,一并送交银行办理转账,根据银行的盖章退回的收账通知,据以编制收款凭证;付款单位在收到银行的付款通知时,据以编制付款凭证。

② 采用银行承兑汇票方式的,收款单位将要到期的银行承兑汇票连同填制的邮划或电划委托收款凭证,一并送交银行办理转账,根据银行的收账通知,据以编制收款凭证;付款单位在收到银行的付款通知时,据以编制付款凭证。

收款单位将未到期的商业汇票向银行申请贴现时,应按规定填制贴现凭证,连同汇票一并送交银行,根据银行的收账通知,据以编制收款凭证。

第五,采用银行本票方式。收款单位按规定受理银行本票后,应将本票连同进账单送交银行办理转账,根据银行盖章退回给收款单位的收款凭证联和有关原始凭证编制收款凭证;付款单位在填送"银行本票申请书"并将款项交存银行,收到银行签发的银行本票后,根据申请书存根联编制付款凭证。收款单位因银行本票超过付款期限或其他原因要求退款时,在交回本票和填制的进账单经银行审核盖章后,根据银行退回给收款单位的收款凭证联编制收款凭证。

第六,采用委托收款结算方式。收款单位对于托收款项,根据银行的收账通知,据以编制收款凭证；付款单位在收到银行转来的委托收款凭证后，根据委托收款凭证的付款通知和有关的原始凭证，编制付款凭证。

第七，采用托收承付结算方式。收款单位对于托收款项，根据银行的收账通知和有关的原始凭证，据以编制收款凭证；付款单位对于承付的款项，应于承付时根据托收承付结算凭证的承付支款通知和有关发票账单等原始凭证，据以编制付款凭证。如拒绝付款，属于全部拒付的，不作账务处理；属于部分拒付的，付款部分按上述规定处理，拒付部分不作账务处理。

3. 其他货币资金的管理与核算

（1）其他货币资金的管理。

其他货币资金指因存放地点和用途的不同，既区别于库存现金又区别于一般银行存款的一种货币资金，民间非营利组织的其他货币资金包括外埠存款、银行汇票存款、银行本票存款、信用卡存款、信用证保证金存款、存出投资款（或者存入其他金融机构）等。

外埠存款，是指民间非营利组织到外地进行临时或零星采购时，汇往采购地银行开立采购专户的款项。民间非营利组织将款项委托当地银行汇往采购地开立专户时，借记"其他货币资金"科目，贷记"银行存款"科目。收到采购员交来供应单位发票账单等报销凭证时，借记"存货"等科目，贷记"其他货币资金"科目。将多余的外埠存款转回当地银行时，根据银行的收账通知，借记"银行存款"科目，贷记"其他货币资金"科目。

银行汇票存款，是指民间非营利组织为取得银行汇票按规定存入银行的款项。民间非营利组织在填送"银行汇票申请书"并将款项交存银行，取得银行汇票后，根据银行盖章退回的申请书存根联，借记"其他货币资金"科目，贷记"银行存款"科目。民间非营利组织使用银行汇票后，根据发票账单等有关凭证，借记"存货"等科目，贷记"其他货币资金"科目；如有多余款或因汇票超过付款期等原因而退回款项，根据开户行转来的银行汇票第四联（多余款收账通知），借记"银行存款"科目，贷记"其他货币资金"科目。

银行本票存款，是指民间非营利组织为取得银行本票按规定存入银行的款项。民间非营利组织向银行提交"银行本票申请书"并将款项交存银行，取得银行本票后，根据银行盖章退回的申请书存根联，借记"其他货币资金"科目，贷记"银行存款"科目。民间非营利组织使用银行本票后，根据发票账单等有关凭证，借记"存货"等科目，贷记"其他货币资金"科目。因本票超过付款期等原因而要求退款时，应当填制进账单一式两联，连同本票一并送交银行，根据银行盖章退回的进账单第一联，借记"银行存款"科目，贷记"其他货币资金"科目。

信用卡存款，是指民间非营利组织为取得信用卡按照规定存入银行的款项。民间非营利组织应按规定填制申请表，连同支票和有关资料一并送交发卡银行，根据银行盖章退回的进账单第一联，借记"其他货币资金"科目，贷记"银行存款"科目。民间非营利组织用信用卡购物或支付有关费用，借记有关科目，贷记"其他货币资金"科目。民间非营利组织信用卡在使用过程中，需向其账户续存资金的，借记"其他货币资金"科目，贷记"银行存款"科目。

信用证保证金存款，是指民间非营利组织为取得信用证按规定存入银行的保证金。

民间非营利组织向银行交纳保证金,根据银行退回的进账单第一联,借记"其他货币资金"科目,贷记"银行存款"科目。根据开证行交来的信用证来单通知书及有关单据列明的金额,借记"存货"等科目,贷记"其他货币资金"科目和"银行存款"科目。

存出投资款,是指民间非营利组织存入证券公司但尚未进行投资的现金。民间非营利组织向证券公司划出资金时,应按实际划出的金额,借记"其他货币资金"科目,贷记"银行存款"科目;购买股票、债券等时,按实际发生的金额,借记"短期投资"等科目,贷记"其他货币资金"科目。

(2) 其他货币资金的核算。

民间非营利组织设置"其他货币资金"(资产类)总账科目,按照其他货币资金的种类设置"外埠存款""银行汇票存款""银行本票存款""信用卡存款""信用证保证金存款""存出投资款"等明细科目,并按外埠存款的开户银行、银行汇票或银行本票的收款单位等设置明细账,进行明细核算。其借方反映货币资金的增加数,贷方反映其他货币资金的减少数,期末借方余额反映民间非营利组织实际持有的其他货币资金数。

民间非营利组织其他货币资金增加时,借记"其他货币资金",贷记"银行存款";其他货币资金减少时,借记"存货",贷记"其他货币资金";其他民间非营利组织应加强对其他货币资金的管理,及时办理结算,对于逾期尚未办理结算的银行汇票、银行本票等,应按规定及时转回,借记"银行存款",贷记"其他货币资金"。

(二) 短期投资的管理与核算

1. 短期投资的管理

短期投资是指能够随时变现并且持有时间不准备超过一年(含一年)的投资,包括股票、债券、基金等。

(1) 短期投资的初始计量。

短期投资应在取得时以投资成本计价。以现金购入的短期投资,按实际支付的全部款项,包括税金、手续费等相关费用作为其投资成本。如果实际支付的款项中包括已经宣告但尚未领取的现金股利或已到支付期但尚未领取的债券利息,则按照实际支付的全部价款减去其中已经宣告但尚未领取的现金股利或已到支付期但尚未领取的债券利息后的金额作为短期投资的成本。

接受捐赠的短期投资成本,应当按照接受捐赠资产的计价原则确定其投资成本。如果捐赠者能够提供有关凭证(如发票、报关单、有关协议等),应当以凭证上注明的金额作为短期投资成本,如果凭证上注明的金额与公允价值相差较大,应以公允价值为实际成本;如果捐赠者不能提供有关凭证,应以公允价值作为短期投资成本。

非货币性交易取得短期投资的,如果发生非货币性交易,进行会计处理时应区分是否涉及补价。

第一,如果没有涉及补价,则以换出资产的账面价值,加上应支付的相关税费,作为换入资产的入账价值。

第二,发生补价的,应区别情况处理:支付补价的,所取得的存货成本应以换出资产的账面价值加上补价和应支付的相关税费,作为换入资产的入账价值;收到补价的,所取得的存货成本应按公式确定换入资产的入账价值和应确认的收入或费用。其公

式为

$$\text{换入资产入账价值} = \text{换出资产账面价值} - (\text{补价}/\text{换出资产公允价值}) \times \text{换出资产账面价值} - (\text{补价}/\text{换出资产公允价值}) \times \text{应交税金} + \text{应支付的相关税费}$$

或

$$\text{换入资产入账价值} = \text{换出资产账面价值} - \text{补价} + \text{收益}(\text{或减损失}) + \text{应支付的相关税费}$$

$$\text{应确认的收入(或费用)} = \text{补价} \times [1 - (\text{换出资产账面价值} + \text{应交税金})/\text{换出资产公允价值}]$$

第三,在非货币性交易中,如果同时换入多项资产,应按换入各项资产的公允价值占换入资产公允价值总额的比例,对换出资产的账面价值总额和应支付的相关税费等进行分配,以确定各项换入资产的入账价值。

(2) 短期投资收益。短期投资的利息或现金股利应相当于实际收到的冲减投资的账面价值,但在购买时已计入应收款项的利息或现金股利除外。

(3) 短期投资的期末计价。短期投资的期末计价是指按照一定的方法确定期末持有的短期投资在资产负债表上反映的价值,并进行相关账务处理的过程。

短期投资计价采用成本与市价孰低法,要求在成本和市价之间选择较低者作为账面价值反映在资产负债表上,并把成本和市价之间的差额作为当期损失。它只确认市价下跌的损失,不考虑市价上涨的收益。短期投资跌价准备可以按单项投资计提跌价准备,即按单项投资逐一检查计提跌价准备。

(4) 短期投资的处置。处置短期投资时,应将所收到的处置收入与短期投资账面价值的差额确认为当前投资收益。

2. 短期投资的核算

为了总括反映银行存款的收支和结余情况,应当设置"短期投资"(资产类)总账科目。借方反映取得的短期投资数,贷方反映处置的短期投资数,期末借方余额,反映民间非营利组织持有的各种股票、债券等短期投资的成本。

(1) 短期投资的初始计量。

以现金购入的短期投资,按实际投资成本入账,借记"短期投资"科目,贷记"银行存款"科目;对以现金购入的短期投资,如果实际支付的款项中包括已经宣告但尚未领取的现金股利,应将该部分股利记入"其他应收款——应收股利"科目;若包含已到支付期但尚未领取的债券利息,应将其记入"其他应收款——应收利息"科目。

[例 9-5] 某民间非营利组织于 2013 年 1 月 1 日购入甲公司股票 20 000 股,每股成交价 5.2 元(甲公司已宣告分派但尚未发放的现金股利每股 0.2 元,股权截止日为 2 月 19 日),另付手续费及佣金共计 800 元,所有款项均以银行存款支付。

计算投资成本:

成交价(20 000×5.2)	104 000
加:手续费及佣金	800
减:已宣告现金股利(20 000×0.2)	4 000
投资成本	100 800

其会计分录如下。

借：短期投资——甲公司股票　　　　　　　　　　　　　　　　　　　100 800
　　其他应收款——应收股利——甲公司　　　　　　　　　　　　　　4 000
　　贷：银行存款　　　　　　　　　　　　　　　　　　　　　　　　104 800

接受捐赠的短期投资，按确定的成本，借记"短期投资"科目，贷记"捐赠收入"科目。

[例9-6]　某非营利组织接受M集团公司所捐赠的股票600股，每股市值约50元。其会计分录如下。

借：短期投资——M集团股票投资　　　　　　　　　　　　　　　　30 000
　　贷：捐赠收入　　　　　　　　　　　　　　　　　　　　　　　　30 000

（2）投资收益。取得的收益除取得时已记入"其他应收款"的部分外，以实际收到时作为投资成本收回，冲减短期投资账面价值。投资成本中包括的已经宣告但尚未领取的现金股利，或已到支付期但尚未领取的债券利息，实际收到时冲减已记入的"其他应收款"，不冲减短期投资的账面价值。

[例9-7]　某非营利组织收到被投资单位发放的利息2 000元，并存入银行。其会计分录如下。

借：银行存款　　　　　　　　　　　　　　　　　　　　　　　　　2 000
　　贷：短期投资　　　　　　　　　　　　　　　　　　　　　　　　2 000

（3）短期投资的期末计价。如果短期投资的市价低于其账面价值，则应确认跌价损失并计入当期费用，借记"管理费用——短期投资跌价损失"科目，贷记"短期投资跌价准备"科目；若短期投资的市价高于其账面价值，则借记"短期投资跌价准备"科目，贷记"管理费用——短期投资跌价损失"科目。

[例9-8]　某民间非营利组织2013年12月31日持有甲、乙、丙三种股票，其账面余额分别为6 000元、9 000元、7 700元；当日的市价分别为8 000元、8 500元、7 000元。假定以前各期未提取过跌价准备。由此可见，该民间非营利组织持有的乙公司和丙公司的股票市价已低于其账面价值。因此，对于这两部分短期投资股票应当计提跌价准备，应提取的跌价准备为1 200元[(9 000－8 500)＋(7 700－7 000)]。

其会计分录如下。

2013年12月31日

借：管理费用——短期投资跌价损失　　　　　　　　　　　　　　　1 200
　　贷：短期投资跌价准备　　　　　　　　　　　　　　　　　　　　1 200

（4）短期投资处置。出售短期投资，按照其实际收到的金额，借记"银行存款"科目；按已计提的减值准备，借记"短期投资跌价准备"科目；按未领取的现金股利或利息，贷记"其他应收款"科目；按差额，借记或贷记"投资收益"科目。

[例9-9]　某民间非营利组织出售股票，收到价款85 000元，该股票账面余额70 000元，已计提的减值准备4 000元，该民间非营利组织应编制会计分录如下。

借：银行存款　　　　　　　　　　　　　　　　　　　　　　　　　85 000
　　短期投资跌价准备　　　　　　　　　　　　　　　　　　　　　　4 000
　　贷：短期投资　　　　　　　　　　　　　　　　　　　　　　　　70 000
　　　　投资收益　　　　　　　　　　　　　　　　　　　　　　　　19 000

(三) 应收款项与预付款项的管理与核算

1. 应收款项与预付款项概述

应收款项是指民间非营利组织在日常业务活动过程中发生的各项应收未收债权，包括应收票据、应收账款和其他应收款。对于应收款项，应当按照实际发生额入账，并按照往来单位或个人设置明细账，进行明细核算。在期末，应当分析应收款项的可回收性，对预计可能产生的坏账损失计提坏账准备，确认坏账损失并计入当期费用。预付款项是指民间非营利组织预付给商品供应单位或者服务提供单位的款项。对于预付账款，民间非营利组织应当按照实际发生额入账，并按照往来单位或个人设置明细账，进行明细核算。

2. 应收票据的管理与核算

（1）应收票据的管理。

应收票据是指民间非营利组织因销售商品、提供服务等而已收到的且未到期的商业汇票，商业汇票按是否计息分为带息票据和不带息票据，包括银行承兑汇票和商业承兑汇票。民间非营利组织在收到应收票据时，按票据的票面价值或票面金额入账。民间非营利组织可将持有的商业汇票背书转让，也可将其贴现。

（2）应收票据的核算。

为了核算民间非营利组织因从事销售商品、提供劳务等而收到的商业汇票，应设置"应收票据"（资产类）总账科目。其借方反映民间非营利组织收到应收票据的票面金额，贷方反映应收票据到期的金额，借方余额反映持有的商业汇票票面金额。其主要账务处理如下。

第一，不带息应收票据。在收到开出、承兑的商业汇票时，按应收票据的面值，借记"应收票据"科目，按实际收入，贷记"商品销售收入""提供服务收入"等科目。

收到用以抵偿应收账款的应收票据时，借记"应收票据"科目，贷记"应收账款"科目。应收票据到期收回时，按票面金额，借记"银行存款"科目，贷记"应收票据"科目。承兑人拒付或无力支付票款时，将到期票据的票面金额转入"应收账款"科目。

第二，带息应收票据。按应收票据的票面价值和确定的利率计算票据利息，并增加应收票据的账面余额，借记"应收票据"科目，贷记"筹资费用"科目。到期不能收回的带息应收票据，应按其账面余额转入"应收账款"科目，期末不再计提利息，其所包含的利息，在有关备查簿中进行登记，待实际收到时再冲减收到的当期的筹资费用，借记"银行存款"科目，贷记"筹资费用"科目。带息应收票据收回款项时，按应收到的利息，借记"银行存款"科目，按账面余额，贷记"应收票据"科目，按其差额，贷记"筹资费用"科目。

第三，应收票据转让。应收票据转让，取得所需物资时，按其所取得物资应确认的成本，借记"存货"科目，按应收票据的账面余额，贷记"应收票据"科目，按实际收到或者支付的银行存款等，借记或贷记"银行存款"等科目。如为带息应收票据，还应按尚未计提的利息，贷记"筹资费用"科目。

第四，应收票据的贴现。如果贴现的商业汇票到期，承兑人的银行账户不足支付，银行即将已贴现的票据退回申请贴现的民间非营利组织，同时从贴现民间非营利组织的账户中将票据款划回。此时，民间非营利组织应按所付票据本息转作"应收账款"，借记"应收账款"科目,贷记"银行存款"科目。如果申请贴现民间非营利组织的银行存款账户余额不足,银行将作为逾期贷款处理,民间非营利组织应按转作贷款的本息,借记"应收账款"科目,贷记"短期借款"科目。

[例9-10] 某民间非营利组织向甲单位销售一批商品,价款合计为46 800元。当日收到甲单位签发的票面价值为48 600元,票面利率为10%、期限为120天的商业承兑汇票一张。30天后,该民间非营利组织因急需资金,持甲单位签发的此张商业承兑汇票向银行贴现,银行贴现率为5%,贴现收入存入银行。该商业汇票到期,因甲单位的银行账户无款支付,贴现银行将已贴现的票据退回该民间非营利组织,同时从该民间非营利组织的账户中将票据款划回。该民间非营利组织应编制会计分录如下。

收到票据:
借:应收票据　　　　　　　　　　　　　　　　　　　　　48 600
　　贷:商品销售收入　　　　　　　　　　　　　　　　　　48 600
向银行贴现票据:
票据到期值=48 600+48 600×10%×120÷360=50 220(元)
贴现利息=50 220×5%×90÷360=627.75(元)
贴现所得=50 220-627.75=49 592.25(元)
借:银行存款　　　　　　　　　　　　　　　　　　　　　49 592.25
　　贷:应收票据　　　　　　　　　　　　　　　　　　　　48 600
　　　　筹资费用　　　　　　　　　　　　　　　　　　　　　992.25
票据到期,甲单位无力偿付款项:
借:应收账款　　　　　　　　　　　　　　　　　　　　　　50 220
　　贷:银行存款　　　　　　　　　　　　　　　　　　　　50 220

3. 应收账款的管理与核算

(1) 应收账款的管理。

应收账款是指民间非营利组织因销售商品、提供服务等业务活动,应向会员、购买单位或接受服务单位收取的但未实际收到的款项,是民间非营利组织因销售商品、提供服务等业务活动所形成的债权。应收账款应按其实际发生额入账,应收账款的确认时点及金额应当依据相对应的收入确认时点及金额而定。

(2) 应收账款的核算。

为了核算民间非营利组织因从事销售商品、提供劳务等而收到的商业汇票,应设置"应收账款"(资产类)总账科目。其借方反映民间非营利组织应收账款的增加数,贷方反映应收账款的减少数,借方余额反映应收账款的余额。其主要账务处理如下。

第一,发生应收账款时,按照应收未收金额,借记"应收账款"科目,贷记"商品销售收入""提供服务收入""会费收入"等科目。

第二,收回应收账款时,按照实际收到的款项金额,借记"银行存款"科目,贷记"应收账款"科目。

第三,如果应收账款改用商业汇票结算,收到承兑的商业汇票时,按票面价值,借记

"应收票据"科目,贷记"应收账款"科目。

4. 其他应收款的管理与核算

(1) 其他应收款的管理。其他应收款是指除应收票据、应收账款以外的其他各项应收、暂付款项,包括应收股利、应收利息、应向职工收取的各项垫付款项、职工借款、应收保险公司赔款等。

(2) 其他应收款的核算。为了核算除应收票据、应收账款以外的其他应收及暂付款项,民间非营利组织应当设置"其他应收款"(资产类)总账科目。其借方反映民间非营利组织其他应收账款的增加数,贷方反映其他应收账款的减少数,借方余额反映其他应收账款的余额。为便于管理,民间非营利组织应当按其他应收款的项目进行分类,并按不同的债务人设置明细账,进行明细核算。其主要账务处理如下。

第一,在按规定购入股票或债券对外投资时,如果实际支付的价款中包含已宣告但尚未领取的现金股利或债券利息,按照实际支付的全部价款减去其中已宣告但尚未领取的现金股利或债券利息后的金额,借记"短期投资""长期股权投资"或"长期债权投资"科目,按照应当领取的现金股利,借记"其他应收款"科目,按照实际支付的价款,贷记"银行存款"科目。

第二,被投资单位宣告发放现金股利或利润时,借记"其他应收款"科目,贷记"投资收益"或"长期股权投资"科目。

第三,对于已到付息期应收而未收的利息,应于确认投资收益时,按应获得利息,借记"银行存款"科目,贷记"其他应收款"科目。

第四,实际收到现金股利、利息或利润时,应当按照实际收到的金额,借记"银行存款"科目,贷记"其他应收款"科目。

第五,对发生的其他各项应收、暂收款项,应当根据其发生额,借记"其他应收款"科目,贷记"现金"、"银行存款"科目;收回上述各项款项时,借记"现金""银行存款"科目,贷记"其他应收款"科目。

5. 坏账准备的管理与核算

(1) 坏账准备的管理。

民间非营利组织在会计期末,应当分析应收款项的可收回性,对预计可能产生的坏账损失计提坏账准备,确认坏账损失并计入当期费用。

民间非营利组织采用备抵法核算坏账损失,计提坏账准备的范围包括应收款项和其他应收款。

(2) 坏账准备的核算。

为了总括反映民间非营利组织应收款项的可回收性,应当设置"坏账准备"(资产类)总账科目。核算预计可能发生的坏账损失。其贷方反映民间非营利组织坏账的应提取数,借方反映坏账的冲减和发生数,此账户属于应收账款的备抵账户,期末余额在贷方。其主要账务处理如下。

第一,根据计算的当期应提取的坏账准备金额,借记"管理费用——坏账损失"科目,贷记"坏账准备"科目。

第二,根据计算的当期应冲减的坏账准备金额,借记"坏账准备"科目,贷记"管理费用——坏账损失"科目。

第三,对于确定无法收回的应收款项,按无法收回的金额,借记"坏账准备"科目,贷记"应收账款"、"其他应收款"科目。

第四,如果已确认并转销的应收款项在以后期间有收回,按照实际收回的金额,借记"应收账款"、"其他应收款"科目,贷记"坏账准备"科目;同时,借记"银行存款"科目,贷记"应收账款"、"其他应收款"科目。

6. 预付账款的管理与核算

(1) 预付账款的管理。

预付款项是民间非营利组织预付给商品供应单位或服务提供单位的款项。对于预付款项,应按照实际发生额入账,并按照往来单位或个人设置明细账,进行明细核算。

(2) 预付账款的核算。

为了总括地反映预付账款的收支和结存情况,民间非营利组织应当设置"预付账款"(资产类)总账科目。其借方反映民间非营利组织预付账款的增加数,贷方反映预付账款的减少数,借方余额反映预付账款的余额。在资产负债表中单独反映。其主要账务处理如下。

第一,因购货而预付款项时,应按实际预付的金额,借记"预付账款"科目,贷记"银行存款"科目。

第二,收到所购货物时,按购货成本,借记"存货"科目,按预付金额,贷记"预付账款"科目,按退回或补付的款项,借记或贷记"银行存款"科目。

第三,如果预付账款并不符合预付款项性质或无法收到所购货物,按预付账款账面余额,借记"其他应收款"科目,贷记"预付账款"科目。

(四) 存货的管理和核算

1. 存货的管理

存货是指民间非营利组织在日常业务活动中持有以备出售或捐赠的,或者为了出售或捐赠仍处在生产过程中的,或者是将在生产、提供服务或日常管理过程中耗用的材料、物资、商品等,具体包括材料、库存商品、委托加工材料,以及达不到固定资产标准的工具、器具、用品等。

(1) 存货的确认。民间非营利组织在判断一项资产是否应当作为存货予以确认时,首先是看其是否符合存货的定义;其次,还要看其是否同时符合以下两项条件:① 该存货包含的经济利益或者服务潜力很可能流入民间非营利组织;② 该存货的成本能够可靠计量。

(2) 存货的取得。存货在取得时,应当以其实际成本入账。从不同渠道取得的存货其实际成本的构成不同。

第一,外购存货。外购存货按采购成本入账,包括实际支付的采购价格、运杂费用(包括运输费、装卸费、保险费、包装费以及其他可以直接归属于存货采购的费用)、相关税金。

第二,自制和委托加工存货。按采购成本、加工成本和其他成本入账。加工成本包括直接人工以及按照合理方法分配的与存货加工相关的间接费用。其他成本是指除了采购成本、加工成本以外的,使存货达到目的场所和状态所发生的其他支出。

第三,接受捐赠的存货。如果捐赠者能够提供有关凭证,应当以凭证上注明的金额加上应支付的相关税费为实际成本入账,如果凭证上注明的金额与公允价值相差较大,应以公允价值入账;如果捐赠者不能提供有关凭证,也应以公允价值入账。

第四,非货币性交易取得的存货。同短期投资中非货币性交易取得的相关处理方法。

(3) 存货的发出。发出存货的实际成本,可按加权平均法、先进先出法、个别计价法确定。

(4) 存货的后续计量。在会计期末,应对存货是否发生了减值进行检查。如果存货的可变现净值低于其账面价值,应当按照可变现净值低于其账面价值的差额计提存货跌价准备,确认存货跌价损失,并计入当期费用。如果存货的可变现净值高于其账面价值,应当在该存货期初已计提跌价准备的范围内转回可变现净值高于其账面价值的差额,冲减当期费用。

2. 存货的核算

为了总括地反映存货的收支和结存情况,民间非营利组织应当设置"存货"(资产类)总账科目。其借方反映民间非营利组织存货的增加数,贷方反映存货的减少数,借方余额反映存货的结存额。其主要账务处理如下:

(1) 存货取得。

第一,外购存货:按确定的成本,借记"存货"科目,贷记"银行存款""应付账款"科目。可根据需要在"存货"科目下设置"材料""库存商品"等明细科目。

第二,自加工:借记"存货"科目,贷记"银行存款""应付账款""应付工资"科目。

第三,捐赠:借记"存货"科目,贷记"捐赠收入"科目。

第四,非货币性交易。

[例 9-11] 某民间非营利组织委托加工一批工具,加工材料成本 10 000 元,支付加工费 3 500 元,以银行存款支付。该民间非营利组织应编制会计分录如下。

借:存货 13 500
  贷:银行存款 13 500

[例 9-12] 某民间慈善组织以库存商品 A 与某民间福利院的产品 B 交换。A 的成本 30 000 元,其跌价准备 1 300 元,该商品公允价值 30 000 元,在交换过程中支付运杂费 200 元,B 已验收入库。

其会计分录如下。

B 的入账价值=换出资产账面价值+支付的相关税费
  =(30 000-1 300)+200=28 900(元)

借:存货——库存存货 28 900
  存货跌价准备 1 300
  贷:存货——库存存货 30 000
    银行存款 200

如果在交换过程中发生补价,金额为2 000元,则首先要判断是否属于非货币性交易(补价占资产公允价值的比例低于25%)。

2 000/(30 000+2 000)=6.25%<25%,为非货币性交易

其会计分录如下。

借:存货——库存存货　　　　　　　　　　　　　　　30 900
　　存货跌价准备　　　　　　　　　　　　　　　　　 1 300
　贷:存货——库存存货　　　　　　　　　　　　　　　30 000
　　　银行存款　　　　　　　　　　　　　　　　　　　 2 200

(2)存货发出。

第一,对领用材料生产产品的,将材料成本转入生产成本,借记"存货——生产成本"科目,贷记"存货——材料"科目;待生产完成后,再由"存货——生产成本"科目转入"存货——产成品"科目。

第二,对于在管理和日常活动中耗用的既不用于生产也不用于对外出售和捐赠的存货,按发出存货所确定的成本,借记"管理费用"科目,贷记"存货"科目。

第三,用于生产但不用于对外出售和捐赠的存货,按发出存货所确定的成本,借记"业务活动成本"科目,贷记"存货"科目。

存货的后续计量。如果存货的期末可变现净值低于账面价值,则将差额计入当期管理费用,借记"管理费用——存货跌价损失"科目,贷记"存货跌价准备"科目。如果存货的期末可变现净值高于账面价值,则将其差额冲减当期管理费用,借记"存货跌价准备"科目,贷记"管理费用——存货跌价损失"科目。

[例9-13] 某民间非营利组织月末盘点存货,盘盈甲材料10件,单价20元/件,盘亏乙材料30千克,单价30元/千克。该民间非营利组织应编制会计分录如下。

借:存货——甲材料　　　　　　　　　　　　　　　　200
　贷:其他收入　　　　　　　　　　　　　　　　　　　200
借:管理费用　　　　　　　　　　　　　　　　　　　　900
　贷:存货——乙材料　　　　　　　　　　　　　　　　900

(五)待摊费用的管理和核算

1. 待摊费用的管理

待摊费用是指民间非营利组织已经支出,但应当由本期和以后各期分别负担的分摊期在一年以内(含一年)的各项费用,如预付保险费、预付租金等。民间非营利组织的待摊费用应当按照其受益期限在一年内分期平均摊销,计入当期费用。如果某项待摊费用已经不能使民间非营利组织受益,应当将其摊余价值一次性全部转入当期费用。

2. 待摊费用的核算

为了核算和监督待摊费用的发生和摊销情况,民间非营利组织应当设置"待摊费用"科目。该科目借方登记待摊费用的发生数,贷方登记待摊费用的摊销数,期末借方余额反映民间非营利组织各种已支出但尚未摊销的费用。该科目应当按照摊销费用种类设置明细账,进行明细核算。

民间非营利组织发生待摊费用,如预付保险费、预付租金时,借记"待摊费用"科目,贷记"现金""银行存款"等科目。按照受益期分期平均摊销时,借记"管理费用"等科目,贷记"待摊费用"科目。

[例9-14] 非营利组织向供暖公司交纳冬季取暖费 30 000 元,取暖期 6 个月。该民间非营利组织应编制会计分录如下。

交纳时:
借:待摊费用　　　　　　　　　　　　　　　　　　　　　30 000
　　贷:银行存款　　　　　　　　　　　　　　　　　　　　30 000
每月摊销时:
借:管理费用　　　　　　　　　　　　　　　　　　　　　　5 000
　　贷:待摊费用　　　　　　　　　　　　　　　　　　　　5 000

三、民间非营利组织固定资产的管理与核算

(一) 民间非营利组织固定资产的管理

民间非营利组织的固定资产是指同时具有以下特征的有形资产:为行政管理提供服务、生产商品或者出租目的而持有的;预计使用年限超过一年;单位价值较高。民间非营利组织的固定资产在同时满足以下两个条件时,才能予以确认:与该固定资产有关的经济利益很可能流入企业;该固定资产的成本可以可靠计量。

民间非营利组织的固定资产种类繁多,为加强管理,便于组织会计核算,民间非营利组织有必要对固定资产进行合理分类。

按经济用途分类,分为行政管理用固定资产和非行政管理用固定资产。

按使用情况分类,分为使用中固定资产、未使用固定资产和不需用固定资产。

按综合分类,分为行政管理用固定资产、非行政管理用固定资产、租入固定资产、不需用固定资产、未使用固定资产、融资租入固定资产和文物文化资产。

1. 固定资产的初始计量

固定资产在取得时,应当按取得时的实际成本入账。取得时的实际成本包括买价、包装费、运输费、缴纳的有关税金等相关费用,以及为使固定资产达到预定可使用状态的必要的支出。固定资产取得时的实际成本应当根据以下具体情况分别确定。

(1) 外购的固定资产。按照实际支付的买价、相关税费以及为使固定资产达到预定可使用状态所发生的可直接归属于该固定资产的其他支出(如安装费、装卸费等)确定其成本。

(2) 自行建造的固定资产。按照建造该项资产达到预定可使用状态前所发生的全部必要支出确定其成本。

(3) 接受捐赠固定资产。如果捐赠者能够提供有关凭证,应当按凭证上注明的金额加上应支付的相关税费为实际成本入账;如果捐赠者不能够提供有关凭证,则以其市价或同类资产的市场价格估计的金额,加上由单位负担的运输费、保险费、安装费、调试费等作为成本入账。

(4) 融资租入的固定资产。按照租赁协议或者合同确定的价款、运输费、途中保价费、安装调试费以及融资租入固定资产达到可使用状态前发生的借款费用等确定其成本。

2. 固定资产的折旧

民间非营利组织应当对固定资产计提折旧,在固定资产的预计使用寿命期内系统地分摊固定资产的成本。

民间非营利组织应当根据固定资产的性质和消耗方式,合理地确定固定资产的预计使用年限和预计净残值。

民间非营利组织应当按照固定资产所含经济利益或者服务潜力的预期实现方式选择折旧方法,可选用的折旧方法包括年限平均法、工作量法、双倍余额递减法和年数总和法。折旧方法一经确定,不得随意变更。如果由于固定资产所含经济利益或者服务潜力预期实现方式发生重大改变而确实需要变更的,应当在会计报表附注中披露相关信息。

民间非营利组织应按月提取折旧,当月增加的固定资产,当月不计提折旧,从下月起计提折旧;当月减少的固定资产,当月照提折旧,从下月起不计提折旧。

与固定资产有关的后续支出,如果能使流入民间非营利组织的经济利益或者服务潜力超过原先的估计,如延长了固定资产的使用寿命,或者使服务质量得到实质性提高,或者使商品成本得到实质性降低,则应当计入固定资产账面价值,但其增计后的金额不应当超过该固定资产的可收回金额。其他后续支出,应当计入当期费用。

3. 固定资产的处置

民间非营利组织由于出售、报废或者毁损等原因而发生的固定资产清理净损益,应当计入当期收入或者费用。

4. 固定资产的盘盈、盘亏

民间非营利组织对固定资产应当定期或者至少每年实地盘点一次。对盘盈、盘亏的固定资产,应及时查明原因,写出书面报告,并根据管理权限经董事会、理事会或类似权力机构批准后,在期末结账前处理完毕。盘盈的固定资产应当按照其公允价值入账,并计入当期收入;盘亏的固定资产在减去过失人或者保险公司等赔款和残料价值之后计入当期费用。

5. 文物文化资产

用于展览、教育或研究等目的的历史文物、艺术品以及其他具有文化或者历史价值并作长期或者永久保存的典藏等,作为固定资产核算,但不必计提折旧。在资产负债表中,应当单列"文物文化资产"项目予以反映。

(二) 民间非营利组织固定资产的核算

为了总括地反映固定资产的收支和结存情况,民间非营利组织应当设置"固定资产"(资产类)总账科目、"固定资产清理"(资产类)总账科目、"文物文化资产"(资产类)总账科目。其主要账务处理如下:

1. 固定资产的初始计量

(1) 外购的固定资产。购入不需安装的固定资产,按实际支付的买价、包装费、运杂费、保险费、专业人员服务费和相关税费等，借记"固定资产"科目，贷记"银行存款"科目。

购入需安装的固定资产，按实际支付的买价、包装费、运杂费、保险费、专业人员服务费和相关税费等，借记"在建工程"科目，贷记"银行存款"科目。安装完毕达到预定使用状态，按实际成本，借记"固定资产"科目，贷记"在建工程"科目。

[例 9-15] 某民间非营利组织购入设备，价款 23 400 元，保险费 800 元，款项以银行存款支付。设备购入后进行安装，又发生材料费 1 400 元，外聘人员报酬 600 元，以现金支付。安装完工，交付使用。

其会计分录如下。
购入需要安装设备：

借：在建工程　　　　　　　　　　　　　　　　　　　　24 200
　　贷：银行存款　　　　　　　　　　　　　　　　　　　24 200

发生安装费：

借：在建工程　　　　　　　　　　　　　　　　　　　　2 000
　　贷：存货——库存存货　　　　　　　　　　　　　　1 400
　　　　现金　　　　　　　　　　　　　　　　　　　　600

验收支付使用：

借：固定资产——设备　　　　　　　　　　　　　　　　26 200
　　贷：在建工程　　　　　　　　　　　　　　　　　　26 200

（2）自行建造的固定资产。对于自营工程，领用材料物资时，按所领物资的账面余额，借记"在建工程"科目，贷记"存货"科目；发生应负担的职工工资时，按实际金额，借记"在建工程"科目，贷记"应付工资"科目；对应分摊的水电等其他费用，按实际金额，借记"在建工程"科目，贷记"银行存款"科目。

对于出包工程，按合同规定向承包商预付工程款、备料款时，按实际金额，借记"在建工程"科目，贷记"银行存款"科目；与承包商办理工程价款结算时，按补付的工程款，借记"在建工程"科目，贷记"银行存款""应付账款"科目；属于为在建工程发生的工程管理费、征地费、可行性研究费等，借记"在建工程"科目，贷记"银行存款"科目。

[例 9-16] 某民间非营利组织将一幢新建办公楼工程出包给甲公司承建，按规定先向承包单位预付工程款 15 000 000 元，以银行存款转账支付；9 个月后，收到承包单位的有关工程结算单据，补付工程款 354 000 元，以银行存款转账支付，同时工程达到预定可使用状态。该民间非营利组织应编制会计分录如下。

预付工程款：

借：在建工程　　　　　　　　　　　　　　　　　　　　15 000 000
　　贷：银行存款　　　　　　　　　　　　　　　　　　15 000 000

补付工程款：

借：在建工程　　　　　　　　　　　　　　　　　　　　354 000
　　贷：银行存款　　　　　　　　　　　　　　　　　　354 000

工程达到预定可使用状态：
借：固定资产　　　　　　　　　　　　　　　　　　　　15 354 000
　　贷：在建工程　　　　　　　　　　　　　　　　　　　　15 354 000

2. 固定资产的折旧

如果固定资产是用于行政管理，应将所计提折旧计入管理费用，借记"管理费用"科目，贷记"累计折旧"科目；如果固定资产是用于生产存货，应将所计提折旧计入存货制造成本，借记"存货——生产成本"科目，贷记"累计折旧"科目。

[例9-17] 月末，依据固定资产使用部门计提折旧，生产部门的折旧费用3 000元，管理部门的折旧费600元。该民间非营利组织应编制会计分录如下。

借：存货——生产成本　　　　　　　　　　　　　　　　　3 000
　　管理费用　　　　　　　　　　　　　　　　　　　　　　600
　　贷：累计折旧　　　　　　　　　　　　　　　　　　　　3 600

3. 固定资产的后续支出

固定资产的后续支出是指固定资产在使用过程中发生的更新改造支出、修理费用等。与固定资产有关的后续支出，如果使可能流入民间非营利组织的经济利益或者服务潜能超过了原先估计，如延长了固定资产的使用寿命，或者使服务质量有实质性提高，或者使商品成本有实质性降低，则应当计入固定资产账面价值，但其增计后的金额不应当超过该固定资产的可收回金额。其后续支出应当计入当期费用。

发生后续支出时，按照应当计入固定资产账面价值的金额，借记："在建工程""固定资产"科目，贷记"银行存款"等科目，按照应当计入当期费用的金额，借记"管理费用"等科目，贷记"银行存款"等科目。

[例9-18] 非营利组织对服务大楼进行装饰装修改造，装饰装修改造支出130 000元，提升了大楼的服务功能。该民间非营利组织应编制会计分录如下。

借：固定资产　　　　　　　　　　　　　　　　　　　　　130 000
　　贷：银行存款　　　　　　　　　　　　　　　　　　　　130 000

4. 固定资产处置

将固定资产转入清理时，按所处置资产的账面价值，借记"固定资产清理"科目；按已提取的折旧，借记"累计折旧"科目；按固定资产的账面余额，贷记"固定资产"科目。

对清理固定资产过程中所发生的费用和相关税金，按实际发生额，借记"固定资产清理"科目，贷记"银行存款"科目。

收回所处置固定资产的价款、残料价值和变价收入时，借记"银行存款"科目，贷记"固定资产清理"科目；对于应由保险公司和过失人赔偿的损失，借记"现金""银行存款""其他应收款"科目，贷记"固定资产清理"科目。

对于固定资产清理后的净收益，借记"固定资产清理"科目，贷记"其他收入"科目；对于固定资产清理后的净损失，借记"其他费用"科目，贷记"固定资产清理"科目。

[例9-19] 某民间非营利组织有一项固定资产，因使用期满经批准报废。该项固定资产原件为350 000元，累计折旧340 000元。在清理过程中，以银行存款支付清理费用10 000元，残料变价收入为12 000元。该民间非营利组织应编制会计分录

如下。

固定资产转入清理：
借：固定资产清理　　　　　　　　　　　　　　　　　　　　　10 000
　　累计折旧　　　　　　　　　　　　　　　　　　　　　　　340 000
　　贷：固定资产　　　　　　　　　　　　　　　　　　　　　350 000
发生清理费用：
借：固定资产清理　　　　　　　　　　　　　　　　　　　　　10 000
　　贷：银行存款　　　　　　　　　　　　　　　　　　　　　10 000
收到残料变价收入：
借：银行存款　　　　　　　　　　　　　　　　　　　　　　　12 000
　　贷：固定资产清理　　　　　　　　　　　　　　　　　　　12 000
结转固定资产净收益：
借：其他费用——处置固定资产净损失　　　　　　　　　　　　8 000
　　贷：固定资产清理　　　　　　　　　　　　　　　　　　　8 000

5. 固定资产的盘盈、盘亏

如果固定资产盘盈，按公允价值，借记"固定资产"科目，贷记"其他收入"科目。如果盘亏，按固定资产账面价值扣除可收回的保险赔偿和过失人的赔偿后的金额，借记"管理费用"科目；按可收回的保险赔偿和过失人的赔偿等，借记"现金""银行存款""其他应收款"科目；按已提取的累计折旧，借记"累计折旧"科目；按固定资产的账面余额，贷记"固定资产"科目。

[例 9-20]　年末，对固定资产进行盘点，盘亏设备一台，账面价值 4 500 元，已计提折旧 1 500 元，经批准予以核销。该民间非营利组织应编制会计分录如下。

借：管理费用　　　　　　　　　　　　　　　　　　　　　　　3 000
　　累计折旧　　　　　　　　　　　　　　　　　　　　　　　1 500
　　贷：固定资产　　　　　　　　　　　　　　　　　　　　　4 500

6. 文物文化资产

（1）初始计量。若为外购，借记"文物文化资产"科目，贷记"银行存款""应付账款"科目；若为捐赠，借记"文物文化资产"科目，贷记"捐赠收入"科目。

[例 9-21]　某寺院外购一尊清代佛像，买价、相关税费以及运输费、安装费等共计 450 000 元，以银行存款支付 250 000 元，余款 200 000 元尚未支付。其会计分录如下。

借：文物文化资产　　　　　　　　　　　　　　　　　　　　　450 000
　　贷：银行存款　　　　　　　　　　　　　　　　　　　　　250 000
　　　　应付账款　　　　　　　　　　　　　　　　　　　　　200 000

[例 9-22]　某寺院接受华人捐赠的在战争期间本寺流失的佛像一尊，估价 1 200 000 元。其会计分录如下。

借：文物文化资产　　　　　　　　　　　　　　　　　　　　　1 200 000
　　贷：捐赠收入　　　　　　　　　　　　　　　　　　　　　1 200 000

(2) 资产处置。按文物文化资产的账面余额,借记"固定资产清理"科目,贷记"文物文化资产"科目。

[例 9-23] 寺院的一部藏经受损,难以修复,账面价值 50 000 元。其会计分录如下。

借:固定资产清理　　　　　　　　　　　　　　　　　　　50 000
　　贷:文物文化资产　　　　　　　　　　　　　　　　　　50 000

(3) 资产盘点。如果文物文化资产盘盈,按公允价值,借记"文物文化资产"科目,贷记"其他收入"科目。如果盘亏,按文物文化资产账面价值扣除可收回的保险赔偿和过失人的赔偿后的金额,借记"管理费用"科目;按可收回的保险赔偿和过失人的赔偿等,借记"现金""银行存款""其他应收款"科目;按文物文化资产的账面余额,贷记"文物文化资产"科目。

[例 9-24] 某非营利组织年末对文物文化资产进行盘点,盘亏一件账面价值 160 000 的文物资产,须确认过失人并要求赔偿。其会计分录如下。

借:其他应收款　　　　　　　　　　　　　　　　　　　160 000
　　贷:文物文化资产　　　　　　　　　　　　　　　　　160 000

(4) 期末计价。如果固定资产发生了重大减值,则应计提减值准备,将确认的减值损失计入当期费用。应根据所计提的减值准备,借记"管理费用——固定资产减值损失"科目,贷记"固定资产减值准备"科目。

四、民间非营利组织无形资产的管理与核算

无形资产是指民间非营利组织为开展业务活动、出租给他人或为管理目的而持有的且没有实物形态的非货币性长期资产,包括专利权、非专利技术、商标权、著作权、土地使用权等。

(一) 民间非营利组织无形资产的管理

(1) 无形资产的初始计量。无形资产在取得时,应当按照取得时的实际成本入账。

(2) 无形资产的摊销。无形资产应当自取得当月起在预计使用年限内分期平均摊销,计入当期费用。如预计使用年限超过了相关合同规定的有效年限或法律规定的有效年限,该无形资产的摊销年限按如下原则确定:① 合同规定了受益年限但法律没有规定有效年限的,摊销期不应超过合同规定的受益年限;② 合同没有规定受益年限,但法律规定了有效年限,摊销期不应超过法律规定的受益年限;③ 合同规定了受益年限,法律也规定有效年限的,摊销期不应超过两者中较短者;④ 如果合同和法律都没有规定有效年限,摊销期不应超过 10 年。

(3) 无形资产的处置。将实际取得的价款与无形资产的账面价值比较,其差额计入当期收入或费用。

(4) 无形资产的期末计价。在会计期末无形资产通常不必计提减值准备,但是,如果无形资产发生了重大减值,应对无形资产的可收回金额进行估计,并根据该无形资产的账面价值超过可收回金额的部分,计提减值准备,确认减值损失,并计入当期

费用。

(5) 无形资产的转让。无形资产的转让有两种方式：转让所有权和转让使用权。

(二) 民间非营利组织无形资产的核算

民间非营利组织为了总括地反映无形资产的增加和减少情况，应当设置"无形资产"（资产类）总账科目。其借方反映民间非营利组织无形资产的增加数，贷方反映无形资产的减少数，借方余额反映已入账但尚未摊销的无形资产的摊余价值。其主要账务处理如下。

1. 无形资产的初始计量

(1) 购入的无形资产，按照实际支付的价款确定其实际成本，借记"无形资产"科目，贷记"银行存款"科目。

[例9-25] 某非营利组织购入一项专利技术，价款 100 000 元，以银行存款支付。其会计分录如下。

借：无形资产　　　　　　　　　　　　　　　　　　　　　100 000
　　贷：银行存款　　　　　　　　　　　　　　　　　　　　100 000

(2) 自行开发并按法律程序申请取得的无形资产，按依法取得时发生的注册费、聘请律师费等费用，作为无形资产的实际成本，借记"无形资产"科目，贷记"银行存款"科目。依法取得前，在研究与开发过程中发生的材料费、直接参与开发人员的工资及福利费、开发过程中发生的租金、借款费用等直接计入当期费用，借记"管理费用"科目，贷记"银行存款"科目。

[例9-26] 某民间研究组织为研究专利，共支付材料费 20 000 元，人工费 23 000 元，购置小型设备 2 000 元。研究成功申请取得专利，发生注册费 50 000 元，律师费 2 000 元。

其会计分录如下。

研发过程中支出：

借：管理费用　　　　　　　　　　　　　　　　　　　　　45 000
　　贷：存货——库存存货　　　　　　　　　　　　　　　　20 000
　　　　银行存款　　　　　　　　　　　　　　　　　　　　25 000

申请注册过程中的费用：

借：无形资产——专利权　　　　　　　　　　　　　　　　52 000
　　贷：银行存款　　　　　　　　　　　　　　　　　　　　52 000

2. 无形资产的摊销

借记"管理费用"科目，贷记"无形资产"科目。

[例9-27] 接例9-25。上例专利技术的合同使用年限为 10 年，月摊销无形资产 800 元。其会计分录如下。

借：管理费用　　　　　　　　　　　　　　　　　　　　　800
　　贷：无形资产　　　　　　　　　　　　　　　　　　　　800

3. 无形资产的处置

按实际取得的价款，借记"银行存款"科目；按无形资产的账面余额，贷记"无形资产"科目。如果取得的价款大于无形资产的账面余额,按差额贷记"其他收入"科目;如果取得的价款小于无形资产的账面余额,按差额借记"其他费用"科目。

[例9-28]　2014年6月30日,某民间非营利组织将一项专利权出售,取得收入100 000元,该专利权的摊余价值为50 000元。

其会计分录如下。

借:银行存款	100 000
贷:无形资产——专利权	50 000
其他收入——无形资产处置收益	50 000

4. 无形资产的期末计价

根据所计提的减值准备,借记"管理费用——无形资产减值损失"科目,贷记"无形资产减值准备"科目。如果已计提减值准备的无形资产价值在以后会计期间得以恢复,则借记"无形资产减值准备"科目,贷记"管理费用——无形资产减值损失"科目。

5. 无形资产的转让

(1)转让所有权。按转让价款,借记"银行存款"科目;按无形资产的账面余额,贷记"无形资产"科目;按支付的相关税费,贷记"银行存款""应交税金"科目;按差额,借记"其他费用"科目或贷记"其他收入"科目。

[例9-29]　某单位转让一专利,其账面余额为52 000元,转让收入为60 000元,营业税率5%。

其会计分录如下。

借:银行存款	60 000
贷:无形资产	52 000
应交税金	3 000
其他收入	5 000

(2)转让使用权。出租无形资产获得的收入,为其他业务收入;出租无形资产所付出的成本,为其他业务成本。

▶ 五、民间非营利组织受托代理资产的管理与核算

(一)民间非营利组织受托代理资产的管理

受托代理资产是民间非营利组织接受委托方的委托从事委托代理业务而收到的资产。在受托代理过程中,民间非营利组织只是从委托方收到委托资产,并按委托人的意愿将资产转赠,在此过程中,民间非营利组织无权改变委托代理资产的用途或变更受益人。所以,民间非营利组织接受委托代理资产时,应确认受托代理资产,同时还应确认受托代理负债。受托代理资产的确认和计量按接受捐赠资产的计量原则处理。

(二)民间非营利组织受托代理资产的核算

为了核算受托代理资产业务,非营利组织应设置"受托代理资产"(资产类)总账科目和"受托代理负债"(负债类)总账科目。主要账务处理如下。

(1) 收到受托代理资产时,借记"受托代理资产"科目,贷记"受托代理负债"科目;若受托代理资产为现金、银行存款或其他货币资金,可以在"现金""银行存款""其他货币资金"科目下设置"受托代理资产"明细科目进行明细核算。

(2) 转赠或转出受托代理资产时,按受托代理资产的账面余额,借记"受托代理负债"科目,贷记"受托代理资产"科目。

[例 9-30] 某民间非营利组织受某单位委托,向受灾地区捐赠物资一批,其公允价值为 230 万元。

其会计分录如下。

借:受托代理资产——物资　　　　　　　　　　　　　　　2 300 000
　　贷:受托代理负债　　　　　　　　　　　　　　　　　　2 300 000

当移交捐赠物资时,

借:受托代理负债　　　　　　　　　　　　　　　　　　　2 300 000
　　贷:受托代理资产——物资　　　　　　　　　　　　　　2 300 000

六、民间非营利组织长期投资的管理与核算

(一) 民间非营利组织长期投资的管理

长期投资是短期投资以外的投资,分为长期股权投资和长期债权投资。

1. 长期股权投资

长期股权投资是指民间非营利组织持有时间准备超过一年(不含一年)的各种股权性质的投资,包括长期股票投资和其他长期股权投资等。

(1) 初始计量。在取得长期股权投资时,应当以取得时的实际成本作为初始投资成本。初始投资成本的计算方法同短期投资的初始计量方法。

(2) 核算方法。长期股权投资应当区别不同情况,分别采用成本法或者权益法核算。如果民间非营利组织对被投资单位无控制、无共同控制且无重大影响,长期股权投资应当采用成本法进行核算;如果民间非营利组织对被投资单位具有控制、共同控制或重大影响,长期股权投资应当采用权益法进行核算。

采用成本法核算时,被投资单位经股东大会或者类似权力机构批准宣告发放的利润或现金股利,作为当期投资收益。

采用权益法核算时,按应当享有或应当分享的被投资单位当年实现的净利润或发生的净亏损的份额调整投资账面价值,并作为当期投资损益。按被投资单位宣告分派的利润或现金股利计算分得的部分,减少投资账面价值。

被投资单位宣告分派的股票股利不作账务处理,但应当设置辅助账进行数量登记。

(3) 后续计量。期末,应对长期投资是否发生了减值进行检查。如果长期投资的可收回金额低于其账面价值,应当按照可收回金额低于账面价值的差额计提长期投资减值准备,确认长期投资减值损失并计入当期费用。如果长期投资的可收回金额高于其账面价值,应当在长期投资期初已计提减值准备的范围内转回可收回余额高于账面

价值的差额,冲减当期费用。

(4) 处置。在处置长期股权投资时,应将实际取得的价款与投资账面价值的差额确认为当期投资损益。

2. 长期债权投资

长期债权投资是指民间非营利组织购入的一年内(不含一年)不能变现或不准备随时变现的债券和其他债权投资。

(1) 初始计量。应当以取得时的实际成本作为初始投资成本。初始投资成本的计算方法同短期投资的初始计量方法。

(2) 利息计算。长期债权投资应当按照票面价值与票面利率按期计算确认利息收入。长期债券投资的初始投资成本与债券面值之间的差额,应当在债券存续期间,按照直线法于确认相关债券利息收入时予以摊销。

(3) 后续计量。同长期股权投资的处理。

(4) 处置。应将实际取得价款和投资账面价值的差额,确认为当期投资损益。

(二) 民间非营利组织长期投资的核算

1. 长期股权投资

科目设置:设置"长期股权投资"、"长期投资减值准备——长期股权投资减值准备"科目。

(1) 长期股权投资的初始计量。以现金购入的长期股权投资,按实际投资成本入账,借记"长期股权投资"科目,贷记"银行存款"科目;接受捐赠的长期股权投资,按确定的成本,借记"长期股权投资"科目,贷记"捐赠收入"科目。

如果实际支付的款项中包括已经宣告但尚未领取的现金股利,应当作为应收款项单独核算,不构成初始投资成本,按领取的现金股利,借记"其他应收款——应收股利"科目,按确定的初始投资成本,借记"长期股权投资"科目,按实际支付的全部价款,贷记"银行存款"科目。通过非货币性交易换入的长期股权投资,其核算原则参见短期投资部分。

[例 9-31] 2014 年 7 月 10 日,甲民间非营利组织以银行存款 3 000 000 元投资于乙公司,占乙公司 30%的股份,发生手续费等相关费用 20 000 元。

甲民间非营利组织会计分录如下。

借:长期股权投资——乙公司   3 020 000
 贷:银行存款   3 020 000

(2) 长期股权投资的核算方法。

第一,成本法。按初始投资或追加投资时的成本增加长期股权投资的账面价值。

[例 9-32] 某民间福利院于 2014 年 7 月 10 日购入 A 单位的 100 万股普通股的 15%,每股 4 元,其中含有已宣告发放但尚未领取的股利每股 1 元,支付交易费 3 000 元。

其会计分录如下。

投资成本=成交额+税费-已宣告发放但尚未领取的股利
   =1 000 000×15%×4+3 000-150 000=453 000(元)

借：长期股权投资	453 000
其他应收款	150 000
贷：银行存款	603 000

第二，权益法。长期股权投资采用权益法核算的情况下，投资最初以初始投资成本计量，投资后按其应当享有的被投资单位当年实现的净利润或发生的净亏损的份额调增或调减投资账面价值，同时确认投资收益或投资损失。借（贷）记"长期股权投资"科目，贷（借）记"投资收益"科目。

当被投资单位宣告分派利润或现金股利时，按照民间非营利组织应分得的部分，减少投资账面价值。借记"其他应收款——应收股利"科目，贷记"长期股权投资"科目。在实际收到现金股利或利润时，借记"银行存款"科目，贷记"其他应收款——应收股利"科目。

[例 9-33] 甲民间非营利组织 2014 年 1 月 2 日以银行存款 900 000 元向乙公司进行长期投资，占乙公司有表决权资本的 30%。乙公司 2005 年全年共实现净利润 550 000 元。

甲民间非营利组织的会计分录如下。

2005 年 1 月 2 日，投资时：

借：长期股权投资——乙公司	900 000
贷：银行存款	900 000

2005 年 12 月 31 日，确认投资收益：

借：长期股权投资——乙公司	165 000
贷：投资收益	165 000

2005 年年末"长期股权投资——乙公司"科目的账户余额＝900 000＋165 000＝1 065 000（元）。

（3）后续计量。如果长期股权投资的期末可收回金额低于账面价值，则按其差额，借记"管理费用——长期投资减值损失"科目，贷记"长期投资减值准备——长期股权投资减值准备"科目。

如果长期股权投资的期末可收回金额高于账面价值，则按其差额，在原计提减值准备的范围内，借记"长期投资减值准备——长期股权投资减值准备"科目，贷记"管理费用——长期投资减值损失"科目。

（4）处置。按处置长期股权投资实际取得的价款，借记"银行存款"科目；按已计提的减值准备，借记"长期投资减值准备——长期股权投资减值准备"科目；按所处置长期股权投资的账面余额，贷记"长期股权投资"科目；按尚未领取的已宣告发放的现金股利或利润，贷记"其他应收款——应收股利"科目；按其差额，借记或贷记"投资收益"科目。

2. 长期债权投资

设置"长期债权投资"科目，主要账务处理如下。

（1）初始计量。按确定的初始投资成本，借记"长期债权投资"科目，贷记"银行存款"科目。

（2）利息收入的核算。在持有长期债权投资期间，如持有的为到期一次还本付息的债券投资，应按票面价值与票面利率按期计算确认利息收入，借记"长期债权投资——债券投资（应收利息）"科目，贷记"投资收益"科目，如持有的为分期付款、到期还本的债权投资，应当借记"其他应收款——应收利息"科目，贷记"投资收益"科目。如果长期债权投资的初始投资成本和债券面值之间存在差额，应当在债券续存期间，按照直线法于确认相关债券利息收入时摊销。如初始投资成本高于债券面值，按照应当分摊的金额，借记"投资收益"科目，贷记"长期债权投资——债券投资（溢价）"科目；如初始投资成本低于债券面值，按照应当分摊的金额，借记"长期债权投资——债券投资（折价）"科目，贷记"投资收益"科目。

[例9-34] 某民间非营利组织按1 050元的价格购入甲公司债券40张。该债券期限5年，面值1 000元，票面年利率12%，每年付息一次，最后一年还本并付最后一次利息。该民间非营利组织应编制会计分录如下。

购买债券：
借：长期债权投资——面值　　　　　　　　　　　　　　40 000
　　　　　　　　——溢价　　　　　　　　　　　　　　 2 000
　　贷：银行存款　　　　　　　　　　　　　　　　　　42 000

年终计息：
借：其他应收款——应收利息　　　　　　　　　　　　　 4 800
　　贷：投资收益　　　　　　　　　　　　　　　　　　 4 400
　　　　长期债权投资　　　　　　　　　　　　　　　　　 400

每年收到利息：
借：银行存款　　　　　　　　　　　　　　　　　　　　 4 800
　　贷：其他应收款——应收利息　　　　　　　　　　　 4 800

到期还本并收最后一次利息：
借：银行存款　　　　　　　　　　　　　　　　　　　　44 800
　　贷：长期债权投资　　　　　　　　　　　　　　　　40 000
　　　　其他应收款　　　　　　　　　　　　　　　　　 4 800

（3）后续计算。如果长期债权投资的期末可收回金额低于账面价值，则按其差额，借记"管理费用——长期债权投资减值损失"科目，贷记"长期投资减值准备——长期债权投资减值准备"科目。

如果长期债权投资的期末可收回金额高于账面价值，则按其差额在原计提减值准备的范围内，借记"长期投资减值准备——长期债权投资减值准备"科目，贷记"管理费用——长期债权投资减值损失"科目。

（4）处置。按处置长期债权投资实际取得的价款，借记"银行存款"科目；按已计提的减值准备，借记"长期投资减值准备——长期债权投资减值准备"科目；按所处置长期债权投资的账面余额，贷记"长期债权投资"科目；按尚未领取的已宣告发放的现金股利或利润，贷记"其他应收款——应收股利"科目；按其差额，借记或贷记"投资收益"科目。

第二节 民间非营利组织负债的管理与核算

一、民间非营利组织负债概述

负债是由于过去的交易或事项形成的现时义务。

民间非营利组织负债具有三方面特征：(1)负债是由于过去的交易或事项形成的现时义务，它的偿付在未来需要转移或使用现金、商品或劳务；(2)负债不可避免，它源于法律、合同或类似的文件，是强制性的义务，只有在偿还了负债或被债权人豁免负债时，负债才能消除；(3)导致该义务的交易或事项已经发生。民间非营利组织的负债按其流动性可分为流动负债和长期负债。

二、民间非营利组织流动负债的管理和核算

(一)民间非营利组织流动负债的管理

流动负债是指将在一年或超过一年的一个营业周期内偿还的负债，包括短期借款、应付账款和应付票据、应付工资、预收账款、应交税金、预提费用、预计负债和其他应付款。

1. 短期借款

短期借款是指民间非营利组织向银行或其他金融机构借入的期限在一年以下（含一年）的各种借款。

2. 应付账款和应付票据

(1)应付账款。应付账款是指民间非营利组织因购买材料、商品和接受劳务供应等而应付给供应单位的款项。应付账款的确认是对应付账款的入账时间及入账金额的确认。在实际工作中，一般是等货物验收入库后才根据发票金额登记应付账款。如果已到期末，已经收到发票，但仍未收到货物，为正确反映单位的财务状况，应根据发票上的金额登记应付账款。应付账款应按其实际发生额计价，但是，如果购货条件包括一定的现金折扣时，则采用总价法进行处理，即应收账款按现金折扣前的金额入账。如果在折扣期内付款享有现金折扣，视为理财收益，冲减筹资费用。

(2)应付票据。应付票据是指民间非营利组织购买材料、商品和接受劳务供应等开出、承兑的商业汇票。

3. 应付工资

应付工资是民间非营利组织对职工个人的一种负债。民间非营利组织应按照相关规定，根据考勤记录、工时记录、工资标准等，编制"工资单"，计算各种工资，并应当将"工资单"进行汇总，编制"工资汇总表"。民间非营利组织应当设置"应付工资明细账"，按职工类别分设账页，按工资的组成内容分设专栏，根据"工资单"或"工资汇总表"进行

登记。

4. 预收账款

预收账款是民间非营利组织向服务和商品购买单位预收的各种款项。

5. 应交税金

应交税金是民间非营利组织应交未交的各种税费。如果民间非营利组织按照国家税法的规定需要交纳各种税费，如营业税、增值税、所得税、房产税、个人所得税等，则民间非营利组织应当依法纳税并进行相应的账务处理。

6. 预提费用

预提费用是民间非营利组织预先提取的已发生但尚未支付的费用。

7. 预计负债

预计负债是民间非营利组织对因或有事项所产生的现时义务而确认的负债。民间非营利组织将与或有事项相关的业务确认为负债的条件为：该业务是民间非营利组织承担的现实义务；该业务的履行很可能导致经济利益流出民间非营利组织；义务的金额能够可靠地计算。

8. 其他应付款

其他应付款是民间非营利组织应付、暂收其他单位或个人的款项。

（二）民间非营利组织流动负债的核算

1. 短期借款

非营利组织为了核算短期借款，应当设置"短期借款"（负债类）总账科目。本科目应当按照债权人设置明细账，并按照借款种类及期限等进行明细核算。本科目期末贷方余额，反映民间非营利组织尚未偿还的短期借款本金。

（1）借入时，按照实际借得的金额，借记"银行存款"，贷记"短期借款"。

（2）发生利息时，借记"筹资费用"，贷记"预提费用""银行存款"。

（3）归还时，如果按月计提利息，则按本金借记"短期借款"科目，按已计提的利息借记"预提费用"科目，按当月利息借记"筹资费用"科目，按偿付的本金和利息贷记"银行存款"科目。如果不采用预提利息的方法，则按本金借记"短期借款"科目，按支付的利息借记"筹资费用"科目，按偿付的本金和利息贷记"银行存款"。

[例 9-35] 某民间非营利组织于 2005 年 7 月 1 日向银行借入短期借款 50 000 元，利率为 6%，到期一次还本付息。2006 年 3 月 31 日到期，偿还本金 50 000 元，利息 2 250 元。期间已计提利息 2 000 元，当月发生利息 250 元。其会计分录如下。

① 借款时：

借：银行存款　　　　　　　　　　　　　　　　　　　　　50 000

　　贷：短期借款　　　　　　　　　　　　　　　　　　　　50 000

② 还款时：

借：短期借款　　　　　　　　　　　　　　　　　　　　　50 000

　　预提费用　　　　　　　　　　　　　　　　　　　　　2 000

　　筹资费用　　　　　　　　　　　　　　　　　　　　　　250

　　贷：银行存款　　　　　　　　　　　　　　　　　　　　52 250

2. 应付账款和应付票据

（1）应付账款。民间非营利组织为了核算其因购买材料、商品和接受服务供应等而发生的应付账款，应当设置"应付账款"（负债类）总账科目。本科目应按照债权人设置明细账，进行明细核算。本科目期末贷方余额，反映民间非营利组织尚未支付的应付账款。

发生应付账款时，按照应付未付金额，借记"存货"科目，贷记"应付账款"科目；偿还时，借记"应付账款"科目，贷记"银行存款"；如果是以商业汇票支付应付账款，借记"应付账款"科目，贷记"应付票据"科目。

[例9-36] 某民间非营利组织购入一批材料，增值税专用发票上列明该批材料的价款为10 000元，适用的增值税税率为13%，增值税额为1 300元。销售方规定的现金折扣条件为2/10，n/30。该民间非盈利中所购买的材料已验收入库，并收到了销售方开具的发票账单，但货款尚未支付。7天后，该民间非营利组织付清了购货款。其应编制会计分录如下：

① 收到发票账单，材料验收入库：

借：存货　　　　　　　　　　　　　　　　　　　　　　11 300
　　贷：应付账款　　　　　　　　　　　　　　　　　　　　11 300

② 付清购货款：

借：应付账款　　　　　　　　　　　　　　　　　　　　　11 300
　　贷：筹资费用　　　　　　　　　　　　　　　　　　　　　226
　　　　银行存款　　　　　　　　　　　　　　　　　　　　11 074

（2）应付票据。民间非营利组织为了核算其购买材料、商品和接受服务供应等而开出、承兑的商业汇票，包括银行承兑汇票和商业承兑汇票，应当设置"应付票据"（负债类）总账科目。民间非营利组织应当设置"应付票据备查簿"，详细登记每一应付票据的种类、号数、签发日期、到期日、票面金额、票面利率、合同交易号、收款人姓名或单位名称，以及付款日期和金额等资料。应付票据到期结清时，应当在备查簿内逐笔注销。本科目期末贷方余额，反映民间非营利组织持有的尚未到期的应付票据本息。

第一，应付票据的开具。因购买材料、商品和接受劳务供应等开出、承兑商业汇票时，借记"存货"科目，贷记"应付票据"科目；民间非营利组织在支付银行承兑商业汇票时，借记"筹资费用"科目，贷记"银行存款"科目；民间非营利组织开出商业汇票抵付应付账款时，借记"应付账款"科目，贷记"应付票据"科目。

第二，应付票据的计息。带息应付票据，期末或到期计算应付利息，借记"筹资费用"科目，贷记"应付票据"科目。

第三，应付票据的到期。如果能够如期偿付，借记"应付票据"科目（带息票据须按利息借记"筹资费用"科目），贷记"银行存款"科目。

如果到期无法支付票款，若应付票据为商业承兑汇票，借记"应付票据"科目，贷记"应付账款"科目（带息票据需按利息借记"筹资费用"科目）；若应付票据为银行承兑汇票，借记"应付票据"科目，贷记"短期借款"科目（带息票据需按利息借记"筹资费用"科目）。

[例 9-37] 某民间非营利组织向企业（一般纳税人）购入一批商品，发票账单上商品价格为 120 000 元，增值税额为 20 400 元。该民间非营利组织开具了一张期限为 3 个月的带息银行承兑汇票。年利率为 5%，该民间非营利组织为取得银行承兑汇票而支付手续费 1 200 元。该民间非营利组织被税务机关认定为小规模纳税人，该民间非盈利中应该编制如下分录：

① 购入商品：
借：存货　　　　　　　　　　　　　　　　　140 400
　　贷：应付票据　　　　　　　　　　　　　　　　140 400

② 支付银行手续费：
借：筹资费用　　　　　　　　　　　　　　　　1 200
　　贷：银行存款　　　　　　　　　　　　　　　　1 200

③ 按月计提利息（140 400×5%÷12）：
借：筹资费用　　　　　　　　　　　　　　　　585
　　贷：应付票据　　　　　　　　　　　　　　　　585

④ 票据到期偿还本息：
借：应付票据　　　　　　　　　　　　　　　　142 155
　　贷：银行存款　　　　　　　　　　　　　　　　142 155

⑤ 若票据无力支付：
借：应付票据　　　　　　　　　　　　　　　　142 155
　　贷：短期借款　　　　　　　　　　　　　　　　142 155

3. 应付工资的核算

民间非营利组织为了核算应付未付给职工的工资，应当设置"应付工资"（负债类）总账科目。本科目集中反映了民间非营利组织应付给职工的工资总额。包括在工资总额内的各种工资、奖金、津贴等，不论是否在当月支付，都应当通过本科目核算。本科目期末一般应无余额，如果应付工资大于实发工资的，期末贷方余额反映尚未领取的工资余额。

（1）工资分配。应付工资分配时，需分别记入有关的成本费用科目：行政管理人员工资，借记"管理费用"科目，贷记"应付工资"科目；应当计入各项业务活动成本的人员工资，借记"业务活动成本""存货——生产成本"科目，贷记"应付工资"科目；应当由在建工程负担的人员工资，借记"在建工程"科目，贷记"应付工资"科目。

（2）工资支付。按实际支付，借记"应付工资"科目，贷记"现金""银行存款"科目。

[例 9-38] 某民间福利机构从银行提取现金 357 000 元，发放工资。月份终了分配工资，其中：从事业务活动人员工资 280 000 元，管理人员工资 45 000 元，在建工程人员工资 15 000 元，代扣职工个人所得税 2 000 元，代扣住房公积金 1 000 元。另支付退休人员退休费 20 000 元。

其会计分录如下。

① 从银行提取现金：
借：现金　　　　　　　　　　　　　　　　　357 000
　　贷：银行存款　　　　　　　　　　　　　　　　357 000

② 发放职工工资：

借：应付工资	340 000
贷：应交税金——应交个人所得税	2 000
其他应付款——应付住房公积金	1 000
现金	337 000

③ 发放退休人员费用：

借：管理费用	20 000
贷：现金	20 000

④ 月份终了，分配工资：

借：业务活动成本	280 000
管理费用	45 000
在建工程	15 000
贷：应付工资	340 000

4. 预收账款的核算

为了核算民间非营利组织向服务和商品购买单位预收的各种款项，应当设置"预收账款"（负债类）总账科目。本科目应当按照购货单位设置明细账，进行明细核算。本科目期末贷方余额，反映民间非营利组织向购货单位预收的款项。

发生预收账款时，按预付金额，借记"银行存款"科目，贷记"预收账款"科目；当销售货物确认收入时，按预收账款账面余额，借记"预收账款"科目，贷记"银行存款"科目。

[例 9-39]　某寺院为一企业提供宗教服务，服务收费 40 000 元，按合同，企业须预先支付 10 000 元定金。其会计分录如下。

借：银行存款	10 000
贷：预收账款	10 000

宗教服务完成后，企业补足余款 30 000 元：

借：银行存款	30 000
预收账款	10 000
贷：提供服务收入	40 000

5. 应交税金

为了核算民间非营利组织按照国家税法规定应当交纳的各种税费，如营业税、增值税、所得税、房产税、个人所得税等，应当设置"应交税金"（负债类）总账科目。本科目应当根据具体情况，设置明细科目，进行明细核算。本科目期末贷方余额，反映民间非营利组织尚未交纳的税费；期末借方余额，反映民间非营利组织多交的税费。

缴纳时，借记"应交税金"科目，贷记"银行存款"或"现金"科目。"应交税金"贷方表示应交的各种税费，借方登记实际交纳的税费，期末贷方余额反映民间非营利组织尚未交纳的税费，如为借方余额，反映民间非营利组织多交尚未抵扣的税费。民间非营利组织应当根据具体情况，设置明细科目，进行明细核算。

(1) 营业税。

如果营业税纳税义务是因为民间非营利组织的主要业务活动而发生的，并且能够明确归属于主要业务活动,则民间非盈利中可以在"业务活动成本"科目下设"业务活动税金及附加"明细科目。按税费规定应交纳时,借记"业务活动成本——业务活动税金及附加"科目,贷记"应交税金——应交营业税"科目。

如果营业税纳税义务不是因为民间非营利组织的主要业务活动而发生,或者不能明确归属于主要业务活动,按税费规定交纳时,则借记"其他费用"科目,贷记"应交税金——应交营业税"科目。

民间非营利组织销售不动产,按税法规定应交的营业税,借记"固定资产清理"科目,贷记"应交税金——应交营业税"科目。民间非营利组织在实际交纳营业税时,借记"应交税金——应交营业税"科目。贷记"银行存款"科目。收到先征后返的营业税,实际收到时,借记"银行存款"科目,贷记"业务活动成本——业务活动税金及附加""其他费用"等科目。

[例9-40] 非营利组织本月应交纳营业税服务收入共40 000元,营业税率为5%。其会计分录如下。

借:业务活动成本——业务活动税金及附加　　　　　　　　　　2 000
　　贷:应交税金——应交营业税　　　　　　　　　　　　　　2 000

[例9-41] 续上例,将本月营业税缴入国库。其会计分录如下。

借:应交税金——应交营业税　　　　　　　　　　　　　　　2 000
　　贷:银行存款　　　　　　　　　　　　　　　　　　　　2 000

(2) 增值税。

民间非营利组织如果发生了增值税义务时,通过"应交税金"科目核算,收到先征后返的增值税,一般情况下,借记"银行存款"科目,贷记"政府补助收入——非限定性收入";若果受到限制,则借记"银行存款"科目,贷记"政府补助收入——限定性收入"。

[例9-42] 某非营利组织2013年对外销售一批产品,售价50 000元,增值税额8 500元,货款存入银行。该组织将收入用于符合其宗旨的各项活动,不受特定时间或用途上的限制。

借:银行存款　　　　　　　　　　　　　　　　　　　　　58 500
　　贷:商品销售收入——非限定性收入　　　　　　　　　　50 000
　　　　应交税金——增值税　　　　　　　　　　　　　　8 500

[例9-43] 2014年7月,该组织收到2013年下半年和2014年上半年的增值税退税共计27 961.20元。该增值税退税用于符合其宗旨的各项活动,不受特定时间或用途上的限制。其会计分录如下。

借:银行存款　　　　　　　　　　　　　　　　　　　　　27 961.20
　　贷:政府补助收入——非限定性收入　　　　　　　　　　27 961.20

(3) 所得税。

如果发生了所得税义务时,按照应交纳的所得税,借记"其他费用"科目,贷记本科目。交纳时,借记本科目,贷记"银行存款"科目。收到先征后返的所得税时。实际收到冲减当期的其他费用,借记"银行存款"科目,贷记"其他费用"科目。

[**例9-44**] 年末,某民间非营利组织计算应交企业所得税6 300元。其会计分录如下。

借：其他费用　　　　　　　　　　　　　　　　　　　　　　　6 300
　　贷：应交税金——企业所得税　　　　　　　　　　　　　　　　6 300

(4) 个人所得税。

民间非营利组织按规定计算应代扣贷交的个人所得税,借记"应付工资"等科目,贷记"应交税金——应交个人所得税"科目。实际交纳个人所得税时,应借记"应交税金——应交个人所得税"科目,贷记"银行存款"科目。

[**例9-45**] 某非营利组织职工当月应交纳个人所得税3 500元。其会计分录如下。

借：应付工资　　　　　　　　　　　　　　　　　　　　　　　3 500
　　贷：应交税金——个人所得税　　　　　　　　　　　　　　　　3 500

6. 预提费用的核算

为了核算民间非营利组织按照规定预先提取的已经发生但尚未支付的费用,如预提的租金、保险费、借款利息等。应当设置"预提费用"(负债类)总账科目。本科目应当按照费用种类设置明细账,进行明细核算。本科目期末贷方余额,反映民间非营利组织已预提但尚未支付的各项费用。

预提计入当期费用时,借记"筹资费用""管理费用"科目,贷记"预提费用"科目；实际支出时,借记"预提费用"科目,贷记"银行存款"科目。

[**例9-46**] 某民间非营利组织向投资公司贷入一笔为期6个月的短期借款500 000元,年利息8%,约定到期一次性还本付息。该笔资金有100 000元用于日常业务活动,400 000元用于在建工程项目。其会计分录如下。

借入时：
借：银行存款　　　　　　　　　　　　　　　　　　　　　　　500 000
　　贷：短期借款　　　　　　　　　　　　　　　　　　　　　　500 000

总利息：500 000×8%÷12×6=20 000元
月利息：20 000÷6=3 333.35元

每月计提利息时：
借：业务活动成本　　　　　　　　　　　　　　　　　　　　　　666.67
　　在建工程　　　　　　　　　　　　　　　　　　　　　　　2 666.68
　　贷：预提费用　　　　　　　　　　　　　　　　　　　　　3 333.35

还本付息时：
借：短期借款　　　　　　　　　　　　　　　　　　　　　　　500 000
　　预提费用　　　　　　　　　　　　　　　　　　　　　　　20 000
　　贷：银行存款　　　　　　　　　　　　　　　　　　　　　520 000

7. 预计负债

为了核算民间非营利组织对因或有事项所产生的现时义务而确认的负债,包括因对外提供担保、商业承兑票据贴现、未决诉讼等确认的负债。应当设置"预计负债"(负债类)总账科目。本科目应当按照预计负债项目设置明细账,进行明细核算。本科目期末贷方余额,反映民间非营利组织已预计尚未支付的债务。

在确认负债时,应借记"管理费用"科目,贷记"预计负债"科目;实际偿付时,借记"预计负债"科目,贷记"银行存款"科目;转回预计负债时,借记"预计负债"科目,贷记"管理费用"科目。

[例9-47] 某非营利组织为关系单位提供贷款担保300 000元,因关系单位资金紧张,成为本组织的预计负债,予以确认。

借:管理费用　　　　　　　　　　　　　　　　　　　　　300 000
　贷:预计负债　　　　　　　　　　　　　　　　　　　　　300 000

[例9-48] 接例9-47,因关系单位资金情况没有好转,本非营利组织代为偿付贷款本金300 000元,利息10 000元。

借:预计负债　　　　　　　　　　　　　　　　　　　　　300 000
　　管理费用　　　　　　　　　　　　　　　　　　　　　 20 000
　贷:银行存款　　　　　　　　　　　　　　　　　　　　　320 000

8. 其他应付款

为了核算民间非营利组织应付、暂收其他单位或个人的款项,如应付经营租入固定资产的租金等。应当设置"其他应付款"(负债类)总账科目。本科目按照应付和暂收款项的类别和单位或个人设置明细账,进行明细核算。本科目期末贷方余额,反映尚未支付的其他应付款项。

民间非营利组织发生的各项应付和暂收款项,借记"管理费用"、"现金"科目,贷记"其他应付款"科目;偿还应付款时,借记"其他应付款"科目,贷记"银行存款"或"现金"科目。

[例9-49] 某非营利组织租入设备1台用于业务活动,该设备每月租金400元。其会计分录如下。

(1)计提租金:

借:业务活动成本　　　　　　　　　　　　　　　　　　　　400
　贷:其他应付款　　　　　　　　　　　　　　　　　　　　400

(2)支付租金:

借:其他应付款　　　　　　　　　　　　　　　　　　　　　400
　贷:现金　　　　　　　　　　　　　　　　　　　　　　　400

三、民间非营利组织长期负债的管理与核算

(一)民间非营利组织长期负债的管理

1. 长期借款

长期借款是指民间非营利组织向银行或其他金融机构等借入的期限在一年以上的各种借款。

2. 长期应付款

长期应付款是指民间非营利组织融资租入固定资产时发生的应付租赁款。

（二）民间非营利组织长期负债的核算

1. 长期借款

为了核算民间非营利组织向银行或其他金融机构借入的期限在1年以上（不含1年）的各项借款。应当设置"长期借款"（负债类）总账科目。本科目应当按照贷款单位设置明细账，并按贷款种类进行明细核算。本科目期末贷方余额，反映民间非营利组织尚未偿还的长期借款本息。

（1）取得。借记"银行存款"科目，贷记"长期借款"科目。

（2）计息。为购建固定资产而发生的长期借款费用，借记"在建工程"科目，贷记"长期借款"。

除为购建固定资产而发生的长期借款，借款费用在发生时计入当期筹资费用，借记"筹资费用"，贷记"长期借款"科目。

[例9-50] 某民间福利机构向工商银行借入500 000元，借款期2年，年利率2.5%，到期一次还本付息。

其会计分录如下。

（1）借入资金时：

借：银行存款　　　　　　　　　　　　　　　　　500 000
　　贷：长期借款　　　　　　　　　　　　　　　　　500 000

（2）年末计提利息：

借：筹资费用　　　　　　　　　　　　　　　　　　12 500
　　贷：长期借款　　　　　　　　　　　　　　　　　 12 500

（3）到期归还贷款：

借：长期借款　　　　　　　　　　　　　　　　　　525 000
　　贷：银行存款　　　　　　　　　　　　　　　　　525 000

2. 长期应付款

为了核算民间非营利组织的各项长期应付款项，如融资租入固定资产的租赁费等。应当设置"长期应付款"（负债类）总账科目。本科目应当按照长期应付款的种类设置明细账，进行明细核算。本科目期末贷方余额，反映尚未支付的各种长期应付款。

民间非营利组织发生融资租入固定资产业务，按发生的费用，借记"固定资产——融资租入固定资产"科目，贷记"长期应付款"科目。

四、民间非营利组织受托代理负债的管理与核算

（一）民间非营利组织受托代理负债的管理

民间非营利组织的受托代理负债是指民间非营利组织因从事受托代理交易、接受受托代理资产而产生的负债。受托代理负债应当按照相对应的受托代理资产的金额予以确认和计量。

（二）民间非营利组织受托代理负债的核算

民间非营利组织应设置"受托代理负债"科目，该科目贷方登记受托代理负债的增

加,借方登记受托代理负债的减少,期末贷方余额反映民间非营利组织尚未清偿的受托代理负债。该科目应当按照指定的受赠组织或个人,或者指定的应转交的组织或个人设置明细账,进行明细核算。

民间非营利组织收到受托代理资产,按照应确认的入账金额,借记"受托代理资产"科目,贷记"受托代理负债"科目。转赠或者转出受托代理资产,按照转出受托代理资产的账面余额,借记"受托代理负债"科目,贷记"受托代理资产"科目。

[例 9 - 51] 甲基金会与乙企业签订了一份捐赠合作协议,协议规定:乙企业将通过甲基金会向丙学校捐赠 300 000 元,乙企业应当在协议签订后的 10 天内将款项汇往甲基金会银行账户,甲基金会应当在收到款项后的 10 日内将款项汇往丙学校的银行账户。7 天后,乙企业按照协议规定将款项汇到甲基金会银行账户。15 天后,甲基金会按照协议规定将款项汇至丙学校账户。假设不考虑其他因素和税费。该民间非营利组织应编制会计分录如下。

收到银行存款:
借:银行存款——受托代理资产　　　　　　　　　　　　　　　　300 000
　　贷:受托代理负债　　　　　　　　　　　　　　　　　　　　　300 000
转出银行存款:
借:受托代理负债　　　　　　　　　　　　　　　　　　　　　　300 000
　　贷:银行存款　　　　　　　　　　　　　　　　　　　　　　　300 000

第三节　民间非营利组织净资产的管理与核算

一、民间非营利组织净资产概述

民间非营利组织的净资产是指资产减去负债后的余额。净资产应当按照其是否受到限制,分为限定性净资产和非限定性净资产等。

二、民间非营利组织净资产的管理

(一)限定性净资产的管理

如果资产或者资产所产生的经济利益(如资产的投资收益和利息等)的使用受到资产提供者或者国家有关法律、行政法规所设置的时间限制或(和)用途限制,则由此形成的净资产即为限定性净资产,国家有关法律、行政法规对净资产的使用直接设置限制的,该受限制的净资产亦为限定性净资产。

时间限制是指资产提供者或者国家有关法律、行政法规要求民间非营利组织在收到资产后的特定时期之内或特定日期之后使用该项资产,或者对资产的使用设置了永久限制。

用途限制是指资产提供者或者国家有关法律、行政法规要求民间非营利组织将收到的资产用于某一特定的用途。

（二）非限定性净资产的管理

民间非营利组织的净资产中除了限定性净资产之外的其他净资产，为非限定性净资产。

三、民间非营利组织净资产的核算

（一）限定性净资产的核算

如果资产或者资产的经济利益（如资产的投资收益和利息等）的使用和处置受到资源提供者或者国家有关法律、行政法规所设置的时间限制或（和）用途限制，则由此形成的净资产即为限定性净资产。为了核算民间非营利组织的限定性净资产，应当设置"限定性净资产"（净资产类）总账科目。本科目期末贷方余额，反映民间非营利组织历年积存的限定性净资产。

（1）期末结转限定性收入。期末，将当期限定性收入的贷方余额转为限定性净资产，即将各科目中所属的限定性收入明细科目的贷方余额转入"限定性净资产"的贷方，借记"捐赠收入——限定性收入""政府补助收入——限定性收入"科目，贷记"限定性净资产"科目。

[例9-52]　某民办学校于2014年12月得到一笔20 000元的政府补助款，该补助要求用于资助贫困生。其会计分录如下。

2004年12月
借：银行存款　　　　　　　　　　　　　　　　　　　　　　20 000
　　贷：政府补助收入——限定性收入　　　　　　　　　　　　20 000
2004年12月31日
借：政府补助收入——限定性收入　　　　　　　　　　　　　20 000
　　贷：限定性净资产　　　　　　　　　　　　　　　　　　　20 000

（2）限定性净资产的重分类。如果限定性净资产的限制已经解除，应对净资产重新分类。借记"限定性净资产"，贷记"非限定性净资产"。

（3）调整以前期间限定性收入项目。如果因调整以前期间限定性收入项目而涉及调整限定性净资产的，按需调整的金额，借记或贷记有关科目，贷记或借记"限定性净资产"科目。

（4）限定性净资产的其他变动。有时，一些资产在取得时并没有限制条件，但在后来资源提供者或国家法律、行政法规对该项资产增设了时间或用途限制条件，那么相应的非限定性净资产就应转入限定性净资产。借记"非限定性净资产"科目，贷记"限定性净资产"科目。

（二）非限定性净资产的核算

为了核算民间非营利组织的非限定性净资产，即民间非营利组织净资产中除限定性净资产之外的其他净资产，应当设置"非限定性净资产"（净资产类）总账科目。本科目期末贷方余额,反映民间非营利组织历年积存的非限定性净资产。

(1) 期末结转非限定性收入。期末,民间非营利组织应将捐赠收入、会费收入、提供服务收入、政府补助收入、商品销售收入、投资收益和其他收入等各项收入科目中非限定性收入明细科目的期末余额转入非限定性净资产,借记相关科目,贷记"非限定性净资产"科目。

[例9-53] 某民间非营利组织在2014年7月13日共取得捐赠收入50 000元(限定用途),会费收入80 000元(非限定性),服务收入60 000元(非限定性),政府补助收入30 000元(其中:20 000元为限定用途,10 000元为非限定性),其他收入20 000元(非限定性)。其会计分录如下。

```
借:会费收入——非限定性收入              80 000
    提供服务收入——非限定性收入          60 000
    政府补助收入——非限定性收入          10 000
    其他收入——非限定性收入              20 000
  贷:非限定性净资产                                170 000
借:捐赠收入——限定性收入                50 000
    政府补助收入——限定性收入            20 000
  贷:限定性净资产                                   70 000
```

(2) 期末结转成本费用项目。期末,应将业务活动成本、管理费用、筹资费用和其他费用的期末余额均结转至非限定性净资产,借记"非限定性净资产"科目,贷记"业务活动成本"、"管理费用"、"筹资费用"和"其他费用"科目。

(3) 调整以前期间非限定性收入、费用项目。如果因调整以前期间非限定性收入、费用项目而涉及调整非限定性净资产的,按需调整的金额,借记或贷记有关科目,贷记或借记"非限定性净资产"科目。

[例9-54] 2014年5月1日,某基金会发现上一年的一项无形资产摊销8 000元未记录,该基金会应当追溯调整2004年度业务活动表中的管理费用,减少非限定性净资产期初数8 000元。其会计分录如下。

```
借:非限定性净资产(期初数)             8 000
  贷:无形资产                                       8 000
```

本 章 小 结

本章介绍了我国民间非营利组织会计资产、负债及净资产的管理与核算。民间非营利组织应当同时具备以下三个特征:该组织不以营利为宗旨和目的;资源提供者向该组织投入资源不取得经济回报;资源提供者不享有该组织的所有权。资产是指过去的交易或事项形成的并由民间非营利组织拥有或控制的资源,该资源预期会给民间非营利组织带来经济利益或者服务潜力。民间非营利组织会计存在文物文化资产和受托代理资产两项特有的资产。文物文化资产用于展览、教育或研究等目的的历史文物、艺术品以及其他具有文化或者历史价值并作长期或者永久保存的典藏等,作为固定资产核算,但不必计提折旧。在资产负债表中,应当单列"文物文化资产"项目予以反映。受托代理资产是民间非营利组织接受委托方的委托从事委托代理业务而收到的资产。在受托代理过程中,民间非营利组织只是从委托方收到委托资产,并按委托人的意愿将资产转赠,在此过程中,民间非营利组织无权改变委托代理资产的用途或变更受益人。所以,民间非营利组织接受委托代理资产时,应确认受托代理资产,同时还应确认受托代理负债。负债是指过去的交易或事项形成的现实义务,履行该义务预期会导致含经济利益或者服务潜力的资源流出民间非营利组织,内容包括流动负债、长期负债和受托代理负债等。民间非营利组织的净资产是指资产减去负债的余额,分为限定性净资产和非限定性净资产。限定性资产主要分为时间限制和用途限制。民间非营利组织的净资产中除了限定性净资产之外的其他净资产,为非限定性净资产。

关 键 术 语

文物文化资产、受托代理资产、受托代理负责、限定性净资产、非限定性净资产

复 习 思 考 题

1. 什么是民间非营利组织的资产？民间非营利组织资产如何分类？
2. 什么是民间非营利组织的负债？民间非营利组织负债如何分类？
3. 民间非营利组织的净资产如何分类与核算？
4. 民间非营利组织如何核算文物文化资产和受托代理资产？
5. 民间非营利组织如何核算受托代理负债？

练 习 题

以下各题请作其会计分录。

1. 外购一项文物文化资产,该项文物文化资产的买价为 75 000 元,并以现金 3 000 元支付运输费和装卸费等相关费用。

2. 接受捐赠人捐赠一项文物文化资产,捐赠人没有提供相关的计价凭据,也没有具体的使用限制条件,经评估该文物文化资产公允价值 150 000 元。

3. 收到一批委托代理物资,计价 15 200 元,指定捐赠给某希望小学。

4. 与某企业签订一份捐赠合作协议,将捐款 200 000 元在协议签订后转赠一名患病儿童,用于支付医疗费用,款项已经收到并存入银行。

5. 取得一项捐款 100 000 元,捐赠人限定将该存款用于购买体育设备。次年六月,该基金购入 50 000 元设备。次年 7 月,经与捐赠人协商,其同意将剩余款项 50 000 元留该基金会自主使用

阅 读 材 料

非营利组织作为一种活跃的社会组织形态,在社会经济发展中起到了越来越重要的作用,但非营利组织会计却没有得到应有的重视。对非营利组织会计的研究相

对于企业会计理论而言起步比较晚,相关的非营利组织会计准则研究相对落后,加强非营利组织的监督管理变得日益重要。然而,民间非营利组织在迅速发展的过程中因会计制度不健全、缺乏会计监管也出现了各种问题。非营利组织会计应至少做到"钱账分离"并应该根据自身情况安排审计。在此基础上,还应明确监管主体、完善财务信息披露,使非营利组织财务会计监管发挥其应有的作用。

一、民间非营利组织存在的问题与发展面临的挑战

(一)信息披露

1. 财务报告质量低。目前,我国非营利组织提供的财务报告普遍不太严谨,相关性、可靠性和可比性较差,信息披露缺少公开性、完整性和透明度,存在周期长、效率低、环节多等问题,对捐赠人的反馈更是少之又少。在会计法规不统一之外,许多报表还出现了在准则理解之外的低级错误。

2. 信息披露透明度低。以汶川地震捐款为例,在地震的捐款中,清楚捐赠资金用到哪里的捐赠人只占4.7%,50.8%的捐赠人不大清楚,完全不清楚资金去向的捐赠人占16%。由于对慈善机构的不信任,不少人并未通过慈善组织对灾区进行捐赠,而是选择直接把钱物交到灾区人民手中。很多基金会正在筹建针对捐赠的网络信息平台,但平台仅限于组织年审是否合格以及披露捐赠人的捐款信息,对于捐款的去向交待不多,而捐款的效果和使用效率如何,则完全没有提及。

(二)政府监管

1. 双重管理体制。1998年发布的《社会团体登记管理条例》明确规定:"成立社会团体,应当经其业务主管单位审查同意。"对基金会和民办非企业单位的注册、管理方法,参照社会团体的规定。按此规定,社会团体登记管理机关是各级民政部门,其业务主管机关是各级政府部门。这种将非营利组织的注册登记和监督职责分成两个部分进行管理的双重管理体制的体制劣势逐渐显现出来:登记管理机关正在从登记进入管理转向全面管理,而业务主管单位却逐渐丧失了管理控制的权利。对于非营利组织的登记注册,民政部门的控制过于严格,导致许多的非营利组织因无法找到业务主管单位而难以注册。而在注册之后对于其运营过程管理又过于松弛,出现"监督缺位"、"管理缺位"的现象。

2. 信息披露制度不完善。按照规定,非营利组织应向业务主管单位汇报接受和使用捐赠、资助的相关情况,并将相关情况以适当方式向社会披露。但是,这些规定过于简单、笼统,可操作性差。由于在信息披露方面的压力缺失,是否披露对获得捐款的数量影响很小;甚至有的非营利组织并不具备信息披露的能力,根本达不到法律规定的信息披露的基本要求,但却基本受不到处罚。

二、对非营利组织的发展建议

(一)制定统一的非营利组织财务报告准则

1. 制定非营利组织财务报告准则

本文认为,非营利组织符合下列情形之一的,应当执行一般非营利组织财务报告准则:

第一,公益性非营利组织,享有较高的税收优惠政策;
第二,寻求政府资助或支持的非营利组织;
第三,从事大量公共募捐的非营利组织。

对于上述非营利组织,有能力也有义务向社会公众详细地报告、披露会计信息。因而,这类非营利组织的财务报告准则应当比照上市公司财务报告和信息披露的规定,采用应计制的核算基础,要求其全面、完整、准确地反映组织的财务状况、经营成果和现金流量等信息,而且财务报告须由独立的注册会计师审计,然后再向社会公众公开披露。我们建议一般非营利组织财务报告准则体系应当包括三部分内容:(1)非营利组织会计基本准则;(2)非营利组织一般业务财务报告准则;(3)非营利组织特殊业务财务报告准则。

2. 建立非营利组织信息披露的规范

政府在非营利组织的管理的制度规范方面饱受诟病,并且在我国非营利组织发展时间短、不成熟、自律性差、社会监督不足的情况下,建立一套非营利组织信息披露的行业规范和指南很有必要,保证组织收到的每一笔捐款都登记在册,并公开披露,接受社会各界的监督,以提高信息的透明度,使其成为"玻璃口袋",增强非营利组织的公信力和持续发展能力。账目披露应该以最终用途为基准,而不能仅限于披露将捐款拨给地方,政府或者其他非营利组织,善款使用和物资分配的决策过程必须让老百姓最大程度地参与。对于基金会提取的管理费,应向使用者披露管理费的提取额度、提取依据,以及具体用途,这样有利于捐款人评价捐款的使用效率。对于从事影响卫生或福利的非营利组织(比如我们的调研对象华益助弱中心),还应当提交有关确保社会公众的健康和安全的报告。对于非营利组织所从事的商业活动,应充分披露该商业项目的所有相关信息,包括项目的合作方、盈利模式、盈余分配方式、盈余的用途等。

(二)建立非营利组织信息公开披露的渠道

非营利组织应当对其开展的各项公益项目、计划和具体内容进行明细公示,在每次募捐或救助活动结束后,及时通过报刊、广播、电视或者互联网等媒体公布募捐救助活动情况,限时披露善款善物的具体用途,以便接受社会各界监督,促进慈善组织公信力的不断提高。在非营利组织的物资采购、工程发包、购买服务等工作中,应坚持程序规范、过程公开、结果公示的原则。要注重打造阳光、透明、公开的慈善运作模式,依赖专业、透明的管理运营,坚持将慈善信息通过媒体等形式向社会公开。

(三)建立非营利组织财务报告的审计制度

为了保证公益性非营利组织财务报告能够公允地反映组织的财务状况、业务活动和现金流量等信息,必要建立独立的审计制度。美国法律规定,所有审计师拿出8%—10%的时间做无偿审计,审计对象就是非营利组织。这样既解决了非营利组织资金困难的问题,也有效地鉴证了非营利组织财务报告的客观性和相关性。这同样对我国的中小型非营利组织的审计发展很有好处,但需要政府和立法层面的推动。

对于非营利组织的审计,除了要审核财务报表的可靠性和公允性,还要对组织披露的大量非财务信息进行评价,评价非财务信息与财务报表数据的一致性。因而,系统地对审计人员进行非营利组织审计的培训在当前情况下显得迫切而有必要。

(资料来源:王璐瑶:"民间非营利组织会计监管问题及发展建议",《管理观察》,2014年第6期。)

第十章 民间非营利组织收入和支出的管理与核算

教学目的与要求

通过本章的学习,明确民间非营利组织会计收入和费用的内容以及分类方法、各项收入费用的含义及确认条件、熟悉各项收入费用的核算方法、重点掌握捐赠收入、会费收入、业务活动成本的核算。

第一节 民间非营利组织收入的管理与核算

一、民间非营利组织收入概述

（一）收入的概念

根据《民间非营利组织会计度》的规定,收入是指民间非营利组织开展业务活动取得的、导致本期净资产增加的经济利益或者服务潜力的流入,包括商品销售和提供劳务取得的收入、政府补助取得的收入、捐赠取得的收入和让渡资产取得的收入等。

（二）收入的特征

从收入的概念可以看出,收入具有以下四个基本特征。

（1）收入的来源渠道多。民间非营利组织的收入因组织的性质不同,来源渠道比较多,主要有社会各界的捐赠收入、政府部门的补贴收入、让渡资产取得的投资收益、销售商品和提供劳务形成的收入、举办各种会议取得的收入、其他收入等。

（2）收入将导致资产增加或者负债减少（或者两者兼而有之）,并最终导致民间非营利组织经济利益或服务潜力的增加。其中,"经济利益"是指直接或间接地流入民间非营利组织的现金或者最终能转化为现金的非现金资产；"服务潜力"是指民间非营利组织从事宗旨或章程所规定的活动,向公众、会员或其他受益人、委托人提供所需产品或服务的能力。

(3)收入将导致本期净资产的增加。收入可以表现为民间非营利组织资产的增加或负债的减少,或两者兼有。根据"资产-负债=净资产"的会计恒等式,收入实现所表现的任何一种可能,其最终结果都一定会增加净资产。因此,只有导致净资产增加的收入,才能作为收入核算。

(4)收入是指民间非营利组织本身经济利益的实现,不包括为第三方代收的有关款项或其他资产等。民间非营利组织因从事受托代理交易而为第三方代收的款项或其他资产,既会增加民间非营利组织的资产,又会增加相应的负债,故不会引起民间非营利组织净资产的增加,也就不能作为民间非营利组织的收入。

(三)收入的分类

按照不同的分类标准,收入可以有不同的分类,主要分类方法有以下四种。

(1)按照收入的来源,分为捐赠收入、会费收入、提供服务收入、政府补助收入、投资收益、商品销售收入等主要业务活动收入和其他收入等。

捐赠收入,是指民间非营利组织接受其他单位或者个人捐赠所取得的收入。

会费收入,是指民间非营利组织根据章程等的规定向会员收取的会费。

提供服务收入,是指民间非营利组织根据章程等的规定向其服务对象提供服务取得的收入,包括学费收入、医疗费收入、培训费收入等。

政府补助收入,是指民间非营利组织接受政府拨款或者政府机构给予的补助而取得的收入。

投资收益,是指民间非营利组织因对外投资取得的投资净损益。

商品销售收入,是指民间非营利组织销售商品(如出版物、药品等)等所形成的收入。

民间非营利组织如果有除上述捐赠收入、会费收入、提供服务收入、政府补助收入、投资收益、商品销售收入之外的其他主要业务活动收入,也应当单独核算。

其他收入,是指除上述主要业务活动收入以外的其他收入,如固定资产处置净收入、无形资产处置净收入等。

(2)按照收入与其主要业务活动的关系,分为主要业务收入和其他收入。

主要业务收入,是指由民间非营利组织的基本业务活动所取得的收入。主要业务收入在民间非营利组织的收入中占有较大比重,直接影响着其经济效益。主要业务收入的范围随着民间非营利组织性质的不同而不同,一般指捐赠收入、会费收入、提供服务收入、政府补助收入、投资收益、商品销售收入等。

其他收入,是指民间非营利组织除主要业务活动以外的其他业务活动所取得的收入。它主要指固定资产处置净收入、无形资产处置净收入等。这些业务收入与主要业务收入相比,相对处于次要地位。

(3)按照收入的使用是否存在限制,分为限定性收入和非限定性收入。

限定性收入,是指资产使用受到资产提供者所附条件的限制的收入。资产提供者附加的限制包括:时间限制,即要求在以后的某一时期或某一特定日期之后才能使用相应的资产。用途限制,即要求将相应资产用于某一特定的用途。比如,接受捐赠的赈灾物资,在灾害发生之前,就属于限定性净资产。时间限制和用途限制二者兼有,比如,捐赠方要求将捐赠资产进行投资以便在某一特定的时期提供收入，并且将这些收入主要用于某一特定的用途。

非限定性收入，是指资产使用不受资产提供者所附条件限制和制约的收入。

(4) 按照收入等价交换原则，分为交换交易收入和非交换交易收入。

交换交易收入，是指民间非营利组织的收入是按照等价交换原则取得的。比如，商品销售收入、提供服务收入等。

非交换交易收入，是指民间非营利组织的收入不是按照等价交换原则而是无偿取得的。比如，民间非营利组织收到的捐赠收入、政府补助收入等。

(四) 收入的确认和计量

1. 收入确认

对于民间非营利组织而言，收入的确认是指将某个项目作为一项收入正式入账并列入业务活动表的过程。在这一过程中，应该遵循权责发生制原则。需要注意的是，民间非营利组织在将某个项目确认为收入时，此项目必须首先符合收入的概念，此外还应当满足收入确认的具体条件。

2. 收入计量

对于民间非营利组织而言，收入的计量是指为了在业务活动表中确认和列报收入要素而确定其金额的过程，即确定收入的确认金额。民间非营利组织的各项收入，应当按照交易或事项所引起的现金、应收款项或其他资产的增加额，或者负债的减少额进行计量。

在民间非营利组织的业务活动表中，收入一般以其总额，即未扣除相关成本费用的金额列报。而对于固定资产处置、无形资产处置等偶发性、边缘性业务形成的收入，则一般是以扣除相关费用后的净额列报。

3. 相关会计科目的设置

民间非营利组织可以根据收入的来源设置一级科目，如"捐赠收入""会费收入""提供服务收入""政府补助收入"等，然后按照收入是否受到限制，在一级科目下设置"限定性收入"和"非限定性收入"二级明细科目。

民间非营利组织也可以根据收入是否受到限制设置"限定性收入"和"非限定性收入"一级科目，然后按照收入的来源，在一级科目下设置"捐赠收入""会费收入""提供服务收入""政府补助收入"等二级明细科目。

二、民间非营利组织收入的管理

(一) 主要业务收入的管理

民间非营利组织的主要业务收入包括捐赠收入、会费收入、提供服务收入、政府补助收入、投资收益和商品销售收入等。

1. 捐赠收入的管理

(1) 捐赠收入的概念。根据《民间非营利组织会计制度》的规定，捐赠收入是指民间非营利组织接受其他单位或者个人捐赠所取得的收入，不包括民间非营利组织因受托代理业务而从委托方收到的受托代理资产。按资产提供者对资产的使用是否设置了时间限制或者（和）用途限制，捐赠收入可分为限定性收入和非限定性收入。如果捐赠人对捐赠资产的使用设置了时间限制或者（和）用途限制，则所确认的相关捐赠收入为限定性捐赠收入；如果捐赠方对捐赠资产的使用没有设置时间限制或者（和）用途限制，则所确认的相关捐赠收入为非限定性捐赠收入。捐赠收入属于非交换交易收入。

（2）捐赠承诺和劳务捐赠不应予以确认。捐赠承诺是指捐赠现金或其他资产的书面协议或口头约定等。由于捐赠承诺兑现的可能性无法可靠估计，与交易相关的含有经济利益或服务潜力的资源不一定能够流入民间非营利组织并为其所控制，所以无法满足收入确认的相关条件。因此，对于捐赠承诺不应予以确认，但可以在会计报表附注中作相关披露。

劳务捐赠是指捐赠人自愿地向受赠人无偿提供劳务。对于有些民间非营利组织而言，劳务捐赠是支持其业务活动的重要组成部分。根据《民间非营利组织会计制度》的规定，对于劳务捐赠不予确认，但可以在会计报表附注中作相关披露，这是因为劳务捐赠所形成的收入无法可靠地计量。

2. 会费收入的管理

根据《民间非营利组织会计制度》的规定，会费收入是指民间非营利组织根据章程等的规定向会员收取的会费。一般情况下，民间非营利组织的会费收入为非限定性收入，除非相关资产提供者对资产的使用设置了限制。会费收入属于非交换交易收入。

3. 提供服务收入的管理

（1）提供服务收入的概念。根据《民间非营利组织会计制度》的规定，提供服务收入是指民间非营利组织根据章程等的规定向其服务对象提供服务取得的收入，包括学费收入、医疗费收入、培训费收入等，又被称为提供劳务收入。一般情况下，民间非营利组织的提供服务收入为非限定性收入，除非相关资产提供者对资产的使用设置了限制。提供服务收入属于交换交易收入。

（2）提供服务收入的确认。对于提供服务收入，应该按照以下两项规定加以确认。

第一，在同一会计年度内开始并完成的劳务，应当在完成劳务时确认收入。

第二，如果劳务的开始和完成分属不同的会计年度，可以按完工进度或完成的工作量确认收入。这种情况下要确认提供服务收入，还必须满足两个条件：劳务收入和成本能够可靠地计量；与交易相关的经济利益很可能流入民间非营利组织。

（3）提供服务收入的计量。提供服务收入应当按照民间非营利组织与接受服务方签订的合同或协议的金额确定。

在同一会计年度内开始并完成的劳务，应当在完成劳务时，按照合同或协议规定的总金额确认和计量收入。

如果劳务的开始和完成分属不同的会计年度，可以按完工进度或完成的工作量确认和计量收入，计算公式如下：

本年应确认的收入＝劳务总收入×本年末止劳务的完成程度－以前年度已确认的收入

本年应确认的费用＝劳务总成本×本年末止劳务的完成程度－以前年度已确认的费用

劳务总收入，即合同总收入，一般根据双方签订的合同或协议注明的交易总金额确定。

劳务总成本，包括至资产负债表日止已经发生的成本和完成劳务将要发生的成本。

劳务的完成程度，是指完工进度或完成的工作量。

4. 政府补助收入的管理

根据《民间非营利组织会计制度》的规定，政府补助收入是指民间非营利组织接受政府拨款或者政府机构给予的补助而取得的收入。民间非营利组织的政府补助收入应当视相关资产提供者对资产的使用是否设置了限制，分为限定性政府补助收入和非限定性政府补助收入。如果政府或政府机构对政府补助资产的使用设置了时间限制或者(和)用途限制，则所确认的相关政府补助收入为限定性政府补助收入；如果政府或政府机构对政府补助资产的使用没有设置时间限制或者(和)用途限制，则所确认的相关政府补助收入为非限定性政府补助收入。政府补助收入属于非交换交易收入。

5. 投资收益的管理

根据《民间非营利组织会计制度》的规定，投资收益是指民间非营利组织因对外投资取得的投资净损益。投资收益属于交换交易收入。

投资收益包括：(1)债权投资的利息收益，如国库券利息、债券利息等；(2)股权投资的股利收入，如与外单位共同投资兴办民间非营利组织，被投资民间非营利组织根据投资协议分配给民间非营利组织的税后利润以及民间非营利组织进行股票投资取得的现金股利。

6. 商品销售收入的管理

(1)商品销售收入的概念。根据《民间非营利组织会计制度》的规定，商品销售收入是指民间非营利组织销售商品(如出版物、药品等)等所形成的收入。一般情况下，民间非营利组织的商品销售收入为非限定性收入，除非相关资产提供者对资产的使用设置了限制。商品销售收入属于交换交易收入。

(2)商品销售收入的确认。商品销售收入应当在下列四项条件同时满足时予以确认。

条件一：已将商品所有权的主要风险和报酬转移给购货方。

如果一项商品发生的任何损失均不需要民间非营利组织承担，带来的经济利益也不归民间非营利组织所有，则意味着该商品所有权的风险和报酬已经转移出该民间非营利组织。

条件二：既没有保留通常与所有权相联系的继续管理权，也没有对已售出的商品实施控制。

根据合同或协议，民间非营利组织对已售出的商品仍然保留通常与所有权相联系的继续管理权，或仍然对售出的商品实施控制，说明此项交易没有最终完成，销售不能成立，因而不能确认收入。

条件三：与交易相关的经济利益能够流入民间非营利组织。

在销售商品的交易中，与交易相关的经济利益就是销售商品的价款。销售商品的价款能否有把握收回，是收入确认的一个重要条件。民间非营利组织在销售商品时，如果估计价款收回的可能性不大,即使收入确认的其他条件均已满足,也不应当确认收入。

条件四:相关的收入和成本能够可靠地计量。

收入能够可靠地计量,是确认收入的基本前提。民间非营利组织在销售商品时,售价通常已经确定。但在销售过程中由于某些不确定因素,售价也可能发生变动,在新的商品售价确定之前不应确认收入。

根据收入和费用配比原则,与同一销售有关的收入和成本应当在同一会计期间予以确认。因此,如果成本不能可靠计量,即使其他条件均已满足,相关的收入也不能确认。如已收到价款,收到的价款应该确认为一项负债。

(3)商品销售收入的计量。商品销售收入应当按照民间非营利组织与购货方签订的合同或协议金额或双方接受的金额确定。没有合同或协议的,应当按照购销双方都同意或都能接受的价格确定。

销售商品时经常会遇到现金折扣、销售折让和销售退回等问题。根据《民间非营利组织会计制度》的相关规定:对于现金折扣,应当采用全额法处理,即在确定商品销售收入金额时,不考虑各种预计可能发生的现金折扣;相关的现金折扣应当在实际发生时,直接计入发生当期筹资费用;对于销售折让,应当在实际发生时直接从发生当期实现的商品销售收入中抵减;对于销售退回,应当分情况处理,也就是说,对于未确认收入的已发出商品的退回,不需要调整销售收入和销售成本,而对于已确认收入的销售商品退回,一般情况下直接冲减退回当期的商品销售收入、商品销售成本等,但属于资产负债表日后事项的销售退回,应当调整报告期间会计报表的相关项目。

(二)其他收入的管理

民间非营利组织的其他收入是指除捐赠收入、会费收入、提供服务收入、政府补助收入、投资收益和商品销售收入等主要业务活动收入以外的收入,如确实无法支付的应付款项、存货盘盈、固定资产盘盈、固定资产处置净收入、无形资产处置净收入、在非货币性交易中收到补价情况下应确认的损益等。一般情况下,民间非营利组织的商品销售收入为非限定性收入,除非相关资产提供者对资产的使用设置了限制。

民间非营利组织对于其他收入的确认和计量,应当遵循收入确认和计量的基本原则。

三、民间非营利组织收入的核算

(一)主要业务收入的核算

1. 捐赠收入的核算

(1)会计科目的设置。

根据《民间非营利组织会计制度》的规定,民间非营利组织为了核算其接受其他单位或个人捐赠所取得的收入,应当设置"捐赠收入"(收入类)总账科目;同时,应当按照捐赠收入是否存在限制,在"捐赠收入"科目下设置"限定性收入"和"非限定性收入"明细科目,分别核算限定性捐赠收入和非限定性捐赠收入。如果存在多个捐赠项目,还可以根据实际情况,在"限定性捐赠收入"和"非限定性捐赠收入"明细科目下按照捐赠项目的不同设置相应的明细科目,以满足核算的需要。

"捐赠收入"科目的贷方反映当期捐赠收入的实际发生额。在会计期末,应当将该科目中"非限定性收入"明细科目当期贷方发生额转入"非限定性净资产"科目,将该科目中"限定性收入"明细科目当期贷方发生额转入"限定性净资产"科目。期末结转后该科目应无余额。

(2)账务处理。

第一,接受的捐赠,按照应确认的金额,借记"现金""银行存款""短期投资""存货""长期股权投资""长期债权投资""固定资产""无形资产"等科目,贷记"捐赠收入"科目"限定性收入"或"非限定性收入"明细科目。

对于接受的附条件捐赠,如果存在需要偿还全部或部分捐赠资产或者相应金额的现时义务时(如因无法满足捐赠所附条件而必须将部分捐赠款退还给捐赠人时),按照需要偿还的金额,借记"管理费用"科目,贷记"其他应付款"等科目。

第二,如果限定性捐赠收入的限制在确认收入的当期得以解除,应当将其转为非限定性捐赠收入,借记"捐赠收入"科目"限定性收入"明细科目,贷记"捐赠收入"科目"非限定性收入"明细科目。

第三,期末,本科目各明细账目的余额分别转入限定性净资产和非限定性净资产,借记"捐赠收入"科目"限定性收入"明细科目,贷记"限定性净资产"科目;借记"捐赠收入"科目"非限定性收入"明细科目,贷记"非限定性净资产"科目。

(3)核算举例。

[例10-1] 2005年1月1日,甲基金会与乙企业签订了一份捐赠协议。根据协议,乙企业将向甲基金会捐款成立助学基金,乙企业承诺自协议签订日起的两年内向助学基金捐赠不低于100万元的款项;自2007年1月1日起,每年向助学基金捐赠不低于20万元的款项,捐赠款项的10%用于助学基金的宣传和管理,款项将由乙企业汇至甲基金会银行账户。根据此协议,甲基金会分别于2005年6月1日、8月1日和11月1日,收到了乙企业捐赠的款项50万元、50万元和30万元。甲基金会的会计分录如下。

2005年1月1日,不满足捐赠收入的确认条件,无会计分录。

2005年6月1日,按照收到的捐款金额,确认捐赠收入:

借:银行存款　　　　　　　　　　　　　　　　　　　　500 000
　　贷:捐赠收入——限定性收入　　　　　　　　　　　　　　500 000

2005年8月1日,按照收到的捐款金额,确认捐赠收入:

借:银行存款　　　　　　　　　　　　　　　　　　　　500 000
　　贷:捐赠收入——限定性收入　　　　　　　　　　　　　　500 000

2005年11月1日,按照收到的捐款金额,确认捐赠收入:

借:银行存款　　　　　　　　　　　　　　　　　　　　300 000
　　贷:捐赠收入——限定性收入　　　　　　　　　　　　　　300 000

[例10-2] 某慈善机构接受一归国华侨一笔捐赠款50万元,该笔款项注明只能

用来救助孤寡老人,并且使用年限为10年,余额应退还。该慈善机构有关人员根据所在地区估计在10年内可能使用的款项为45万元。该慈善机构的会计分录如下。

　　借:银行存款　　　　　　　　　　　　　　　　　　　500 000
　　　贷:捐赠收入——限定性收入　　　　　　　　　　　　　500 000
　同时:
　　借:管理费用　　　　　　　　　　　　　　　　　　　 50 000
　　　贷:其他应付款　　　　　　　　　　　　　　　　　　 50 000

[例10-3] 某歌唱家在2003年10月向某民间艺术协会捐款2万元。该歌唱家要求其捐款只能用于2004年10月全国民歌大赛奖励。2004年全国民歌大赛结束,使用该捐款1.5万元。该民间艺术协会的会计分录如下。

2003年收到捐款:
　　借:现金　　　　　　　　　　　　　　　　　　　　　 20 000
　　　贷:捐赠收入——限定性收入　　　　　　　　　　　　　 20 000
2004年支付歌手奖金:
　　借:业务活动成本　　　　　　　　　　　　　　　　　　 15 000
　　　贷:现金　　　　　　　　　　　　　　　　　　　　　 15 000
2004年部分限定性捐赠收入限制解除:
　　借:捐赠收入——限定性收入　　　　　　　　　　　　　 15 000
　　　贷:捐赠收入——非限定性收入　　　　　　　　　　　　 15 000

[例10-4] 期末,某民间非营利组织"捐赠收入"科目的账面余额为500 000元,其中,"限定性收入"明细科目的账面余额为400 000元,"非限定性收入"明细科目的账面余额为100 000元。该民间非营利组织的会计分录如下。

　　借:捐赠收入——限定性收入　　　　　　　　　　　　　400 000
　　　贷:限定性净资产　　　　　　　　　　　　　　　　　 400 000
　　借:捐赠收入——非限定性收入　　　　　　　　　　　　 100 000
　　　贷:非限定性净资产　　　　　　　　　　　　　　　　 100 000

2. 会费收入的核算

(1) 会计科目的设置。

根据《民间非营利组织会计制度》的规定,民间非营利组织为了核算其根据章程等的规定向会员收取的会费收入,应当设置"会费收入"(收入类)总账科目。同时,应当按照会费收入是否存在限制,在"会费收入"科目下设置"限定性收入"和"非限定性收入"明细科目。如果存在多种会费,可以按照会费种类(如团体会费、个人会费等)设置明细科目,以满足核算的需要。

"会费收入"科目的贷方反映当期会费收入的实际发生额。在会计期末,应当将该科目中"非限定性收入"明细科目当期贷方发生额转入"非限定性净资产"科目,将该科目中"限定性收入"明细科目当期贷方发生额转入"限定性净资产"科目。期末结转后该科目应无余额。

(2) 账务处理。

第一,向会员收取会费,在满足收入确认条件时,借记"现金""银行存款""应收账款"等科目,贷记"会费收入"科目"非限定性收入"明细科目;如果存在限定性会费收入,应当贷记"会费收入"科目"限定性收入"明细科目。

第二,期末,将"会费收入"科目的余额转入非限定性净资产,借记"会费收入"科目"非限定性收入"明细科目,贷记"非限定性净资产"科目;如果存在限定性会费收入,则将其金额转入限定性净资产,借记"会费收入"科目"限定性收入"明细科目,贷记"限定性净资产"明细科目。

(3)核算举例。

[例10-5] 某慈善机构收到一单位交来的团体会费5 000元,存入银行。该慈善机构的会计分录如下。

借:银行存款　　　　　　　　　　　　　　　　　　　　　5 000
　　贷:会费收入——非限定性收入——团体收入　　　　　　5 000

[例10-6] 期末,某社会团体"会费收入"科目的账面余额为100 000元,均属于非限定性收入。该社会团体的会计分录如下。

借:会费收入——非限定性收入　　　　　　　　　　　　100 000
　　贷:非限定性净资产　　　　　　　　　　　　　　　　100 000

3. 提供服务收入的核算

(1)会计科目的设置。

根据《民间非营利组织会计制度》的规定,民间非营利组织为了核算其根据章程等规定向其服务对象提供服务取得的收入,应当设置"提供服务收入"(收入类)总账科目。同时,应当按照提供服务收入是否存在限制,在"提供服务收入"科目下设置"限定性收入"和"非限定性收入"明细科目。如果存在多种劳务,应当按照提供服务的种类设置明细科目,以满足核算的需要。

"提供服务收入"科目的贷方反映当期提供服务收入的实际发生额。在会计期末,应当将该科目中"非限定性收入"明细科目当期贷方发生额转入"非限定性净资产"科目;如果存在限定性提供服务收入,则应当将该科目中"限定性收入"明细科目当期贷方发生额转入"限定性净资产"科目。期末结转后该科目应无余额。

(2)账务处理。

第一,提供服务取得收入时,按照实际收到或应当收取的价款,借记"现金""银行存款""应收账款"等科目,按照应当确认的提供服务收入金额,贷记"提供服务收入"科目,按照预付的价款,贷记"应收账款"科目。在以后期间确认提供服务收入时,借记"预收账款"科目,贷记"提供服务收入"科目。

第二,在会计期末,将"提供服务收入"科目的余额转入非限定性净资产,借记"提供服务收入"科目"非限定性收入"明细科目,贷记"非限定性净资产"科目。如果存在限定性提供服务收入,则将其金额转入限定性净资产,借记"提供服务收入"科目"限定性收入"明细科目,贷记"限定性净资产"科目。

(3)核算举例。

[例10-7] 某民间防癌协会收到培训费6 000元,存入银行。该协会的会计分录

如下。

  借：银行存款   6 000
    贷：提供服务收入——非限定性收入——培训费收入   6 000

  [例 10-8] 某民间医疗组织收到医疗费收入 5 000 元，存入银行。该医疗组织的会计分录如下。

  借：银行存款   5 000
    贷：提供服务收入——非限定性收入——医疗费收入   5 000

  [例 10-9] 某民间组织期末将提供服务收入中的 6 000 元和医疗费收入 5 000 元，转为非限定性净资产。该组织会计分录如下。

  借：提供服务收入——非限定性收入——培训费收入   6 000
    提供服务收入——非限定性收入——医疗费收入   5 000
    贷：非限定性净资产   11 000

  4. 政府补助收入的核算

  (1) 会计科目的设置。

  根据《民间非营利组织会计制度》的规定，民间非营利组织为了核算其接受政府拨款或者政府机构给予的补助而取得的收入，应当设置"政府补助收入"(收入类)总账科目。同时，应当按照政府补助收入是否存在限制，在"政府补助收入"科目下设置"限定性收入"和"非限定性收入"明细科目。如果存在多个政府补助项目，应当按照政府补助项目的不同设置明细科目，以满足核算的需要。

  "政府补助收入"科目的贷方反映当期政府补助收入的实际发生额。在会计期末，应当将该科目中"非限定性收入"明细科目当期贷方发生额转入"非限定性净资产"科目，将该科目中"限定性收入"明细科目当期贷方发生额转入"限定性净资产"科目。期末结转后该科目应无余额。

  (2) 账务处理。

  第一，接受政府补助，按照应确认的金额，借记"现金""银行存款"等科目，贷记"政府补助收入"科目"限定性收入"或"非限定性收入"明细科目。

  对于接受的附条件政府补助，如果存在需要偿还全部或部分政府补助资产或者相应金额的现时义务时（如因无法满足政府补助所附条件而必须退还部分政府补助时），按照需要偿还的金额，借记"管理费用"科目，贷记"其他应付款"等科目。

  第二，如果限定性政府补助收入的限制在确认收入的当期得以解除，应当将其转为非限定性政府补助收入，借记"政府补助收入"科目"限定性收入"明细科目，贷记"政府补助收入"科目"非限定性收入"明细科目。

  第三，期末，资本科目各明细账目的余额分别转入限定性净资产和非限定性净资产，借记"政府补助收入"科目"限定性收入"明细科目，贷记"限定性净资产"科目；借记"政府补助收入"科目"非限定性收入"明细科目，贷记"非限定性净资产"科目。

  (3) 核算举例。

  [例 10-10] 某政府部门支付给某民间非营利组织 600 000 元，并转入该民间非营利组织的银行账户，用于资助其进行某项基本研究，研究成果归该民间非营利组织所

有。该民间非营利组织的会计分录如下。

借：银行存款　　　　　　　　　　　　　　　　　　600 000
　　贷：政府补助收入——限定性收入　　　　　　　　　　600 000

[例10-11]　某民间学术协会收到政府补助100 000元，用于奖励在科研中取得优异成绩的科研人员，并附条件如果没有达到规定的奖励条件，要退回补助的20%。该民间学术协会的会计分录如下。

借：银行存款　　　　　　　　　　　　　　　　　　100 000
　　贷：政府补助收入——限定性收入　　　　　　　　　　100 000

同时：

借：管理费用　　　　　　　　　　　　　　　　　　 20 000
　　贷：其他应付款　　　　　　　　　　　　　　　　　　20 000

[例10-12]　某民间防癌协会月初收到一笔政府补助款项10 000元，现在可以动用。该民间防癌协会的会计分录如下。

借：政府补助收入——限定性收入　　　　　　　　　 10 000
　　贷：政府补助收入——非限定性收入　　　　　　　　　10 000

[例10-13]　期末，某民间非营利组织"政府补助收入"科目的账面余额为350 000元，其中，"限定性收入"明细科目的账面余额为300 000元，"非限定性收入"明细科目的账面余额为50 000元。该民间非营利组织的会计分录如下。

借：政府补助收入——限定性收入　　　　　　　　　300 000
　　贷：限定性净资产　　　　　　　　　　　　　　　　　300 000
借：政府补助收入——非限定性收入　　　　　　　　 50 000
　　贷：非限定性净资产　　　　　　　　　　　　　　　　 50 000

5. 投资收益的核算

（1）会计科目的设置。

根据《民间非营利组织会计制度》的规定，民间非营利组织为了核算其对外投资取得的投资净损益，应当设置"投资收益"（收入类）总账科目，并视具体情况在"投资收益"科目下设置"限定性收入"和"非限定性收入"明细科目。同时，还可以按照投资收益的种类在"限定性收入"和"非限定性收入"明细科目下设置明细科目，以满足核算的需要。

"投资收益收入"科目的贷方反映当期投资净损益的实际发生额。在会计期末，应当将该科目中"非限定性收入"明细科目当期贷方发生额转入"非限定性净资产"科目；如果存在限定性投资收益，则应当将该科目中"限定性收入"明细科目当期贷方发生额转入"限定性净资产"科目。期末结转后该科目应无余额。

（2）账务处理。

第一，出售短期投资或到期收回债券，按实际收到的金额大于短期投资实际成本与未领取股利或利息之和的差额，贷记"投资收益"科目；按实际收到的金额小于短期投资实际成本与未领取股利或利息之和的差额，借记"投资收益"科目。

第二，长期股权投资采用成本法核算时，被投资单位宣告发放现金股利或分派利润，应按享有的部分，贷记"投资收益"科目；采用权益法核算时，被投资单位当年实现的净利润,按应分享的份额贷记"投资收益"科目;被投资单位当年发生净亏损,则按应负担的份额,借记"投资收益"科目;出售或收回股权投资,实际收到的金额大于或小于长期股权投资账面价值的差额,贷记或借记"投资收益"科目。

第三,认购溢价发行在一年以上的债券,每期结账时,按应收利息与应分摊溢价的差额或应收利息与应分摊折价的合计数,贷记"投资收益"科目;长期债权投资持有期间按期计算确认利息收入时,贷记"投资收益"科目;处置长期债权投资时,按照实际取得的价款扣除已计提的减值准备、投资账面余额、未领取的应收利息后的差额,借记(负差)或贷记(正差)"投资收益"科目。

第四,期末,将投资收益转入净资产时,借记"投资收益"科目。

(3) 核算举例。

[例10-14] 某民间非营利科技开发组织,2004年9月10日将购入成本为50 000元的短期股票投资进行转让,收取价款40 000元,存入银行。9月30日确认当月按面值购入的3年期国库券利息收入20 000元,并将"投资收益"科目余额转入非限定性净资产。该民间非营利科技开发组织的会计分录如下。

2004年9月10日:
借:银行存款　　　　　　　　　　　　　　　　40 000
　　投资收益　　　　　　　　　　　　　　　　10 000
　　贷:短期投资　　　　　　　　　　　　　　　　50 000

2004年9月30日:
借:长期债权投资——债券投资——应收利息　　20 000
　　贷:投资收益　　　　　　　　　　　　　　　　20 000

同时:
借:投资收益　　　　　　　　　　　　　　　　10 000
　　贷:非限定性净资产　　　　　　　　　　　　10 000

6. 商品销售收入的核算

(1) 会计科目的设置。

根据《民间非营利组织会计制度》的规定,民间非营利组织为了核算其销售商品(如出版物、药品等)等所形成的收入,应当设置"商品销售收入"(收入类)总账科目,并视具体情况在"商品销售收入"科目下设置"限定性收入"和"非限定性收入"明细科目。同时,还应当按商品种类的不同设置明细科目,以满足核算的需要。

"商品销售收入"科目的贷方反映当期商品销售收入的实际发生额。在会计期末,应当将该科目中"非限定性收入"明细科目当期贷方发生额转入"非限定性净资产"科目;如果存在限定性投资收益,则应当将该科目中"限定性收入"明细科目当期贷方发生额转入"限定性净资产"科目。期末结转后该科目应无余额。

(2) 账务处理。

第一,销售商品取得收入时,按照实际收到或应收的价款,借记"现金""银行存款""应收票据""应收账款"等科目,按照应当确认的商品销售收入金额,贷记"商品销售收入"科目"非限定性收入"或"限定性收入"明细科目,按照预收的价款,贷记"预收价款"

科目。

第二，已确认收入的销售商品退回，按照应冲减的商品销售收入，借记"商品销售收入"或相关明细科目，按照已收或应收的金额，贷记"银行存款""应收账款""应收票据"等科目，按照退回商品的成本，借记"存货"科目，贷记"业务活动成本"科目。

如果该项销售发生现金折扣，按照原确认的现金折扣金额，借记"银行存款"等科目，贷记"非限定性净资产"或"限定性净资产"科目。

第三，现金折扣在实际发生时直接计入当期筹资费用，按照实际收到的金额，借记"银行存款"等科目，按照应给予的现金折扣，借记"筹资费用"科目，按照应收的账款，贷记"应收账款""应收票据"等科目。

第四，销售折让应在实际发生时直接从当期实现的销售收入中抵减。

第五，期末，将"商品销售收入"科目的余额转入非限定性净资产，借记"商品销售收入"科目"非限定性收入"明细科目，贷记"非限定性净资产"科目。如果存在限定性商品销售收入，则将其金额转入限定性净资产，借记"商品销售收入"科目"限定性收入"明细科目，贷记"限定性净资产"科目。

(3) 核算举例。

[例 10-15] 某民间非营利医疗组织门诊收费处报来"门诊药品收入汇总日报表"，西药收入现金 50 000 元，银行支票 10 000 元。该医疗组织的会计分录如下。

借：现金　　　　　　　　　　　　　　　　　　　　　　50 000
　　银行存款　　　　　　　　　　　　　　　　　　　　10 000
　　贷：商品销售收入——西药　　　　　　　　　　　　　　　60 000

[例 10-16] 某民间非营利医疗组织销售商品一批，发票注明价款 40 000 元。货物已发出，款项尚未收到，该商品的成本为 30 000 元。该医疗组织的会计分录如下。

借：应收账款　　　　　　　　　　　　　　　　　　　　40 000
　　贷：商品销售收入　　　　　　　　　　　　　　　　　　40 000
同时应结转销售成本：
借：业务活动成本　　　　　　　　　　　　　　　　　　30 000
　　贷：存货　　　　　　　　　　　　　　　　　　　　　30 000

[例 10-17] 某民间非营利科技开发组织 2004 年 8 月 5 日收到上月销售的甲商品 10 件。该 10 件商品因质量不合格而退货，货款 30 000 元，以银行存款退回，上月结转该 10 件甲商品销售成本 20 000 元。该民间组织的会计分录如下。

借：商品销售收入——甲商品　　　　　　　　　　　　　30 000
　　贷：银行存款　　　　　　　　　　　　　　　　　　　30 000
同时：
借：存货——库存商品　　　　　　　　　　　　　　　　20 000
　　贷：业务活动成本　　　　　　　　　　　　　　　　　20 000

[例 10-18] 某民间非营利医疗组织于 2004 年 8 月 4 日赊销一批药品计价 20 000 元，付款条件为 2/10,n/30。8 月 12 日收到货款 60%，9 月 3 日收到货款的 40%，两次货款均存入银行。该医疗组织的会计分录如下。

发出商品确认收入：
借：应收账款　　　　　　　　　　　　　　　　　　20 000
　　贷：商品销售收入　　　　　　　　　　　　　　　　20 000
8月12日收到货款的60%：
借：银行存款　　　　　　　　　　　　　　　　　　11 760
　　筹资费用　　　　　　　　　　　　　　　　　　　　240
　　贷：应收账款　　　　　　　　　　　　　　　　　12 000
9月3日收到货款的40%：
借：银行存款　　　　　　　　　　　　　　　　　　 8 000
　　贷：应收账款　　　　　　　　　　　　　　　　　 8 000

[例10-19] 民间非营利组织2003年11月20日销售商品一批，价款120 000元，款项已经收到并存入银行，成本为100 000元。该批商品于2004年2月5日因质量问题退货（2003年度财务报告批准报出日为2004年4月20日）。该民间组织的会计分录如下。

冲减上年收入：
借：非限定性净资产　　　　　　　　　　　　　　120 000
　　贷：银行存款　　　　　　　　　　　　　　　　120 000
转回上年成本：
借：存货　　　　　　　　　　　　　　　　　　　100 000
　　贷：非限定性净资产　　　　　　　　　　　　　100 000

（二）其他收入的核算

1. 会计科目的设置

根据《民间非营利组织会计制度》的规定，民间非营利组织为了核算其他收入，应当设置"其他收入"（收入类）总账科目，并视具体情况在"其他收入"科目下设置"限定性收入"和"非限定性收入"明细科目。同时，还应当根据其他收入的具体种类设置明细科目，以满足核算的需要。

2. 账务处理

（1）现金、存货、固定资产等盘盈的，根据管理权限报经批准后，借记"现金"、"存货"、"固定资产"、"文物文化资产"等科目，贷记"其他收入"科目"非限定性收入"或"限定性收入"明细科目。

（2）对于固定资产处置净收入，借记"固定资产清理"科目，贷记"其他收入"科目。

（3）对于无形资产处置净收入，按照实际取得的金额，借记"银行存款"等科目，按照该项无形资产的账面余额，贷记"无形资产"科目，按照其差额，贷记"其他收入"科目。

（4）确认无法支付的应付款项，借记"应付账款"等科目，贷记"其他收入"科目。

（5）在非货币性交易中收到补价情况下应确认的损益，借记有关科目，贷记"其他收入"科目。

（6）期末，将"其他收入"科目的余额转入非限定性净资产，借记"其他收入"科目"非限定性收入"明细科目，贷记"非限定性净资产"科目。如果存在限定性其他收入，则将其金额转入限定性净资产,借记"其他收入"科目"限定性收入"明细科目,贷记"限定性净资产"科目。

3. 核算举例

[**例 10 - 20**] 某慈善机构处置一项固定资产,原值 200 000 元,累计折旧 50 000 元,出售收入 180 000 元,货款已存入银行。该慈善机构的会计分录如下。

借:固定资产清理　　　　　　　　　　　　　　　　　　150 000
　　累计折旧　　　　　　　　　　　　　　　　　　　　 50 000
　　　贷:固定资产　　　　　　　　　　　　　　　　　　　　200 000
借:银行存款　　　　　　　　　　　　　　　　　　　　180 000
　　　贷:固定资产清理　　　　　　　　　　　　　　　　　　180 000
借:固定资产清理　　　　　　　　　　　　　　　　　　 30 000
　　　贷:其他收入——非限定性收入——固定资产处置净收入　　30 000

[**例 10 - 21**] 某慈善机构以前购入 20 000 元商品,因债权人破产,无法支付。该慈善机构的会计分录如下。

借:应付账款　　　　　　　　　　　　　　　　　　　　20 000
　　　贷:其他收入——非限定性收入——确实无法支付的应付款项　20 000

[**例 10 - 22**] 期末,某民间非营利组织"其他收入"科目的账面余额为 50 000 元,均属于非限定性收入。该民间非营利组织的会计分录如下。

借:其他收入——非限定性收入　　　　　　　　　　　　50 000
　　　贷:非限定性净资产　　　　　　　　　　　　　　　　　50 000

第二节　民间非营利组织支出的管理与核算

一、民间非营利组织费用概述

(一) 费用的概念

支出是一个会计主体各项资产的流出,在此则是指民间非营利组织的一切开支及耗费。支出与费用之间存在密切的联系,为阐述方便,本章采用"民间非营利组织费用"来说明"民间非营利组织支出"。根据《民间非营利组织会计制度》的规定,费用是指民间非营利组织为开展业务活动所发生的、导致本期净资产减少的经济利益或服务潜力的流出。

(二) 费用的特征

从费用的概念可以看出,费用具有以下两个基本特征。

(1) 费用会引起资产减少或者负债增加,或者两者兼而有之,并最终导致民间非营利组织资源的减少,包括经济利益的流出和服务潜力的降低,具体表现为民间非营利组织的现金或非现金资产的流出、耗费或毁损等。

（2）费用将导致本期净资产的减少，但其减少不包括与清算有关的类似事项。但是，并非民间非营利组织所有的资产减少或负债增加都属于费用。只有资产的减少或负债的增加同时引起净资产的减少，且这种减少并非由于民间非营利组织清算等类似事项所引起时，才构成费用。

(三) 费用的分类

根据《民间非营利组织会计制度》的规定，民间非营利组织在对费用的会计核算中，应当按照费用功能的不同，将费用分为业务活动成本、管理费用、筹资费用和其他费用。

业务活动成本是指民间非营利组织为了实现其业务活动目标、开展其项目活动或者提供服务所发生的费用。

管理费用是指民间非营利组织为组织和管理其业务活动所发生的各项费用。

筹资费用是指民间非营利组织为筹集业务活动所需资金而发生的费用。

其他费用是指民间非营利组织发生的、无法归属到上述业务活动成本、管理费用或筹资费用中的费用。

管理费用、筹资费用和其他费用统称为期间费用。期间费用通常是指民间非营利组织发生的、不能合理地归属于具体项目或对象，而只能按照一定会计期间归集的费用。

此外，民间非营利组织的费用还可以按照性质分为人员工资及福利费、折旧和摊销费、租金、水电费、邮电通信费、资产减值损失、利息费用、税收费用等。

(四) 费用的确认和计量

1. 费用确认的原则

根据《民间非营利组织会计制度》的规定，民间非营利组织应当在单位的含有经济利益或服务潜力的资源已经流出本单位，资产预期带来的未来经济利益或服务潜力将减少或者资产预期不能再带来未来经济利益或服务潜力时，确认相应的费用。

具体地说，费用应当在同时满足以下条件时予以确认：

(1) 含有经济利益或服务潜力的资源流出民间非营利组织，或者承担了相关的负债；

(2) 能够引起当期净资产的减少；

(3) 金额能够可靠地计量。

2. 费用计量的原则

根据《民间非营利组织会计制度》的规定，民间非营利组织在业务活动中发生的各项费用，包括业务活动成本、管理费用、筹资费用和其他费用，应当在实际发生时按照其实际发生额计入当期费用。

如果民间非营利组织的某些费用是属于多项业务活动，或者属于业务活动、管理活动和筹资活动等共同发生的，而且不能直接归属于某一类活动，则应当将这些费用按照合理的方法在各项活动中进行分配。

二、民间非营利组织费用的管理

对于非营利组织的支出，应当按支出的用途分为项目及活动支出与行政支出分别进行管理。项目及活动支出是非营利组织为了实现其社会使命而发生的支出。项目及活动支出的管理应当从社会效益出发,通过规划与监督,保证最大限度地实现组织的社会使命。行政支出是非营利组织为了自身的生存与发展而发生的支出。行政支出的管理应当厉行节约,尽可能控制行政支出占总支出的比重。当然,也并非行政支出所占的比重越低越好。这是因为,任何一个组织开展活动都会有一定的行政开支,并且非营利组织也应当注重自身的能力建设,包括对员工的培训。只有非营利组织的能力得到提高,资金才能被更为有效地使用。

非营利组织应从严掌握费用开支,并按《民间非营利组织会计制度》和有关税法的规定,结合本单位的具体情况制定适用于本单位的费用开支标准,报经董事会、理事会或类似机构批准,并报税务机关备案。

非营利组织必须分清本期成本费用和下期成本费用的界限,不得任意预提和摊销费用。

三、民间非营利组织费用的核算

（一）业务活动成本的核算

1. 会计科目的设置

根据《民间非营利组织会计制度》的规定,民间非营利组织为了核算其为实现业务活动目标、开展其项目活动或者提供服务所发生的费用,应当设置"业务活动成本"科目。结合具体情况,通常在"业务活动成本"科目下设置以下明细科目。

（1）销售商品成本,核算当期所出售商品的实际成本,以及与销售商品有关的直接和间接费用。

（2）提供服务成本,核算当期所提供服务的实际成本,以及与提供服务有关的直接和间接费用。

（3）会员服务成本,核算当期免费提供给会员的杂志等商品的实际成本以及免费向会员提供的培训、咨询等服务或活动的实际成本等,以及与会员服务有关的直接和间接费用。

（4）捐赠项目成本,核算对外捐赠款项、捐出商品的实际成本等,以及与捐赠项目有关的直接和间接费用。

（5）业务活动税金及附加,核算业务活动应负担的税金及附加,包括营业税、城市维护建设税、教育费附加等。

（6）业务活动费,核算为业务活动发生的、无法合理分摊至某项或某类业务活动的间接费用。

若民间非营利组织接受政府提供的专项资金补助,可在"政府补助收入——限定性收入"科目下设置"专项补助收入"明细科目进行核算。同时,在"业务活动成本"科目下设置"专项补助成本",归集当期为专项资金补助项目发生的所有费用。

"业务活动成本"科目的借方反映当期业务活动成本的实际发生额。在会计期末,应当将该科目当期借方发生额转入"非限定性净资产"科目,期末结转后该科目应无余额。

2. 账务处理

(1) 发生的业务活动成本,应当借记"业务活动成本"科目,贷记"现金"、"银行存款"、"存货"、"应付账款"等科目。

(2) 在会计期末,将"业务活动成本"科目的余额转入非限定性净资产,借记"非限定性净资产"科目,贷记"业务活动成本"科目。

3. 核算举例

[例 10-23] 某基金会于 2004 年 1 月,按照捐赠人的要求将 2003 年收到的一笔金额为 50 000 元的款项,用于购买学生教材。2004 年 2 月将该批教材赠送给希望小学的学生。该基金会的会计分录如下。

购买教材:
借:存货   50 000
　　贷:银行存款   50 000

同时:
借:限定性净资产   50 000
　　贷:非限定性净资产   50 000

捐赠书籍:
借:业务活动成本   50 000
　　贷:存货   50 000

[例 10-24] 期末,某民间非营利组织"业务活动成本"科目的借方余额为 500 000 元。该民间非营利组织的会计分录如下。

借:非限定性净资产   500 000
　　贷:业务活动成本   500 000

(二) 管理费用的核算

1. 会计科目的设置

根据《民间非营利组织会计制度》的规定,民间非营利组织为了核算其为组织和管理其业务活动所发生的各项费用,应当设置"管理费用"(支出类)总账科目。同时,按照管理费用的种类在"管理费用"科目下设置明细科目,以满足核算的需要。

2. 账务处理

(1) 现金、存货、固定资产等盘亏,根据管理权限报经批准后,按照相关资产账面价值扣除可以收回的保险赔偿和过失人的赔偿等之后的金额,借记"管理费用"科目;按照可以收回的保险赔偿和过失人赔偿等,借记"现金""银行存款""其他应收款"等科目;按照已提取的累计折旧,借记"累计折旧"科目;按照相关资产的账面余额,贷记相关资产科目。

(2) 对于因提取资产减值准备而确认的资产减值损失,借记"管理费用"科目,贷记相关资产减值准备科目。冲减或转回资产减值准备,借记相关资产减值准备科目,贷记"管理费用"科目。

(3) 提取行政管理所用固定资产折旧,借记"管理费用"科目,贷记"累计折旧"

科目。

(4) 无形资产摊销,借记"管理费用"科目,贷记"无形资产"科目。

(5) 发生的应归属于管理费用的应付工资、应交税金等,借记"管理费用"科目,贷记"应付工资"、"应交税金"等科目。

(6) 对于因确认预计负债而确认的损失,借记"管理费用"科目,贷记"预计负债"科目。

(7) 发生的其他管理费用,借记"管理费用"科目,贷记"现金""银行存款"等科目。

(8) 在会计期末,将"管理费用"科目的余额转入非限定性净资产,借记"管理费用"科目,贷记"非限定性净资产"科目。

3. 核算举例

[例 10 - 25] 2005 年 12 月 31 日,某民间非营利组织在对存货进行减值测试时发现,一批存货已经减值,这批存货账面价值为 20 000 元,当日可变现净值为 8 000 元。该民间非营利组织的会计分录如下。

借:管理费用——存货跌价准备　　　　　　　　　　　　　　12 000
　　贷:存货跌价准备　　　　　　　　　　　　　　　　　　　　12 000

[例 10 - 26] 2005 年 12 月 1 日,某民间非营利组织应付给员工的当月工资总额为 200 000 元,其中行政管理人员的工资为 40 000 元,项目研究人员的工资为 160 000 元。2005 年 12 月 5 日,该民间非营利组织通过银行转账将工资转到各位员工的工资账户。该民间非营利组织的会计分录如下。

2005 年 12 月 1 日:

借:管理费用　　　　　　　　　　　　　　　　　　　　　　40 000
　　业务活动成本　　　　　　　　　　　　　　　　　　　　160 000
　　贷:应付工资　　　　　　　　　　　　　　　　　　　　　200 000

2005 年 12 月 5 日:

借:应付工资　　　　　　　　　　　　　　　　　　　　　　200 000
　　贷:银行存款　　　　　　　　　　　　　　　　　　　　　200 000

[例 10 - 27] 某基金会因担保,很可能要负担 100 000 元的赔款。该基金会的会计分录如下。

借:管理费用　　　　　　　　　　　　　　　　　　　　　　100 000
　　贷:预计负债　　　　　　　　　　　　　　　　　　　　　100 000

[例 10 - 28] 期末,某基金会"管理费用"科目的借方余额为 400 000 元。该基金会的会计分录如下。

借:非限定性净资产　　　　　　　　　　　　　　　　　　　400 000
　　贷:管理费用　　　　　　　　　　　　　　　　　　　　　400 000

(三) 筹资费用的核算

1. 会计科目的设置

根据《民间非营利组织会计制度》的规定,民间非营利组织为了核算其为筹集业务活动所需资金而发生的费用,应当设置"筹资费用"(支出类)总账科目。同时,按照筹资费用的种类在"筹资费用"科目下设置明细科目,以满足核算的需要。

"筹资费用"科目的借方反映当期筹资费用的实际发生额。在会计期末,应当将该科目当期借方发生额转入"非限定性净资产"科目,期末结转后该科目应无余额。

2. 账务处理

(1) 发生的筹资费用,借记"筹资费用"科目,贷记"预提费用""银行存款""长期借款"等科目。发生的应冲减筹资费用的利息收入、汇兑收益,借记"银行存款""长期借款"等科目,贷记"筹资费用"科目。

(2) 在会计期末,将"筹资费用"科目的余额转入非限定性净资产,借记"非限定性净资产"科目,贷记"筹资费用"科目。

3. 核算举例

[例 10-29]　某慈善机构 12 月发生了一笔为取得捐赠收入而支出的费用 5 000 元,用银行存款支付。该慈善机构的会计分录如下。

借:筹资费用　　　　　　　　　　　　　　　　　　　　5 000
　贷:银行存款　　　　　　　　　　　　　　　　　　　　　5 000

[例 10-30]　某基金会 10 月应计提当月的利息费用 10 000 元。该基金会的会计分录如下。

借:筹资费用　　　　　　　　　　　　　　　　　　　　10 000
　贷:预提费用　　　　　　　　　　　　　　　　　　　　　10 000

[例 10-31]　期末,某民间非营利组织"筹资费用"科目账面余额为 300 000 元。该民间非营利组织的会计分录如下。

借:非限定性净资产　　　　　　　　　　　　　　　　　300 000
　贷:筹资费用　　　　　　　　　　　　　　　　　　　　　300 000

(四) 其他费用的核算

1. 会计科目的设置

根据《民间非营利组织会计制度》的规定,民间非营利组织为了核算其发生的、无法归属到业务活动成本、管理费用或者筹资费用中的费用,应当设置"其他费用"(支出类)总账科目。同时,按照其他费用的种类在"其他费用"科目下设置明细科目,以满足核算的需要。

"其他费用"科目的借方反映当期其他费用的实际发生额。在会计期末,应当将该科目当期借方发生额转入"非限定性净资产"科目,期末结转后该科目应无余额。

2. 账务处理

(1) 发生的固定资产处置净损失,借记"其他费用"科目,贷记"固定资产清理"科目。

(2) 发生的无形资产处置净损失,按照实际取得的价款,借记"银行存款"等科目;按照该项无形资产的账面余额,贷记"无形资产"科目;按照其差额,借记"其他费用"科目。

(3) 在会计期末,将"其他费用"科目的余额转入非限定性净资产,借记"非限定性净资产"科目,贷记"其他费用"科目。

3. 核算举例

[例 10-32] 某民间非营利组织处置了一项固定资产,该固定资产原值为 30 000 元,已计提折旧 24 000 元,取得处置收入现金 800 元,发生处置支出现金 300 元。该民间非营利组织的会计分录如下。

  借:固定资产清理   6 000
    累计折旧   24 000
   贷:固定资产   30 000
  借:现金   800
   贷:固定资产清理   800
  借:固定资产清理   300
   贷:现金   300

其他费用=固定资产原值-累计折旧-处置收入+处置费用=30 000-24 000-800+300=5 500

  借:其他费用   5 500
   贷:固定资产清理   5 500

[例 10-33] 期末,某民间非营利组织"其他费用"科目账面余额为 30 000 元。该民间非营利组织的会计分录如下。

  借:非限定性净资产   30 000
   贷:其他费用   30 000

本 章 小 结

本章介绍了我国民间非营利组织收入、费用的管理与核算。民间非营利组织会计是以民间非营利组织的基本业务活动为核算对象的专业会计。民间非营利组织会计侧重于为外部信息使用者服务,提供反映受托责任履行情况的会计信息。收入是指民间非营利组织开展业务活动取得的、导致本期净资产增加的经济利益或者服务潜力的流入,包括捐赠收入、会费收入、提供服务收入、政府补助收入、投资收益、商品销售收入和其他收入。按是否存在限定,收入区分为限定性收入和非限定性收入。按交易性质不同,收入区分为交换交易收入和非交换交易收入。非交换交易收入主要包括捐赠收入和政府补助收入,非交换交易收入应当在同时满足确认条件时予以确认。交换交易收入主要包括商品销售收入、提供服务收入和投资收益,交换交易收入应当分销售商品、提供劳务的情况,采用不同的确认标准。费用是指民间非营利组织为开展业务活动所发生的、导致本期净资产减少的经济利益或者服务潜力的流出,包括业务活动成本、管理费用、筹资费用和其他费用。如果民间非营利组织的某些费用是属于多项业务活动,或者属于业务活动、管理活动和筹资活动等共同发生的,而且不能直接归属于某一类活动,则应当将这些费用按照合理的方法在各项活动中进行分配。非营利组织必须分清本期成本费用和下期成本费用的界限,不得任意预提和摊销费用。

关 键 术 语

捐赠收入、会费收入、政府补助收入、限定性收入、非限定收入、交换交易收入、非交换交易收入、业务活动成本、管理费用、筹资费用

复习思考题

1. 什么是民间非营利组织的收入？
2. 民间非营利组织收入有哪些种类？
3. 什么是捐赠收入？如何确认？
4. 什么是会费收入？如何确认与核算？
5. 什么是业务活动成本？如何核算？

练 习 题

甲民间非营利组织2014年发生以下经济业务，试做出会计分录。

1. 收到捐赠人捐赠货币资金100 000元，存入银行，捐赠人未对捐赠款项的使用提出明确的限制条件。
2. 收到一笔政府补助54 000元，有组织安排使用。
3. 向会员收取会费5 000元，存入银行。
4. 收到捐赠者捐赠生活用品80 000元。该用品使用限制于某项专业业务活动。
5. 所欠货款40 000元，因对方倒闭而无法支付。
6. 开展某项业务活动支付银行存款6 500元。
7. 计提职工工资34 215元，其中管理人员工资15 740元，直接从事服务活动人员工资18 475元。
8. 购买宣传材料一批，费用开支1 000元。
9. 提取资产减值准备80 000元，其中短期投资跌价准备3 500元，存货跌价准备4 500元。
10. 处置一项专利权，无形资产账面余额10 000元，售价8 000元。

阅读材料

随着非营利组织在我国的日益壮大，非营利组织已成为缓解社会矛盾、协调各方利益关系、分散政府部分职能等方面的重要力量之一。同时，社会公众需要非营利组织提供更多的公益性服务，弥补政府失灵，非营利组织在我国的重要性日益凸显。然而，非营利组织发展的现状值得担忧，由于内部控制的不健全，非营利组织在管理上暴露出一系列问题，严重影响了非营利组织的社会公信力。因此，建立健全非营利组织内部控制体系迫在眉睫。

一、民间非营利组织内部控制概念

非营利组织内部控制是指以实现组织的绩效目标为目的,以使命和预算为标准,以绩效信息为手段对组织的风险进行防范的控制系统。非营利组织内部控制与其他类型组织的内部控制本质是相同的,都是为实现组织的目标服务,但是非营利组织的目标更加侧重绩效目标的实现,一方面关系到组织的运营的效率与效果,另一方面关系到组织的社会公信力,信息的公开已不能满足社会公众的需求,社会公众需要了解更具有绩效性的信息,如果相关的绩效符合组织的使命要求,才有可能获得社会公众的认可以及获得更多的资金。因此,绩效目标对非营利组织至关重要,非营利组织的内部控制的概念显现了绩效的重要性。预算作为非营利组织内部控制的价值标准,组织的活动需要按照预算的要求进行控制,但是非营利组织的预算与企业的预算有很大的差别,企业预算只是编制组织收入和支出方面的计划,而非营利组织的预算标准是针对不同活动设计的:首先,设计总体的预算目标;然后,将预算目标通过具体的活动进行分解;最后,通过绩效指标的形式将具体的活动的目标予以体现。

二、民间非营利组织内部控制目标

非营利组织内部控制的总体目标是完成组织的使命,实现社会的公信力。由于非营利组织目标的多元性,具体目标至少应该包括保证组织绩效信息的真实性、完整性和有效性、保证会计信息的真实完整性、资源利用和提供服务的效率和效果性,提高组织社会公信力。

三、民间非营利组织内部控制要素

内部控制的目标明确了非营利组织内部控制的方向,而内部控制的要素则是具体如何做才能实现内部控制的目标,内部控制的要素是非营利组织内部控制建立和实行的基础。虽然在内部控制要素上与营利性组织的内部控制要素大体相同,但是具体的内涵在各个要素中都是不同的,同时非营利组织内部控制的要素在控制环境、风险识别和评估、控制活动、信息与沟通、监督五要素的基础上增加了组织价值观要素,因此非营利组织内部控制要素由六要素组成,这样设计的目的是突出非营利组织的特殊性:非营利组织不同于营利性的组织,它不以营利为目的,它是以组织使命的完成为目标,组织的使命是非营利组织存在的灵魂,组织成员愿意将自己的时间和精力花费在非营利组织内的一个主要的原因就是认同组织的使命。每一个非营利组织都要有自身的使命,为了实现组织的使命,组织内部应具有完整的持续的价值观、组织文化。价值观与文化理念是组织的导向,使组织更具有凝聚力。提高社会的公信力,得到社会公众的认可,才可以获得更多的资源。因此,非营利组织应该为了体现组织的使命而应加入组织价值观作为内部控制的一个关键的控制要素。

四、民间非营利组织内部控制的价值标准

预算作为内部控制的价值标准,一方面可以以计划的形式确定下来,组织成员可以依据组织的计划行动;另一方面,对组织成员形成了约束力,组织成员需要严格按照预算安排组织的资金的分配和使用。预算与组织的使命承接,表明组织在一段时期内组合将要做的事情和计划,它是各方利益相关者的契约,它以标准化的模式表明

组织提供服务的内容、方式和效果。预算同样是平衡组织收支的一个有效的方法,预算可以合理安排资源和服务能力,将组织的支出控制在收入的范围内,从组织资源的获得开始控制、然后对组织资源分配的控制,最后对组织提供服务的结果情况进行控制,即事前规划、事中控制、事后考核监督。由于预算体现的是整个业务活动领域的控制,而非营利组织主要涉及的活动领域包括筹资活动、服务活动和管理活动,因此非营利组织需要确定这三个主要的活动领域的预算,作为内部控制价值标准。

五、民间非营利组织内部控制体系效应的评价

非营利组织内部控制体系的设置主要是为了化解组织的风险,非营利组织的控制活动是对筹资活动、服务活动、管理活动等分别进行了控制,包括筹资对象、筹资方式、筹资标准以及相关的筹资流程等分别进行了控制,这些控制活动可以降低组织的筹资风险,但是为了提高资金筹资的效率,获取更多的筹资来源和更广泛的社会公信力,必须提高筹资的绩效,即分析筹资将要实现的目标,为了更好地实现组织的各项筹资目标,必须将非营利组织的筹资目标提前进行设定,从起点分解为具体的绩效指标,从而在提高组织筹资效率的同时,降低了组织的筹资的风险。

(资料来源:万鑫淼:《我国民间非营利组织内部控制体系研究》,中国海洋大学硕士学位论文,2013年。摘录有删减。)

第十一章 民间非营利组织财务报告和财务分析

教学目的与要求

通过本章的学习,熟悉民间非营利组织财务报告种类、内容及意义,重点掌握资产负债表、业务活动表、现金流量表的内容和编制方法,重点掌握财务分析的比率分析法。

第一节 民间非营利组织财务报告

一、民间非营利组织财务报告概述

(一)民间非营利组织财务报告的意义与种类

财务报告是反映民间非营利组织财务状况、业务活动情况和现金流量等的书面文件。一套完整的财务报告应包括会计报表、会计报表附注和财务情况说明书。民间非营利组织通过日常的会计核算,虽然可以提供反映其经济活动的财务收支情况,但是,由于这些日常核算资料分散在会计凭证和账簿上,有关指标之间没有相互联系,凭证、账簿所提供的信息不能集中地揭示和反映该会计期间业务活动和财务收支的全貌,很难满足资金提供者、债权人和社会监督方面了解民间非营利组织的需要,也难以满足民间非营利组织领导机构加强内部经济管理的需要。为了满足会计信息使用者的需要,还必须将日常的账簿记录进一步加工、整理,编制成财务报告,并对外报送或公布。

民间非营利组织财务报告使用者,通常有资源提供者、债权人、有关管理部门及其他单位和个人。不同的使用者依据报告信息作出不同的决策。民间非营利组织的决策者可以通过财务报告了解民间非营利组织财务状况和报告期内的财务成果,总结民间非营利组织财务管理的经验教训,剖析民间非营利组织的财务情况,进一步找出薄弱环节,从而改善财务管理,确定发展方向和决策。有关政府管理部门可以利用报告信息,了解有关民间非营利组织的运转情况和发展过程中存在的问题,以便进行宏观监督、指导和提供政策上的支持。基金提供者可以从财务报告中了解自己关心的民间非营利组织资金的使用及其业务开展情况,债权人则可以从财务报告中了解他们关心的民间非营利组织偿债能力。

民间非营利组织的财务报告可以有多种分类方式。

(1) 民间非营利组织财务报告按其反映的内容,可分为会计报表、会计报表附注和财务情况说明书。

会计报表又分为资产负债表、业务活动表和现金流量表。

资产负债表,是反映民间非营利组织某一会计期末全部资产、负债和净资产情况的会计报表。

业务活动表,是反映民间非营利组织某一会计期间内开展业务活动实际情况的会计报表。

现金流量表,是反映民间非营利组织某一会计期间内现金和现金等价物流入和流出信息的会计报表。

会计报表附注是会计报表的补充,主要对会计报表不能包括的内容,或者披露不详尽的内容作进一步的解释说明,以有助于会计报表使用者理解和使用会计信息。

财务情况说明书是对民间非营利组织一定会计期间内生产经营、资金周转及利润实现和分配等情况的综合性说明。

(2) 民间非营利组织财务报告按其编制时间,可以分为年度财务报告和中期财务报告。

年度财务报告是指以整个会计年度为基础的财务报告。

中期财务报告是指以短于一个完整的会计年度的期间(如半年度、季度、月度)为基础编制的财务报告。

(二) 民间非营利组织财务报告的编制要求

为充分发挥财务报告的作用,达到利用财务报告有效地管理经济的目的,民间非营利组织编制财务报告时,必须严格遵循以下四项基本要求。

1. 数字真实

财务报告是评价民间非营利组织业务活动情况的依据,其数字必须真实可靠,如实反映民间非营利组织在一定时期内业务活动的过程和结果。首先,编制财务报告前的各项准备工作应认真做好,包括:已发生的经济业务全部入账,应调整的账项全部调整、按期结账,对主要财产物资和债权债务查实核对、组织对账;其次,根据账簿真实数字编制财务报告,不能以估计数字或编造数字填报;最后,对编制完成的财务报告进行查核,保证没有差错。

2. 内容完整

编制财务报告要按照规定的格式和内容填制,凡是国家规定的要求提供的财务报告,必须按照规定的要求编报,不得漏编漏报。民间非营利组织某些重要的会计事项,应当在会计报表附注中进行说明。

3. 计算准确

财务报告所列数字的勾稽关系要清楚、正确,各项目明细数字与小计合计、总计数字以及相关数字必须一致,防止数字的遗漏和重复计算。

4. 报送及时

财务报告编制应在当期终了后规定的时间内编制完成,并按规定时间报送有关部门。

二、资产负债表

(一)资产负债表的主要内容

资产负债表是反映民间非营利组织某一会计期末全部资产、负债和净资产情况的会计报表。

资产负债表根据"资产=负债+净资产"的会计恒等式,依据一定的分类和一定的程序,把民间非营利组织一定时期的资产、负债和净资产项目予以适当排列,按照一定的编制要求编制而成。它是民间非营利组织特定日期所拥有或控制的资产、承担的债务责任以及净资产的静态反映。

资产负债表的结构由表头和基本内容两部分组成。表头部分包括报表名称、编表单位、编制日期、货币种类和金额单位等内容。基本内容部分是资产负债表的核心。它采用账户式结构,左边是资产类,右边是负债类和净资产类。按照会计恒等理论,资产负债表的左边资产项目的金额合计等于右边负债和净资产项目的金额合计,左右两边要自动平衡。其基本格式见表11-1。

为了反映和比较不同时期资产、负债和净资产增减变化的状况,会计报表根据需要采用前后期对比方式进行编制,将报表金额分设"年初数"、"期末数"两栏。

(二)资产负债表的编制方法

1. 资产负债表各项目数据来源方式

资产负债表主要是通过对日常会计核算记录的数据加以归集、整理而形成的。资产负债表各项目数据来源方式有以下四种。

(1)根据总账科目余额直接填列。如"应收票据"项目根据"应收票据"总账科目的期末余额直接填列;"短期借款"项目根据"短期借款";总账科目的期末余额直接填列。

(2)根据几个总账科目的余额合计数填列。如"货币资金"项目应根据"现金""银行存款""其他货币资金"三个总账科目的余额合计数填列;"应付款项"项目应根据"应付票据""应付账款"和"其他应付款"三个总账科目的余额合计数填列。

(3)根据总账科目和明细科目余额分析计算填列。如"长期借款"项目应根据"长期借款"总账科目期末余额,扣除"长期借款"科目所属明细科目中反映的将于一年内到期的长期借款部分,分析计算填列。

(4)根据有关资产科目与其备抵科目抵消后的净额填列。如"短期投资"项目应根据"短期投资"科目的期末余额减去"短期投资跌价准备"科目的期末余额后的净额填列。这些项目有应收款项、短期投资、存货、长期股权投资、长期债权投资等。

表11-1 资产负债表

编制单位：某社会团体　　　　　2×14年12月31日　　　　　　　　　　　会民非01表
　　　　　　　　　　　　　　　　　　　　　　　　　　　　　　　　　　单位：元

资　　产	行次	年初数	期末数	负债和净资产	行次	年初数	期末数
流动资产：				流动负债：			
货币资金	1	53 825	111 825	短期借款	61		
短期投资	2	11 500	11 500	应付款项	62	15 000	15 000
应收款项	3	23 175	24 675	应付工资	63		
预付账款	4			应交税金	65		
存　货	8	10 000	10 000	预收账款	66		
待摊费用	9			预提费用	71	1 500	1 500
一年内到期的长期债权投资	15			预计负债	72		
其他流动资产	18			一年内到期的长期负债	74		
流动资产合计	20	98 500	158 000	其他流动负债	78		
				流动负债合计	80	16 500	16 500
长期投资：							
长期股权投资	21			长期负债：			
长期债权投资	24			长期借款	81		
长期投资合计	30			长期应付款	84		
				其他长期负债	88		
固定资产：				长期负债合计	90		
固定资产原价	31	150 000	140 000				
减：累计折旧	32	45 000	46 500	受托代理负债：			
固定资产净值	33	105 000	93 500	受托代理负债	91		
在建工程	34						
文物文化资产	35	3 000	3 000	负债合计	100	16 500	16 500
固定资产清理	38						
固定资产合计	40	108 000	96 500				
无形资产：							
无形资产	41			净资产：			
				非限定性净资产	101	150 000	183 000
受托代理资产：				限定性净资产	105	40 000	55 000
受托代理资产	51			净资产合计	110	190 000	238 000
资产总计	60	206 500	254 500	负债和净资产总计	120	206 500	254 500

2. 资产负债表编制方法

(1) 本表反映民间非营利组织某一会计期末全部资产、负债和净资产的情况。

(2) 本表"年初数"栏内各项数字,应当根据上年年末资产负债表"期末数"栏内数字填列。如果本年度资产负债表规定的各个项目的名称和内容同上年度不一致,应对上年年末资产负债表各项目的名称和数字按照本年度的规定进行调整,填入本表"年初数"栏内。

(3) 本表"期末数"各项目的内容和填列方法。

(4) "货币资金"项目,反映民间非营利组织期末库存现金、存放银行的各类款项以及其他货币资金的合计数。本项目应当根据"现金""银行存款""其他货币资金"科目的期末余额合计填列。如果民间非营利组织的受托代理资产为现金、银行存款或其他货币资金,且通过"现金""银行存款""其他货币资金"科目核算,还应当扣减"现金""银行存款""其他货币资金"科目中"受托代理资产"明细科目的期末余额。

(5) "短期投资"项目,反映民间非营利组织持有的各种能够随时变现并且持有时间不准备超过1年(含1年)的投资,包括短期股票、债券投资、短期委托贷款、委托投资等。本项目应当根据"短期投资"科目的期末余额,减去"短期投资跌价准备"科目的期末余额后的金额填列。

(6) "应收款项"项目,反映民间非营利组织期末应收票据、应收账款和其他应收款等应收未收款项。本项目应当根据"应收票据""应收账款""其他应收款"科目的期末余额合计,减去"坏账准备"科目的期末余额后的金额填列。

(7) "预付账款"项目,反映民间非营利组织预付给商品或者服务供应单位等的款项。本项目应当根据"预付账款"科目的期末余额填列。

(8) "存货"项目,反映民间非营利组织在日常业务活动中持有以备出售或捐赠的,或者为了出售或捐赠仍处在生产过程中的,或者将在生产、提供服务或日常管理过程中耗用的材料、物资、商品等。本项目应当根据"存货"科目的期末余额,减去"存货跌价准备"科目的期末余额后的金额填列。

(9) "待摊费用"项目,反映民间非营利组织已经支出,但应当由本期和以后各期分别负担的、分摊期在1年以内(含1年)的各项费用,如预付保险费、预付租金等。本项目应当根据"待摊费用"科目的期末余额填列。

(10) "1年内到期的长期债权投资"项目,反映民间非营利组织将在1年内(含1年)到期的长期债权投资。本项目应当根据"长期债权投资"科目的期末余额中将在1年内(含1年)到期的长期债权投资余额,减去"长期投资减值准备"科目的期末余额中1年内(含1年)到期的长期债权投资减值准备余额后的金额填列。

(11) "其他流动资产"项目,反映民间非营利组织除以上流动资产项目外的其他流动资产。本项目应当根据有关科目的期末余额分析填列。如果其他流动资产价值较大的,应当在会计报表附注中单独披露其内容和金额。

(12) "长期股权投资"项目,反映民间非营利组织不准备在1年内(含1年)变现的各种股权性质的投资的可收回金额。本项目应当根据"长期股权投资"科目的期末余额,减去"长期投资减值准备"科目的期末余额中长期股权投资减值准备余额后的金额填列。

（13）"长期债权投资"项目，反映民间非营利组织不准备在1年内（含1年）变现的各种债权性质的投资的可收回金额。本项目应当根据"长期债权投资"科目的期末余额，减去"长期投资减值准备"科目的期末余额中长期债权投资减值准备余额，再减去本表"1年内到期的长期债权投资"项目金额后的金额填列。

（14）"固定资产"项目，反映民间非营利组织的各项固定资产的账面价值。本项目应当根据"固定资产"科目的期末余额，减去"累计折旧"科目的期末余额后的金额填列。

（15）"在建工程"项目，反映民间非营利组织期末各项未完工程的实际支出，包括交付安装的设备价值、已耗用的材料、工资和费用支出、预付出包工程的价款等。本项目应当根据"在建工程"科目的期末余额填列。

（16）"文物文化资产"项目，反映民间非营利组织用于展览、教育或研究等目的的历史文物、艺术品以及其他具有文化或者历史价值并作长期或者永久保存的典藏等。本项目应当根据"文物文化资产"科目的期末借方余额填列。

（17）"固定资产清理"项目，反映民间非营利组织因出售、毁损、报废等原因转入清理但尚未清理完毕的固定资产的账面价值，以及固定资产清理过程中发生的清理费用和变价收入等各项金额的差额。本项目应当根据"固定资产清理"科目的期末借方余额填列；如果"固定资产清理"科目期末为贷方余额，则以"—"号填列。

（18）"无形资产"项目，反映民间非营利组织拥有的为开展业务活动、出租给他人或为管理目的而持有的没有实物形态的非货币性长期资产，包括专利权、非专利技术、商标权、著作权、土地使用权等。本项目应当根据"无形资产"科目的期末余额填列。

（19）"受托代理资产"项目，反映民间非营利组织接受委托方委托从事受托代理业务而收到的资产。本项目应当根据"受托代理资产"科目的期末余额填列。如果民间非营利组织的受托代理资产为现金、银行存款或其他货币资金，且通过"现金""银行存款""其他货币资金"科目核算，还应当加上"现金""银行存款""其他货币资金"科目中"受托代理资产"明细科目的期末余额。

（20）"短期借款"项目，反映民间非营利组织向银行或其他金融机构等借入的、尚未偿还的、期限在1年以下（含1年）的各种借款。本项目应当根据"短期借款"科目的期末余额填列。

（21）"应付款项"项目，反映民间非营利组织期末应付票据、应付账款和其他应付款等应付未付款项。本项目应当根据"应付票据""应付账款""其他应付款"科目的期末余额合计数填列。

（22）"应付工资"项目，反映民间非营利组织应付未付的员工工资。本项目应当根据"应付工资"科目的期末贷方余额填列；如果"应付工资"科目期末为借方余额，以"—"号填列。

（23）"应交税金"项目，反映民间非营利组织应缴未缴的各种税费。本项目应当根据"应交税金"科目的期末贷方余额填列；如果"应交税金"科目期末为借方余额，则以"—"号填列。

（24）"预收账款"项目，反映民间非营利组织向服务和商品购买单位等预收的各种款项。本项目应当根据"预收账款"科目的期末余额填列。

（25）"预提费用"项目，反映民间非营利组织预先提取的已经发生但尚未实际支付的各项费用。本项目应当根据"预提费用"科目的期末贷方余额填列。

（26）"预计负债"项目，反映民间非营利组织对因或有事项所产生的现时义务而确认的负债。本项目应当根据"预计负债"科目的期末贷方余额填列。

（27）"1年内到期的长期负债"项目，反映民间非营利组织承担的将于1年内（含1年）偿还的长期负债。本项目应当根据有关长期负债科目的期末余额中将在1年内（含1年）到期的金额分析填列。

（28）"其他流动负债"项目，反映民间非营利组织除以上流动负债之外的其他流动负债。本项目应当根据有关科目的期末余额填列。如果其他流动负债金额较大的，应当在会计报表附注中单独披露其内容和金额。

（29）"长期借款"项目，反映民间非营利组织向银行或其他金融机构等借入的期限在1年以上（不含1年）的各种借款本息。本项目应当根据"长期借款"科目的期末余额减去其中将于1年内（含1年）到期的长期借款余额后的金额填列。

（30）"长期应付款"项目，反映民间非营利组织承担的各种长期应付款，如融资租入固定资产发生的应付租赁款。本项目应当根据"长期应付款"科目的期末余额减去其中将于1年内（含1年）到期的长期应付款余额后的金额填列。

（31）"其他长期负债"项目，反映民间非营利组织除以上长期负债项目之外的其他长期负债。本项目应当根据有关科目的期末余额减去其中将于1年内（含1年）到期的其他长期负债余额后的金额分析填列。如果其他长期负债金额较大的，应当在会计报表附注中单独披露其内容和金额。

（32）"受托代理负债"项目，反映民间非营利组织因从事受托代理业务、接受受托代理资产而产生的负债。本项目应当根据"受托代理负债"科目的期末余额填列。

（33）"非限定性净资产"项目，反映民间非营利组织拥有的非限定性净资产期末余额。本项目应当根据"非限定性净资产"科目的期末余额填列。

（34）"限定性净资产"项目，反映民间非营利组织拥有的限定性净资产期末余额。本项目应当根据"限定性净资产"科目的期末余额填列。

[例11-1] 资产负债表的编制。

资料：假设某团体2×13年12月31日的资产负债表11-1所示。

三、业务活动表

（一）业务活动表的主要内容

业务活动表，是指反映民间非营利组织某一会计期间内开展业务活动的实际情况的会计报表。业务活动表是一定期间的收入与同一会计期间相关的成本费用进行配比的结果，体现了民间非营利组织的实际绩效，反映了民间非营利组织净资产的内容。

业务活动表由表头和基本内容两部分组成，见表11-2。基本内容是报表主体，采用自上而下分项列示的报告式结构。它是根据收入减费用对净资产产生影响这一思想设计的。在项目排列上,先收入后费用,并将收入与费用对净资产产生的影响一并列入基本内容。业务活动表的基本内容包括"项目"栏和"金额"栏两部分。

表 11-2 业务活动表

会民非 02 表

编制单位:某社会团体　　　　　　2014 年度　　　　　　　　　单位:元

项　目	本 月 数			本年累计数		
	非限定性	限定性	合　计	非限定性	限定性	合　计
一、收入						
其中:捐赠收入				700 000	300 000	1 000 000
会费收入				200 000		200 000
提供服务收入				6 000 000		6 000 000
商品销售收入				3 000 000		3 000 000
政府补助收入				50 000	150 000	200 000
投资收益				500 000		500 000
其他收入				550 000		
收入合计				10 550 000	450 000	11 000 000
二、费用						
(一)业务活动成本				8 000 000		8 000 000
其中:提供服务成本				5 000 000		5 000 000
商品销售成本				3 000 000		3 000 000
(二)管理费用				1 000 000		1 000 000
(三)筹资费用				400 000		400 000
(四)其他费用				500 000		500 000
费用合计				9 900 000		9 900 000
三、限定性净资产转为非限定性净资产				150 000	−150 000	0
四、净资产变动额(若为净资产减少额,以"—"号填列)				800 000	300 000	1 100 000

(二)业务活动表的编制方法

表 11-2 反映民间非营利组织在某一会计期间内开展业务活动的实际情况。

表 11-2"本月数"栏反映各项目的本月实际发生数。在编制季度、半年度等中期财务会计报告时,应当将"本月数"栏改为"本季度数"、"本半年度数"等本中期数栏,反映各项目本中期的实际发生数。在提供上年度比较报表时,应当增设可比期间栏目,反

映可比期间各项目的实际发生数。如果本年度业务活动表规定的各个项目的名称和内容同上年度不一致,应对上年度业务活动表各项目的名称和数字按照本年度的规定进行调整,填入表11-2上年度可比期间栏目内。

表11-2"本年累计数"栏反映各项目自年初起至报告期末止的累计实际发生数。

表11-2"非限定性"栏反映本期非限定性收入的实际发生数、本期费用的实际发生数和本期由限定性净资产转为非限定性净资产的金额;表11-2"限定性"栏反映本期限定性收入的实际发生数和本期由限定性净资产转为非限定性净资产的金额(以"一"号填列)。在提供上年度比较报表项目金额时,"限定性"和"非限定性"栏目的金额可以合并填列。

本表各项目的内容和填列方法:

(1)"捐赠收入"项目,反映民间非营利组织接受其他单位或者个人捐赠所取得的收入总额。本项目应当根据"捐赠收入"科目的发生额填列。

(2)"会费收入"项目,反映民间非营利组织根据章程等的规定向会员收取的会费总额。本项目应当根据"会费收入"科目的发生额填列。

(3)"提供服务收入"项目,反映民间非营利组织根据章程等的规定向其服务对象提供服务取得的收入总额。本项目应当根据"提供服务收入"科目的发生额填列。

(4)"商品销售收入"项目,反映民间非营利组织销售商品等所形成的收入总额。本项目应当根据"商品销售收入"科目的发生额填列。

(5)"政府补助收入"项目,反映民间非营利组织接受政府拨款或者政府机构给予的补助而取得的收入总额。本项目应当根据"政府补助收入"科目的发生额填列。

(6)"投资收益"项目,反映民间非营利组织以各种方式对外投资所取得的投资净损益。本项目应当根据"投资收益"科目的贷方发生额填列;如果为借方发生额,则以"一"号填列。

(7)"其他收入"项目,反映民间非营利组织除上述收入项目之外所取得的其他收入总额。本项目应当根据"其他收入"科目的发生额填列。上述各项收入项目应当区分"限定性"和"非限定性"分别填列。

(8)"业务活动成本"项目,反映民间非营利组织为了实现其业务活动目标、开展其项目活动或者提供服务所发生的费用。本项目应当根据"业务活动成本"科目的发生额填列。民间非营利组织应当根据其所从事的项目、提供的服务或者开展的业务等具体情况,按照"业务活动成本"科目中各明细科目的发生额,在表11-2第12行至第21行之间填列业务活动成本的各组成部分。

(9)"管理费用"项目,反映民间非营利组织为组织和管理其业务活动所发生的各项费用总额。本项目应当根据"管理费用"科目的发生额填列。

(10)"筹资费用"项目,反映民间非营利组织为筹集业务活动所需资金而发生的各项费用总额,包括利息支出(减利息收入)、汇兑损失(减汇兑收益)以及相关手续费等。本项目应当根据"筹资费用"科目的发生额填列。

(11)"其他费用"项目,反映民间非营利组织除以上费用项目之外发生的其他费用总额。本项目应当根据有关科目的发生额填列。

(12)"限定性净资产转为非限定性净资产"项目,反映民间非营利组织当期从限定性净资产转入非限定性净资产的金额。本项目应当根据"限定性净资产"、"非限定性净资产"科目的发生额分析填列。

(13)"净资产变动额"项目,反映民间非营利组织当期净资产变动的金额。本项目应当根据本表"收入合计"项目的金额,减去"费用合计"项目的金额,再加上"限定性净资产转为非限定性净资产"项目的金额后填列。

民间非营利组织业务活动表的格式如表11-2所示。

四、现金流量表

(一)现金流量表的主要内容

现金流量表,是指反映民间非营利组织某一会计期间内现金和现金等价物流入和流出信息的会计报表。

现金流量表的"现金"有特定含义,包括现金和现金等价物。其中,现金是指民间非营利组织的库存现金以及可以随时用于支付的银行存款、其他货币资金;现金等价物是指民间非营利组织持有的期限短、流动性强、易于转换为已知金额的现金、价值变动风险很小的投资。其中,期限短,一般是指从购买日起,3个月以内到期的债券投资等。除特别指明外,以下所指现金均包含现金等价物。

现金流量是一定时期内民间非营利组织现金流入和流出的数量。当民间非营利组织从各种业务活动中收进现金,为现金流入;当民间非营利组织为各种业务活动付出现金,为现金流出。现金流入量减现金流出量的差额,称为净现金流量。

(二)现金流量的分类

民间非营利组织现金有不同的收入来源,不同的支出用途。按照民间非营利组织业务活动的不同性质,民间非营利组织一定期间内的现金流量分为三大类,即业务活动产生的现金流量、投资活动产生的现金流量和筹资活动产生的现金流量。

(1)业务活动产生的现金流量,是指民间非营利组织因投资活动和筹资活动以外的所有交易和事项而发生的现金流入和流出。业务活动产生的现金流入项目主要有:接受捐赠收到的现金,收取会费收到的现金,提供服务收到的现金,销售商品收到的现金,政府补助收到的现金和收到的其他与业务活动有关的现金;业务活动产生的现金流出项目主要有:提供捐赠或者资助支付的现金,支付给员工以及为员工支付的现金,购买商品、接受服务支付的现金和支付的其他与业务活动有关的现金。

(2)投资活动产生的现金流量,是指民间非营利组织因长期资产的购建和不包括在现金等价物范围内的投资及其处置活动而发生的现金流入和流出。投资活动产生的现金流入项目主要有:收回投资所收到的现金,取得投资收益所收到的现金,处置固定资产和无形资产所收回的现金,收到的其他与投资活动有关的现金;投资活动产生的现金流出项目主要有:购建固定资产和无形资产所支付的现金,对外投资所支付的现金,支付的其他与投资活动有关的现金。

(3) 筹资活动产生的现金流量，是指因导致民间非营利组织债务规模发生变化的活动而发生的现金流入和流出。筹资活动产生的现金流入项目主要有：借款所收到的现金和收到的其他与筹资活动有关的现金；筹资活动产生的现金流出项目主要有：偿还借款所支付的现金，偿还利息所支付的现金和支付的其他与筹资活动有关的现金。

（三）现金流量表的结构

现金流量表由表头和基本内容两部分组成。表头部分包括报表名称、编表单位、编制日期、货币种类和金额单位等内容。

基本内容部分是现金流量表的核心，按照民间非营利组织业务活动的性质主要分为业务活动产生的现金流量、投资活动产生的现金流量和筹资活动产生的现金流量三类。每一类现金流量，一般按现金流入和现金流出总额反映。此外，为了反映民间非营利组织外币现金流量及境外所属分支机构的现金流量折算为人民币时，所采用的现金流量发生日的汇率或期初汇率折算的人民币金额与本表"现金及现金等价物净增加额"中外币现金净增加额按期末汇率折算的人民币金额之间的差额，表中设置了"汇率变动对现金的影响额"项目；为了反映民间非营利组织本年度现金及现金等价物变动的金额，设置了"现金及现金等价物净增加额"项目。

（四）现金流量表的编制方法

(1) 本表反映民间非营利组织在某一会计期间内现金和现金等价物流入和流出的信息。

(2) 民间非营利组织应当根据实际情况确定现金等价物的范围，并且一贯性地保持其划分标准，如果改变划分标准，应当视为会计政策变更。民间非营利组织确定现金等价物的原则及其变更，应当在会计报表附注中披露。

(3) 现金流量表应当按照业务活动产生的现金流量、投资活动产生的现金流量和筹资活动产生的现金流量分别反映。本表所指的现金流量，是指现金的流入和流出。

(4) 民间非营利组织应当采用直接法编制业务活动产生的现金流量。采用直接法编制业务活动现金流量时，有关现金流量的信息可以从会计记录中直接获得，也可以在业务活动表收入和费用数据基础上，通过调整存货和与业务活动有关的应收应付款项的变动、投资以及固定资产折旧、无形资产摊销等项目后获得。

(5) 现金流量表各项目的内容和填列方法。

① "接受捐赠收到的现金"项目，反映民间非营利组织接受其他单位或者个人捐赠取得的现金。本项目可以根据"现金""银行存款""捐赠收入"等科目的记录分析填列。

② "收取会费收到的现金"项目，反映民间非营利组织根据章程等的规定向会员收取会费取得的现金。本项目可以根据"现金""银行存款""应收账款""会费收入"等科目的记录分析填列。

③ "提供服务收到的现金"项目，反映民间非营利组织根据章程等的规定向其服务对象提供服务取得的现金。本项目可以根据"现金""银行存款""应收账款""应收票据"

"预收账款""提供服务收入"等科目的记录分析填列。

④"销售商品收到的现金"项目,反映民间非营利组织销售商品取得的现金。本项目可以根据"现金""银行存款""应收账款""应收票据""预收账款""商品销售收入"等科目的记录分析填列。

⑤"政府补助收到的现金"项目,反映民间非营利组织接受政府拨款或者政府机构给予的补助而取得的现金。本项目可以根据"现金""银行存款""政府补助收入"等科目的记录分析填列。

⑥"收到的其他与业务活动有关的现金"项目,反映民间非营利组织收到的除以上业务之外的现金。本项目可以根据"现金""银行存款""其他应收款""其他收入"等科目的记录分析填列。

⑦"提供捐赠或者资助支付的现金"项目,反映民间非营利组织向其他单位和个人提供捐赠或者资助支出的现金。本项目可以根据"现金""银行存款""业务活动成本"等科目的记录分析填列。

⑧"支付给员工以及为员工支付的现金"项目,反映民间非营利组织开展业务活动支付给员工以及为员工支付的现金。本项目可以根据"现金""银行存款""应付工资"等科目的记录分析填列。民间非营利组织支付的在建工程人员的工资等,在本表"购建固定资产和无形资产所支付的现金"项目中反映。

⑨"购买商品、接受服务支付的现金"项目,反映民间非营利组织因购买商品、接受服务而支付的现金。本项目可以根据"现金""银行存款""应付账款""应付票据""预付账款""业务活动成本"等科目的记录分析填列。

⑩"支付的其他与业务活动有关的现金"项目,反映民间非营利组织除上述项目之外支付的其他与业务活动有关的现金。本项目可以根据"现金""银行存款""其他应付款""管理费用""其他费用"等科目的记录分析填列。

⑪"收回投资所收到的现金"项目,反映民间非营利组织出售、转让或者到期收回除现金等价物之外的短期投资、长期投资而收到的现金,不包括长期投资收回的股利、利息,以及收回的非现金资产。本项目可以根据"现金""银行存款""短期投资""长期股权投资""长期债权投资"等科目的记录分析填列。

⑫"取得投资收益所收到的现金"项目,反映民间非营利组织因对外投资而取得的现金股利、利息,以及从被投资单位分回利润收到的现金;不包括股票股利。本项目可以根据"现金""银行存款""投资收益"等科目的记录分析填列。

⑬"处置固定资产和无形资产所收回的现金"项目,反映民间非营利组织处置固定资产和无形资产所取得的现金,减去为处置这些资产而支付的有关费用之后的净额。由于自然灾害所造成的固定资产等长期资产损失而收到的保险赔款收入,也在本项目反映。本项目可以根据"现金""银行存款""固定资产清理"等科目的记录分析填列。

⑭"收到的其他与投资活动有关的现金"项目,反映民间非营利组织除上述各项之外收到的其他与投资活动有关的现金。其他现金流入如果金额较大的,应当单列项目反映。本项目可以根据"现金""银行存款"等有关科目的记录分析填列。

⑮"购建固定资产和无形资产所支付的现金"项目,反映民间非营利组织购买和建造固定资产,取得无形资产和其他长期资产所支付的现金,不包括为购建固定资产而发生的借款利息资本化的部分,以及融资租入固定资产支付的租赁费。借款利息和融资租入固定资产支付的租赁费,在筹资活动产生的现金流量中反映。本项目可以根据"现金""银行存款""固定资产""无形资产""在建工程"等科目的记录分析填列。

⑯"对外投资所支付的现金"项目,反映民间非营利组织进行对外投资所支付的现金,包括取得除现金等价物之外的短期投资、长期投资所支付的现金,以及支付的佣金、手续费等附加费用。本项目可以根据"现金""银行存款""短期投资""长期股权投资""长期债权投资"等科目的记录分析填列。

⑰"支付的其他与投资活动有关的现金"项目,反映民间非营利组织除上述各项之外支付的其他与投资活动有关的现金。如果其他现金流出金额较大,应当单列项目反映。本项目可以根据"现金""银行存款"等有关科目的记录分析填列。

⑱"借款所收到的现金"项目,反映民间非营利组织举借各种短期、长期借款所收到的现金。本项目可以根据"现金""银行存款""短期借款""长期借款"等科目的记录分析填列。

⑲"收到的其他与筹资活动有关的现金"项目,反映民间非营利组织除上述项目之外,收到的其他与筹资活动有关的现金。如果其他现金流入金额较大,应当单列项目反映。本项目可以根据"现金""银行存款"等有关科目的记录分析填列。

⑳"偿还借款所支付的现金"项目,反映民间非营利组织以现金偿还债务本金所支付的现金。本项目可以根据"现金""银行存款""短期借款""长期借款""筹资费用"等科目的记录分析填列。

㉑"偿付利息所支付的现金"项目,反映民间非营利组织实际支付的借款利息、债券利息等。本项目可以根据"现金""银行存款""长期借款""筹资费用"等科目的记录分析填列。

㉒"支付的其他与筹资活动有关的现金"项目,反映民间非营利组织除上述项目之外支付的其他与筹资活动有关的现金,如融资租入固定资产所支付的租赁费。本项目可以根据"现金""银行存款""长期应付款"等有关科目的记录分析填列。

㉓"汇率变动对现金的影响额"项目,反映民间非营利组织外币现金流量及境外所属分支机构的现金流量折算为人民币时,所采用的现金流量发生日的汇率或期初汇率折算的人民币金额与本表"现金及现金等价物净增加额"中外币现金净增加额按期末汇率折算的人民币金额之间的差额。

㉔"现金及现金等价物净增加额"项目,反映民间非营利组织本年度现金及现金等价物变动的金额。本项目应当根据本表"业务活动产生的现金流量净额""投资活动产生的现金流量净额""筹资活动产生的现金流量净额"和"汇率变动对现金的影响额"项目的金额合计填列。

民间非营利组织现金流量表格式如表11-3所示。

表 11-3 现金流量表

编制单位：某社会团体　　　　2014 年度　　　　　　　　　　会民非 03 表
　　　　　　　　　　　　　　　　　　　　　　　　　　　　　单位：元

项　目	金　额
一、业务活动产生的现金流量：	
接受捐赠收到的现金	
收取会费收到的现金	25 000
提供服务收到的现金	
销售商品收到的现金	
政府补助收到的现金	190 000
收到的其他与业务活动有关的现金	
现金流入小计	215 000
提供捐赠或者资助支付的现金	
支付给员工以及为员工支付的现金	120 000
购买商品、接受服务支付的现金	
支付的其他与业务活动有关的现金	47 000
现金流出小计	167 000
业务活动产生的现金流量净额	48 000
二、投资活动产生的现金流量：	
收回投资所收到的现金	40 000
取得投资收益所收到的现金	320 000
处置固定资产和无形资产所收回的现金	
收到的其他与投资活动有关的现金	
现金流入小计	360 000
购建固定资产和无形资产所支付的现金	150 000
对外投资所支付的现金	
支付的其他与投资活动有关的现金	280 000
现金流出小计	430 000
投资活动产生的现金流量净额	－70 000
三、筹资活动产生的现金流量：	
借款所收到的现金	240 000
收到的其他与筹资活动有关的现金	
现金流入小计	240 000

续表

项　　目	金　额
偿还借款所支付的现金	60 000
偿付利息所支付的现金	50 000
支付的其他与筹资活动有关的现金	
现金流出小计	110 000
筹资活动产生的现金流量净额	130 000
四、汇率变动对现金的影响额	
五、现金及现金等价物净增加额	108 000

五、会计报表附注与财务情况说明书

(一) 会计报表附注

民间非营利组织的会计报表附注至少应当披露以下 11 项内容：

(1) 重要会计政策及其变更情况的说明；

(2) 董事会(或者理事会或者类似权力机构)成员和员工的数量、变动情况以及获得的薪金等报酬情况的说明；

(3) 会计报表重要项目及其增减变动情况的说明；

(4) 资产提供者设置了时间或用途限制的相关资产情况的说明；

(5) 受托代理业务情况的说明，包括受托代理资产的构成、计价基础和依据、用途等；

(6) 重大资产减值情况的说明；

(7) 公允价值无法可靠取得的受赠资产和其他资产的名称、数量、来源和用途等情况的说明；

(8) 对外承诺和或有事项情况的说明；

(9) 接受劳务捐赠情况的说明；

(10) 资产负债表日后非调整事项的说明；

(11) 为便于理解和分析会计报表需要说明的其他事项。

(二) 财务情况说明书

财务情况说明书至少应当对下列三种情况作出说明：

(1) 民间非营利组织的宗旨、组织结构以及人员配备等情况；

(2) 民间非营利组织业务活动基本情况，年度计划和预算完成情况，产生差异的原因分析，下一会计期间业务活动计划和预算等；

(3) 对民间非营利组织运作有重大影响的其他事项。

六、民间非营利组织年度财务报告的编报和审批

民间非营利组织在预算年度终了后,要根据财政部门和主管部门有关年度财务报告的编报要求,编写年度会计报表、会计报表附注和财务情况说明书。

(一)民间非营利组织年度财务报告的编报程序

民间非营利组织财务报告包括会计报表、会计报表附注和财务情况说明书。编制年度财务报告的过程也是对本年度财务收支情况和其他需要说明的事项进行必要的分析审核的过程。审核事项主要包括会计报表数字和财务报告内容两个部分。

会计报表数字方面,主要是审核各个项目是否填报齐全、数字的勾稽关系是否清楚、数字是否计算正确,有无漏列或错列等。

财务报告内容方面,主要是对预算收支情况、事业成果、费用定额等进行审核。在此基础上,整理成完整准确的年度财务报告,报主管部门或财政部门审核汇总。

主管部门在收到民间非营利组织报来的年度财务报告以后,要认真进行审核,按照规定的时间报送财政部门审批。

(二)民间非营利组织年度财务报告的审批

1. 年度财务报告的审核

财政部门收到民间非营利组织年度财务报告后,要认真审核,其具体审核内容有政策性审核与技术性审核。

(1)政策性审核。财政部门主要审核民间非营利组织填写财务报告的各项政策性问题,包括:各项财务活动及预算执行是否符合国家有关方针、政策和财务制度规定;民间非营利组织各项收入和支出是否符合国家有关规定。财政部门审核时,对收入和支出项目不符合规定的,要通知其进行调整。

(2)技术性审核。财政部门主要审核民间非营利组织填写财务报表的技术性问题,如审核各类财务报表的数字填写是否准确,各数字间是否衔接平衡,各类财务报表编报是否按照规定程序进行,各项手续是否齐全。

2. 年度财务报告的批复

财政部门在审核民间非营利组织年度财务报告后,如果其符合相关的要求,应在规定的期限内对其批复。年度财务报告批复的项目一般应包括民间非营利组织的全部财务收支数额。

对民间非营利组织年度财务报告批复的主要内容是:本年各项收入数额,包括捐助收入、会费收入、提供服务收入、政府补助收入、商品销售收入、投资收益和其他收入;本年费用数额,包括业务活动成本、管理费用、筹资费用和其他费用;净资产数额,包括限定性净资产和非限定性净资产。

民间非营利组织年度财务报告经财政部门审批以后,才表明民间非营利组织年度财务报告顺利完成。

第二节　民间非营利组织财务分析

一、民间非营利组织财务分析概念

民间非营利组织财务分析就是运用民间非营利组织会计报表、账簿记录和其他有关资料，对一定时期单位财务状况、收支情况和现金流量进行比较、分析和研究，并进行总结、作出正确评价的一种方法。或者说，民间非营利组织财务分析就是从会计报表中寻求有用的信息，帮助会计报表使用者评价非营利组织业务绩效，掌握受托责任履行情况，预测未来财务状况、业务活动结果以及现金流量。

二、民间非营利组织财务分析的内容和形式

财务分析的内容涉及民间非营利组织财务活动和经济活动的全过程，因此，它有不同的分析内容。财务分析的内容主要有：分析预算的编制与执行情况，分析资产、负债的构成及其资产使用情况，分析收入、支出情况，分析定员定额情况，分析财务管理制度规范情况。

根据财务分析的目的和要求，财务分析可以采取不同的形式。按照财务分析的内容可划分为全面分析、专题分析和典型分析。全面分析是指对民间非营利组织财务活动进行全面、系统的综合分析。这种形式一般是在需要全面检查工作进度、考核工作效果或者有特殊需要时采用。专题分析是指对某个重大的政策性问题、经济措施或特定内容单独进行的分析。这种分析形式针对性强，时间上和要求上也比较灵活，有利于及时解决问题，在实际工作中被广泛采用。典型分析是指对某个地区、某个部门或某些环节的典型事例等所进行的分析。典型分析事例突出，说服力强，是财政部门和主管部门指导民间非营利组织财务工作，坚持以点带面，不断提高管理水平的一种有效方法，得到了广泛的运用。

按照财务分析的过程可划分为事前分析、事中分析和事后分析。事前分析又称预测分析，是指在财务活动实施之前，对财务活动的可行性、可靠性所进行的分析预测。事中分析又称控制分析，是指对某一个阶段或者某一个特定时间的财务活动所进行的分析。事后分析又称总结分析，是指对某项财务活动结束后所进行的总结分析。

按照财务分析的阶段性可划分为定期分析、不定期分析。定期分析是指按照规定的时间对财务活动进行的分析，通常在月、季、年度结束后进行。不定期分析是一种临时性的检查分析，是指为了研究和解决某些特定问题或者按照上级部门的要求临时进行的一种分析。

三、民间非营利组织财务分析的程序

民间非营利组织财务分析一般有以下五个步骤。

(一) 确定分析目的

在进行财务分析时,首先是明确分析目的。不同的人员,基于各自的经济利益,会对财务报告作出不同的分析。通过财务分析,管理当局可以有效地调整对业务活动的预算与控制;组织外部的捐赠者和债权人则希望从财务分析中得知组织受托责任履行情况以及偿债能力的信息,以便作出评价和决策。

(二) 搜集分析材料

会计报表是民间非营利组织进行报表分析的主要来源,但由于会计信息只反映经济活动在某一时期的结果,并不反映经济活动的发生、发展变化过程,因此要求分析者搜集相关资料信息。一般信息搜集内容包括:宏观经济形势信息;行业情况信息;组织内部数据等;各种文件报告资料;各种调查资料以及市场前景、员工构成等情况。

(三) 选择分析方法

分析者应当根据不同的分析目的,采用不同的分析方法。对未来发展趋势的分析,要用回归分析法;对流动性的分析,要用比率分析法;而对预算执行情况的分析,往往用因素分析法。

(四) 资料的整理、计算与分析

首先核对和明确财务报告是否反映了真实情况,并依据分析的目的进行相关指标的计算,根据计算结果与标准进行比较分析。

(五) 撰写分析报告

在分析报告中,分析者要对分析过程、所采用的分析方法及分析依据作出交代,对分析结果作出概括。同时还应对分析资料、分析方法的局限性作出说明。

四、民间非营利组织财务分析的基本方法

(一) 比较分析法

比较分析法是指通过实际数与基数的对比,测算出其间的差异,进行分析、比较,从而找出产生差异的主要原因的一种分析方法。采用比较法进行财务分析时,主要包括:与预算指标对比分析,与历史同期实际指标对比分析,与同类先进单位指标对比分析,与历史最好水平对比分析等。

(二) 连环替代分析法

连环替代分析法是指顺序用各项因素的实际数替换基数,据以计算各项因素影响程度的一种分析方法。采用这种方法,首先将被分析指标的实际数与基数进行比较,并以比较结果作为分析对象,利用因素替换找出影响分析对象变动的因素及程度。连环替代分析法是对比较分析法的进一步发展。

（三）差额分析法

差额分析法是指直接按顺序计算各因素的预算与实际的差异，以确定其变动对分析对象的影响程度的一种分析方法。它是从连环替代分析法简化而成的一种分析方法。

（四）百分比法

百分比法是指用百分率或相对式子，表示同一时期各项财务指标内部结构或者表示不同时期同一财务指标的变动趋势的一种分析方法。

（五）平衡法

平衡法是指通过单位会计报表中某些经济指标之间相互依存、相互对应的平衡关系，来测定这些指标变动对另一指标变动影响程度的一种分析方法。

在具体的分析过程中，往往要将上述几种分析方法结合起来，这样才能更全面、更深入地揭示民间非营利组织的财务状况、经营成果及其变动趋势。

五、民间非营利组织财务分析的具体方法——比率分析法

比率分析法是指把某些彼此存在关联的会计报表项目加以对比，算出比率，借以确定经济活动变动程度的一种分析方法。

（一）流动性比率

所谓"流动性"是指将资产迅速转变为现金的能力。流动性是衡量民间非营利组织支付能力的一个重要方面。流动性比率是分析民间非营利组织短期偿债能力的重要指标。流动性比率主要包括流动比率和现金比率。

流动比率是指流动资产与流动负债之比。利用该指标可以衡量民间非营利组织流动资产在短期债务到期前可以变为现金用于偿还流动负债的能力，表明企业每1元钱的流动负债有多少流动资产作为支付保障。其计算公式为

$$流动比率 = 流动资产合计 / 流动负债合计 \times 100\%$$

现金比率是指现金（各种货币资金）和短期有价证券与流动负债之比。其计算公式为

$$现金比率 = (现金 + 有价证券) / 流动负债 \times 100\%$$

由于现金及短期有价证券是流动资产中变现能力最强的项目，因此，现金比率是评价民间非营利组织短期偿债能力强弱的最可信的指标。

（二）筹资比率

筹资比率主要反映民间非营利组织筹集资金的能力，包括捐赠比率和资产负债率。

捐赠比率是指捐赠收入总额与收入总额之比。运用捐赠比率，可以分析民间非营利组织收入总额中有多少是来自捐赠、每年的开支在多大程度上依赖捐赠。其计算公式为

捐赠比率＝捐赠收入总额/收入总额×100%

资产负债率是指负债总额与资产总额之比。其计算公式为

资产负债率＝负债总额/资产总额×100%

资产负债率反映的是民间非营利组织全部资金中有多大的比例是通过借债而筹集的,该债务是否应当连本带息偿还。因此,这一比率能反映资产对负债的保障程度。

（三）营运能力比率

1. 回报率是指民间非营利组织收入总额与资产总额之比。其计算公式为

回报率＝收入总额/资产总额×100%

该指标反映了民间非营利组织运用资产创造或者提高收入的能力,从另一种意义上说,它是一种"投资回报",说明了组织每年每投入 1 元的资产所带来的收入,体现了民间非营利组织筹资活动的效率。

2. 运营净收益率是指净收益与收入总额之比。其中,净收益是一定时期收入总额与费用总额之差。其计算公式为

运营净收益率＝税后净利润/净资产×100%

通过计算公式可以看出,民间非营利组织在增加收入额的同时,必须相应地获得更多的净收益,才能使运营净收益率保持不变或者有所提高。通过分析运营净收益率的升降变动,可以促使民间非营利组织在扩大收入的同时,注意改进管理水平,降低费用,提高运营净收益率。

（四）效率比率

效率比率,着重分析民间非营利组织财务和业务活动的效率,旨在揭示资金周转情况、资源的利用情况等,其主要分析指标有应收账款周转率和存货周转率。

应收账款周转率是指赊销净额与平均应收账款余额之比。该指标用来考核应收账款周转变现能力,说明应收账款流动的速度,表明一定时期内应收账款转化为货币资产的次数。其计算公式为

应收账款周转率＝营业收入/平均应收账款余额

平均应收账款余额＝（应收账款余额年初数＋应收账款余额年末数）/2

应收账款周转率可以用来估计应收账款变现的速度和管理的效率。应收账款周转率高,说明回收迅速,既可以节约资金,也说明组织信用状况好,不易发生坏账损失。

存货周转率是指使用的存货成本与平均存货之比。该指标反映了存货停留在民间非营利组织的时间。显然,存货周转率越高,停留时间就越短,说明资金周转越快,利用资源效率越高。其计算公式为

存货周转率＝销货成本/平均存货余额

其中： **平均存货＝平均存货余额 ＝（期初存货＋期末存货）÷2**

（五）现金流量比率

1. 现金流量充足率

现金流量充足率，反映民间非营利组织从业务活动中产生的现金满足资本性支出和存货投资需要的能力。其计算公式为

$$现金流量充足率 = \frac{经营活动产生的现金流量净额}{长期负债偿还额 + 资本支出额 + 股利支付额}$$

如果某年存货下降，该年存货增加额为零。

2. 现金再投资比率

现金再投资比率是指留存于单位的业务活动现金流量与再投资资产之比。其计算公式为

$$现金再投资比率 = \frac{业务活动净现金流量}{固定资产 + 长期投资 + 其他资产 + 运营资金}$$

公式中的分母各组成部分是某个特定时点上的存量，其中运营资金指的是流动资产减去流动负债之后的余额。

3. 到期债务本息偿付比率

到期债务本息偿付比率，反映民间非营利组织业务活动创造的现金支付到期债务本金及利息的能力。其计算公式为

$$到期债务本息偿付比率 = 业务活动现金净流量 \div (本期到期债务本金 + 现金利息支出)$$

到期债务本息偿付比率越大，说明偿付到期债务的能力就越强。

4. 强制性现金支付比率

强制性现金支付比率，反映民间非营利组织是否有足够的现金应付必须发生的偿还债务、支付业务活动费用等项支出。其计算公式为

$$强制性现金支付比率 = \frac{现金流入总量}{经营现金流出量 + 偿还到期本息付现}$$

强制性现金支付比率越大，其现金支付能力就越强。

六、民间非营利组织财务分析报告的编写

当财务分析结束后，民间非营利组织要编写财务分析报告。财务分析报告是对民间非营利组织财务活动过程进行分析之后，将分析的结果加以整理、归纳、概括而形成的总结性书面文件。编写财务分析报告是财务分析的一项重要工作，既有助于各有关方面了解、掌握民间非营利组织财务活动状况，又有利于民间非营利组织进一步改进财务管理工作，提高财务管理水平。

财务分析报告主要有综合分析报告和专题分析报告。综合分析报告是综合反映民间非营利组织财务活动情况的书面文件。专题分析报告是反映和说明某个特定财务活

动情况的书面文件。

　　财务分析报告的结构一般分为标题、开头、正文、结尾四个部分。标题，一般直接指出进行财务分析的主要内容，有时还要加上年度、季度或月份等时间标志，有时也可以用建议或者意见作为标题。开头，一般是概括地介绍财务活动的基本情况，提出问题和介绍分析的目的。正文，主要是根据财务分析的目的和分析报告的种类来安排正文内容。如果是综合分析报告，则要对各项重要财务分析指标逐项进行财务分析；如果是专项分析报告，则应根据专题的要求展开财务分析。这是财务分析报告的主要部分。结尾，要针对正文所说明的情况，提出改进工作的意见、建议和措施。

　　编写财务分析报告的总体要求是：内容完整，格式统一，数字准确，条理清楚，文字简练，重点突出，说理透彻，评价正确，建议合理，措施可行。

本 章 小 结

　　本章介绍了民间非营利组织的财务报告和财务分析。民间非营利组织的财务会计报告是反映民间非营利组织财务状况、业务活动状况和现金流量的书面文件。民间非营利组织财务会计报告包括会计报表、会计报表附注和财务情况说明书。会计报表包括资产负债表、业务活动表和现金流量表等。民间非营利组织财务分析就是从会计报表中寻求有用的信息，帮助会计报表使用者评价非营利组织业务绩效，掌握受托责任履行情况，预测未来财务状况、业务活动结果以及现金流量。民间非营利组织财务报告分析的主要方法有比率分析法，通过流动性比率、筹资比率、营运能力比率、效率比率、现金流量比率进行比率分析。当财务分析结束后，民间非营利组织要编写财务分析报告。财务分析报告是对民间非营利组织财务活动过程进行分析之后，将分析的结果加以整理、归纳、概括而形成的总结性书面文件。财务分析报告主要有综合分析报告和专题分析报告。编写财务分析报告的总体要求是内容完整、格式统一、数字准确、条理清楚、文字简练、重点突出、说理透彻、评价正确、建议合理、措施可行。

关 键 术 语

　　财务报告、财务分析、资产负债表、业务活动表、现金流量表、比率分析法、流动性比率、筹资比率、营运能力比率、效率比率、现金流量比率

复 习 思 考 题

1. 民间非营利组织编制会计报告的意义是什么？
2. 民间非营利组织会计报告主要有哪几种？
3. 简述资产负债表的概念和编制方法。
4. 简述业务活动表的概念和编制方法。
5. 简述现金流量表的概念和编制方法。

练 习 题

1. 根据以下资料,为该民间非营利组织编制资产负债表。

单位:元

资产类账户	期末数	负债和净资产	期末数
货币资金	315 680	短期借款	139 500
短期投资	43 780	应付款项	11 780
短期投资跌价准备	−940	其他应付款	920
应收账款	149 120	应付工资	49 740
其他应收款	13 560	应交税金	16 900
坏账准备	−5 600	预收账款	193 740
预付账款	64 820	预提费用	7 480
存 货	269 120	长期借款	293 680
存货跌价准备	−11 640	长期应付款	544 680
待摊费用	11 280	其中:一年到期	151 780
长期债权投资	52 420	受托代理负债	19 700
其中:一年内到期的	9 340	非限定性净资产	92 840
长期股权投资	79 580	限定性净资产	749 00
长期股权投资减值准备	−2 100		
固定资产	114 960		
累计折旧	−130 940		

阅 读 材 料

我国民间非营利组织会计标准问题初探

为了适应我国的新形势,应把积极民间非营利组织会计标准改革作为我国下一步会计改革的重点。因此,进一步完善我国民间非营利组织会计标准,加大民间非营利组织会计标准的改革步伐是以后我国会计标准框架体系建设的重要内容。本文通过分析我国当前民间非营利组织会计标准的现状、问题,提出构建民间非营利组织会计标准框架的基本设想。

改革开放以来,我国企业会计改革硕果累累,已初步构建了一个既符合我国国情又与国际惯例相协调的企业会计标准体系,但也存在着一些问题,有待进一步发展和完善;政府及民间非营利组织会计标准改革,由于起步相对较晚,一定程度上滞后于企业会计标准的发展,同时存在着一些问题。

一、民间非营利组织会计标准的现状分析

1. 民间非营利组织会计标准主要由会计准则和会计制度构成

(1)事业单位会计标准。我国事业单位会计标准主要规范各类事业单位的会计核算工作,主要由《事业单位会计准则》、《事业单位会计制度》和包括科学事业单位、医院、中小学、高等学校在内的行业事业单位会计制度组成。(2)民间非营利组织会计标准。2004年8月18日,财政部发布了《民间非营利组织会计制度》,要求适用的民间非营利组织自2005年1月1日起施行该制度。

2. 民间非营利组织会计核算以收付实现制和权责发生制为基础

《事业单位会计准则》规定:会计核算一般采用收付实现制,但经营性收支业务核算可采用权责发生制。《民间非营利组织会计制度》规定:民间非营利组织应当采用权责发生制作为会计核算基础。因此,民间非营利组织会计核算基础表现为收付实现制和权责发生制共存的局面。

二、民间非营利组织会计标准存在的主要问题

1. 事业单位会计归属带来的问题

我国目前将事业单位归属于预算会计,而预算会计的定义基础是会计与国家预算之间的关系,过于强调预算,忽略了单位活动特点的差异。

2. 事业单位现金收付制带来的问题

现行事业单位会计对所发生的经营业务允许采用权责发生制,对非经营性业务采用收付实现制,不进行成本核算,这就带来了下列两个问题:(1)不能准确的进行成本和费用核算,不利于提高效率和绩效考核。如很多事业单位在开展经营性业务时,利用单位的房屋、设备等国有固定资产,有时并没有将资产的耗费完全计入成本,使得一部分国有资产价值不能得到应有的补偿,转化成为经营性业务的利润或个人收入。(2)不能客观地反映单位的事业结余。按照收付实现制原则,当年的事业结余就是当年实际发生的收入和支出的差额。这样就会存在两个方面的问题:一是事业单位为了实现当年的收支平衡,就会人为地调节当年的收入和支出,以达到收支平衡的目标,而这种收支平衡的背后或多或少地存在着应收未收、应支未支等虚假平衡现象;二是单位账面反映的事业结余较大,但同时还存在着大量的预算已安排,但由于资金短缺等原因而暂时未能支出的项目,如欠供货单位的资产购置款项,列入当年支出的职工奖金等,这就使得单位的事业结余失真,账表所反映的收支情况也不够客观、真实、全面。

3. 民间非营利组织会计标准的概念框架问题

在我国,《事业单位会计准则》充当了事业单位会计标准的概念框架角色,用来指导和规范我国事业单位会计准则和会计实务,而民间非营利组织会计标准只有标准而没有概念框架。

三、不断加快我国民间非营利组织会计标准建设

1. 建立民间非营利组织会计

公立民间非营利组织与私立民间非营利组织的区别仅在于其主要资金提供者的

身份不同。从信息需求者的角度看两者对信息的质量要求是没有差别的。所以，两者可以同在民间非营利组织会计中予以规范。

2. 引入权责发生制核算基础

随着民间非营利组织逐步走向市场，经济活动逐步向企业靠拢，因此应向权责发生制转变，其资金来源有很大一部分是财政拨款，这些特点又决定了不能采用完全的权责发生制为会计核算基础，而应以收付实现制作为补充。只有这样，才能完整地反映民间非营利组织的各项收入与支出，合理地确认资产与负债，及时掌握资金营运与未来现金流动的信息，客观公正的评价非营利组织对政府及其他投资者的受托责任和应尽义务。

（资料来源：阿布都合力："我国民间非营利组织会计标准问题初探"，《知识经济》，2015 第13期。）

主要参考文献

[1] 财政部:《行政单位会计制度》,财库〔2013〕218号印发。
[2] 财政部:《事业单位会计制度》,财会〔2012〕22号。
[3] 财政部:《行政单位财务规则》,财政部令第71号。
[4] 财政部:《事业单位财务规则》,财政部令第68号。
[5] 财政部:《行政单位内部控制规范(试行)》,财会〔2012〕21号。
[6] 行政单位会计制度编审委员会:《行政单位会计制度讲解》,立信会计出版社,2014年。
[7] 缪匡华:《公共组织财务管理》,厦门大学出版社,2014年。
[8] 王国生:《新编行政与事业单位会计事务》,经济管理出版社,2014年。
[9] 穆家乐、穆远东:《新事业单位会计制度 图解与案例》,上海财经大学出版社,2013年。
[10] 会计人员继续教育培训教材编委会:《新编事业单位会计操作实务》,经济科学出版社,2013年。
[11] 吴东民、董西明:《非营利组织管理》,中国人民大学出版社,2003年。
[12] 廖洪:"我国会计标准与国际财务报告准则的差异分析",《财会月刊》,2006年第11期。
[13] 王倩:"西方民间非营利组织会计与我国事业单位会计的比较及启示",《预算管理与会计》,2004年第6期。
[14] 郑莲:"行政事业单位国有资产管理改革研究",《商业会计》,2013年第6期。
[15] 汪春荣:"财政改革中的国库集中支付制度及改革成效",《华章》,2012年第3期。
[16] 贺翠娥:"国库集中支付制度下单位财务管理风险及防控措施",《中国外资》,2011年第3期。
[17] 王晓华:"加强国库集中支付制度改革的若干思考",《财政论坛》,2012年第2期。
[18] 尹修:"关于加强非营利组织会计监管问题的研究",《现代商业》,2009年第29期。
[19] 陈思京、刘瑶:"我国非营利组织现状分析及其发展",《经营管理者》,2011年第13期。
[20] 蓝淑华:"初探民间非营利组织会计制度",《内蒙古科技与经济》,2007年第11期。
[21] 卢太平、薛恒新、李霞:《非营利组织的财务机制体系构建》,《经济管理》,2005年第5期。
[22] 雷颖:"非营利组织企业化后的会计规范思考",《商场现代化》,2007年第1期。
[23] 李静、万继峰:"非营利组织会计目标浅探",《财会月刊(会计)》,2005年第12期。
[24] 刘秋平:"我国非营利组织内部控制制度探析",《产业与科技论坛》,2006年第5期。
[25] 朱海涛:"我国政府与非营利组织内部控制制度建设研究",《会计研究》,2009年第8期。

图书在版编目(CIP)数据

公共部门财务会计/罗晓华主编. —上海:复旦大学出版社,2015.10(2023.7重印)
(信毅教材大系)
ISBN 978-7-309-11713-4

Ⅰ.公⋯ Ⅱ.罗⋯ Ⅲ.公共管理-财务会计 Ⅳ.F234.4

中国版本图书馆 CIP 数据核字(2015)第 197216 号

公共部门财务会计
罗晓华　主编
责任编辑/鲍雯妍

复旦大学出版社有限公司出版发行
上海市国权路 579 号　邮编:200433
网址:fupnet@fudanpress.com　http://www.fudanpress.com
门市零售:86-21-65102580　团体订购:86-21-65104505
出版部电话:86-21-65642845
苏州市古得堡数码印刷有限公司

开本 787×1092　1/16　印张 27.5　字数 588 千
2023 年 7 月第 1 版第 2 次印刷

ISBN 978-7-309-11713-4/F・2184
定价:55.00 元

如有印装质量问题,请向复旦大学出版社有限公司发行部调换。
版权所有　侵权必究